Informatik aktuell

Herausgeber: W. Brauer
im Auftrag der Gesellschaft für Informatik (GI)

F.-L. Krause D. Ruland H. Jansen (Hrsg.)

CAD '92

Neue Konzepte zur Realisierung
anwendungsorientierter CAD-Systeme

GI-Fachtagung
Berlin, 14./15. Mai 1992

Springer-Verlag

Berlin Heidelberg New York
London Paris Tokyo
Hong Kong Barcelona
Budapest

Herausgeber

Frank-Lothar Krause
Helmut Jansen
Fraunhofer-Institut für Produktionsanlagen und Konstruktionstechnik
Pascalstraße 8-9, W-1000 Berlin 10

Detlev Ruland
Siemens AG, Abt. ZU S UP
Wittelsbacherplatz 2, W-8000 München 2

Tagungsleitung

Prof. Dr. F.-L. Krause, FhG-IPK Berlin

Programmkomitee

- Dr. O. Abeln, Forschungszentrum Informatik, Karlsruhe
- Dr. M. Abramovici, Ploenzke Informatik GmbH, Wiesbaden
- Hr. R. Baltersee, IKOSS GmbH, Stuttgart
- Dr. K. Bolst, Prime GmbH, Wiesbaden
- Dr. S. Bumiller, Bundeswehrhochschule München
- Dr. M. Eigner, Eigner & Partner GmbH, Karlsruhe
- Prof. Dr. K. Feldmann, Universität Erlangen
- Prof. Dr. J. Gausemeier, Universität Paderborn
- Prof Dr. H. Grabowski, Universität Karlsruhe
- Prof. Dr. T. Härder, Universität Kaiserslautern
- Hr. M. Herzog, Siemens Nixdorf Informationssysteme AG, Nürnberg
- Prof Dr. A. Iwainsky, GFaI, Berlin
- Dipl.-Ing. H. Jansen, FhG-IPK Berlin
- Prof Dr. F.-L. Krause, FhG-IPK Berlin (Vorsitz)
- Prof Dr. J. Klose, Technische Universität Dresden
- Dr. G. Müller, BMW AG, München
- Prof. Dr. H. Noltemeier, Universität Würzburg
- Prof. Dr. D. Roller, Universität Stuttgart
- Dr. Dr. D. Ruland, Siemens AG, München (Stellv. Vorsitz)
- Prof. Dr. G. Schlageter, FernUniversität Hagen
- Dr. E.G. Schlechtendahl, Kernforschungszentrum Karlsruhe
- Dr. U. Sorgatz, Volkswagen AG, Wolfsburg
- Dipl.-Inform. B. Wenzel, Digital Equipment International GmbH, München
- Prof. Dr. U. Zimmermann, Universität Kaiserslautern

Organisationskomitee

Dipl.-Ing. H. Jansen, FhG-IPK Berlin;
Dipl.-Ing. M. Timmermann,
FhG-IPK Berlin

CR Subject Classification (1991): J.6, D.2.2, H.1.2, H.2.8, H.4, H.5.2, I.2.1, I.2.4, I.2.5, I.3.5

ISBN-13: 978-3-540-55494-3   e-ISBN-13: 978-3-642-77531-4
DOI: 10.1007/978-3-642-77531-4

Vorwort

Die Tagung *CAD'92* ist die erste Fachtagung der Gesellschaft für Informatik zum Thema "Rechnerunterstütztes Entwerfen und Konstruieren". Schwerpunkte der Tagung sind neue Konzepte zur Realisierung anwendungsorientierter CAD-Systeme.

Der Einsatz und die Entwicklung zukünftiger Generationen von CAD-Systemen werden von den folgenden Aspekten geprägt sein:

- zunehmende Funktionalität und Leistungsfähigkeit,

- um Anwendungsmodule erweiterte Basis-Systeme,

- produktorientierte Konstruktions- und Arbeitsplanungslogiken,

- benutzergerechte und anwendungsbezogene Gestaltung der Mensch-Maschine-Kommunikation,

- anforderungsgerechte Informationsbereitstellung für die Produktionsvorbereitung,

- Anwendung von Methoden der Wissensverarbeitung,

- zunehmende internationale Standardisierung,

- Wirtschaftlichkeit und Produktivität.

Das Ziel der Tagung ist daher die Darstellung innovativer Technologien, Methodologien und Konzepte der Informatik für den integrativen und wirtschaftlichen Einsatz der Rechnerunterstützung in Entwicklung, Konstruktion und Arbeitsplanung. Die Tagung ist branchenübergreifend, d.h. es wird der Bezug zu relevanten Anwendungsbereichen hergestellt.

Angesprochen sind Personen in der industriellen Praxis und in Forschungsinstitutionen, die

- neue Konzepte und Grundlagen für zukünftige Generationen von CAD-Systemen erforschen,

- CAD-Systeme für neue Einsatzgebiete konzipieren und realisieren,

- CAD-Systeme einsetzen und nutzen.

Der vorliegende Tagungsband enthält Arbeiten zu folgenden Themen:

- Entwicklungsschwerpunkte in Europa, USA und Japan,

- Systemergonomie,

- Informationsverwaltung und Datenbankeinsatz,

- Wissensverarbeitung,

- Geometrie- und Feature-Modellierung,

- Produktmodelle, Modell- und Datenaustausch,

- Anwendungsmodule und Systemarchitekturen.

Für die Tagung wurden insgesamt 53 Beiträge eingereicht, von denen 23 als begutachtete Lang-
beiträge und 8 als begutachtete Kurzbeiträge (Poster) im vorliegenden Tagungsband enthalten
sind.
Zusätzlich sind 3 eingeladene Vorträge abgedruckt, die die CAD-Entwicklungsschwerpunkte in
der globalen Wirtschaftstriade darstellen.

Für die Unterstützung bei der Vorbereitung und Durchführung der Tagung möchten wir uns
herzlich bedanken

- bei den Autoren aller eingereichten Beiträge,

- bei den eingeladenen Referenten,

- bei den Mitgliedern des Programmkomitees,

- bei den unterstützenden Unternehmen und Institutionen,

- beim Springer-Verlag.

Unser besonderer Dank gilt den Mitgliedern des Organisationskomitees.

Berlin und München, im Mai 1992   Frank-Lothar Krause
Detlev Ruland
Helmut Jansen

Inhaltsverzeichnis

Kurzbeiträge

Wandel der Entwicklungsziele für CAD-Systeme

F.-L. Krause
Fraunhofer-Institut für Produktionsanlagen
und Konstruktionstechnik
Pascalstr. 8-9
1000 Berlin 10

1 Einleitung

Vergleicht man die Vorstellungen über CAD-Systeme am Anfang der siebziger Jahre mit den heutigen, dann werden Veränderungen deutlich, die so nicht vorhersehbar waren. Versuchen wir andererseits eine Beschreibung der CAD-Systemwelt vorzunehmen, die in zwanzig Jahren vorherrschen wird, kann man keine gesicherten Aussagen machen. Es kann nur gelingen, ausgehend von den Erfahrungen der Vergangenheit, einen Zeithorizont von etwa fünf Jahren schärfer zu beschreiben und und für einen Zeitraum bis zu zehn Jahren Tendenzen anzugeben.

Analysiert man die Anwendung von CAD-Systemen in der industriellen Praxis, so stellt man einen mit anderen Technologien annähernd vergleichbaren Stand fest. NC-Technik, PPS-Systeme, Werkstattsteuerungen, Netzwerke sind Beispiele für Elemente der industriellen Informationstechnik, die ebenso selbstverständlich zur Anwendung gelangen wie CAD-Systeme. Es gibt eine große Anzahl von Anbietern und ein breites Erfahrungswissen hinsichtlich der Auswahl, Einführung und Anwendung.

Bezogen auf CAD-Systeme, gibt es immer noch Firmen, die keinerlei Gebrauch von dieser Technologie machen, andere haben dagegen keine Zeichenbretter mehr. Das Spektrum reicht von der Nutzung auf PC-Ebene bis zur Anwendung von Supercomputern. Aufgaben des Maschinenbaus, der Elektrotechnik und Elektronik, des Bauwesens und der Architektur sowie des Anlagenbaus werden bearbeitet.

Durch die gewonnenen Erfahrungen bei Anwendung der CAD-Technologie sind die Anforderungen an zukünftige Systeme klarer geworden. Es geht nicht mehr nur um die Realisierung von Einzelfunktionen. So wie andere Bausteine der rechnerintegrierten Fabrik Beiträge zur ganzheitlichen Verbesserung leisten müssen, wird diese Forderung auch an CAD gestellt. Dieser Forderung kann nur entsprochen werden, wenn Zeichnungserstellung und Geometrieverarbeitung nicht die alleinigen Ziele dieser Technologie sind. Die Vorstellungen von neuen Systemen müssen mit den vorhandenen, ebenfalls weiterzuentwickelnden vereinbar sein. Es ist nicht zu erwarten, daß alle industriell getätigten Investitionen durch Neuentwicklungen verworfen werden. Es muß den Anforderungen Raum gegeben werden, die aus den Anwendungen abgeleitet werden. Vielleicht ist der stärkste Wandel, die systemorientierte Entwicklung durch eine anwendungsorientierte Entwicklung von CAD-Systemen abzulösen.

2 Semantikorientierte Systemgestaltung

Will man eine Stufung von der Geometrie zur Anwendung vornehmen, muß man unterschiedliche Anteile der Semantikbeschreibung betrachten. Ausgehend von einer Gruppe von Pixeln können im Rahmen der Mustererkennung geometrische Elemente erkannt werden. Eine bestimmte Pixelanordnung kann beispielsweise geometrische Bedeutungen, wie "Strecke" oder "Kreisbogen" haben. Entsprechend kann mit Voxels verfahren werden. Eine Gruppe von Konturelementen, wie Strecken oder Kreisbogen, aber auch Gruppen aus verschiedenen Grundvolumenelementen können als Formfeatures bezeichnet werden. Ein Hinzufügen von Semantik zur Geometrie führt zum Feature oder Semantic Feature. Die Semantik bestimmt den Anwendungszweck. Daher wird von Konstruktions-, Fertigungs- oder beispielsweise Montage- und Qualitätsfeatures gesprochen. Die Verbindung einer Gruppe geometrischer Elemente mit Semantik wird über statische und dynamische Attribute realisiert. Objektorientierte Ansätze sind für dynamische Attribute besonders geeignet. Fehlende Eigenschaften der geometrischen Modellierer können durch Featuremodellierer verfügbar gemacht werden. Beispiele hierfür sind Toleranzangaben sowie Normteilbeschreibungen.

Der Schritt von der Geometrie- zur Feature-Verarbeitung ist über die interaktive Feature-Spezifikation oder automatische Feature-Analyse möglich /1/. Voraussetzung hierfür ist allerdings, daß, wie mit CAD-Basissystemen üblich, mit zwei- bzw. dreidimensionalen Geometrieelementen gearbeitet wird, worauf Features mittels Attributierung aufsetzen können. Anders verhält es sich jedoch in den Fällen, in denen bedingt durch die Eingabetechnik die erforderliche Geometrieinformation zunächst rekonstruiert werden muß. Beispiele hierfür sind die Handskizzentechnik und die automatische Zeichnungserfassung, <u>Bild 1</u>.

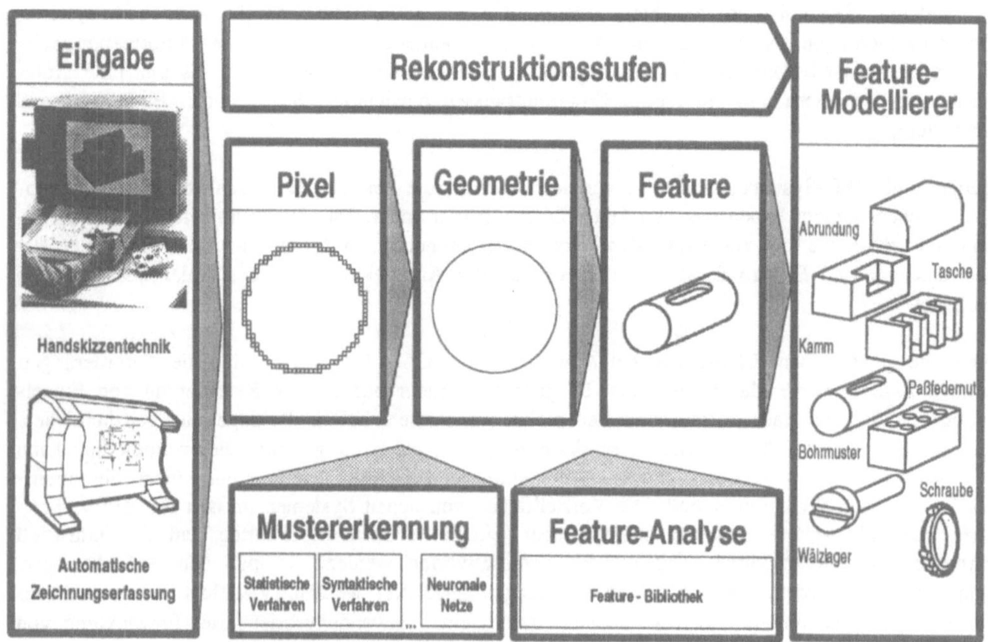

Bild 1: Ableitung von CAD-Modellen /2/

Mit der Handskizzentechnik wird ein Ansatz zur Verbesserung der Benutzungsoberfläche aufgegriffen, der insbesondere in frühen Entwurfsstadien eine dieser durch erste Ideen und Konstruktions-vorschläge geprägten Phase adäquate Arbeitstechnik darstellt. Die automatische Zeichnungserfassung gewinnt überall dort an Bedeutung, wo die Zeichnungsinformation und damit das in technischen Zeichnungen vorhandene Firmen-Know-how für die Verarbeitung mit CAD-Systemen aufbereitet werden soll /2/. In beiden Fällen ergibt sich aufgrund der bei der Eingabe erfolgenden Digitalisierung durch graphische Tabletts bzw. Scanner zunächst ein Datenbestand in

Pixelform, aus dem die eigentlichen Geometrieinformationen wieder zurückgewonnen werden müssen. Für die Rückgewinnung von Geometrie-, Symbol- und Textinformationen werden die unterschiedlichsten statistischen und syntaktischen Mustererkennungsverfahren eingesetzt. Die Leistungsfähigkeit und Zuverlässigkeit der eingesetzten Verfahren ist aber in hohem Maße von der Komplexität und vom Schwierigkeitsgrad der Interpretationsaufgabe abhängig. Vielversprechend erscheinen daher heute zunehmend solche Methoden, die sich der Flexibilität und Anpaßfähigkeit Neuronaler Netze für die verschiedenen Erkennungsaufgaben bedienen /3/. Die Leistungssteigerung von Prozessoren in den letzten Jahren lassen in Verbindung mit einem zunehmenden Trend zur Parallelverarbeitung eine nachhaltige Verbesserung der Mustererkennungsfunktionalität für die Zukunft erwarten.

Die Entwicklung der Featuretechnologie hat Anteil an der Veränderung des Modellierens. Eine ergänzende Erweiterung der Modelliermöglichkeiten hat sich dadurch ergeben, daß nicht mehr nur geometrische Modelle sondern zusätzlich auch Anwendungsmodelle generiert werden. Anwendungsmodelle repräsentieren eine extrahierte Form der geometrischen Beschreibung oder enthalten ergänzende Informationen des Anwendungsbezugs, <u>Bild 2</u> /4/. Ein Beispiel für eine extrahierte Form ist eine Drehteilkontur aus einer Volumenbeschreibung. Ein Beispiel für hinzugefügte Modellierformation kann ein Finite-Elemente-Netz mit Kräften und Lagern sein. Es zeigt sich bereits, daß

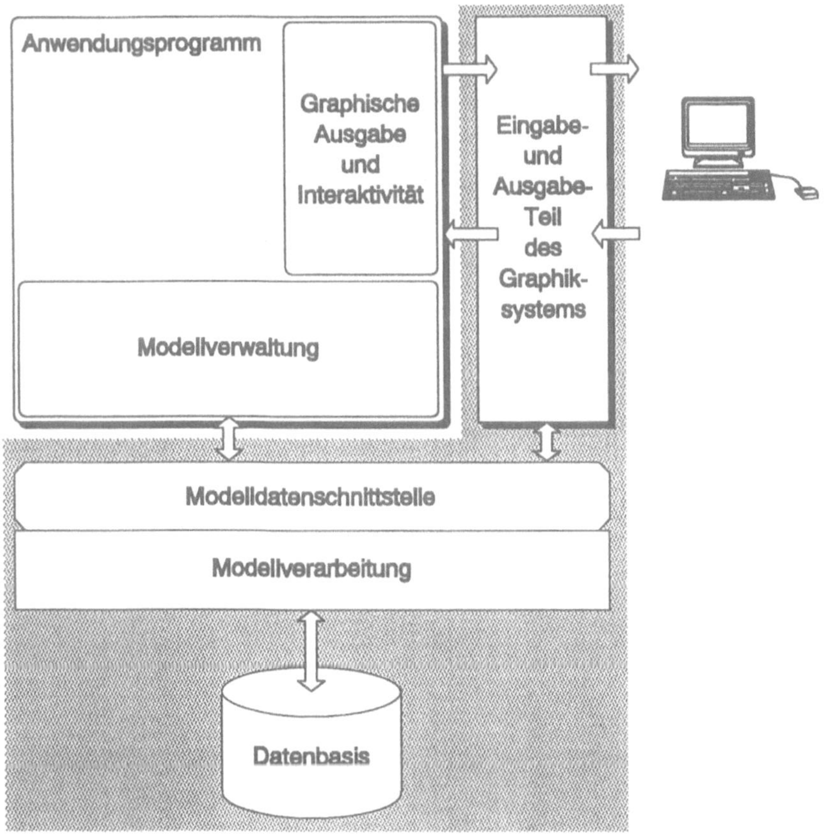

Bild 2: Vereinigung von Anwendungsmodell und Graphikmodell in einer gemeinsamen Datenbasis bei Einsatz eines offenen graphischen Systems. /4/

Extrahieren, Verändern und Hinzufügen für viele derartige Fälle zusammengehören. Die Form der Anwendungsmodelle wurde gewählt, weil bislang keine andere Möglichkeit besteht, diese für die Verarbeitung notwendigen oder zur Vereinfachung wünschenswerten Informationen direkt mit der Geometrie zu verbinden.

Mit der Definition des Produktmodells wurde diese Möglichkeit des logischen Zusammenfassens von Ausprägungen, Zuständen oder Sichten in Form von Modellbeschreibungen erreicht. Der Anwendungsbezug des Produktmodells kommt durch seine Produkt- und Fabrikabhängigkeit zum Ausdruck. Die Bestandteile von Produktmodellen müssen im Vorfeld der eigentlichen Anwendung in Form eines Referenzmodells definiert werden. Die Definition kann nur nach den Anforderungen an die benötigten produktabhängigen Informationen vorgenommen werden. Man kann das Produktmodell als die Menge aller für eine Fabrik relevanten Informationen bezüglich eines spezifischen Produktes auffassen, Bild 3. Auftragsabhängige und auftragsunabhängige Produktentwicklung und Fertigung sowie die Unterscheidung in Einzel-, Kleinserien- und Massenfertigung sind von Bedeutung. Entscheidend ist für die Auslegung von Produktmodellen das Vorhandensein eines Referenzmodells, einer Bildungsvorschrift für aktuelle Produktmodelle. Produktmodelle können strukturorientiert, geometrieorientiert oder integriert sein. Strukturorientierte Produktmodelle haben als wesentlichstes Beschreibungsmerkmal die Produktstruktur. Entsprechend ist die geometrische Beschreibung bei geometrieorientierten vorherrschend. Integrierte Produktmodelle können neben Produktstruktur und Produktgeometrie auch das Produktwissen und den produktorientierten Prozeß enthalten. Wechselwirkungen sind zusätzlich mit dem Fabrikmodel, dem Branchenmodell und dem Nutzungsmodell erforderlich. Je nach Auslegung können Produktmodelle für ausgewählte Phasen des Produktlebenszyklus oder für alle Phasen ausgelegt sein.

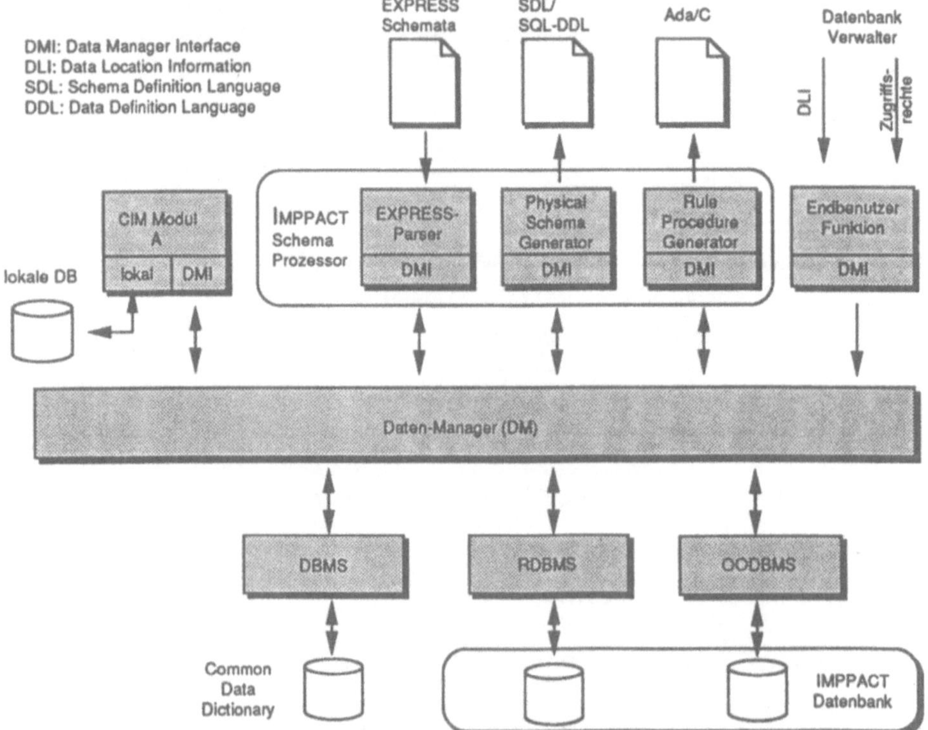

Bild 3: Struktur des integrierten Produkt und Prozeßmodelliersystems IMPACT /9/

Die semantische Erweiterung der geometrischen Modelle hat in der Erweiterung von Systemen zur Geometrieverarbeitung um Anwendungsmodule ihre Entsprechung. Die Flexibilität der Nutzung unterschiedlicher Module kann ein Unterscheidungsmerkmal für Systemarchitekturen sein. So können Standardanwendungen wie Zeichnungserstellung, Finite-Elemente-Berechnung oder NC-Programmerstellung von Produktgruppen- oder produktabhängigen Konstruktions- und Fertigungsplanungslogiken unterschieden werden. Die Ausprägungen der Systemarchitekturen können von Programmbibliotheken bis zu Methodenbanken reichen /5/. Dabei sind Abhängigkeiten von Modellen vorhanden oder nicht vorhanden. Entsprechend verhält es sich mit der Notwendigkeit von Konvertern zwischen den Modellen. Der in Entwicklung befindliche Standard STEP wird diese Möglichkeiten ergänzen.

Zu den Anwendungsmodulen können auch Wissensverarbeitungs- und Simulationskomponenten gehören. Die Erweiterung der Semantik durch Wissensrepräsentation und die Verarbeitung zu Beratungs-, Bewertungs- und Konfigurationszwecken ist für die Anwendung in Konstruktion und Fertigungsplanung eine Bereicherung. Können in algorithmischen Systemen Entscheidungen nur in eng begrenztem Maße automatisch erzeugt werden, wächst der Entscheidungsraum durch Wissensverarbeitungssysteme an. Die Wissensverarbeitung kann zu einer sehr beschleunigten und qualitativ besseren Bearbeitung beitragen. Geeignete Wissensrepräsentationen ermöglichen eine Verbesserung des Entwicklungsprozesses, der Transparenz sowie der Wartbarkeit von Software, Bild 4.

Simulation ist die modellhafte Durchführung von gedachten oder realen Vorgängen. Bewegungssimulationen sind schon länger wesentliche Hilfsmittel, um funktionale Zusammenhänge überprüfen zu können. Belastungssimulationen mit Hilfe der Finite-Elemente-Methode sind die am häufigsten durchgeführten Nachrechnungen. Spannungen und Formveränderungen können damit untersucht werden. Aber auch Strömungsvorgänge und elektrische Felder können mit dieser Methode simuliert

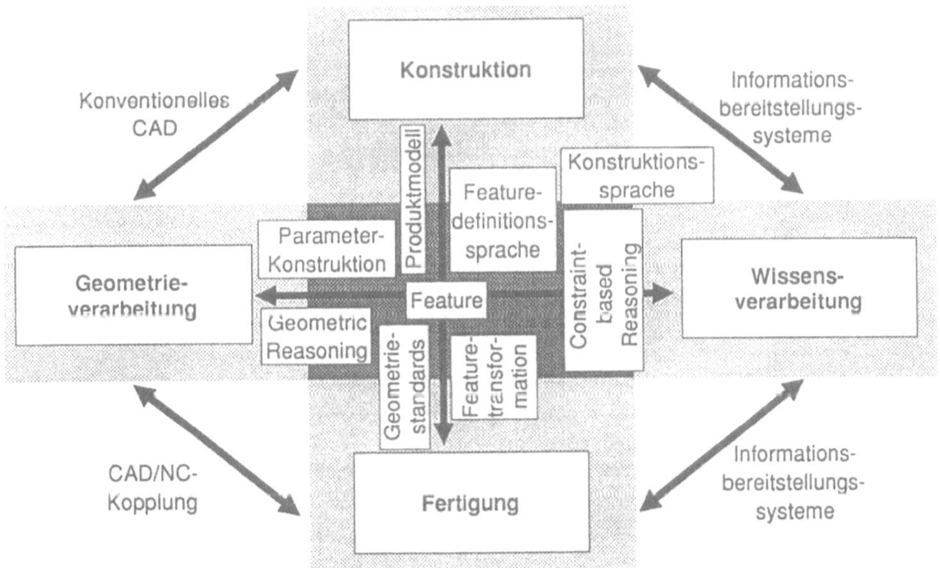

Bild 4: Wissensverarbeitung und CAD

werden. Formen der physikalischen Modellierung, die es ermöglichen, physikalische Gesetze auf im Rechner beschriebene Objekte anzuwenden, müssen aber noch weiter entwickelt werden. Eine Zielrichtung dieser Entwicklung muß es sein, das Gebrauchsverhalten von technischen Gegenständen zu simulieren und dabei beispielsweise den Verschleiß und funktionale Defekte in ihren Auswirkungen studieren zu können.

Die Verifikation ist eine Methode der Bewertung. Mit der Verifikation können Simulationsergebnisse überprüft werden. Beispielsweise können die Veränderungen an einem rechnerinternen Werkstückmodell aufgrund simulierter Werkzeugbewegungen ermittelt werden.

Die beschriebenen Eigenschaften rechnerunterstützter Methoden können einzeln oder in einer Kombination wesentliche Beiträge zur verbesserten Anwendung der CAD-Technologie liefern. Insbesondere wird durch eine semantikorientierte Vorgehensweise das Akzeptanzproblem berührt. Bei der geometrieorientierten Vorgehensweise ist der vollständige Anwendungsbezug durch den Konstrukteur und Arbeitsplaner repräsentiert. Je höher das Semantikniveau im CAD-System ist, umso leichter fällt dem Anwender der Umgang damit. Begriffe und Vorstellungen der Anwendung sind direkt im System abgebildet und ermöglichen durch die Rechnerverarbeitung eine genaue, schnelle und gut weiterverarbeitbare Repräsentation des Anwendungsfeldes. Die Distanz zwischen Rechnerverarbeitung und Anwendung wird abgebaut, die Akzeptanz steigt. Insofern ist Benutzerfreundlichkeit nicht nur eine Eigenschaft der Benutzungsoberfläche eines CAD-Systems. Bei einer schlecht gestalteten Benutzungsoberfläche kann aber der durch Semantikerhöhung erzielte Vorteil wieder eingebüßt werden. Adäquate Benutzungsoberflächen sind mit Hilfe von User-Interface-Management-Systemen realisierbar.

3 Zeitgetriebene Produktentwicklung

Die Produktentwicklung umfaßt die Spanne von der Aufgabenstellung bis zur Fertigungsfreigabe. Abhängig davon, ob es sich um große Serien, kleine Serien oder Einzelteile bzw. Einzelprodukte handelt, und abhängig von der Produktkomplexität verlaufen die Produktentwicklungsprozesse. In dem Prozeß der Produktentwicklung ist die Phase der Produktgestaltung enthalten. In dieser findet die Integration funktionaler, geometrischer, technologischer Aufgaben und ihre Lösung statt. Man könnte entsprechend formulieren, das Ergebnis der Produktgestaltung ist das Produktmodell, das durch weitere Phasen der Produktentwicklung, wie beispielsweise der Versuchsfertigung und der Funktionserprobung vervollständigt wird. Im Automobilbau, im Konsumgüterbereich, bei Industriegütern aller Art ist es wichtiger geworden, kurze Produktentwicklungszeiten zu realisieren. Diese Anforderung besteht, weil sich die Beibehaltungszeiten für Produkte verkürzen und teilweise die Entwicklungszeiten schon unterschreiten. Die Marktposition wird durch kurze Produktentstehungszeiten verbessert und die Preisgestaltung positiv beeinflußt. Waren auch früher bereits Termine und Termintreue von großer Bedeutung, so ist aufgrund des Konkurrenzkampfs eine weitere Verstärkung der Zeitorientiertheit zu bemerken. In Analogie zur datengetriebenen Fabrik kann von einer zeitgetriebenen Produktentwicklung gesprochen werden.

Das Zeitverhalten eines rechnerunterstützten Systems hängt von der Rechnerleistung, dem Integrationsumfang und der Organisationsform ab. Rechnerleistungen gelten als adäquat, wenn die Wartezeiten des Benutzers subjektiv als angenehm empfunden werden. Besondere Bedeutung hat diese Forderung im Dialogbetrieb. Kann der Benutzer mit den auch erst teilweise ausgegebenen Ergebnissen bereits gedanklich weiterarbeiten, dann wird eine weitere Zeitverkürzung erreicht. Bei diesem Vorgang wird eine Parallelität von Rechner- und Benutzeraktivität erreicht.

Für größere zusammenhängende Abläufe, wie sie bei Konstruktions- und Fertigungsplanungslogiken häufig vorkommen, ist die Art der Integration zu beachten. Isolierte Systeme müssen durch die beteiligten Arbeitspersonen untereinander verbunden werden. Fehler und Zeitverlust sind dabei möglich. Besteht eine Verknüpfung zwischen Systemen, dann werden Datenformate zum Transport des Informationsinhalts benutzt. Diese sehr allgemein anwendbare Integration hat eine weite Verbreitung. Viele Prozeßketten sind auf dieser Grundlage realisiert. Das vorhandene Potential der Zeitverkürzungen ist damit jedoch noch nicht voll ausschöpfbar.

Erfolgt die Integration prozedural, d.h. durch Aufrufe zwischen Modulen, dann kann eine noch kürzere Verarbeitungszeit erreicht werden. Auch diese sequentielle Integration kann für Prozeßketten zur Anwendung kommen. Eine Kombination mit der Verwendung von Datenformaten ist möglich. Anwendungsbereiche sind Konstruktions- und Fertigungsplanungslogiken, die häufig in Form von Standardabläufen gestaltet werden können und eine größere Anzahl von Modulen aufweisen. Sequentielle Integration bringt große Vorteile hinsichtlich der Einfachheit des Konzepts, in der Verarbeitungsgeschwindigkeit sowie der Fehlerfreiheit der Übertragung. Die sequentielle Integration wird zukünftig mehr auf der Nutzung von Produktmodellen beruhen. Damit entsteht eine durchgängig rechnerunterstützte Prozeßkette. Die Auswahl und Verbindung der beteiligten Module sind entsprechend den Anforderungen der Konstruktions- und Fertigungsplanungslogiken zu gestalten. Auch bei den integrierten Systemen wird nicht von vollautomatischen Abläufen ausgeganen. Vielmehr bleiben auch hierbei die Entscheidungen der Benutzer erforderlich.

Mit paralleler Integration wird angestrebt, die Zeit zu verkürzen und durch eine gleichzeitige Bearbeitung einer Aufgabe durch mehrere Fachleute, zu besseren Ergebnissen zu kommen. Zeit und Qualität können bei dieser Integrationsform mehr als bei den anderen reduziert bzw. erhöht werden. Der Vorgang paralleler Integration ist dabei aber auch komplexer in seiner Realisierung. Ergibt sich bei sequentieller Integration eine Zwangsfolge der Bearbeitungsschritte, so muß bei paralleler Vorgehensweise in Abhängigkeit vom Parallelitätsgrad und der Verbindung der parallelen Prozesse eine Ablaufstrukturierung vorgenommen werden.

Infolge des Synchronisationsbedarfs zwischen zwei oder mehreren Prozessen, wegen der Notwendigkeit, auch mit noch nicht vollständig oder unsicheren Informationen arbeiten zu können, ist eine neue Softwaregestaltung erforderlich. Sogenannte Blackboard-Architekturen können als wesentliche Elemente der Informationshandhabung zur Anwendung kommen. Parallele Prozeßstrukturen sind vor allem im Rahmen von Simultaneous Engineering von Interesse, <u>Bild 5</u>. Konnten verknüpfte und sequentiell integrierte Vorgänge prinzipiell von einer Arbeitsperson bearbeitet werden, so besteht der Ansatz von Simultaneous Engineering darin, die Erfahrung unterschiedlicher Arbeitspersonen als Repräsentanten der verschiedenen Phasen im Produktlebenszyklus, gleichzeitig zur Problembeseitigung zu nutzen. Die Abhängigkeit späterer Phasen von vorhergehenden ist groß, die Kostenverantwortung gerade der konzeptionellen Phasen ist für die nachfolgenden entscheidend. Simultaneous Engineering ist durch Teamarbeit gekennzeichnet. Eine Realisierung virtueller Teamarbeit über dezentrale Arbeitsstationen macht die Verfügbarkeit eines Produktmodells, einer Blackboard-Architektur, die Verarbeitbarkeit von informationellen Rückführungen und ein übergeordnetes Projektmanagement erforderlich. Rückführungen sind dabei in kurzen und längeren Zeitabständen zu realisieren. Damit soll erreicht werden, daß der Änderungsaufwand in der Fertigung oder aufgrund von Kundenbeschwerden minimiert wird. Im Produktentwicklungsprozeß spät einwirkende Rückführungen sind besser als Änderungen während des Fertigungsprozesses, weil die damit verbundenen Aufwendungen sehr hoch sind. Die Auswirkungen von Kundenreklamationen sind noch negativer. Es muß dafür gesorgt werden, daß Änderungen aufgrund nicht erreichter Qualitätsforderungen so früh wie möglich im Produktentwicklungsprozeß wirksam werden. Zeitlich späte Änderungsmöglichkeiten müssen aber vorgesehen werden, um beispielsweise geänderten Anforderungen des Marktes gerecht werden zu können. Die Einflußnahme des Markts auf Produktentwicklung und Fertigung muß während des gesamten Produktentstehungsprozesses sichergestellt sein.

Für die parallele Integration und die Informationsmodellierung, Entwicklung, Handhabung unsiche-

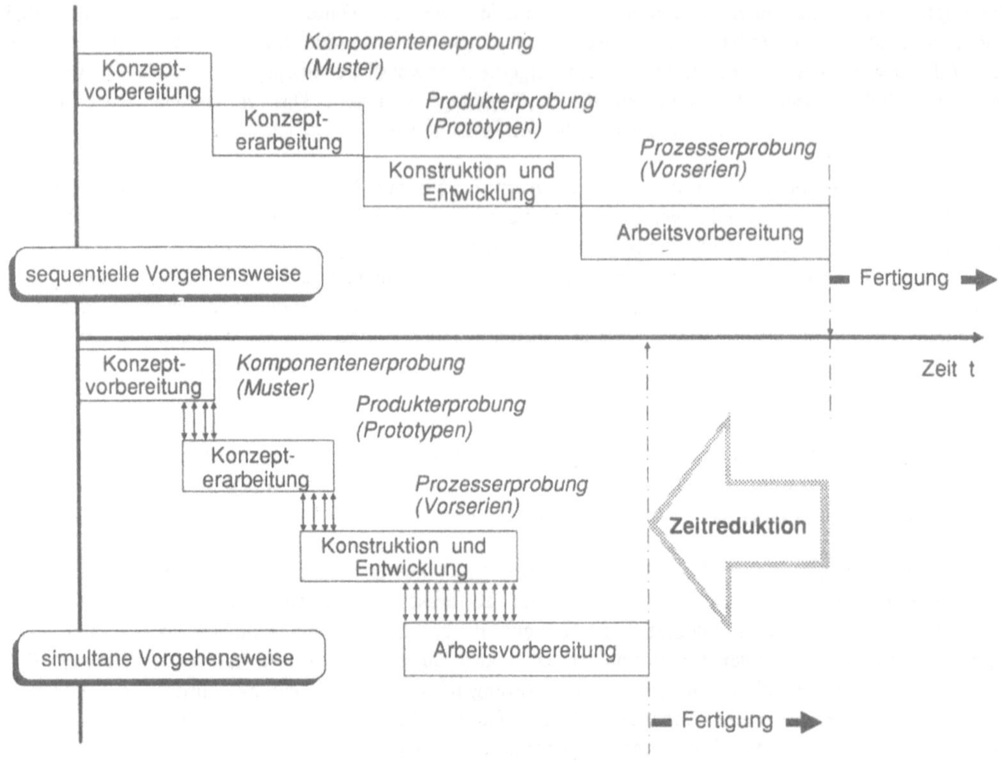

Bild 5: Simultaneous Engineering

ren und unvollständigen Wissens, die Synchronisation, das Einbeziehen von Produktmodellen, Methoden und Realisierungen von Blackboard-Modellen, die Gestaltung virtueller verteilter Teamarbeit, die Entwicklung von adäquaten Mechanismen zum Projektmanagement sind Aufgaben, die bisher nur ansatzweise gelöst sind. Weitere Problemfelder sind schnelle Netze, die nicht nur inhouse, sondern auch zur Anbindung von Zulieferfirmen erforderlich sind. Aufgrund sinkender Fertigungstiefe besteht dafür ein großer Bedarf.

Features können gemeinsam von Konstruktion, Fertigungsplanung und Fertigung festgelegt werden. Durch die im Produktentwicklungsprozeß frühe Nutzung aller relevanten Expertisen, werden spätere Probleme reduziert. Eine ergänzende Möglichkeit ist es, von Simulationsauswertungen Gebrauch zu machen.

Die zeitgetriebene Produktentwicklung mittels Simultaneous Engineering ist eine Möglichkeit, eine stark fehlerreduzierte Fertigung zu realisieren, die Entwicklungszeit zu vermindern und zu niedrigeren Kosten zu kommen.

Neben der virtuellen Produktentstehung ist für die Optimierung der Produktionsprozesse vieler Serienprodukte die Herstellung von Prototypen erforderlich. Ein Prototyp kann als ein Gestalt- oder Funktionsmuster geplant sein. Da es sich bei Prototypen oft um Unikate oder zumindest um wenige Produktexemplare handelt, ist ihre Herstellung besonders problematisch. Die Schwierigkeit des Prototypenbaus bsteht einerseits darin, daß oftmals nicht die relevanten Serienmaschinen für die

Herstellung zur Verfügung stehen und daß andererseits die Aufbereitung der Informationen aufwendig ist. Die rechnerunterstützte Herstellung von Prototypen erfordert einen hohen Vorbereitungsaufwand. Die NC-Programmierung für ein Unikat ist immer unverhältnismäßig teuer. Methoden zur vereinfachten Ableitung von NC-Informationen, auch unter Ausnutzung von Features können dabei Vorteile bringen. Die Anwendung von Stereolithographie ist eine interessante Möglichkeit, direkt ausgehend von CAD-Modellen, eine konkrete Gestaltung mittels Kunststoff oder Keramik vorzunehmen. Verbesserungen sind hinsichtlich der Geometriebereitstellung für genauere Ergebnisse erforderlich, außerdem muß die Entstehungsgeschwindigkeit der Teile beschleunigt werden.

Neben der Herstellung von Unikaten ist für Serien sehr häufig eine Versuchsfertigung erforderlich. Die schnelle Bereitstellung der dabei erforderlichen Steuerinformationen für CNC-Maschinen und Roboter ist zu realisieren. Die bisher ausschließlich in CAD-Systemen bestehende Geometrieverarbeitung wird zunehmend in Steuerungssysteme verlagert. Damit ist eine Reihe erfolgreicher Werk-

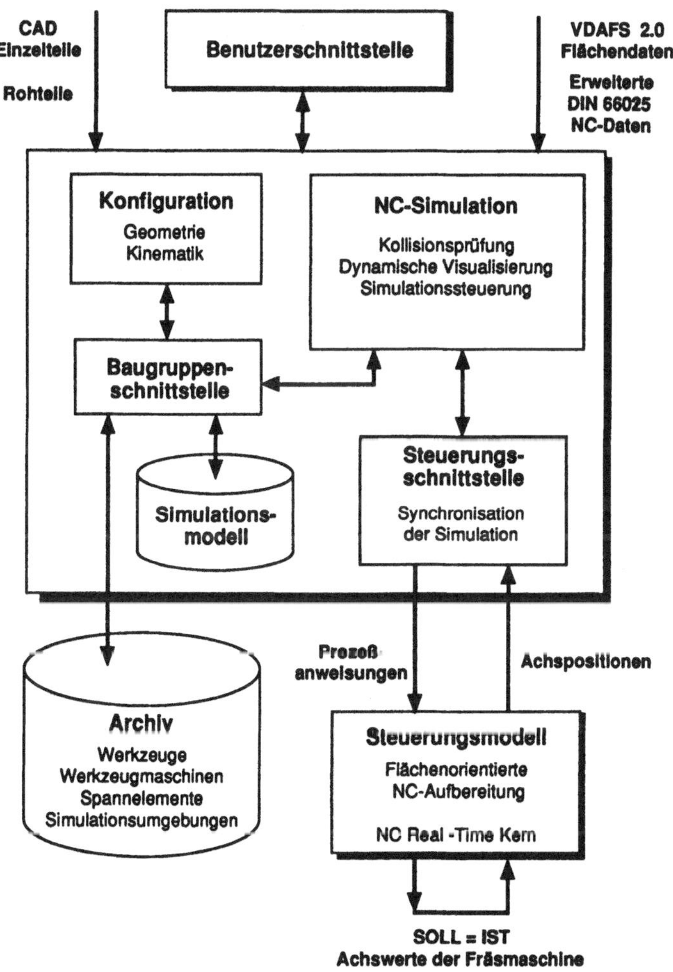

Bild 6: Fünf-Achsen NC-Simulation in FAME /6/

stattprogrammiersysteme entstanden. Es ist eine Reduktion der zu übertragenden Daten hinsichtlich spezieller NC-Anwendungen möglich.

Bei der Simulation fünfachsiger Bearbeitung wird angestrebt, den selben Algorithmus sowohl in der Steuerung der Werkzeugmaschine wie im CAD-Simulationsmodul zu verwenden, <u>Bild 6</u>. Die Algorithmen der Steuerung werden in dem Simulationsmodul in Form eines Steuerungsmodells integriert. Damit wird erreicht, daß die Abbildung des Bearbeitungsvorganges erweitert wird. Die Simulation kann mit größerer Sicherheit den Bearbeitungsvorgang verifizieren und Probleme aufdecken. Eine weitere Zunahme der Abbildungsgenauigkeit ist mit der Einbindung des Maschinenverhaltens in das zur Maschine offene Steuerungsmodell gegeben. Dies macht einen modularen Aufbau von Simulationssystemen erforderlich, bei dem in flexibler Weise die Simulationsgenauigkeit mit der Hinzunahme von Teilmodellen eingestellt werden kann /6/. Mit einer höheren Genauigkeit in der Simulation wird eine Integration von Verfahren der Verifikation des Bearbeitungsergebnisses erforderlich /7/

4 Qualitätsgetriebene Produktgestaltung

Qualität bezeichnet den Erfüllungsgrad von Produkteigenschaften oder -merkmalen hinsichtlich der gestellten Anforderung. Qualität kann sich auf Produkte beziehen und auf Prozesse. Die Produktqualität ausschließlich über Qualitätsprüfungsmaßnahmen sichern zu wollen, bedeutet im Falle des Nichterreichens dieses Qualitätszieles eine Vergeudung an Arbeit, Zeit und Geld, da Fehler zu spät bemerkt und alle Schritte, die sich erst nach Entstehung des Fehlers anschließen, frühzeitig hätten unterbunden werden müssen. Gestaltet man den Entstehungsprozeß eines Produkts fehlerfrei, dann ist auch das Produkt fehlerfrei. Insofern sollte Qualitätssicherung nicht erst in der Fertigung anfangen, sondern bereits in der Konstruktion, und sie sollte prozeßbegleitend im gesamten Produktentstehungsprozeß wirksam sein. Dazu ist eine enge Verbindung von Konstruktion und Fertigung sicherzustellen. Neben Methoden wie der Fehlermöglichkeiten und -einfluß-Analyse (FMEA) und organisatorischen Maßnahmen, die eine räumliche Nähe einschließen, sind informationstechnische Lösungen zu entwickeln, die in Zusammenhang mit CAD-Systemen zur Anwendung kommen können. Features, Normteile, Anwendungssysteme, Simulationssysteme und Verifikation tragen zur Qualitätssicherung bei.

Eine wesentliche Maßnahme besteht in der Informationsbereitstellung. Konstrukteure und Fertigungsplaner haben derart viele Anforderungen zu beachten, daß eigentlich nur noch mit Hilfe von Datenverarbeitungssystemen eine Möglichkeit der Informationsbereitstellung und -auswahl besteht. Außerdem kann damit eine Reduzierung des Zeitaufwands erreicht werden. Beim konventionellen Konstruieren entfallen bis zu 50% der Tätigkeitszeit des Konstrukteurs auf die Informationsbeschaffung. Qualitätssichernde Informationsbereitstellung kann sich beispielsweise auf folgende Informationen beziehen: Wiederverwendung bestehender Konstruktions- und Fertigungsplanungsunterlagen, Bereitstellung von Lösungskatalogen, Werkstoffen, Werkzeugen, Maschinen, Richtlinien für fertigungsgerechtes, montagerechtes und versandgerechtes Gestalten. Bezogen auf Umweltfragen ist Informationsbereitstellung ebenfalls erforderlich. Kosteninformationen können beispielsweise durch Relativkosten für unterschiedliche Lösungen bereitgestellt werden. Die Einbeziehung von Informationsbereitstellungssystemen in CAD-Prozesse ist beim gegenwärtigen Stand der Entwicklung nicht in ausreichendem Maß gegeben.

Die Rückführung von Informationen in den Produkt- und Prozeßgestaltungsvorgang ist mit der bisher beschriebenen Informationsbereitstellung eng verwandt. Informationen aus den innerbetrieblichen Vorgängen können in Zusammenhang mit der Produkt- und Prozeßmodellierung erfaßt werden. Nach einer Aufbereitung kann man sie für die Anwendung verfügbar machen. Ob es sich bei den Informationen um textuelle oder symbolhafte Darstellungen handelt, ist vom Anwendungsbereich abhängig. Die Einbeziehung von Zulieferfirmen in diesen Informationssammlungs- und Bereitstellungsprozeß erfordert wesentlich größere Aufwendungen und Absprachen oder gar Standards.

In Zusammenhang mit dem Produktmodell wurde bereits das Nutzungsmodell erwähnt. Das Nutzungsmodell enthält alle Informationen aus dem Gebrauch eines Produkts, die für Wartung, Instandsetzung, Recycling und Konstruktion neuer Produkte relevant sind. Diese Feldinformationen sind bisher wenig erfaßt und kaum weiterverarbeitbar.

Zu den Feldinformationen können aber auch diejenigen gezählt werden, die Beschreibungen von Fremdfabrikaten enthalten. Die Aufnahme, Speicherung und Bereitstellung dieser Informationen können mit Hilfe eines Branchenmodells vorgenommen werden. Zum Modell des Branchenwissens könnte auch die Dokumentation des Standes der Technik für diese Branche gehören. Man könnte es als Lehrbuchwissen verstehen. Branchenwissen müßte nicht unbedingt in jeder Firma gespeichert sein, ebenso wie Normen könnten sie von zentralen Speichern in jeweils aktueller Form verfügbar gemacht werden.

Neben der Informationsbereitstellung müssen in Zukunft bewährte und neuartige Qualitätstechniken im CAD-Prozeß anwendbar sein. Das Übersetzen von Kundenwünschen in Anforderungslisten und von diesen in die Produktgestalt kann mit Quality Function Deployment (QFD) unterstützt werden /8/. Die Integration von QFD in CAD verlangt eine logische Verbindung von Qualitätsforderungen mit der Produktgestalt. Das bedeutet, daß in Zukunft der Featuregedanke verstärkt auf typische Qualitätsbedeutungen ausgeweitet wird und damit eine Produkt- und Prozeßmodellierung auch mit sogenannten Qualitätsfeatures erfolgen wird. Qualitätsfeatures ermöglichen ebenfalls eine Integration der Fehleranalysetechniken, wie FMEA oder FTA in den CAD-Prozeß, Bild 7.

Integrierte Qualitätsregelung in der Produktentwicklung erfordert die Einbindung von Qualitätsinformationssystemen und von Qualitätstechniken in den CAD-Prozeß und ermöglicht unter Einschluß gezielter Rückführungstechniken eine Optimierung des rechnerintegrierten Entwicklungs

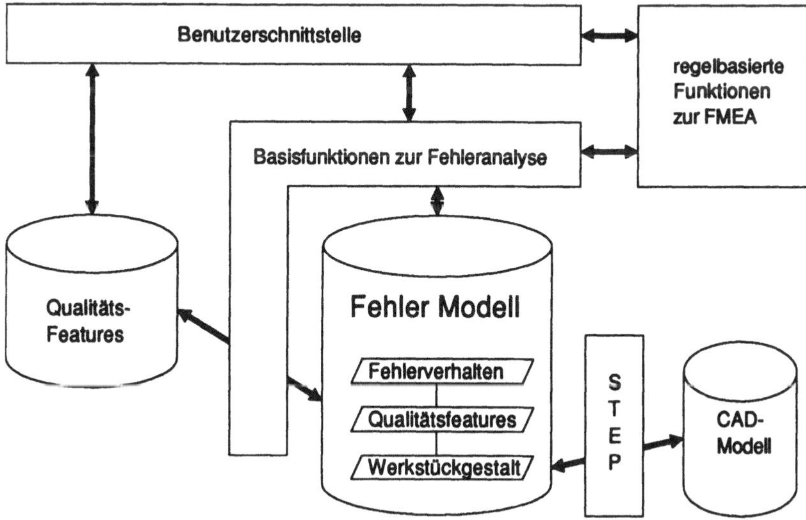

Bild 7: Struktur eiens Systems zur Fehleranalyse

-prozesses. Basis der Integration rechnerunterstützter Qualitätssicherung und Entwicklung ist die Definition eines gemeinsamen Referenzmodells zur vollständigen Produktbeschreibung /9/. Der Bezug auf dieses Modell ermöglicht über interpretierende, strukturierte und freie Kommentare eine einfache und semantisch höherwertige Rückführung von Fertigungs- und Nutzungsinformationen /10/. Diese Kommentare können sowohl aufgetretene Ereignisse, vorgenommene Modifikationen, ausgewertete Messungen und Prüfung oder einfach Verbesserungsvorschläge beschreiben. Sie müssen nach einer geeigneten Erfassung und Aufbereitung verwaltet und unter Zuhilfenahme von Mailboxtechniken als Meldungen verschickt werden, <u>Bild 8</u>. Diese Rückführung ermöglicht das Schließen der Qualitätsregelkreise bis hinein in die Entwicklung unter Nutzung einer zukunftsorien - tierten CAD-Technik. Zukünftige CAD-Systeme müssen deshalb qualitätsorientierte, rückgeführte Informationen auswerten können, um den Produktgestaltungsprozeß zu optimieren.

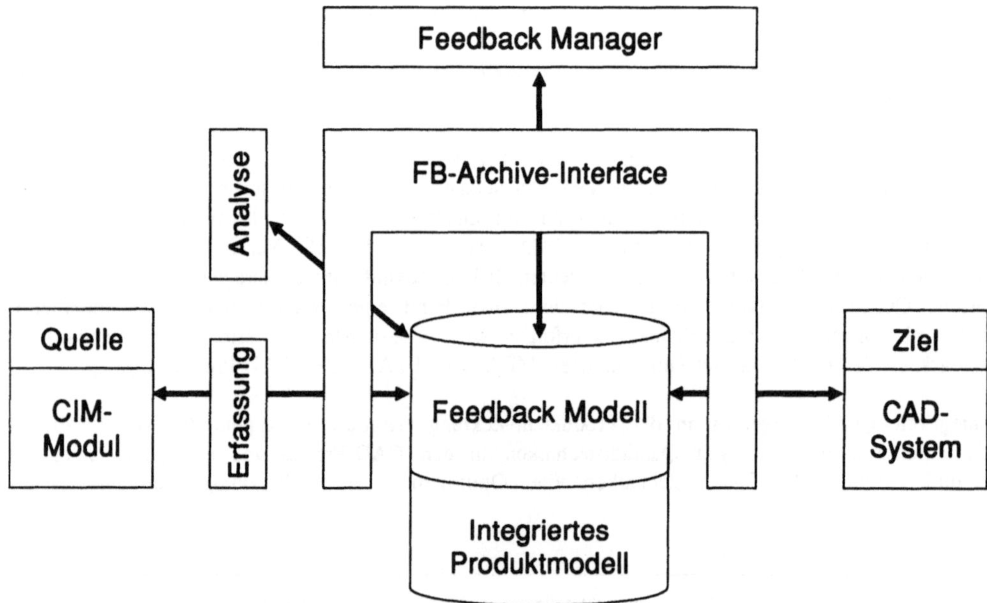

Bild 8: Systemkonzept zur Informationsrückführung /9/

5 Umweltgetriebene Produktentwicklung

Umweltaspekte sind erst in letzter Zeit verstärkt in den Mittelpunkt des Interesses getreten. Man könnte diese Fragen in direktem Zusammenhang mit der Qualitätsbetrachtung sehen. Dabei wird eine Ausrichtung auf den Produktlebenszyklus vorgenommen. Der Produktlebenszyklus enthält die Phasen: Produktforschung, -planung, -konstruktion, -herstellung, -gebrauch und -abwicklung.

Ziele der umweltgetriebenen Produktentwicklung sind: Ressorcenschonung, Recycling und Gesund - heitsschutz von Arbeitspersonen. Die Schwierigkeit, Richtlinien oder nur Informationen darüber bereitzustellen besteht darin, daß viele Sachverhalte bezüglich der Produkte für den gesamten Produktlebenszyklus noch nicht völlig bekannt sind /11/, <u>Bild 9</u>.

Bezogen auf CAD-Syteme geht es primär um Informationsbereitstellung, um Features für Demontage und die Simulation von Demontage.

Informationsbereitstellung kann sich auf Werkstoffwerte und Energiebilanzen bzw. Umweltbilanzen beziehen. Derartige Informationen sind bisher aber nur schwer erhältlich. Um Konstrukteure nicht übermäßig zu belasten, wäre eine Kennziffernerarbeitung hilfreich, die es erlaubt, mehrere Faktoren zusammenzufassen und mit alternativen Lösungen vergleichen zu können.

Bild 9: Umweltorientierte Produktentwickung

Auf diese Weise könnten umweltsignifikante Charakteristika des konstruierten Produkts analysiert und in einem anschließenden Bewertungsschritt gegenübergestellt werden. Die Ergebnisse sind aussagefähige Umweltkennzahlen bezüglich spezifischer konstruktiver Lösungen, die für den Konstrukteur leicht handhabbar und auch mit entsprechenden Grenzwerten leicht vergleichbar sind. Die Zwischenergebnisse des Analyseprozesses müssen für den Konstrukteur auf Anfrage dargestellt und erklärt werden, d.h. die Informationstransparenz muß gewährleistet sein.

Bedingt durch den Sachverhalt, daß die Umweltgerechtigkeit eines Produkts sich am gesamten Produktlebenszyklus orientieren muß, wird das Entscheidungsfeld einer umweltorientierten Produktentwicklung entsprechend vielschichtig. Die Reduzierung der zu bewertenden Sachverhalte auf aussagekräftige Umweltkennzahlen ist vor diesem Hintergrund als zweckdienliche informationelle Hilfestellung für den Konstrukteur anzusehen.

6 Kostengetriebene Produktentwicklung

Herstellkosten werden mittelbar durch den Markt vorgegeben. Konstrukteure erhalten sie als Bestandteil von Pflichtenheften. Minimale Herstellkosten zu erzielen, ist nur möglich, wenn auch fertigungstechnische Sachverhalte in die mitlaufende Kalkulation einbezogen werden.

Als Basis für Kostenbetrachtungen werden Preise von Konkurrenzprodukten, Materialpreise, Preise von Zukaufteilen und firmeninterne Kostenanalysen verwendet. Relativkostenbetrachtungen beispielsweise können Vergleiche zwischen alternativen Werkstoffen und Fertigungsverfahren gerade im Konstruktionsbereich hilfreich unterstützen. Die Erfassung und Bereitstellung von Relativkosteninformationen ist jedoch in der Regel aufwendig und muß den Marktbedingungen dynamisch angepaßt werden. Die Veränderung der Informationsbasis ist mehr ein organisatorisches als informationstechnisches Problem. Die Bereitstellung der Informationen im Rahmen von CAD-Systemen ist erforderlich.

Für die Kalkulation der Produktpreise werden auf vorhergehende Preisgestaltungsaufgaben zurückgegriffen. Eine Verbindung der kaufmännischen Aufgaben mit den technischen Betriebsaufgaben ist informationstechnisch zu realisieren. In einem Informationsverbund müssen Ingenieure und Betriebswirte auf die gleichen Informationen zugreifen können.

Mit dem Ziel der Verringerung der Fertigungstiefe werden zunehmend Zulieferfirmen mit Konstruktions-, Planungs- und Fertigungsaufgaben beaufschlagt. In diesem Zusammenhang kann das verteilte Konstruieren eine Hilfe darstellen.

Die Verfügbarkeit kostenbeschreibender Daten ist gerade für das Aufgabenfeld der Angebotserstellung von besonderer Relevanz. Kaum ein anderes Tätigkeitsfeld hat einen derartig interdisziplinären Charakter und ist deswegen auf Informationen aus den unterschiedlichsten betrieblichen Bereichen angewiesen. Insbesondere bei der Auftragsfertigung ist die Situation der Kalkulation sehr schwierig. Hier gilt es, technisch rationelle und wirtschaftliche Anpassungen an spezielle Kundenwünsche zu gestalten. Noch vor Auftragserteilung müssen im Angebotsstadium in kürzester Zeit technische Lösungen bezüglich einer kundenspezifischen Problemstellung geschaffen werden. Diese werden zum einen so grob wie möglich ausgearbeitet, um den zeitlichen und kapazitiven Rahmen der Angebotsabteilung nicht zu sprengen, zum anderen müssen sie so detailliert wie möglich sein, um eine risikofreie technische und kostenmäßige Beurteilung zu ermöglichen (Bild 10).

Die Möglichkeit, derartig genaue Beurteilungen in einem frühen konzeptionellen Stadium der Produktentwicklung durchzufürhen, bedarf in besonderem Maß der Durchdringung und Verarbeitung von Informationen aus verschiedensten Funktionsbereichen des Unternehmens. Organisatorische und technische Informationsbereiche müssen sich derartig ergänzen, daß eine konsistente konstruktionsbegleitende Kostenermitttlung möglich wird. Für den Tätigkeitsbereich der Angebotskonstruktion bedeutet dies die Notwendigkeit der Integration organisatorischer, planungstechnischer und im besonderem kostenbestimmender Funktionen in den Konstruktionsprozeß.

Das CAD-System als Plattform des Konstruktionsprozesses und als entsprechende Basiskomponente eines integrierten Angebotssystems muß demzufolge an ein integriertes Produkt- und Prozeßmodell angebunden sein, um alle produktbeschreibenden Informationen frühzeitig, aktuell und vollständig verarbeiten zu können. Nur so kann eine entsprechende Produktauslegung und anschließende Kalkulation mit vertretbarer Sicherheit durchgeführt werden.

Die Komplexität des Entscheidungsfeldes der Angebotsbearbeitung bedingt zum einen die Notwen-

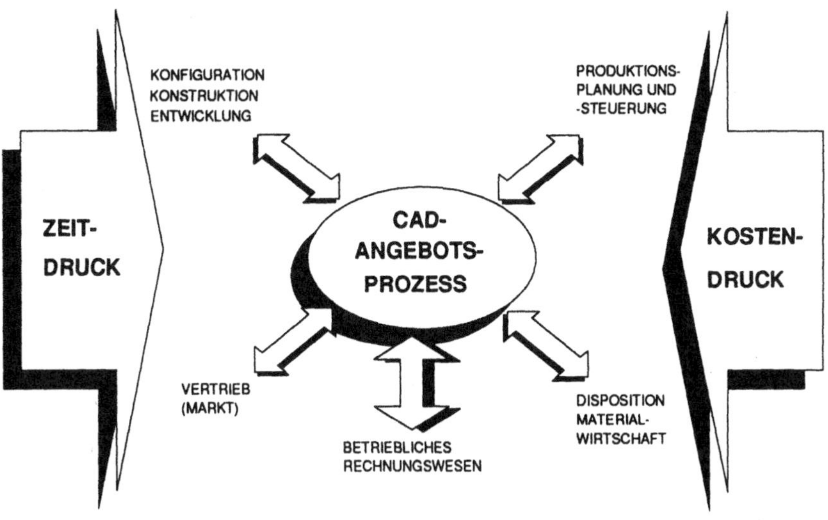

Bild 10: Situation der Angebotsersetllung

digkeit der informationellen Integration des CAD in die betrieblichen Abläufe, zum anderen ergibt sich hier die Möglichkeit, die Technologie der Wissensverarbeitung zweckdienlich in den Entwicklungsprozeß einzubringen. Das große Erfahrungspotential der in diesem Bereich beschäftigten Ingenieure kann auf diese Weise analysiert und durch Entwicklung spezifischer Anwendungen allgemein nutzbar gemacht werden.

Eine gerade für die Angebotserstellung relevante Technologie ist die Verarbeitung unsicheren Wissens, da hier unsichere, d.h. unvollständige und schwer überprüfbare Informationen, in den Entscheidungsprozeß einfließen. Dieser Sachverhalt ergibt sich durch die Frühzeitigkeit der Aufgabenbearbeitung - detaillierte und genaue Randbedingungen werden erst später im Verlauf der Auftragsabwicklung präzisiert. Abwägungen und grobe Kalkulationen auf der Basis persönlicher Erfahrungen sind deshalb oftmals Bestandteil des Entscheidungsbildungsprozesses. Verfahren des Probabilistic Reasoning oder die Fuzzy Logic bieten hier neue Möglichkeiten.

7 Benutzergetriebene Systementwicklung

Die bisher beschriebenen Änderungen der CAD-Systementwicklung können im wesentlichen als Erweiterungen aufgefaßt werden. Die Komplexität von CAD-Systemen steigt mit der zunehmenden Informationsverarbeitung in den Betrieben an. Es wird damit schwerer, ein in allen Komponenten fertiges CAD-System von einem Anbieter erwerben zu können. Es sind offene Systemarchitekturen erforderlich, die eine Konfigurierung von CAD-Systemen entsprechend der funktionalen Anforderungen ermöglichen. Aufbauend auf CAD-Basissystemen, meist geometrischen Modellierern, muß die Anwendungsorientiertheit erzeugt werden. Dazu können Standardanwendungsbauteile wie FEM oder NC-Programmierung gehören. Zusaätzlich sind produktabhängige Konstruktions- und Fertigungsplanungslogiken abzubilden.

Die Beschleunigungsbetrachtungen, mit Faktoren die zwischen 4 bis mehr als 10 bei Anwendung derartig produktorientierter Anwendungssysteme liegen, sind aber nur dann wirtschaftlich, wenn die Entwicklung der entsprechenden Anwendungsbausteine nicht zu aufwendig ist, so daß die erhofften Anwendungsvorteile durch hohe Entwicklungskosten zunichte gemacht werden. Daher ist es notwendig, die Softwareentwicklung für Anwendungsbausteine von CAD-Systemen entscheidend zu verbessern und die Entstehungskosten zu reduzieren. Es müssen rechnerunterstützte Softwareengineeringmethoden für derartige Aufgaben bereitgestellt werden.

Die Konfigurierbarkeit von Software ist mit eine Voraussetzung für eine weitergehende Realisierung. Es können konfigurierbare Programmbibliotheken und Methodenbanken zur Anwendung kommen. Methodenbanken bieten den Vorteil einer Informationsbereitstellung über die Methoden und geeignete Schnittstellen für Grafik, Arithmetik, Datenbanken. Die Verarbeitung algorithmischer, interaktiver und wissensverarbeitender Methoden ist möglich. Die Methoden können modelltypabhängig oder davon unabhängig sein. Konverter für die Übertragung von Modellen zwischen Methoden sind ebenfalls Methoden. Mit Hilfe von Beschreibungsverfahren kann eine Folge von Methoden zur Aufgabenbearbeitung aufgebaut werden /5/.

Um produktabhängige Konstruktionsprozesse rechnerunterstützt auf der Basis eines im Betrieb vorhandenen Systems zu realisieren, sind CASE-Tools zu entwickeln. Zu fordern ist die Realisierung von Sprachen für die produktorientierte Prozeßbeschreibung. Dafür ist es erforderlich, auch das verwendete Basis-CAD-System mit seinen Schnittstellen zu beschreiben. Dazu gehören die Schnittstelle der rechnerinternen Darstellung, die Grafik, die Beschreibung der Anwendungsschnittstelle, der Datenbank und der Programmiersprache sind hierfür ebenfalls notwendig, <u>Bild 11</u>.

Zur Gewährleistung der Effizienz des Softwareentwicklungsprozesses ist dieser ähnlich der Entwicklung von anderen technischen Produkten planbar, steuerbar und kontrollierbar zu gestalten. Dieser Aufgabe widmet sich das Software-Engineering. Software-Engineering ist das systematische Herangehen an Entwicklung, Betrieb, Wartung und Stillegung von Software /12/. Die Anforderungen an das Software-Engineering beziehen sich insbesondere auf

- die Steigerung der Software-Qualität und des Funktionsumfanges sowie
- die Reduktion der Kosten und der Dauer des Software-Produktionsprozesses.

Defizite bei der Anwendung des Software-Engineering im Bereich der rechnerunterstützten Produktgestaltung sind im Fehlen angepaßter Methoden und Werkzeuge zur Analyse der Auftragsabwicklung zu sehen. Als Beispiel eienes häufig verwendeten Verfahres sei die SADT-Methode genannt. Die Berücksichtigung der vorliegenden Softwareumgebung und Hilfsmittel wird nur unzureichend unterstützt. Außerdem gewährleisten verfügbare CASE-Tools keine durchgängige anwendungsspezifische Unterstützung der Softwareerstellung von der Analysephase bis zur Wartung, da diese nicht entsprechend den Anforderungen des Konstruktionsprozesses konfigurierbar sind. Die Schwächen im Bereich der Konstruktionsanalyse sind um so bedeutender, da die Analysephase von entscheidendem Einfluß für den Erfolg eines Software-Entwicklungsprojekts und damit für die Qualität des Produkts ist. Zur Unterstützung dieses Arbeitsschritts ist eine Konstruktionssprache zu entwickeln, die zur formalen Beschreibung des Konstruktionsprozesses herangezogen werden kann. Sie soll einerseits den Abbildungsprozeß der produktspezifischen Vorgehensweise durch ein Beschreibungsmodell unterstützen, andererseits stellt sie die Basis für die Kommunikation zwischen Konstrukteur und Systementwickler dar.

Grundlage für die Analyse der Auftragsabwicklung bildet ein Referenzsystem des Konstruktionsprozesses. Hierzu muß durch einen Formalisierungsprozeß ein Modell der relevanten Funktionen und Daten definiert werden. Konstruktionstätigkeiten werden hierbei in allgemeingültige Atome und zugeordnete Attribute zerlegt, so daß deren spezifische Ausprägung definiert werden kann. Neben den Modellierungsebenen, Funktionen und Daten muß die Methodik im Prozeß zur Verfügung stehende Hilfsmittel (CAD-Basissysteme, Benutzeroberflächen, Datenbanken, Netzwerke, Pro-

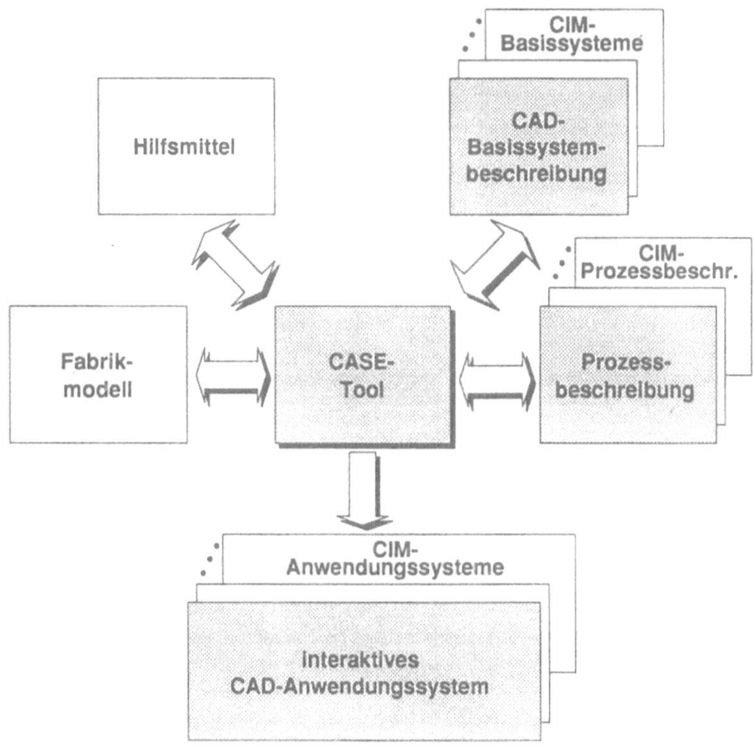

Bild 11: CASE für CAD

gramme usw.) berücksichtigen. Mit einem Autor-Leser-Zyklus ist die Abbildung des realen Prozesses zu überprüfen. Wird der Autor-Leser-Zyklus unter Heranziehung einer Gruppe von Konstrukteuren durchgeführt, so ist die Anwendbarkeit gewährleistet. Durch das unmittelbare Einbeziehen
der Anwender in diese frühe Phase der Systemgestaltung wird die Bedeutung des Systemanalytikers
relativiert. Es kann von einer benutzergetriebenen Systemgestaltung gesprochen werden.

Die Anbindung des Modells an kommerziell verfügbare CASE-Werkzeuge stellt eine durchgängie
Unterstützung des Software-Entwicklungsprozesses sicher. Um eine wirkungsvolle Unterstützung
des Benutzers während des gesamten Software-Entwicklungsprozesses zur Verfügung zu stellen,
müssen an die einzelnen Werkzeuge hohe Anforderungen hinsichtlich einer offenen Systemarchitektur, einer einheitlichen Benutzerschnittstelle und einer hohen Integrationsfähigkeit gestellt werden. Weiterhin soll die Methodik eine zweckmäßige Aufgabenteilung unterstützen und so eine
verteilte Software-Erstellung ermöglichen.

Für die Prozeßbeschreibung müssen Angaben über jeden Bearbeitungsschritt erfaßt werden. Einzelne Bearbeitungsschritte oder Phasen müssen durch Phasenobjekte und Methoden, die zu ihrer Erzeugung dienen, definiert werden. Die Beschreibung von Art und Umfang der Eingabedaten, der
grafischen oder alphanumerischen Eingabe, der benötigten Informationsbereitstellung, Berechnungen, Darstellungen, Bewertungen und Änderungserfordernissen ist notwendig. Der Übergang von
einer Phase n zur Phase n+1 muß genau definiert werden. Damit Konstrukteur und Fertigungsplaner diese Aufgabe wahrnehmen können, muß eine Realisierung gewählt werden, bei der durch eine

Menüführung die erforderlichen Schritte der Softwaredefinition durchlaufen werden. Hilfestellungen müssen gegeben werden und die Möglichkeit, die gewählte Vorgehensweise einfach und schnell zu verifizieren. Die Anforderungen an Konstrukteure und Fertigungsplaner dürfen nicht darin bestehen, daß sie über spezielle Softwarekenntnisse verfügen, um ihre eigenen Softwarewerkzeuge generieren zu können.

Darüber hinaus werden Überlegungen angestellt, wie aus bereits realisierten Konstruktionen, deren Ergebnisse in Zeichnungen dokumentiert sind, Vorgehensweisen zur Informationsgewinnung automatisch abgeleitet werden können. Hier ergibt sich noch ein weites Feld der Forschung.

Bezüglich der zu wählenden Benutzungsoberflächen sind ebenfalls Gestaltungsmöglichkeiten bereitzustellen. Die Abhängigkeiten von gerätespezifischen und normabhängigen Systemen müssen dabei berücksichtigt werden.

8 Schluß

Die Herausforderung an die Industrie, die Wettbewerbsfähigkeit zu erhalten, kann nur mit flexiblen Maßnahmen beantwortet werden. CAD-Entwicklungen können einen wesentlichen Beitrag zum Bestehen des Konkurenzkampfes leisten. Folgende Thesen können formuliert werden:

1. Es sind betriebsspezifische und produktspezifische Erweiterungen von Basis-CAD-Systemen erforderlich.

2. Ein Unternehmen benötigt eigenes Fachpersonal, das Softwareanforderungen definieren und Softwarequalität beurteilen kann.

3. Die Ziele der zeit-, qualitäts-, umwelt- und kostengetriebenen Produktentwicklung müssen betriebs- und produktspezifisch bestimmt und umgesetzt werden.

4. Produktentwickler müssen im Sinne einer benutzergetriebenen Anwendungssystementwicklung an der Bereitstellung der Anwendungssoftware beteiligt werden.

9 Literatur

/1/ Krause, F.-L.: Wissensverarbeitung für die rechnerunterstützte Produktgestaltung. Proceedings zum Produktionstechnischen Kolloquium 1989, Berlin, 1989, S.112-122.

/2/ Jansen, H.: Automatische Konvertierung technischer Zeichnungen in CAD-Modelle. VDI-Berichte Nr.913, VDI-Verlag, Düsseldorf, 1991, S.45-69.

/3/ Hoffmann, N.: Simulation Neuronaler Netze. Friedr. Vieweg & Sohn Verlagsgesellschaft mbH, Braunschweig, 1991.

/4/ Rieger, R.: Ein offenes objektorientiertes Graphiksystem für CAD-Anwendungen. München, Wien: C. Hanser / Dissertation TU-Berlin 1992

/5/ Spur, G.; Armbrust, P.; Bienert, M.; Vosgerau, F.H.; Yaramanoglu; N.: Geometrische Methoden- und Modellbank. In: Sonderforschungsbereich 203 'Rechnerunterstützte Konstrukrionsmodelle im Maschinenwesen', Forschungsbericht 1988-90. Berlin: Technische Universität Berlin, 1990, S.A1-1-A1-85.

/6/ Krause, F.-L.; Lüddemann, J.: Anforderungen an die integrierte Konstruktion und Fertigung von Freiformflächen. wbk Karlsruher Kolloquium, Konstruktion und Fertigung von Freiformflächen, Februar 1991, Tagungsband, S.119-138

/7/ Jerard, R.B; Drysdale, R.L.; Schaudt, B.; Hauck, J.: Methods for Detecting Errors in Sculptured Surface Machining. IEEE Computer Graphics and Applications, Januar 1989, S.26-39

/8/ Kamiske, G.F.: Qualitätssicherung beginnt in der Konstruktion. Konstruktion 42 (1990) S. 15-17.

/9/ IMPACT: Integrated modelling of products and processes using advanced computer technologies. ESPRIT II - CIM III.1.3.1, Edited by Bjorke, O.; Myklebust, O./ Tapir Publishers 1991

/10/ Krause, F.-L.; Ulbrich, A.; Woll, R.: Feedback for process planning as an approach to intelligent quality assurance. Proceedinmgs of IFIP-Working Conference, Process Planning for Complex Machining with AI-Methods. Gaußig, 27./29. November 1991.

/11/ Alting, L.: Life cycle design of industrial products. Seminarunterlagen, IMT 1991. International trends in manufacturing towards the 21st century.

/12/ Balzert, H.: CASE - Systeme und Werkzeuge. 2. Aufl., Mannheim, Wien, Zürich: BI-Wissenschaftsverlag, 1990.

Future Perspective of
CAD/CAM Research and Development in Japan

Fumihiko Kimura
Department of Precision Machinery Engineering
The University of Tokyo
Hongo 7-3-1, Bunkyo-ku, Tokyo 113, Japan
Tel. +81-3-3812-2111 ex.6455, Fax +81-3-3812-8849
E-mail kimura@cim.pe.u-tokyo.ac.jp

1. Introduction

Computer Aided Technology has been widely used in Japanese industry, and it has become an indispensable tool for companies to keep the competitiveness in highly developed industrial environment.   However, advanced users of CAD/CAM systems have already noticed many weak points of current systems, and they have started to renovate their systems for the next decades.   Owing to the highly skilled engineers, Japanese companies are often said to perform very high quality tasks with relatively simple computer aided tools.   But, situations are changing with respect to human resources and technological environment.   They now need more high functional computer aids, and major targets could be summarized as follows:
- High flexibility with respect to the changes of technology, engineers and society (or market),
- Engineering support for high-quality and value added products.

We can now see several new research and development directions to fulfill the above-stated requirements as follows:
- CAD/CAM Technology:
    Practical use of product/process modelling,
    Integrated databases for engineering knowledge and data,
    Customization according to engineering practices,
- CAD/CAM Applications:
    Concurrent engineering based on computer aided technology,
    Virtual manufacturing and rapid prototyping by use of product models,
    Computer Integrated Manufacturing combined with engineering support,
- Computing Infra-structure:
    Down-sizing and distributed systems,
    Open-system architecture for introducing available resources.
In total, it is required to re-consider the meaning of manufacturing system optimization from the standpoint of total product life cycle.

In this paper, some of the above-listed issues are discussed in detail, and a future figure of computer-aided systems is discussed with respect to Japanese industry.   In the next section, current technological status is briefly reviewed, and future directions of research and development are discussed in section 3.   The new concept of Virtual Manufacturing is introduced in section 4, as one of the very promising methods for coping with new requirements.

2. Current Status of Research and Development

In fig.1, historical development of CAD/CAM technology in Japanese industry is briefly summarized.   Japanese industry was not fast to introduce the CAD/CAM technology compared with US and European industry, but it has caught up very quickly in recent years by the strong pressure to rationalize engineering activities.

We can identify several characteristic features about Japanese CAD/CAM development. From the middle of 1970, many turn-key CAD/CAM systems, primarily drafting and simple NC systems, were introduced, but major effort was devoted for developing in-house systems to meet respective requirements.   Ship building and then automobile industry were the leaders.   By the beginning of 1980, major automobile companies completed integrated systems which include body panel design and die machining.   Now their current systems are rather stable.

However, recently they begin to see several defects about their systems, and to consider the total renovation.   The general trends of renovation are summarized as follows:
    from integrated and black-box style systems to modularized and open systems,
    from simple tasks to complicated value-added tasks,
    from in-house systems to buy-and-make type systems,
    from mainframe-based to distributed workstation-based.
With respect to modelling, instead of developing the whole systems, they now like to buy stable commercial tools, if available, and to concentrate their effort on considering more advanced components, such as product and process modelling.

But, still we can say that Japanese engineers are using relatively simple computer aided tools, and achieving very high level tasks by attaching their own know-hows to conventional systems.   It is now a problem how to capture and to convert those know-hows to newly developed systems.

In the following, we shall show several practical examples.   Japanese automobile manufacturers have radically changed their style of working by introducing CAD/CAM systems based on three dimensional body shape modelling.   Change of a style design process of car body[1] and a stamping die manufacturing process[2] are shown in fig.2 and fig.3 respectively.   In both cases, conventional physical master models were replaced by computer internal models, and tasks can be made more precisely and quickly than before. These methods are one of the factors that Japanese car industry is so efficient to produce new design every year.   Some of the functionality of basic geometric modelling systems are shown in fig.4 [3] and fig.5 [4] with respect to solid and surface respectively.   These systems have been totally developed in Japan, and superior in several aspects, compared with corresponding foreign systems.

From the late 80's, CIM became very popular among Japanese companies, especially electronics and mechatronics companies.   One of the advanced systems is shown in fig.6 [5]. In such systems, fabrication technology of products is relatively simple, and major effort is spent for integrating production management and marketing.   Real combination of engineering activities is still in a primitive status.

3. Future Directions of Research and Development

As discussed in the previous section, advanced CAD/CAM users, like car manufacturers, begin to recognize serious issues concerning with their current systems, and to consider the

SYSTEM

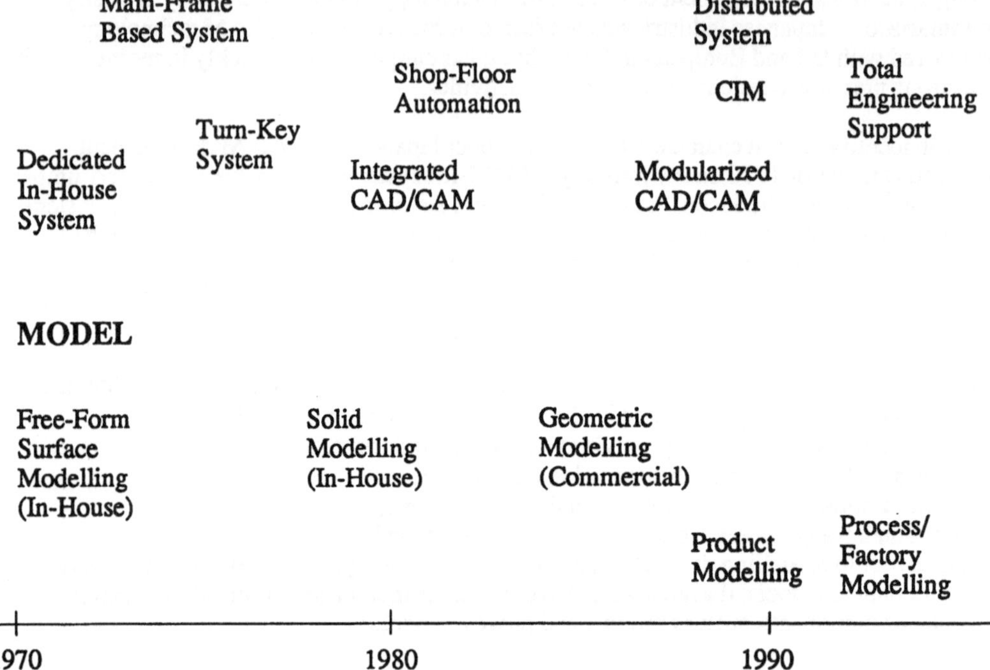

Fig.1 Technological Development of CAD/CAM

Comparison of Car Design Process

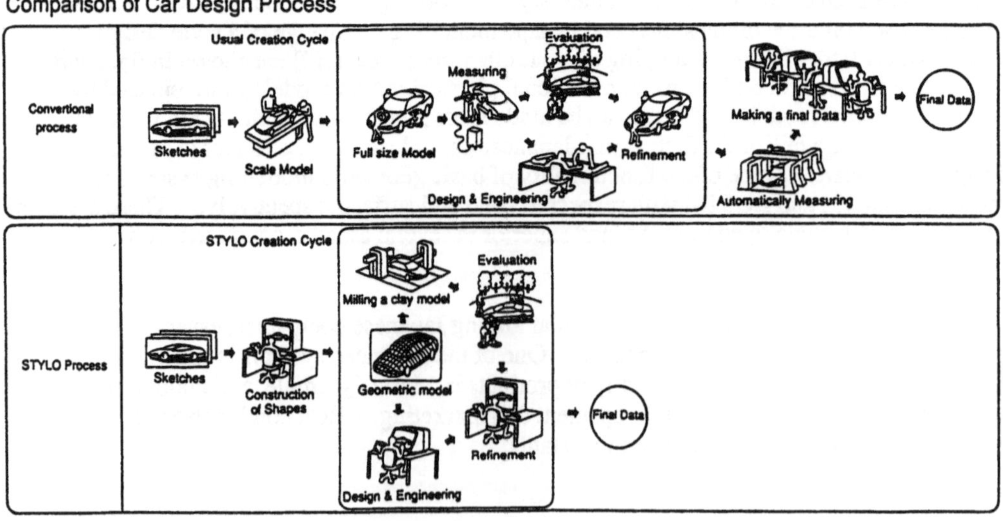

Fig.2 Change of Car Style Design Process by Use of CAD

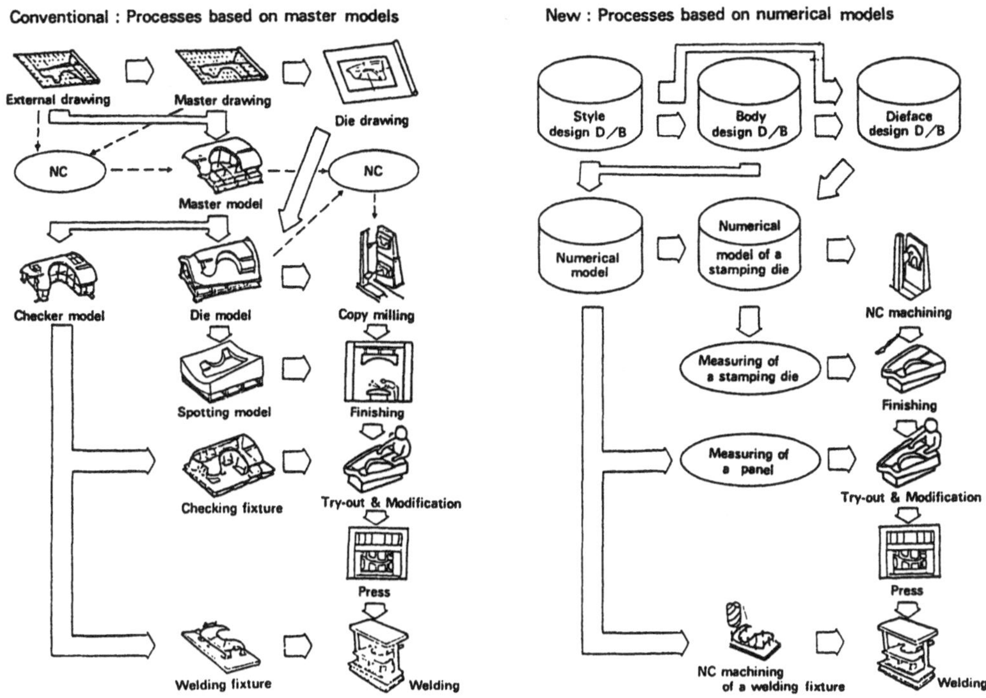

Fig.3 Change of Stamping Die Manufacturing Process by Use of CAM

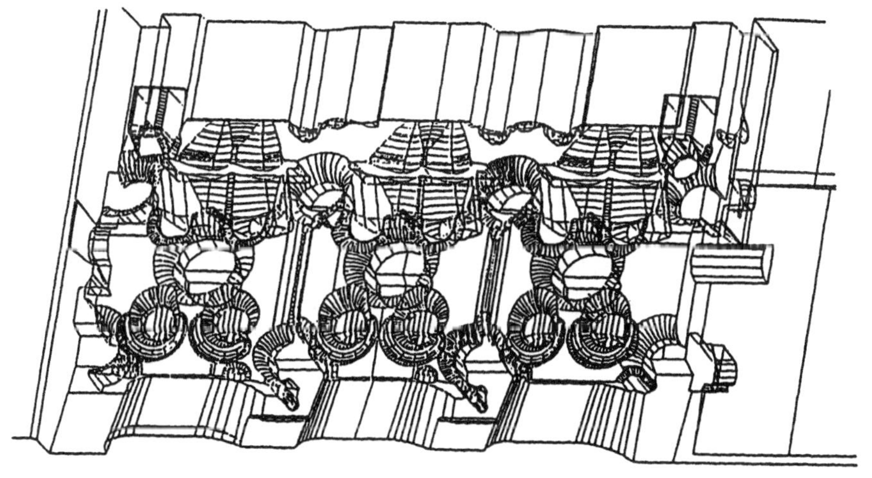

Fig.4 An Example of Complicated Shape Definition

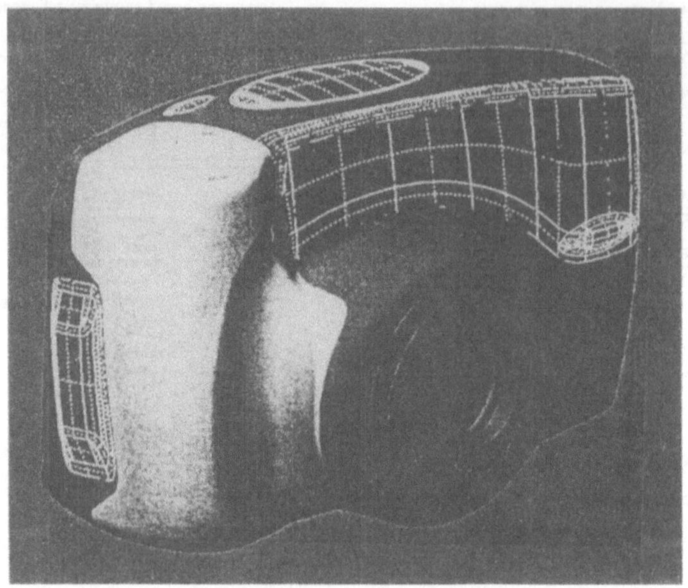

Fig.5 An Example of Aesthetic Shape design

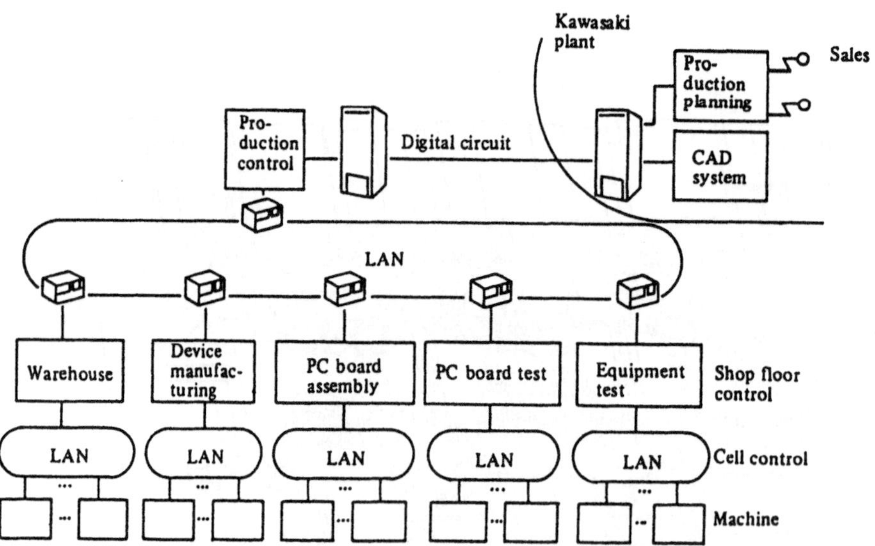

Fig.6 Typical CIM System Architecture

construction of next-generation CAD/CAM systems.   Some of the requirements are summarized as follow:
- flexible integration of total engineering activities, such as concurrent engineering,
- easy access and utilization of technological information,
- engineering verification by use of computational simulation,
- computer supported cooperative working environment,
- high-quality and robust design with respect to functionality and manufacturability.

These requirements could be rephrased by the following keywords: front loading in order to fix problems as early as possible, and data-driven engineering.

The system renovation explained in the previous section is just aimed at coping with these requirements from the standpoint of system architecture.   Here follow the important basic characteristics of the next-generation systems:
- modular, distributed and open architecture,
- user customization,
- higher level of modelling, such as product, process and factory modelling.

In fig.7, the general architecture for modularized CAD/CAM is shown[6].   A product model is an essential component for this architecture, and takes a following structure:

```
Product:   Part:              Shape: Geometry, Topology, Form Feature, ...
                              Attribute: Materials, Surface Roughness, Tolerance, ...
                              Drawing:
                              Analysis:  FEM, Analysis Condition, Analysis Result, ...
                              Manufacturing Data: Manufacturing Methods, Process,...
                              Management Data: Engineering Change, ...
           Structure:         Hierarchy
                              Position, Connection, Tolerances
           Kinematics:
           Drawing:
           Manufacturing:
           Management:
```

There developed are several component systems for such new generation CAD/CAM.   In fig.8, new capability of surface intersection is shown based on non-manifold type topology[7]. Product design of fig.9 was made by use of functional features which correspond to a combination of relevant portions of standardized parts[8].   By this method, parametrized representation of products can be made possible, which change their structure according to changes of function specification parameters.   Fig.10 shows results of panel forming simulation which is an important component for engineering information processing[9].

Concurrent engineering is a very popular and important issue among Japanese industry, and they really implemented the concurrent engineering style of work by manual methods.   For instance, early delivery of uncompleted design information to manufacturing preparation and quick feedback of manufacturing inconvenience to design sections are commonly practiced. But, in the future, it is quite necessary to transfer these methods into computer compatible way. And the above stated new generation systems are a strong basis for computer-aided concurrent engineering.

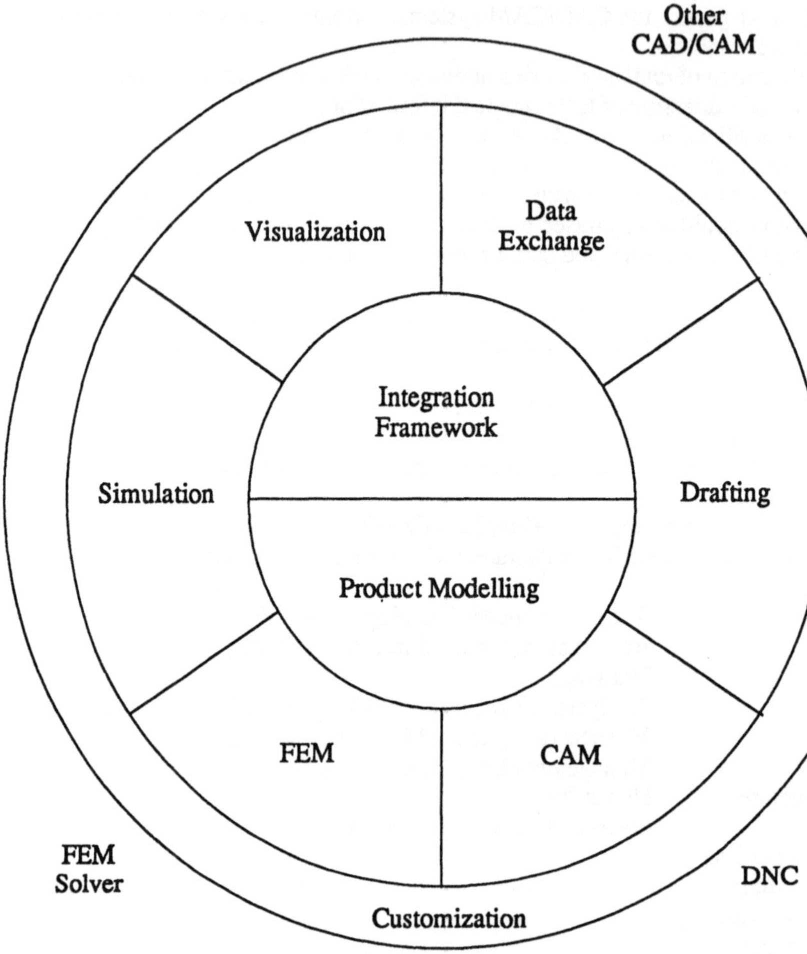

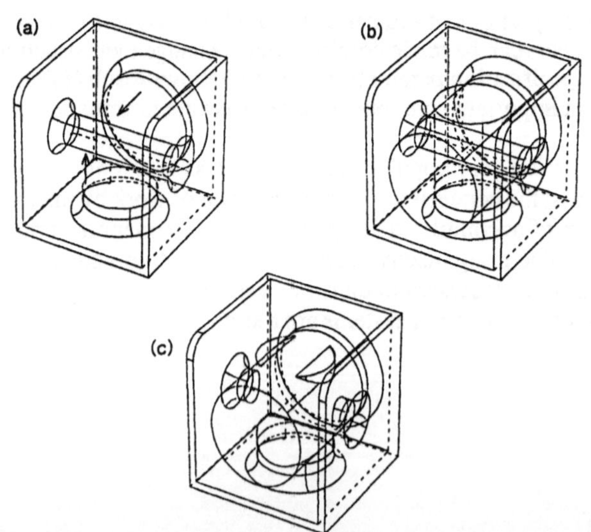

Fig.7 General Architecture for Modularized CAD/CAM

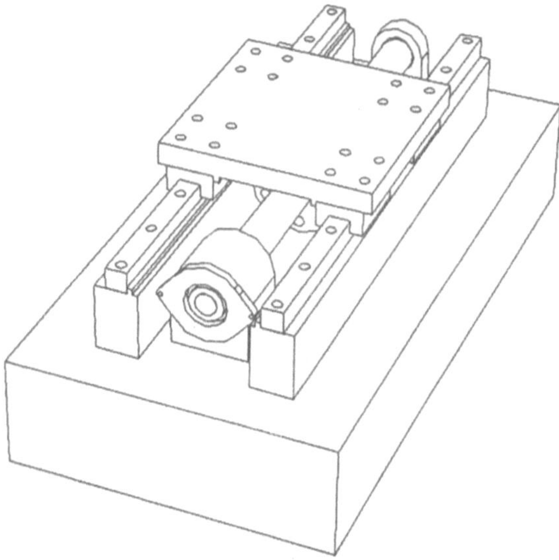

Fig.9 An Example of Product Design by Use of Functional Feature

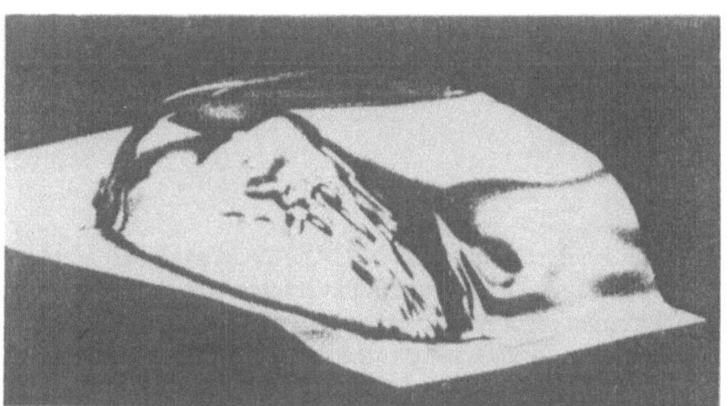

(a) Blank holding load = 689kN

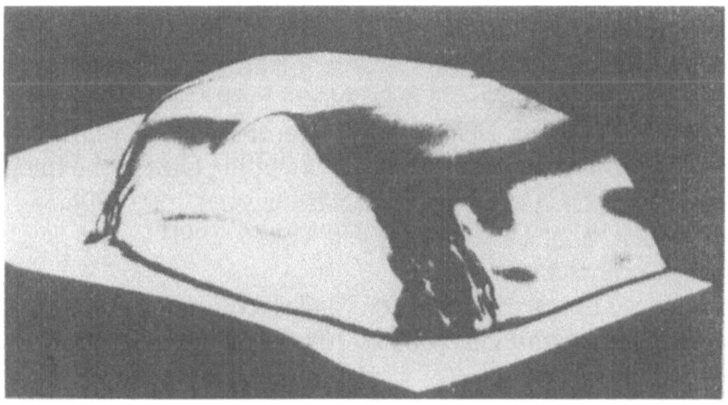

(b) Blank holding load = 980kN

Prediction of wrinkles in drawing process of a wheel house
by ROBUST. A post-process graphic software visualize
wrinkles clearly. Effect of blank holding pressure is
demonstrated.

Fig.10 An Example of Panel Forming Process Simulation

4. Virtual Manufacturing Environment

As discussed in the previous sections, model-based approach is one of the most powerful methods to realize high functional CAD/CAM systems.   If we can model most of the activities involved in manufacturing, we can simulate the manufacturing process within the model world, instead of real manufacturing.   We shall call this as Virtual Manufacturing.

By carefully analyzing the manufacturing process, we could replace it by computer-based Virtual Manufacturing process, with which product functionality and manufacturability can be efficiently predicted.   Sometimes virtual manufacturing should be complemented by computer-aided rapid prototyping.   Various kinds of models, such as product models and process models, are software tools for realizing Virtual Manufacturing.   Concurrent engineering is considered as one of the underlying concepts for the engineering activity organization.

In fig. 11, some of the relevant models for Virtual Manufacturing is represented.   We can identify three categories of models:
- Virtual Manufacturing Construct: underlying generic models used from the upper level,
- Virtual Manufacturing Environment: software tools to generate target application systems,
- Target Systems: tailor-made application systems.

If we could realize such modelling environment, and accumulate practical engineering knowledge within this framework, our future system construction might be made much easier.

5. Conclusion

After the mature period of the first generation of CAD/CAM systems, advanced users are trying to find out a pertinent figure of succeeding systems.   New factors, such as rapid technological evolution, human resource reduction and total product life cycle concept, are giving us a new challenge for manufacturing.   Many things are left untouched.

References

[1] H.Yaginuma, T.Yamashita, T.Uchida, T.Mase, N.Kasai & K.Osada: A New CAD/CAM System for the Car Design Process, SAE Technical Paper Series 910817, 1991.
[2] H.Araki, M.Kawai, Y.Amano & M.Nonaka: Replacement of Physical Models by Highly Accurate Numerical Models for Manufacturing Stamping Dies in the Integrated CAD/CAM Systems, PROLAMAT 85, North-Holland, 47-60, 1996.
[3] T.Suzuki: Ph.D. Dissertation, The University of Tokyo, 1990.
[4] FRESDAM: Sony Corporation.
[5] J.Tsuchida & H.Tateno: Factory Automation for Telecommunication Equipment, Software for Factory Automation, North-Holland, 157-168, 1989.
[6] CADCEUS: Nihon Unisys.
[7] DESIGNBASE V.4: Ricoh Corporation.
[8] F.Kimura, H.Suzuki & I.Tanaka: A Pattern Directed Design System for Machine Assembly, Annals of CIRP, Vol.40, No.1, 127-130, 1991.
[9] A.Makinouchi, E.Nakamachi & T.Nakagawa: Development of CAE System for Auto-Body Panel Forming Die Design by 2D and 3D FEM, Annals of CIRP, Vol.40, No.1, 307-310, 1991.

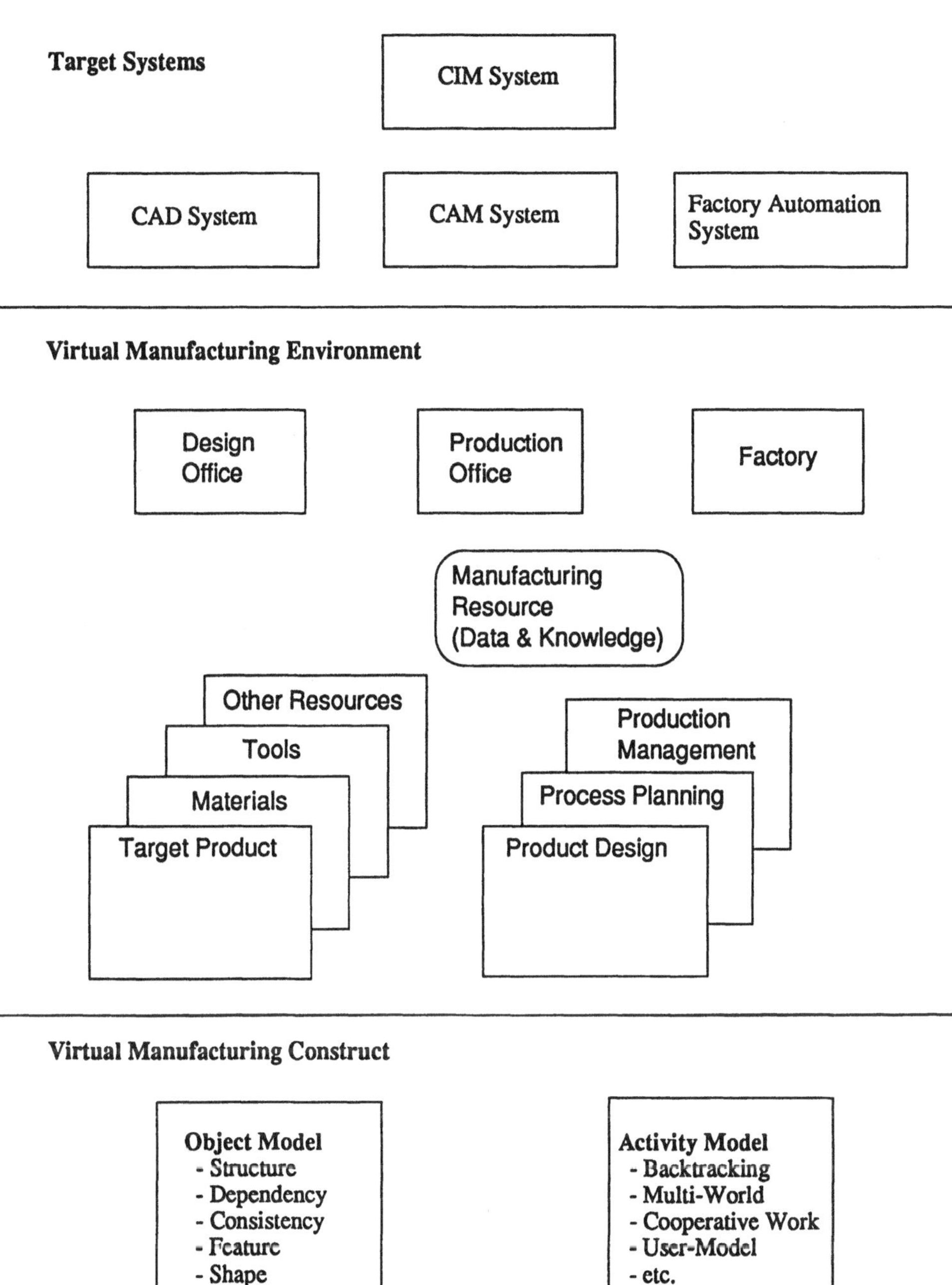

Fig.11 Virtual Manufacturing Environment

Research Trends in the U.S. for
Next Generation CAD Systems

Michael J. Wozny
Rensselaer Design Research Center
Rensselaer Polytechnic Institute
Troy, NY 12180-3590

1.   INTRODUCTION

The CAD vendor industry today faces major decisions as it addresses the growing industrial trend toward concurrent engineering. Research in design and manufacturing systems is needed now more then ever in the past. Yet, the CAD industry, on the whole, has not invested in such research. On the other hand, most companies prefer to buy solutions, such as they did in the past with drafting systems. Thus, we face a dilemma: industry asks vendors, "What do you have to offer?" Vendors respond with, "What are you willing to buy?"

Clearly, the picture is more complex. However, the fact remains that relatively little CAD research is being supported by industry in U.S. universities. Part of the problem deals with expectations. University research tends to use simple examples to demonstrate principles, while industry expects detailed practical solutions ready for implementation into practice.

1.1   Vision

This problem notwithstanding, let's examine the original issue above, of the CAD vendor industry at a cross-roads. The concept of CAD, as we know it today, began in the early 1960's when the new computer graphics technology, resulting from research at the Massachusetts Institute of Technology, was applied to the niche market of computer-aided generation of engineering drawings. Taking advantage of the dramatic changes in computing, this base market grew rapidly to include various specialized needs in detailed design and analysis, manufacturing planning and tooling. Acceptance was based on "significant" (x3) productivity increases within individual departments.

Unknowingly, the vendor industry exacerbated a fundamental flaw in the way products were designed and manufactured. In effect, CAD systems "optimized" individual functional departments which were required to operate within a serial development process. This does not lead to the "optimization" of the overall enterprise, and thus created the conditions for an eventual conflict.

This problem has been well understood for at least 6 years, but its resolution is not so apparent. The CAD dynasty of the 1970's and 1980's is over, except perhaps for a number of niche opportunities. The single generic solution - with a macro capability for local tuning - no longer suffices. The installation of a substantial CAD capability in the next generation will require extensive integration with the remainder of the enterprise system, implying a deeper understanding of the corporate organizational structure, and a more specialized tuning of systems to meet specific local idiosyncrasies. Our vision of CAD must become more encompassing, and our methodologies to achieve flexibility must become much more sophisticated. The CAD vendor industry of the next generation must change its direction in a fundamental way.

This paper will develop a conceptual framework in which to identify general requirements for next generation CAD systems and, consequently, define research trends and needs.

1.2   The Big Picture

Responsiveness, i.e., the ability to get a product out into the marketplace quickly, is becoming a dominant requirement at the enterprise level. (This does not imply that quality and cost are not important.)

Studies have shown, [Dumaine 89] for example, that profit appears to be more sensitive to speed-to-market, than to over-budget. Introducing a product late, but on-budget will generally result in significantly less profit over the product life (perhaps 30% less), than if it were introduced on-time, but over-budget.

Responsiveness is especially important in high technology products where 40% of the revenues are generally realized within the first three years of introduction [Altamuro 91]. Shorter product life means less time to correct design errors and/or redesign for lower cost or higher quality. In some cases, 25% of an average operations budget can easily be consumed in detecting and repairing design errors [Digital Equipment Corp. 90].

This concept of responsiveness is similar to the terms, lean manufacturing [Womack et.al. 90], and agile manufacturing [Goldman & Preiss 91], which have appeared recently in the literature.

In order to have a more responsive system, one needs to: (1) optimize on a global enterprise level, (2) find ways of figuratively compressing time, and finally (3) look for leverage points of where to start. These issues form the basis of this paper.

2. GLOBAL OPTIMIZATION

An optimization approach requires performance measures which determine if progress is being made. Clearly, a true optimum will never be achieved in a real enterprise, but this is a useful way to think about the problem, because it gives us a framework for modeling our top-down CAD requirements.

2.1 Measures

When one thinks globally, former CAD measures of productivity, such as engineering drawing through-put (drawings per unit time) are simply inadequate for the big picture. Private studies and anecdotal evidence have shown that through-put causes less critical portions of the drawing generation process (that is, from the engineering point of view), such as validation, to be passed to downstream units partially undone. (This is hard to catch in formal release systems.) The situation is even more blatant when a supplier is the recipient of the drawings! And management ignores the problem, because engineering is on schedule.

A global measure that addresses this case is "number of engineering changes".

Using the same argument, it is not clear that, "reduce design cycle time" truly measures enterprise responsiveness. Some companies, especially early in their experimentation with multi-functional design teams, actually found that the design cycle time increased, even though the overall time to get the product out decreased substantially. On the other hand, there are so many inefficiencies in the design cycle today, I expect that it can withstand major reductions in time. But in the abstract, at some future date when the overall enterprise is operating near optimal, the issue may not be so straightforward.

Another important global measure is the time for ramp-up to volume production. Rapid production changeover to a new design has major implications in the final design. In general, a rule of thumb is limiting the changeover costs to 10 to 15% of the plant's original investment [Altamuro 91]. This implies, for example, that the design should facilitate in production as much use of programmable automation as feasible.

In all these cases there is no adequate modeling methodology which allows one to evaluate trade-offs in a given global measure. However, from an ad hoc point of view, there are two key characteristics which certainly lie at the heart of most of them, viz., communication and cooperation. How many times have we heard, "If engineering better understood what manufacturing is doing, and conversely, then ...".

This paper deals with the technical issues of this problem. The many significant nontechnical measures, such as incentives, motivation, leadership, vision, are beyond the scope of this work.

2.2   Communication and Coordination

Multi-functional teaming is a means for increasing communication (and coordination), and in the past five years has become the common approach toward improving responsiveness. This approach is only the first step in experimenting with organizational change. A number of researchers (among them, Professor Joel Moses, Massachusetts Institute of Technology, and Professor Wayne Davis, University of Illinois at Champaign-Urbana) are trying to understand how organizational change affects the goals of the enterprise. For example, for a responsive enterprise in a rapidly changing marketplace, should the organization be flat or hierarchical?

Although management is perhaps correct to imply that effective multi-functional teaming is primarily a management issue, as opposed to a technical issue, teaming is still not well understood. What are the essential characteristics that a group of experts, with different backgrounds, personalities and goals, must have in order to nurture successfully the development and production of a new product in minimum time? Furthermore, how does one use technology to make the overall teaming function even more efficient and cost-effective, especially after the teaming concept is well established in industry? How does one make geographically distributed team members more effective? Before the technology can be effective, we need hands-on operational experience with teams, coupled with a set of general concepts and principles on which to build technology solutions.

There are two distinct levels to effect group communication. The first provides a channel and a data management structure, and the second deals with the information being communicated. Effective communication requires a means for understanding. The state of industry today is simply collecting and making the data (field service, marketing, design) available to relevant functional groups. For example, Kodak and EDS are jointly developing *Info Manager*, a system that will electronically track and manage all technical data accumulated over a product's life cycle.

2.3   Technology Issues

Let's start with the following premise: How do we emulate electronically a conference room environment? Suppose we take a team that works effectively face-to-face in a conference room, and place them behind computer terminals in separate rooms. What does it take to make them effective again? One can ask a deeper question, "Can one create a virtual environment which is superior to the conference room?".

Using the term coined by Joseph Piteo, at Sikorsky, let's call this distributed computer conference room environment for engineering, virtual co-location. Thus, what does it take to have an effective virtual co-location environment? If response is immediate or highly interactive, we need at least high bandwidth communications (that takes care of E-mail!), preferably audio and video. (This is the level of conferencing used by most companies today.)

If the required response is not immediate, then video may not be necessary. (Audio is simply the telephone.) Let's look at this case.

2.3.1   Accessing and Managing Information

Since part of the interaction will involve engineering drawings (data-sets), then a means is needed to transmit such information. Vendors such as Rosetta Technologies, Inc., which prefer to call themselves a communications company as opposed to a CAD company, offers a range of software to facilitate the interpretation and commenting of engineering drawings. The system facilitates group communication by allowing electronic access to engineering and manufacturing databases, so that drawings can be downloaded via IGES to a remote workstation which provides the user with intelligent viewing capabilities, interpretation tools, revision comparisons, and a means to electronically red-line drawings, i.e., a means for sending written and graphic comments back to the design group. This system has been used effectively to evaluate in-progress designs for manufacturability.

The Rosetta software allows, for example, a machinist on the factory floor or in a supplier company to access and evaluate a design. Another type of group interaction is managing the development of a large design involving many designers and communicating that information to manufacturing. Sikorsky has developed such a system, called IGOR™, to assist the design engineer. This system manages the CAD environment. It controls the processes through which information is created, and delivers it to the right person at the right time. The chief characteristic that makes this system unique is that it is an *active* communication system, i.e., it actively alerts users to relevant information, and actively notifies users about changes in information. It tracks drawings in progress, notifies appropriate individuals when items are completed and available for their review and sign-off. It maintains a status, based on approvals collected, and it releases the drawings to manufacturing after the appropriate approvals have been collected. The triggering mechanism occurs when an engineer releases a data-set from his private workspace into the public environment.

2.3.2 Intelligent Agents

The next level involves the use of AI techniques. Boeing has been experimenting with a cooperating multiple agent inferencing architecture aimed at addressing the following problems: increasing production error rates, excessive rework and scrapped parts, and designs inconsistent with manufacturing practices. The system is based on agents, representing functional islands of expertise, which cooperate with each other in a client-subcontractor mode. They interact on a demand basis requesting/providing services. There is no predetermined flow of information and there are no dominant players. Each agent performs its function and informs associated agents of its solution. The associated agents check for constraint violations. The client agent delivers the appropriate context of operation to the contracting agent.

Initial applications involved the collaborative participation of teams in critiquing designs, planning and executing design changes, and recording design rationale. The architecture will also maintain agendas of unfinished business such as evaluations of designs, suggestions about goals and constraints of design changes, effects of proposed changes on other aspects of the design, changes under consideration or implementation, and the divisions of responsibility.

Perhaps the most ambitious effort thus far has been undertaken by Enterprise Integration Technologies Corporation under the leadership of Jay M. Tenebaum, to provide an intelligent agent framework for enterprise integration. This framework is based on a distributed knowledge service that supports cooperative problem-solving by means of communicating intelligent agents which access shared knowledge bases. The network, EINet, ties together computer applications in a manufacturing environment, integrating (both data and "actions") software from multiple vendors running under mixed platforms.

The next step is to develop software tools that implement specific principles or concepts which deal directly with aspects of cooperation. One such principle is called convergence and collaborative thinking [Gillen & Fitzgerald 91]. The idea is to understand collectively all the specialized knowledge from all team members in such a way that it expands each individual's knowledge, allowing him/her to completely understand the needs and goals of all the other members. This new collective mindset allows all team members to grasp the cost of each other's activities, and thus provide insights to others, resulting in a much deeper level of cooperative work.

2.3.3 Tools to Enhance Collaboration

Such research needs to be extended in other directions. For example, an important team characteristic in achieving a design is negotiation. To date I'm unaware of any groupware tools that facilitate negotiation. The closest application using like tools is in business. [Grohowski et.al. 90] reports on notable progress in software tools to facilitate group interaction for business applications. For example, in a brain-storming session, all team members work in parallel through their workstations, while the groupware tools monitor progress and open paths of communication when it appears that the ideas of two individuals can positively reinforce each other. Similar tools can be used for consensus building.

Clearly more research is needed in the fundamental concepts of cooperative problem solving. I expect that research using AI [Lu 91] and information-theoretic [Werner 88] approaches will prove fruitful.

2.4 Data Exchange

The ability to design using cross-functional teams on a regular and extensive basis will be hindered until the data exchange problem is solved. This issue deals with the ability to communicate in a common "language". Today we find that most CAD tools run separately; models and representations are incompatible; and user interfaces and databases are inconsistent.

The technical problems are significant. For example, most CAD systems have different tolerance values which determine when two geometric elements should be considered identical. In many cases, the tolerance is chosen to accommodate a primary application (this is certainly true for in-house systems) or an imbedded geometric algorithm, and is not easily changeable. If data is moved from a precise CAD system to one whose precision is very loose, then lines may not meet, or they may not be parallel or perpendicular, or surfaces may have gaps.

The PDES/STEP effort is essential to long term progress and needs to be supported more seriously by the vendor community. The National Institute of Standards and

Technology maintains a demonstration capability, and is a major facilitator of PDES/STEP.

Research at the Rensselaer Design Research Center has focused on the ability to map EXPRESS models directly into ROSE database schema. See Section 4.4.

3   TIME COMPRESSION

Earlier we stated that a second means for supporting responsiveness at the enterprise level is to find ways of figuratively "compressing" time. This means that we must: (1) perform more functions in parallel; (2) do things right the first time; and (3) make extensive use of computers,i.e., do as much as possible in the virtual world.   The following paragraphs expand on these solutions for compressing time.

3.1   Do More in Parallel

3.1.3   Simultaneous Product and Process Development.

The concept of simultaneous product and process development has been evolving for a long time. The automobile industry has had an effort going on for 25 years. The national interest in concurrent engineering gained strength in the mid-1980's because the Computer Aided Acquisitions & Logistics Support office (CALS) became very concerned that 80% of the large stockpiles of spare military parts would never be used; but still had to be stockpiled because there was no easy way to manufacture spare parts on demand. In some cases the supplier had either gone out of business or into a different line of work.   It became clear that a common product definition was needed so that any manufacturer could produce the needed part.

CALS supported the original Institute of Defense Analyses report which received widespread distribution. In 1989 DARPA (Defense Advanced Research Program Agency) launched the five-year DICE (Darpa Initiative on Concurrent Engineering) project, with General Electric as the prime contractor, supported by a consortium of 11 companies & universities.

Unfortunately, there is no simple definition of concurrent engineering. It has become an umbrella concept with many "hot" topics hidden under it, such as design for manufacture, continuous process improvement, total quality management, and quality function deployment.

The following definition, attributed to Dr. Jack Thompson, Chrysler Corporation, covers most of the basic issues:

Concurrent (simultaneous) engineering is a process that encompasses design, development, production, support and service of products throughout the product life-cycle in conformance with customer and user requirements. In particular it involves the following sub-processes:

1. Use of quality design processes (QFD, etc.) to assure a robust design throughout the product life-cycle that fully meets customer requirements.
2. Early, accurate, specific requirements for design that include functional, aesthetic, manufacturability and supportability targets.
3. Alignment and sequencing of product design and development processes to minimize concept-to-production lead times.
4. Identification, development & application of appropriate design tools, analytical & empirical models, organizations, etc., to support concurrent engineering processes through all phases of the product life-cycle.
5. Accommodation of emerging technologies that support concurrent or simultaneous engineering processes.
6. Capabilities to assimilate and/or access different information sources, databases, test and evaluation, lessons learned, field experience, and failure records, etc., to assist in establishing design requirements.
7. Consideration of all elements of quality, cost, schedule and user requirements throughout the product life-cycle phases.
8. Formation of multi-discipline teams, with balanced participation from all relevant disciplines, from the outset of the conceptual design process through the product life-cycle.

The issue of bringing together multiple functions early in the design process will be discussed further in Section 4.

3.1.2 Life Cycle

There are several methodologies currently in use to evaluate life cycle issues such as maintainability.

Simulation for Maintainability.   Simulation approaches for evaluating maintainability have become more attractive recently, because of the rapid progress being made in *virtual reality*, a computer graphics realistic, walk-through capability which emerses the user in a visual 3D world under the direct control of a computer. Given an electronic mock-up of a proposed design, the virtual reality environment tricks the human subject into thinking that he is actually performing a physical maintenance procedure. The performance is evaluated and suggestions fed back to the designers. Although the technology is still crude and in its infancy, the approach has a lot of merit for evaluating maintainability.

Much research in graphics is needed to obtain both higher resolution in the graphics image and force feedback on the data gloves, so that the user gets the sensation of something pushing back when the image displays a solid object.

An even more exciting application for engineering is visual fusion (our term), or see-through virtual reality (Boeing's term). If one is able to registrate a graphical image with a real object, so that the computer generated image can be projected on the real object at an exact location, regardless of head motion (this can be done by mounting small CRT's on a pair of glasses and projecting their image through half silvered prisms, for example), then one can generate graphical instructions or reference images directly on the actual object. This approach carries maintenance via electronic notebook one step further to actually project an image on the physical part to be changed. Applications include composite ply layout, the placing of components in an assembly, and the comparison of a reference surface to one that has been changed.

Methodology for Maintainability. A methodology is being developed by Professor Michael Pecht at the University of Maryland for evaluating the maintainability and reliability of electronic circuit board designs. This interactive capability allows the designer to evaluate life cycle issues during design. The approach uses a design attribute hierarchy with a figure of merit, similar to a fault-tolerant tree approach for failure analysis.

3.2 Do It Right the First Time

There are various methodologies that can be applied to minimize technology risk and uncertainty in an evolving design. The example in Fig. 1 illustrates a case in point. We practice what can be called *radical innovation*, i.e., we produce a product with minimal change ("If it ain't broke, don't fix it.") until plans are launched for a new one. At that time, funds are made available to innovate new products, and necessary processes. The result is high innovation, but also high technology risk. One would expect that the same innovative level can be reached with less risk through a continuous improvement process, as shown in the figure.

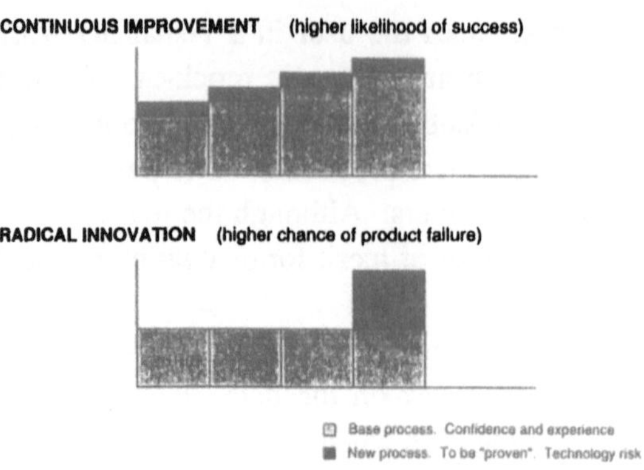

Fig. 1 - Technology Risk

3.3 Do More in the Virtual World

The virtual world gives us an unusual opportunity to compress time and to run many experiments quickly. The traditional limitations of the physical world such as mass, inertia, capacitance and spring constant are bypassed. As a result, we need to take greater advantage of the opportunity offered. The Research & Engineering arm of the Defense Department listed computer simulation as one of its seven critical technological goals, which needs to be researched more intensely. In addition to researching the simulation methodology itself, we need appropriate models which are accurate.

3.3.1 Accurate Models

Accurate simulation models lead to significant savings in cost, energy, and time. For example, the aerodynamic models used in aircraft simulators are highly accurate, especially after an aircraft has been built and tested. Consequently, a commercial airline pilot can be certified for a new airplane, by gaining all of his experience in a simulator and flying the real airplane for only one hour.

Powerful graphics-based workstations now provide us with general purpose solutions to physical phenomena, such as Maxwell's electromagnetic equations, Navier-Stokes equations of flow, structural analysis using finite element techniques or heat analysis using finite difference methods. Previously, such large numerical analysis packages - representing different degrees of generality - were available only on supercomputers. Some new vendors, such as WaveTracer, Inc., have implemented their own unique parallel architecture (MDSI) for a back-end processor on a network of design workstations. With built-in numerical software and sophisticated graphics, they offer solutions, not cycles.

User interfaces to such packages have made major strides in the past five years. Visual programming [Upson et.al. 89] has greatly reduced the expertise needed to run sophisticated programs. Several design packages developed at Boeing have a Prolog front ends to facilitate interaction. A research project under the direction of Professor John Hopcroft at Cornell, called Newton, has focused on a friendly means for writing rigid body equations of motion, then have those equations be associated with geometric elements on a graphic display, which can be put into dynamic motion. JPL has developed a graphics library of satellite joints and linkages which link directly to an equation generator which in turn links to a graphics animation package.

It seems that models for design are not so amenable to precise analysis, especially when the design is still at an evolving stage. In many cases the competitive advantage of a new product lies in taking advantage of some ill-understood physical phenomenon, for example, a new material which provides better friction for automobile brakes.

The ability to evaluate designs for manufacturability implies that we have suitable process models. Suitability means not only models which describe the process, but describe it in terms which designers understand and which reflect the decisions to be made. For example, a process model for injection molding which requires detailed understanding of injection temperature and pressure is not very useful to a designer who wants to evaluate the level of process complexity required by his design.

3.3.2 Integration of Tools

There seems to be quite a bit of interest among CAD users to visualize and gain insight into the design of assemblies. This capability, for example, was the primary reason Lockheed launched the development of their EDG (Engineering Design Graphics) system 6 years ago. One application was to lay out and visualize all of the assemblies and components in an airplane cockpit. The simulation and animation of assemblies has been found to be very useful, especially in conveying desired results to customers. (Another aspect of this is the creation of 3D plastic parts to help subcontractors -as well as designers - gain a better understanding of the design and thus submit lower cost bids.) The ability to combine part geometry with sophisticated graphics rendering (ray traced) packages is gaining wider acceptance.

Tying commercial rule-based software, such as ICAD™ or Wisdom™, to a CAD environment is of great interest in the CAD community. A common application is sizing designs. In this case, the rules define all of the necessary associativities among the supporting components in the design. When a new overall size (or shape) is specified, all of the appropriate sub-components are resized automatically. Such rule-based systems have also found applications in feature-based design, which will be discussed later.

This example is a special case of a more general problem which is concerned with the coordination of many design tools for a single user. The objective is to move away from large monolithic design packages which are somewhat inflexible, to a suite of tools (toolkits in some cases) supported by very flexible tool managers and schedulers. Such systems allow the user to interact at the application level, while the manager carries out, transparently, the lower level invocations. Blackboard-based systems for electronic and chemical process design have been developed by Professors Steven Director and Arthur Westerberg at Carnegie Mellon University, respectively, and by Professor George Stephenopolous at Massachusetts Institute of Technology. Commercial blackboard frameworks, such as GBB™, are now appearing on the market. More sophisticated concepts of deeper management of the design process have been proposed.

The Next Cut research project at Stanford [Brown, et.al. 89] brings together design and manufacturing planning tools in a highly unified way. Changes in one aspect of the design trigger appropriate changes in all of the other appropriate aspects, e.g., if a tool path change was made in an NC program, this change would be reflected in the window displaying the NC code listing, as well as in the geometry window, etc.. To insure that the changes take effect as rapidly as possible, Cutkosky has incorporated an incremental updating capability, so that only the necessary portions of the relevant tools are updated.

4 LEVERAGE POINTS

Once the high leverage topics have been motivated, specific research results are discussed.

4.1 Evolution of the Design Paradigm

To better understand the general trends in CAD systems today, and to identify what are the areas most likely to return the highest dividends, in general terms, let's review the historical evolution of the key intellectual ideas behind CAD, as shown in Fig. 2. (The discussion will center on mechanical CAD.) This evolution is presented with respect to a background curve which represents the fundamental driver behind design, namely, the percent of the total downstream cost which is committed, once a design decision is made.

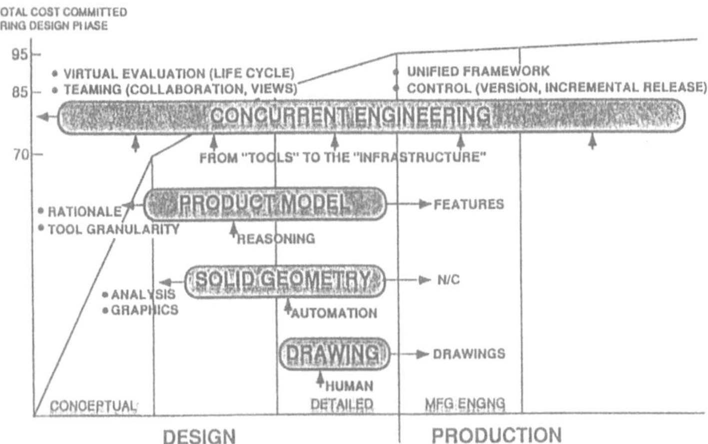

Fig. 2 - Evolving Design Paradigm

Although most experienced industrial leaders agree that this curve is reasonable, there has been little hard evidence, except of an anecdotal type. Boeing has recently verified this curve with hard data. (Although that data has not been released.)

Let's examine the major stages of this evolution. The first stage represents a direct application,in the early 1960's, of the then new computer graphics technology to the generation of drawings. This computer approach simply emulated the manual drawing procedure, i.e., an electronic pencil. The goal (at least for the early Lockheed Corp. CADAM™ software in 1965) was to make clean drawings, and later to provide for rapid modification of drawings. The process was focused on human generation and human interpretation of drawings.

Solid modeling, which was initially researched in the late 1960's, represented, ultimately, a major push toward automation. It allowed engineering analyses to be performed more automatically, and facilitated integration. It spawned the notion of a virtual three-dimensional master model, which could be generated, analyzed, experimented with, and studied in a compressed time scale not possible with physical parts; and assumed that suitable models could be represented in a computer-sensible manner. Thus, computers became the ultimate enabler for reducing the product cycle time.

Unfortunately, the creation of a precise, realistic, detailed geometric model is still very difficult and time-consuming, both in human creation time (interface) and in computer processing time. More importantly, solids represented only a portion of the solution. A solid model is simply a *geometric* description, while an engineering drawing is a *language* for describing how a part should be made.

The third stage represents, on the one hand, a realization that the goal of complete automation is not achievable, at least not in the foreseeable future, and must be tempered with human reasoning (or possibly AI-based reasoning) functions. It also represented a major push toward the concept of a product model, i.e., one which carries "all" the information needed to "describe" a part, and which facilitates automated interactions between product and process models. The means for communicating design information is now features, which offers the possibility of model-based programmable automation. Features also facilitate communication early in the design cycle.

Although the objectives of this third stage have not been realized yet, a new stage appeared about 5 years ago. It represents the realization that simply creating better tools for "cowboy" designers is not the answer. The real thrust must be in the development of a viable infrastructure which facilitates sharing, communication, and cooperation. This stage will be enabled by sophisticated databases, computer networks, and groupware tools. It will also facilitate complete virtual representation of the product and all processes, so that most of the design and planning activities will take place in an informational plane, rather than the physical plane of the past [NRC 91].

In summary, there are two major trends in CAD as shown in Fig 3. The first is toward tools (characterized by their ability to handle incomplete or ambiguous information) which facilitate better decision-making earlier in the design cycle. The early stages of the design process have the greatest impact. Coupled with ambiguous and incomplete descriptions of the product data available early in the design cycle, as well as its complexity, tools which support reasoning will be needed.

The second is toward an information highway which facilitates sharing, communication and cooperation across the enterprise. It will focus on informational modeling tools and frameworks which accommodate large portions of the enterprise. The CAD environment today consists of an array of tools aimed at specific needs in functional areas, but lacks an information structure for sharing or managing that information in a uniform way that supports the whole design-production process. Although we have advanced computer science tools, we cannot fully model our information systems until we first understand, and can represent, existing human, informational, organizational, and managerial systems. Realizing

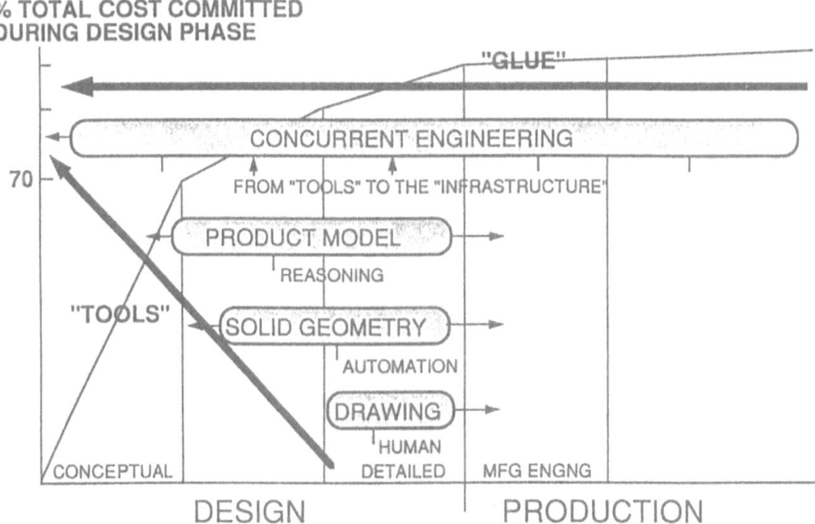

Fig. 3 - Major Trends

that design is generally a team effort, the intellectual basis of future research will lie in cooperative problem solving.

4.2 Functional Features For Assembly Modeling and Tolerance Evaluation

Features which encapsulate information about the "function" of a design involving assemblies and tolerance strategies facilitate communication of the design intent to downstream applications, and provide a means, in some cases, for the direct generation of features appropriate for manufacturability evaluations. This section is based on research [Sodhi 91, Wozny, et.al. 92] lead by Professor Joshua Turner of the Rensselaer Design Research Center under a joint (Rensselaer Polytechnic Institute - University of Massachusetts at Amherst) research project funded by the National Science Foundation.

Since tolerance strategies are influenced by functionality, one can build relevant tolerance attributes into the feature definition, which in turn, are used to instantiate and attach ANSI tolerances [ANSI Y14.5M 82] to the model. Functional features serve as an intelligent front-end for tolerance evaluation, by providing a means for the system to enforce valid tolerancing strategies, and alleviate the designer of the burden of creating and attaching geometric tolerances (size, location, orientation, and form) to the model elements.

Functional features are also useful for the early design of assemblies consisting of components. Each assembly feature defines functional associations between component functional features. The actual assembly relations between component geometries are generated when the assembly features are evaluated. Contrast this to the traditional approach, where assemblies are modeled by first completely designing the components, and then specifying assembly relations between component surfaces.

See [Sodhi 91] for additional details and examples on the feature-based approach for tolerance and assembly representation.

4.2.1 Tolerance Evaluation

The tolerance evaluation procedure is best illustrated via an example. Fig. 4 shows the pin-support functional feature used to create the exhaust pipe cover components in Fig. 5. The U-Bracket form feature is chosen as the desired configuration. The pin-support-holes configuration attribute of the functional feature is then used to create two holes in opposite walls of the U-Bracket. Since the primary function of the holes is to support the pin, tolerancing attributes are associated with the pin support holes attribute which control the deviation of the hole centers relative to each other and the datum surface.

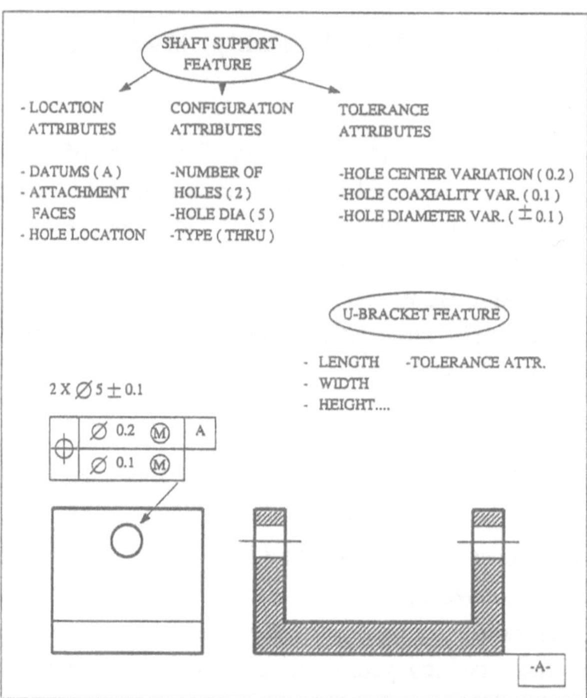

Fig. 4 - U-Bracket Feature

This information is used later to create and attach a composite tolerance which controls both the location of the holes with respect to the datum, and their location relative to each other, to ensure that the pin passes through both holes, thus functional features enforce correct tolerance strategies. The tolerance primitives are attached to the model only at the time of tolerance evaluation.

4.2.2 Tolerance Analysis

The tolerance analysis algorithm is based on a feasibility space approach. The nominal model is augmented with a set of independent model variables, with each model variable defining a variable in the feasibility space. Model variables are defined to provide a general variational coverage, with each different model instance corresponding to some assignment of values to the model variables. The tolerances specified on the components, and the design functions are expressed as linear, inequality constraints on the model variables and optimization techniques used to determine the limits or distributions of the design functions. Details are found in [Turner 87], [Turner 88], and [Turner 90].

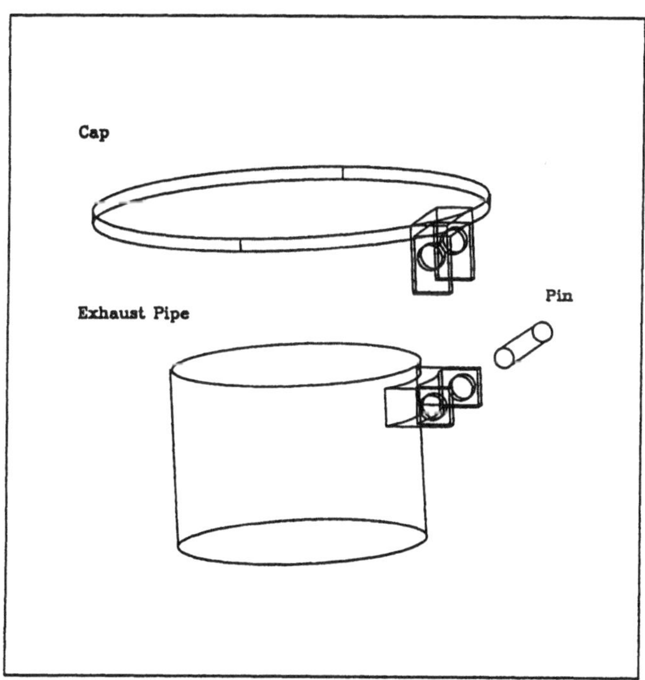

Fig. 5 - Exhaust Pipe Cap Assembly

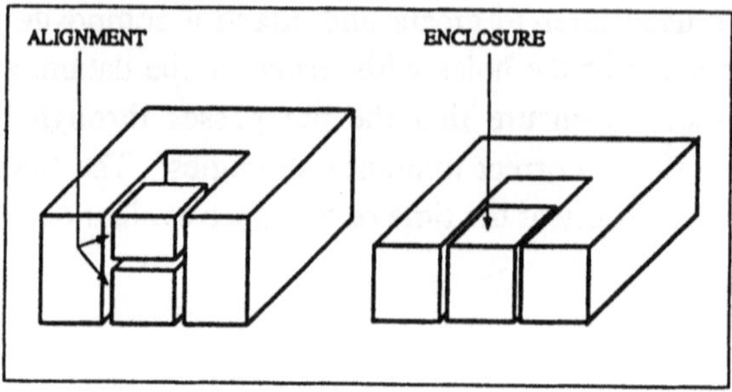

Fig. 7 - Secondary Mating Relations

4.2.4   Assembly Representation

Assembly features capture the functional relationships between features on different components.   These features, containing the mating information, represent the assembly, and when evaluated, generate the appropriate mating relations and attach them to the assembly model.

Fig. 8 shows the pin joint assembly feature which represents the relations between the component features in the exhaust pipe assembly.   The primitives generated from the assembly feature, when evaluated, are shown in Fig. 9.   Note that the high-level functional assembly representation alleviates the need for the designer to identify and attach mating relations.   The functional assembly feature also maintains the constraints between the component features.   For example, the pin joint assembly feature will ensure that the axes on the pin support hole features are oriented in the same direction.

4.2.5   Modeling of the Assembly

The primitive assembly relations are used to build a hierarchical assembly model according to the steps outlined in [Srikanth 90].

First, the primitive contact assembly relations are generated from the assembly features, which are then used to determine the secondary relations.   Next, these relations are used to generate an hierarchy in which each component is positioned with another if the relative motion between them is completely constrained.   At the

4.2.3 Assembly Modeling

An assembly is modeled in terms of assembly functional features, which consist of primitive mating relations (contacts, attachments, and assembly dimensions) between the parts of the assembly. This assembly functional feature representation generates an assembly model by evaluating the primitive mating relations.

Contact relations specify kinematic pairs between geometric elements on different parts. The contact is enforced by attachment relations, which are generated by assembly features, or input by the designer. Contacts between parts in an assembly can be generated automatically.

Assembly dimensions and their associated tolerances describe constraints (distance, perpendicularity, angularity, parallelism) used by the designer to locate geometric elements. These constraints specify the required precision of assembly processes. Assembly dimensions are generated by assembly features, or input by the designer. (See Fig. 6)

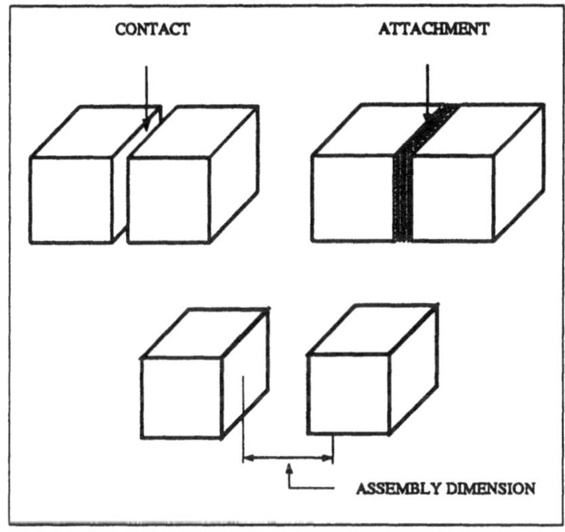

Fig. 6 - Primitive Mating Relations

In addition to the primitive assembly relations, two secondary relations (enclosures and alignments) are used in assembly modeling. An enclosure relation exists between two parts when one is enclosed by the other, i.e., it cannot move in two opposite directions because of contacts with the other part. An alignment relation exists when two parts are aligned because of contact with a third part. The secondary relationships are derived automatically from the contact relations (See Fig. 7).

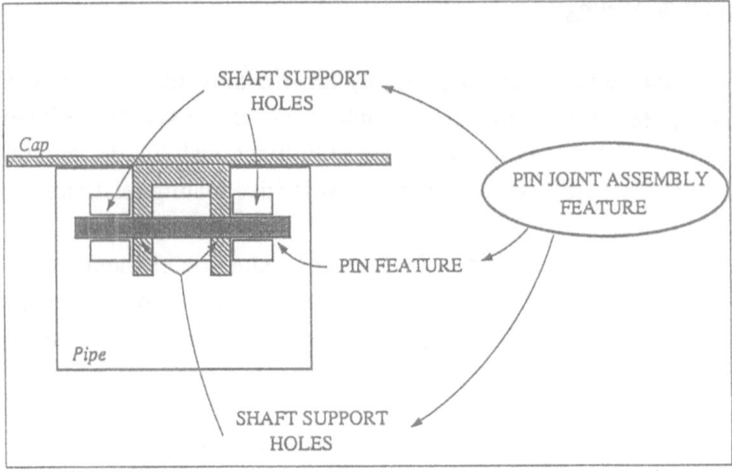

Fig. 8 - Pin Joint Assembly Feature

same time heuristics relating to the sequence of assembly - such as agents of attachment (nuts and bolts) are positioned after the attached parts - are enforced.

Once an assembly hierarchy is created, relative positioning operators are attached to components that ensure that the assembly relations with the mating component are satisfied as best as possible. These operators contain the relations and not the evaluated positioning transform, allowing the positions of all parts in the assembly to be re-evaluated in case the position of any component or component feature is changed.

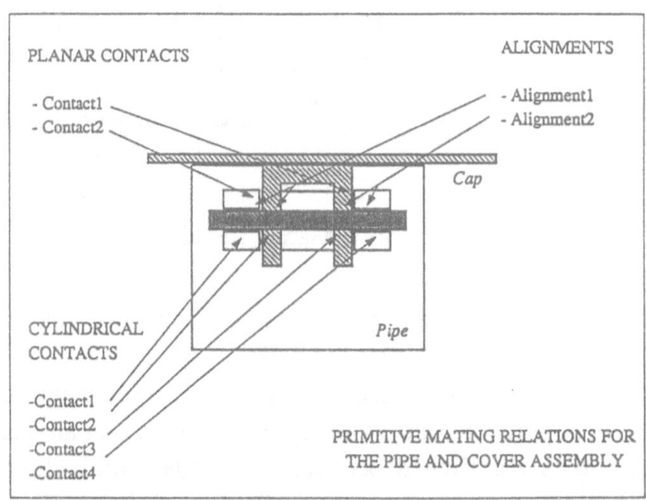

Fig. 9 - Primitive Mating Relationships for the Assembly

4.3   Design for Manufacturability

The evaluation of the manufacturing cost of a design (Design for Manufacturability or DFM) must be done very early in the design cycle for maximum leverage. DFM has been identified as a high priority need. Previous work has two shortcomings: (1) it assumes that a candidate detailed design has already been developed, and stresses modification and redesign, and (2) it requires knowledge of the manufacturing process not generally possessed by a designer, and does not provide redesign suggestions with resulting estimated cost savings.

In this specific joint research topic between Professor Michael Wozny at Rensselaer Polytechnic Institute and Professors Dean Corrado Poli and John Dixon at the University of Massachusetts at Amherst [Wozny,et.al. 92], designs consisting of thin walled mechanical parts (Fig. 8) are evaluated for ease of manufacturability and tolerance accumulation, by examining gross trade-offs between assemblies, components and three manufacturing processes early in the design process. Features are used to reason about the design; they facilitate analysis and evaluation by providing deeper insight into the design intent of the product geometry.

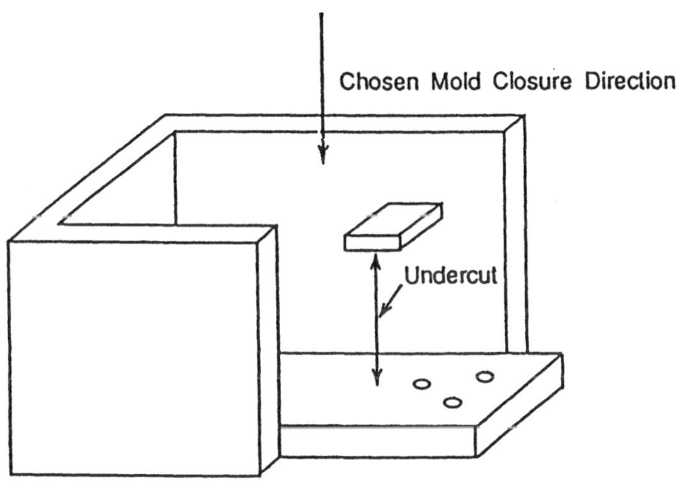

Fig. 10 - Undercut on Thin Walled Part

The manufacturability evaluation deals with design for ease-of injection molding, die casting or stamping. These process domains were chosen because, on the one hand, assembly accounts for most of the manufacturing cost, while on the other, injection molding, die casting and stamping account for more than 70% of the non-standard parts found in consumer products.

The methodology is based on a group-technology approach where injection moldings, die castings and stampings are grouped according to similarities in tooling and processing costs, providing a relative cost for candidate configurations. The classification scheme, which indicates the relative ease-of-manufacture, flags those features that are costly to produce, and indicates the savings if these costly features are either modified or eliminated.

The cap assembly for a truck exhaust pipe, Fig. 5, illustrates the procedure. The truck exhaust pipe is assumed to be vertical. The cap assembly is hinged onto the exhaust pipe, and serves as a lid that opens under the pressure of the exhaust. A spring component (not shown) is used to keep the cap on the pipe when not in use.

4.3.1 Manufacturability Evaluation Models

The first step in performing a manufacturability evaluation of the part is to convert the feature-based representation created by the designer into a feature representation suitable for the evaluation. This is necessary, because designers use different concepts and terminology than manufacturing engineers. In general, each function will have its own feature set. If the U-bracket in Fig. 4 is molded or die cast, the holes will cause undercuts because they cannot be designed parallel to the mold closure direction. Undercuts are manufacturing features. During the conversion process, whenever a hole feature in the designer's representation is not parallel to the mold closure direction, an undercut feature is recognized in the manufacturability feature set. This process not only requires a correspondence between manufacturing and design features, but must also track new relationships back in the designer's representation. For example, the rule that a hole causes an undercut if its axis is not parallel to the mold closure direction refers back to the designer's hole feature, but tracks the new relationship: parallel to the mold closure direction.

The general methodology for converting between different feature sets for thin walled parts is found in [Rosen 91].

4.3.2 Evaluation for Injection Molding and Die Casting

The total cost for injection molding or die casting a part consists of three cost elements: die (or tooling) cost, equipment operating (or processing) cost, and part material cost. Evaluation models for these cost and process domains are described in [Poli 88], [Poli 89], [Poli 90], and [Poli 91a].

Tooling cost is primarily a function of the general size and shape of the part, and consequently, can be determined early in the design cycle [Poli 88]. It is strongly dependent upon the presence and location of features (holes, projections), whether or not these features lead to internal or external undercuts, the number of features (i.e., the relative amount of cavity detail), the surface finish, and the desired tolerance. The cost model allows the designer to evaluate redesign alternatives with respect to changes in relative costs.

The original design (Fig. 11a) for the exhaust pipe cap is composed of eight parts stamped from sheet metal and assembled with screws, washers and nuts. The assembly costs decrease when redesigned with press/snap fits and two components for injection molded (Fig.11b) or die cast (Fig. 11c) processing. The assembly costs are reduced even more for the one piece injection molded or die cast designs shown in Figs. 11d, 11e, and 11f. Each of these designs has a different impact on the three cost components identified above.

The relative tooling cost, using the cost model in [Poli 88], [Poli 91a], for the design in Fig 11d is 1.38 times that for the design in Fig. 11e, regardless of the process. The difference in tooling cost is attributed to the external undercut features.

4.3.3 Processing Cost

Processing cost (cycle time) is primarily a function of localized features and details, depending heavily on the specific dimensions of the part [Poli 89]. Consequently, it cannot be determined early in the design cycle.

The relative processing cost of the design in Fig. 11f is less than the design in Fig. 11d, based on the data in the processing cost model referenced above. For injection molding, the cycle time cost of the design in Fig 11f with unsupported walls is 1.16 times less than the design in Fig. 11d, due to the gusset plates.

4.3.4 Evaluation for Stamping

The total cost of a stamped part consists of tooling cost, processing cost and part material cost. Tooling cost consists of die construction costs and die material cost. Details for the classification of the relative tool construction costs are given in [Poli 91b], as well as the following example. For two functionally equivalent designs in

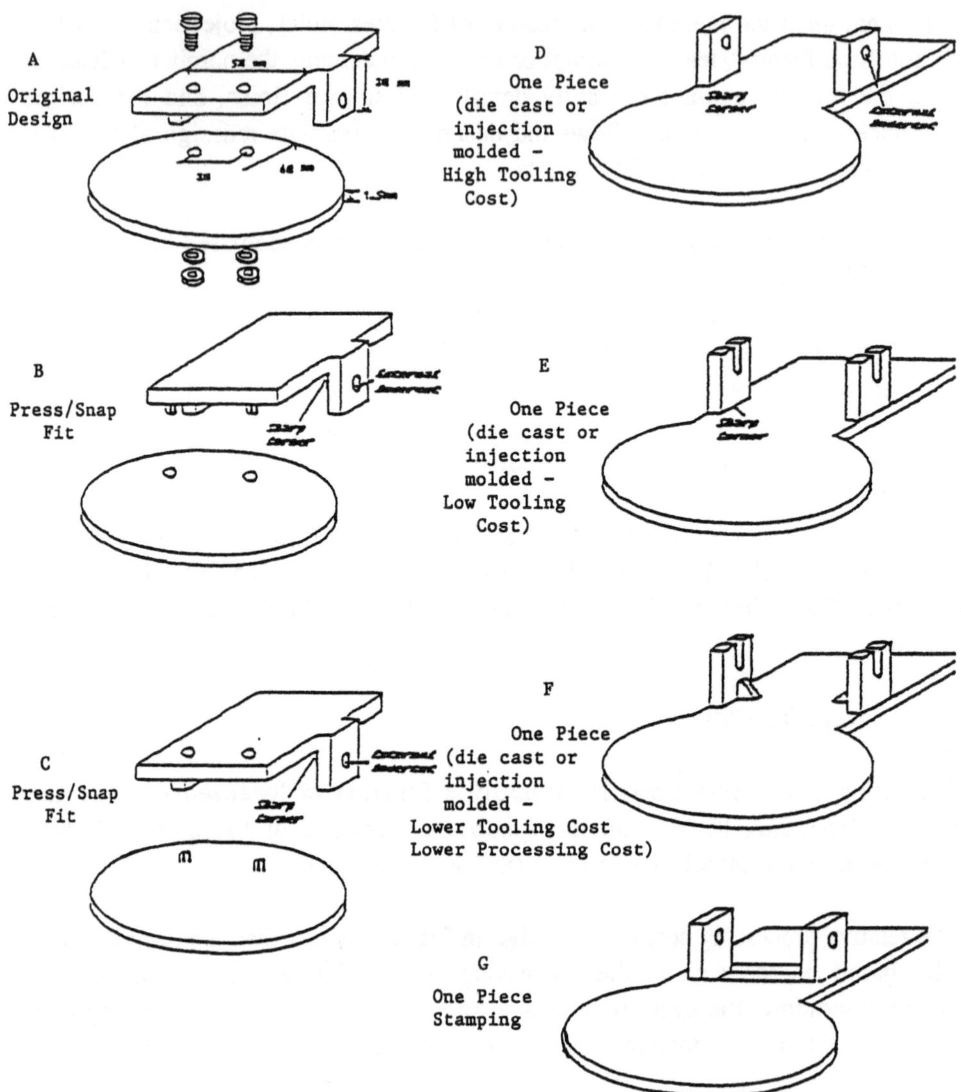

Fig. 11 - Various Designs of Exhaust Pipe Cap

Fig. 12, the design in Fig. 12a requires three bend stages and seven active progressive die stations, while the design in Fig.12b requires only one bend stage and four active stations, resulting in a 42 percent savings in tool construction costs.

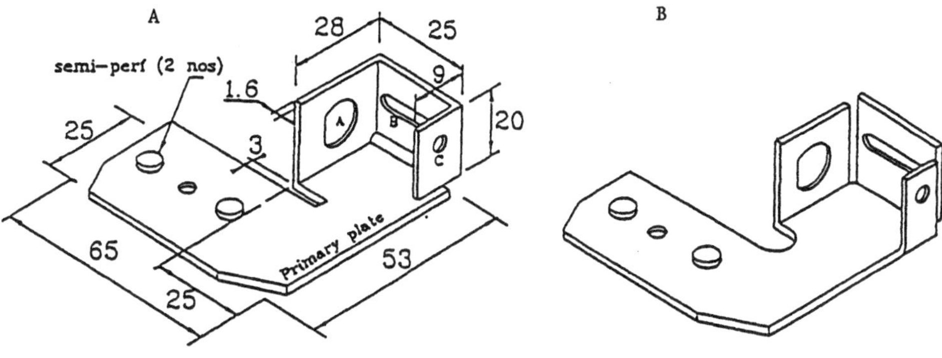

Fig. 12a - Original Design and Fig. 12b - Suggested Redesign

Since the presence or absence of closely spaced features, side-action features, or features near the bend lines are unknown, then tooling costs for stamping, unlike those for injection molding and die casting, can only be bounded (upper and lower bounds) during early design. A precise value for the relative tool construction cost can be determined only later in the design cycle.

The evaluation of the one-piece exhaust cap in Fig. 11g, early in the design cycle, hinges on whether or not the two holes are side-action features (undercuts). Consequently, the best one could do is to bound the relative tooling cost between 2.09 and 2.93 (assuming a medium sized part). If later in the design cycle a minimum location tolerance of ±0.2mm is specified, then the holes must be produced after bending and thus require side action cams, making the relative tool construction cost 2.93.

4.3.5 The Assemblability - Manufacturability Trade-off

The curves in Fig. 13 illustrate a basic trade-off in evaluating manufacturability when assemblies are involved. In general, assemblability is "easier" when the assemblability consists of a small number of complex parts (orientation may become a problem). On the other hand the cost of manufacturing increases with part complexity and depends on the actual physical manufacturing process. Processes such as injection molding, die casting and stamping are very attractive, because they produce complex parts in roughly a single step. More work needs to be done on developing measures for evaluating the trade-offs between manufacturability and assemblability. The problem becomes more severe as more manufacturing processes and design criteria are included, as shown in Fig 14.

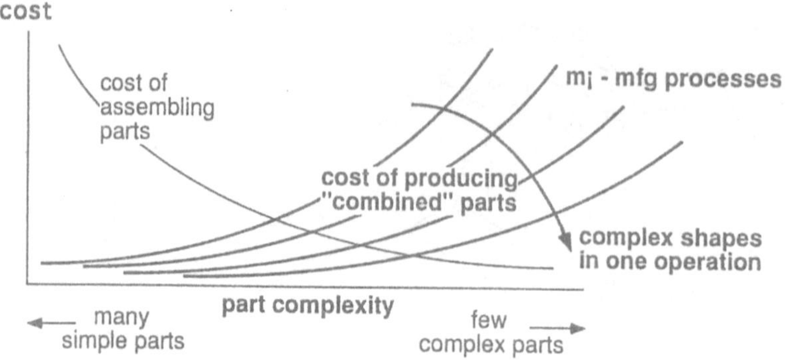

Fig. 13 - Basic Trade-off

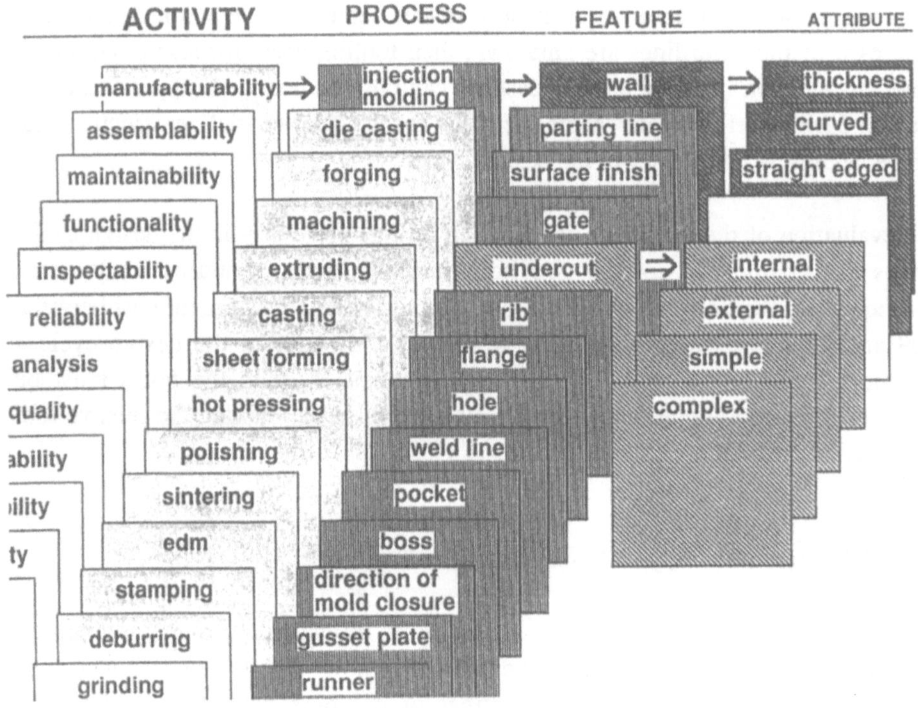

Fig. 14 - Many Manufacturing Processes

4.4 Focus on Infrastructure

Networking issues were discussed previously. On the other hand, there is still much research required to produce effective databases for engineering and manufacturing data. However, the benefits in industry today from simply making downstream data available on any database are already significant. Truly meaningful data exchange will require implementation of the PDES/STEP evolving standard.

A team headed by Professor Martin Hardwick at the Rensselaer Design Research Center and funded by the DARPA DICE project and IBM, has been researching this problem using an in-house object database called ROSE.

ROSE is a tool kit that makes it easy for applications to read, write and manipulate PDES/STEP data using a variety of data management systems including file systems, object oriented database systems and relational database systems.

The PDES/STEP standards, under development since 1984, define information models for various kinds engineering data using a language called EXPRESS. EXPRESS is a computer processible language that has an object oriented flavor.

The PDES/STEP standards are important for the following reasons: (1) they are the *definitions for engineering data..* (2) The EXPRESS language *defines constraints* as well as data structures. These constraints are used to describe a correctness standard that must be met before an engineering data set is sent to another application. (3) The PDES/STEP standards define a logical description that is *technology independent.* (Today many researchers believe that object oriented database systems are the best kind of database system to manage engineering data. Yesterday, most would have advocated relational database management systems and tomorrow a new kind of system may be invented. The PDES/STEP standards side step this issue by giving a set of mathematical definitions that can be compiled into data structures in a database system that the user chooses.) (4) The PDES/STEP standards are defining an **open** product database organization that will be used by the *next generation* of CAD systems.

ROSE has evolved into a set of tools that can be used to manage PDES/STEP data in a variety of databases and programming environments: (1) *an EXPRESS to C++ compiler*. This compiler produces a set of C++ definitions that can be used to define C++ programs or object oriented databases from an EXPRESS information model (and therefore from all of the PDES/STEP standards); (2) *a class library*. This class library makes it easier for an application to manipulate PDES/STEP data in an object oriented database or a C++ program; (3) *a browser and editor*. The browser and editor display the current value of a PDES/STEP data set using X

Windows so that it can be checked and edited; (4) *format translators* for IGES and AUTO-CAD DXF that allow data from systems that produce IGES or DXF files to be converted into data that can be read by ROSE applications and vice versa; and, (5) *a format translator for relational databases*. This tool loads and unloads PDES/STEP data into and out of relational databases.

5.   RAPID PROTOYPING

CAD systems need to support emerging rapid prototyping environments such as those represented by selectively adding material (as opposed to removing material like an NC milling machine) under computer control. This section discusses some of the implications for CAD.

After many years of research, a new class of devices, suitable for rapid prototyping designs, is emerging which creates shape by selectively adding material, generally in successive layers. The class is known by various names: Solid Freeform Fabrication [Marcus,et.al. 91], Layer Manufacturing Technology [Bjorke 91], and Material Incress Manufacturing [Kruth 91].

A recent detailed summary of the overall field is given in the keynote paper by [Kruth 91], while the latest work in the gas phase is reported in [Marcus,et.al. 91]. An annual symposium is held at the University of Texas at Austin, an annual international conference is held at the University of Dayton in Ohio, and a monthly newsletter [Rapid Prototyping Report] covers current events.

These processes selectively solidify (or bond) a gas, liquid, powder, or thin nonmetallic solid by means of a polymerization, sintering, chemical reaction, or glueing operation. Although used today for nonstructural (e.g., plastic) parts and investment casting molds, the technology has the potential to surpass today's CNC technology, and offer in the future a totally integrated approach to design, materials and manufacturing.

It supports the design of variable material parts (trading off wear, strength and volume characteristics), of assemblies fabricated already assembled, and of fabricating sensors or other smart components simultaneously with the base part.

This technology has two significant long term advantages: (1) no restrictions on geometrical shapes, and (2) no tooling; which offset near-term weaknesses of nonstructural and limited material types, limited accuracy and long fabrication times.

5.1   The Basic Selective Laser Sintering Process

Most processes construct objects by fusing parallel material layers [Bourell 90]. In the case of the specific Selective Laser Sintering process, developed at the University of Texas at Austin, laser energy is used to selectively fuse successive layers of powdered material [Deckard 86]. Laser energy is directed by a pair of computer controlled galvanometers attached to small mirrors, which generate beam traversals (like a raster scan) across the surface being sintered. The beam is turned on and off at the start and end of each scan line or portion thereof, as determined by the CAD model. (See Fig. 15)

5.2   CAD Issues

Taking the CAD model as input, the system computationally slices the model into layers, and then the layers into scan lines, which in turn drive the galvanometer controller.

The intermediate three-dimensional model format for transferring data between CAD systems and the Solid Freeform Fabrication processes requires a tessellated representation. Such facet models can be generated on any CAD system, and protect proprietary surface representations. The STL format [Stereolithography Interface Specification] represents the CAD models as a series of triangular planar facets, each with a corresponding facet normal. This format is simple and has

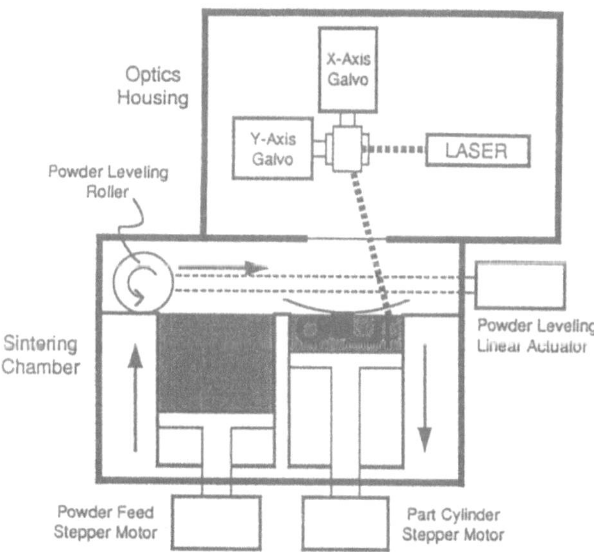

Fig. 15 - Selective Laser Sintering Process

become the de-facto industry standard. Unfortunately, STL files carry significant redundant information, which makes them unnecessarily large, computationally expensive, and sometimes invalid, i.e., not representing a closed bounded solid.

An alternate format [Rock and Wozny 91a], which includes both facet models and CSG primitives and named the *RPI format,* has been developed which carries facet topological information, is less redundant and simplifies the task of ensuring that a model is physically realizable and contains a valid representation (i.e., no missing facets, etc.). A fast slicing algorithm is presented in [Rock and Wozny 91b], along with summarizing past work. Combining this work, with a previous algorithm [Miller,et.at. 91], which generates a three-dimensional facet model directly from CT (or other volume) scan imaging data, we now have the capability to create prototypes of solid physical prosthetic devices directly from volume image data in a matter of hours, with no process planning and no tooling.

5.3   The Future

Extrapolating this example into the future (when precise structural parts will be available), the solid freeform processes remove traditional fabrication middle operations, and give direct control to the designers. In effect this situation is similar to the consolidation that has taken place in the printing industry, where the type-setting middle operation has been eliminated, placing the editing staff more directly in control of the page layout. If one assumes reasonable cost reductions and the development of smaller self-contained units, then this technology will move rapidly into the office environment as three-dimensional hard copy units for computer graphics devices, or as three-dimensional FAX machines.

6.   SUMMARY

This paper describes research trends in CAD. It is clear that CAD performance is being measured from a more global perspective than in the past. Consequently, CAD systems must accommodate this broader, enterprise view. Unfortunately the expanded role of CAD in this bigger picture is fuzzy, due in part to the interactions with many other established systems. Several trends, such as cooperative problem solving, were identified as a conceptual base. Selected research areas such as functional features for assembly and tolerance analysis, design for manufacturability, and rapid prototyping were identified as currently very active areas of research.

As a final comment, a recent National Academy of Sciences report [Hoover & Jones 91] on Design Research lists the following research topics as comprising a national engineering design research agenda:

Develop scientific foundations for design models & methods
  • Computer Representations of In-progress Designs
  • Generating, Organizing, and Generalizing Design Knowledge
  • Synthesis: Parametric, Configuration, and Conceptual Design
  • Tolerance Synthesis

Create & improve design support tools
  • Designer-oriented Computational Prototyping, Analysis, and
    Simulation Tools
  • Rapid Physical Prototyping
  • Design for 'X'

Relate design to the business enterprise
  • Quality-Cost Models
  • Organization and Communication Models
  • Innovation

7.   ACKNOWLEDGMENTS

This work has been sponsored in part by the Defense Advanced Research Projects Agency (DARPA), under contract No. MDA 972-88-C-0047 for DARPA Initiative in Concurrent Engineering (DICE), the National Science Foundation Strategic Manufacturing Initiative Grant No. DDM-8914172, and the RDRC Industrial Associates Program.

Any opinions, findings, and conclusions or recommendations expressed in this publication are those of the author and do not necessarily reflect the views of DARPA, the National Science Foundation, or any of the industrial sponsors.

8.   REFERENCES

[Altamuro 91] Altamuro, V.M., "Strategic Product Design", *Concurrent Engineering*, Vol. 1, No. 2 (Mar/APR 1991), Auerbach Publishers, New York, NY.

[ANSI Y14.5M 82] ANSI Y14.5M-1982, Dimensioning and Tolerancing Standard, ASME, 345 East 47th Street, New York, NY 10017, 1982.

[Bjorke 91] Bjorke, O., "How to Make Stereolithography into a Practical Tool for Tool Production", *Annals of the CIRP*, Vol. 40/1/, 1991.

[Bourell 90] Bourell, D.L., J.J. Beaman, H.L. Marcus, and J. W. Barlow, "Solid Freeform Fabrication An Advanced Manufacturing Approach", *Solid Freeform Fabrication Symposium 1990*, Published by the University of Texas at Austin, 1990.

[Brazier & Leonard 90] Brazier, D and M. Leonard, "Concurrent Engineering: Participating in Better Designs", *Mechanical Engineering*, January, 1990

[Brown, et.al. 89] Brown, D.R., Cutkowsky, M.R., & Tenenbaum, J.M., "Next Cut: A Second Generation Framework for Concurrent Engineering," *Computer-Aided Cooperative Product Development,* proceedings MIT-JSME Workshop, Cambridge, MA, November 1989, Lecture Notes in Computer Science 492, Springer-Verlag, 1989.

[Deckard 86] Deckard, Carl R., "Part Generation by Layerwise Selective Sintering", M.S. Thesis, Department of Mechanical Engineering, University of Texas at Austin, 1986.

[Digital Equipment Corp. 90] *Concurrent Engineering at Digital.* Digital Equipment Corp., Massachusetts, 1990.

[Dumaine 89] Dumaine, B. "How Managers Can Succeed through Speed," *Fortune* (February 13, 1989).

[Gillen & Fitzgerald 91] Gillen, D.J., and E.M. Fitzgerald, "Expanding Knowledge and Converging Functions", *Concurrent Engineering*, Vol. 1, No. 3 (May/Jun 1991), Auerbach Publishers, New York, NY.

[Goldman & Preiss 91] Goldman, S. and Preiss, K., eds., 21st Century Manufacturing Enterprise Strategy, Vol. 1 & 2, Iacocca Institute, Lehigh University, Bethlehem, PA, November 1991.

[Grohowski et.al. 90] Grohowski, R., et.al., "Implementing Electronic Meeting Systems at IBM: Lessons Learned and Success Factors," *MIS Quarterly*, December 1990.

[Hoover & Jones 91] Hoover, C.W., Jr., & Jones, J.B., "Improving Engineering Design", Co-Chairs, Committee on Engineering Design Theory and Methodology, National Academy Press,1991.

[Jagannathan, et.al. 91] Jagannathan, V., K.J. Cleetus, R. Kannan, A.S. Matsumoto, and J.W. Lewis, "Computer Support for Concurrent Engineering", *Concurrent Engineering*, Vol. 1, No. 5 (Sep/Oct 1991), Auerbach Publishers, New York, NY.

[Kruth 91] Kruth, J.P., "Material Incress Manufacturing by Rapid Prototyping Techniques", *Annals of the CIRP* , Vol. 40/2/, 1991.

[Lu 91] Lu, S.C-Y. "Computer Tools for Concurrent Engineering: Challenges, Requirements, and Solutions," Presented at the Berlin Symposium on *International Trends in Manufacturing Towards the 21st Century*,Berlin, Germany, October 18, 1991.

[Marcus, et.al., 91] Marcus, H.L., J.J. Beaman, J.W. Barlow, D.L. Bourell, and R.H. Crawford, eds., "*Solid Freeform Fabrication Symposium 1991*, Published by the University of Texas at Austin, 1991.

[Miller, et.at. 90] Miller, J.V., D.E. Breen, W.E. Lorensen, R.M. O'Bara, and M.J. Wozny, "Geometrically Deformed Models: A Method for Extracting Closed Geometric Models from Volume Data", *Computer Graphics*, Vol. 25, No. 4, July, 1991.

[Mortensen and Bagiana 91] Mortensen, U.K. and Bagiana, F., "Interactive Graphics Simulation of Humans in Space," EAS Bulletin, No. 67, ISSN 0376-4265, European Space Agency Publications Division, pp. 65-69, 1991.

[Nevins & Whitney 89] Nevins, J.L. and D.E. Whitney, eds., *Concurrent Design of Products and Processes*. McGraw-Hill Publishing Co., NY, 1989.

[NRC 91] *The Competitive Edge: Research Priorities for U.S. Manufacturing*, National Adacemy Press, National Research Council, National Academy of Sciences, Washington, DC, 1991.

[Poli 88] Poli, C., Fernandez, R. , Escudero, J., "How Part Design Affects Injection-Molding Tool Costs," *Machine Design,* November 24, 1988

[Poli 89] Poli, C., Kuo, S. M., and Sunderland, J. E., "Keeping a Lid on Mold Processing Costs," *Machine Design*, October 26, 1989

[Poli 90] Poli, C., and Fredette, L., "Trimming the Cost of Die Castings," *Machine Design*, March 8, 1990

[Poli 91a] Poli, C., and Shanmugasundaram, S.,"Design for Die Casting -A Group Technology Approach", Proceedings of the ASME Design Theory and Methodology Conference. Miami, FL, September 1991.

[Poli 91b] Poli, C., Dastidar, P. and Mahajan, P. "Design for Stamping: Part I Analysis of Part Attributes that Impact Die Construction Costs for Metal Stampings," Proceedings of the ASME Design Automation Conference, Miami, FL, September 1991

[Rapid Prototyping Report] *Rapid Prototyping Report.* The newsletter of the desktop manufacturing industry., Adam L. Cohen, ed., CAD/CAM Publishing, Inc., 841 Turquoise St., Suites D&E, San Diego, CA 92109-1159.

[Rheingold 91] Rheingold, H., "Virtual Reality", Summet Books, New York, 1991.

[Riesenfeld and Sequin 90] Proceedings of the 1990 Symposium on Interactive 3D Graphics, Snowbird, Utah, 25th-28th, March, 1990. Sponsored by: Office of Naval Research, National Science Foundation, USA Ballistic Research Laboratories, ATT Pixel Machines, DEC, Evans and Sutherland, Hewlett-Packard, NeXT, Silicon Graphics, Sun Microsystems. In cooperation with ACM SIGGRAPH.

[Roberts 91] Roberts, R.S., "Simultaneous Engineering and DFM at Cadillac", *Concurrent Engineering*, 1, No. 1 (Jan/Feb 1991), Auerbach Publishers, New York, NY.

[Rock & Wozny 91a] Rock, S.J., and M.J. Wozny, "A Flexible File Format for Solid Freeform Fabrication", *Solid Freeform Fabrication Symposium 1991*, Marcus,Beaman, Barlow, Bourell, and Crawford, eds. Published by the University of Texas at Austin, 1991.

[Rock & Wozny 91b] Rock, S.J., and M.J. Wozny, "Utilizing Topological Information to Increase Scan Vector Generation Efficiency", *Solid Freeform Fabrication Symposium 1991*, Marcus, Beaman, Barlow, Bourell, and Crawford, eds. Published by The University of Texas at Austin, 1991.

[Rosen 91] Rosen, D. W., Dixon, J. R., and Dong, X., "A Methodology for Conversions of Feature-Based Representations", Proceedings ASME Design Theory and Methodology Conference, September 1991.

[Rosenblatt & Watson 91] Rosenblatt, A and G. Watson eds. "Special Report on Concurrent Engineering", *IEEE Spectrum*, July, 1991.

[SIGGRAPH 89] "Implementing and Interacting with Real-Time Microworlds," SIGGRAPH Course Notes, 16th Annual Conference on Computer Graphics and Interactive Techniques, Boston, MA, July 31-August 4, 1989.

[SIGGRAPH 90a] Iwata, H., "Artificial Reality with Force-feedback: Development of Desktop Virtual Space with Compact Master Manipulator," SIGGRAPH 1990 Conference Proceedings, Vol. 24, No. 4, August 1990.

[SIGGRAPH 90b] Mackinlay, J., Stuart, K., and Robertson, G., "Rapid Controlled Movement Through a Virtual 3D Workspace" SIGGRAPH 1990 Conference Proceedings, Vol. 24, No. 4, August 1990.

[Sodhi 91] Sodhi R. and Turner, J.U., "Representing Tolerance and Assembly Information in a Feature-Based Design Environment," Proceeding ASME Design Automation Conference, Miami, FL, September, 1991.

[Srikanth 90] Srikanth S., "A Unified Framework for Assembly Modeling", M.S. Thesis, Technical Report RDRC-TR 90023, Rensselaer Polytechnic Institute, May 1990.

[Stereolithography Interface Specification 88] "Stereolithography Interface Specification", 3D Systems, Inc., June, 1988.

[Turner 87] Turner, J.U., "Tolerances in Computer-Aided Geometric Design", PhD dissertation, Technical Report RDRC-TR 87018, Rensselaer Polytechnic Institute, May 1987.

[Turner 88] Turner, J.U. and M.J. Wozny, "A Mathematical Theory of Tolerances", in *Geometric Modeling for CAD Applications*, M. Wozny, J. Encarnacao, and H. McLaughlin, eds., North-Holland, 1988.

[Turner 90] Turner, J.U., "Exploiting Solid Models for Tolerance Computations", in *Geometric Modeling for Product Engineering*, M. Wozny, J. U. Turner, and K. Preiss, eds., North-Holland, 1990.

[Upson, et.al. 89] Upson, C., Faulhaber, T., Kamins, D., Laidlaw, D., Schlegel, D., Wroom, J., Gurwitz, R., & van Dam, A., "The Application Visualization System: A Computational Environment for Scientific Visualization," in *IEEE Computer Graphics and Applications*, Vol. 9, No. 4, (July 1989), p. 30-42, IEEE Computer Society, Los Alamitos, CA, 1989.

[Werner 88] Werner, E., "Toward a Theory of Communication and Cooperation for Multiagent Planning," *Theorectical Aspects of Reasoning About Knowledge: Proceedings of the Second Conference*, Morgan Kaufmann Publishers, p. 129-143, 1988.

[Wilson 91] Wilson, C.C., "Potential Pitfalls of Concurrent Engineering", *Concurrent Engineering*, Vol. 1, No. 1 (Jan/Feb 1991), Auerbach Publishers, New York, NY.

[Winner 88] Winner, R.I. ,et. al. "The Role of Concurrent Engineering in Weapons System Acquisition", IDA report R-338, Institute of Defense Analyses, December, 1988.

[Womack, et.al. 90] Womack, J.P., Jones, D.T., Roos, D., "The Machine That Changes the World," Rawson Associates, Macmillian Publishing Company, New York, NY, p. 323.

[Wozny, et.al. 92] Wozny, M.J., J.U. Turner, R. Graves, X. Dong, R. Sodhi, J.R. Dixon, C. Poli, D.W. Rosen, P.V. Mahajan, and A. Fathailall, "A Unified Representation to Support Evaluation of Designs for Manufacturability: Phase II", Proceedings of the NSF Grantees Conference, Atlanta, GA, 1992.

Gestaltungsempfehlungen für Benutzungsoberflächen von CAD-Systemen

A.M. Heinecke
Universität Hamburg
FB Informatik / ANT
Troplowitzstr. 7
2000 Hamburg 54

Inhalt

Mit dem Referenzmodell für CAD-Systeme der Gesellschaft für Informatik (GI) ist ein Modellrahmen entwickelt worden, der die Gesamtfunktionalität eines CAD-Systems in eine Reihe von Funktionsgruppen gliedert. Aus dieser Sicht erscheint die Benutzungsoberfläche als eine dieser Funktionsgruppen. Dem Benutzer gegenüber erscheint sie jedoch als das ganze System, so daß ihrer Gestaltung besondere Bedeutung zukommt. Aus diesem Grunde wurde in der GI der Arbeitskreis "Benutzungsoberflächen von CAD-Systemen" eingerichtet, dessen Arbeitsergebnisse im folgenden geschildert werden.

Stichworte: CAD, Benutzungsoberflächen, Richtlinien

Abstract

The reference model for CAD systems developed by the Gesellschaft für Informatik (GI - the German membership organization of IFIP) is a frame for classifying the functionality of CAD systems. Whereas the reference model regards the user interface as one of several modules of the CAD system, the user interface appears to the user as being the whole system. Thus its design is very important. This is the reason why an additional task working group on CAD user interfaces has been established by the GI in order to develop recommendations for the design of CAD user interfaces. Proceeding and results of the working group are described.

Keywords: CAD, user interfaces, guidelines

1. Einleitung

1.1. Referenzmodell für CAD-Systeme

Die mehr als 200 verschiedenen am Markt erhältlichen CAD-Systeme unterscheiden sich erheblich im Hinblick auf Anwendungsgebiet, Funktionsumfang, Rechneranforderungen, Ein-/Ausgabegeräte und Bedienverfahren. Von einem Arbeitskreis der Fachgruppe 4.2.1. "Rechnerunterstütztes Entwerfen und Konstruieren" in der Gesellschaft für Informatik wurde das Referenzmodell für CAD-Systeme entwickelt (Abeln, 1989 und GI, 1990) mit dem Ziel, Vergleichsmaßstäbe für unterschiedliche CAD-Systeme zu setzen, Übergänge und Kommunikation zwischen CAD und anderen Systemen zu erleichtern, einen Leitfaden für die Entwicklung neuer und die Weiterentwicklung existierender CAD-Systeme zu bilden und als Ordnungsschema im Vorfeld internationaler Normen zu dienen.

1.2. Bedeutung der Benutzungsoberfläche

Das Referenzmodell gliedert die Gesamtheit eines CAD-Systems in eine Reihe von Dienstleistungen oder Funktionsgruppen, die jeweils durch einen oder mehrere Prozesse realisiert werden. Diese Prozesse werden unter anwendungsorientierter und unter systemtechnischer Sicht in eine Matrix eingeordnet, wobei die Benutzungsoberfläche und Benutzungsunterstützung eine der acht Spalten dieser Matrix bildet. Gegenüber dem Benutzer stellt sich jedoch das gesamte System über die Benutzungsoberfläche dar. Ihrer Gestaltung kommt also besondere Bedeutung zu, zumal sich daraus auch Rückwirkungen auf die anderen Prozesse wie etwa die "Organisation des Konstruktionsablaufs" oder die "Anwendungsbezogene Systemkonfiguration" ergeben können. Als Schnittstelle zwischen dem arbeitenden Menschen und dem für die Arbeit benutzten System bestimmt die Benutzungsoberfläche nicht nur die Akzeptanz des CAD-Systems und die Effizienz seines Einsatzes, sondern auch die menschengerechte Gestaltung der Arbeit beim rechnerunterstützten Konstruieren. Hieraus ergibt sich die Notwendigkeit, in Ergänzung der bisherigen Arbeiten zum CAD-Referenzmodell der Gestaltung der Benutzungsoberfläche verstärkte Aufmerksamkeit zu widmen.

Qualifikationsniveau, Arbeitsweisen und Methoden von CAD-Benutzern oder potentiellen CAD-Benutzern unterscheiden sich zwischen Anwendungsgebieten, Betrieben, Abteilungen und Individuen. Die Einführung eines CAD-Systems oder der Umstieg von einem CAD-System auf ein anderes ist daher häufig mit Problemen verbunden, weil eine andere Form des Arbeitens oder zumindest eine andere Form der Benutzung des Systems erforderlich wird. Bei komplexen CAD-Systemen sind oft lange Einarbeitungsphasen nötig. Neben ungeübten Benutzern haben auch jene Personen Schwierigkeiten, die das CAD-System nur selten benutzen, weil bei der Einarbeitung erworbene Kenntnisse und Fähigkeiten im Laufe der Zeit durch mangelnde Übung zurückgehen. Selbst geübten Benutzern können Inkonsistenzen und andere Mängel in der Benutzungsoberfläche eines CAD-Systems stets aufs neue Probleme bereiten (vgl. John, 1987).

1.3. Software-Ergonomie und CAD

Forschungsarbeiten zur Gestaltung von Benutzungsoberflächen haben mittlerweile zu einer Reihe von Empfehlungen, Richtlinien und Normen geführt. Neben den Style Guides verschiedener Hersteller (z.B. Apple, 1987) gibt es herstellerunabhängige Empfehlungen (z.B. Smith und Mosier, 1986), Richtlinien (z.B. VDI 5005), nationale Normen (z.B. DIN 66234) und internationale Normen (z.B. ISO 9241). Während sich Style Guides hauptsächlich auf das Erscheinungsbild der Benutzungsoberfläche konzentrieren, enthalten Normen meist recht abstrakt gefaßte Forderungen, die für eine konkrete Anwendung erst operationalisiert werden müssen. Die meisten Untersuchungen zur Software-Ergonomie bezogen sich darüber hinaus bisher hauptsächlich auf Büroanwendungen im kaufmännisch-organisatorischen Bereich, so daß eine Umsetzung für CAD-Anwendungen nicht immer unmittelbar gegeben ist.

In den letzten Jahren sind vermehrt auch Arbeiten zur ergonomischen Gestaltung von CAD-Systemen durchgeführt worden, die sich jedoch häufig nur auf einzelne Komponenten oder Gestaltungsaspekte beziehen und oft nur für bestimmte CAD-Systeme gelten. Schwerpunkte bilden hier etwa die Aufgabenangemessenheit und Funktionalität (z.B. Martin, 1989; Heinecke und Koschel, 1989), die Dialogstrukturen und die Dialogführung (z.B. Schwier und Philipsen, 1989) und die Gestaltung der Interaktionsoberfläche (z.B. Frieling und Pfitzmann, 1987). In existierenden CAD-Systemen sind solche Arbeiten meist noch nicht berücksichtigt, zum Teil sind selbst die allgemeingültigen Erkenntnisse der Software-Ergonomie nicht umgesetzt. Umfassende und konkrete Gestaltungsempfehlungen für alle Komponenten von CAD-Benutzungsoberflächen, basierend auf den oben erwähnten allgemeinen Gestaltungsempfehlungen der Software-Ergonomie unter Berücksichtigung spezieller Forschungsarbeiten zu CAD sowie der Erfahrungen der Anwender und Benutzer, sind bisher nicht entwickelt worden.

1.4. Der Arbeitskreis "Benutzungsoberflächen von CAD- Systemen"

Als zweiter Arbeitskreis der Fachgruppe 4.2.1 wurde deshalb der Arbeitskreis "Benutzungsoberflächen von CAD-Systemen" gegründet. In ihm arbeiten Angehörige von Hochschulen und anderen wissenschaftlichen Instituten ebenso mit wie Vertreter von Firmen und Institutionen, die CAD-Systeme anbieten oder nutzen. Sie verteten unterschiedliche Fachdiszipli-

Abb. 1.   Vorgehensweise zur Entwicklung von Gestaltungsempfehlungen für CAD-Benutzungsoberflächen (nach Englisch und Heinecke, 1991).

nen wie Informatik, Arbeitswissenschaft, Ingenieurswesen und andere. Der Arbeitskreis nahm seine Arbeit 1989 auf. Zuerst wurde eine Problembeschreibung erstellt, in der die Gestaltung von CAD-Systemen vor allem unter den Gesichtspunkten der Aufgabenangemessenheit und Funktionalität, der Anpaßbarkeit, der Dialogstrukturen und Dialogführung sowie der Gestaltung der Interaktionsoberfläche dargestellt wurde (Heinecke u.a., 1989). Darauf aufbauend ließ sich die Entwicklung von Gestaltungsempfehlungen in vier Hauptschritten durchführen (Abb. 1).

2. Entwicklung von Gestaltungsempfehlungen

2.1. Aufgabenstellung

Im Rahmen der Aufgabenstellung wurden zunächst die **Anforderungen** an die zu entwikkelnden Gestaltungsempfehlungen festgelegt:
* Vollständigkeit
  Die Gestaltungsempfehlungen sollen soweit wie möglich detailliert werden. Alle Aspekte der Benutzungsoberfläche eines CAD-Systems sollen berücksichtigt werden.
* Gültigkeit
  Die Gestaltungsempfehlungen sollen auf abgesicherten Erkenntnissen beruhen. Sie müssen zumindest für das Anwendungsgebiet CAD in der mechanischen Konstruktion zutreffen.
* Anwendbarkeit
  Die Gestaltungsempfehlungen sollen verständlich formuliert sein, so daß sie direkt umsetzbar sind. Dies soll unter anderem mit Hilfe von Beispielen erreicht werden.

Der **Verwendungszweck** der Gestaltungsempfehlungen umfaßt im wesentlichen folgende Punkte:
* Beurteilung von CAD-Systemen
  Die Gestaltungsempfehlungen sollen bei der Untersuchung und Beurteilung von CAD-Systemen helfen, indem sie Vergleichskriterien anbieten. Dies ist insbesondere bei der Auswahl eines neu einzusetzenden Systems wichtig.
* Verbesserung bestehender CAD-Systeme
  Die Gestaltungsempfehlungen sollen es ermöglichen, existierende CAD-System zu verbessern, indem sie sinnvolle Änderungen oder Erweiterungen aufzeigen.
* Entwicklung neuer Systeme
  Die Gestaltungsempfehlungen sollen den Entwicklern neuer CAD-Systeme die Berücksichtigung ergonomischer Anforderungen erleichtern.

2.2. Gestaltungsrahmen

Bei der Entwicklung von Empfehlungen für CAD-Benutzungsoberflächen ist als **Gestaltungsziel** die Erfüllung ergonomischer Anforderungen wie etwa Wahrnehmbarkeit, Aufgabenangemessenheit, Erlernbarkeit und dergleichen anzusehen. Die meisten dieser Kriterien aus dem Bereich der Software-Ergonomie lassen sich nicht allgemein in Bezug auf die gesamte Benutzungsoberfläche darstellen, sondern müssen sich für eine konkrete Umsetzung auf einzelne Teilaspekte beziehen. Daher ist es sinnvoll, die Benutzungsoberfläche in verschiedene Gestaltungsgebiete oder Gestaltungsobjekte zu gliedern.

Ein solches Gliederungsschema wird hier als **Arbeitsmodell** benutzt. Es baut auf der Gliederung des IFIP-Modells für Benutzerschnittstellen (IFIP, 1981; Dzida, 1987) auf. Die Benutzungsoberfläche wird in vier Hauptkomponenten eingeteilt, nämlich die Ein-/Ausgabekomponente, die Dialogkomponente, die Werkzeugkomponente und die Organisationskomponente (Abb. 2).

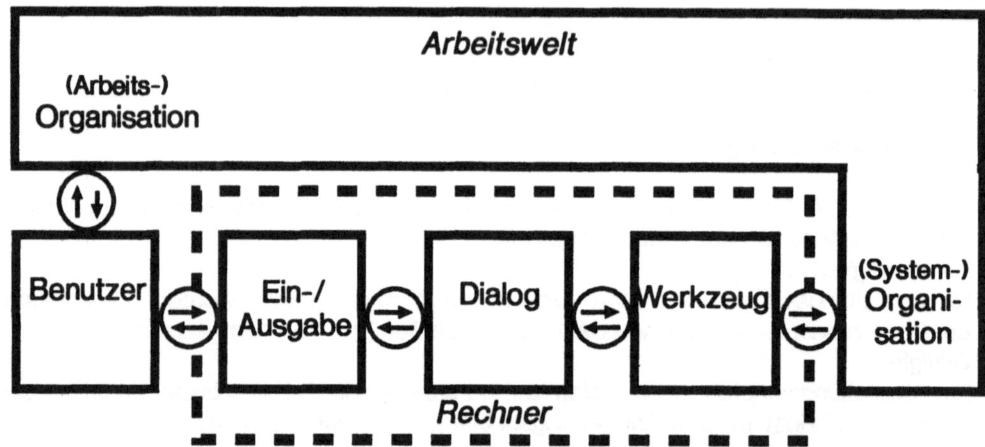

Abb. 2.   Modell der CAD-Benutzungsoberfläche (nach dem IFIP-Modell)

Die vier Hauptkomponenten werden ihrerseits weiter in Komponenten und Unterkomponenten unterteilt, so daß sich eine Komponenten-Hierarchie ergibt. Diese gedankliche Aufteilung soll dazu dienen, alle strukturellen und dynamischen Aspekte der CAD-Benutzungsoberfläche einordnen und möglichst unabhängig voneinander diskutieren zu können. Sie erfordert nicht unbedingt eine gleichartige Architektur der Software.

Beispielsweise wird in der Ein-/Ausgabe-Komponente (E) festgelegt, wie und mit welchen Mitteln der Benutzer Eingaben gegenüber dem CAD-System bzw. das CAD-System gegenüber dem Benutzer Ausgaben vornimmt und in welcher Art und Weise die Darstellung auf dem Bildschirm erfolgt. Die Ein-/Ausgabe wird unterteilt in die Komponenten Ein-/Ausgabegeräte (E.1), Syntax der Ein-/Ausgabe (E.2), Semantik der Ein-/Ausgabe (E.3), Physikalische Parameter der Ein-/Ausgabe (E.4) und Organisation der Ein-/Ausgabe (E.5). Die Organisation der Ein-/Ausgabe hat zwei Unterpunkte, nämlich Organisationsstruktur (E.5.1) und Organisation des benutzungsabhängigen Ablaufs (E.5.2). Die Organisationsstruktur zerfällt in die drei Teile Bildschirmaufbau (E.5.1.1), Struktur weiterer Ein-/Ausgabegeräte (E.5.1.2) und Strukturierung mit mehreren Ein-/Ausgabegeräten (E.5.1.3).

Die Tiefe dieser Hierarchie ist nicht überall gleich. Auf der jeweils untersten Ebene werden Beispiele für zugehörige Gestaltungsobjekte gegeben, beim Bildschirmaufbau (E.5.1.1) etwa "Gruppierung" und "Aufteilung". Insgesamt besteht das Schema aus 70 Komponenten, wovon etwa 50 auf der untersten Ebene liegen und in Form von Beispielen einzelne Teilaspekte der Benutzungsoberfläche benennen (Abb. 3).

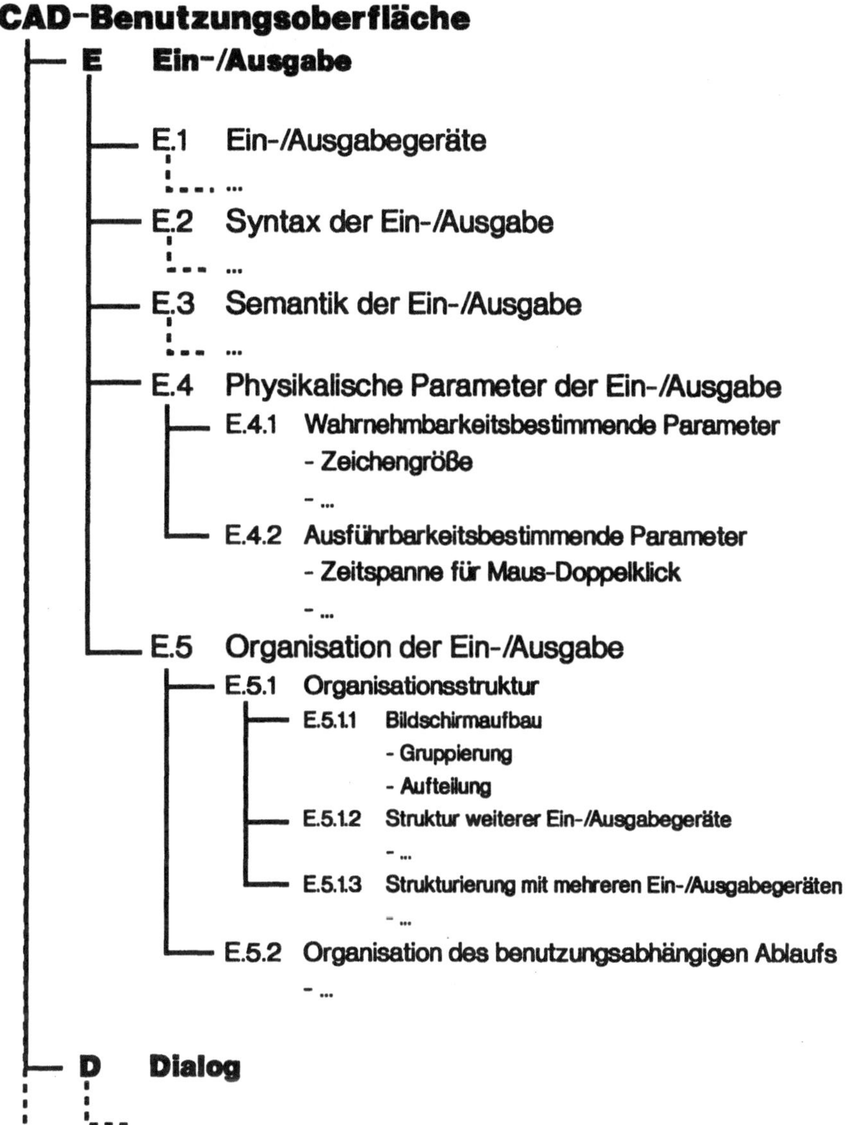

Abb. 3.   Komponenten der CAD-Benutzungsoberfläche (Ausschnitt)

2.3. Ist-Analyse

Um eine Einschätzung der derzeitigen **Anwendungssituation** aus Sicht der Benutzer zu erhalten, führte der Arbeitskreis zwischen September 1989 und Juli 1990 eine Benutzerbefragung in Form von strukturierten Interviews mit über 200 größtenteils offenen Fragen durch. 28 Benutzer von CAD-Systemen konnten für ein im Durchschnitt 2,5 Stunden dauerndes Interview gewonnen werden. Die befragten Benutzer kamen aus 15 Unternehmen unterschiedlicher Größenordnung, die hauptsächlich dem Bereich Maschinenbau zuzuordnen sind.

Neben den Ergebnissen dieser Befragung wurden die in der Literatur dokumentierten **Forschungserkenntnisse** herangezogen. Als eine wesentliche Quelle diente dabei eine als "CAD-Marktspiegel" zusammengestellte Herstellerbefragung (Metz, Schreuder und Upmann, 1990), in der die Merkmale von 52 verschiedenen CAD-Systemen aufgeführt werden. Mehrere Mitglieder des Arbeitskreises konnten auch auf eigene Erfahrungen aus Forschungsprojekten zur Gestaltung oder zum Einsatz von CAD-Systemen zurückgreifen.

Die Vorführung von neuen CAD-Systemen bzw. deren Prototypen sowie der Vergleich mit Nicht-CAD-Systemen mit graphischer Benutzungsoberfläche diente zur Feststellung der vorhandenen **Möglichkeiten** in der Gestaltung von Benutzungsoberflächen. Alle Ergebnisse der Ist-Analyse wurden dann in das Komponentenschema des Arbeitsmodells eingeordnet und bildeten die Grundlage für die Gestaltungsempfehlungen.

2.4. Gestaltungsempfehlungen

Das Arbeitsmodell stellt das **Gliederungsschema** für die Gestaltungsempfehlungen bereit. Durch die Hierarchie des Modells sind Empfehlungen von unterschiedlichem Abstraktionsgrad möglich. Für Komponenten höherer Ebenen finden sich meist relativ allgemeine Empfehlungen, während auf der untersten Hierarchie-Ebene sehr konkrete Forderungen beispielsweise zu Größe, Form und Farbe von Piktogrammen gestellt werden können. Anhand des Modellrahmens lassen sich Ist-Analyse und Gestaltungsempfehlung leicht vergleichen (Abb. 4).

Beim **Forderungscharakter** der Gestaltungsempfehlungen werden drei Stufen unterschieden: "muß", "soll" und "ist wünschenswert". Im Vergleich zur Ist-Analyse zeigt sich, daß manche der heutigen Systeme noch nicht alle Muß-Forderungen erfüllen.

Zu den meisten Komponenten gibt es eine oder mehrere Empfehlungen. Insgesamt konnten mehr als 200 einzelne Gestaltungsempfehlungen formuliert werden. Andererseits ist für eine Reihe von Komponenten noch nicht genügend Material vorhanden, um eine Empfehlung auszusprechen. Teilweise läßt sich nicht einmal der Ist-Zustand beschreiben. In solchen Fällen besteht ein Bedarf für weitere Untersuchungen.

Bezüglich des **Geltungsbereiches** der Gestaltungsempfehlungen standen bei der Arbeit des Arbeitskreises CAD-Systeme für Anwendungen in der mechanischen Konstruktion im Vordergrund. Es ist jedoch anzunehmen, daß ein großer Teil der aufgeführten Empfehlungen auch auf CAD-Systeme mit anderen Anwendungsgebieten übertragbar ist. Die Anwendbarkeit einer Gestaltungsempfehlung hängt zudem von der konkreten Arbeitsaufgabe ab, so daß keine universelle Gültigkeit beansprucht werden kann.

Komponentenschema

E Ein-/Ausgabe

...

   E.5 Organisation der Ein-/Ausgabe

      E.5.1 Organisationsstruktur

         E.5.1.1 Bildschirmaufbau

            - Gruppierung

            - Aufteilung

Ist-Analyse

E Ein-/Ausgabe

...

   E.5 Organisation der Ein-/Ausgabe

      E.5.1 Organisationsstruktur

      Als Anforderungen hinsichtlich der Erscheinungsform der Benutzungs-
oberfläche wurden mehrfach Übersichtlichkeit und klare Gliederung
genannt.

      ...

      E.5.1.1 Bildschirmaufbau

         Die Hälfte der befragten Benutzer möchte Funktionsfeld-
anordnungen am System selbst vornehmen.

         ...

Gestaltungsempfehlungen

E Ein-/Ausgabe

...

   E.5 Organisation der Ein-/Ausgabe

      E.5.1 Organisationsstruktur

      Funktionen sollen zu aufgaben- bzw. anwendungsspezifischen Grup-
pen zusammengefaßt werden.

      ...

      E.5.1.1 Bildschirmaufbau

         Gleiche Informationen sollen auf verschiedenen Ebenen immer
am selben Ort vorhanden sein und eine identische Darstellung
haben (Konsistenz der Piktogramme). Die Anordnung soll durch
den Benutzer veränderbar sein. Die Standardeinstellung muß
vom Benutzer immer wieder abgerufen werden können.

         ...

Abb. 4.   Gestaltungsempfehlung (Beispiel)

3. Weiteres Vorgehen

3.1. Stand der Arbeiten

Die bisher erzielten Ergebnisse des Arbeitskreises "Benutzungsoberflächen von CAD-Systemen" stellen ein Gerüst dar, das zwar an einigen Stellen noch weiterer Füllung bedarf, an anderen jedoch bereits konkrete und umsetzbare Empfehlungen für die Gestaltung ergonomischer CAD-Systeme bietet. Sie liegen als Entwurf für eine GI-Empfehlung unter dem Titel "Gestaltungsempfehlungen für Benutzungsoberflächen von CAD-Systemen" vor (GI, 1991) und sind als Broschüre bei der GI und beim Sprecher des Arbeitskreises erhältlich.

Neben der schriftlichen Form als Broschüre wird es in Kürze ein elektronisches Hypertext-Dokument gleichen Inhalts geben, daß unter der Benutzungsoberfläche WINDOWS auf dem Betriebssystem MS-DOS lauffähig sein wird. Der bisher erstellte Prototyp ermöglicht die Darstellung einzelner Komponenten mit der zugehörigen Ist-Analyse und den Gestaltungsempfehlungen und bietet die Möglichkeit der Einblendung von Glossar-Begriffen und vollständigen Literaturangaben. Navigiert werden kann über die Darstellung des Arbeitsmodells sowie anhand von Querverweisen in den einzelnen Textfeldern (Abb. 5).

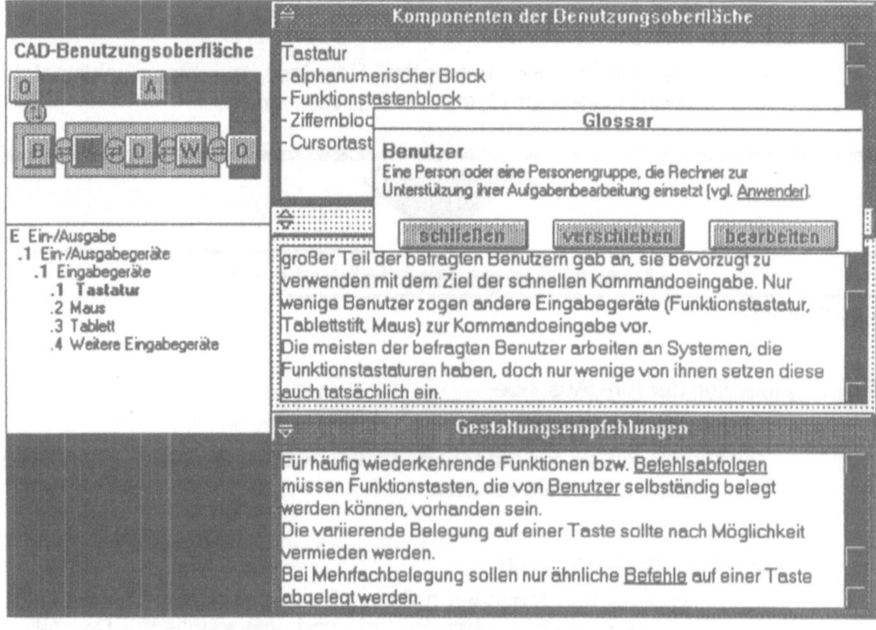

Abb. 5.   Bildschirmkopie (gerastert) des Prototyps der Hypertext-Version der Gestaltungsempfehlungen

3.2. Offene Fragen und Probleme

Bei der Aufstellung der Gestaltungsempfehlungen ergaben sich einige Fragen, die noch
einer weiteren Erforschung und Diskussion bedürfen. Im wesentlichen handelt es sich dabei
um die folgenden Punkte, die allerdings bei der Formulierung der Ergebnisse des Arbeitskreises so weit wie möglich berücksichtigt wurden.

Der Arbeitskreis konnte keine repräsentative Befragung von Benutzern durchführen, sondern mußte die zu erkennenden Einschätzungen mit anderen Quellen und eigenen Erfahrungen kombinieren, um die Ist-Analyse erstellen zu können. Es wäre wünschenswert, die vorhandene kleine empirische Basis durch zusätzliche Interviews zu erweitern. Hierbei könnten spezielle Fragebogen zu bestimmten Punkten hilfreich sein. Ein Prototyp eines CAD-
Systems, der auf den Gestaltungsempfehlungen aufbaut, könnte für Tests mit Benutzern
eingesetzt werden. Derartige Vorhaben übersteigen aber bei weitem die Möglichkeiten
eines Arbeitskreises der GI.

Da die Arbeitsaufgaben an CAD-Systemen sich zwischen Anwendungsgebieten, Firmen
und Abteilungen unterscheiden, müssen CAD-Systeme, ihre Funktionalität und ihre Benutzungsoberfläche an die jeweilige Aufgabe anpaßbar sein. Die Forderung nach einer leich-
ten Anpaßbarkeit ist deshalb auch Teil der Gestaltungsempfehlungen. Dies bedeutet, daß
die Gestaltungsempfehlungen sich nicht direkt auf eine einzelne Aufgabe beziehen können,
sondern eine Klasse von Aufgaben abdecken müssen, in diesem Fall den Bereich der
mechanischen Konstruktion. Bezüge zu einzelnen Aufgaben können daher nur in Form von
Beispielen hergestellt werden. Die Auswahl solcher Beispiele bleibt dabei problematisch, da
bestimmte Gestaltungsentscheidungen für manche Arbeitsaufgaben förderlich, für andere
hingegen hinderlich sein können.

Den Vorteilen einer individuellen Anpaßbarkeit können unter Umständen auch Nachteile,
etwa in der Zusammenarbeit oder in der Systempflege gegenüberstehen (Heinecke u.a.,
1991). Es muß deshalb untersucht werden, wie weit Anpaßbarkeit gehen kann und soll. Bei
einer weitgehenden Anpaßbarkeit wird Normierung von Benutzungsoberflächen im wesentlichen zur Festlegung eines Rahmens, innerhalb dessen die Benutzungsoberfläche für die
spezielle Arbeitsaufgabe verändert werden kann. Gestaltungsempfehlungen sollen also
einerseits möglichst konkret sein, um direkt für Implementationsentscheidungen herangezogen werden zu können. Andererseits müssen sie verschiedene Konfigurationen und Aufgaben berücksichtigen.

3.3. Diskussion und Überarbeitung

Die Arbeiten des Arbeitskreises "Benutzungsoberflächen von CAD-Systemen" haben jetzt
einen Stand erreicht, bei dem eine breitere Diskussion mit Benutzern, Anwendern und Entwicklern von CAD-Systemen sinnvoll erscheint. Um eine solche Diskussion zu erleichtern,
liegt jeder der beim Sprecher des Arbeitskreises anzufordernden Broschüren der
"Gestaltungsempfehlungen" ein Fragebogen bei, mit dem Kommentare an diesen zurückge-
sandt werden können. Die elektronische Version wird es ermöglichen, Kommentare direkt in
den Text zu setzen. Kopien solcher kommentierter Versionen können dann ebenfalls an den
Arbeitskreis geschickt werden.

Die Diskussionsphase soll mit einem Workshop im Juni 1992 abgeschlossen werden. Danach wird der Arbeitskreis die eingegangenen Stellungnahmen sowie die Diskussionsergebnisse des Workshops auswerten und in den Entwurf einarbeiten, der dann bis Ende des Jahres als GI-Empfehlung verabschiedet werden soll.

Der Arbeitskreis hofft, daß sich möglichst viele Personen, die mit CAD-Systemen oder über CAD-Systeme arbeiten, daran beteiligen, die vorliegenden Gestaltungsempfehlungen zu erweitern und zu verbessern.

4. Literatur

Abeln, O.; 1989: Referenzmodell für CAD-Systeme. In: Informatik-Spektrum, Band 12 (1989) Nr.1. Springer-Verlag, Berlin.

Apple Inc.; 1987: Human Interface Guidelines, The Apple Desktop Interface.

DIN 66234: Bildschirmarbeitsplätze. Beuth-Verlag, Berlin

Dzida, W.; 1987: On tools and interfaces. In: M. Freese, E. Ulich und W. Dzida (Eds.), Psychological Issues of Human-Computer Interaction in the Work Place. North-Holland, Amsterdam.

Englisch, J. und A.M. Heinecke; 1991: Entwicklung von Gestaltungsempfehlungen für CAD-Benutzungsoberflächen. In: M. Rauterberg und E. Uhlich (Hrsg.), Posterband zur Software-Ergonomie'91. IfAP-ETH, Zürich.

Frieling, E. und J. Pfitzmann; 1987: Gestaltung von CAD-Menütablettvorlagen. In: K.-P. Fähnrich (Hrsg.), Software-Ergonomie. Oldenbourg, München.

GI (Fachgruppe 4.2.1 AK 1); 1990: Referenzmodell für CAD-Systeme. GI, Bonn.

GI (Fachgruppe 4.2.1 AK 2); 1991: Gestaltungsempfehlungen für Benutzungsoberflächen von CAD-Systemen. GI, Bonn.

Heinecke, A.M. and M. Koschel; 1989: Benutzungsoberflächen von CAD-Systemen - Ist weniger mehr? In: S. Maaß und H. Oberquelle (Hrsg.), Software-Ergonomie'89. Teubner, Stuttgart.

Heinecke, A.M. u.a.; 1989: Probleme bei der Gestaltung von CAD-Benutzungsoberflächen. In: M. Paul (Hrsg.), GI - 19. Jahrestagung II. Springer-Verlag, Berlin.

Heinecke, A.M. u.a.; 1991: Benutzungsoberflächen von CAD-Systemen - Standardisierung versus Individualisierung? In: D. Ackermann und E. Uhlich (Hrsg.), Software-Ergonomie'91. Teubner, Stuttgart.

IFIP (Hrsg.), 1981: Report of the first meeting of the European User Environment Group of IFIP WG 6.5. GMD, Bonn.

ISO 9241: Ergonomic requirements for office work with visual display terminals (VDTs).

John, P., 1987: A requirements specification for next-generation CAD systems. In: H.-J. Bullinger und B. Shackel (Hrsg.), INTERACT'87. North-Holland, Amsterdam.

Martin, P., 1989: Aufgabenangemessene Gestaltung von CAD-Systemen. In: S. Maaß und H. Oberquelle (Hrsg.), Software-Ergonomie'89. Teubner, Stuttgart.

Metz, A., S. Schreuder und R. Upmann; 1990: CAD-Marktspiegel. TÜV Rheinland, Köln.

Schwier, W. und G. Philipsen; 1989: Aufgabenorientierte Dialoggestaltung am Beispiel des CAD-Systems AutoCAD. In: S. Maaß und H. Oberquelle (Hrsg.), Software-Ergonomie'89. Teubner, Stuttgart.

Smith, S.L. und J.N. Mosier; 1986: Guidelines for Designing User Interface Software. Report ESD-TR-86-278. The MITRE Corporation, Bedford.

VDI 5005: Bürokommunikation. Software-Ergonomie in der Bürokommunikation.

Verbesserung der Benutzeroberfläche von CAD-Systemen durch automatisches Bildschirmlayout

Peter Lüders, Rolf Ernst

Technische Universität Braunschweig
Institut für Datenverarbeitungsanlagen
Hans-Sommer-Str. 66, 3300 Braunschweig
e-mail: lueders@ida.ing.tu-bs.de

Zusammenfassung: Mit der steigenden Komplexität einerseits und der Vielfalt miteinander kommunizierender Design-Werkzeuge in verschiedenen Abstraktionsebenen andererseits wird der Entwicklungsprozeß von Systemen zunehmend komplexer. Zur Spezifikation, Design-Eingabe, Verifikation und zur Kontrolle des Design-Prozesses muß eine große Menge von Design- und Kontrolldaten über die Benutzeroberfläche eingegeben bzw. auf sie zugegriffen werden. Als einen wesentlichen Beitrag zur Verbesserung der Benutzeroberfläche sehen wir ein automatisches Bildschirmlayout, verbunden mit der Filterung von Daten, an. Mit einer Experimentierumgebung werden Layoutalgorithmen aus dem VLSI-Layout untersucht. Die erzielten Resultate zeigen, daß ein Zusammenspiel verschiedener Algorithmen in mehreren Phasen den Einsatz automatischer Layouts in einem interaktiven CAD-System ermöglicht.

Schlüsselworte: Benutzeroberfläche, Graphlayout, Browser, Design-Eingabe, Schaltkreiseditor, Spezifikation, Datendarstellung, Hypertext

Abstract: With increasing hardware system complexity on the one hand and a large variety of interacting design tools for more levels of abstraction on the other hand, the circuit design process becomes more and more complex. For specification, design capture, verification, tool interaction, and design process control, a huge amount of design and control data has to be entered or has to be accessible through the user interface. We identify design data filtering, visualization functions and automatic display layout as keys to a systematic improvement of the user interface. An experimental system is used to investigate several algorithms for display layout. Our results show that automatic layout in an interactive environment is possible when different algorithms are mixed in several layout phases.

Key Words: Graph Layout, Human-Computer-Interface, Browser, Design Entry, Circuit Editor, Specification, Data Representation, Hypertext

1. Einleitung

Die sich ständig weiter entwickelnde VLSI- und CAD- Technologie ermöglicht den Entwurf von immer komplexeren Systemen. Hierbei sind reaktive Systeme, die durch ihre intensive Kommunikation mit ihrer Umgebung und ihren vielen parallelen Prozessen charakterisiert sind, eine besondere Herausforderung an den Systementwerfer. Sie stellen den größten Teil der anwendungsspezifischen Systeme mit Anwendungen von der Telekommunikation über die Konsumelektronik bis hin zur Kontrolle von Industrieprozessen dar. Der Systementwerfer verwendet zum Entwurf eines solchen Systems auf den unterschiedlichen Beschreibungsebenen immer mehr CAD-Werkzeuge, deren Komplexität ebenfalls zunimmt. Die steigende System- und Werkzeugkomplexität führt damit zu immer komplizierteren Entwurfsprozessen.

Zur Spezifikation, Entwurfseingabe, Verifikation und zur Kontrolle des Entwurfsprozesses muß eine große Menge von Daten über die Benutzeroberfläche eingegeben bzw. auf sie zugegriffen werden. Obwohl die Entwicklung von Entwurfssystemen mit untereinander kommunizierenden Werkzeugen und einer grafischen Fensteroberfläche die Benutzung vereinfacht, ist sowohl die Entwurfseingabe bzw. -änderung als auch die Steuerung der Werkzeuge und der Fensteroberfläche sehr zeitaufwendig und kann den Entwerfer von der eigentlichen Aufgabe ablenken.

An der Benutzeroberfläche kann man zwischen textuellen, grafischen und gemischt grafisch-textuellen Sprachen der Entwurfsbeschreibung unterscheiden. Mit der wachsenden Verwendung von VHDL verschiebt sich der Schwerpunkt von der grafischen Schaltplaneingabe auf die textuelle Darstellung. Die Struktur eines Systems sowie die Interaktion von einzelnen Komponenten - wesentlich für reaktive Systeme - wird jedoch durch grafische Darstellungen besser aufgezeigt. Daher scheinen gemischt grafisch-textuelle Repräsentationen mit verschiedenen Sichtweisen - wie beispielsweise im CASE-Werkzeug Statemate [iLog87] - für reaktive Systeme am besten geeignet zu sein.

Das *Edieren* von grafisch-textuellen Darstellungen erfolgt üblicherweise mit einem Grafikeditor unter einer grafischen Fensteroberfläche. Sowohl das Edieren als auch die Änderung von grafischen Darstellungen ist jedoch im Vergleich zur Bearbeitung eines alphanumerischen Textes mit einem gebräuchlichen Texteditor sehr zeitaufwendig. Dieser Nachteil kann durch die automatische Abbildung der textuellen Beschreibung in eine grafisch-textuelle Darstellung behoben werden. Beispielsweise kann eine VHDL-Beschreibung in einen Texteditor eingegeben bzw. dort geändert werden, und parallel dazu wird ein Prozeßgraph, ein Datenflußgraph oder ein Schaltplan von der textuellen Beschreibung abgeleitet und grafisch dargestellt. Hierzu ist neben dem automatischen Layout eine sprachspezifische Funktion zur Umsetzung der rein textuellen in eine gemischt grafisch-textuelle Repräsentation notwendig. Diese Umsetzung ist Aufgabe der Visualisierungsfunktion.

Das *Lesen* einer gemischt grafisch-textuellen Repräsentation würde durch eine Selektion der momentan darzustellenden Daten mittels Filterfunktionen erheblich unterstützt. Einfache Beispiele für übliche Filter sind Zoom- oder Fischaugenfunktionen, allgemeinere Filter sind aus Hypertextsystemen [ShKe89], [DeSc86] bekannt. Hiermit kann der Benutzer gezielt zur Zeit relevante Daten selektieren, beispielsweise sich alle Prozesse darstellen lassen, die mit dem gerade bearbeiteten kommunizieren oder alle Gatter, die von einem bestimmten Ausgangssignal beeinflußt werden. In diesen Beispielen ist ebenfalls eine Visualisierungsfunktion, gefolgt von einem automatischen Layout nötig. Eine weitere Problematik für den Einsatz von automatischem Layout in CAD-Systemen ergibt sich durch die Forderung eines ´ruhigen´ Bildes innerhalb einer Bildsequenz. Starke Inkonsistenzen in der Topologie aufeinanderfolgender Graphdarstellungen führen zur Verwirrung und Frustration des Benutzers, der gezwungen ist, sich in jede Darstellung wiederholt einzulesen.

Für eine wesentliche Verbesserung der Benutzeroberfläche werden damit die Punkte *automatisches Bildschirmlayout* und die *Selektierung von Daten durch einen Filter* adressiert.

Während Filter und Visualisierungsfunktionen sprach- und datenbankabhängig sind und bereits als ausreichend bekannt angesehen werden können [ShKe89], ist die Berechnung eines Bildschirmlayouts ein großes Problem, für das wir im folgenden einen Lösungsansatz beschreiben wollen.

2. Experimentierumgebung

Die implementierte Experimentierumgebung dient zur Untersuchung der Leistungsfähigkeit von Layoutalgorithmen und zur Bestimmung der Anforderungen an eine Benutzeroberfläche mit automatischen Bildschirmlayout.

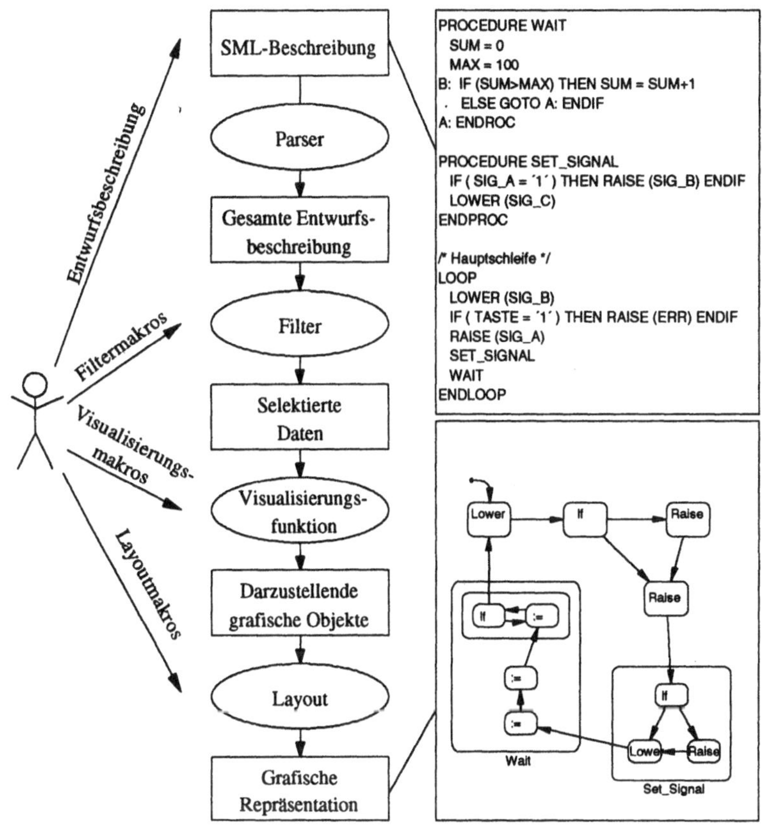

Bild 1: Flußdiagramm der Experimentierumgebung

Das Flußdiagramm ist in Bild 1 dargestellt. Der Benutzer beschreibt das gewünschte System in der Sprache SML (State Machine Language) [BrCl87]. Diese Sprache wurde aufgrund ihrer einfachen Syntax gewählt, die eine einfache Programmierung eines Parsers und eines Simulators erlaubt. Die textuelle Beschreibung wird durch einen Parser in eine interne Datenbasis übersetzt, in der die Information in Form eines zyklischen Graphen abgelegt wird. Ein benutzerspezifischer Filter selektiert die darzustellenden Knoten und Kanten des Graphen und bestimmt deren hierarchische Ordnung. Die SML-spezifische Visualisierungsfunktion bestimmt die Zuordnung von grafischen Elementen (beispielsweise Kreise und Rechtecke für Knoten) und setzt weiterhin grafische Attribute wie Farbe und Größe der Objekte. Der Benutzer hat somit die Möglichkeit, diese Vorschrift interaktiv zu ändern, um zum Beispiel wichtige Zustände durch Einfärbung kenntlich zu machen. Abschließend bestimmen Regeln zum Layout die Randbedingungen zur Berechnung der Graphdarstellung.

Im derzeitigen Ansatz wird die Hierarchie des Graphen durch die Verschachtelung von Knoten dargestellt, hierbei werden Söhne innerhalb des jeweiligen Vaterknotens plaziert (damit ist der Bildschirm das
Vaterelement aller Knoten). Kanten werden durch gerade Linien zwischen den Knoten dargestellt. In den
meisten Fällen ergibt dieser Ansatz akzeptable Graphdarstellungen, Algorithmen zur Berechnung von
anderen Kantenverläufen werden aus diesem Grund erst in einem späteren Teil des Projekts untersucht.

3. Bildschirmlayout

3.1. Qualität des Bildschirmlayouts

Eine wesentliche Aufgabe bei der Berechnung von Graphdarstellungen oder Graphlayouts ist die Bewertung und damit die Bestimmung der ´Güte´ des generierten Layouts [TaBB88]. In interaktiven Software-
systemen stellt der Benutzer eine Anfrage an das System und wartet auf eine Antwort. Aus ergonomischer Sicht muß die Antwort den Erwartungen des Benutzers entsprechen, daher ist ein ´gutes´ Layout
ein ´erwartetes´ Layout. Zum Beispiel erwartet der Benutzer ein Dreieck als Form einer grafisch dargestellten Baumstruktur, während er bei grafischen Darstellungen von Automatengraphen eine homogene
Verteilung der Knoten auf der zur Verfügung stehenden Bildschirmfläche erwartet.

Daher muß zur Berechnung von ´guten´ Layouts die Erwartungshaltung des Benutzers ermittelt und in
eine Kostenfunktion abgebildet werden, die ein objektiviertes Maß für die ´Güte´ eines Graphlayouts berechnet. Diese Funktion kann dann direkt den Algorithmus zur Layoutberechnung steuern. Wie bereits in
der Einleitung erwähnt, besitzt die ´Güte´ eines Graphlayouts einen *statischen* - Bewertung des Einzelbil-
des - und einen *dynamischen* - Bewertung aufeinanderfolgender Darstellungen - Aspekt, resultierend in
einer zweidimensionalen Kostenfunktion.

Wenn Änderungen in den Daten ein völlig neues Layout bedingen, kann es zu Konflikten zwischen den
Optimierungszielen des statischen und des dynamischen Teils der Kostenfunktion kommen. Neben der
Definition von dynamischen Elementen der Kostenfunktion ist die Berücksichtigung der topologischen
Konsistenz auch mit anderen Ansätzen möglich. In dem Graph-Browser EDGE [NeTi90] wird die Ähnlichkeit aufeinanderfolgender Darstellungen durch geometrische Randbedingungen, beispielsweise
´Knoten A links von B´ oder ´Knoten B unter C´ gewährleistet. Jedoch wird mit diesen Bedingungen bei
kompletter Beschreibung ein festes Layout vorgegeben, bzw. bleibt die Plazierung von nicht komplett
bestimmten Knoten dem Layoutalgorithmus überlassen, unabhängig von vorhergehenden Layouts. Daher
ist dieser Ansatz entweder zu inflexibel oder er kann die topologische Konsistenz nicht gewährleisten. Es
erscheint daher besser, explizit dynamische Elemente der Kostenfunktion zu definieren, die direkt den
Algorithmus mit Rücksicht auf die topologische Konsistenz steuern.

Es werden vier statische Teilfunktionen der Kostenfunktion zur Bewertung der ´Güte´ einer Graphdarstellung definiert.

➤ Ähnlich den meisten Ansätzen zur Berechnung von Graphdarstellungen wird die Minimierung der
gesamten *Kantenlänge* als ein Optimierungskriterium definiert. Dieses Element der Kostenfunktion
bewirkt eine benachbarte Plazierung von verbundenen Knoten sowie eine Vermeidung von langen
Kanten über die gesamte Plazierungsfläche.

- Die *Anzahl von Kantenkreuzungen* wird als zweites Element der statischen Kostenfunktion verwendet. Sie sollte minimiert werden, da der Benutzer bei dem Verfolgen einer Kante durch jede Kreuzung gestört wird. In dem Algorithmus von Sugiyama [SuTT81], der in EDGE, GRAB und dem ISI Grapher enthalten ist, findet hauptsächlich dieses Kriterium Verwendung.

- Es ist offensichtlich, daß gerade Kantenverbindungen zwischen verbundenen Knoten eine Graphdarstellung übersichtlich gestalten. Daher ist die *Sichtbarkeit* [KuOh90] von verbundenen Knoten ein weiteres Gütekriterium.

- Als letztes wird die homogene Verteilung von Knoten auf der Plazierungsfläche als ein Teil der Kostenfunktion definiert. Es wird die Varianz der Abstände zwischen benachbarten Knoten in den +x, -x, +y, -y Richtungen als Bewertungsmaß eingeführt. Zur Berücksichtigung der unterschiedlichen Objektgröße, wird der Abstand mit Hilfe des umfassenden Rechtecks der Knoten berechnet. In hierarchischen Darstellungen wird der Abstand zwischen dem Rand des Knotens und dem Rand des Vaterelements als Abstand genommen. Zusätzlich muß die Varianz für alle Söhne von allen Vätern ermittelt werden, es wird daher der Mittelwert der Verteilungen innerhalb jedes Vaterknotens als Bewertungsmaß berechnet.

Im nächsten Schritt müssen dynamische Elemente der Kostenfunktion zur Berücksichtigung der topologischen Konsistenz in aufeinanderfolgenden Darstellungen definiert werden. Analog dem statischen Teil werden Funktionen zur Bewertung offensichtlicher Eigenschaften von ähnlichen Darstellungen definiert.

- Die Summe aller Abstände zwischen der neuen und der alten Plazierung jedes Knotens bestimmt den ersten dynamischen Teil der Kostenfunktion. Er bewirkt ähnliche geometrische Positionen für alle Knoten des Graphen in aufeinanderfolgenden Darstellungen.

- Weiterhin wird die relative Lage der Knoten zueinander als ein weiteres Merkmal für die Ähnlichkeit von Graphdarstellungen verwendet. Diese Eigenschaft wird mit der mittleren Richtungsänderung imaginärer Linien zwischen den Knotenmittelpunkten in aufeinanderfolgenden Darstellungen ermittelt. Eine wesentliche Eigenschaft dieses Teils der Kostenfunktion ist die Unabhängigkeit gegenüber der Größenänderung einer Gruppe von Knoten.

- Die letzte Komponente bezieht sich auf die Änderung der Größe und Form der Knoten in aufeinanderfolgenden Darstellungen. Abermals wird die mittlere Größenänderung als Bewertung berechnet.

Zur Verdeutlichung der Eigenschaften der dynamischen Kostenfunktionen zeigt Bild 2 an einem Beispiel aufeinanderfolgende Darstellungen mit und ohne Beachtung der dynamischen Kostenfunktionen. Die Bewertungen des dynamischen Teils der Kostenfunktion sind in Bezug auf das links abgebildete Original mit angegeben.

Es muß betont werden, daß das Ziel der eingeführten Elemente der Kostenfunktion die Bewertung von automatisch generierten Graphdarstellungen ist. Die in den Algorithmen implementierte Kostenfunktion ist an deren jeweilige Eigenschaften und interne Datenstrukturen angepaßt.

3.2. Anforderung an die Layoutalgorithmen

Bevor die untersuchten Algorithmen in den folgenden Abschnitten beschrieben werden, sollen explizit die Anforderungen an den Layoutalgorithmus zusammengefaßt werden:

- Der darzustellende Graph ist gerichtet, zyklisch und hierarchisch.

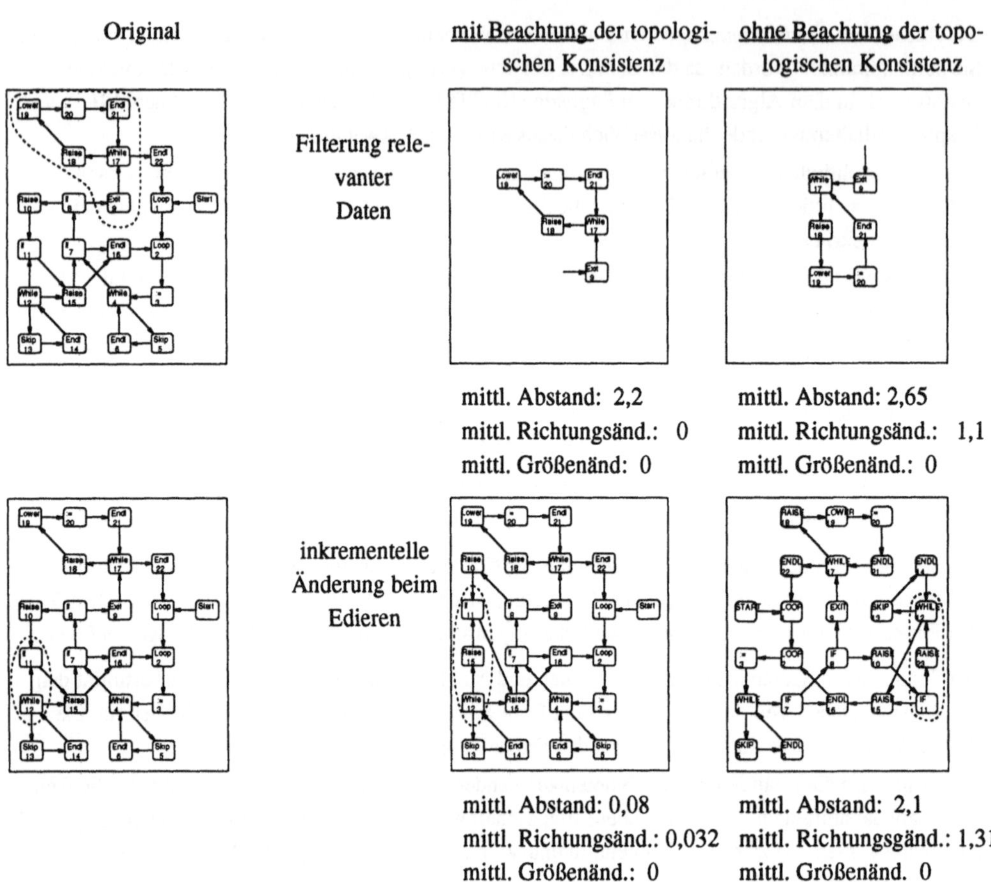

Bild 2: Beispiele zur Bewertung eines Graphlayouts bezogen auf vorherige Darstellungen

➤ Die Knoten haben unterschiedliche Größen, die sich auch in aufeinanderfolgenden Darstellungen ändern können.

➤ Bedingt durch den Informationsfilter ist die Anzahl der darzustellenden grafischen Elemente (inklusive Kanten) kleiner als 50.

➤ Die Berücksichtigung der topologischen Konsistenz in aufeinanderfolgenden Darstellungen muß möglich sein.

➤ Die Antwortzeit auf eine Benutzeraktion muß im Sekundenbereich sein.

3.3. Vorherige Arbeiten

Das Wort 'Browser' wird häufig als Synonym für interaktive Softwarewerkzeuge verwendet, die dem Benutzer das Lesen und Stöbern (engl. to browse: schmökern) in graphstrukturierten Daten ermöglichen.

Systeme, die das 'Schmökern' in graphstrukturierten Daten ermöglichen sind EDGE [NeTi90], GRAB [Row*86] und der ISI Grapher [Robi87]. Der ihnen gemeinsam zugrundeliegende Plazierungsalgorithmus ist erstmals in [SuTT81] beschrieben. Dieser Algorithmus ist jedoch für allgemeine zyklische Graphen, wie beispielsweise Prozeßgraphen oder Automatengraphen von reaktiven Systemen, nicht geeignet. Das Problem der topologischen Konsistenz ist in EDGE und GRAB mit dem Begriff ´Ähnlichkeit (similarity)´ beschrieben worden. Hierarchische Graphen können dargestellt werden, die Plazierungsfläche wird jedoch bei stark unterschiedlicher Größe der Knoten nicht effizient genutzt. Der Benutzer kann durch einfache Filteroperationen Graphelemente zur Darstellung selektieren, z.B. kann er sich alle Knoten, die über n Kanten mit einem vorher spezifizierten verbunden sind, darstellen lassen. In Hypertextsystemen spielen Filter ebenfalls eine Schlüsselrolle [LaHo89]. Automatisches Layout wird nur in wenigen Systemen eingesetzt [LaHo89], das Problem der topologischen Konsistenz bleibt jedoch unbeachtet.

Auch in dem Gebiet des Computer Aided Schematics (CAS) werden Layoutalgorithmen zur Darstellung von graphstrukturierten Daten verwendet. Im Gegensatz zu den Anforderungen für den Einsatz in einer interaktiven Benutzeroberfläche sind die Probleme des interaktiven Edierens, der topologischen Konsistenz in aufeinanderfolgenden Darstellungen und speziell die Rechenzeit weniger relevant.

4. Beschreibung der Algorithmen

4.1. Ursprung der untersuchten Algorithmen

Eine ausführliche Literaturrecherche über Algorithmen zur Berechnung einer Graphdarstellung ist in [EaTa89] zu finden. In mehreren Graph-Browsern [NeTi90] [Robi87] und [Row*86] werden Algorithmen eingesetzt, die auf dem von Sugiyama et.al. basieren; sie sind allerdings vom Ansatz her nicht zur Plazierung von Objekten mit stark differierenden Größen geeignet. Weiterhin sind sie in ihrer deterministisch-heuristischen Arbeitsweise nicht ausreichend flexibel, um durch die oben beschriebenen Kostenfunktionen direkt gesteuert werden zu können.

Bei genauerer Betrachtung der Eigenschaften des darzustellenden Graphen erkennt man die Ähnlichkeit zwischen dem Problem der Berechnung einer Graphdarstellung und dem der Plazierung im VLSI-Layout [KuOh90]. Trotz der unterschiedlichen Kostenfunktionen im VLSI-Layout scheint es sinnvoll, diese Algorithmen zu untersuchen. Hierbei sind die stochastischen Algorithmen zumindest für die Experimentierphase sehr vielversprechend, da sie eine beliebige Kostenfunktion zur Steuerung zulassen, die an die momentanen Anforderungen anpaßbar ist.

Implementiert und untersucht wurden der Min-Cut und ein Look-up-table-Ansatz als deterministische Algorithmen und Simulated Annealing und ein genetischer Algorithmus als stochastische Algorithmen.

Jeder der untersuchten Algorithmen allein war zu rechenzeitintensiv für den Einsatz in einer interaktiven Softwareumgebung oder die berechneten Layouts waren für den Benutzer nicht akzeptabel. Gute Resultate wurden durch die Aufspaltung des Gesamtproblems in folgende drei Phasen erreicht:

➥ Globales Layout

➥ Lokales Layout

➥ Nachbearbeitung

Während des globalen Layouts wird eine Plazierung des gesamten Graphen durchgeführt. Ausgenommen sind hiervon jedoch unabhängige Teilgraphen auf der niedrigsten Hierarchieebene. Diese Teilgraphen werden in der zweiten Phase, dem lokalen Layout plaziert. Abschließend erfolgt die Nachbearbeitung, die

die Topologie nicht mehr modifiziert, sondern durch Verschiebungen und Größenänderungen von Objekten die Darstellung verbessert.

In den folgenden Kapiteln werden die implementierten Algorithmen und deren Einbettung in die drei Phasen beschrieben.

4.2. Simulated Annealing

In der implemetierten Experimentierumgebung ist der Simulated Annealing [KiGV83] die Basis zur Berechnung einer Graphdarstellung. Die Implementation des Algorithmus basiert auf einem Beispiel in [OtGi89]. Das zu optimierende System - in diesem Fall eine zufällige Plazierung - wird bei einer hohen 'Temperatur' zum Schmelzen gebracht und anschließend wird die Temperatur in kleinen Schritten gesenkt. In jedem Iterationsschritt wird die Plazierung in Hinsicht auf eine gegebene Kostenfunktion optimiert, wobei Verbesserungen durch Verschieben von Knoten erreicht werden. Die 'Temperatur' bestimmt dabei die Reichweite (oder Beweglichkeit) eines Knotens. Der Algorithmus endet mit dem Erreichen eines vorgegebenen Wertes der Kostenfunktion oder bei einer vorgegebenen maximalen Rechenzeit.

Der Aufbau der Kostenfunktion hat einen starken Einfluß auf die Rechenzeit, da sie in jedem Interationsschritt aufgerufen wird. Aus diesem Grund wird nur die Minimierung der Gesamtkantenlänge als Kostenfunktion verwendet, da zur Neubewertung des Layouts nach einer Knotenverschiebung nur die Längen der jeweils betroffenen Kanten korrigiert werden müssen. Es hat sich gezeigt, daß mit der Minimierung der Kantenlänge die Anzahl der Kantenkreuzungen verringert wird.

Die Plazierung der Objekte selbst erfolgt in unserem Ansatz auf einem Raster, dessen Dimensionierung einen Einfluß auf die Rechenzeit und auf die Plazierungsergebnisse hat, da die Schmelztemperatur und die Abkühlungsfunktion von den Möglichkeiten zur Verschiebung der Knoten abhängt. Eine Verringerung dieser Möglichkeiten ergibt eine kleinere Schmelztemperatur, eine schnellere Abkühlung und damit kürzere Rechenzeiten. Bedingt durch das Raster ist jedoch nur die Plazierung gleich großer Knoten innerhalb einer Hierarchie möglich, womit dieser Algorithmus nur für das lokale und das globale Layout verwendbar ist. Im folgenden wird die Berechnungsweise der Rastergröße beschrieben:

Gegeben sei die Plazierungsfläche mit Höhe $dispy_0$ und Breite $dispx_0$. Zu plazieren seien i Knoten. Die Zahl der übereinanderliegenden Knoten sei ny_0, die der nebeneinanderliegenden nx_0. Dann gilt

$$i \leq nx_0 \cdot ny_0$$

Für annähernd gleiche Knotenabstände ist zu fordern:

$$\frac{dispx_0}{dispy_0} \approx \frac{x_0}{ny_0}$$

Mit dieser Ungleichung:

$$\frac{dispx_0}{dispy_0} \geq nx_0^2 \cdot \frac{1}{i}$$

Wir wählen:

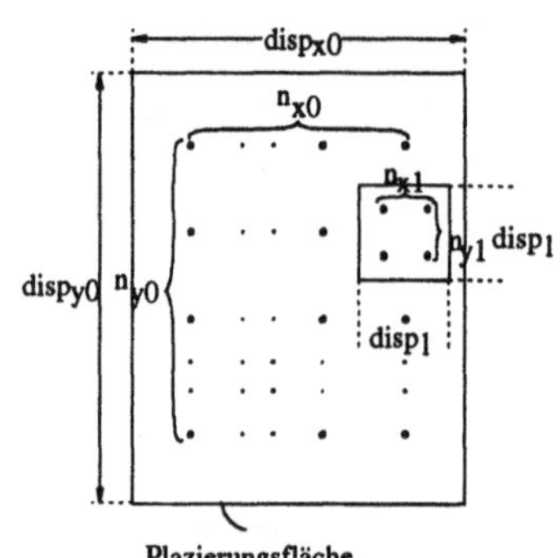

Plazierungsfläche

$$n_{x0} = \text{ceil}\left[\sqrt{\frac{disp_{x0}}{disp_{y0}} \cdot i}\right]$$

$$n_{y0} = \text{ceil}\left[\frac{i}{n_{x0}}\right]$$

ceil (x) gibt als Funktionswert den kleinsten ganzzahligen Wert größer x.

Aufgrund der berechneten äquidistanten Verteilung haben niedrigere Ebenen quadratische Plazierungsflächen, somit:

$$n_{x1} = n_{y1} = \text{ceil}\,(\sqrt{i}\,)$$

Es sei $j \in J$, J die Zahl der Hierarchieebenen. Es gelte $j1, j2 \in J$; $j1 > j2 \Rightarrow j1$ ist niedrigere Hierarchieebene. Damit ergibt sich die maximale Größe der grafischen Objekte (ohne Überlappung) zu:

$$disp_j = \min\left[\frac{disp_{x0}}{n_{x0}}, \frac{disp_{yo}}{n_{y0}}\right]; \quad j = 1$$

$$disp_j = \frac{disp_{j-1}}{n_{j-1}}; \qquad \text{für } i > 1$$

Mit den Formeln n_{x0} () und n_{y0} () zur Berechnung des Rasters ergibt sich ein nahezu äquidistantes Raster zur Plazierung der Knoten der obersten Hierarchiestufe, dessen Größe an die Fläche des Bildschirmfensters angepaßt ist. Zur Vermeidung von Überlappungen benachbarter Knoten ist die Maximalgröße von Objekten gleich dem Gridabstand. Die Rastergröße für die weiteren Hierarchiestufen wird durch die Gleichung n_{xi} () bestimmt.

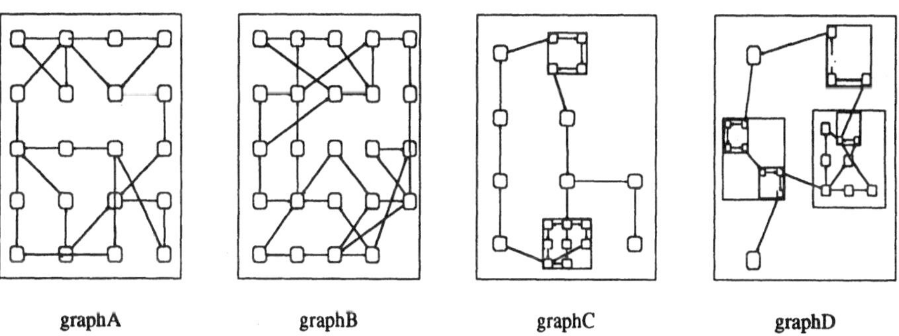

Bild 3: Mit dem Simulated Annealing berechnete Graphdarstellungen.

Aufgrund der Bestimmung der Rastergröße mit einer Gridzahl, die in der gleichen Größenordnung liegt wie die Anzahl der darzustellenden Knoten, wird eine homogene Verteilung der Knoten über die Plazierungsfläche erzwungen.

Die mit dem Simulated Annealing erzielten Ergebnisse sind zufriedenstellend in Hinsicht auf die Minimierung der Kantenlänge und der homogenen Verteilung der Knoten. Das grobe Raster bewirkt jedoch orthogonale und damit unübersichtliche Layouts. Dieser Nachteil muß durch die Nachbearbeitung in der dritten Phase verbessert werden.

In der Tabelle 1 sind die mit dem Simulated Annealing erzielten Ergebnisse von Berechnungen aufgeführt. Die Bewertung der Gesamtkantenlänge wird zum Vergleich auf den Gridabstand normiert. Zur Berücksichtigung der stochastischen Arbeitsweise des Algorithmus wird jeder Graph 10mal berechnet und das jeweils beste und schlechteste Ergebnis angegeben. Die Berechnungen erfolgten auf einer SUN Sparc 1 Workstation.

Graph	Rechenzeit (Sek)	Anzahl von Kantenkreuzungen	Anzahl von Kanten-Knoten Überlappungen	Normierte Gesamtkantenlänge	Gleichmäßige Verteilung
graphA	2,7..7,4	3..5	1..3	1,22..1,81	0,082
graphB	2,9..8,2	8..13	2..6	1,21..1,47	0,036
graphC	1,9..2,9	1..2	1	0,86..1,15	0,29..0,32
graphD	1,8..2,7	0..3	0..2	0,62..0,81	0,39..0,45

Tabelle 1: Berechnung der Graphlayouts mit dem Simulated Annealing.

4.3. Berechnung des Graphlayouts anhand einer Look-up-table

In der Problembeschreibung wurde bereits darauf hingewiesen, daß bedingt durch den Informationsfilter die Anzahl der darzustellenden grafischen Objekte auf kleiner 50 reduziert werden kann. Bezieht man noch die Hierarchie des darzustellenden Graphen mit ein, müssen oft Teilgraphen mit weniger als sieben oder acht Knoten plaziert werden. In diesem Fall scheint die Implementierung einer Look-up-table, deren Einträge vorgegeben Plazierungen enthalten, sinnvoll.

Anhand der Plazierung eines Beispielgraphen mit fünf Knoten soll die Funktionsweise der Implementation der Look-up-table erläutert werden. Im ersten Schritt wird der Graph klassifiziert, indem die Anzahl der Kanten für jeden Knoten ermittelt wird. Die Werte werden sortiert und ergeben den Hash-Index.

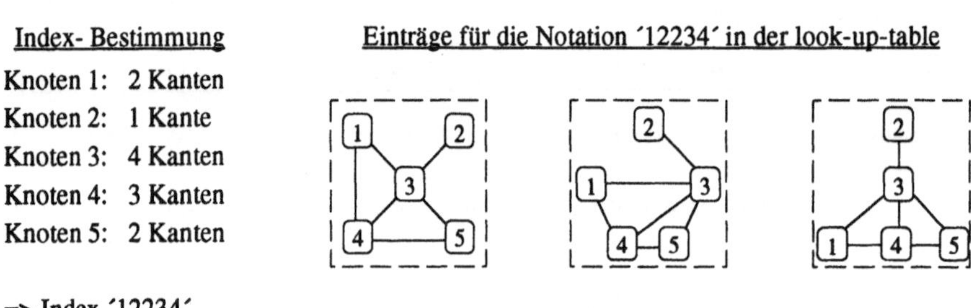

Bild 4: Beispielgraph mit dem zugehörigen Eintrag in der Look-up-table

Im zweiten Schritt wird ein Eintrag für die gefundene Notation in der Look-up-table gesucht. Ist ein Eintrag vorhanden, werden die jeweiligen Koordinaten den Knoten zugewiesen. Die Koordinaten innerhalb der Look-up-table sind für ein 100x100 Raster angegeben (in Bild 4 als gestrichelte Linien angedeutet) und müssen vor der Zuweisung an die jeweilige Rastergröße angepaßt werden.

Wie in Bild 4 gezeigt, können für einen Graphen mehrere Plazierungen in einem Eintrag vorhanden sein. Mit der Bewertung der verschiedenen Plazierungen mit der momentan relevanten Kostenfunktion kann das beste Ergebnis ausgewählt werden.

Die Rechenzeit zur Plazierung eines Graphen mit der implementierten Look-up-table liegt im Bereich von einigen Millisekunden. Der wesentliche Vorteil der Look-up-table ist die Ästhetik des Layouts, da keine Orthogonalität durch ein grobes Raster auftritt. Zudem ist der Ansatz mit der Möglichkeit zur Bestimmung der derzeitig besten Plazierung durch die Wahl der geeigneten Kostenfunktion sehr flexibel. Weiterhin kann die Look-up-table auf jede Form der Plazierungsfläche angepaßt werden. Obwohl zur Zeit die Implementation nur die Plazierung gleich großer Knoten erlaubt, ist eine Erweiterung auf Knoten unterschiedlicher Größe möglich.

4.4. Nichtlinearer kräftegerichteter Algorithmus

Eine weitere Möglichkeit der Berechnung eines Layouts ist der kräftegerichtete Plazierungsalgorithmus [QuBr79]. Hierbei werden die Kanten des Graphen durch Federn und die Knoten durch Ringe, an denen die Federn befestigt sind, ersetzt. Entsprechend dem Hook´schen Gesetz wirkt zwischen zwei verbundenen Knoten eine Kraft, die sich aus der Multiplikation von Ausdehnung der Feder und der Federkonstante (Anzahl der Verbindungen zwischen zwei Knoten) ergibt.

Ein modifizierter kräftegerichteter Algorithmus wird nun in der Phase der Nachbearbeitung zur Verbesserung der Graphdarstellung eingesetzt. Wie bereits erwähnt, zeichnen sich die mit dem Simulated Annealing generierten Layouts durch Orthogonalität und ineffiziente Platzausnutzung aus. Diese nachteiligen Eigenschaften sollen mit der Nachbearbeitung verbessert werden. Dazu ist im Gegensatz zur ursprünglichen Idee des kräftegesteuerten Algorithmus, verbundene Knoten eng zueinander zu ziehen, das primäre Ziel dieser Implementation, den Freiraum zwischen den Knoten zu vergrößern und damit eine spätere Vergrößerung der Knoten zu ermöglichen. Für diese Funktionalität müssen neue Kräfte und Kräftefunktionen eingeführt werden. Aufgrund der gewählten nichtlinearen Kräftefunktionen wird der Algorithmus als *nichtlinearer kräftegesteuerter Algorithmus* bezeichnet.

In der implementierten Version des Algorithmus ist das *Expansionsbestreben* der Knoten jene Eigenschaft, die eine Modifikation des Layouts bewirkt. Der Wert des Expansionsbestrebens eines Knotens ist ein Maß für dessen ´Wunsch´, seine Größe zu ändern, der Wert kann daher positiv (Vergrößerung) oder negativ (Verkleinerung) sein. Einerseits kann er durch die Visualisierungsfunktion vorgegeben sein (Beispiel: die Größe eine Textfensters soll 20x10 Zeichen betragen), andererseits kann er sich aus der hierarchischen Struktur des Graphen ergeben. Die letztere Möglichkeit erfordert eine rekursive Bestimmung des Expansionsbestebens, da der Wert des Vaterknotens auf der obersten Hierarchieebene von den Werten des Expansionsbestrebens seiner Söhne abhängt.

Zur Vermeidung einer kontinuierlichen Vergrößerung der Knoten über alle Schranken werden Kräfte zwischen jedem Knotenpaar und zwischen jedem Knoten und dessen Plazierungsrand eingeführt. Der Plazierungsrand ist durch die Lage und Größe des jeweiligen Vaterelements bestimmt (die Bildschirmfläche ist das Vaterelement für die Knoten der obersten Hierarchieebene). Der Wert der wirkenden Kräfte ist eine Funktion des Abstandes zwischen den Knoten bzw. zwischen einem Knoten und dem Plazierungsrand; zur Berechnung des Abstandes werden die Knoten durch die umfassenden Kreise beschrieben und der Freiraum zwischen den Kreisen bzw. zwischen dem Kreis und dem Plazierungsrand als resultierender Abstand ermittelt. Zwischen allen Knotenpaaren werden zwei Kräfte, eine anziehende und eine abstoßende, definiert. Für die abstoßende Kraft wird ein zum Abstand der Knoten reziproker Funktionsverlauf gewählt, der gewährleistet, daß keine Überlappung von Knoten bzw. keine Verschiebung eines Knotens über den Plazierungsrand hinaus auftreten kann. Zwischen jedem Knotenpaar wirkt zusätzlich noch eine anziehende Kraft, deren Wert linear mit dem Abstand der Knoten steigt und die Knoten zueinander zieht. An und abstoßende Kräfte sind im Gleichgewicht, wenn ein optimaler Abstand - derzeitig vorgegeben - eingehalten wird.

Der Algorithmus selbst besteht aus einer einfachen Schleife. Vor dem Eintritt in die Schleife wird eine Vorplazierung eingelesen und die momentan wirkenden Kräfte werden berechnet. Innerhalb der Schleife wird der Knoten mit dem Maximalwert des Expansionsbestrebens bzw. der wirkenden Kräfte ermittelt und anschließend entweder eine Vergrößerung, Verkleinerung oder Verschiebung des Knotens durchgeführt. Nach der Korrektur der Werte des Expansionsbestrebens und der wirkenden Kräfte wird wieder die Schleife durchlaufen. Die Schleife wird abgebrochen, wenn eine vorgegebene Anzahl Iterationsschritte berechnet wurde oder keine Verbesserung mehr möglich ist.

In Hinsicht auf den Einsatz in einer interaktiven Softwareumgebung bietet der kräftegesteuerte Ansatz einen großen Vorteil. Die iterative Arbeitsweise des Algorithmus zusammen mit den nur inkrementellen Größenänderungen oder Verschiebungen eines Knotens in jedem Interationsschritt erlauben es, die Iterationen direkt auf dem Bildschirm darzustellen. Damit entsteht für den Benutzer der Eindruck eines *natürlichen Flusses von Objekten*. Es ist dem Benutzer möglich, bereits während der Berechnung das entstehende Layout zu erkennen und zu verstehen. Als zweiter Vorteil ist die Berücksichtigung der topologischen Konsistenz zu nennen. Die Parameter der Kräftefunktionen sind so bestimmt, daß keine Änderungen der dargestellten Graphstruktur auftreten können, da nur - ein gutes Layout mit benachbarter Plazierung verbundener Knoten vorausgesetzt - Verschiebungen und Größenänderungen möglich sind.

4.5. Min-Cut und Genetischer Algorithmus

Die mit dem Min-Cut berechneten Ergebnisse zeichnen sich durch lange Kanten über die gesamte Plazierungsfläche aus, da das Ziel der Heuristik des Algorithmus die Minimierung der Kreuzungen der Kanten mit den jeweiligen Schnittlinien ist und damit die Länge der entstehenden Kanten nicht berücksichtigt wird. Eine zusätzliche Steuerung durch weitere Kostenfunktionen ist nicht möglich, wenn nicht die Heuristik des Algorithmus geändert werden soll.

In der momentanen Implementation des genetischen Algorithmus sind die erzielten Ergebnisse trotz der höheren Rechenzeit schlechter als die des Simulated Annealing. Da der Genetische Algorithmus aber vom Ansatz her sehr vielversprechend ist (Stichwort: Parallelverarbeitung), werden effizientere Funktionen zur Generierung von Nachkommen und zur Berechnung der Kostenfunktion für die Plazierungen untersucht.

5. Interaktion der implementierten Algorithmen

Die vorhergehenden Untersuchungen haben gezeigt, daß keiner der implementierten Algorithmen das Gesamtlayout zufriedenstellend lösen kann. Doch hat jeder Algorithmus Eigenschaften, die ihn für die Berechnung einer Teilaufgabe des Gesamtlayouts auszeichnen. Daher wird das Gesamtproblem mit

Anwendung des Prinzips *Divide and Conquer* in getrennte Phasen aufgespaltet. Die Aufteilung erfolgt in die drei Phasen globales Layout, lokales Layout und Nachbearbeitung. Bild 6 zeigt auf der linken Seite die zur Zeit implementierte Zuordnung der Algorithmen zu den jeweiligen Phasen. Auf der rechten Seite ist an einem Beispiel das nach Abschluß der Phase vorliegende Layoutergebnis dargestellt.

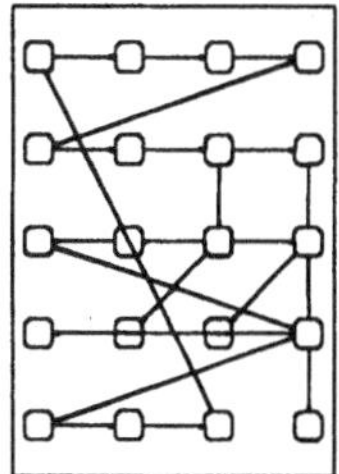
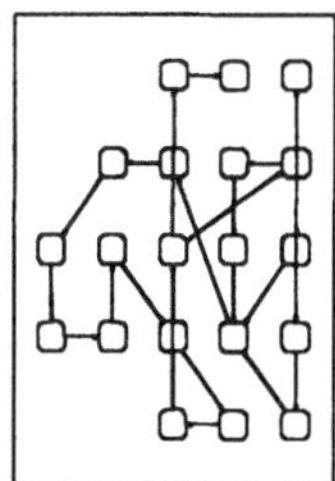

Rechenzeit: 0,6 Sek.   Rechenzeit: 12,7 Sek.

Min-Cut (slice/bisection)   Genetischer Algorithmus

Bild 5: Ergebnisse des Min-Cut und des Genetischen Algorithmus.

Die Berechnung beginnt mit dem globalen Layout. Alle Knoten, mit Ausnahme der niedrigsten Ebene der Hierarchie, werden plaziert und die Kanten eingetragen. Die maximale Größe der Objekte basiert auf dem zugrunde liegenden Plazierungsraster der jeweiligen Hierarchiestufe.

Im nächsten Schritt werden die Teilgraphen auf der niedrigsten Hiearchieebene plaziert. In dieser lokalen Plazierung wird die Größe der Vaterknoten entsprechend dem Gridabstand des Rasters vergrößert und die Knoten der Teilgraphen in ihnen plaziert, die Plazierung der übrigen Objekte jedoch nicht verändert. Zur Zeit ist der einzige speziell für diesen Schritt geeignete Algorithmus die Implementation der Look-up-table. Es ist jedoch offensichtlich, daß die Algorithmen des globalen Layouts ebenfalls eingesetzt werden können. Im Beispiel sind die neu plazierten Knoten mit durchgezogenen Linien dargestellt, während die nicht modifizierten Knoten und Kanten gestrichelt gezeichnet sind.

Nach dem lokalen Layout sind alle Knoten plaziert, die Darstellung zeichnet sich aber noch durch Orthogonalität und ineffiziente Flächennutzung aus. Eine Verbesserung erfolgt durch die Nachbearbeitung. In diesem Schritt werden zum einen die benutzer- und sprachspezifisch vorgegebenen Größen und Formen der Objekte berücksichtigt und damit die Fläche effizienter genutzt und zum anderen die Orthogonalität durch die Abwendung von der Rasterplazierung verringert. In der Skizze sind die originalen Plazierungen der Knoten der obersten Hierarchieebene grau unterlegt und die Bewegung (dem Benutzer als natürlichen Fluß angezeigt) durch strichlierte Linien angedeutet.

Der gesamte Prozeß zur Berechnung des Layouts wird durch einen Layout-Manager kontrolliert, der Zugriff auf die bisherigen Layouts zur Berücksichtigung der topologischen Konsistenz besitzt. Er bestimmt damit neben der Auswahl der momentanen Kostenfunktion auch die Referenzdarstellung zur Berechnung der dynamischen Elemente der Kostenfunktion. Mit der Einführung des Layout-Managers wird zudem eine flexible Schnittstelle definiert, die auch den Einsatz anwendungsorientierter Layoutprogramme, beispielsweise Programme zur automatischen Erzeugung von Schaltplänen, erlaubt.

<u>Globales Layout</u>

➤ Simulated Annealing, Genetischer
Algorithmus, Min-Cut

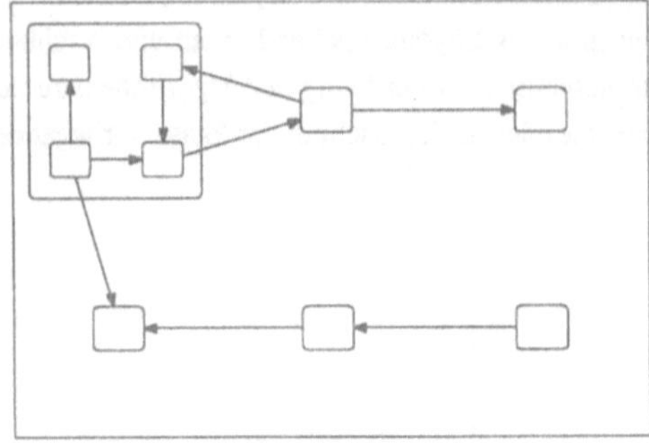

<u>Lokales Layout</u>

➤ Look-up-table

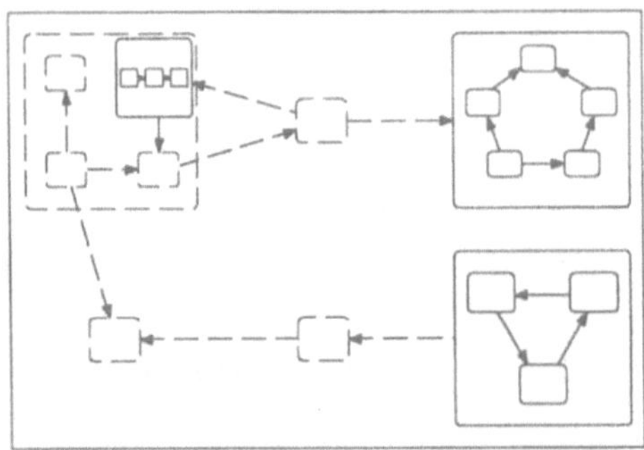

<u>Nachbearbeitung</u>

➤ Nichtlinearer kräftegesteuerter
Algorithmus

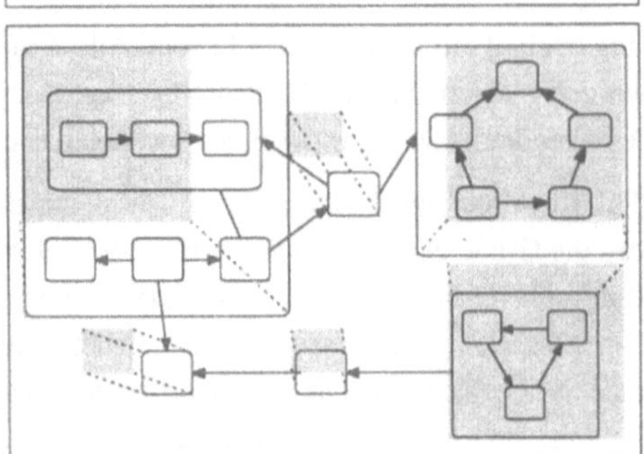

Bild 6: Interaktion der drei Phasen der Layoutberechnung an einem Beispiel

6. Zusammenfassung und weitere Schritte

Die automatische Berechnung des Bildschirmlayouts wird als wesentlicher Punkt zur Verbesserung der Benutzeroberfläche in CAD-Systemen angesehen. Es wurde eine Experimentierumgebung implementiert, die eine Untersuchung von Algorithmen zur Berechnung von Graphdarstellungen und die Bestimmung der Anforderungen an ein automatisches Layout in einer interaktiven Softwareumgebung ermöglicht.

Die Berechnung von Graphdarstellungen basiert auf einer Kostenfunktion, die die ´Güte´ einer generierten Plazierung bewertet. Es ist ein Satz von Funktionen zur Bewertung offensichtlicher Eigenschaften übersichtlicher Layouts definiert worden, der in einen statischen und einen dynamischen Teil aufgespalten werden kann. Während die Funktionen des statischen Teils ein Maß für die Güte des Layouts anhand der Eigenschaften der einzelnen Graphdarstellung ermitteln, dienen die dynamischen Elemente der Kostenfunktion der Bewertung von Graphdarstellungen in einer Bildsequenz.

Bedingt durch die Ähnlichkeit der Probleme in der Berechnung einer Graphdarstellung mit Knoten variabler Größe und der Macro-Cell Plazierung im VLSI-Layout wurden Algorithmen aus dem VLSI-Layout dem Problem der Graphdarstellung angepaßt. Es wurden der Simulated Annealing, der Genetische Algorithmus und der Min-Cut Algorithmus untersucht. Für die Plazierung kleiner Graphen wurde zusätzlich eine Look-up-table implementiert. Keiner der untersuchten Algorithmen konnte das gesamte Layoutproblem in einer angemessenen Zeit zufriedenstellend lösen. Aus diesem Grund wurde das Gesamtproblem in die drei Phasen globales Layout, lokales Layout und Nachbearbeitung aufgeteilt. Zur Zeit wird der Simulated Annealing für das globale Layout, die Look-up-table für das lokale Layout und ein nichtlinearer, kräftegesteuerter Algorithmus für die Nachbearbeitung verwendet. Die Rechenzeit auf einer SUN Sparc1 Workstation liegt momentan im Sekundenbereich, doch mit der ständig steigenden Leistung der Workstations wird der Einsatz des automatischer Bildschirmlayouts in interaktiven Softwarewerkzeugen in naher Zukunft ermöglicht werden.

Mit der Implementation des Layout-Managers können weitere Layoutalgorithmen in das System eingebunden werden, beispielsweise zur Berechnung von Schaltplänen oder Flußgraphen. Da die zu plazierenden Objekte des Graphen abgesehen von der Bildschirmfläche keine Begrenzung ihrer Größe haben, ist der implementierte Ansatz ebenfalls zur Steuerung der gesamten Fensteroberfläche eines CAD-Systems einsetzbar.

Literaturverzeichnis

[Boeh89] Karl-Friedrich Böhringer: <u>Stabilität von Algorithmen für Graphenumbruch</u>, Diplomarbeit, Universität Karlsruhe, Juli 1989.

[BrCl87] M.C. Browne, E.M. Clarke: <u>SML - A High Level Language for the Design and Verification of Finite State Machines</u>, in: D. Borrione (ed) From HDL Description to Guaranteed Correct Circuit Designs, Elsevier Science Publishers, pp. 269 - 292, 1987.

[DeSc86] Norman Delisle, Mayer Schwartz: <u>Neptune: a Hypertext System for CAD Applications</u>, ACM, pp. 132-143, 1986

[EaTa89] Eades, Peter, Tamassia, Robert: <u>Algorithms for Drawing Graphs: An Annotated Bibliography</u>, Brown University, Providence, Rhode Island, USA, Technical Report No. Cs-89-09, Revised Version October 89.

[GeKa88] David Gedye, Randy Katz: <u>Browsing the Chip Design Database</u>, 25th ACM/IEEE Automation Conference, pp. 269-274, 1988

[Gold89] David E. Goldberg: <u>Genetic Algorithms in Search, optimization and Machine Learning</u>, Addison Wesley Publishing, 1989

[iLog87] i-Logix Inc.: <u>STATEMATE - The Language of Statemate</u>, Nov. 1987

[KiGV83] S. Kirkpatrick, C.D. Gelatt, Jr., M.P. Vecchi: <u>Optimization by Simulated Annealing</u>, Science, Vol. 220, No. 4598, May 1983

[KuOh90] Ernest S. Kuh, Tatsuo Ohtsuki: <u>Recent Advances in VLSI Layout</u>, Proceeding of the IEEE, Vol. 78, No. 2, pp. 237 -263, February 1990

[LaHo89] H. Langendörfer, M. Hofmann (Hrsg.): <u>Das Hypertextsystem CONCORDE</u>, Informatik - Bericht 89-06, Technische Universität Braunschweig, 1989.

[May90]   Michael May: <u>Automatic Documentation of graphical schematics</u>, Proc. of the Scientific Computing and Automation Conference, Maastricht, Elsevier Series 'Data Handling in Science and Technology', 1990

[NeTi90] Frances Newberry-Paulisch, Walter F. Tichy: <u>EDGE: An Extendible Graph Editor</u>, Software - Practice and Experience, Vol. 20, pp. 63 - 88, June 1990

[OtGi89] Otten, R.H.J.M., van Ginneken, L.P.P.P.: <u>The Annealing Algorithm</u>, Kluwer Academic Press, 1989.

[Robi87] Gabriel Robins: <u>The ISI Grapher: A Portable Tool for Displaying Graphs Pictorially</u>, ISI Reprint Series, September 1987

[Row*86] Lawrence A. Rowe et al.: <u>A Browser for Directed Graphs</u>, Software - Practice and Experience, Vol. 17(1), pp. 61-76, January 1987

[ShKe89] Shneiderman, Ben, Kearsley, Greg: <u>Hypertext, Hands on!</u>, Addison Wesley, 1989.

[SuTT81] Kozo Sugiyama, Shojiro Tagawa, Mitsuhiko Toda: <u>Methods for Visual Understanding of Hierarchical System Structures</u>, IEEE Transactions on Systems, Man and Cybernetics, Vol. SMC-11, No. 2, pp. 109-125, February 1981

[TaBB88] Tamassia, Roberto, di Battista, Giuseppe, Batini, Carlo: <u>Automatic Graph Drawing and Readability of Diagrams</u>, IEEE Transactions on Systems, Man and Cybernetics, Vol. 18, No. 1, pp. 61-79, February 1988

Gruppenorientiertes CAD
-
Ein Ansatz zur Technikunterstützung teilautonomer Arbeitsgruppen in der Konstruktion

Volker Wulf

Projektbereich Integrierte Technikfolgenforschung
Institut für Informatik III, Universität Bonn
Römerstr. 164, 5300 Bonn 1

Zusammenfassung

Kommunikative Kompetenz der Konstrukteure spielt für den Konstruktionsprozeß eine wichtige Rolle. Die bisherigen einzelplatzorientierten CAD-Systeme haben die Kommunikationsvorgänge in der Konstruktionsabteilung eher behindert. Das organisatorische Konzept teilautonomer Arbeitsgruppen kann bestehende kommunikative Defizite kompensieren. Dessen Einführung kann durch ein gruppenorientiertes CAD-System technisch unterstützt werden. Dabei wird das kreative Gespräch der Gruppenmitglieder während der Konzeptionsphase durch eine Eingabeschnittstelle begünstigt, die aus einem herkömmlichen Zeichenbrett besteht, das mit einer Digitalisiervorrichtung mit integriertem Mustererkenner versehen ist. Ein Hypermedia System verwaltet die zur Koordination des Gruppenprozesses notwendigen Dokumente.

Abstract

The designer's ability to communicate appropriately is essential for the process of design. Existing CAD systems basically support but single user operations, which rather impede effective communication in the design department. The organizational approach of autonomous work-groups can compensate the existing deficiency in communication in the design department. This approach may technologically be supported by a group-orientated CAD system. It encourages the creative dialog among designers by utilizing a "regular" drawing board as input/output device. The drawing board is additionally equipped with a digitizer which recognizes certain geometrical elements automatically. The coordination of the work-group is furthermore supported by a hypermedia-system which administrates internal documents.

0. Einleitung

Das makroökonomische Umfeld der Unternehmungen in der BRD hat sich seit Mitte der 70er Jahre verändert und ist durch relativ zu den Verteilungsverhältnissen auftretende Sättigungserscheinungen geprägt. Diese Veränderungen bewirken verstärkte Konkurrenz auf den Absatzmärkten und erfordern erhöhte Flexibilität und Innovationsfähigkeit während des gesamten betrieblichen Leistungserstellungsprozesses.

Aus den veränderten Rahmenbedingungen resultieren auch für die Konstruktionsabteilungen der Unternehmen veränderte Anforderungen an Organisation, Qualifikation und Technikunterstützung. Der Übergang von der Massenproduktion zur Serienfertigung macht einerseits zusätzliche Variantenkonstruktionen erforderlich, andererseits erfordern aber die schneller notwendig werdenden Produktinnovationen zusätzliche Entwürfe mit einem hohen Anteil an Konzeptionsarbeit. Herkömmliche CAD-Systeme sind an der Arbeit am Einzelarbeitsplatz orientiert und unterstützen vornehmlich erstgenannte Konstruktionsaufgaben. Diese Art der Technikunterstützung kann aber negative Konsequenzen auf die kommunikativen Fähigkeiten der Konstrukteure haben, die insbesondere bei der Entwicklung von Produktinnovationen und der Flexibilisierung der betrieblichen Leistungserstellung eine wichtige Rolle spielen. Deshalb soll im folgenden ein integriertes Konzept zur Gestaltung von Organisation und Technik in der Konstruktion vorgestellt werden, das kommunikative Kompetenz fördert und so zu einer besseren Anpassung der Unternehmen an eine sich schnell verändernde Umwelt beiträgt.

1. Konstruktionsprozeß und kommunikative Kompetenz

Das Sammeln und Auswerten von Informationen stellt insbesondere unter den veränderten Rahmenbedingungen einen wesentlichen Bestandteil der Aufgaben im Konstruktionsbereich dar. So müssen Informationen bezüglich der zu bearbeitenden Aufgabenstellung von betriebsinternen oder externen Auftraggebern erfaßt werden, um ein den Kundenwünschen entsprechendes Konzept entwickeln zu können. Darüberhinaus sind Informationen über die Eigenschaften des Produktionssystems wichtig, um die Umsetzbarkeit der in der Konstruktion entwickelten Konzepte zu sichern. Solche Kenntnisse über die Spezifika des firmeneigenen Fertigungssystems gewinnen bei dem Versuch, durch Überlappen von Konstruktions- und Produktionsphasen zu einer Verkürzung der Durchlaufzeiten zu gelangen, besonders an Bedeutung.

Die genannten Informationen entziehen sich aufgrund ihrer Komplexität, Kontextabhängigkeit und zeitlichen Veränderbarkeit einer einfachen und wirtschaftlich effizienten Formalisierung und Speicherung in Rechnersystemen. Beispielsweise sind die Eigenschaften des Produktionssystems neben den technischen Voraussetzungen von der Motivation der Beschäftigten und deren Qualifikation im Umgang mit den Arbeitsmitteln abhängig. Dieses Zusammenwirken ist kaum formalisierbar und von einer Vielzahl von Einflußgrößen abhängig. Auch die Veränderungen der Absatzbedingungen erfolgen häufig schnell und unterliegen dabei keinen einfach formalisierbaren Zusammenhängen, weil sich die Kundenwünsche branchenspezifisch in komplexen sozialen Kontexten entwickeln.

Aus diesem Grunde wird direkte oder technisch vermittelte menschliche Kommunikation und das Aufrechterhalten sozialer Kontakte auch in absehbarer Zukunft ein wichtiges Mittel der Informationsgewinnung bleiben und einen wichtigen Bestandteil der Arbeit in der Konstruktionsabteilung ausmachen.

Die für die Aufgabenausführung benötigte Fähigkeit, im persönlichen Gespräch aufeinander einzugehen, um relevante Informationen zu erhalten und sie anderen Gruppenmitgliedern zu vermitteln, soll im folgenden als kommunikative Kompetenz bezeichnet werden. Kommunikative Kompetenz spielt aber nicht nur beim Sammeln und Vermitteln von Informationen im Außenverhältnis der Konstruktionsabteilung eine wichtige Rolle, sondern beeinflußt auch die Möglichkeiten zur Kooperation innerhalb der Konstruktionsabteilung. Die Kommunikation zwischen Kollegen, die mit verschiedenen Aufgaben betraut sind, kann dann zu Synergieeffekten führen, wenn übertragbare Erfahrungen dabei ausgetauscht werden. Kommunikative Kompetenz kann bei gemeinsamer Aufgabenbearbeitung durch mehrere Konstrukteure dazu führen, daß das innovative Potential der Gruppe in einem kreativen Gespräch genutzt werden kann. Mit einem kreativen Gespräch ist dabei eine Gruppendiskussion gemeint, in dessen Verlauf sich aus dem diskursiven Verschmelzen der individuellen Sichtweisen bezüglich des zu lösenden Problems eine gemeinsame Lösung ergibt, die neue, in den Lösungsansätzen der einzelnen Gruppenmitglieder nicht enthaltene Aspekte beinhaltet (vgl. Holand/Danielsen, S. 377 ff).

2. Defizite einzelplatzorientierter CAD-Systeme

Trotz dieser Notwendigkeit zur Förderung kommunikativer Kompetenz, die sich aus der Aufgabenstellung der Konstruktion ergibt, haben sich die Ansätze zu einer Computerunterstützung des Konstruktionsprozesses in der Regel auf die Unterstützung des Einzelarbeitsplatzes gerichtet (vgl. Anderson u.a. 1989, S. 29f). Die einzelplatzorientierte Gestaltung der CAD-Systeme hat dabei zu einer Behinderung von Kommunikationsvorgängen geführt. Beispiele für diese Behauptung lassen sich bei der Systemgestaltung auf verschiedenen Ebenen der Benutzerschnittstellen finden.

Schon bei der Gestaltung der Hardware der Ein- und Ausgabeschnittstelle kommt die kommunikationshemmende Orientierung an der Dyade Mensch-Rechner zum Ausdruck. Arbeitsplätze an CAD-Systemen verfügen über jeweils nur einen Satz von Eingabegeräten wie z.B.: Maus, Tableau und Tastatur. Dadurch wird die gemeinsame Erstellung, Manipulation und Diskussion von Zeichnungen durch mehrere Kooperationspartner erschwert, weil immer nur einer der Benutzer diese

Eingabe- und Zeigegeräte zur Hand hat und das Weiterreichen an die anderen Beteiligten umständlich ist.

Bei den Ausgabegeräten hat der Ersatz des vom Darstellungsumfang relativ großen Zeichenbretts durch den i.a. wesentlich kleineren Computerbildschirm zu einer Verringerung des simultan darstellbaren Zeichnungsumfangs geführt. Auch dadurch verringern sich die Kommunikationsmöglichkeiten während des Konstruktionsprozesses. Am Bildschirm müssen die Konstrukteure entscheiden, ob sie die Konstruktionsunterlagen als Ganzes im Groben oder nur einen bestimmten Ausschnitt im Detail darstellen wollen (vgl. Wingert u.a. 1984, S. 187f). Eine Gruppendiskussion wird aber durch eine möglichst große gemeinsame Informationsbasis gefördert, eingeschränkte Möglichkeiten zur gleichzeitigen Darstellung von Informationen wirken hemmend.

Auch die mit dem Einsatz der bisherigen CAD-Technik verbundene Trennung zwischen Eingabe- und Ausgabegeräten kann die Kommunikation über visualisierte Konstruktionsvorschläge hemmen, weil die bisherige räumliche Nähe zwischen dem Ort der Darstellung eines geometrischen Objekts, auf den während einer Diskussion Bezug genommen wird, und der Eingabelokalität, an der dieses geometrische Element manipuliert werden kann, aufgehoben ist.

Auf der Ebene der Dialoggestaltung führt - insbesondere während der Einführungsphase - die in der Regel kommandosprachliche Orientierung herkömmlicher CAD-Systeme zu einer tiefgreifenden Veränderung der Arbeitsweise von der handlungsorientierten Darstellung am Zeichenbrett zu einer im voraus in Befehlsstrukturen umzusetzende Arbeitsweise am Rechner. Dadurch erhöht sich die dem Arbeitsmittel zuteil werdende Konzentration (vgl. ebenda, S. 229f u. 190; Rasmussen u.a. 1987, S. 25f.). Diese Tendenz wird durch eine erhöhte Komplexität der Funktionalität des neuen Werkzeugs verstärkt (vgl. Wingert u.a. 1984, S. 188f.). Mit diesen Veränderungen geht eine Fixierung auf das neue Arbeitsmittel einher, die die Möglichkeiten zu persönlicher Kommunikation herabsetzen kann.

Die Ausweitung der Funktionalität von CAD-Systemen durch die Integration von bisher nicht rechnerunterstützt durchgeführten Arbeitsaufgaben verringert die sich aus der Arbeit ergebenden Kommunikationsnotwendigkeiten. So hat die Integration von Datenbanken mit konstruktionsrelevanten Fakten (z.B. Materialkonstanten und Normteilen) das Suchen und den Zugriff hierauf an das CAD-System delegiert und die beim zuvor notwendigen Such- und Beschaffungsvorgang möglichen Kommunikationsbeziehungen entfallen lassen. Bei der Umstellung bestehender Archive auf eine rechnergestützte Speicherung bereits erstellter Konstruktionsunterlagen gehen die sich beim physischen Suchvorgang ergebenden Kommunikationsmöglichkeiten verloren. Der teilweise Ersatz des Baus von Prototypen zur Erprobung von Eigenschaften des entworfenen Objekts durch computergestützte Simulation (z.B. FEM) beschleunigt zwar die Testphasen erheblich und läßt - eine problemadäquate Modellierung vorausgesetzt - zusätzliche Untersuchungen möglich werden. Da dieses Verfahren aber vollständig rechnergestützt erfolgt, gehen auch hier Kommunikationsmöglichkeiten im Verlauf der physisch durchgeführten Tests verloren.

Geht die Einführung von CAD-Systemen arbeitsorganisatorisch mit einer zunehmenden Arbeitsteilung durch Spezialisierung der einzelnen Mitarbeiter einher, so kann dies - insbesondere, wenn die Arbeitsteilung starr immer nach demselben Schema erfolgt - zu einer Verringerung der Kommunikationsnotwendigkeiten innerhalb der Konstruktionsabteilung führen. Die sich daraus bezüglich der kommunikativen Kompetenz ergebenden Probleme werden noch verstärkt, wenn es bei der Einführung von CAD-Geräten aus vordergründigen Rentabilitätsüberlegungen zusätzlich zur Einführung von Schichtarbeit kommt. Dies beeinträchtigt die Möglichkeiten direkter persönlicher Kommunikation innerhalb und außerhalb der Konstruktionsabteilung (vgl. Rasmussen u.a. 1987, S. 26).

Kommunikative Kompetenz ist aber eine stark von äußeren Gegebenheiten beeinflußte Größe. Sie wird fast ausschließlich in der Praxis in Form von learning-by-doing erworben. Dieser Lernprozeß wird dabei niemals abgeschlossen und wird dabei besonders von Bedingungen des Alltags - und insbesondere des Berufsalltags - geprägt. Die Reduktion der Kommunikationsmöglichkeiten kann deshalb weitreichende und wichtige Folgen für die kommunikative Kompetenz der Konstrukteure haben und sich deshalb negativ auf den gesamten Konstruktionsvorgang auswirken.

3. Teilautonome Arbeitsgruppen in der Konstruktion

Bei der langfristigen Sicherung menschengerechter Arbeits- und Kommunikationsbedingungen sind deshalb im Rahmen der Organisations- und Technikgestaltung Möglichkeiten zur Entfaltung direkter Kommunikation zu berücksichtigen. Das Konzept teilautonomer hierarchiefreier Arbeitsgruppen (vgl. Brödner 1985, S. 145ff) erscheint in diesem Zusammenhang als besonders geeignet und sollte deshalb auch auf die Konstruktion angewandt werden. Es bedarf dabei der Unterstützung durch gruppenorientierte Arbeitsmittel.

Konstruktionsaufgaben werden gemäß dieses Konzepts durch mengenmäßige Arbeitsteilung zu Projektfamilien zusammengefaßt. Diese Aufgaben werden von ganzheitlich qualifizierten Konstrukteuren gemeinsam in einer Arbeitsgruppe bearbeitet. Die dabei vorzunehmende Arbeitsplanung und steuerung wird von der so entstehenden Konstruktionsinsel selbstständig vorgenommen, so daß die Mitglieder der Konstruktionsinsel zur Erfüllung der vorgegebenen Aufträge selbstbestimmt kooperieren. Bei der Bearbeitung von Projekten, deren Arbeitsumfang die Kapazität der einzelnen Insel übersteigt, müssen zur Koordination mit Nachbargruppen aus der Mitte der Arbeitsgruppen Konstrukteure bestimmt werden, die für die Abstimmung mit Nachbararbeitsinseln zuständig sind. Andere Gruppenmitglieder sind für die Außenkontakte zu Kunden oder internen Auftraggebern verantwortlich. Für die Rückkoppelung mit der Produktion bezüglich der zu bearbeitenden Projektfamilie zeichnet ein weiteres

Gruppenmitglied verantwortlich. Die Delegation von Zuständigkeiten für bestimmte Außenkontakte an einzelne Mitglieder schließt nicht aus, daß die Konstruktionsgruppe beschließt, zu bestimmten Fragen Vertreter der Fertigung, der Montage, benachbarter Konstruktionsinseln oder des Auftraggebers zu einer Gruppendiskussion hinzuzuziehen.

Innerhalb der Gruppe sollten die ersten Phasen des Konstruktionsvorgangs wie Funktionsfindungs- und Gestaltungsphase durch häufig stattfindende kreative Gespräche aller Gruppenmitglieder unterstützt werden. Die sich anschließende Zerlegung der Projektfamilie in von Einzelnen zu erledigende Arbeitspakete und die Schnittstellenfestlegung zwischen diesen Arbeitsbereichen sollte als Gruppenentscheidung erfolgen. Die Ausarbeitung der im kreativen Gespräch angeregten Ideen und die später zu erfolgende Detaillierung wird von den einzelnen Gruppenmitgliedern individuell vorgenommen. Während dieses Prozesses werden sich die Gruppenmitglieder in bestimmten Abständen rückkoppeln um eventuell notwendig werdende Modifikationen am ursprünglichen Konzept vorzunehmen (vgl. Wulf/Fuchs 1990, S. 61f).

Durch eine solche Arbeitsorganisation wird eine relativ gleichmäßige Verteilung der Außenkontakte innerhalb der Arbeitsgruppe erreicht. Gemeinsam mit den innerhalb der Arbeitsgruppe stattfindenden Arbeits- und Koordinationstreffen der Gruppenmitglieder ergibt sich so eine Vielzahl von Gelegenheiten zur direkten persönlichen Kommunikation, die dem Abbau kommunikativer Kompetenz entgegen wirken können. Darüberhinaus ermöglichen solche Diskussionen, das Kreativitätspotential der Gruppe während des Konstruktionsvorgangs zu nutzen.

4. Technische Unterstützung teilautonomer Konstruktionsgruppen

Zur Unterstützung teilautonomer Arbeitsgruppen in der Konstruktion ist eine spezielle Gestaltung der Arbeitsmittel erforderlich. Zur Unterstützung von Außenkontakten der Konstruktionsabteilung haben RASMUSSEN u.a. ein portables Digitalisierbrett konzipiert. Angeschlossen an einen tragbaren Personalcomputer können damit in der Konstruktion erarbeitete Lösungsansätze beim Kunden oder in der Fertigung grafisch dargestellt und während des Diskussionsprozesses interaktiv manipuliert werden. Das grafisch dokumentierte Ergebnis dieses Diskurses kann dann über eine entsprechende Schnittstelle in das CAD-System der Konstruktionsabteilung zurückübernommen werden (vgl. Rasmussen u.a. 1987, S. 43ff).

DELISLE/SCHWARTZ haben ein Hypermedia-System als Speichermedium für CAD-Anwendungen konzipiert, das Text- und Grafikdokumente verschiedener Bedeutungsklassen, über Linksstrukturen zueinander in Beziehung gesetzt, dokumentieren kann (vgl. Delisle/Schwartz 1986, S. 132ff). Das Prinzip hypermedialer Speicherstrukturierung soll im folgenden zur Unterstützung gruppenorientierter Konstruktionsarbeit genutzt werden.

In Abb. 1 ist ein CAD-System skizziert, das die Innenbeziehungen einer teilautonomen Arbeitsgruppe in der Konstruktion fördern kann. Dieses Arbeitsmittel sollte dabei den folgenden Anforderungen genügen. Es sollte das gemeinsame kreative Gespräch in den frühen Phasen des Konstruktionsprozesses durch die Visualisierung von Konstruktionsideen unterstützen. Da die von der Gruppe gemeinsam zu leistenden Arbeitsschritte durch individuell durchzuführende Arbeitsphasen unterbrochen werden, ist es erforderlich, von der Gruppe ausgewählte Ergebnisse zu protokollieren, um zwischen den Sitzungen und bei der nächsten Gruppensitzung eventuell darauf zurückgreifen zu können. Darüberhinaus sollten bestimmte zunächst nicht weiter verfolgte Alternativideen aufgezeichnet werden können, um zu einem späteren Zeitpunkt im Konstruktionsprozess darauf zurückkommen zu können.

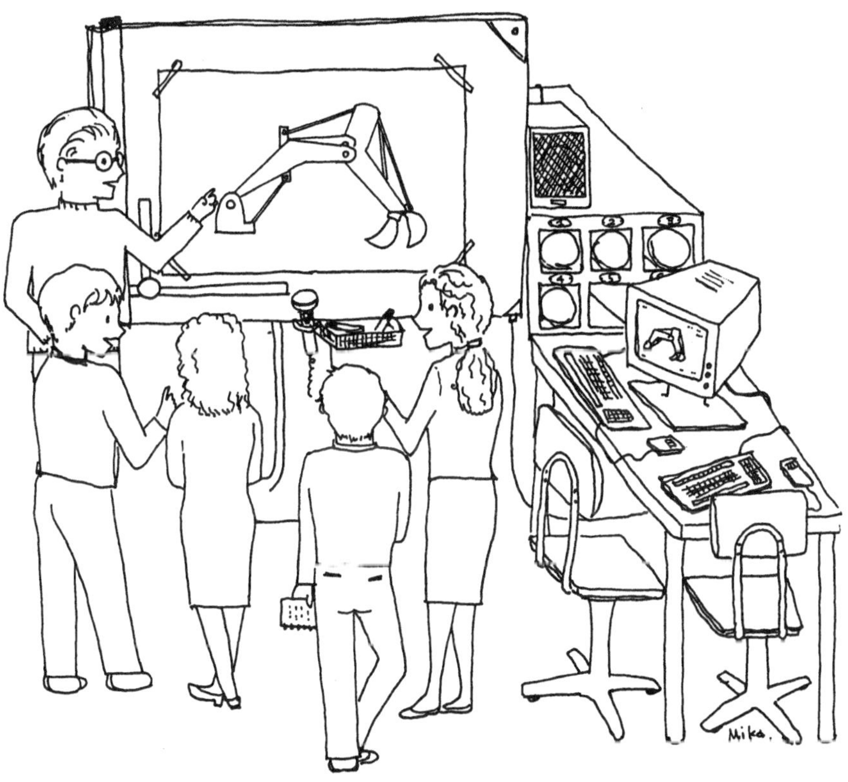

Abb. 1: Unterstützung teilautonomer Arbeitsgruppen durch ein gruppenorientiertes CAD-System

Außerdem sollte das Arbeitsmittel die Koordination der Gruppenmitglieder fördern. Bei teilautonomen Arbeitsgruppen gewinnt diese Anforderung an die
Technik eine besondere Bedeutung, weil so die durch den Wegfall der Hierarchie
zusätzlich auf die Arbeitsgruppe zukommenden Koordinationsaufgaben erleichtert werden können. Solche zusätzlichen Aufgaben sind beispielsweise Festlegung
der internen Arbeitsteilung und Strukturierung des Informationsflusses.
Technische Unterstützung kann zum einen durch eine Speicherung der
Schnittstellenspezifikationen zwischen den einzelnen von den Gruppenmitgliedern durchzuführenden Arbeitspaketen erfolgen. Außerdem sollten
Anmerkungen zu einzelnen Teilen der Konstruktionsskizze aufgezeichnet werden
können. Diese Anmerkungen könnten beispielsweise von einzelnen
Gruppenmitgliedern eingefügt werden, um für den Konstruktionsvorgang relevante Ergebnisse von Außenkontakten zu dokumentieren.

4.1 Teilaufgaben des gruppenorientierten Konstruktionsprozesses und Möglichkeiten ihrer technischen Unterstützung

Zur Erfüllung der vorgenannten Anforderungen an ein gruppenorientiertes
Arbeitsmittel scheint allein die grafische Verarbeitung von Skizzen und
Zeichnungen am CAD-System oder Zeichenbrett nicht auszureichen und sollte
deshalb von anderen Darstellungsformen ergänzt werden. Dies ergibt sich aus
dem Wunsch, neben grafischen Dokumenten, die die schrittweise Ausarbeitung
der Konstruktionsidee dokumentieren, auch solche Informationen zum
Konstruktionsvorgang zu speichern, die sich von ihrer Bedeutung her auf
Metaebenen zum konstruktiven Verfeinerungsvorgang befinden. Für die
Speicherung dieser Informationen sind über die grafische hinaus noch zusätzliche
Darstellungsformen - insbesondere Text und Sprache - vorzusehen. In Abb. 2
werden Teilaufgaben, die sich bei gruppenorientierten Konstruktionsprozessen
ergeben und die zu ihrer Unterstützung geeigneten Darstellungsformen techni-
scher Hilfsmittel gegenübergestellt.

Graphische Darstellungen spielen für den Prozeß der schrittweisen Verfeinerung
der Konstruktionskonzepte eine besondere Rolle. Sie dienen zum einen als
visuelle Hilfsmittel bei der Entwicklung von Ideen. Sie ermöglichen es, diese
Vorschläge anderen Gruppenmitgliedern zu vermitteln und eignen sich darüberhinaus zur Speicherung der entwickelten Ideen (vgl. Cooley 1981, zit. nach:
Rasmussen u.a. 1987, S.10).

Ein gruppenorientiertes CAD-System sollte deshalb über geeignete Ein- und
Ausgabegeräte verfügen, um Skizzen und Zeichnungen grafisch darstellen zu
können. Da die von der Arbeitsgruppe gemeinsam durchzuführenden
Konstruktionsaufgaben der Konzeptionsphase zuzurechnen sind, sollte das
Spektrum an möglichen Darstellungsinhalten so wenig wie möglich durch
Restriktionen der Darstellungsform eingeengt werden. Deshalb sollte die Eingabe
beliebiger Freihandskizzen möglich sein. Für die gruppeninterne, gegenseitige
Ideenvermittlung sollten genügend Informationen gleichzeitig darstellbar sein.

Verschiedene Gruppenmitglieder sollten - eventuell gleichzeitig - die Möglichkeiten zur Eingabe haben. Diese Anforderungen erfüllt ein konventionelles Zeichenbrett weit mehr als marktgängige CAD-Geräte und sollte deshalb zur Eingabe verwendet werden.

	Freihand-zeichnung am Brett	Digitalisie-rung der Freihand-zeichnung	Speiche-rung ge-sproche-ner Sprache	Speiche-rung von geschrie-benem Text
Visualisierung von Konstruktionsideen	X			
Dokumentation von ausgeführten Kon-struktionskonzepten		X		X
Memorierung von nicht ausgeführten Alternativideen		X	X	X
Aufzeichnung von Anmerkungen			X	X
Dokumentation von Koordinationsab-sprachen		X	X	X

Abb. 2: Teilaufgaben eines gruppenorientierten Konstruktionsprozesses und mögliche Darstellungsformen technischer Unterstützung

Zur umfassenden Unterstützung des gruppenorientierten Konstruktionsvorgangs sollte sich die Grafik aber - zusätzlich zur Archivierung auf dem Papier - gemeinsam mit den anderen Darstellungsarten - gesprochener Sprache und Text - digitalisiert abspeichern lassen. Deshalb sollte das Zeichenbrett wahlweise die Möglichkeit bieten, Eingaben digital zu erfassen.

Eine solche Digitalisierung kann Off-Line mittels eines Scanners erfolgen. In diesem Fall wird die Zeichnung an einem herkömmlichen Zeichenbrett erstellt und anschließend eingescannt, um in ein CAD-System zur Abspeicherung eingegeben zu werden. Eine Weiterverarbeitung dieser Rastergrafik im Hinblick auf eine automatische Erkennung von geometrischen Elementen steckt aufgrund der Komplexität der Zeichnungsinhalte bei Maschinenbauskizzen noch in den Anfängen (vgl. Krause 1988, S. 725).

Eine Umsetzung der Eingabe in geometrische Elemente erleichtert die spätere Übernahme der Zeichnung aus dem gruppenorientierten CAD in einzelplatzorientierte Anwendungen, die die weitere Ausarbeitung der Konstruktionsidee durch einzelne Mitglieder der Arbeitsgruppe unterstützen. Darüberhinaus erleichtert die Umsetzung der Zeichnung in geometrische Elemente deren spätere Manipulation am Bildschirm. Soll eine Umsetzung der Eingabe in geometrische Elemente erfolgen, so ist beim gegenwärtigen Stand der Technik auf das On-Line Prinzip der Mustererkennung zurückzugreifen. Im Gegensatz zum Off-Line Prinzip erhält der Mustererkenner dabei zusätzlich Informationen über die zeitliche Abfolge der Eingaben und deren logische Zusammengehörigkeit dadurch, daß mitaufgezeichnet werden kann, wo ein Linienzug angefangen hat und wo er aufhört.

KRAUSE u.a. haben als Teil des CASUS-Systems einen On-Line Mustererkenner für Handskizzen entwickelt, der mittels eines Schablonenvergleichsverfahrens Freihandeingaben in die Elemente Kreisbogen, Kreis und Strecke zerlegt. Bestandteile der Eingabe, die nicht im Rahmen bestimmter Toleranzen in dieser Weise klassifiziert werden können, werden zurückgewiesen. In diesem Fall wird der Benutzer gebeten, die Eingabe zu wiederholen (Krause u.a. 1988, S. 728ff.).

RASMUSSEN u.a. sehen in ihrem Mustererkenner, der im übrigen dieselben geometrischen Elemente erkennen kann wie das CASUS-System, für alle übrigen, nicht erkannten Eingaben deren Abspeicherung als Splines vor (Rasmussen u.a. 1987, S. 46f). Dadurch wird das Spektrum möglicher Darstellungsinhalte erheblich erweitert. Diese Lösung erscheint zur Dokumentation schwach strukturierter Ergebnisse kreativer Phasen der Konstruktionsarbeit angebrachter, weil sich aus den technischen Vorgaben des Mustererkenners eine geringere Einschränkung der Darstellungsmöglichkeiten ergibt.

Bei Nutzung eines On-Line Mustererkenners sollte die Zeichnung auf einem mit einer zusätzlichen Digitalisiervorrichtung versehenen Zeichenbrett mit einem Digitalisierstift ausgeführt werden. Mit einem solchen Stift kann man sowohl auf das Papier zeichnen als auch wahlweise die Eingabe zusätzlich digital erfassen lassen. RASMUSSEN u.a. haben für das von ihnen entwickelte portable Digitalisierbrett eine Eingabetechnik benutzt, bei der im Digitalisiermodus die Eingabe sowohl auf dem Papier des Bretts als auch auf dem Computerbildschirm erscheint (Rasmussen u.a. 1987, S. 44ff). Dadurch wird dem Benutzer der Abgleich zwischen der Eingabe auf Papier und dem auf dem Bildschirm angezeigten Ergebnis der automatischen Umsetzung ermöglicht.

Bei der Nutzung eines so gestalteten Arbeitsmittels wäre es denkbar, daß sich die Konstruktionsgruppe nach einer Reihe von am Digitalisierbrett entstandenen, nicht elektronisch gespeicherten Skizzen entschließt, einen Entwurf zu digitalisieren und damit fürs nächste Gruppengespräch festzuhalten. Dieser Entwurf würde dann sowohl elektronisch als auch auf Papier gespeichert, was einen gewissen Aufwand dafür erfordert, die beiden Archive konsistent zu halten. Eine ausschließlich elektronische Speicherung ist ebenfalls denkbar; dann muß die

Zeichnung allerdings *vor jedem Gruppengespräch ausgeplottet werden. Eine digital* vorliegende Zeichnung kann - *falls erforderlich* - auch am *Bildschirm* manipuliert werden. Für eine weitere Diskussion der Ergebnisse solcher Manipulationen am Digitalisierbrett ist die Zeichnung dann allerdings in jedem Fall auszuplotten.

Die Konstruktionsgruppe kann in der Konzeptionsphase auch auf bereits vor der Einführung von CAD-Systemen entstandene und nur als Zeichnung auf Papier verfügbare Konstruktionsunterlagen zurückgreifen, um sie in den Problemlöseprozess einzubeziehen. Sollte es sich dabei herausstellen, daß bestimmte Aspekte dieses Entwurfs in das neue Konzept zu integrieren sind, so können die entsprechenden graphischen Elemente mit Hilfe des Digitalisierbretts durch Nachzeichnen der Linien in die neu entstehenden Konstruktionsunterlagen übernommen werden.

Im Gegensatz zu grafischer Darstellung hat gesprochene, digitalisiert abgespeicherte Sprache den Vorteil, Nachrichteninhalte unterschiedlich hoher Strukturiertheit unter geringem Zeitaufwand aufzeichenbar zu machen. Sprache kann zur Dokumentation spontan im kreativen Gespräch entstandener Ideen ebenso genutzt werden wie zur Dokumentation von Kooperationsabsprachen und zur Speicherung von Anmerkungen verschiedenen Inhalts. Ein gruppenorientiertes CAD-System sollte deshalb über ein ein- und ausschaltbares Mikrophon und einen Lautsprecher verfügen.

Ein gruppenorientiertes CAD-System sollte aber auch die Möglichkeit bieten, Sprache in Form von geschriebenem Text zu speichern. Gegenüber aufgezeichneter gesprochener Sprache hat diese Darstellungsform den Vorteil, die Nachrichteninhalte besser editieren und solche Nachrichten, die von ihrem Inhalt her stärker strukturiert sind, besser nachvollziehen zu können. Text kann zur Speicherung von Koordinationsabsprachen ebenso verwandt werden wie für Aufzeichnung von Anmerkungen und das Speichern von Alternativideen, die beispielsweise das Ergebnis eines Brainstormings waren. Das CAD-System sollte deshalb über mindestens eine alphanumerische Tastatur und einen entsprechenden Bildschirm verfügen.

4.2 Einzeldokumente und ihre Strukturierung als Hyperdokument

Bei der Vielzahl der Dokumente in unterschiedlichen Darstellungsformen besteht die Gefahr der kognitiven Desorientierung (vgl. Conklin 1988, S. 469ff). Deshalb sollte die Konstruktionsgruppe in der Lage sein, den Einzeldokumenten eine Hyperstruktur zu geben. Da alle Dokumente, die den gruppenorientierten Konstruktionsprozeß unterstützen, auch elektronisch gespeichert vorliegen, sollte die Verwaltung der Hyperstruktur rechnergestützt erfolgen. Dies gewährleistet eine flexible Veränderbarkeit der Hyperstruktur, falls das Konzept im Laufe des Konstruktionsprozesses modifiziert werden muß.

Eine solche Struktur sollte sowohl eine schrittweise Verfeinerung des Entwurfsprozesses abbilden können als auch Möglichkeiten bieten, nicht ausgeführte Ideen, Anmerkungen und Koordinationsabsprachen einbinden zu können. Diese verschiedenen Funktionen der einzelnen Dokumentteile sollten durch unterschiedliche Klassen von auf sie verweisenden Links gekennzeichnet werden. Eine solche Einteilung der Links nach dem semantischen Gehalt der Knoten, auf die sie verweisen, erleichtert die Orientierung in dem Gesamtdokument.

Eine Klasse von Links unterstützt dabei die schrittweise Verfeinerung des Entwurfs. Dabei ergibt sich eine baumartige, hierarchisch gegliederte Struktur dieses Teils des Gesamtdokuments. Eine erste Grobskizze oder eine schriftliche Anforderungsspezifizierung könnte die Wurzel des Baums bilden. Bei Fortschreiten des Projektes wird sich eine zunehmende Verzweigungstiefe des Dokumentenbaumes zeigen. Dieser Baum stellt dabei die Grundstruktur des Hyperdokuments dar. Alle übrigen Links stellen nur Annotationen zu einzelnen Teilen der Dokumente dieses Baumes dar.

Jeweils eine weitere Klasse von Links sollte den Konstrukteuren Gelegenheit bieten, nicht ausgeführte Ideen, Anmerkungen und Koordinationsabsprachen mit bestimmten Teilen der Dokumente des Verfeinerungsbaums zu verbinden. Um die Orientierung in dem Hypergraphen für alle Gruppenmitglieder einfach zu halten, sollten an diese Links anknüpfende Subgraphen lediglich aus einem Einzeldokument bestehen oder eine geringe Verzweigungstiefe haben.

Um die Hyperstruktur des Dokumentes für die Benutzer jederzeit nachvollziehbar und manipulierbar zu machen, sollten die Knoten und Links mittels eines Browsers zweidimensional auf dem Bildschirm dargestellt werden können. Benutzer sollten dabei zwischen der Darstellung des Gesamtdokuments oder der eines bestimmten Ausschnitts wählen können. Dokumente, die aus gespeicherter Sprache bestehen, sollten dabei als Ikons dargestellt werden. Abb. 3 zeigt einen Ausschnitt aus der Browserdarstellung eines solchen Hyperdokuments.

Die verschiedenen Klassen von Links sollten dabei optisch mittels Farben und Form unterscheidbar sein. Außerdem sollten einzelne Klassen der Links und der daran hängenden Subbäume individuell ausblendbar sein, um so beispielsweise im Browser ausschließlich den Verfeinerungsbaum und die zunächst nicht weiter verfolgten Ideen angezeigt zu bekommen. Darüberhinaus sollten die Einzeldokumente individuell vom Benutzer mit einem Titel bezeichenbar sein. Diese Titel sollten als Attribute der auf sie verweisenden Links abgerufen werden können. Neben dem Titel des Dokuments könnte am Link auch die in diesem Knoten benutzte Darstellungsform angezeigt werden.

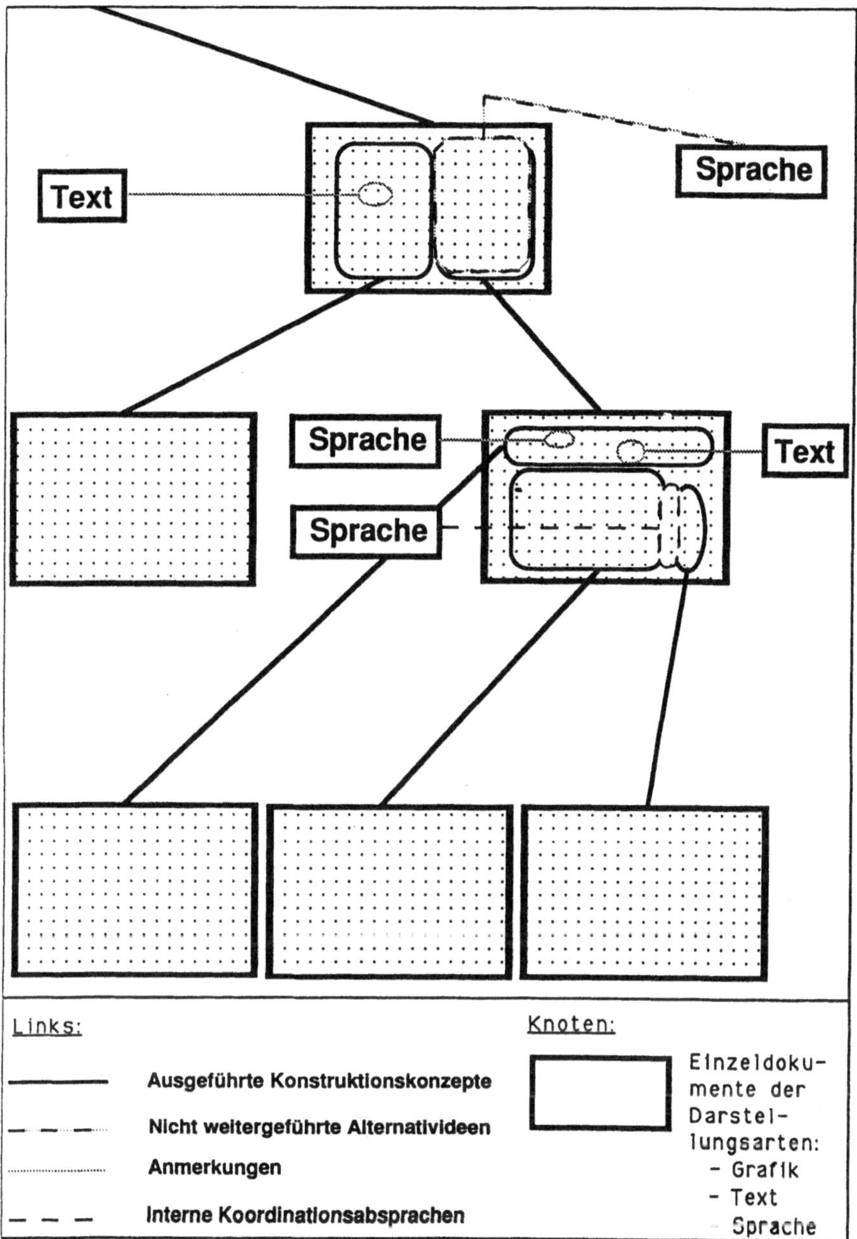

Abb. 3: Ausschnitt aus der Browserdarstellung eines Hpyerdokuments zur Unterstützung teilautonomer Gruppenarbeit in der Konstruktion

Da Einzeldokumente sich in der Regel auf einen räumlich lokalisierbaren Ausschnitt eines andern Dokuments beziehen, sollte neben einzelnen

Bezugspunkten auch ein zweidimensionaler Bereich innerhalb eines Ausgangsdokuments zur Quelle von Links gemacht werden können. Bei Regionen, die von mehr als einem Link zur Quelle gewählt werden, kann dieses Überlappen zu Problemen der browserorientierten Darstellung am Bildschirm führen (vgl. Conklin 1988, S. 457f).

5. Schlußbemerkung und Ausblick

Das bisher enwickelte Konzept eines gruppenorientierten CAD-Systems kann technisch verbessert werden, sobald Bildschirme in DIN-A0 Größe mit ausreichender Auflösung auf dem Markt verfügbar sein werden und mit einer entsprechenden Tough-Screen Eingabetechnik versehen werden können. In diesem Fall könnte das Zeichenbrett durch einen Computerbildschirm ersetzt werden, auf dem die Eingabe interaktiv mit Hilfe eines Digitalisierstiftes erfolgt. Dann wäre es möglich, die beim momentanen Konzept im Digitalisierungsmodus auftretende räumliche Trennung zwischen papierbasierter Eingabe am Zeichenbrett und der Darstellung der mustererkannten Weiterverarbeitung dieser Eingabe am Bildschirm zu überwinden. Außerdem würden so die Modifikationsmöglichkeiten der Zeichnung am Bildschirm im Sinne einer direkten Manipulation der geometrischen Elemente erweiterbar sein.

Wichtiger als diese technischen Entwicklungsmöglichkeiten ist allerdings die arbeitsorganisatorische Einbindung des Systems. Die Funktionalität dieses CAD-Systems macht bisher nicht explizierte Aspekte des Konstruktionsvorganges transparent. In der Gruppendiskussion werden Konstrukteure problemrelevante Aspekte ihres persönlichen Wissens explizieren und zur Diskussion stellen müssen. Durch die erweiterten elektronischen Speichermöglichkeiten werden die gruppenorientierten Konstruktionsvorgänge transparenter hinsichtlich des Prozesses der Konzeptentwicklung, der internen Arbeitsteilung und der Einwirkung von Außenkontakten. Die so gewonnene Transparenz kann je nach arbeitsorganisatorischer Einbindung die Koordination in der Konstruktionsabteilung fördern oder auch zur Kontrolle der gesamten Arbeitsgruppe oder einzelner ihrer Mitglieder dienen. Das hier entwickelte Konzept führt deshalb nur dann zu einer menschengerechten und effizienten Unterstützung der Konstruktionsarbeit, wenn gruppenintern keine mit Hierarchie verbundenen Sanktionsmöglichkeiten bestehen und die Gruppe im Bezug auf ihre Außenkontakte autonom bestimmen kann, welche im CAD-System enthaltenen Informationen sie preisgeben will.

6. Danksagung

Ich bedanke mich herzlich bei Ekkehard Fozzy Moritz, Tokio Institute of Technology, und Paul Fuchs, RWTH Aachen, für anregende Diskussionen der hier angesprochenen Thematik und für wertvolle Hinweise zu früheren Versionen dieses Beitrags.

7. Literatur

Anderson, Nyvang Else, Rasmussen, Lauge Baungard, Tottrup, Poul, Anwendungsorientiertes Gestalten - Konzepte zur Entwicklung von Konstruktionsarbeit und CAD-Systemen, in: Rauner, Felix, CAD: Wandel der Konstruktionsarbeit und Berufsbildung, Bremen 1989, S. 25 - 45.

Brödner, Peter, Fabrik 2000 - Alternative Entwicklungspfade in die Zukunft der Fabrik, Berlin 1985.

Conklin, Jeff, Hypertext: An Introduction and Survey, in: Greif, Irene (Hrsg), Computer Supported Cooperativ Work: A Book of Readings, San Mateo 1988, S. 423 - 476.

Delisle, Norman, Schwartz, Mayer, Neptune: a Hypertext System for CAD Applications, in: Proceedings of ACM SIGMOD'86 (Washington, DC, 28.5. - 30.5.1986), S. 132 - 142.

Holand, Unni, Danielsen, Thore, The Psychology of Cooperation - Consequences of Descriptions, in: Proceedings. of ECSCW 1989 (London, 13.9. - 15.9.1989), S. 373 - 388.

Krause, F.-L., Jansen, H., Timmermann, M., Handskizzenentwurf - eine neue Möglichkeit der Gestaltung der Benutzeroberfläche von CAD-Systemen, in: Valk, R. (Hrsg), GI-18. Jahrestagung I, Berlin u.a. 1988, S. 722 - 742.

Rasmussen, Lauge Baungard, Tottrup, Poul, Anderson, Nyvang Else, Karen, M., Hansen, Finn, Work Culture and CAD Requirements, in: Deliverable of Esprit Projekt 1217 Human Centred CIM-Systems, (R 12), Brüssel 1987.

Wingert, B., Duus, W., Rader, M., Riehm, U., CAD im Maschinenbau - Wirkungen, Chancen, Risiken, Berlin u.a. 1984.

Wulf, Volker, Fuchs, Paul, Läßt sich CAD-Arbeit menschengerecht gestalten?, in: CIM-Management, 2/1990, S. 57 - 62.

Ein Entwurfsmodell als Grundlage für eine integrierte Informationsverarbeitung in der Konstruktion

Ernst Siepmann
Siemens AG
ZFE BT SE 6
Otto-Hahn-Ring 6
8000 München 83

Christoph Hübel
Universität Kaiserslautern
Fachbereich Informatik
Erwin-Schrödinger-Str.
6750 Kaiserslautern

Detlev Ruland
Siemens AG
ZU S UP
Wittelsbacherplatz 2
8000 München 2

1. Einleitung

Das Ziel des GI-Arbeitskreises "Technische Informationssysteme" in der Fachgruppe 4.2.1. "Rechnerunterstütztes Entwerfen und Konstruieren (CAD)" der Gesellschaft für Informatik e.V. ist die Erarbeitung von Konzepten für den Aufbau und den Einsatz von technischen Informationssystemen im Bereich Entwurf unter Verwendung der heute verfügbaren Datenbanktechnologie. Die Ergebnisse des Arbeitskreises sollen helfen, die bestehende Lücke zwischen den prinzipiell möglichen Aufgaben und Zielen von technischen Informationssystemen und der Istsituation zu schließen. Die Vorgehensweise des Arbeitskreises gliedert sich in drei Hauptphasen: (1) Aufnahme der Istsituation, (2) Problemanalyse und (3) Erarbeitung eines Sollkonzepts.

Das Referenzmodell für CAD-Systeme der Gesellschaft für Informatik e.V. /GI90/ ist eine allgemeine Modellarchitektur für CAD-Systeme, die die Gesamtfunktion eines CAD-Systems in Dienstleistungen und Funktionsgruppen gliedert, die durch einen oder mehrere Prozesse realisiert werden. Wesentlich für die drei anwendungsorientierten Funktionsgruppen "Organisation des Konstruktionsablaufs", "Produktmodell" und "Integration" ist die durchgängige und einheitliche Verwaltung von sämtlichen für Entwurfs- und Konstruktionsprozesse relevanten Daten. Genau dies ist die zentrale Aufgabe von technischen Informationssystemen.

Der vorliegende Beitrag stellt einen Zwischenbericht hinsichtlich der Erarbeitung des Sollkonzepts dar. Den Schwerpunkt dieses Beitrags bildet die Modellierung aller Daten, die für die Verwaltung und Steuerung von Entwurfsprozessen relevant sind. Die dargestellten Ergebnisse basieren im wesentlichen auf /Sie91/. Die allgemeinen Ziele und die übergeordnete Vorgehensweise des Arbeitskreises sowie ausgewählte Ergebnisse hinsichtlich der aufgenommenen Istsituation sind in /BHJ91/, /BHR90/ und in /FMS90/ beschrieben.

Die stetig steigende Bedeutung von technischen Informationssystemen resultiert aus der steigenden Komplexität, Vielfalt und Spezialisierung sowohl der Produkte als auch der in der Entwicklung und Fertigung eingesetzten Technologien, Verfahren und Prozesse. Eine effektive und effiziente Durchführung der Entwurfsaufgaben kann nur noch rechnerunterstützt, d.h. durch den Einsatz leistungsfähiger Entwurfswerkzeuge (CAD-Systeme) er-

folgen. Dadurch bedingt ist eine quantitative und qualitative Explosion des Informations-
volumens.

Zunehmend werden heute Entwurfsprozesse nicht mehr nur von einer Person durchgeführt, sondern es ist eine Vielzahl von Spezialisten für die verschiedenen Entwurfsaufgaben notwendig. Das heißt, daß sowohl die am Entwurfsprozeß beteiligten Personen als
auch die eingesetzten Entwurfswerkzeuge verwaltet und miteinander synchronisiert werden müssen. Dies ist um so notwendiger, da die Anforderungen hinsichtlich kürzerer Produktentwicklungszeiten und erhöhter Produktqualität eine integrierte Verwaltung und
Durchführung der Entwurfsprozesse erfordern.

Zur Lösung dieser Problemstellungen werden zur Zeit **CAD-Frameworks** weltweit an mehreren Forschungs- und Entwicklungsinstitutionen entwickelt. Einen guten Überblick
über CAD-Frameworks findet man in /HNS90/. Ferner untersucht die in den USA gegrün-
dete CAD Framework Initiative (CFI), die Anforderungen an und mögliche Architekturen
von CAD-Frameworks im Hinblick auf eine Standardisierung (vgl. etwa /CFI90/). Unge-
fähr 40 internationale Hersteller und Nutzer von CAD-Systemen im Elektronikbereich
sind Mitglied der CFI. Die CFI-Mission lautet, *'to create a free market model for EDA tools
and their supporting framework environment, via development of effective industry guidelines that remove barriers of integration.''*.

Das Interesse an CAD-Frameworks konzentriert sich zur Zeit noch auf den Anwendungsbereich Elektronik. Der Einsatz von CAD-Frameworks in weiteren Bereichen wie z.B. den
Maschinenbau wird sich mit der zunehmenden Anwendung von höherwertigen CAD-Systemen als notwendig erweisen.

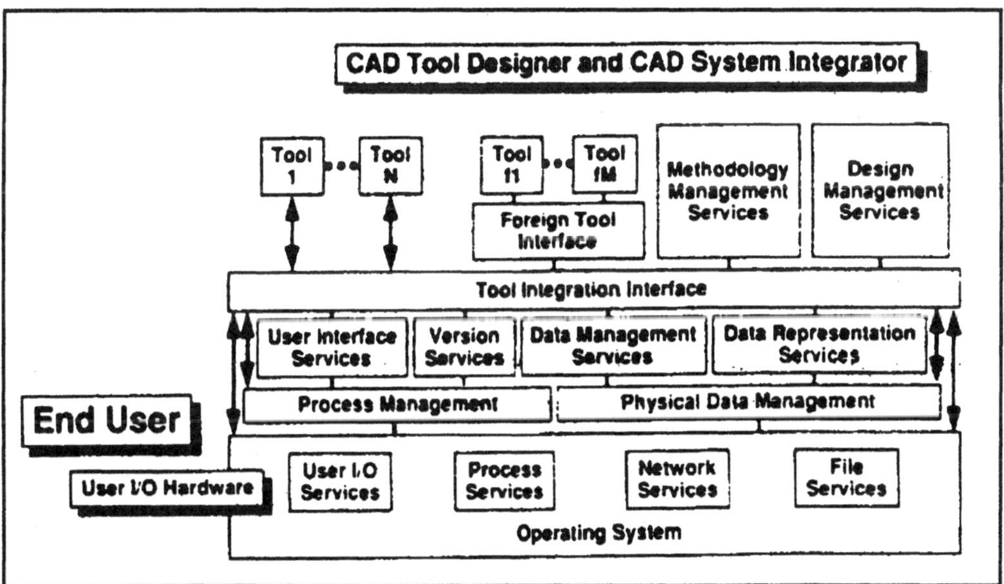

Abb. 1 CAD-Framework-Services nach /HNS90/

Die wesentliche Anforderung von CAD-Frameworks läßt sich einfach beschreiben: Reduktion von Zeit und Kosten sowohl für die Entwicklung von neuen CAD-Systeme als auch für die Anpassung von existierenden CAD-Systemen an die anwendungsspezifischen Bedürfnisse. CAD-Frameworks müssen damit sämtliche Dienste zur Verfügung stellen, um dem Entwickler, dem Integrator und dem eigentlichen Benutzer von Entwurfswerkzeugen (d.h. dem Konstrukteur), die Ausführung ihrer jeweiligen Aufgaben zu erleichtern.

Die von CAD-Frameworks zur Verfügung gestellten Dienste können auf verschiedenen Abstraktionsebenen angeordnet werden, wobei die höherstehenden Dienste die tieferstehenden nutzen (vgl. /HNS90/):

Metadienste:

Entwurfsmethodenverwaltung	Methodology Management Services

Integrationsdienste:

Benutzeroberflächen	User Interface Services
Versionsverwaltung	Version Services
Datenverwaltung	Data Management Services
Datenrepräsentation	Data Representation Services

Basisdienste:

Prozeßverwaltung	Process Management
Physische Datenverwaltung	Physical Data Management

Die **Basisdienste** realisieren eine abstrakte Betriebssystemschnittstelle und müssen durch die Dienste realisiert werden, die das jeweilige Betriebssystem anbietet. Insgesamt wird dadurch eine Betriebssystemunabhängigkeit der CAD-Frameworks erzielt. Die **Integrationsdienste** werden in der **Integrationsschnittstelle** (Tool Integration Interface) zusammengefaßt, über die die Anbindung der CAD-Systeme erfolgt. Die **Metadienste** nutzen ebenfalls die Integrationsschnittstelle für ihre höher liegenden Dienste.

Hinsichtlich der **Einbindung der CAD-Systeme** wird zwischen **Integration** und **Einkapselung** unterschieden. Integrierte CAD-Systeme sind offene Systeme (White Boxes) /HaS90/, die über geeignete interne Schnittstellen zum direkten Austausch von fein granulierten Informationseinheiten verfügen. Die Informationsdarstellung der CAD-Systeme und des CAD-Frameworks sind aufeinander abgestimmt, so daß keine semantischen Transformationen notwendig sind. Gekapselte CAD-Systeme sind in sich geschlossene Systeme (Black Boxes), die nur über externe Datenaustauschschnittstellen verfügen, über die nur größere Informationsmengen ausgetauscht werden können. Der Informationsaustausch erfolgt also nur indirekt und die Informationsdarstellungen der gekapselten CAD-Systeme und des CAD-Frameworks sind nicht aufeinander abgestimmt, so daß entsprechende Transformationen notwendig sind.

2. Definition eines CAD-Frameworks

Wir führen nun die folgenden Definitionen ein (nach /Sie91/):

Definition I: Ein computerunterstütztes **Entwurfssystem** (CAD-System) besteht aus **Entwurfswerkzeugen** (CAD/CAE-Tools) und **Entwurfsdaten**.

Definition II: Der in einem Entwurfssystem beobachtbare Prozeß heißt **Entwurfsprozeß**.

Definition III: Eine **Entwurfsumgebung** besteht aus dem Entwurfssystem und einem **CAD-Framework**.

Definition IV: Ein CAD-Framework ist ein Entwurfsmanagementsystem, das die folgenden Aufgaben erfüllt:

a) **Unterstützung der Entwicklung** von Entwurfswerkzeugen hinsichtlich der Datenmodellierung und -haltung, der Kommunikation und der Benutzeroberfläche,

b) **Integration** der Entwurfswerkzeuge in eine Entwurfsumgebung,

c) **Datenversorgung** der Entwurfswerkzeuge mit den korrekten Versionen der Entwurfsdaten,

d) Unterstützung und **Steuerung** der Entwurfsprozesse.

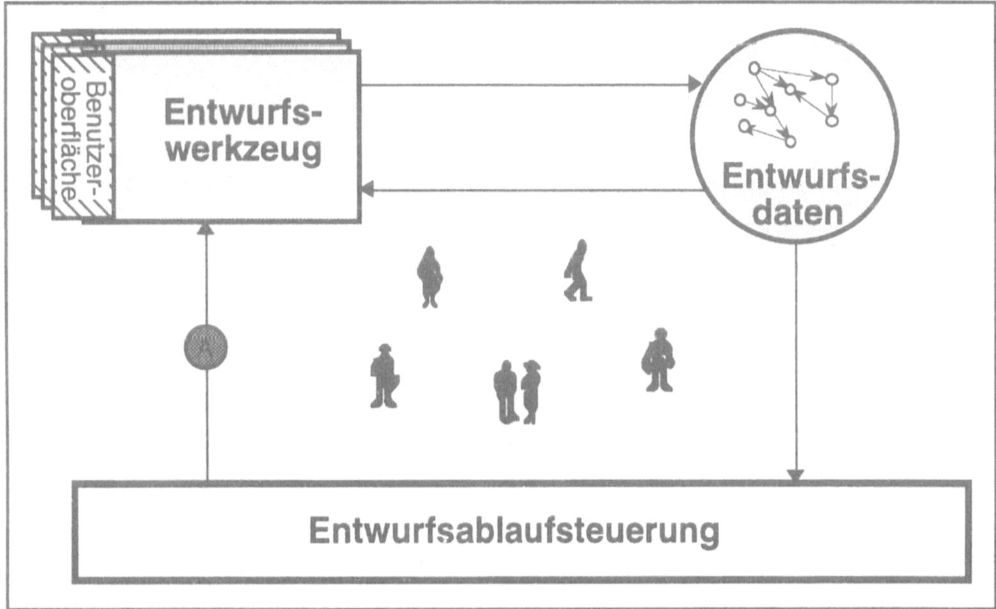

Abb. 2 Entwurfsumgebung

In Abb. 2 sind die Definitionen I bis III graphisch dargestellt, sie zeigt sozusagen die Grobarchitektur einer Entwurfsumgebung. Die Definitionen I und II lehnen sich eng an die aus der Literatur bekannten Begriffe der informationellen Systeme und Prozesse an, vgl. Kapitel 3 aus /Wen89/. Der Kreis mit dem Buchstaben "A" bezeichnet eine Auftrags-Rückmelde-Schnittstelle; in Abb. 2 erteilt die Entwurfsablaufsteuerung Aufträge an die Entwurfswerkzeuge und erhält von diesen Rückmeldungen über die Auftragsbearbeitung. Die anderen Pfeile bezeichnen lesende und schreibende Datenzugriffe; die Entwurfsablaufsteuerung kann die Entwurfsdaten lesen, und die Entwurfswerkzeuge können die Entwurfsdaten lesen und schreiben, also modifizieren (vgl. /Wen89/).

3. Modellbildung

In der Informatik wird der Begriff Modell nicht einheitlich gebraucht /DBH87/, /Här90.1/, /Wen89/. Beispielsweise sind ein Systemmodell, ein Datenmodell und ein Produktmodell drei verschiedene Bedeutungen des gleichen Begriffs: Ein Systemmodell dient zur Vorhersage des Systemverhaltens, ein Datenmodell im Sprachgebrauch der Datenbankentwickler definiert Beschreibungsmittel zur schemahaften Beschreibung von Daten, und ein Produktmodell ist Muster oder Schema aller Daten, die beim Entwurf einer Produktklasse anfallen.

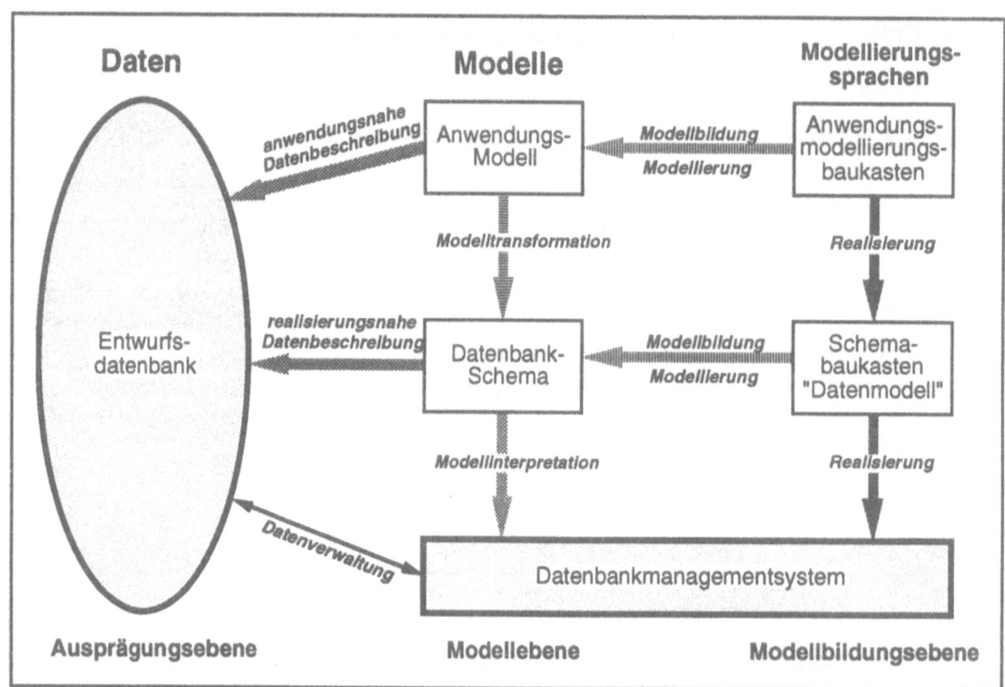

Abb. 3 Ausprägungs-, Typ- und Modellbildungsebene

Der Modellbegriff wird in dieser Arbeit im Sinne der letzteren Definition verwendet. Anhand von Abb. 3 soll der Zusammenhang von Modellen und Daten sowie der Modellbildung präzisiert werden. Dabei wird unterschieden zwischen den **Daten**, die ein konkretes System, Produkt oder Objekt beschreiben, den davon abstrahierenden **Modellen**, die eine Datenstruktur- oder Typbeschreibung dieser Daten sind, und den **Modellierungssprachen**, die auf einer noch höheren Abstraktionsstufe Beschreibungsmittel zur Modellbildung zur Verfügung stellen. Die Daten befinden sich auf der Ausprägungsebene, die Modelle auf der Typ- oder Modellebene und die Modellierungssprachen auf der Modellbildungsebene.

Während der Begriff Modellierungssprache dem Sprachgebrauch der Informatik entnommen ist, entspricht der synonym verwendete Begriff **Modellierungsbaukasten** mehr der Vorstellungswelt der Ingenieure, die die hauptsächlichen Anwender der Entwurfswerkzeuge und des CAD-Frameworks sind. Mit diesem Modellierungsbaukasten wird also ein Modell oder Schema gebildet, das beinhaltet, wie die konkreten Objekte (Systeme, Produkte) beschrieben werden. Die Modellbildung oder das Modellieren ist also ein Vorgang, bei dem von diesen Objekten abstrahiert wird. Dabei wird versucht, die Objekte in Klassen oder Typen einzuteilen. Die konkreten Beschreibungen oder Daten der Objekte sind dann Ausprägungen dieser Objektklassen oder -typen.

Während die vertikalen Ebenen der Abb. 3 verschiedene Abstraktionsstufen von Daten gliedern, sind auf den horizontalen Ebenen die verschiedenen Sichten von Anwendern und Datenbankimplementierern gezeigt. Der Entwerfer möchte seine Entwurfsdaten, die Beschreibungen der zu entwerfenden Objekte sind, möglichst natürlich und adäquat modellieren, ohne sich um die Einschränkungen zu kümmern, die sich aus der gerade verwendeten Datenbanktechnologie ergeben. Der Datenbankadministrator kann nur Modelle oder Schemata akzeptieren, die in der Sprache des Datenmodells seiner Datenbank ausgedrückt sind. Dazwischen klafft eine mehr oder weniger große Lücke, die durch Modelltransformationen überwunden werden muß.

Leider müssen diese Transformationen heutzutage noch von Hand durchgeführt werden. Dadurch können sich nicht nur Fehler einschleichen, sondern es entstehen auch schwerwiegende Probleme, weil Anwender und Datenbankfachleute nicht die gleiche Sprache sprechen. Oft ist das von den Datenbankspezialisten erstellte Schema für den Anwender kaum wiederzuerkennen, mit Sicherheit ist aber die Adäquatheit verlorengegangen, denn der Anwender wird mit unnötigen Implementierungsdetails belastet. In der Regel können Anforderungen aus dem Ingenieurbereich - die zu den Non-standard-Anforderungen zählen - nicht mit der für relationale Datenbanken entwickelten Datendefinitions- und -manipulationssprache SQL befriedigt werden. Die zusätzlichen Anforderungen müssen dann durch Programme in einer Wirtssprache wie z.B. der prozeduralen Sprache C erfüllt werden, wodurch der deklarative und mengenorientierte Charakter von SQL verlorengeht.

Dadurch verliert das Anwendungsmodell weiter an Klarheit.

Für diese Misere gibt es zwei Lösungen, eine sinnvolle und eine weniger sinnvolle. Die letztere wäre es, ein Datenbanksystem zu entwickeln, das "die Sprache der Anwender spricht", also eine adäquate Modellierung der Entwurfsdaten erlaubt. Da, wie wir noch sehen werden, die verschiedenen Arten von Entwurfs- und Entwurfsmanagementdaten sehr unterschiedliche Modelle erfordern, könnte ein solches Datenbanksystem noch nicht einmal für alle Entwurfsdaten eingesetzt werden und erst recht nicht für andere Non-standard-Aufgaben. Da die Kosten für die Entwicklung eines Datenbanksystems immens sind, wäre diese Lösung bei weitem zu teuer.

Deshalb ist es sinnvoller, zu einem Datenbanksystem mit einer möglichst universellen und ausdrucksmächtigen Modellierungssprache (Datenmodell) eine für die jeweilige Anwendung spezifische Schicht hinzuzufügen, die einen Anwendungsmodellierungsbaukasten implementiert, der den Wünschen der Benutzer entspricht. Dadurch wäre es möglich, das Anwendungsmodell automatisch in das Datenbankschema zu transformieren und auch die Datenanfragen und -manipulationen auf dem Anwendungsmodell zu formulieren. Der Anwender braucht dann seine Denkwelt nicht zu verlassen. Ein Modellierungsbaukasten oder eine Modellierungssprache muß also nicht nur Bausteine bzw. Sprachkonstrukte zur deklarativen Datentypbeschreibung, sondern auch zur Manipulation der Datenausprägungen beinhalten. Je nach den Modellierungsfähigkeiten des darunterliegenden Datenbanksystems ist die Implementierung dieser Anwendungsabbildungsschicht mehr oder weniger aufwendig. Solche Ansätze werden besonders in /HäR85/, /HHM87/ und /Här90.2/ verfolgt.

Im folgenden werden jetzt für die verschiedenen Arten von Entwurfs- und Entwurfsmanagementdaten Modelle vorgestellt, wobei eines der Modelle, das Entwurfsstrukturmodell, in /Sie91/ ausführlich diskutiert wird. Dort werden auch Überlegungen zu einem geeigneten Modellierungsbaukasten angestellt.

4. Informationsarten in einer Entwurfsumgebung und ihre Modellierung

Im folgenden wird untersucht, welche verschiedenen Arten von Informationen und Daten in einer Entwurfsumgebung nach Abb. 2 auftreten. Da sind zunächst die E n t w u r f s - d a t e n selbst, die eine Beschreibung der zu entwerfenden Objekte (Produkte, Zielsysteme) auf verschiedenen Entwurfsebenen darstellen /HNS90/. Diese Daten können schon vor Beginn des Entwurfsprozesses vorhanden sein wie z.B. die Bibliotheken, oder sie entstehen erst im Laufe des Entwurfsprozesses. Diese Daten sind je nach der Branche, aus der das zu entwerfende Produkt stammt, und nach der gewählten Entwurfsebene sehr unterschiedlich: Der Befehlssatz eines Prozessors, ein Platinenlayout, die Geometrie einer

Schraube und der Schaltplan eines Farbfernsehers gehören dazu. Deshalb ist es auch nicht möglich, ein einheitliches Modell für diese Daten zu bilden. In der Praxis gibt es schon sehr viele dieser Modelle, zum einen in der Form von Austauschformaten wie EDIF /EDI87/ und STEP /STE88/ und zum anderen als Sprachen wie VHDL /VHD85/, KARL /HaP79/ und PLIF /Sie88/. Diese Modelle sollen **Entwurfsobjektmodelle** genannt werden. Wegen der Vielfalt der zu beschreibenden Daten ist auch die Angabe eines speziellen Modellierungsbaukastens nicht möglich. Die Erfahrungen bei der Modellierung von komplexen Entwurfsdaten aus dem VLSI-Bereich /Anh89/, haben gezeigt, daß von der Modellierungsmächtigkeit die Konzepte des Frame-Modells /Min75/, /FiK85/, /Mit88.1/, nämlich Klassifikation, Generalisation, Aggregation und Assoziation, unterstützt werden sollten.

Als weitere Komponenten der Entwurfsumgebung können wir auf der Abb. 2 die E n t - w u r f s w e r k z e u g e erkennen. Zur Steuerung des Entwurfsprozesses ist es notwendig, eine Beschreibung der Entwurfswerkzeuge, also der aktiven Komponenten des Entwurfsprozesses, zu haben. Es muß bekannt sein, wie und in welcher Laufzeitumgebung die Entwurfswerkzeuge gestartet werden, welche verschiedenen Aufträge sie ausführen können, welche Entwurfsdaten sie dazu benötigen bzw. nach erfolgreicher Beendigung des Auftrags erzeugen und was sie überhaupt tun, also eine Beschreibung ihrer Funktionen und Wirkprinzipien. Alle diese Informationen über Entwurfswerkzeuge sollen durch ein **Entwurfswerkzeugmodell** beschreibbar werden. In der CAD Framework Initiative (CFI) wird versucht, dieses Entwurfswerkzeugmodell als T o o l E n c a p s u l a t i o n S p e c i f i c a t i o n /CFI91/ zu standardisieren. Allerdings reichen die dort berücksichtigten Werkzeuge bezüglich der Komplexität der ein- und ausgegebenen Entwurfsdaten an Entwurfswerkzeuge aus dem hierarchischen VLSI-Entwurfssystem PLAYOUT /Zim86/, /Zim89/ nicht heran. Da die Informationen über Entwurfswerkzeuge sehr heterogen sind - man vergleiche eine Wissensrepräsentation der Wirkprinzipien mit der Anweisung für den Aufruf des Werkzeuges - lassen sich spezielle Modellbaukästen nur schwer finden. Für einen Teil des Entwurfswerkzeugmodells, nämlich die Beschreibung der Ein- und Ausgabedaten, werden in /Sie91/ Hinweise zu einem Modellierungsbaukasten gegeben.

Als dritte Komponente kann in Abb. 2 die E n t w u r f s a b l a u f s t e u e r u n g identifiziert werden, die ein Hauptbestandteil eines CAD-Frameworks ist. Diese benötigt zur Steuerung der Entwurfsprozesse nicht nur Informationen über die Entwurfsdaten und über die Entwurfswerkzeuge, sondern auch über die gewünschten Abläufe der Entwurfsprozesse. Ein Entwurfsablauf läßt sich als eine Folge von Entwurfswerkzeugeinsätzen beschreiben, wobei auch parallele Abläufe, also ein Folgengeflecht /Wen89/, darstellbar sein müssen. Die **Entwurfsablaufmodelle** spezifizieren also die Abläufe für jeweils eine bestimmte Entwurfsmethodik. Die Ausprägungen eines Entwurfsablaufmodells sind die Entwurfsprozesse.

Als Beschreibungsmittel wurden z.B. Petrinetze /Rei82/ untersucht /BKL90/, die als generative Schemata für Folgengeflechte angesehen werden können /Wen89/. Dabei hat sich herausgestellt, daß ein geeignetes graphisches Beschreibungsmittel zur Spezifikation von h i e r a r c h i s c h e n Entwurfsprozessen erst noch gefunden werden muß, denn die Strukturhierarchie und damit die Zahl der Hierarchieebenen sowie die Anzahl der Subkomponenten auf jeder Hierarchieebene sind von Entwurf zu Entwurf verschieden. Dementsprechend müssen auch die Entwurfswerkzeuge, die z.B. eine Flächenplansynthese für jede der Subkomponenten durchführen, für jeden Entwurf in einer anderen Abfolge und Anzahl gestartet werden. Das Petrinetz als Schema für das Folgengeflecht der Entwurfswerkzeugeinsätze müßte also für jeden Entwurf geändert werden. Das widerspricht aber dem Zweck des Entwurfsablaufmodells, mit dem die Abläufe für eine Entwurfsmethodik, z.B. die PLAYOUT-Entwurfsmethode /Zim89/, und nicht der Ablauf für den Entwurf eines individuellen Zielsystems beschrieben werden soll.

Als Modellierungssprache für das Entwurfsablaufmodell bietet sich eine r e g e l b a - s i e r t e S p r a c h e an, da sich die Eingabe- und Ausgabebedingungen der Entwurfswerkzeuge bezüglich der Entwurfsdaten einfach als Regeln formulieren lassen: Wenn die Eingabedaten für ein Entwurfswerkzeug in der Entwurfsdatenbank existieren und etwaige sonstige Bedingungen erfüllt sind, kann das Entwurfswerkzeug aufgerufen werden (forward reasoning, /ChM85/). Wenn zum Beispiel als Endergebnis des Entwurfsprozesses eine Maskenlayoutbeschreibung gewünscht wird und ein Entwurfswerkzeug existiert, das als Ausgabedaten eine Maskenlayoutbeschreibung liefert, muß dieses Entwurfswerkzeug eingesetzt werden (backward reasoning, /ChM85/). Dazu müssen die Eingangsbedingungen für dieses Entwurfswerkzeug hergestellt werden, d.h., es müssen ein oder mehrere Entwurfswerkzeuge gefunden werden, deren Anwendung die Entwurfsdaten erzeugt, die von dem Entwurfswerkzeug benötigt werden, das die Maskenlayoutbeschreibung liefern kann (zielgerichtetes Planen, vgl. /Sac74/,/Ric89/).

Eine prozedurale Sprache ist nur für sehr einfache Entwurfsprozesse geeignet, bei denen der Ablauf unabhängig von den Entwurfsdaten beschrieben werden kann. Bei hierarchischen Entwurfsprozessen ist, wie oben erwähnt, die genaue Zahl und manchmal auch die Art der Entwurfswerkzeuge, die eingesetzt werden sollen, von der Anzahl der Strukturhierarchiestufen des Zielsystems und der Anzahl der Subkomponenten pro Hierarchiestufe abhängig, so daß ein datengetriebener Ansatz zur Beschreibung der Entwurfswerkzeugeinsätze adäquater ist. D i e R e g e l n m ü s s e n a l l e r d i n g s v o n e i n e m D a t e n b a n k s y s t e m a b g e w i c k e l t w e r d e n , d e n n d i e F a k t e n , a u f - g r u n d d e r d i e R e g e l n f e u e r n s o l l e n , s i n d d i e v o n d e m D a t e n - b a n k s y s t e m v e r w a l t e t e n E n t w u r f s d a t e n . Erste Ansätze in diese Richtung lassen sich bei deduktiven Datenbanken und in /Mat91/, /DHM90/ finden.

An einem Entwurfsprozeß sind natürlich auch P e r s o n e n beteiligt, z.B. die Entwerfer oder Konstrukteure als Benutzer der Entwurfswerkzeuge, die Werkzeugintegratoren, die neue Entwurfswerkzeuge in einem CAD-Framework integrieren, der Entwurfsmethodikentwickler, der den Entwurfsablauf plant, und der Projektmanager als Leiter des gesamten Entwurfsprojektes /FKK90/. Alle diese Personen müssen auf verschiedene Daten zugreifen, z.B. auf Ausprägungen der Entwurfsobjektmodelle und des Entwurfswerkzeugmodells, auf das Entwurfsablaufmodell und auf das **Entwurfssubjektmodell**, das eben diese Zugriffsberechtigungen beschreibt. Das Entwurfssubjektmodell beschreibt also die Rechte und Pflichten der Benutzer einer Entwurfsumgebung. Solche Modelle sind in der Datenbankwelt schon lange bekannt und weitestgehend untersucht /DBH87/.

5. Modell der Entwurfsdaten für das Entwurfsmanagement

Damit wären alle wesentlichen Bestandteile einer Entwurfsumgebung beschrieben, trotzdem fehlt aber noch ein entscheidendes Modell. Wie bereits erwähnt, benötigt die Entwurfsablaufsteuerung Informationen sowohl über die Entwurfswerkzeuge als auch über die Entwurfsdaten. Während die Ausprägungen des Entwurfswerkzeugmodells g e - e i g n e t e Beschreibungen der Entwurfswerkzeuge sind, sind die Entwurfsdaten als Ausprägungen der Entwurfsobjektmodelle für die Entwurfsablaufsteuerung u n g e e i g n e t.

Zum einen enthalten sie unnötig viele Details, denn der E i n s a t z eines Entwurfswerkzeuges wie z.B. des *ShapeFunctionGenerators* /Zim88/ ist nicht von dem Vorhandensein einzelner Netze und Pins, sondern von der Existenz einer kompletten Netzliste abhängig. Die Granularität der Entwurfsdaten, wie sie von den Entwurfswerkzeugen v e r a r b e i - t e t werden, ist also für die Ablaufsteuerung viel zu fein.

Zum anderen fehlen aber wichtige Informationen wie z.B., ob der Schaltplan A eine verbesserte Version (Revision) des Schaltplans B oder eine alternativ verwendbare Variante (Entwurfsalternative) ist. Für das Entwurfswerkzeug ist diese Information meistens irrelevant, da es in der Regel genau einen Schaltplan erhält, aus dem es z.B. eine Formkurve berechnen soll, denn es ist die Aufgabe des Frameworks, das Entwurfswerkzeug mit den richtigen Entwurfsdaten zu versorgen (vgl. Definition IVc).

Deshalb muß noch eine für die Entwurfsablaufsteuerung geeignete Modellierung der Entwurfsdaten gefunden werden. Die Ablaufsteuerung benötigt also

1. Informationen über die Existenz von Entwurfsdaten in grober Granularität, um über den Zustand des Entwurfs informiert zu sein und dementsprechend die Entwurfswerkzeuge einzusetzen,

2. gewisse Attribute von den Entwurfsdaten in der gleichen Granularität, z.B. die Technologie oder die Bibliothekszugehörigkeit,

3. die Kenntnis der Entwurfshierarchie,

4. Informationen, wie die Entwurfsdaten entstanden sind, d.h., durch welche Folge von Entwurfswerkzeugeinsätzen sie erzeugt wurden und welche Parameter dabei angegeben wurden,

5. ein Versionsmodell, das die Verwaltung von Revisionen und Entwurfsalternativen erlaubt,

6. die Kenntnis der Strukturhierarchien für jeden Entwurf und

7. ein hierarchisches Konfigurationsmodell, um die Entwurfsalternativen auf allen Strukturhierarchieebenen auszuwählen.

Dieses Modell soll **Entwurfsstrukturmodell** genannt werden, da es wesentliche Informationen über die Struktur der Entwürfe modelliert. Im Gegensatz zu den Entwurfsobjektmodellen ist das von den Entwurfsdaten stärker abstrahierende Entwurfsstrukturmodell nicht werkzeugspezifisch, d.h., das gleiche Entwurfsstrukturmodell kann mit vielen Entwurfsobjektmodellen zusammen verwendet werden. Dabei ist zu beachten, daß die beiden Modelle nicht die gleichen Daten modellieren, da sonst schwerwiegende Konsistenzprobleme auftreten können.

Ein Teil der im Entwurfsstrukturmodell modellierten Informationen muß in den Entwurfsobjektmodellen nicht modelliert werden wie z.B. die Entwurfshierarchie, das Versions- und das Konfigurationsmodell, da die Entwurfswerkzeuge - wie weiter oben ausgeführt - diese Informationen nicht benötigen. Ein anderer Teil wie z.B. die Strukturhierarchie wird von den Entwurfswerkzeugen sehr wohl gebraucht, denn es läßt sich schlecht ein Schaltplan beschreiben, wenn die Komponenten nicht bekannt sind.

Da ein Entwurfsstrukturmodell zu vielen Entwurfsobjektmodellen passen soll, ist es zweckmäßig, die Entwurfsobjektmodelle auf das Entwurfsstrukturmodell zu beziehen, d.h., die gemeinsam beschriebenen Daten werden im Entwurfsstrukturmodell modelliert und die Entwurfsobjektmodelle verweisen auf diese Darstellung. Es ist dann die Aufgabe der Entwurfsdatenverwaltung, bei der Bereitstellung der von einem Entwurfswerkzeug benötigten Entwurfsdaten sich der Ausprägungen beider Modelle zu bedienen und eine für das Entwurfswerkzeug konsistente Form der Entwurfsdaten zu erzeugen. Beim Framework des PLAYOUT-Entwurfssystems wird das durch die geeignete Definition des Datenaustauschformates PLIF /Sie88/ erleichtert und durch die transaktionsgesteuerte Auftragsverwaltung /Sie89/ gewährleistet.

Bei den anderen Frameworks /CNS90/, /HaS90/, /WBD90/, /BuD89/ , /DaD89/ ist das nicht der Fall, sei es, daß keine hierarchischen Entwurfsprozesse unterstützt werden und deshalb sich die Entwurfsobjektmodelle nicht mit dem Entwurfsstrukturmodell überschneiden oder daß statt der Entwurfsobjektmodelle sogenannte Produktmodelle unabhängig von einem Entwurfsstrukturmodell entwickelt wurden. Diese Produktmodelle, die auch die Daten modellieren, die eigentlich zu dem Entwurfsstrukturmodell gehören, sind oft schon vor den Frameworks entstanden.

Da kein Standard für ein Entwurfsstrukturmodell existiert oder entwickelt wird, ist es auch nicht möglich, die Entwurfsobjekt- oder Produktmodelle, die oft als Austauschformate für verschiedene Entwurfsumgebungen entworfen werden, auf ein Entwurfsstrukturmodell zu beziehen, das von mehreren Frameworks benutzt wird. So scheitert die Austauschbarkeit von Entwurfsdaten nicht an den Entwurfswerkzeugen, sondern an den Frameworks in den verschiedenen Entwurfsumgebungen, denn ohne ein leistungsfähiges Entwurfsmanagement, für das ein ausgereiftes Entwurfsstrukturmodell notwendig ist, sind große Entwürfe nicht effektiv durchzuführen. In /Sie90/ finden sich weitere Überlegungen zu einem Standard für ein Entwurfsstrukturmodell.

Ein für hierarchische Entwurfsprozesse geeignetes Entwurfsstrukturmodell wird in /SiZ89/ und /Sie91/ vorgestellt.

6. Beschreibung der Entwurfsmethodik

Nachdem nun alle für ein Framework relevanten Informationsarten in einer Entwurfsumgebung in den fünf Partialmodellen des Entwurfsmodells modelliert sind, müssen noch die Beziehungen zwischen den Partialmodellen diskutiert werden, und es muß geklärt werden, mit welchen Partialmodellen eine Entwurfsmethodik beschrieben werden kann.

Die Beziehungen zwischen dem Entwurfsstruktur- und dem E n t w u r f s o b j e k t m o d e l l wurden in dem letzten Kapitel ausführlich erörtert. Die dort erwähnten groben Granulate von Entwurfsdaten werden in Abb. 4 als **Sichten** (views) bezeichnet. Damit können sowohl Sichten als Ausschnitte von Datenbankschemata wie z.B. die Moleküle beim Molekül-Atom-Datenmodell /Mit88.2/ gemeint sein als auch Dateien, die Entwurfsdaten in ASCII-Form enthalten, wie beim PLAYOUT-System die PLIF-Dateien. In beiden Fällen müssen diese Sichten von den Entwurfswerkzeugen interpretiert werden können, während für das Framework die Kenntnis der Existenz ausreicht.

Beim E n t w u r f s w e r k z e u g m o d e l l werden die Entwurfsdaten, die die Entwurfswerkzeuge benötigen bzw. erzeugen, zweckmäßigerweise in der gleichen Granularität be-

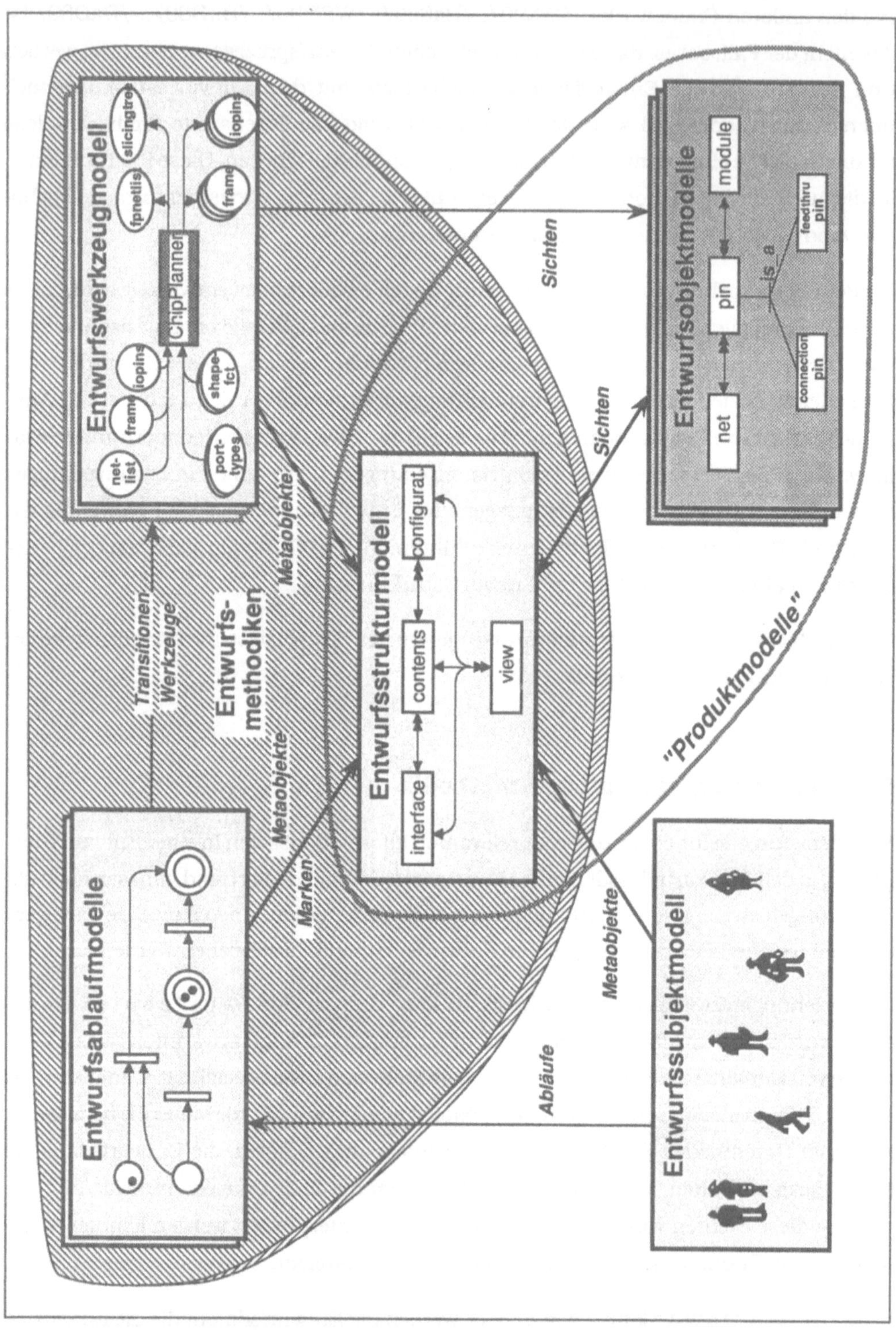

Abb. 4 Das Entwurfsmodell nach /Sie91/

schrieben wie beim Entwurfsstrukturmodell. Die Granularität ergibt sich gerade aus den Datenanforderungen der Entwurfswerkzeuge: sie muß fein genug sein, daß der Datenaustausch zwischen allen Entwurfswerkzeugen in dieser Granularität beschrieben werden kann, und sie muß so grob wie möglich sein, da sonst der Verwaltungsaufwand im Framework unnötig ansteigt. Wenn z.B. die Bedingung für den Start eines Entwurfswerkzeuges das Vorhandensein einer bestimmten Netzliste ist, wäre genau ein Test der Entwurfsablaufsteuerung auf eine Sicht, die diese Netzliste beschreibt, optimal. Jedes Netz und jeden Pin dieser Netzliste einzeln auf Vorhandensein zu testen wäre sehr teuer und würde dabei zu keinem anderen Ergebnis führen.

In bezug auf die Entwurfsobjektmodelle werden die Entwurfsdaten im Entwurfswerkzeugmodell also als Sichten beschrieben. In bezug auf das Entwurfsstrukturmodell muß jedoch auf die dort definierten Objekte (Metaobjekte) wie Revisionen und Varianten verwiesen werden, denn sonst können bestimmte Entwurfswerkzeuge, die z.B. Revisionen oder Varianten zu einem Schaltplan erzeugen sollen, mit dem Entwurfswerkzeugmodell nicht beschrieben werden. Da die Strukturhierarchie nur im Entwurfsstrukturmodell repräsentiert werden soll, muß auch bei Entwurfsdaten, die auf verschiedenen Strukturhierarchieebenen liegen sollen, auf die entsprechenden Objekte im Entwurfstrukturmodell Bezug genommen werden.

Ein E n t w u r f s a b l a u f m o d e l l muß sowohl auf die Entwurfswerkzeuge als die aktiven Komponenten des Entwurfsprozesses als auch auf die Entwurfsdaten als die passiven Komponenten verweisen können. Wenn wir uns ein Entwurfsablaufmodell als Petrinetz vorstellen, entsprechen die Transitionen einer Entwurfswerkzeugaktion und die Marken dem Vorhandensein von Entwurfsdaten. Die Struktur des Petrinetzes beschreibt zum einen die von der Datenversorgung her möglichen Aufrufe von Entwurfswerkzeugen, die sich schon aus allen Ausprägungen des Entwurfswerkzeugmodells ergeben, und zum anderen die möglichen Entwurfsabläufe für eine gewählte Entwurfsmethodik. Die Granularität der Entwurfsdaten entspricht wieder den schon bekannten Sichten, wobei auch Bezug auf die Metaobjekte aus dem Entwurfsstrukturmodell genommen werden muß, da sonst keine Abläufe beschreibbar wären, in denen Hierarchien, Revisionen oder Varianten eine Rolle spielen. Da die Sichten schon diesen Metaobjekten zugeordnet sind, können die Marken einfach als Ausprägungen von Metaobjekten angesehen werden, eventuell unter zusätzlicher Beschreibung der benötigten Sichten des jeweiligen Metaobjektes. Für die Realisierung der Entwurfsablaufsteuerung bedeutet das, daß die Transitionen als Regeln implementiert werden und daß die Fakten Ausprägungen von Metaobjekten des Entwurfsstrukturmodells sind.

Das E n t w u r f s s u b j e k t m o d e l l wird bezüglich der Entwurfsdaten auch keine feineren Granularitäten als die Sichten benötigen. Ansonsten ist es vorstellbar, daß bestimmte Zugriffsrechte auch an Entwurfswerkzeugaufrufe, Entwurfsabläufe und an Metaobjekte gebunden werden. Bei der Berechtigung zur Versionsfreigabe muß z.B. auf Versionen, die im Entwurfsstrukturmodell modelliert sind, Bezug genommen werden.

Bei der Beschreibung der gegenseitigen Abhängigkeiten zwischen den Partialmodellen des Entwurfsmodells zeigt sich wieder die z e n t r a l e S t e l l u n g d e s E n t w u r f s s t r u k t u r m o d e l l s . Alle anderen Partialmodelle beziehen sich auf das Entwurfsstrukturmodell, das selbst nur auf die Sichten des Entwurfsobjektmodells verweist. D e s h a l b i s t e i n e g e e i g n e t e W a h l d e s E n t w u r f s s t r u k t u r m o d e l l s v o n e n t s c h e i d e n d e r B e d e u t u n g f ü r d a s E n t w u r f s m a n a g e m e n t .

Es stellt sich nun die Frage, mit welchen Partialmodellen die Entwurfsmethodiken beschrieben werden können (vgl. ARF91/). Da eine **Entwurfsmethodik** durch eine Folge von Entwurfswerkzeugeinsätzen implementiert wird, ist ein E n t w u r f s a b l a u f m o d e l l natürlich zur Beschreibung der Entwurfsmethodik notwendig. Aber auch die Ausprägungen des Entwurfswerkzeugmodells, die die Informationen über den Datenbedarf der Entwurfswerkzeuge enthalten, werden benötigt, denn zur Beschreibung einer Entwurfsmethodik müssen die Operatoren bekannt sein, mit denen der Entwurf durchgeführt werden soll. Wenn z.B. kein ChipPlanner /Zim86/, /Anh89/ zur Verfügung steht, kann auch keine Flächenplanungsphase Bestandteil der Entwurfsmethodik sein. Das E n t w u r f s w e r k z e u g m o d e l l selbst sollte aber von einer speziellen Entwurfsmethodik unabhängig sein, d.h., die Beschreibung der Entwurfswerkzeuge sollte nicht von der gewählten Entwurfsmethodik abhängen. Es könnte jedoch sein, daß für bestimmte Entwurfsmethodiken erweiterte Beschreibungen der Entwurfswerkzeuge benötigt werden.

Es verwundert sicher nicht, daß auch das E n t w u r f s s t r u k t u r m o d e l l zur Definition einer Entwurfsmethodik notwendig ist. Ob z.B. bei einem hierarchischen Entwurf bottom-up oder top-down vorgegangen werden soll oder ob immer parallel mehrere Entwurfsalternativen synthetisiert werden sollen, von denen dann die beste ausgesucht wird, läßt sich nur unter Verwendung des Entwurfsstrukturmodells beschreiben. Da das Entwurfsstrukturmodell eine so zentrale Stellung inne hat, ist es wünschenswert, dieses so allgemein zu halten, daß möglichst viele Entwurfsmethodiken beschrieben werden können. Zumindest sollte es leicht modifizierbar sein, was einen entsprechenden Anwendungsmodellierungsbaukasten voraussetzt (vgl. /Sie91/). Die Entwurfsablaufmodelle dagegen müssen natürlich für jede Entwurfsmethodik neu spezifiziert werden.

Das Entwurfssubjektmodell sollte methodikunabhängig sein, es sei denn, bestimmte Formen der Gruppenarbeit würden als zwingender Bestandteil einer Entwurfsmethodik definiert.

Die Entwurfsobjektmodelle sollten ebenfalls methodikunabhängig sein, da ansonsten für jede Entwurfsmethodik die Beschreibung der Entwurfsdaten geändert werden müßte und als Folge davon die Entwurfswerkzeuge angepaßt werden müßten. Dadurch würden Änderungen der Entwurfsmethodik sehr teuer werden. Da aber mit der Entwurfsmethodik die globalen Entscheidungen für einen Entwurfsprozeß getroffen werden und damit globale Optimierungsmöglichkeiten ausgenutzt werden können, sollten gute Frameworks Änderungen der Entwurfsmethodik so einfach wie möglich machen.

Selbstverständlich setzen gewisse Entwurfsmethodiken auch gewisse Entwurfsobjektmodelle voraus, denn wenn kein Modell zur Flächenplanbeschreibung existiert, kann auch keine Flächenplansynthese erfolgen. Diese natürlich nicht zu vermeidenden Abhängigkeiten sind ähnlich wie bei dem Entwurfswerkzeugmodell.

Zusammenfassend kann man die Beschreibung der Entwurfsmethodik durch die drei Partialmodelle mit der Beschreibung von Programmen vergleichen: Wenn der Algorithmus (= Entwurfsmethodik) progammiert werden soll, muß zuerst eine Datenstruktur (= Entwurfsstrukturmodell) festgelegt werden. Des weiteren müssen die verwendbaren Anweisungen oder Funktionen (= Ausprägungen des Entwurfswerkzeugmodells) der gewählten Programmiersprache bekannt sein, damit dann das Programm als Folge (= Entwurfsablaufmodell) von Anweisungen oder Funktionsaufrufen beschrieben werden kann.

7. Ausblick

Im Rahmen dieses Beitrags wurden die ersten Ergebnisse des Arbeitskreises für das zu erarbeitende Sollkonzept für technische Informationssysteme vorgestellt. Dabei ist die Modellierung sämtlicher Informationen, die für die Steuerung und Kontrolle von Entwurfsprozessen relevant sind, die primäre Zielsetzung. Darauf aufbauend muß in den nächsten Arbeitsschritten ein Anwendungs- und ein Systemarchitekturkonzept entwickelt werden, das insbesondere die heute verfügbare Datenbanktechnik ausnutzt.

8. Literatur

/Anh89/ J. Anhalt, *Entwurf und Implementierung der Kerndatenstruktur für den Chipplanner des VLSI-CAD-Systems PLAYOUT*, Projektarbeit, Universität Kaiserslautern 1989

/ARF91/ W. Allen, D. Rosenthal, K. Fiduk: *The MCC CAD Framework Methodology Management System*, Proc. 28th Design Automation Conference (DAC), San Francisco 1991, 694-698

/BBW91/ K. Bosch, P. Bingley und P. van der Wolf, *Design Flow Management in the NELSIS CAD Framework*, Proc. 28th Design Automation Conference (DAC), San Francisco 1991, 711-716

/BHJ91/ T. Berkel, C. Hübel, H. Jansen, D. Ruland, E. Siepmann und W. Wilkes, *Technische Informationssysteme zur Unterstützung von Entwurfsprozessen*, Proc. GI-Fachtagung über Datenbanksysteme in Büro, Technik und Wissenschaft (BTW), Kaiserslautern 1991, 396-403

/BHR90/ Th. Berkel, Ch. Hübel, D. Ruland, *Technische Informationssysteme*, Proc. Int'l CAD-Kongreß des VDI - SYSTEC'90, München 1990, 119-131

/BKL90/ F. Bretschneider, C. Kopf, H. Lagger, A. Hsu und E. Wei, *Knowledge Based Besign Flow Management*, Proc. IEEE International Conference on Computer-Aided Design (ICCAD), Santa Clara 1990, 350-353

/BuD89/ M. Bushnell und S. Director, *Automated Design Tool Execution in the Ulysses Design Environment*, IEEE Transactions on Computer-Aided Design, Vol. 8, No. 3, (1989), 279-287

/CFI90/ P. Painter, *CAD Framework Users, Goals, and Objectives*, CAD Framework Initiative Document No 37, Boulder 1990

/CFI91/ K. Fiduk, *Tool Encapsulation Specification*, CAD Framework Initiative Document No 51, Austin 1991

/ChM85/ E. Charniak und D. McDermott, *Introduction to Artificial Intelligence*, Reading: Addison-Wesley 1985

/CNS90/ A. Casotto, A. Newton und A. Sangiovanni-Vincentelli, *Design Management based on Design Traces*, Proc. 27th Design Automation Conference (DAC), Orlando 1990, 136-141

/DaD89/ J. Daniell und S. Director, *An Object Oriented Approach to CAD Tool Control*, Proc. 26th Design Automation Conference (DAC), Las Vegas 1989, 197-202

/DBH87/ A. Blaser, K. Dittrich, T. Härder, M. Jarke, H. Lehmann, P. Lockemann, H. Mayr, G. Müller, A. Reuter und J. Schmidt, *Datenbank-Handbuch*, P.C.Lockemann u. J.W. Schmidt (Hrsg.), Heidelberg: Springer 1987

/DHM90/ S. Deßloch, C. Hübel, N. Mattos und B. Sutter, *KBMS Support for Technical Modeling in Engineering Systems*, Proc. 3rd International Conference of Industrial and Engineering Applications of Artifical Intelligence and Expert Systems, Charleston 1990, 790-799

/EDI87/ N. N., *EDIF Electronic Design Interchange Format Version 200*, Electronics Industries Association, Washington, August 1987

/FiK85/ R. Fikes und T. Kehler, *The Role of Frame-Based Representation in Reasoning*, Communications of the ACM, Vol. 28, No. 9 (September 1985), 904-920

/FKK90/ K. Fiduk, S. Kleinfeldt, M. Kosarchyn und E. Perez, *Design Methodology Management -A CAD Framework Initiative Perspective -*, Proc. 27th Design Automation Conference (DAC), Orlando 1990, 278-283

/FMS90/   R. Fritz, M. Muschiol, G. Schäfer, *Istzustand und Perspektiven der CAD/CAM-Technologien*, ZWF-CIM, Vol. 85, No. 9 (September 1990)

/GI90/   *Referenzmodell für CAD-Systeme*, Gesellschaft für Informatik e.V., Bonn 1990

/HaP79/   R. Hartenstein und E. Puttkamer von, *KARL - A Hardware Description Language as Part of a CAD Tool for VLSI*, Proc. 4th International Symposium on Computer Hardware Description Languages, Palo Alto 1979, 155-161

/HäR85/   T. Härder und A. Reuter, *Architektur von Datenbanksystemen für Non-Standard-Anwendungen*, Proc. GI-Fachtagung über Datenbanksysteme für Büro, Technik und Wirtschaft (BTW), Karlsruhe 1985, IFB 94, 253 - 286

/Här90.1/ T. Härder, *Klassische Datenmodelle und Wissensrepräsentation*, in: Wissensrepräsentation, P.Struß (Hrsg.), Oldenbourg-Verlag 1990, 69-85

/Här90.2/ T. Härder, *Die Rolle von Datenbanken in CIM*, in: CIM-Expertenwissen für die Praxis, H.Krallmann (Hrsg.), Oldenbourg-Verlag 1990, 265-277

/HaS90/   J. Haabma und B. Steinmueller, *The NMP-CADLAB Framework - a Common Framework for Tool Integration and Development*, Proc. European Design Automation Conference (EDAC), Glasgow 1990, 39 -43

/HMM87/   T. Härder, K. Meyer-Wegener, B. Mitschang und A. Sikeler, *PRIMA - a DBMS Prototype Supporting Engineering Applications*, SFB 124 Bericht 22/87, Universität Kaiserslautern 1987

/HNS90/   D. Harrison, A. Newton, R. Spickelmier und T. Barnes, *Electronic CAD Frameworks*, Proceedings of the IEEE, Vol. 78, No. 2, Februar 1990, 393-417

/Mat91/   N. M. Mattos, *An Approach to Knowledge Base Management*, Lecture Notes in Artificial Intelligence 513, Heidelberg: Springer 1991

/Min75/   M. Minsky, *A Framework for Representing Knowledge*, in: The Psychology of Computer Vision, P.Winston (Hrsg.), New York: McGraw-Hill, 1975, 211-277

/Mit88.1/ B. Mitschang, *Towards a unified view of design data and knowledge representation*, Proc. 2nd International Conference on Expert Database Systems, L.Kerschberg (Hrsg.), Tysons Corner 1988

/Mit88.2/ B. Mitschang, *Ein Molekül-Atom-Datenmodell für Non-Standard-Anwendungen -Anwendungsanalyse, Datenmodellentwurf und Implementierungskonzepte*, Informatik-Fachberichte 185, Heidelberg: Springer 1988

/Rei82/   W. Reisig, *Petrinetze*, Berlin: Springer 1982

/Ric89/   M. Richter, *Prinzipien der Künstlichen Intelligenz*, Stuttgart: B.G. Teubner Verlag 1989

/Sac74/   E. Sacerdoti, *Planning in a Hierarchy of Abstraction Spaces*, Artificial Intelligence, Vol. 5, No.2 (1974), 115-135

/Sie88/   E. Siepmann, *PLIF-ein objektorientiertes Datenaustauschformat zur Kommunikation in PLAYOUT*, SFB 124 Bericht 32/88, Universität Kaiserslautern 1988

/Sie89/   E. Siepmann, *A Data Management Interface as part of the Framework of an Integrated VLSI-Design System*, Proc. IEEE International Conference on Computer-Aided Design (ICCAD), Santa Clara 1989, 284-287

/Sie90/   E. Siepmann: *Do We Need a Common Standard for the Design Structure Model?*, in: Proc. 2. IFIP WS on Electronic Design Automation Frameworks, F.J. Rammig and R. Waxman (Ed.), North-Holland 1991

/Sie91/   E. Siepmann, *Entwurfstheorie und Entwurfsdatenmodellierung für CAD-Frameworks*, Dissertation, Universität Kaiserslautern 1991

/SiZ89/   E. Siepmann und G. Zimmermann, *An Object-Oriented Datamodel for the VLSI Design System PLAYOUT*, Proc. 26th Design Automation Conference (DAC), Las Vegas 1989, 814-817

/STE88/   N. N., *STEP Preliminary Design*, ISO TC184/SC4/WG1 N208, Mai 1988

/VHD85/   N. N., *The VHDL Language Reference Manual*, Intermetrics, Inc., August 1985

/WBD90/   P. van der Wolf, P. Bingley und P. Dewilde, *On the Architecture of a CAD Framework: The NELSIS Approach*, Proc. European Design Automation Conference (EDAC), Glasgow 1990, 29-33

/Wen89/   S. Wendt, *Nichtphysikalische Grundlagen der Informationstechnik, Interpretierte Formalismen*, Heidelberg: Springer 1989

/Zim86/   G. Zimmermann, *Top-Down Design of Digital Systems*, in: Logic Design and Simulation, E. Hörbst (Hrsg.), Amsterdam: North Holland 1986, 9-30

/Zim88/   G. Zimmermann, *A New Area Shape Function Estimation Technique for VLSI Layouts*, Proc. 25th Design Automation Conference (DAC), Anaheim 1988, 60-65

/Zim89/   G. Zimmermann, *PLAYOUT - A Hierarchical Design System*, Information Processing 89, G.X.Ritter (ed.), Elsevier Science Publishers B.V., Amsterdam: North Holland 1989, 905-910

A Common Data Schema
for Tool Integration

Maria Brielmann[1]   Elisabeth Kupitz[1]   David Mallon[2]
Franz-Josef Stewing[3]   Norbert Weißenberg[4]

(1) University of Paderborn/Cadlab, P.O. Box 1621, D-4790 Paderborn, Germany

(2) Hardlab, Livingston Tower, 26 Richmond Street, Glasgow G1 1XH, UK

(3) Siemens Nixdorf Informationssysteme AG, c/o University of Dortmund, Informatik IV (see (4))

(4) University of Dortmund, Informatik IV, P.O. Box 50 05 00, D-4600 Dortmund 50, Germany

Abstract

An open, extensible, EDIF-compatible administrative data schema based on general system engineering requirements is presented. Several system engineering tools, particularly hardware design tools, are integrated into the same framework using this schema. The use of this *Common Data Schema* implemented by using services of the framework's object management system allows all tools to share the administrative data covered by this schema. In addition to EDIF, a configuration management subschema is provided.

1   Introduction

This paper presents a data schema designed for data integration of different system engineering tools, named *Common Data Schema*. It is responsible for the administration of common organizational structures of design data, like different hierarchies, or version and configuration management. The schema is only concerned with data of a relatively coarse degree of granularity, whereas concepts for representing the internal structure of tool-specific design data are beyond the scope of this paper.

The Common Data Schema is baselined by hardware engineering requirements and a first version of it has been developed for the integration of a Hardware Synthesis System at Cadlab[1] [KlKu 90]. The schema is currently used within parts of the ATMOSPHERE project[2] to integrate tools covering different aspects of system engineering, i.e., performance evaluation, hardware synthesis, verification, and benchmark monitoring, into the JESSI Common Framework [Stei 90]. Thus, although originally developed for the CAD domain, the schema has proven its applicability to a broader system engineering view than merely hardware engineering.

A common administrative data schema is of great importance for tool integrators as well as for the potential end users of an engineering system comprising many complex engineering tools. For the integrators there exist clearly defined objects containing the data that builds the interface between the tools. As these objects are not arbitrarily scattered over a file system, but structured according to a well-defined schema, it becomes much easier for a user to keep control of the large amount of data created during complex design activities.

Furthermore, the Common Data Schema also forms a basis for central management tasks, like consistency management, design auditing, and teamwork support. These need only be implemented

---

[1]Cadlab is a joint venture of the University of Paderborn and Siemens Nixdorf Informationssysteme AG

[2]ATMOSPHERE is funded by ESPRIT II under contract 2565.

once for the whole system, not redundantly for each tool. The use of a schema like the Common Data Schema greatly contributes to system openness, as a well-defined common data format is provided for integration of new tools. Hence, a new tool has not to be adapted to a variety of private data formats, which makes integration very difficult.

The JESSI Common Framework (JCF) [OMS 90, Stei 90] is used as basis for the integration efforts under consideration here. The JCF object management system (OMS) provides a procedural interface that supports data integration as well as control integration. Data in the data base can be shared by several tools. The Common Data Schema can be directly mapped onto the object-oriented internal data model (IDM) of this OMS.

The paper is structured as follows: After a short description of the integrated tools in Section 2 the requirements for a common data integration schema are listed in Section 3. Section 4 describes the Common Data Schema itself, its relation to other work, and its realization for a sample tool. Finally, some conclusions are presented along with proposals for future work.

2 Description of Integrated Tools

Before describing the Common Data Schema, an overview of those tools, integrated into the JESSI Common Framework [Stei 90] using this data schema within the ATMOSPHERE project, will be given.

2.1 The Hardware Synthesis System

The Hardware Synthesis System [LeSt 89] provides a set of advanced tools for high level, logic and layout synthesis. It transforms functional descriptions at the algorithmic level into net lists of standard cells (design units), which can be further processed by the integrated layout synthesis and assembly tools, or by existing standard cell layout systems. A novelty of the Hardware Synthesis System is the supported target architecture, i.e., a set of synchronous hardware modules with different clocking rates that are coupled via asynchronous communication modules.

2.2 The CIRCAL Verification Toolset

CIRCAL [McCa 91, BMMM 91] is a powerful hardware verification formalism. Sophisticated tools for performing proofs and constraint analysis (e.g., checking of timing properties) based on this formalism are provided. Furthermore a high level "C++" like language called XCircal provides an easy entry route to the CIRCAL process algebra for those designers already familiar with conventional hardware description languages such as VHDL. Through an automatic verification technology, XCircal gives the opportunity for the application of formal techniques without the need for mathematical expertise.

2.3 The Performance Modelling Tool HIT

The tool HIT [BeMW 88, BeSt 87] is a comprehensive software tool supporting the model-based evaluation of system performance. Analysis of HIT models is provided by analytic-algebraical, analytic-numerical, exact and approximate techniques and by discrete-event simulation. Both model description and model analysis utilize the model structure for convenient problem specification and efficient evaluation, respectively. Particular emphasis is placed on decomposition and aggregation options and on a mixed (heterogeneous) use of different analysis techniques.

2.4 The Benchmark Monitor BEMO

The benchmark monitor BEMO [Meye 89] enables the performance evaluation of computing systems running with a UNIX operating system. A load can be specified by predefined elementary functions or by arbitrary C programs. The results of a simulation run comprise the response and CPU times of all applications started and the system load (CPU load, activities on disks, buffers and TTY, queues at CPU and swapper, etc.) during the simulation process.

2.5 Relationships Between the Integrated Tools

The integration of a verification tool like CIRCAL with a Hardware Synthesis System enables the verification of hand-performed changes to hardware designs, which are known to be correct immediately after synthesis.

By moving from behavioral descriptions of hardware designs (using, e.g., VHDL) to HIT, a combination of functional-oriented description techniques with quantitatively-oriented model specification techniques is achieved. Hereby, monitoring of performance constraints throughout the entire design process is enabled. Since this transition, which is currently developed within the ATMOSPHERE project as well, is in principal independent from the employed hardware description language, a cooperation of HIT with a high-level synthesis tool of the Hardware Synthesis System might become possible.

The BEMO tool will mostly be employed after the design and production phase of a system in order to check if the stated (performance) requirements of the whole system are met. Its load simulation output, however, can in principle be used to construct a load for a HIT model of an already existing system, which for arbitrary reasons, e.g., tuning, should be evaluated.

All these cooperation possibilities do not concern the design of a Common Data Schema on the administrative level, which abstracts from the internal structure of the design data. However, the use of the Common Data Schema prepares further integration work.

3 Requirements for a Common Data Schema

This section describes the requirements for a schema that is intended to support the administration of all data used during the synthesis or analysis of a vast range of systems. Only global aspects of data management are considered, thus special design representations are not of concern here.

REQ 1: Different Views

Usually systems are composed of a number of parts which we call design units. In the system development process a lot of different descriptions of the same design unit are needed. These descriptions cover different views of a design unit like behavior, structure, geometry, and test in the hardware domain. For each view an additional documentation view may exist.

REQ 2: Different Levels of Abstraction

Especially for hardware designs each view is described at many different levels of abstraction [GaKu 83], called system level, algorithmic level, register transfer level, gate level, switch level, and electrical level. As example the description of the behavioral view may serve. At gate level it is described by boolean equations, whereas at the electrical level typically systems of differential equations are used. For the design of arbitrary systems, e.g., software modules, or even office systems and the like, usually only designs corresponding to the system level are used.

REQ 3: Instantiation Hierarchies

Usually a design is developed hierarchically. The design is decomposed into smaller pieces to reduce its complexity, thereby creating a so-called instantiation hierarchy. This process is done for hardware and software systems to reduce the complexity of a given design problem step by step. Finally, the separate parts are composed to get a description of the total system.

REQ 4: Different Instantiation Hierarchies within Different Views

For each view a separate hierarchical description may exist. Usually instantiation hierarchies in different views do not coincide [Nies 83]. A typical example in the hardware domain is the repartitioning of a structural hierarchy by a floorplanner. This new hierarchy may use some of the design units from the old hierarchy as well as some newly created design units. Even a hierarchy consisting only of its top element may result. This is, e.g., the case when quantitative aggregation techniques are applied to a hierarchical design unit during performance analysis.

REQ 5: Static Access Hierarchy

Because the instantiation hierarchy may become very deep during the whole design process, it is inconvenient and time-consuming for a designer to find a specific object. Therefore, a static access hierarchy of small restricted depth is needed which makes it easy to retrieve the data directly, independently of the instantiation hierarchy.

REQ 6: Alternative Descriptions of Designs

During the design process many alternative descriptions of single objects within the hierarchy may be created and evaluated until the overall design fulfills all design requirements. The Common Data Schema must be able to hold alternative descriptions of the same design unit and it must be easy to find out which parts belong to one alternative of the overall hierarchical design description.

REQ 7: Different Instantiation Hierarchies for Different Design Alternatives

The design alternatives may of course differ with respect to their hierarchical decomposition. Hence, in addition to REQ 4, different instantiation hierarchies within different design alternatives also have to be supported by the Common Data Schema.

REQ 8: Configuration Management

If different alternatives of design units are stored, configuration aspects become very important. Imagine a design unit composed of different sub-designs (REQ 3). For each sub-design there may be several design alternatives (REQ 6), which can really be used alternatively. Some or all of these sub-design alternatives may be composed from sub-designs as well, resulting in a high number of possible configurations of the total design. To manage this there has to be a mechanism to select special design alternatives top-down along the instantiation hierarchy.

REQ 9: General Requirements

Additionally some general requirements for the Common Data Schema can be listed. The schema should be easily extensible for tool-specific needs and it must be possible to reuse design parts. Moreover the granularity of design data should at least enable distinction of interface and contents parts of design units.

4   The Common Data Schema

Our Common Data Schema, that fulfills all requirements listed, is depicted in total by Figure 1. The following kinds of symbols are used here: Boxes represent different classes available mainly for data structuring purposes. Only objects of classes depicted in bold style contain the real data, comparable to files. The arrows (both solid and dashed) denote father-son relationships, which can have arbitrary semantics (e.g., part of, type of). The number at the end point of an arrow gives the number of sons the father may have (a '*' is used if there is no restriction, a '+' means: at least one, and a '?' means: at most one), while the start point is attached with the number of fathers a son may have, and thus denotes whether the son can be "reused" by another father. This graphical description of the data schema can easily be transformed into the EXPRESS-G format [SpSc 91], but for this paper the selected representation is more appropriate to emphasize all points of interest.

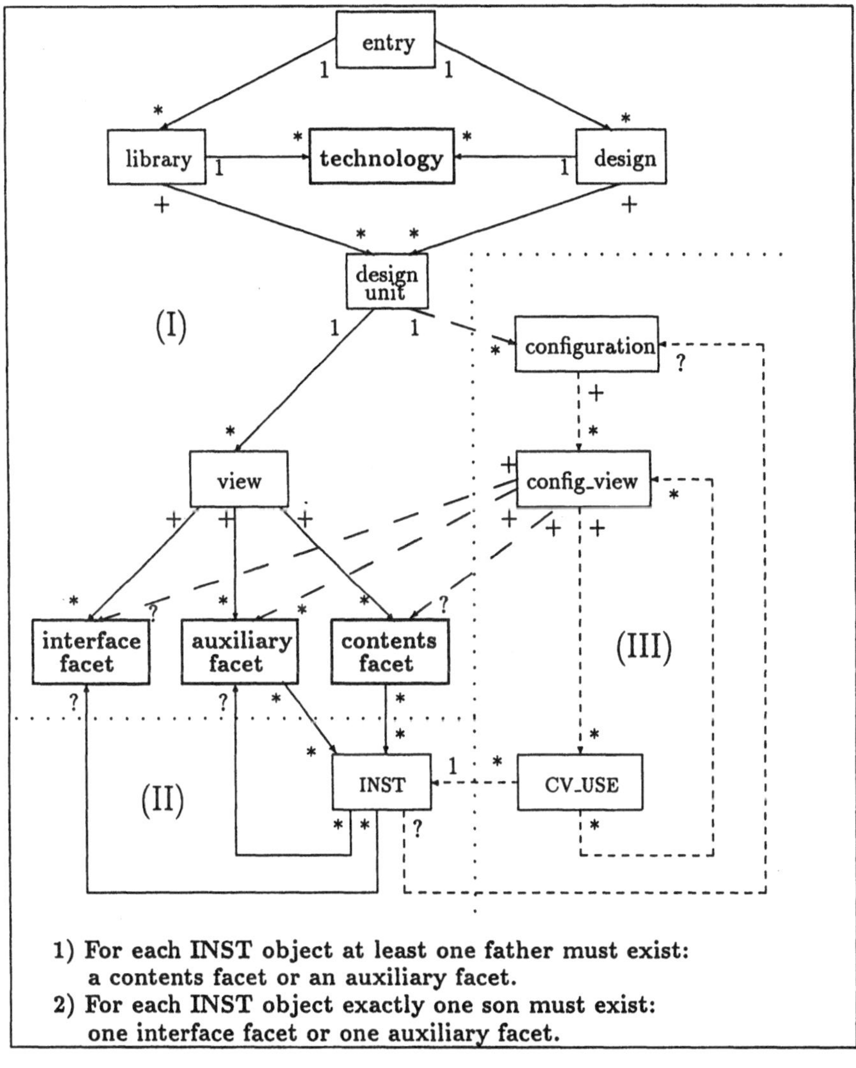

Figure 1: The Common Data Schema

Figure 1 is divided into three segments, separated by dotted lines. The largest segment represents a "static access hierarchy" (*I*), which enables direct access to different design units. At the bottom the subschema for "instantiation hierarchies" (*II*) follows, which enables storing of hierarchical designs. Moreover on the right hand side the "configurations subschema" (*III*) is given.

In the following subsections these subschemas are explained in detail, and hereafter the use of the schema is illustrated. However, the specification of concrete data for central design management tasks, like creation or modification dates or authors of objects, is of minor interest here. Such data is stored in attributes, which can be used for objects of any kind, whether they contain additional data or not.

4.1 Static Access Hierarchy

On top of the static access hierarchy a special root object, called *entry*, exists. It is used as an entry point for the data of the environment, which enables to store all data of other tools not being based on this data schema within the common data base or OMS as well. To *entry*, objects of types *design* and *library* are attached. A *design* collects the descriptions of different *design units* belonging to this design, whereas a *library* collects predefined *design units* which can be used to simplify the design process. All object classes described below are valid both for *design* and *library* objects, since both have the same subgraph.

Technology information (CMOS, NMOS, Bipolar, ...) of a *design* or *library* can be found in the corresponding *technology* objects. Additional successors of *design* or *library* are the *design units*, called cells in EDIF, which represent the parts of a design. For example they contain the description of a control unit, ALU, register, NAND gate, etc. They may be created by a designer or by a tool.

One piece of a design can be described from different points of view (REQ 1) or different levels of abstraction (REQ 2). Therefore objects of the class *view* are attached to a special *design unit*. There are two kinds of views not depicted in Figure 1: *system views* contain descriptions in a unified format and are therefore preferable. However, if existing tools are to be integrated, it is often necessary to define tool-specific descriptions, so-called *tool views*.

The real data describing a *design unit* can be found in so-called *facet* objects which are attached to the *views*. There are three types of facets: an *interface facet* type, a *contents facet* type (REQ 9), and an *auxiliary facet* type. The *interface facet* holds the interface data of the described *design unit*. The *contents facet* contains the realization or implementation of this interface. If it is not possible to separate between interface and content the data can be stored within an *auxiliary facet*, which has the relational properties of both, *interface* and *contents facet*.

With these object classes, that correspond to the classes defined in EDIF, the requirements for a static access hierarchy (REQ 5) and for different views (REQ 1) mentioned in Section 3 are fulfilled.

4.2 Instantiation Hierarchies

For the storage of hierarchical designs we need to fulfill REQ 3. The hierarchical description of a view that uses more than one design unit requires a relation between the descriptions of different design units. For this reason a new class of objects is needed, called *INST*. Objects of this class allow to generate relations from one *facet* to another. At the next higher hierarchical level usually only the *interfaces* of used *design units* are important. Therefore *interface facets* are instantiated within *contents facets* of other *design units*. As already mentioned, the *auxiliary facet* can take the role of both other facet types.

This subschema is depicted by the bottom left part of Figure 1, where *facets* of different *design units* are connected, hereby crossing the dotted line. The latter can be seen as the border of a *design unit*.

Since the instantiation hierarchy belongs to a special view, the construction of separate and different instantiation hierarchies within different views becomes possible (REQ 4).

4.3 Versioning

As implementation platform used for realization of the schema the JCF-OMS is used. The OMS offers a powerful versioning mechanism. This versioning mechanism is independent of application domain specific data schemata and hence not subject of this paper. We propose to use this versioning mechanism only for objects that contain design data. As described above only *facet* and *technology* objects contain design data (bold boxes). The objects of all other classes merely serve for structuring purposes. However, for fulfillment of REQ 6 in addition to the versioning mechanism the support of a configuration mechanism as described in the next section is necessary.

4.4 Configurations

A configuration is a design alternative of a design unit. It determines for each view one of the interfaces and one of the contents facets available for that design unit as well as for every design unit used. Therefore the selections are specified top-down along the instantiation hierarchy. Choices made at a higher level affect the choices that need to be done at lower levels due to REQ 7.

This mechanism can be expressed by a structural recursion, which can roughly be written like:

$$K_D := \sum V_D \qquad V_D := I_D + C_D + \sum_{I \in C_D} V_{D_I}$$

Thus, a configuration K_D of a design unit D consists of several *(config-)views* V_D. Each such *view* consists of an *interface* I_D and ('+') a *contents* C_D of that *design unit*, as well as *config-views* V_{D_I} for all design objects D_I, which are instantiated in the selected *contents facet* ($I \in C_D$). Of course *auxiliary facets* may replace an interface-contents pair. As a result a tree of facets is obtained.

In the Common Data Schema configurations are stored as depicted on the right hand side of Figure 1, and we have used dashed lines for them for an even clearer separation of design and configuration schema parts.

In order to identify alternative descriptions a new branch is attached to *design unit* to maintain configurations (REQ 6, REQ 8). It consists of *configuration* objects, under which objects of a new class *config_view* represent the views within this branch. Again *facets* (those of the design side) are attached to *config_views*, but only the *facets* needed are selected (configuration by selection).

According to the formula above the *config_views* select an appropriate *contents* to an *interface facet*. Additionally, they refer also to all those *design units* which are instantiated in the selected *contents*. For this purpose a so-called *CV_USE* (Config_View_USE) object connects a *config_view* with both, an INSTance and the *config_view* taken for that *INST*. The reference to the *INST* is necessary, since otherwise it would not be clear which *INST* is configured by that *CV_USE*, if there are more than one. *CV_USE* objects hereby represent the *INST* objects within configurations (i.e., on the right side in Figure 1), hereby fulfilling REQ 7.

Alternatively or additionally the *configuration* taken for an instantiated *design unit* may be specified using the relationship from *INST* to *configuration*.

4.5 Illustration of the Configuration Mechanism

Figure 2 illustrates the configuration mechanism by way of an example and Table 1 lists the type each occurring object has.

Here a hierarchical design consisting of the *design units DU*1 up to *DU*4 is given. The objects belonging to one *design unit* are encapsulated in dotted boxes. To avoid confusion only the relations of interest are depicted.

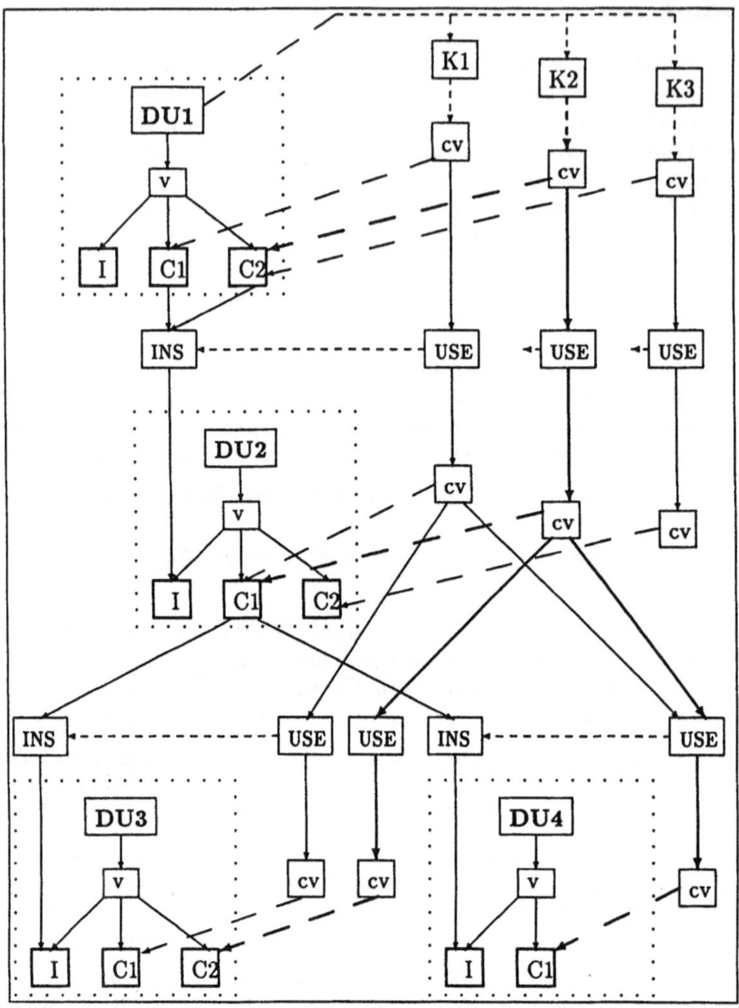

Figure 2: Configurations of a Hierarchical Design

For each *design unit* there are some (versions of) *interface* and *contents facets I*, *C*1, *C*2 available. A *configuration,* here $K1$, $K2$ or $K3$, is each a separate tree structure along the instantiation hierarchy, which collects all desired facets of all design units being part of the total design, as leafs of the resulting tree. But all leafs can be part of many trees at the same time, thus avoiding copying of design data. In this way a configuration can be seen as a version of the total design, in contrast to the versions existing for all parts of the design, i.e., for design units. Note that the structure of the configuration paths may differ (REQ 7): In $K3$ an unstructured version $C2$ of $DU2$ is used and therefore $K3$ ends in this $C2$.

In Figure 2 only one sort of view or config_view occurs. However, the configuration mechanism of the Common Data Schema becomes especially powerful if several kinds of views exist for design units. This is especially the case when the *views* of all integrated tools are stored under each *design unit* and are then configured en-block.

For a tool that works on more than one view at the same time the additional use of the optional edge pointing from the *INST* object to a *configuration* is helpful. This second configuration mechanism is sometimes even necessary, e.g., in cases where entire *config_views* are reused in different *configurations* (cf Figure 3). However, if only this approach were provided, it would not be possible to reuse *facets* of a *design unit* together with modified sub-designs, since the former were fixed to special *configurations* for all sub-designs used.

Figure 3 shows an example from the integration of the Hardware Synthesis System (see Section 2.1), where it is necessary to identify the configuration that belongs to the instantiated facet. The objects that exist within the example are represented by boxes, whereas the arrows stand for the relations between these objects. Only the objects of interest are depicted here. Table 1 again shows which objects belong to which class.

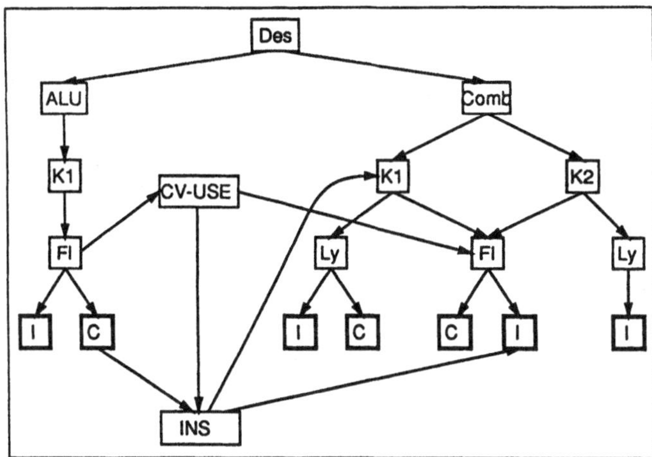

Figure 3: Configuration with Several Views

Object	Class
Des	design
ALU, Comb, DU1, DU2, DU3, DU4	design unit
K1, K2, K3	configuration
Fl	config_view floorplan
Ly	config_view layout
cv	config_view
v	view
I	interface facet
C, C1, C2	contents facet
INS	INST
USE, CV-USE	CV_USE

Table 1: Types of Objects Occurring in Figures 2 and 3

The floorplan of the *design unit ALU* consists of *design unit Comb* and several other *design units*, which are not shown in the figure. So the *interface facet* of *design unit Comb* is instantiated by the *contents facet* of *design unit ALU*. But the floorplan *config_view* of *design unit Comb* belongs to two *configurations*: $K1$ and $K2$. Each configuration has its own layout, so it is important to document the decision which configuration of the *design unit Comb* is used to construct the layout for the configuration of the *design unit ALU*. The arrow pointing to $K1$ solves this problem for composition tools that do not have a specific *configuration* as entry to the instantiation hierarchy. The *CV_USE* relationship does not solve the problem because of the reuse of the floorplan *config_view* object.

4.6   Reuse

As an additional advantage the Common Data Schema highly supports reuse of different parts of data (REQ 9). Hereby redundant storage of data is avoided. There are the following aspects, indicated by the symbols '*' and '+', attached to starting points of arrows in Figure 1:

- Reuse of facets within different views.

- Reuse of INSTances by different contents facets.

- Reuse within configurations. Usually, different configurations differ only slightly, i.e., only some facets are exchanged. This reuse is the source of flexibility of configurations. It is achieved by reuse of facets (avoiding duplication of design data) as well as reuse of config_views and CV_USE (i.e., reuse of existing configurations).

- Reuse of design units in total which are stored in libraries, whereas design units stored within other designs (being under development) may not be reused.

4.7   Tool-Specific Refinement of the Common Data Schema

To integrate the above described tools (or other tools) with the help of this Common Data Schema the object classes are further refined. This refinement, for instance, determines the tool views that are necessary for the tools to be integrated and the set of facets belonging to each view. The leafs of this refined class hierarchy then can be directly mapped, e.g., to the Object Management System [OMS 90] of the JESSI Common Framework [Stei 90] (JCF-OMS), which provides a data model consisting of a hierarchical directed graph of objects, specified by a name, a type and a unique identifier. This mapping can be done in such a way that further extensions of the schema do not affect already existing schema parts. Such extensions might become necessary if additional tools are integrated, e.g., for software engineering.

Of course other integration platforms/frameworks as, e.g., PCTE [PCTE 88], can be used as well to integrate tools based on the Common Data Schema. Only the realization of the data schema has to be adapted to the data model provided by the specific OMS.

As an example for the use of the Common Data Schema for practical tool integration the schema refinement developed for the CIRCAL toolset (see Section 2.2) is depicted by Figure 6.

It was developed by examining its language XCircal (formerly XTC) and extracting common structures suitable for partitioning and consequent reuse. The result of this exercise was the derivation of five new views/config_views and associated facets. These config_views and facets are:

- Circal_Env: All XCircal descriptions may contain type declarations, enabling declaration of structures, enumerated types, constants etc. These declarations, if they exist, will be held in an auxiliary facet called Circ_Env.

- Circal_Behav: Process definitions and instantiators, used to describe behavior, are stored within this view. Associated with this are two facets; one of type contents, the other of type interface. Both are named after the view to which they belong, i.e., Circ_Behav.

- Circal_Simul: This view collects all information relating to the simulation of a design unit. Simulation data is partitioned into two facets, one to hold the stimuli named Test_Vector, the other, Sim_Result, to hold the result. The base type of both facets is auxiliary.

- Circal_Analysis: Often it is desirable to analyze a design unit for a particular property. For example it may be useful to know if a circuit is susceptible to spikes on its inputs. The analysis view supports storage of both the check and result data in two auxiliary facets, named Property_Checker, and Check_Result.

- Circal_Control: Interrogation of the results produced by algebraically manipulating processes through composition, abstraction, and simulation test, is carried out in XCircal through the use of an embedded set of control commands. This view contains a single auxiliary facet, the Circ_Control Facet, for holding these.

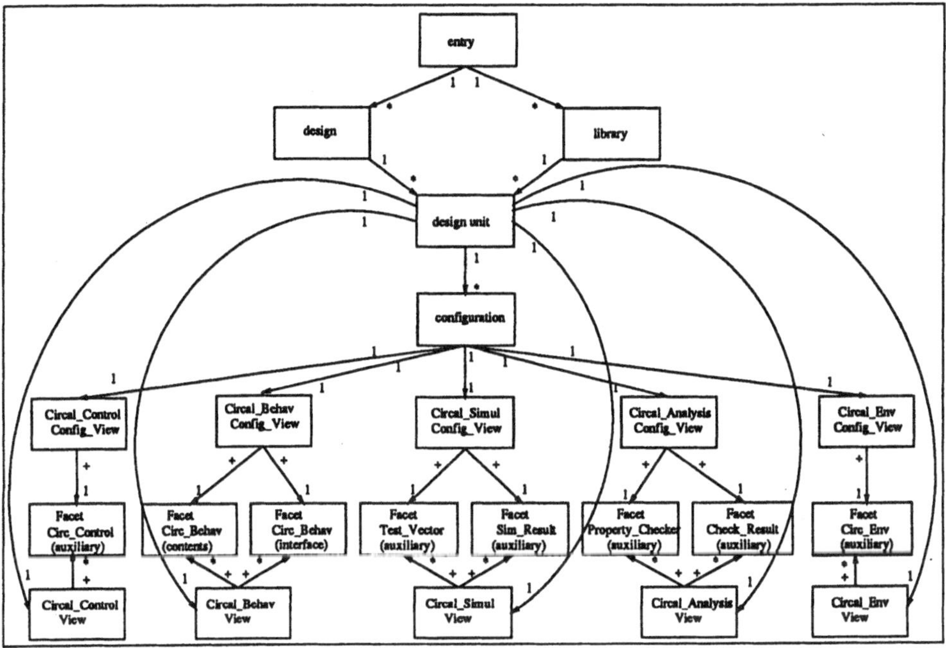

Figure 4: The CIRCAL Data Schema

Since such a tool-specific schema is a refinement of the Common Data Schema, Figure 6 may be additionally connected to Figure 1 by subtype relationships, as illustrated by Figure 5 for config_views. Similar relationships exist for views and facets. As in EXPRESS-G [SpSc 91] we use bold arrows to denote subtype relationships. Figure 5 may be read as: a Circal_Env Config_View or a Circal_Behav Config_View or a ... is a config_view.

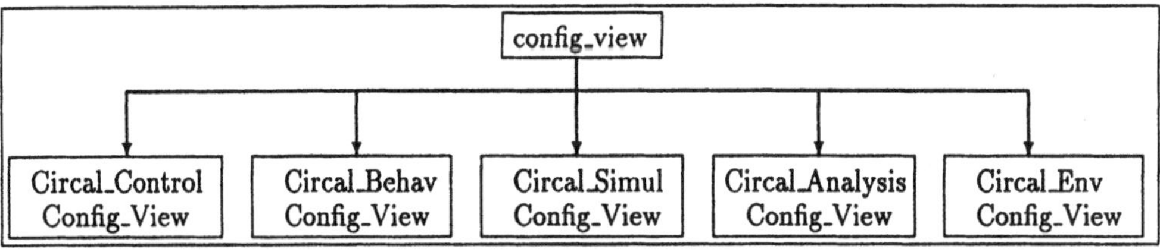

Figure 5: Subtype Relationships

4.8   Relation to Other Work

Main part of the Common Data Schema consists of a static access hierarchy compatible with EDIF [EDIF 87]. EDIF is an ASCII–format used to interchange data between different tools, possibly running even at different sites, e.g., at different companies. The access hierarchy of EDIF built up of *designs, libraries, cells (design units)*, and *views* is reflected in the schema described here. But the schema has some additional features for configuration handling and management of different instantiation hierarchies in different views or configurations considering the requirements stated in Section 3.

Although some data schemas for the administration of data can be found, none of them fulfills all of the above mentioned requirements. The OTO-D data schema described in [WMLD 88] fulfills the requirements REQ 1 to REQ 5. But it only offers facilities to model versions of single design units and not of complex configurations, i.e., hierarchies of single objects in different views. Hence, REQ 6 and REQ 7 are not fulfilled. In the data schema described in [SiZi 89] the instantiation hierarchy builds the backbone, whereas in our approach in addition to the instantiation hierarchy an access hierarchy is supported equally well. This increases retrieval/access efficiency, if the instantiation hierarchy is very deep. A further advantage of our approach is the easy handling of non isomorphic instantiation hierarchies within different views. This is due to the fact that the hierarchies may be constructed totally independently from each other.

5   Conclusion and Future Plans

In the previous sections an easily extensible Common Data Schema for tool integration was described. It is an extension of an earlier version that was developed for the Hardware Synthesis System. Neither the extension nor additional refinements/class specializations for the integration of HIT, CIRCAL, or BEMO affected the realization of the earlier schema version, thereby proofing its easy extensibility.

The data schema is responsible for the organization of larger parts of design data. It enables users and tools to work on a unified structure. The data schema can also be used as a basis for design management. It offers the possibility of central design process flow management and central design data management. Hence, a tool programmer or integrator is relieved from implementing these features for each tool anew.

Following the stepwise integration approach supported by the JCF-OMS, as the first integration step a common administrative schema on a level of coarse data granularity is used as described above. As next step the design and use of common data formats with finer data granularity for the real design data is planned. These *design data schemas* also form a basis for developing unified communication structures that allow several tools to work on the same data in the data base at the same time. Hence, this step would also bring important advancements in control integration.

The data schema developed can be characterized as structurally object-oriented. The tool-specific design data are hidden in special objects. Moreover, the schema follows a layered approach as recommended by ATIS [Beye 90], since configuration data is separated from design data. The conceptual model presented in this paper is generally applicable in the hardware engineering domain, but also for integration of tools with an extended view of system engineering - all tools described in Section 2 are integrated using this schema.

6   Acknowledgements

The work described in this paper has been partially supported by the Commission of the European Communities, CEC, in the ATMOSPHERE project under ESPRIT contract 2565. The authors want to thank Martin Büttner (University of Dortmund), Ludger Meyer and Detlef Manske (Siemens Nixdorf Informationssysteme AG) for valuable discussions concerning the data schema. Thanks also to the members of the Synthesis Group at Cadlab, especially to Bernd Kleinjohann, for their contribution to a first version of the data schema.

References

[BeMW 88] H. Beilner, J. Mäter, N. Weißenberg; Towards a Performance Evaluation Environment: News on HIT; Proc. 4th Int. Conf. on Modelling Techniques and Tools for Computer Performance Evaluation, p. 69-88, Sep. 1988

[BeSt 87] H. Beilner, F.-J. Stewing; Concepts and Techniques of the Performance Modelling Tool, HIT; Proc. 1st European Simulation Multiconference, vol. I, p. 38-43, Jul. 1987

[Beye 90] H. R. Beyer; Proposal for Extending Dictionary Standards to support CASE; Digital Equipment Corporation; see also: ESF Newsletter, vol. 3, no. 4, p. 3-5, Sept. 1990

[BMMM 91] A. Bailey, G.A. McCaskill, J. McIntosh, and G.J. Milne; The description and automatic verification of digital circuits in CIRCAL; In P. Camurati and P. Prinetto, editors, *Advanced Research Workshop on Correct Hardware Design Methodologies, Turin*; Elsevier/North Holland, June 1991

[EDIF 87] EDIF Version 2.0.0, EDIF Steering Committee; Electronic Industries Association, Washington, 1987

[GaKu 83] D. Gajski, R. H. Kuhn; Guest Editors Introduction, IEEE Computer, p. 14-17, Dec. 1983

[KlKu 90] B. Kleinjohann, E. Kupitz, "Tight Integration in a Hardware Synthesis System", 2nd Int. Workshop on Electronic Design Automation Frameworks, 1990, North Holland, 1991

[LeSt 89] T. Lengauer, B. Steinmüller (ed.), Cadlab Annual Report, Report Period 01.01.1989 - 31.12.1989; External Report; Cadlab, 1990

[McCa 91] G.A. McCaskill; The XTC language reference manual; Technical Report HDV-14-91, University of Strathclyde; Department of Computer Science, 1991.

[Meye 89] L. Meyer; BEMO - A Load Simulator; Proc. 5th Conference on Measurement, Modelling and Evaluation of Computer Systems and Networks, p. 226-240, Sep. 1989 (in German)

[Nies 83] C. Niessen; Hierarchical Design Methodologies and Tools for VLSI Chips, Proceedings IEEE, vol. 71, p. 66-75, Jan. 1983

[OMS 90] CADLAB Object Management System Release 2.2, IDM - An Overview of the Data Model, in NMP-CADLAB Framework 1.1, Documentation, CADLAB, Paderborn, 1990

[PCTE 88] PCTE Interface Control Group; PCTE - A Basis for a Portable Common Tool Environment, Functional Specifications, Version 1.5, Nov. 1988

[Ramm 89] F. J. Rammig; Systematischer Entwurf digitaler Systeme, Teubner Verlag Stuttgart, 1989

[SiZi 89]   E. Siepmann, G. Zimmermann; An Object-Oriented Datamodel for the VLSI Design System PLAYOUT; Proceedings of the 26th ACM/IEEE Design Automation Conference, 1989.

[SpSc 91]   P. Spiby, D. A. Schenck; EXPRESS Language Reference Manual,
ISO TC184/SC4/WG5

[Stei 90]   B. Steinmüller; *The JESSI-CAD-FRAME Project - An Overview*; CFI Conference, Orlando 1990, CAD Framework Initiative, 4790 Clubhouse Road, Boulder, CO, 1990

[VHDL 87]   IEEE Standard VHDL Language Reference Manual, IEEE Std 1076–1987

[WMLD 88]   P. van der Wolf, N. van der Meijs, T.G.R. van Leuken and P. Dewilde; Data Management for VLSI Design: Conceptual Modeling, Tool Integration and User Interface, in F. J. Rammig (ed.); Tool Integration and Design Environments; North Holland, 1988, pp. 185 - 210

EXPLOIT - ein Werkzeug zur Informationsmodellierung mit EXPRESS

Peter Rösch

AG Telematik

Universität Kaiserslautern

Erwin-Schrödingerstr.

6750 Kaiserslautern

E-Mail peter@informatik.uni-kl.de

Zusammenfassung

'EXPLOIT' ist ein Werkzeug zur grafischen computerunterstützten Erstellung von Informationsmodellen mit Hilfe der Sprache EXPRESS. Neben ergonomischen Gesichtspunkten stand die Entwicklung von Methoden zur Unterstützung von umfangreichen Informationsmodellen und die Gewährleistung der Konsistenz von Modellen im Vordergrund des Projektes. Die dabei entwickelten Konzepte lassen sich allgemein auf Informationsmodellierungs und CASE -Werkzeuge anwenden.

Abstract

'EXPLOIT' is a graphical tool for the design of information models with the EXPRESS language. The design of the user interface, its orthogonality and support for large and consistent models are the major topics of this project. The concepts developed within the project can be used both for information modeling and CASE tools.

1 Einführung

Informationsmodellierung spielt in einer Vielzahl von unterschiedlichen Anwendungsgebieten eine wesentliche Rolle. Mit EXPRESS befindet sich zur Zeit eine formale Sprache in der Standardisierung, die zur Informationsmodellierung entwickelt wurde. EXPRESS selbst ist ein Bestandteil von STEP [1], dem 'Standard for the Exchange of Product definition data'. Neben EXPRESS entstand auch eine grafische Notation dieser Sprache, nämlich EXPRESS_G.

Mit dem Projekt EXPLOIT wird ein Werkzeug entwickelt, welches die interaktive Erstellung von Modellen mit EXPRESS und EXPRESS_G erlaubt. Die im Zusammenhang mit EXPLOIT entwickelten Konzepte werden anhand von Beispielen erläutert, lassen sich aber für beliebige Werkzeuge z.B. im CASE-Bereich, in denen eine bestimmte Sprache grafisch verarbeitet wird anwenden. Neben einer kurzen Einführung in EXPRESS und EXPRESS_G werden die Anforderungen an ein interaktives Werkzeug zur Unterstützung dieser Darstellungen beschrieben. Im Hauptteil dieses Artikels wird auf die Konzepte eingegangen, welche für EXPLOIT entwickelt wurden, um den Anforderungen zu genügen. Dabei wurden sowohl neue Konzepte entwickelt (z.B. Aktive Views), als auch bekannte Konzepte aus anderen Anwendungsgebieten übernommen (z.B. Hypertext). Den Abschluß bildet die Beschreibung des derzeitigen Projektstands sowie ein Ausblick.

2 EXPRESS und EXPRESS_G

Eine vollständige Beschreibung des Sprach-Standards soll an dieser Stelle nicht erfolgen. Vielmehr werden die für EXPLOIT wesentlichen Merkmale anhand von Beispielen erläutert. Für eine detaillierte Beschreibung sei verwiesen auf [2].

2.1 EXPRESS

Die Sprache EXPRESS wird vorwiegend als Hilfsmittel zur Spezifikation von Informationsstrukturen eingesetzt. Dazu werden unter anderem auch Konzepte der Objektorientierung verwendet. Neben den Strukturen kann auch das Verhalten in Form von Regeln beschrieben werden. Damit vereinigt EXPRESS Konzepte der objektorientierten und der deklarativen Programmierung bzw. Modellierung.

EXPRESS erlaubt die Beschreibung verschiedener Modelle, sogenannter 'Schemas'. Jedes Schema kann aus mehreren 'Entities' bestehen, der wichtigsten Informationseinheit dieser Sprache. Attribute definierter Entities können durch Hierarchisierung an andere Entity-Typen weitergegeben werden. Die Attribute selbst werden mit Hilfe von anderen Entities, von definierten Typen oder durch Regeln und Funktionen beschrieben.

Das folgende Beipiel zeigt eine Schema-Definition aus [4]:

```
SCHEMA autofact_example;

 TYPE length_measure = REAL;
 END_TYPE;

 TYPE label = STRING;
 WHERE
  start_with_letter : SELF LIKE '@*';
 END_TYPE;

 ENTITY vector;
  x : length_measure;
  y : length_measure;
 DERIVE
  len : length_measure := SQRT (x * x + y * y);
 WHERE
  non_zero_direction   : (len = 0.) OR
                         ('AUTOFACT_EXAMPLE.DIRECTION' IN TYPEOF (SELF));
 END_ENTITY;

 ENTITY direction
  SUBTYPE OF (vector);
 WHERE
```

```
  not_zero : len > 0.;
END_ENTITY;

ENTITY geometry_element
  ABSTRACT SUPERTYPE;
  name : OPTIONAL label;
UNIQUE
  unique_name : name;
END_ENTITY;

ENTITY point
  SUBTYPE OF (geometry_element);
  x : length_measure;
  y : length_measure;
INVERSE
  using_lines : SET [0 : ?] OF line FOR points;
END_ENTITY;

ENTITY relative_point
  SUBTYPE OF (point);
  refer : point;
  translation : vector;
DERIVE
  x : length_measure := refer.x + translation.x;
  y : length_measure := refer.y + translation.y;
WHERE
  absolute_base_needed: no_cyclic_reference (SELF);
END_ENTITY;

FUNCTION no_cyclic_reference (p : point) : BOOLEAN;
LOCAL
  r : point;
  s : set [0 : ?] OF point := [];
END_LOCAL;
  r := p;
  REPEAT;
   IF NOT ('AUTOFACT_EXAMPLE.RELATIVE_POINT' IN TYPEOF (r))
   THEN RETURN (TRUE);
   END_IF;
   IF r IN s
   THEN RETURN (FALSE);
   END_IF;
   s := s + r;
   r := r\relative_point.refer;
  END_REPEAT;
END_FUNCTION;

RULE origin_must_exist FOR (point);
WHERE
  origin_not_relative : QUERY (p <* point |
```

```
            (p.x = 0.) AND (p.y = 0.) AND NOT
            ('AUTOFACT_EXAMPLE.RELATIVE_POINT' IN TYPEOF (p)))  <> [];
END_RULE;

ENTITY line
  SUBTYPE OF (geometry_element);
  points : SET [2 : 2] OF point;
UNIQUE
  no_duplicate_lines : points;
END_ENTITY;

END_SCHEMA;
```

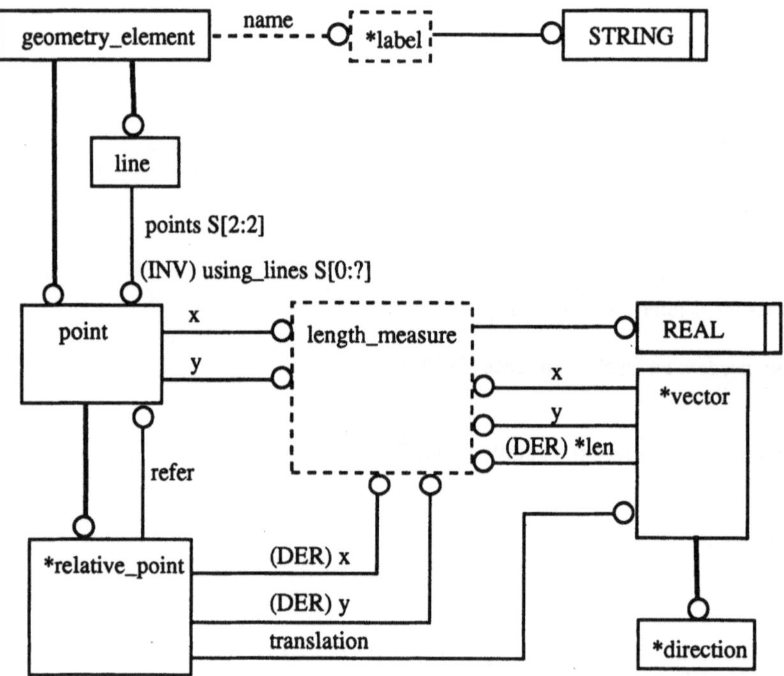

Abbildung 1   Entity-level Model des Schemas 'autofact_example' in EXPRESS_G

In dem Beispiel, welches aus einem Beitrag von Bernd Wenzel auf der Autofact'91 entstammt, werden verschiedene Entities zur Beschreibung geometrischer Elemente, wie 'line', 'point', 'relative_point' und von vektoren wie 'vector', 'direction' definiert. Durch die Bildung von Typen und Subtypen können Eigenschaften weitergegeben werden (z.B. 'line' ist ein 'geometry_element'). Neben der Zusammenfassung von Strukturen (z.B. 'vector' besteht aus x,y und len) können für Entities auch Bedingungen in Form von Where-Definitionen (z.B. relative_point.absolute_base_needed) und Rules (z.B. origin_must_exist) vereinbart werden. Daneben lassen sich Attribute von Entities auch durch Funktionen beschreiben, welche erst bei einer Abfrage berechnet werden (z.B. relative_point.x).

2.2 EXPRESS_G

EXPRESS_G ist eine grafische Notation zur Darstellung von Informationsmodellen. Die Notation unterstützt dabei nur eine Untermenge der Sprache EXPRESS. Abbildung 1 zeigt die Darstellung des Beispiels in der grafischen Notation EXPRESS_G.

Einfache Rechtecke entsprechen den Entities. Selbstdefinierte Typen werden durch gestrichelte Rechtecke und Basistypen durch Rechtecke mit einem zusätzlichen Balken dargestellt. Dicke Verbindungslinien zeigen eine Hierarchiebeziehung zwischen Entities, schmale und gestrichelte Verbindungslinien entsprechen Definitionen von Attributen, bzw. von optionalen Attributen.

Das so dargestellte Informationsmodell ist also ein Graph, dessen Knoten den Entities bzw. Typen und dessen Kanten den Attribut-Definitionen bzw. Vererbungsbeziehungen entsprechen. Ein solcher in Abbildung 1 gezeigter Graph, welcher die Definitionen innerhalb eines Schemas zeigt, wird als *Entity-level Modell* bezeichnet. In EXPRESS_G besteht die Möglichkeit zu einem Schema mehrere Entity-level Modelle zu beschreiben. Damit können einem Schema mehrere Modelle zugeordnet werden. Diese verschiedenen Modelle erhalten entsprechend Seitennummern, ein bestimmtes Sub-Modell kann über die Seitennummer bezeichnet werden. Als Verbindungselemente zwischen den verschiedenen Seiten lassen sich sogenannte *Seiten-Referenzen* in das Modell einfügen (siehe Abbildung 2).

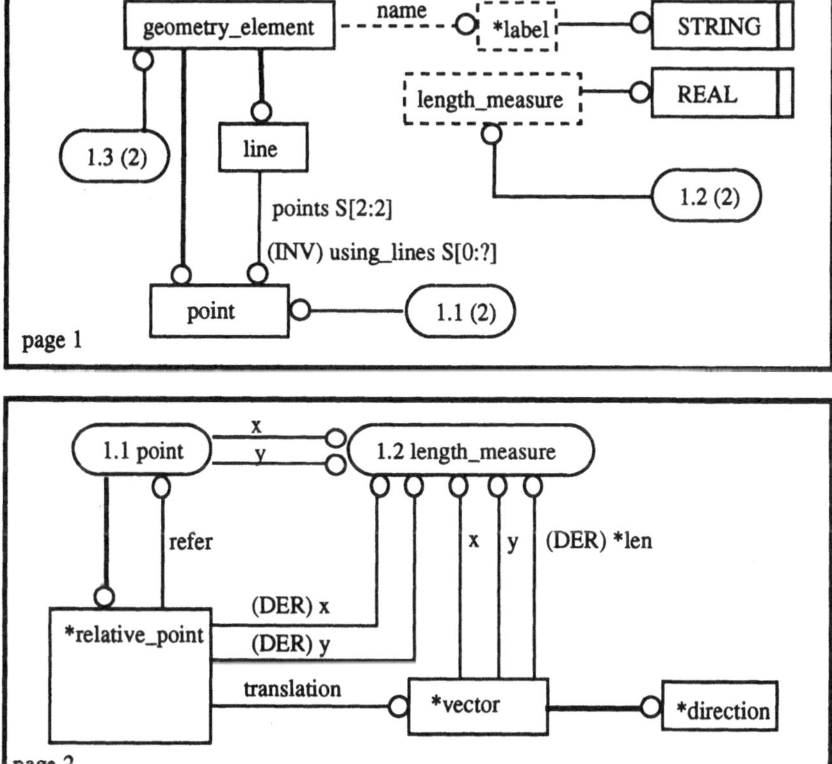

Abbildung 2   Seiten und Seiten-Referenzen in EXPRESS_G

3 Anforderungen an das Werkzeug

Die EXPRESS_G-Notation wurde bewußt so entworfen, daß eine Computerunterstützung gut möglich ist. Neben der Berücksichtigung des Standards an sich, also der Syntax und Semantik der Sprache bzw. Notation, sollten im Rahmen von EXPLOIT ebenso allgemein Konzepte zur computerunterstützten Informationsmodellierung entwickelt werden. Die Anforderungen, die sich dabei an ein grafisches Werkzeug stellen, sind sehr verschieden von herkömmlichen Text-orientierten Hilfsmitteln zur Modellierung und lassen sich eher mit Hypertextsystemen vergleichen ([9]). Um eine grobe Klassifikation der Anforderungen und später der sie unterstützenden Konzepte durchführen zu können, wurden sie grob in Ergonomie, Standard bzw. Sprachunterstützung, Methodik, Integration/Wiederverwendbarkeit und Unterstützung für umfangreiche, komplexe Modelle eingeteilt (siehe Abbildung 3)

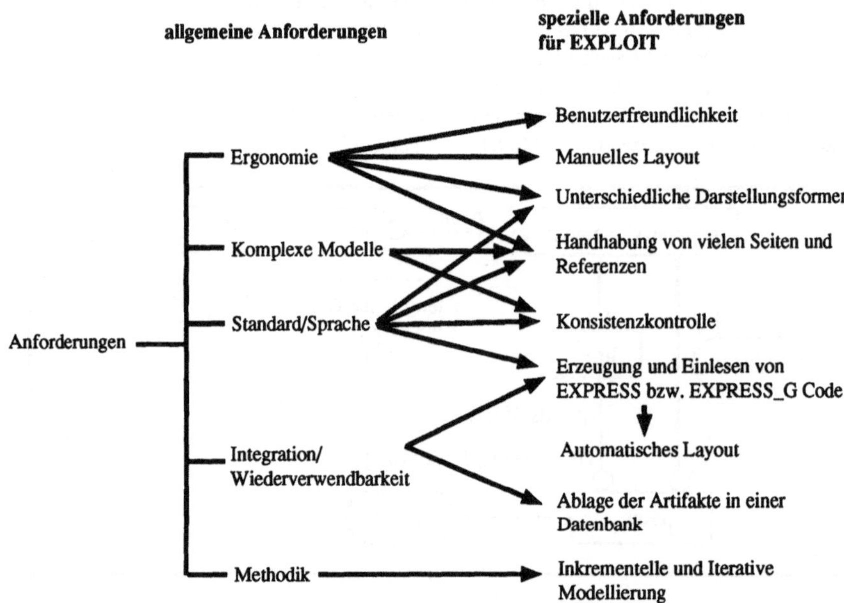

Abbildung 3   Anforderungen an ein Werkzeug zur Informations-Modellierung

- **Ergonomie**

  Wesentlich für alle computerbasierten Werkzeuge sollte sein, daß sie dem Benutzer erlauben, sich auf die Aufgabe zu konzentrieren anstelle auf die Schnittstelle. Im Fall von EXPLOIT bedeutet dies, daß ein Benutzer, der mit der Modellierung in EXPRESS und EXPRESS_G vertraut ist, Vorgehensweisen, die er beispielsweise von Papier und Bleistift her gewohnt ist, auch auf die Benutzeroberfläche des Werkzeuges umsetzen kann.

  Benutzerfreundlichkeit hängt vom Vorwissen des Werkzeuganwenders ab. Deshalb sollte die Entwicklung der Benutzeroberfläche eines Werkzeuges auch die potentiellen Anwender dieses Werkzeuges miteinbeziehen. Nur so kann wirklich eine Akzeptanz des zu entwickelnden Produktes gewährleistet werden. Die Entwickler, also die Programmierer der Werkzeuge, sind im allgemeinen nicht in der Lage, gleichzeitig die Rolle des Anwenders zu übernehmen. Auf der anderen Seite werden Werkzeuge im allgemeinen erst entwickelt und anschließend in einer relativ späten Phase dem

Anwender vorgestellt. Anregungen und Kommentare von Seiten des Anwenders können dann kaum mehr berücksichtigt werden.

Einen Ausweg aus diesem Dilemma bieten vor allem prototypische Entwicklungswerkzeuge, die es erlauben, Oberflächen sehr schnell zu entwerfen, ohne die Funktionalität selbst bereits zur Verfügung stellen zu müssen. Solche Entwicklungswerkzeuge erlauben es, den Anwender bereits in einer sehr frühen Designphase miteinzubeziehen.

- **Methodik**

Die meisten Modellierungsmethoden arbeiten inkrementell und iterativ. Das heißt, daß mit einem weniger umfangreichen Modell begonnen wird, das schrittweise verfeinert und erweitert wird. Insbesondere mit der Objektorientierung wird die inkrementelle und iterative Modellierung sehr gut unterstüzt.

Für ein Werkzeug bedeutet dies, daß

— Entwurfsentscheidungen jederzeit ohne großen Aufwand rückgängig gemacht werden können

— Modelle bzw. Submodelle beliebig kopiert und verändert werden können

— Modelle bzw. Submodelle durch andere ersetzt werden können

- **Komplexe Modelle**

Insbesondere bei grafischen Werkzeugen tritt das Problem auf, wie bzw. ob umfangreiche und komplexe Darstellungen überhaupt noch sinnvoll grafisch gehandhabt werden können. Im Fall von EXPRESS kann es sich um Hunderte oder auch Tausende von Entity-Definitionen handeln, welche als grafische Darstellung nicht mehr überschaubar sind. Auch andere Darstellungsweisen für Informationsmodelle (z.B. hierarchische oder relationale Datenmodelle [19]) lassen sich als'Graphen auffassen. Ab einer bestimmten Komplexität sind diese nicht mehr überschaubar.

In den meisten Fällen wird der Benutzer in diesem Fall auf die textuelle Darstellung zurückgreifen und herkömmliche Strukturierungsmittel (z.B. verschiedene Dateien) verwenden. Damit geht aber der eigentliche Sinn eines grafischen Werkzeuges verloren. Zur Unterstützung umfangreicher Modelle sind deshalb eigene Mechanismen notwendig.

Die grafische Beschreibung eines einzigen Schemas im EDIF- Informationsmodells [3], des 'device_description_model', benötigt insgesamt 14 Seiten. Dabei handelt es sich keineswegs um verschiedene Schemas und Subschemas, sondern um ein einziges Schema bzw. Modell. Das gesamte, sich über 14 Seiten erstreckende Schema kann so visuell kaum als Ganzes erfaßt werden. Bei detaillierten Beschreibungen komplexer Modelle sind Größenordnungen von 100 Seiten (auf verschiedene Schemas verteilt) durchaus denkbar. Eine zusätzliche Unterstützung der Handhabung solcher Komplexität durch den Computer ist dann unbedingt erforderlich.

- **Sprachunterstützung**

Benötigt der Anwender lediglich einen Überblick über die Struktur eines Modells, so wird in den meisten Fällen die grafische Darstellung in EXPRESS_G ausreichen. Für mehr Detailwissen wird er aber die textuelle Repräsentation in EXPRESS bevorzugen. Ein Wechseln solcher Darstellungsformen sollte beliebig möglich sein.

Die Anordnung der grafischen Symbole für EXPRESS_G auf dem Papier oder auf dem Bildschirm ist recht aufwendig. Eine Unterstützung in Form eines automatischen Layouts kann hier Abhilfe schaffen. Ebenso wird diese Fähigkeit des Werkzeugs benötigt, um aus einer textuellen Darstellung automatisch die grafische erzeugen zu können. Der Begriff Layout ist hier nicht nur auf Graphenlayout, also auf die Plazierung von Knoten und Kanten, beschränkt. Neben dieser Plazierung müssen auch Größenanpassungen der Knoten berücksichtigt werden (z.B. für einen langen Namen). Außerdem darf dem Anwender nicht die Möglichkeit genommen werden, selbst über ein geeignetes Layout zu entscheiden.

Zusammfassend ergeben sich zur Unterstützung verschiedener Darstellungsformen damit folgende Anforderungen:

— Transformation von grafischen Darstellungen in textuelle und umgekehrt

— Automatisches und manuelles Layout

Wird ein Informationsmodell interaktiv sowohl grafisch als auch textuell geändert, so ist zur Überwachung der Korrektheit des Modells auch eine Konsistenzkontrolle notwendig. Konsistenz kann im Zusammenhang mit der Modellierung in EXPRESS auf verschiedene Arten verstanden werden:

— Syntaktische und semantische Korrektheit in Bezug auf die Sprach- und die Notationsdefinition

— Konsistenz verschiedener Darstellungen eines Modells untereinander

Existieren gleichzeitig verschiedene Darstellungen desselben Modells, so müssen Änderungen auch in all diesen Darstellungen propagiert werden (z.B. grafisch und textuell).

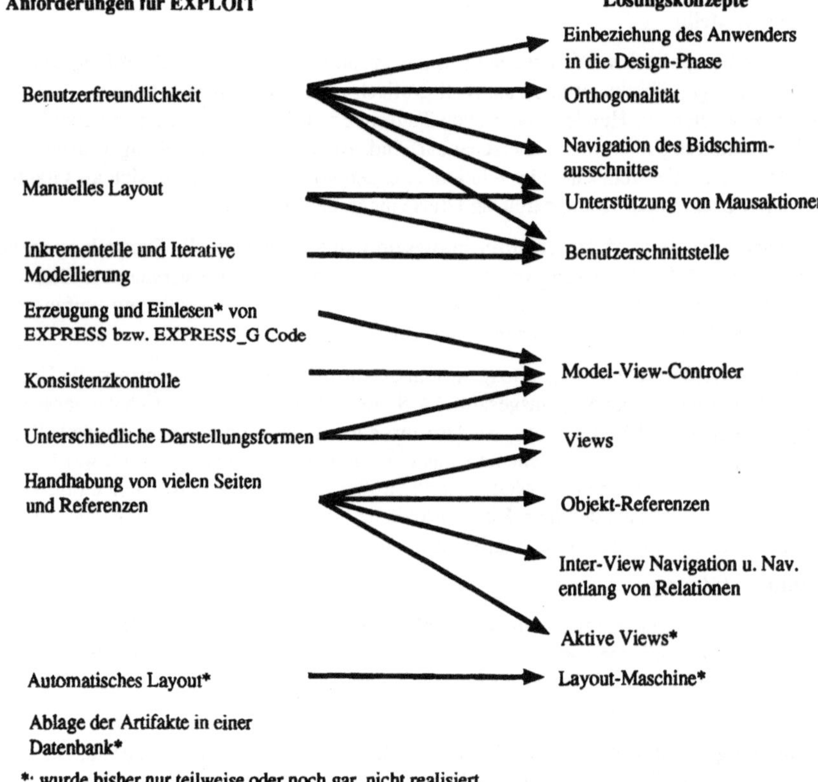

Abbildung 4   Konzepte für EXPLOIT

- **Integration**

  Soll ein Werkzeug evtl. Teil einer Workbench sein, dann stellen sich zusätzliche Anforderungen bezüglich der Integrationsfähigkeit. Durch die Unterstützung der Sprache an sich ist diese Anforderung schon zum Teil erfüllt. Informationsmodelle könnten in diesem Fall einfach über Textdateien zwischen verschiedenen Werkzeugen ausgetauscht werden. Will man eine leistungsfähige und engere Kopplung erreichen, dann wird dies nicht genügen. Für EXPLOIT ist deshalb als zusätzliche Anforderung der Einsatz einer Datenbank vorgesehen. Voraussetzung für die anderen Werkzeuge einer Workbench ist dann, daß diese ebenfalls über die Datenbank auf die Artifakte zugreifen.

4 Konzepte

Zur Realisierung der Anforderungen wurden verschiedene Konzepte entwickelt. In der ersten Version des Prototyps wurde sich im wesentlichen auf die Benutzerschnittstelle und die Unterstützung von komplexen Modellen beschränkt. Lösungen für die restlichen Anforderungen befinden sich noch in Arbeit. Abbildung 4 zeigt einen Überblick der hier beschriebenen Konzepte in Relation zu den Anforderungen (siehe auch Abbildung 3).

4.1 Benutzerschnittstelle

4.1.1 Prototypische Realisierung der Schnittstelle in einer frühen Projektphase

Die Benutzerschnittstelle von EXPLOIT (Abbildung 5) enstand schon zu Beginn des Projektes. Dies war möglich durch das 'Tool-Building-Tool' ODE ([6],[7]). Damit können beliebige Fenster sehr einfach mit Hilfe eines Lisp-Interpreters aufgebaut werden. Diese prototypische Benutzerschnittstelle wurde bereits in dieser Projektphase an potentielle spätere Benutzer weitergegeben. Deren Kommentare und Einwände führten dann zu weiteren Verbesserungen der Schnittstelle

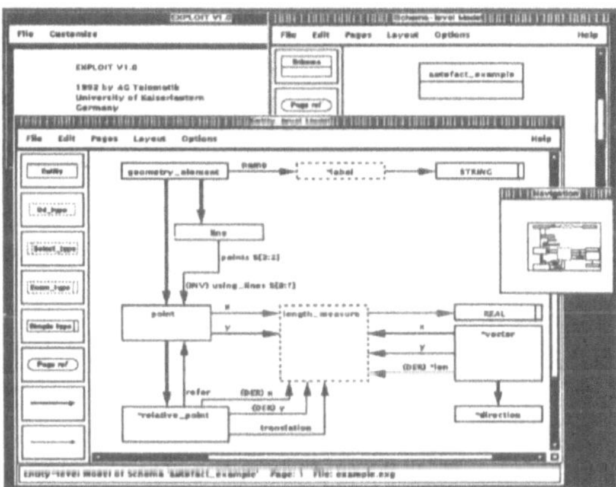

Abbildung 5   EXPLOIT Benutzerschnittstelle

Im wesentlichen besteht diese Benutzerschnittstelle aus Fenstern, in denen die EXPRESS- Modelle dargestellt werden können. Symbole, die im EXPRESS_G Standard definiert sind, werden direkt in einer Palette angeboten. Sie können nach dem Anklicken im Arbeitsbereich plaziert werden. Sämtliche Veränderungen dieser gezeichneten Symbole lassen sich über Mausaktionen oder durch kontextsensitive

Popup-Menus erreichen. Daneben erlaubt das *Navigation Window*, den sichtbaren Ausschnitt des Modells in Form eines kleinen Rechtecks zu positionieren. Ebenso läßt sich das Rechteck vergrößern und verkleinern, was dann entsprechend zu einem Zoomen der Grafik führt.

Neben den grafischen Fenstern werden verschiedene Popup-Fenster verwendet, über welche Attribute, Namen etc. spezifiziert werden können (Abbildung 6). Zur textuellen Darstellung eines Modells oder auch nur einer Entity kann ein editierbares Textfenster erzeugt werden. Hier lassen sich alle Informationen spezifizieren, also auch solche die nicht grafisch (also durch EXPRESS_G) dargestellt werden

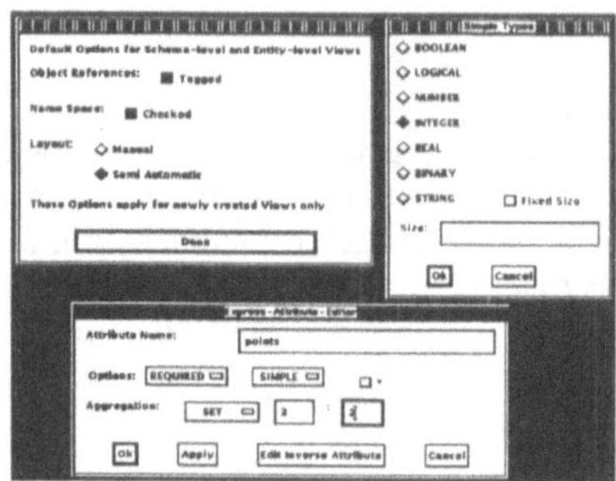

Abbildung 6   Popups in EXPLOIT

4.1.2 Orthogonalität

Hat der Benutzer eines Werkzeuges einmal eine bestimmte Vorgehensweise zur Anwendung der Schnittstelle erlernt und verstanden, so wird er versuchen, diese Vorgehensweise so oft wie möglich zu gebrauchen. Erst wenn der Benutzer mit der Schnittstelle so vertraut ist, daß sie kein Hindernis mehr darstellt, kann er sich auf seine Aufgaben konzentrieren anstelle auf die Schnitttstelle. Der Prozeß des 'Erlernens der Schnittstelle' kann wesentlich beschleunigt werden, wenn sich einmal erlernte Vorgehensweisen auf alle Bereiche des Werkzeuges übertragen lassen [13]. Die Betrachtung solcher Vorgehensweisen darf dabei auch nicht auf ein Werkzeug selbst beschränkt sein. Im allgemeinen wird das Werkzeug von einer anderen Umgebung aus (z.B. einem Fenstersystem) aufgerufen, mit der der Anwender bereits vertraut ist. 'Orthogonalität der Benutzerschnittstelle' bedeutet, daß Vorgehensweisen auf möglichst viele Bereiche der Schnittstelle beliebig übertragbar sind.

Ein Beispiel für eine solche Vorgehensweise ist das Menu 'Edit: Undo, Cut, Copy, Paste', das vor allem bei den Fensterschnittstellen der Apple-Rechner immer wieder verwendet wird. Jeder, der die Bedeutung dieses Menus einmal erlernt hat, kann es auch in einer ganz anderen Schnittstelle wieder benutzen, ohne sich neu darauf einstellen zu müssen. Vorraussetzung ist natürlich, daß es dort auch angeboten wird.

Beispiele für 'orthogonale Schnittstellen' in EXPLOIT sind:

- Das Menu 'Edit: Undo, Cut, Copy, Paste'

   Grafische Symbole oder Bereiche können beliebig selektiert, kopiert oder gelöscht werden. Dies gilt für alle grafischen Fenster in EXPLOIT. Durch die Freizügigkeit bezüglich des Kopierens und Löschens wird insbesondere die inkrementelle und iterative Modellierung gut unterstützt.

- Kontextsensitive Menus

   Abhängig vom Typ und Zustand eines grafischen Symbols, erscheinen verschiedene Popup-Menus beim Anklicken des Symbols. Dieser Mechanismus hat sich als sehr nützlich herausgestellt, um den Umfang der Menus in der oberen Leiste des Fensters zu verringern. Die Menus erscheinen damit kontextabhängig nur dort, wo sie wirklich benötigt werden.

- Einheitliche Maus- und Tastatur-Semantik für alle grafischen Fenster

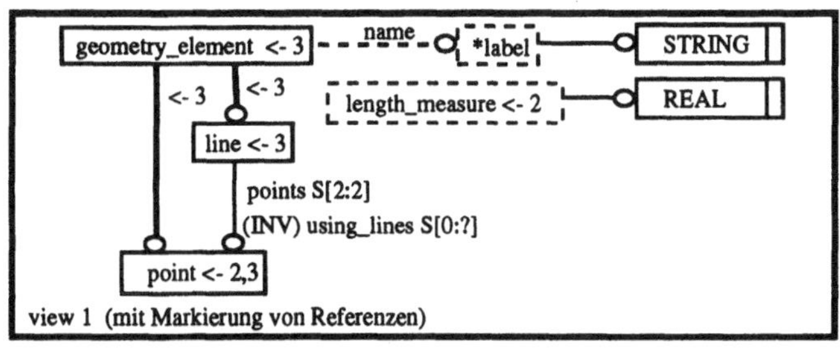

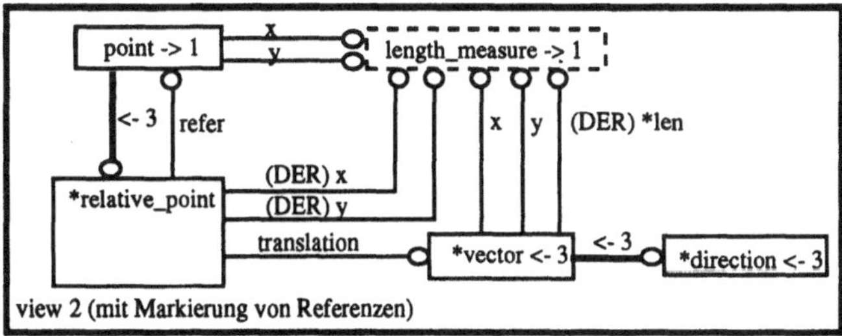

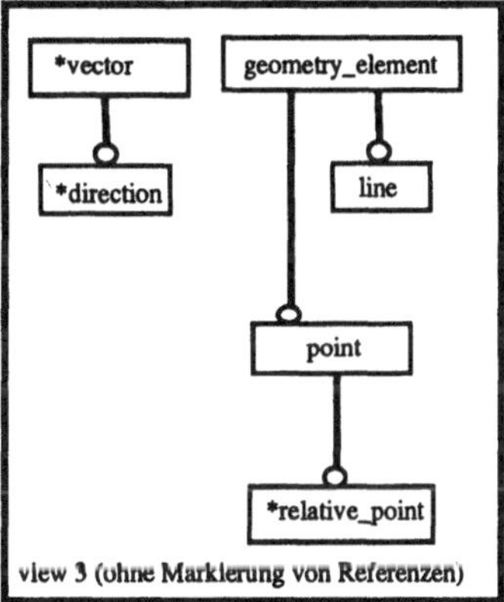

Abbildung 7   Beipiel-Views

4.2 'Views' zur Unterstützung umfangreicher Modelle

Im allgemeinen wird ein komplexer Entwurf nicht gleichzeitig und komplett betrachtet, sondern er wird abstrahiert und in verschiedene Unterentwürfe unterteilt, bis man schließlich zu einer erfaßbaren Unterteilung kommt. Für EXPRESS_G wurden aus diesem Grund die Seiten Referenzen eingeführt, die es erlauben, einen EXPRESS_G-Entwurf auf mehrere Seiten zu verteilen (siehe Abb. 2). Betrachtet man die grafische Darstellung eines Schemas als komplexen Graphen, so kann man diesen Graphen mit Hilfe von solchen Seiten-Referenzen also in verschiedene Subgraphen unterteilen. Diese Art der Unterteilung ist aber aus verschiedenen Gründen nicht ausreichend, um den Entwurf sehr umfangreicher Modelle zu unterstützen:

- Subgraphen dürfen sich nicht überlappen. Es gibt im Prinzip nur einen riesigen Graphen, der einfach auf mehrere Seiten verteilt ist.

- Schwer verständlich bzw. lesbar. Durch die Einführung eigener Symbole für Seitenreferenzen in EXPRESS_G wird die Darstellung des Entwurfs mit der Darstellung der physikalischen Verteilung des Entwurfs vermischt.

Aus diesen Gründen wurde in EXPLOIT ein anderes Konzept eingeführt. Es erlaubt die Unterteilung eines Modells in sogenannte *Views*, also *Ansichten* (siehe Abbildung 7). Solchen Views können beliebige Namen zugeordnet werden. Es handelt sich dabei wie bei den Seiten um Ausschnitte aus dem Gesamtmodell. Allerdings dürfen sich die Views beliebig überlappen. So darf beispielsweise eine Vererbungsbeziehung oder ein Attribut gleichzeitig in verschiedenen Views dargestellt werden. Die Referenzen der Views untereinander können optional in der Grafik angezeigt werden.

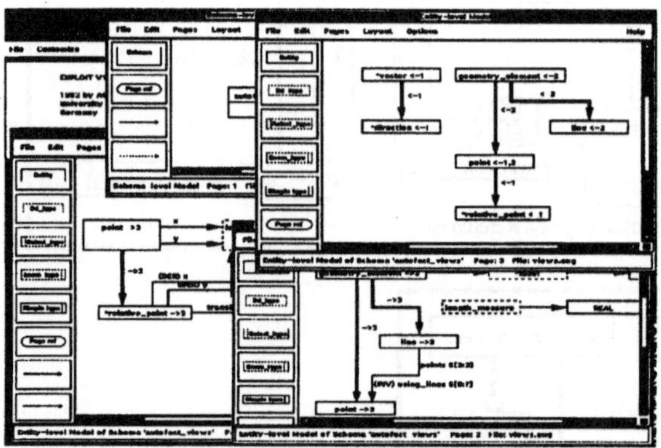

Abbildung 8   Beipiel-Views in EXPLOIT

4.2.1 Objekt-Referenzen als Links zwischen Views

Zusätzlich zu den in EXPRESS_G definierten Seiten-Referenzen wurden für EXPLOIT die *Objekt-Referenzen* eingeführt. Es handelt sich dabei also um ein zusätzliches Hilfsmittel, welches optional anstelle von Seiten-Referenzen verwendet werden kann. Der Vorteil wird leicht ersichtlich, wenn man Abbildung 2 und Abbildung 7 vergleicht. Es werden in Abbildung 7 keine zusätzlichen grafischen Symbole für die Seiten-Referenzen gebraucht. Außerdem können leicht zusätzliche Views eingeführt werden, selbst wenn diese nur redundante Information darstellen. Dabei können selbst Vererbungsbeziehungen durch Objekt-Referenzen behandelt werden (siehe View 3 in Abbildung 7).

Auch bei der interaktiven Erzeugung von Referenzen lassen sich Objekt-Referenzen wesentlich leichter handhaben, da sie einfach durch 'Copy' und 'Paste Reference' durch Übertragung von Definitionen von einem in den anderen View erzeugt werden. Um dem EXPRESS_G Standard trotzdem zu genügen, läßt sich die Anzeige der Objekt-Referenzen an- und ausschalten (d.h. die '<- #,#,..' bzw. '-> #' Markierungen verschwinden). Dies entspricht praktisch dem optionalen Anzeigen von *hot spots*, wie es von Hypertext-Werkzeugen bekannt ist. Das Verfolgen der Referenzen über verschiedene Views geschieht einfach durch Anklicken des entsprechenden Symbols. Im Falle einer referenzierten Definition wird dann der entsprechende View im kontextsensitiven Menu angeboten. Dieses Konzept stammt ursprünglich aus dem Hypermediabereich und wird dort als *Link* [8] bezeichnet. Darauf wird im folgenden unter *Navigation* eingegangen.

4.2.2 Navigation

Navigationsunterstützung spielt bei der großen möglichen Anzahl von verschiedenen Views eine wesentliche Rolle. Ähnlich wie bei Hypertext-Systemen ist auch bei umfangreichen, grafisch dargestellten Informationsmodellen eine Navigationsunterstützung notwendig. Zusätzlich zu der von Hypertextsystemen bekannten Navigationsunterstützung entlang von Links (z.B. [9],[14],[15]), lassen sich für Informationsmodelle durch die zugrundegelegte Semantik der Information (z.B. Vererbungs-Relation, Benutz-Relation, etc.) zusätzliche Navigationsmechanismen unterstützen. Die Verschiebung des sichtbaren Ausschnittes eines Views auf dem Bildschirm läßt sich ebenfalls als Navigation bezeichnen. Zusammenfassend ergeben sich drei Navigations-Arten, die auch in EXPLOIT unterstützt werden:

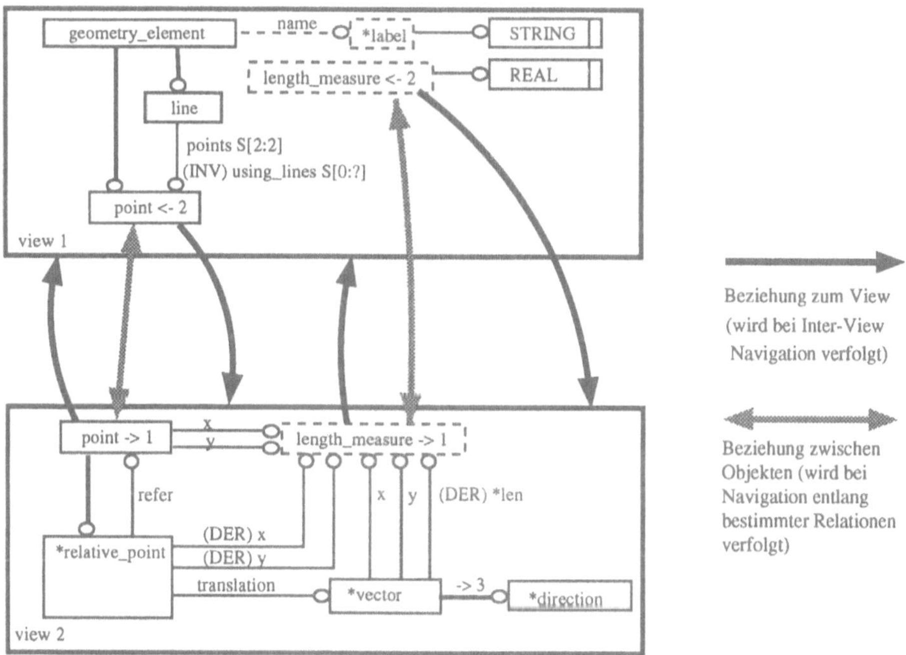

Abbildung 9   Objekt-Referenzen als Links zwischen Views

- **Inter-View Navigation**

  Die Objekt-Referenzen lassen sich mit Links in Hypertextsystemen vergleichen. Wenn man die Views als Knoten betrachtet, dann stellen die Objekt-Referenzen praktisch Kanten zwischen diesen Knoten dar (siehe Abbildung 9). Die Objekt-Referenzen lassen sich durch Aktivierung der kontextabhängigen Popup-Menus der entsprechenden Entity-Symbole verfolgen. Der bzw. die entsprechenden Views werden dann automatisch angezeigt.

- **Navigation entlang bestimmter Relationen**

  Betrachtet man die Entities und Objekt-Referenzen selbst als Knoten, dann entsprechen die Views verschiedenen Subgraphen, zwischen denen Beziehungen bestehen. Berücksichtigt man die zugrundeliegende Semantik des Informationsmodells, so lassen sich verschiedene Relationen zwischen den Knoten dieser Subgraphen einführen:

  — Super/Subtype- (bzw. Vererbungs-) Relation

  — Benutzt-Relation

  — Referenziert-Relation

  Die Relationen sind durch die Semantik des Informationsmodells vorgegeben (z.B. in EXPRESS_G entspricht die Super/Subtype Beziehung einer dicken Verbindungslinie zwischen zwei Entities). Allerdings sind sie aufgrund der Unterteilung des Gesamtentwurfs in verschiedene Views nicht immer direkt sichtbar. In EXPLOIT können entsprechend den hier vorgestellten Relationen in einem View Definitionen aus anderen Views angezeigt werden. Bei der Super/Subtype-Relation kann zusätzlich unterschieden werden, ob die Relation transitiv oder nur einfach angezeigt werden soll. Im transitiven Fall werden beispielsweise nicht nur die direkten Subtypen eines Entity, sondern auch die indirekten angezeigt.

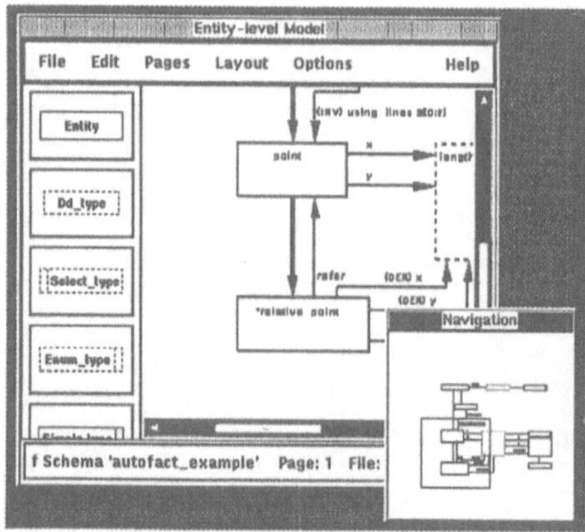

Abbildung 10 Navigation Window

- **Navigation des sichtbaren Bildschirmauschnittes**

  Die Unterteilung eines umfangreichen Informationsmodells durch mehrere Views ist zwar empfehlenswert sollte aber auf keinen Fall erzwungen werden. Um auch eine größere Anzahl von Objekten innerhalb eines Views handhaben zu können wurde das *Navigation Window* (siehe Abbildung 10) eingeführt. Es erlaubt die

  — Verschiebung des sichtbaren Auschnittes des Views

  — Visualisierung des gesamten Views in einem verkleinerten Fenster

  — Vergrößerung und Verkleinerung des im View dargstellten Graphen (Zoomen)

4.2.3 Aktive Views

Bei der *Navigation entlang bestimmter Relationen* wird der entsprechende View selbst verändert und beispielsweise entsprechende SubTypen dargestellt. Die Absicht des Benutzers war in diesem Fall die Subtyp-Relation bezogen auf eine bestimmte Entity-Definition sichtbar zu machen. Zum Zeitpunkt direkt nach diesem Navigationsaufruf sind dann alle Subtypen sichtbar. Wird allerdings in einem anderen View ein neuer Subtyp erzeugt, dann trifft dies nicht mehr zu. Aus diesem Grund wurden sogenannte *aktive Views* eingeführt. Innerhalb eines solchen aktiven Views können Entities bezüglich bestimmter Relationen aktiv gesetzt werden. Damit können in einem aktiven View ähnlich einem Software-Monitor beispielsweise sämtliche Subtypen eines bestimmten Entities beobachtet und dargestellt werden. Dies geschieht durch das entsprechende kontext-sensitive Menu mit den Optionen

— Watch Subtypes

— Watch Supertypes

— Watch Uses-relation

— Watch References-relation

Objekte in einem aktiven View können nicht verändert werden. Es können lediglich mit *Copy/Cut/Paste Reference* Definitionen aus anderen Views hinzugenommen bzw. gelöscht werden.

4.3 Konsistenzerhaltung

Wie bereits unter den Anforderungen erläutert wurde, läßt sich Konsistenz in Bezug auf EXPLOIT auf verschiedene Arten verstehen:

* in Bezug auf die Syntax und Semantik von EXPRESS und EXPRESS_G

* in Bezug auf die Konsistenz verschiedener Darstellungen zueinander

Die Syntax von EXPRESS bzw. EXPRESS_G läßt sich von der grafischen Seite her aufgrund der angebotenen Operationen nicht verletzen. Auf die Semantik trifft dies nur teilweise zu. Die Semantik muß deshalb nach einer Benutzeraktion zusätzlich überprüft werden. Dasselbe trifft für die Einhaltung der Konsistenz verschiedener Darstellungen untereinander zu. Wird eine solche Konsistenzverletzung entdeckt, so kann

* die Benutzeraktion mit einer Fehlermeldung abgebrochen, oder

* automatisch zusätzliche Operationen durchgeführt werden, um die Konsistenz wiederherzustellen

Die zweite Möglichkeit ist die elegantere und zugleich die, die sich am schwierigsten realisieren läßt.

In EXPLOIT wurde dieses Problem mit Hilfe sogenannter *active values*, welche vom Grafiksystem ODE ([6],[7],[18]) angeboten werden, gelöst. Dabei können bestimmte Bedingungen und Aktionen definiert werden und als active-value einem Objekt zugeordnet werden. Jedesmal wenn dann dieses Objekt geändert wird, wird automatisch der Bedingungsteil des active values geprüft und gegebenenfalls die zugehörige Aktion ausgelöst. Hier hat sich der für ODE implementierte Lisp-Dialekt als äußerst effektiv erwiesen, da die Aktionsteile einfach mit lambda()-Ausdrücken beschrieben werden können. Ebenso läßt sich der Bedingungsteil in Lisp regelbasiert angeben.

Mit Hilfe dieser Mechanismen ließ sich für EXPLOIT ein Konzept realisieren, welches dem Model-View-Controler Ansatz, der vor allem aus Smalltalk ([16],[17]) bekannt ist ähnelt (siehe Abbildung 11). Änderungen an den Entwurfs-Artifakten werden dabei nicht an der Darstellung selbst sondern an dem *Modell* durchgeführt. Die für die Darstellung zuständige Einheit selbst, also der View, sorgt dafür, daß die Darstellung mit dem Modell konsistent ist. Das Modell selbst weiß nichts über die Darstellung.

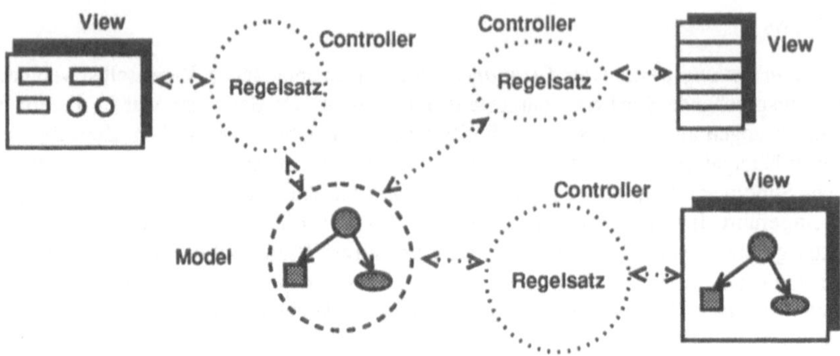

Abbildung 11   Model View Controller Konzept in EXPLOIT

5 Erfahrungen

Obwohl die derzeitige Version von EXPLOIT noch weitgehend prototypisch ist, kann bereits auf erste Erfahrungen damit zurückgegriffen werden. So wurde EXPLOIT besonders innerhalb der Firma DEC von verschiedenen Anwendern eingesetzt. Außerdem kam er im EDIF Projekt [3] an der Universität Kaiserlautern (siehe Abbildung 12) zum Einsatz. Zusammenfassend lassen sich dabei nennen:

- **Vorteile:**

  — **Schnelles Erlernen der Sprache**

    Auch ohne die Syntax der Sprache EXPRESS selbst zu kennen, lassen sich grafisch dargestellte Modelle leicht erlernen und verstehen. Da aus der Grafik der textuelle Code automatisch erzeugt werden kann, ist es über diesen Weg auch für einen Anfänger leicht möglich ein syntaktisch korrektes Modell zu entwerfen.

  — **Zusätzliche semantische Unterstützung**

    Während sich in der Grammatik der Sprache nur die Syntax wiederspiegelt, beinhaltet die Grafik auch semantische Aspekte. Die Einhaltung der Semantik wird in EXPLOIT durch die automatische Konsistenzerhaltung gewährleistet. In den meisten Fällen ist es so gar nicht möglich die Konsistenz zu verletzen.

    Beispiel: Entity-Definitionen aus anderen Schemas können referenziert werden. Dazu muß aber die Definition im referenzierten Schema existieren, da sie von dort und an der entsprechenden Stelle mit 'Copy Reference' in das neue Schema eingebracht wird. Selbst, wenn die ursprüngliche Definition geändert, oder gelöscht wird, wird die Konsistenz durch Änderung bzw. Löschen der Referenz automatisch eingehalten.

  — **Verbesserung des Entwurfs**

    Der Entwurf eines Informationsmodells wird durch die Verwendung der Grafik nicht nur fehlerfreier, sondern unter Umständen auch besser. Das liegt hauptsächlich daran, daß eine Verbesserung des Layouts in Bezug auf die Anzahl der Überschneidungen von Kanten durch Änderung von Hierarchien auch in einer Verbesserung des Modells an sich resultiert.

— Gute Unterstützung für umfangreiche Modelle

Die vorgestellten Mechanismen (Views, Navigation) haben sich als sehr gut geeignet für die Handhabung komplexer Modelle herausgestellt.

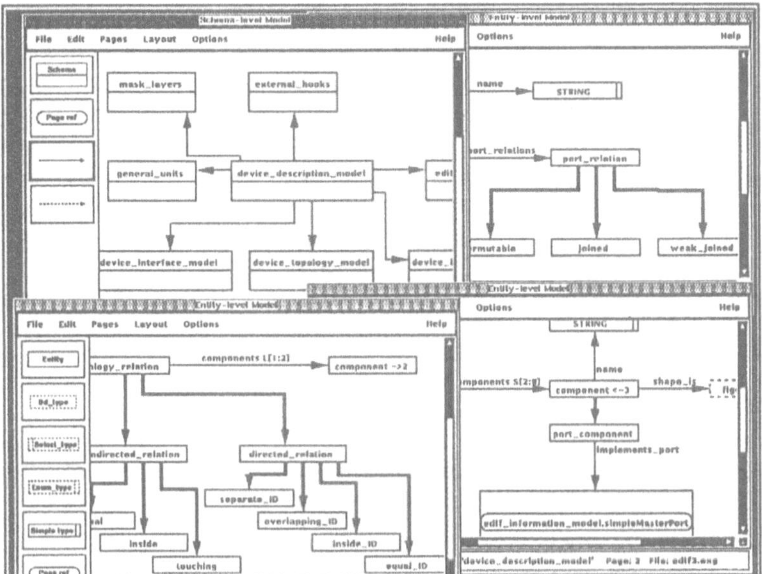

Abbildung 12   EDIF Information Model

- **Nachteile:**

Die Nachteile, welche sich in den ersten Anwendungen herausstellten entsprachen im wesentlichen denjenigen Anforderungen, die gegenwärtig noch nicht in der Implementierung berücksichtigt werden konnten:

— Einlesen von EXPRESS-Code

Da es zur noch nicht möglich ist mit EXPLOIT auch EXPRESS Programme einzulesen und die Grafik daraus zu erzeugen, sind bestehende Schemas, die nur als EXPRESS Textdateien vorliegen nicht verwendbar. Ebenso sind noch keine textuellen Views realisiert. Geplant ist über die Anbindung an eine Datenbank, auch geparste EXPRESS-Programme einlesen zu können. Der Parser kann damit als zusätzliches Werkzeug betrachtet werden, welches über die Datenbank integriert werden kann.

— Layout

Obwohl EXPLOIT bereits über manuelles und automatisches Layout verfügt, ist die gegenwärtige Version in Bezug auf das Layout noch nicht ausreichend. Für das Layout ergeben sich zusätzliche Anforderungen:

> Maus-unterstütztes Setzen von Kantenleitpunkten (routing-points)

> Maus-Unterstützung für Vergrößerung und Verkleinerung von Knoten

> Stabilisierung und Verbesserung des Layout

Eine Stabilisierung des Layouts bedeutet, daß sich ein Layout nicht mehr wesentlich ändert, wenn nur wenige Knoten und Kanten hinzugefügt werden. Eine Verbesserung in Bezug auf die Planarität des Graphen ist ebenfalls notwendig.

— **Performance**

EXPLOIT wurde mit dem Lisp-basierten Grafik-Werkzeug ODE entwickelt. D.h. daß zur Laufzeit Lisp-Ausdrücke ausgewertet werden. In den meisten Fällen ist die Performance durchaus akzeptabel (bei etwa 5 Views und 30 bis 40 grafischen Objekten). Bei größeren Modellen (z.B. 20 Views und über 100 grafische Objekte) wächst der Hauptspeicherbedarf des Programmes allerdings entsprechend an (auf bis zu 20 bis 30 Megabyte). Kommt es mangels realem Hauptspeicher dann zu erhöhtem Paging, ist mit entsprechenden Verzögerungen beim interaktiven Arbeiten zu rechnen (z.B. bei der Garbage-Collection).

6 Stand des Projektes und Ausblick

Eine erste prototypische Version von EXPLOIT wurde bereits auf der EUG'91 (EXPRESS Users Conference) vorgestellt. Neben der grafischen Erzeugung eines Modells durch den Anwender kann der textuelle EXPRESS-Code automatisch generiert werden. Die Erstellung von Views und die Handhabung von Referenzen ist ebenfalls bereits realisiert. EXPLOIT läuft unter Workstations der Firma DEC unter dem Betriebssystem ULTRIX. Die Benutzeroberfläche wurde unter XWindow und OSF/MOTIF realisiert. Eine Portierung für SUN/OS und IBM/RS6000 ist geplant.

Die nächsten Arbeiten in diesem Projekt werden sich mit der Erzeugung der Grafik aus textuellem EXPRESS-Code und einer Verbesserung des automatischen Layouts beschäftigen. Der Einsatz regelbasierter Mechanismen für die Lösung des Layoutproblems erscheint besonders vielversprechend ([11],[12]). Besonders für die Anwendung mit der Darstellung EXPRESS_G ergeben sich sehr spezielle Anforderungen hinsichtlich des Layouts (z.B. Anpassung der Knotengröße, Vererbungsbeziehungen sollen möglichst durch senkrechte, Attribute möglichst waagrechte Kanten dargestellt werden). Am einfachsten lassen sich solche Anforderungen durch Regeln (Constraints) ausdrücken. Ein 'Constraint Solver' [11] berechnet dann das neue Layout.

159

Literatur

[1]   STEP/EXPRESS/STEP-Datei

E. G. Schlechtendahl, Informatik Spektrum, Band 14, Heft 2, April 1991

[2]   EXPRESS Language Reference Manual

ISO TC184/SC4/WG5

[3]   EDIF Device Modeling & Verification Technical Subcommitee

J. Blödel et. al.

Interner Bericht, AG Hartenstein, Universität Kaiserslautern

[4]   EXPRESS, the Upcoming Information Modeling Standard

B. Wenzel

AutoFact 91, Chicago, Februar 1991

[5]   EXPLOIT - a Graphical Editor for EXPRESS_G

P. Rösch

EUG 91 (Express Users Conference), Houston, Oktober 1991

Conference Proceedings

[6]   Graphische Unterstützung der Entwicklung verteilter Anwendungen

T. Leidig, M. Mühlhäuser

GI/ITG Fachtagung Kommunikation in verteilten Systemen

Mannheim, Februar 1991, Springer Verlag

[7]   Graphische Oberfläche für UNIX-Dienstprogramme

T. Leidig

GUUG Jahrestagung, 1991, Wiesbaden

[8]   Reflections on NoteCards:

Seven Issues for the Next Generation of Hypermedia Systems

F.G. Halasz

Hypertext'87, ACM, Nov. 87

[9]   Hypertext: An Introduction and Survey

J. Conklin

Computer. (journal), September 1987

[10]   Hierarchy, composition, scripting languages and translators for structured hypertext

P. D. Stotts, R. Futura

Hypertext: Concepts, Systems and Applications

Proceedings of the European Conference on Hypertext,

INRIA, France, Nov. 1990

[11]   Equate: An Object-Oriented Constraint Solver
         M. R. Wilk
         OOPSLA'91, Phoenix October 91, Conference Proceedings

[12]   EDGE: an extensible graph editor
         F. Newberry, T. Walter
         Software, Practice and Experience (journal), 1990

[13]   Why Interfaces Dont' Work
         D. A. Norman in 'The Art of Human-Computer Interface Design', B. Laurel

[14]   Non-intrusive hypertext anchors and individual colour markings
         W.J. Irler and G. Barbbieri
         Hypertext: Concepts, Systems and Applications
         Proceedings of the European Conference on Hypertext,
         INRIA, France, Nov. 1990

[15]   VISAR: A System for Inference and Navigation in Hypertext
         Hypertext '89 Proceedings, ACM, Baltimore, 1989

[16]   MVC architecture
         Objects Work \ Smalltalk, User's Guide Part Three: Application components

[17]   Smalltalk-80: The language and it's implementation
         A. Goldberg, D. Robson

[18]   ODE Reference Manual
         AG Telematik, Universität Kaiserslautern

[19]   Datenbanksysteme: Konzepte und Modelle
         G. Schlageter, W. Stucky
         Teubner Studienbücher Informatik

Anwendung der Wissensverarbeitung für die Ermittlung von Stadienplänen in der Kaltmassivumformung

U. Spohr[*], J. Beste[**]
C. Müller[***], M. Abuosba[***]

Zusammenfassung

Die Stadienplanung beschreibt den Ablauf des Fertigungsvorgangs in der Kaltmassivumformung. Diese Problemdomäne ist dadurch gekennzeichnet, daß kein abgeschlossenes Lösungsverfahren angegeben werden kann und hauptsächlich vages, unsicheres oder heuristisches Expertenwissen vorliegt. Hierdurch empfiehlt sich der Einsatz der Wissensverarbeitung. Im folgenden Beitrag wird ein wissensbasiertes System zur Ermittlung von Stadienplänen in der Kaltmassivumformung vorgestellt. Durch dessen Kopplung mit einem CAD-System wird eine optimale Aufgabenteilung erreicht, die die spezifischen Vorteile der einzelnen Systemkomponenten ausnutzt.

Schlüsselwörter: (Kaltmassivumformung, Wissensverarbeitung, CAD, Integration)

Abstract

The planning of forming sequences describes the manufacturing process in the cold forming. The special characteristics of this problem domain are as following: there is no concrete algorithmic solution and that can only be solved by vague, uncertain or heuristic expert knowledge. Therefore it requires the use of knowledge processing. In the following paper, a knowledge based system for developing of forming sequence plans in the cold forming process, is being presented. By coupling it with a CAD-System an optimum work division can be achieved. Such a coupling uses specific advantages of the CAD- and knowledge based system components.

Keywords: (cold forming, knowledge processing, CAD, integration)

1 Einleitung

Für die Sicherung der Wettbewerbsfähigkeit der Unternehmen sind Rationalisierungserfolge im Produktionsbereich von entscheidender Bedeutung. Entsprechend den tiefgreifenden Veränderungen der Unternehmensumwelt müssen sowohl Maßnahmen zur Kostenreduktion als auch zur Verringerung der Durchlaufzeit, Erhöhung der Flexibilität und Verbesserung der Produktqualität eingeleitet werden. Die Substitution spanender Fertigungsverfahren kann hierzu in Verbindung mit einer umfassenden Prozeßautomatisierung einen entscheidenen Beitrag liefern. Hierzu bieten sich insbesondere die Verfahren der Kaltmassivumformung an /1/.

---

[*] *Volkswagen AG, Wolfsburg*
[**] *VW-GEDAS, Berlin*
[***] *IPK Berlin*

Den grundlegenden Vorteilen der Kaltmassivumformung wie Werkstoffeinsparung, kurze Fertigungszeiten schwieriger Kaltpreßteile, gute Maß- und Formgenauigkeit bei hoher Oberflächengüte sowie verbesserten technologischen Eigenschaften der Werkstücke stehen hohe Investitionsausgaben und eine lange Entwicklungszeit für die Werkzeuge entgegen /2/. Wirtschaftliche Vorteile können deshalb nur bei der Fertigung großer Stückzahlen erzielt werden. Unter Berücksichtigung dieser Randbedingungen ist das Produktionsvolumen und damit die Bedeutung der Kaltmassivumformung insbesondere in der deutschen Automobilindustrie kontinuierlich gewachsen /3/.

Einer weiteren Verbreitung der Kaltmassivumformung stehen eine erhöhte Variantenvielfalt und verkürzte Produktzyklen entgegen, so daß tendenziell eine Abnahme der Losgröße und der Auftragsstückzahlen zu verzeichnen sind. Neben dem vorhandenen Kosten- und Zeitdruck zwingt der steigende Planungsaufwand in der Fertigungsvorbereitung die Unternehmen insbesondere hier zu rationalisieren /4/. In diesem Zusammenhang kann die Automatisierung der Fertigungsplanung von Kaltpreßteilen eine entscheidende Rolle spielen und so die wirtschaftliche Fertigung kleiner Stückzahlen ermöglichen (**Bild 1**). Im Rahmen dieses Beitrages soll ein wissensbasiertes System zur Ermittlung von Stadienplänen vorgestellt werden, das in enger Zusammenarbeit mit dem industriellen Anwender entwickelt worden ist.

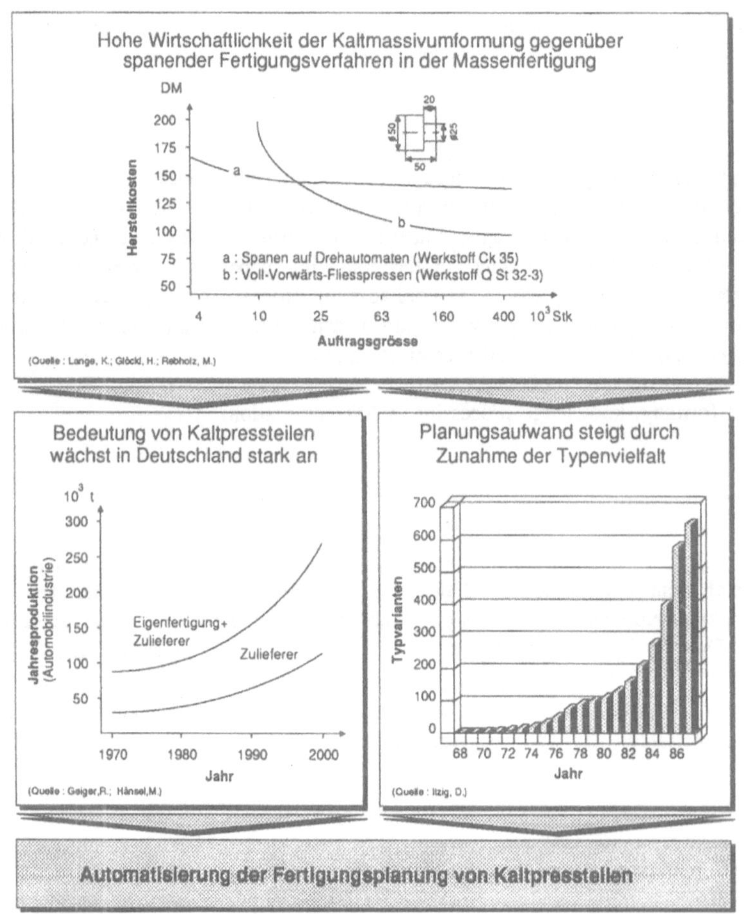

Bild 1: Potentiale der Kaltmassivumformung

2 Deutung der Stadienplanung

Der Stadienplan beschreibt den Ablauf des Fertigungsvorganges bei der Kaltmassivumformung. Ausgehend von einem als Drahtabschnitt vorliegenden Rohteil wird in mehreren Umformstufen das Kaltpreßteil gefertigt (**Bild 2**). Wenn die geforderte Geometrie durch Kaltmassivumformung nicht erreicht werden kann, ist es oft ausreichend, nur noch ein einziges spanendes Fertigungsverfahren anzuschließen. Für die spanlose Bearbeitung des Werkstückes stehen eine Reihe von Verfahren der Kaltmassivumformung zur Verfügung. Im Stadienplan werden

- die geometrische Form,
- das ausgewählte Umformverfahren sowie
- notwendige Wärme- und Oberflächenbehandlungen

der einzelnen Umformstufen festgelegt.

Die Erstellung eines solchen Stadienplans erfolgt in der Regel schrittweise, wobei zunächst aus der Fertigteilzeichnung des Werkstücks eine Kaltpreßteilzeichnung abgeleitet wird, um hiervon ausgehend die einzelnen Umformstufen bis hin zum Drahtabschnitt festzulegen. Die Planung der einzelnen Stufen erfordert sowohl ein hohes Maß an Kreativität als auch ein großes Fachwissen über die Vorgänge bei der Kaltmassivumformung, da eine Vielzahl von Randbedingungen zu berücksichtigen und in Übereinstimmung zu bringen sind. Im einzelnen müssen folgende Bedingungen beachtet werden:

- Werkstückbezogene   Randbedingungen
  (zulässiger Umformgrad, Volumenkonstanz über alle Umformstufen, Geometrieverhältnisse wie Öffnungswinkel oder Knickverhältnis, Werkstoff usw.),
- Werkzeugbezogene   Randbedingungen
  (Stempelbelastung, Matrizenbelastung, Arbeitshub, Preßhub usw.),
- Maschinenbezogene   Randbedingungen
  (zulässige Preßkräfte, Stufenanzahl, Auswerferwege, Auswerferbelastung usw.) und
- Wirtschaftliche   Randbedingungen.

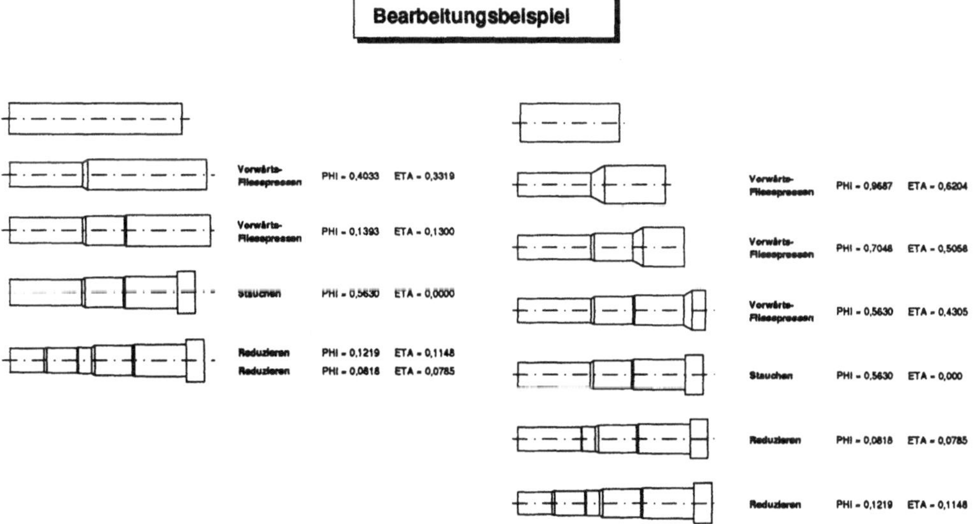

Bild 2: Alternative Stadienpläne

Die unterschiedlichen Ausprägungen technologischer Randbedingungen der einzelnen Umformverfahren können herangezogen werden, um zulässige Verfahren zu selektieren und alternative Verfahrensfolgen zu definieren. So wird bei den Fließpreßverfahren der in einer Umformstufe maximal erreichbare Umformgrad (Grenzformänderung) in der Regel durch die Belastbarkeit der Fließpreß-werkzeuge begrenzt. Beim Stauchen kann die Grenzformänderung durch das Umformvermögen des Werkstoffs bestimmt werden. Bei der Ausnutzung des zulässigen Umformgrades sind weitere Umformungsstufen beispielsweise erst nach einer Wärmebehandlung möglich. Den ausgewählten Umformverfahren sind spezifische Zwischenformgeometrien zugeordnet, auf die die oben genannten Randbedingungen wiederum angewendet werden können, was zu einer Vielzahl möglicher Stadienpläne führt (**Bild 3**). Das sich ergebende Kombinationsproblem kann durch die Optimierungsstrategien

- Verfahrenssubstitution,
- Verfahrenskombination,
- Verfahrenselimination   und
- Verfahrensvertauschung

beschrieben werden /5/. Verfahrenssubstitution bedeutet das Ersetzen eines Umformvorgangs durch eine alternative Operation. In einer Verfahrenskombination wie z.B. Vorwärts-Fließpressen und Napf-Rückwärts-Fließpressen ist auch gleichzeitig die Elimination eines Arbeitsganges enthalten. Unter die Verfahrenselimination fällt auch z.B. die Einsparung einer Wärme- oder Oberflächenbehandlung.

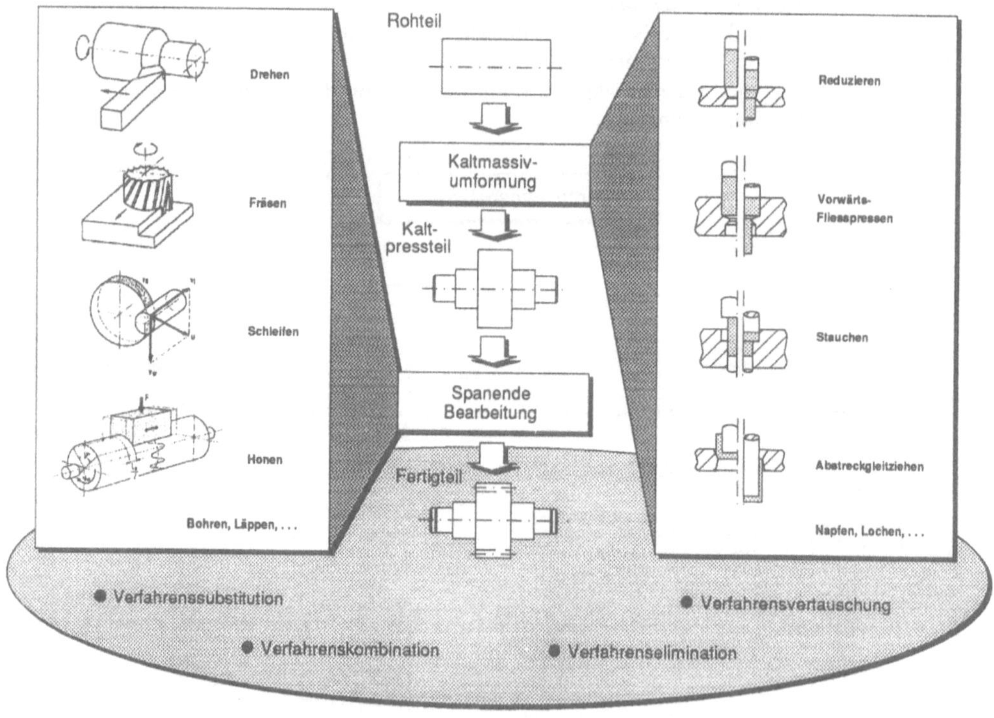

Bild 3: Fertigungsablauf

Ein weiteres Optimierungkriterium bei der Gestaltung des Stadienplans bilden wirtschaftliche Randbedingungen, wie die Losgröße und die Auftragsstückzahl des Kaltpreßteils. Wirtschaftliche Massenfertigung verlangt vor allem eine störungsfreie Fertigung mit möglichst geringen variablen Werkzeugkosten /6/. Häufig werden hierzu Mehrstufenfertigungen mit automatischer Zuführung der Kaltpreßteile und Abführung der Fertigteile eingesetzt. Bei der Auslegung der einzelnen Umformstufen wird man in der Regel nicht bis an die Verfahrensgrenzen herangehen. Meist wird eine zusätzliche Werkzeugstufe vorgesehen oder es werden teuere Werkzeugwerkstoffe (z.B. Hartmetal - le), aufwendige Werkzeugoberflächenbehandlungen sowie höhere Entwicklungskosten in Kauf genommen. Demgegenüber muß für eine wirtschaftliche Fertigung kleiner Lose auf folgende Kriterien geachtet werden:

- niedrige Entwicklungskosten,
- geringer Werkzeugaufwand durch sinnvolles Werkzeugkonzept sowie
- kleine Anzahl an Preßstufen zu Lasten großer Umformgrade und damit höherer Werkzeugbelastung.

Viele der bei der Erstellung eines Stadienplans durchzuführenden Schlußfolgerungen und Berechnungen lassen sich wirtschaftlich mit dem Rechner bearbeiten. Während bei den spanenden Fertigungsverfahren auf dem Gebiet der rechnerunterstützten Arbeitsplanerstellung die Zahl der Programmentwicklungen relativ groß ist, sind in der Umformtechnik vergleichsweise spät Anstrengungen zur Automatisierung dieses Aufgabenfeldes unternommen worden. Der Grund hierfür ist darin zu suchen, daß in der Umformtechnik die Festlegung des Arbeitsablaufs aufgrund der Vielschichtigkeit und Komplexität ungleich größere Schwierigkeiten bereitet als bei der spanabheben - den Fertigung /7/.

Bei der Ermittlung von Stadienfolgen stehen Auswahl-, Entscheidungs- und Schlußfolgerungsprozesse gegenüber Berechnungen im Vordergrund. Der Arbeitsplaner entscheidet nicht nur auf der Grundlage von Fakten und Berechnungen, sondern stützt sich auch auf Heuristiken, Faustregeln, Erfahrungswerte und plausible Schlußweisen mit zum Teil abgestuften Eintrittswahrscheinlichkeiten. Es muß bei gegebenen konkurrierenden oder sich widersprechenden Voraussetzungen, Anforderungen, Zielsetzungen und Wünschen ein Kompromiß gefunden werden. Ein eventuell auftretender Entscheidungskonflikt ist aufzulösen, ohne daß eines der Kriterien vernachlässigt oder ignoriert wird. Aus diesen Gründen soll die Ermittlung des Stadienplans durch den Einsatz eines wissensbasierten Systems unterstützt werden. Wissensbasierte System eignen sich insbesondere für mit der Stadienplanung vergleichbare Aufgabenstellungen, die wie folgt beschrieben werden können:

- kein geschlossenes Lösungsverfahren kann angegeben werden,
- Wissensdomäne unterliegt einer ständigen Modifikation und
- hauptsächlich vages, unsicheres oder heuristisches Expertenwissen liegt vor.

Für die Entwicklung von wissensbasierten Systemen werden sowohl Programmiersprachen wie LISP, PROLOG oder C als auch Entwicklungswerkzeuge eingesetzt. Entwicklungswerkzeuge zeichnen sich durch hybride Wissensrepräsentationsformalismen wie Regel-, Objekt- und Constraint - orientierung ergänzt um die Möglichkeit der funktionalen Programmierung aus. Die unterschiedlichen Formalismen können sowohl alternativ als auch komplementär eingesetzt werden, was zu einer optimalen Darstellung der Wissensdomäne beiträgt. Weiterhin stellen die Entwicklungswerkzeuge verschiedene Schlußfolgerungsmechanismen wie Vorwärts- und Rückwärtsverkettung zur Verfügung. Durch die Bereitstellung graphischer Benutzeroberflächen wird der Aufwand für die Systementwicklung und die spätere Wartung wesentlich reduziert. Schnittstellen zu konventioneller Software wie Datenbanksystemen stellen die Integration in eine bestehende Datenverarbeitungsumgebung sicher. Der modulare Aufbau solcher Systeme wie babylon ermöglicht die Konfiguration effizienter Anwendungssysteme (**Bild 4**).

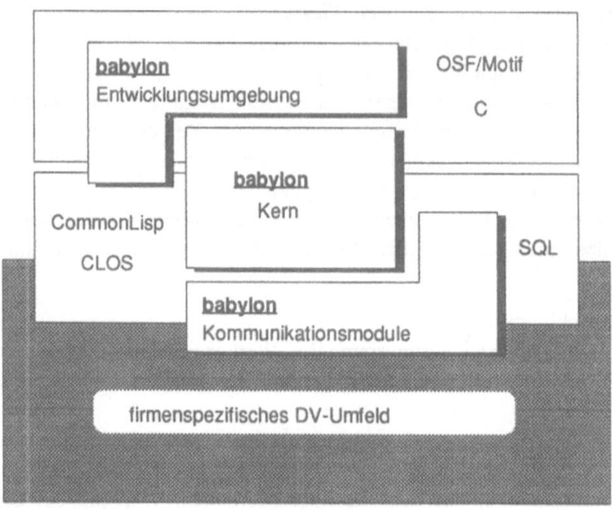

Bild 4: Architektur des Entwicklungswerkzeugs babylon

Durch den Ansatz, ein CAD-System mit einem wissensbasierten System zu koppeln, kann eine optimale Aufgabenteilung erreicht werden, die die spezifischen Vorteile der einzelnen Systemkompo-
nenten ausnutzt. Bei der Realisierung eines integrierten Systemkonzeptes können abhängig von der
Aufgabenstellung mehrere Varianten unterschieden werden. Die einfachste Form ist die Kommuni-
kation beider Systeme über ein anwendungsspezifisches Dateiaustauschformat. Die Steuerung der
Anwendung erfolgt durch den Benutzer. Vorteil dieser Lösung ist die schnelle Realisierbarkeit.
Dem stehen Nachteile hinsichtlich der mangelnden Flexibilität, Interaktion und Erweiterbarkeit der
Anwendung gegenüber.

Eine effektive und anwendungsfreundliche Form der Integration bietet die Prozeßkommunikation,
bei der beide Systeme die Daten auf Anforderung direkt austauschen. Bei dieser Form der Kommunikation besteht die Möglichkeit der direkten Interaktion sowohl mit dem CAD- als auch mit dem
wissensbasierten System. Die Kommunikation erfolgt entweder anwendungsspezifisch über ein fest-
gelegtes Austauschformat oder über Standardprozessoren wie beispielsweise STEP.

Zusammenfassend können folgende Möglichkeiten der Realisierung eines integrierten Systemkonzeptes unterschieden werden:

- *Hardware*: Ein-Rechnersystem, Mehr-Rechnersystem,
- *Prozeß*: Ein-Prozeß, Mehr-Prozeß,
- *Kommunikationsrichtung*: CAD $\Rightarrow$ WBS, CAD $\Leftarrow$ WBS, CAD $\Leftrightarrow$ WBS,
- *Kopplung*: Konstruktionsparameter, Geometriebeschreibung durch Punkte, Linien, Relatio-
  nen sowie
- *Datenübertragung*: Datei, Datenbank, Mailbox, gemeinsamer Arbeitsspeicher.

4 Systemarchitektur

Durch das Programmsystem WEST wird die Entwicklung von Stadienplänen aus der Rohteilgeometrie in der Kaltmassivumformung unterstützt. Das System basiert auf einer Kopplung zwischen dem 3D-CAD-System EUCLID-IS und der Expertensystem-Shell babylon. Hierdurch kann eine Aufgabenteilung realisiert werden, die den spezifischen Vorteilen der einzelnen Systemkomponenten Rechnung trägt. Während im wissensbasierten Systemteil allgemeine Regeln, Richtlinien, Erfahrungen der Konstrukteure und anzustrebende Zielkriterien abgebildet sind, erfolgen der menügesteuerte Dialog, die 3D-Modellierung und die Zeichnungserstellung innerhalb des CAD-Systems.

Das konzipierte Gesamtsystem ist in **Bild 5** dargestellt und besteht aus den Funktionsbausteinen

- Definition,
- WEST-Planungskomponente,
- Ausgabe und
- Manipulation.

Das Definitionsmodul unterstützt die Beschreibung des von der WEST-Planungskomponente benötigten Datensatzes. Hierbei sind neben der Kaltpreßteilgeometrie, die beschrieben oder eingelesen werden kann, eine Reihe weiterer geometrischer sowie technologischer Daten, wie z.B. Oberflächengüte oder Maschinentyp, zu definieren. Zur Bildung eines geometriebeschreibenden Datensatzes wird ausgenutzt, daß sich jeder rotationssymmetrische Körper morphologisch als eine Aneinanderreihung von Kegelstümpfen als Komplexteilabschnitt darstellen läßt (**Bild 6**). Die Geo-

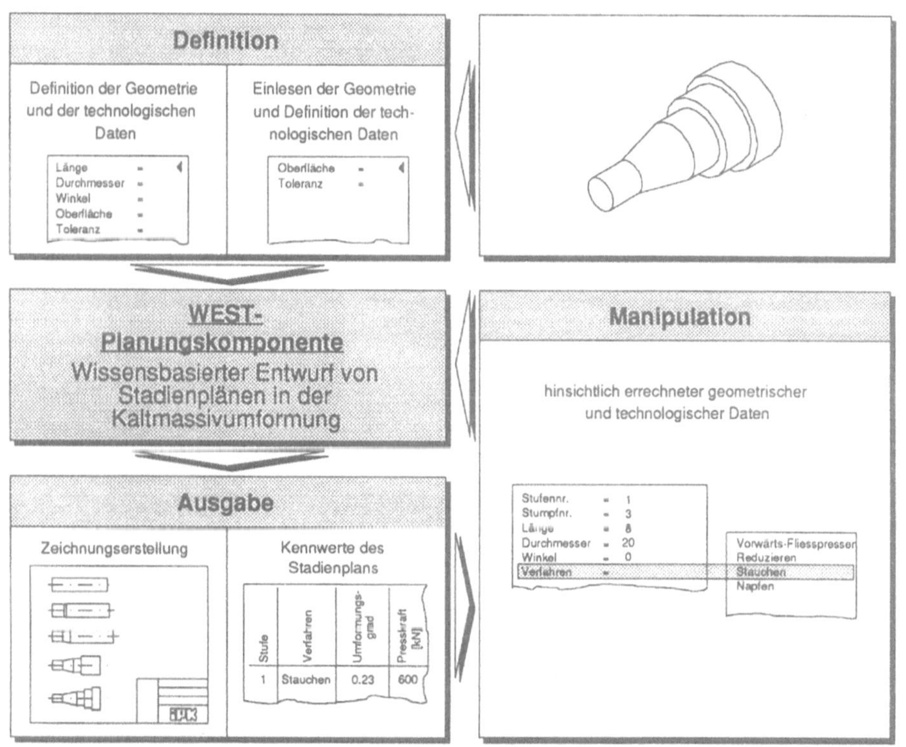

Bild 5: Systemarchitektur

metrieparameter werden um erforderliche Toleranzangaben sowie technologische Attribute wie z.B. die Oberflächengüte ergänzt. Als ein wichtiges Attribut ist die Kegellage zu beachten /8/. Durch die Angabe der Kegellage ('außen', 'innen rechts' oder 'innen links') kann ein Kegelstumpf im wissensbasierten System interpretiert werden.

Der Datensatz wird der WEST-Planungskomponente in Form einer Datei zur Verfügung gestellt und einer Plausibilitätsüberprüfung unterzogen. Auf dieser Basis erfolgt die wissensbasierte Ermittlung des Stadienplans. Die für die Stadienfolgeermittlung zur Verfügung stehenden Ansätze können wie folgt eingeteilt werden (**Bild 7**):

- Mustererkennungsverfahren,
- Verfahren der Vorwärtsverkettung und
- Verfahren der Rückwärtsverkettung.

Bei dem ersten Verfahren wird eine Referenz-Stadienfolge mit Hilfe der Mustererkennungsstechnik dem vorliegenden Kaltpreßteil zugeordnet. Hierbei wird keine neue Stadienfolge generiert. Die als Muster in einer Datenbank abgelegten Stadienpläne bestehen aus Stadienfolgen, die in der industriellen Praxis bereits verifiziert und als effizient erkannt worden sind. Im Rahmen der Wissensakquisition werden diese Muster in der Datenbasis bereitgestellt und aktualisiert. Kann ein

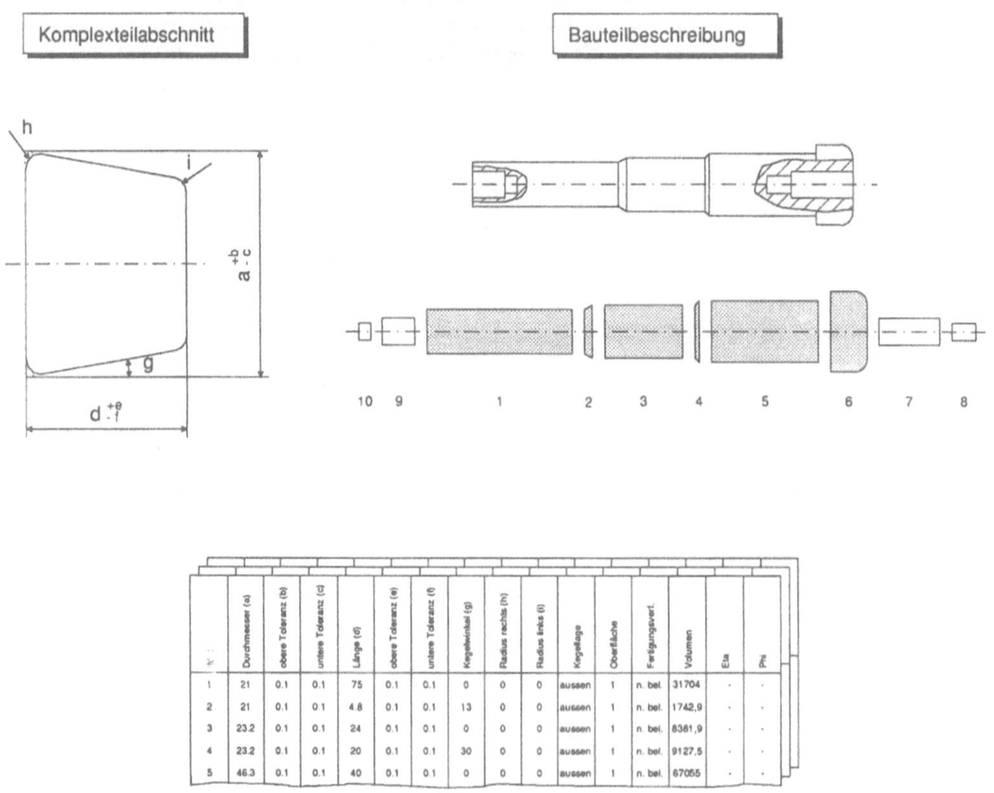

Nr.	Durchmesser (a)	obere Toleranz (b)	untere Toleranz (c)	Länge (d)	obere Toleranz (e)	untere Toleranz (f)	Kegelwinkel (g)	Radius rechts (h)	Radius links (i)	Kegellage	Oberfläche	Fertigungsvert.	Volumen	Eta	Phi
1	21	0.1	0.1	75	0.1	0.1	0	0	0	aussen	1	n. bel.	31704	-	-
2	21	0.1	0.1	4.8	0.1	0.1	13	0	0	aussen	1	n. bel.	1742,9	-	-
3	23.2	0.1	0.1	24	0.1	0.1	0	0	0	aussen	1	n. bel.	8361,9	-	-
4	23.2	0.1	0.1	20	0.1	0.1	30	0	0	aussen	1	n. bel.	9127,5	-	-
5	46.3	0.1	0.1	40	0.1	0.1	0	0	0	aussen	1	n. bel.	67055	-	-

Bild 6: Beschreibung des Kaltpreßteils

Referenz-Stadienplan gefunden werden, ist dieser den aktuellen Anforderungen entsprechend zu modifizieren. Insbesondere müssen einzelne Abmessungen angepaßt werden, da das Referenz-Kalt-preßteil trotz einer ähnlichen Form meist nicht die gleichen Abmessungen wie die aktuelle Geometrie aufweist. Erfüllt die modifizierte Stadienfolge die zu beachtenden Randbedingungen nicht, muß der Mustervergleich neu durchgeführt werden. Beispiele dieses Verfahrens sind der Literatur zu entnehmen /9/.

Das Verfahren der Vorwärtsverkettung basiert auf der Abschätzung des Rohteildurchmessers aus der Kaltpreßteilgeometrie. Für die Bestimmung des Ausgangsdurchmessers müssen die Verformungseigenschaften der einzelnen Geometrieelemente unter Berücksichtigung der einzusetzenden Umformverfahren beachtet werden. Wenn z.B. ein großer Durchmesser ausgewählt wurde, kann das Umformverfahren Stauchen selten eingesetzt werden. Umformverfahren wie Vorwärts-Fließpressen können für die Erzeugung von Geometrieelementen mit kleinem Durchmesser bei großem Umformgrad hingegen eine wichtige Rolle spielen. Aufgrund der großen Bedeutung für das Planungsergebnis ist die Festlegung des Rohteildurchmessers ein Schwerpunkt des Verfahrens und meist nur durch eine iterative Bearbeitung zu realisieren. Der Einsatz des Verfahrens der Vorwärtsverkettung ist in der Literatur /10, 11, 12/ detailliert beschrieben.

Im Gegensatz dazu wird bei der Rückwärtsverkettung die Größe des Rohteildurchmessers bei der Stadienplanermittlung nicht berücksichtigt, da diese als Ergebnis vorliegt. Obwohl der Durchmesser des generierten Drahtabschnittes von lagerhaltigen Rohteilgeometrien abweichen kann, bietet das Verfahren der Rückwärtsverkettung einen größeren Spielraum der Prozeßoptimierung an. Bei der Ermittlung des Stadienplans durch die Rückwärtsverkettung ist eine Folge von Handlungsanweisun-

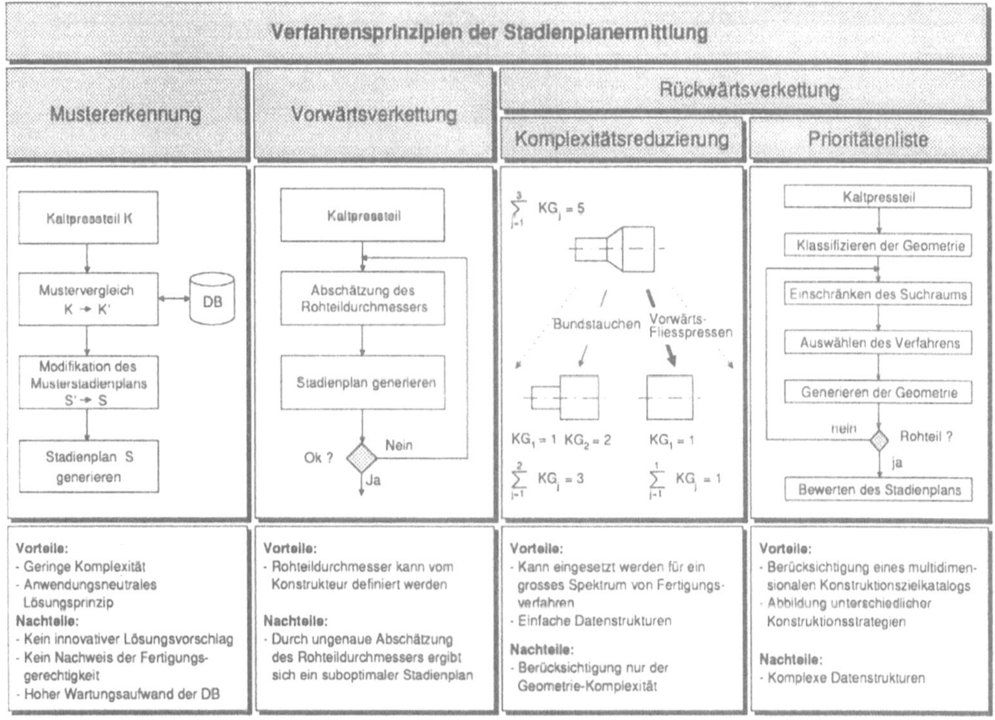

Bild 7: Lösungsansätze

gen zu generieren, die von einem Ausgangszustand über verschiedene Zwischenzustände zu einem bestimmten Ziel führen. Zur Repräsentation von Planungsaufgaben, dessen Problemlösungsschritte diskreten Datenstrukturen entsprechen, kann das sogenannte Zustandsraumverfahren eingesetzt werden /13/. Die Darstellung des Zustandsraumes erfolgt durch einen Graph, dessen Kanten die Anwendungen der Operatoren (Funktionen) repräsentieren, die einen Zustand in einen anderen überführen. Die einzelnen Zustände sind durch Knoten dargestellt. Die Problemlösung liegt vor, wenn eine optimierte Operatorenreihenfolge als Pfad durch den Zustandsraum angegeben werden kann.

Der für die Stadienplanermittlung zu betrachtende Zustandsraum weist die in **Bild 8** dargestellte Struktur auf, deren Größe von der Anzahl der zur Verfügung stehenden Umformverfahren und der notwendigen Stadienanzahl abhängig ist. Hiermit eröffnet sich auch die Möglichkeit, alternative Stadienpläne mit jeweils verschiedenen Rohteildurchmessern zu ermitteln. Die Anwendung eines Operators auf die aktuelle Zwischenstufe führt zur Generierung der Vorgängergeometrie. Auf der Grundlage der ermittelten Zwischenformen ist die Zulässigkeit des Umformverfahrens durch die Berechnung der Verfahrensparameter und Prozeßkenngrößen zu bestimmen. Die neue Zwischenform bildet die Basis für ein weiteres Suchen. Dieser Prozeß wird so lange wiederholt, bis als Ergebnis der Drahtabschnitt vorliegt. Anwendungsbeispiele sind /7, 14/ zu entnehmen.

Zur Auswahl der Operatoren je aktuellem Knotenpunkt bieten sich für die Stadienplanung in der Kaltmassivumformung folgende Verfahren an:

- Festlegung einer Verfahrenshierarchie oder
- Minimierung der Geometriekomplexität.

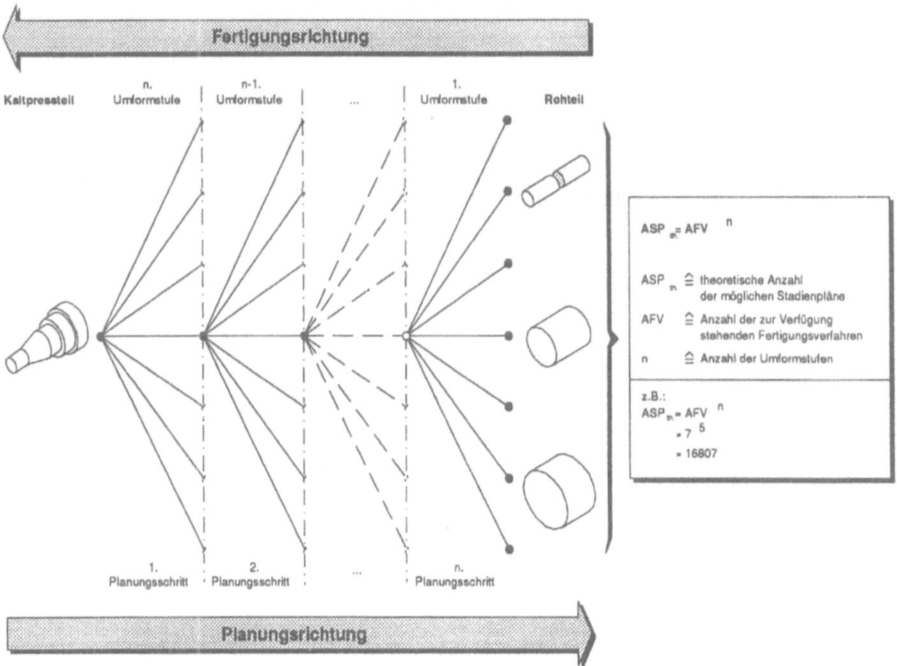

Bild 8: Zustandsraumrepräsentation

Bei der Auswahl der Umformverfahren mittels einer Hierarchie wird davon ausgegangen, daß sich eine Prioritätenliste der Umformverfahren aufstellen läßt, die an jedem Knoten im Zustandsraum gültig ist. Die Prioritätenliste kann vom Arbeitsplaner festgelegt oder auf der Grundlage von Bearbeitungszielen (Minimierung der Stufenzahl, Reduktion der Herstellkosten usw.) vom System ermittelt werden. Durch Gewichtung der Bearbeitungsziele hat der Benutzer Einfluß auf das Planungsergebnis.

Das zweite Verfahren basiert auf dem Umstand, daß mit jedem Umformverfahren, das auf die Drahtabschnitt- oder Zwischenformgeometrie angewendet wird, der geometrische Komplexitätsgrad tendenziell sinkt. Können auf einem Knoten im Zustandsraum mehrere Umformverfahren angewendet werden, so wird das Verfahren ausgewählt, das die größte Verminderung der Komplexität aufweist. Während bei der Festlegung der Verfahrenshierarchie eine Vielzahl von Kriterien berücksichtigt werden können, kann die Bestimmung des Komplexitätsgrades allgemeingültig gestaltet werden.

Zur Gewährleistung einer großen Flexibilität durch die Berücksichtigung von multidimensionalen Konstruktionszielkatalogen und durch die Abbildung unterschiedlicher Planungsstrategien wurde die Rückwärtsverkettung in Verbindung mit dem Einsatz von Prioritätenlisten als Lösungsprinzip ausgewählt. Die Zuordnung der Umformverfahren erfolgt auf der Grundlage einer Klassifikation der Geometrien, wodurch der Suchraum eingeschränkt wird. Die möglichen Umformverfahren werden entsprechend ihrer Wertigkeit hierarchisch geordnet auf die Geometrien angewendet. Liegen die ermittelten Vorgangsgrößen im zulässigen Bereich, ist das Umformverfahren bekannt und die Geometrie der folgenden Stufe kann generiert werden. Der vorliegende Stadienplan wird durch das System bewertet und ggf. einer Neuberechnung zugeführt. Der Problemlösungsprozeß ist beispielhaft in **Bild 9** dargestellt.

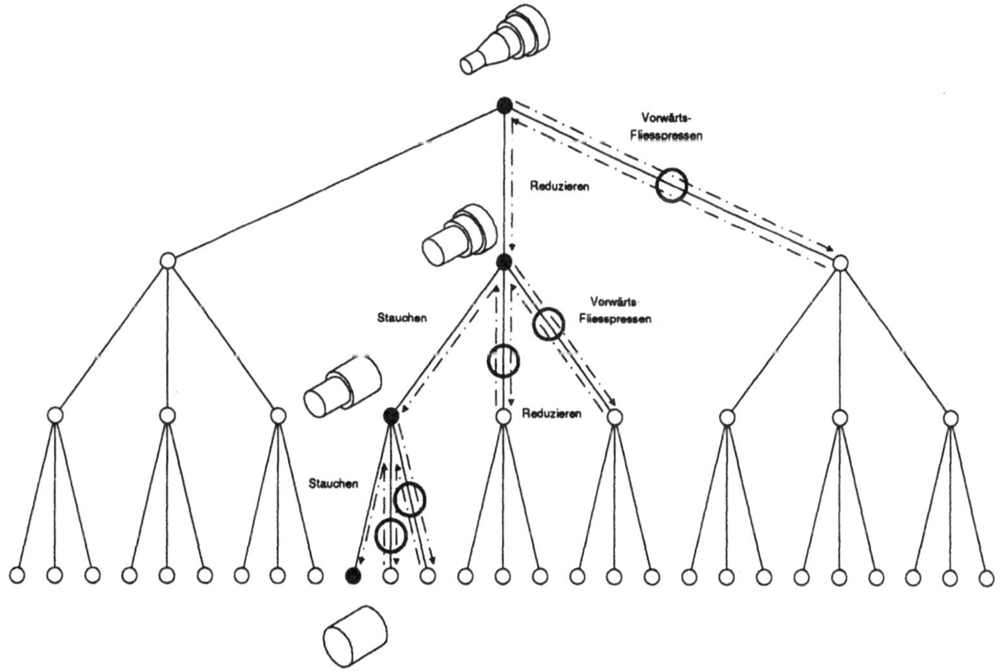

Bild 9: Ermittlung der Stadienfolge

Einem globalen Lösungsansatz wird eine Systemarchitektur gerecht, die die beschriebenen Verfahren in Kombination nutzen. So könnte auf der Grundlage der Mustererkennung ein durch die industrielle Praxis verifizierter Stadienplan generiert und mit einer alternativen Lösung verglichen werden, die auf die Anwendung der Rückwärts- und Vorwärtsverkettung basiert. Hierbei bietet sich an die durch Rückwärtsverkettung ermittelte Rohteilgeometrie lagerhaltigen Materialien anzupassen, um im Rahmen einer erneuten Berechnung auf der Grundlage des Prinzips der Vorwärtsverkettung den Stadienplan festzulegen. Wird die so ermittelte Lösung vom Arbeitsplaner bevorzugt, kann diese als Referenz-Stadienfolge in die Datenbank eingefügt werden und steht der Mustererkennung zur Verfügung.

Die Ausgabe der errechneten Ergebnisse erfolgt im CAD-System in Form einer Zeichnung und einer Tabelle der relevanten Kennwerte des Stadienplans. Das Manipulationsmodul erlaubt dem Arbeitsplaner die errechneten geometrischen und technologischen Daten entsprechend seinen Erfahrungen und Wünschen verändert an die WEST-Planungskomponente zu übergeben, um auf dieser Grundlage einen optimierten Stadienplan zu generieren. Die Interaktivität des Systems wird dadurch gewährleistet. Das Erstellen des Stadienplans erfolgt somit iterativ, wobei die Verantwortung für das Planungsergebnis beim Arbeitsplaner verbleibt.

5 Einbindung in das betriebliche Umfeld

Das Wissen über die Erstellung von Stadienplänen unter anwendungsspezifischen Randbedingungen war bisher überwiegend durch das Know-how des Arbeitsplaners als Wissensträger repräsentiert. Die Entwicklung des Systems WEST eröffnet die Möglichkeit dieses Wissen zu sammeln und aufzubereiten, um es unternehmensweit verfügbar zu machen.

Der Erstellung des Stadienplans folgt die Konstruktion der Umformwerkzeuge. Ausgehend von der Geometrie der jeweiligen Stadie werden unter Berücksichtigung des festgelegten Umformverfahrens und der relevanten Kenngrößen die Werkzeuge für eine Umformstufe konstruiert. Die Werkzeugesätze aller Umformstufen werden im Einstellplan zusammen mit den Werkzeugaufnahmeeinrichtungen der Umformmaschine dargestellt **(Bild 10)**. Der von WEST erstellte Stadienplan ist Bestandteil des Einstellplans.

Bereits seit 1987 werden im Bereich der Kaltmassivumformung CAD-Systeme eingesetzt. Ausgehend von der interaktiven Erstellung der Konstruktionsunterlagen für die Werkzeuge der Kaltmassivumformung wurde das Allgemeine Werkzeug-Konstruktionssystem für Umformwerkzeuge (AWK-U) entwickelt. AWK-U ist ein Anwendungssystem auf der Basis des CAD-Systems EUCLID-IS. Es wird eingesetzt um den Konstrukteur von Routinearbeiten zu entlasten und ihn bei der interaktiven Nutzung des CAD-Systems zu unterstützen. Auf der Grundlage der Entwurfslinie des Werkzeuges und der Angabe weniger Konstruktionsparameter erfolgt automatisch die Konstruktion der Werkzeuge und die Generierung der Werkzeugzeichnung sowie des Einstellplans.

Die Modellierung einer geschlossenen Rechnerunterstützung der Prozeßkette Kaltmassivumformung durch die Entwicklung des Systems WEST stellt einen entscheidenden Rationalisierungsschritt dar. Dem Entwicklungsaufwand für das Systems WEST stehen folgende Nutzenpotentiale gegenüber:

* Steigerung der Produktivität,
* Reduktion der Fehlerhäufigkeit,
* Verkürzung der Durchlaufzeit,
* Erhöhung der Flexibilität und
* Sicherung des Know-hows.

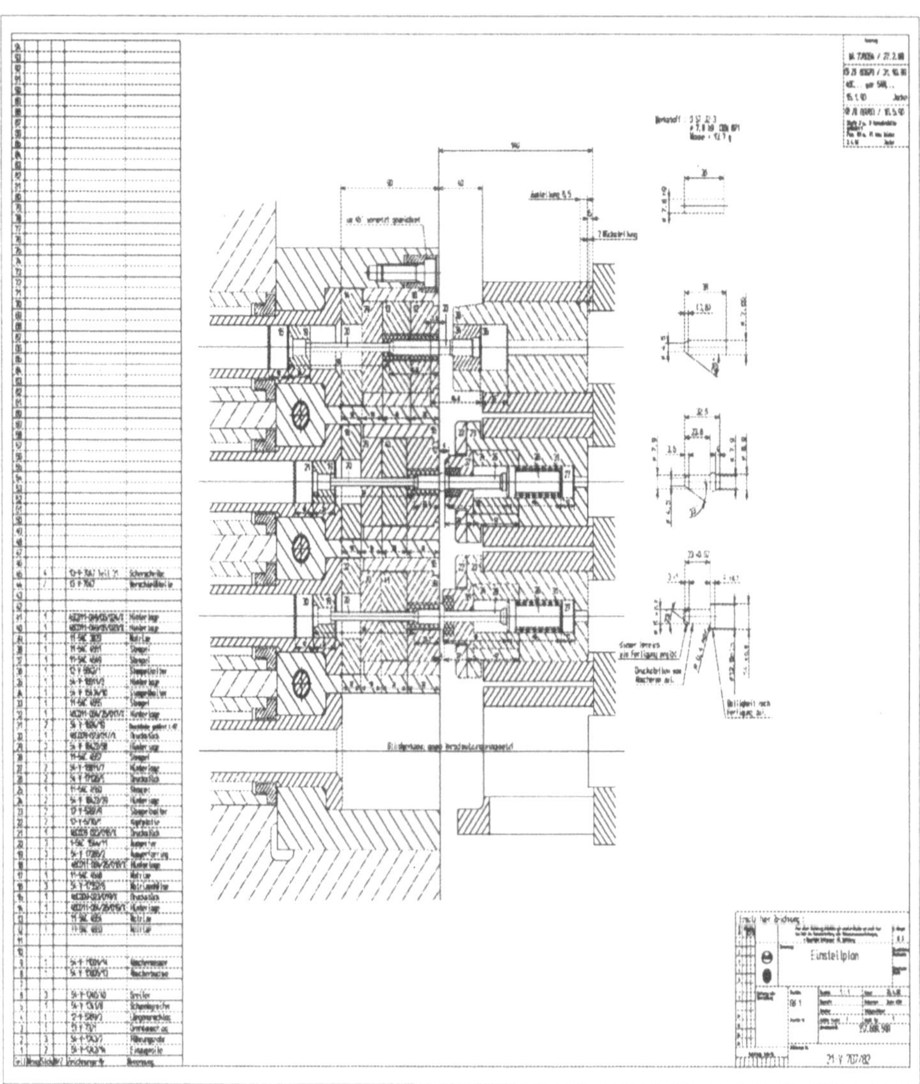

Bild 10: Einstellplan

Während die Steigerung der Produktivität und Reduktion der Fehlerhäufigkeit quantifizierbar sind, kommen den anderen Nutzenpotentialen eine strategische Bedeutung zu. Unter Berücksichtigung des dargestellten betrieblichen Umfeldes können die quantifizierbaren Größen durch eine Wirtschaftlichkeitsbetrachtung bewertet werden. Hierzu sollen im Rahmen einer Kostenvergleichsrechnung die Kosten für den Systemeinsatz den durchschnittlich eingesparten Kosten für die Erstellung der Stadienpläne sowie den durchschnittlichen Kosten der fehlerhaften Stadienpläne pro Jahr gegenübergestellt werden. Durch eine Sensitivitätsanalyse kann die wirtschaftlich notwendige Anzahl der zu bearbeitenden Stadienpläne in Abhängigkeit der Fehlerrate bei einer konventionellen Bearbeitung abgebildet werden. Wie aus (**Bild 11**) zu entnehmen ist, liegt eine wirtschaftliche Nutzung des Systems schon bei einer relativ niedrigen Anzahl neu zu erstellender Stadienpläne vor.

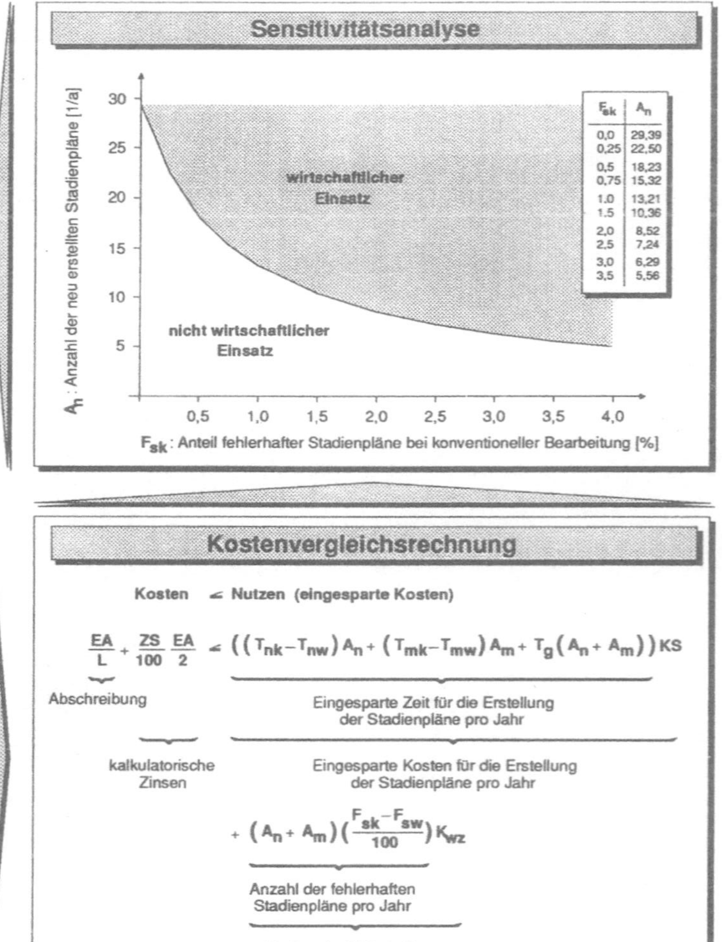

F_{sk}	A_n
0,0	29,39
0,25	22,50
0,5	18,23
0,75	15,32
1,0	13,21
1,5	10,36
2,0	8,52
2,5	7,24
3,0	6,29
3,5	5,56

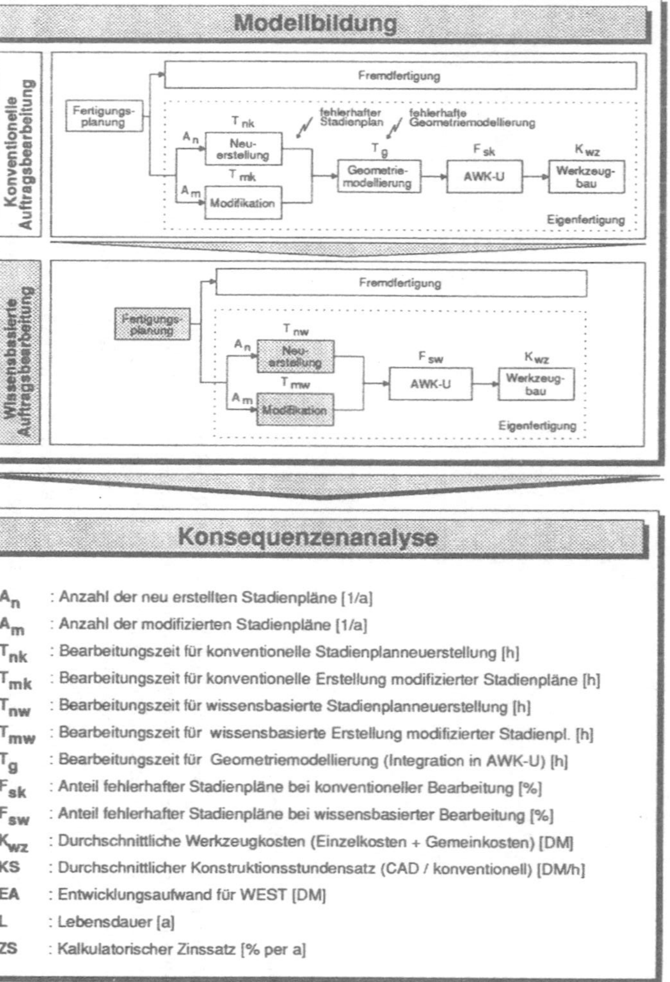

A_n : Anzahl der neu erstellten Stadienpläne [1/a]
A_m : Anzahl der modifizierten Stadienpläne [1/a]
T_{nk} : Bearbeitungszeit für konventionelle Stadienplanneuerstellung [h]
T_{mk} : Bearbeitungszeit für konventionelle Erstellung modifizierter Stadienpläne [h]
T_{nw} : Bearbeitungszeit für wissensbasierte Stadienplanneuerstellung [h]
T_{mw} : Bearbeitungszeit für wissensbasierte Erstellung modifizierter Stadienpl. [h]
T_g : Bearbeitungszeit für Geometriemodellierung (Integration in AWK-U) [h]
F_{sk} : Anteil fehlerhafter Stadienpläne bei konventioneller Bearbeitung [%]
F_{sw} : Anteil fehlerhafter Stadienpläne bei wissensbasierter Bearbeitung [%]
K_{wz} : Durchschnittliche Werkzeugkosten (Einzelkosten + Gemeinkosten) [DM]
KS : Durchschnittlicher Konstruktionsstundensatz (CAD / konventionell) [DM/h]
EA : Entwicklungsaufwand für WEST [DM]
L : Lebensdauer [a]
ZS : Kalkulatorischer Zinssatz [% per a]

$$\frac{EA}{L} + \frac{ZS}{100}\frac{EA}{2} \le \left(\left(T_{nk}-T_{nw}\right)A_n + \left(T_{mk}-T_{mw}\right)A_m + T_g\left(A_n + A_m\right)\right)KS$$

$$+ \left(A_n + A_m\right)\left(\frac{F_{sk}-F_{sw}}{100}\right)K_{wz}$$

Bild 11: Wirtschaftlichkeitsbetrachtung

6 Ausblick

Mit dem im Beitrag vorgegestellten System zur wissensbasierten Ermittlung von Stadienplänen in der Kaltmassivumformung (WEST) wird die Eignung von Methoden der Künstlichen Intelligenz für die Lösung ingenieurwissenschaftlicher Aufgabenstellungen exemplarisch nachgewiesen. Hierbei wird eine besondere Benutzerakzeptanz und Anwendungseffizienz durch ein Konzept gewährleistet, das Wissensverarbeitung und CAD-Technologie integriert. Die offene Systemarchitektur läßt sowohl eine Erweiterung des Leistungsspektrums um weitere KI-spezifische Methoden wie Verarbeitung von unsicherem Wissen, Wissensakquisation und Nutzung der Erklärungskomponente als auch eine Einbindung in die unternehmensspezifische Prozeßkette zu.

Die Entwicklung anwendungsspezifischer Systemlösungen bedingt eine enge Kommunikation und Kooperation zwischen Entwickler und Anwender. Hierdurch können Chancen und Risiken der Problemdomäne frühzeitig erkannt und in eine Systemkonzeption eingebunden werden, die einen wirtschaftlichen Einsatz verspricht.

7 Literatur

/1/ Spur, G.;
Stöferle, Th.:   Handbuch der Fertigungstechnik, Band 2/1 Umformen.
München, Wien: Carl Hanser Verlag, 1983.

/2/ N.N.:   VDI-Richtlinie 3138: Kaltfließpressen von Stählen und NE-Metallen - Grundlagen. Düsseldorf: VDI-Verlag, 1970.

/3/ Feldmann, H.-D.:   Fachgebiete in Jahresübersichten: Kaltmassivumformung. VDI-Z 132 (1990) Nr. 1.

/4/ Geiger, R.:   Kaltmassivumformung - Stand und Entwicklungstendenzen: Auch bei kleiner Losgröße wirtschaftlich. Industrie-Anzeiger 41/1988.

/5/ Keller, H.-J.:   Beitrag zur Optimierung der Fertigungsfolge Kaltmassivumformen und Spanen. Berichte aus dem Institut für Umformtechnik der Universität Stuttgart. Lange, K. (Hrsg.). Berlin, Heidelberg, New York: Springer-Verlag, 1990.

/6/ Geiger, R.:   System zum Erfassen und Senken des Werkzeugverbrauchs beim Kaltmassivumformen. wt-Z. ind. Fertig. 69 (1979).

/7/ Rebholz, M.:   Interaktives Programmsystem zur Erstellung von Fertigungsunterlagen für die Kaltmassivumformung. Berichte aus dem Institut für Umformtechnik der Universität Stuttgart. Lange, K. (Hrsg.). Berlin, Heidelberg, New York: Springer-Verlag, 1981.

/8/ Ilzig, F. D.:   Interaktives rechnergestütztes System zur Konstruktion von Werkzeugen für die Kalt-Massivumformung. Berichte aus dem Institut für Umformtechnik der Universität Stuttgart. Lange, K. (Hrsg.). Berlin, Heidelberg, New York: Springer-Verlag, 1989.

/9/ Osakada, K.;
Kudo, T.;
Yang, G. B.:   Application of AI-technique to process planning of cold forging. Annals of the CIRP, vol. 37/1/1988.

/10/ Sevenler, K.; Forming-sequence design for multistage cold forging.
     Raghupathi, P. S.; Journal of mechanical working technology, 14, 1987.
     Altan, T.:

/11/ Altan, T.; Design for Forming and other Near Net Shape Manufacturing
     Miller, R. A.: Processes. Annals of the CIRP, vol. 39/2/1990.

/12/ Azushima, A.; A PC-Based Expert System for Forming Sequence Design.
     Kim, M.: Annals of the CIRP, vol. 39/1/1990.

/13/ Specht, D.: Wissensbasierte Systeme im Produktionsbetrieb.
                  München, Wien: Carl Hanser Verlag, 1989.

/14/ Lange, K.; Konstruktion von Zwischenformen in der Kaltmassivum-
     Du, G.; formung mit einem Expertensystem. Draht 40/1989
     Kammerer, M.:

Prototyp eines Design Consultant Systems:
Konzept und Implementierung*

M. Straube, W. Wilkes, F. Kemper, G. Schlageter

FernUniversität Hagen, Praktische Informatik I, Feithstr. 140, W-5800 Hagen, Germany,
email: straube@fernuni-hagen.de

Zusammenfassung

Zukünftige CAD-Frameworks bieten die Möglichkeit, eine Vielzahl von Tools zu integrieren. Für den Designer wird es immer schwieriger werden, einen Überblick über die einzelnen Tools und ihre Fähigkeiten zu behalten. Daher muß es innerhalb des Frameworks eine Komponente geben, die den Designer während des Entwicklungsprozesses unterstützt. Dieses Papier beschreibt die zugrundeliegenden Konzepte für eine erste Prototypimplementierung einer solchen Design Consulting Komponente auf der Basis einer Blackboard-Architektur.

Abstract

Future CAD frameworks will allow an easy integration of several design tools. Due to the increasing number of integrated tools, it is almost impossible for the designer to overview all tools and their capabilities. Thus, the framework has to provide a component to support the designer during his design process. This paper describes the underlying concepts of the prototype implementation of such a design consulting component based on a blackboard architecture.

Keywords: CAD-Framework, VLSI Chip Design, Distributed Expert Systems, Blackboard

1 Einleitung

In den vergangenen Jahren ist die Größe und Komplexität integrierter Schaltkreise dramatisch angestiegen. Möglich gemacht wurde dieses Wachstum durch die Weiterentwicklung der verwendeten Technologien. Immer feinere Strukturen erlauben es, ein Vielfaches an Transistoren auf einem einzigen Chip zu plazieren. Um mit der Entwicklung derart komplexer Schaltkreise fertig zu werden, halten sich Designer an Design-Methoden, die

---

* Die Arbeit wurde im Rahmen des ESPRIT Special Project 5082: "JESSI-CAD-FRAME" gefördert

das Vorgehen organisieren. Die Methode definiert an jeder Stelle des Design-Prozesses, mit welchen Alternativen fortgefahren werden kann und erlaubt damit auch, die Einhaltung gewisser Design-Policies sicherzustellen.

Auch die CAD-Tool Landschaft hat sich verändert: Immer mehr Tools für ganz spezielle Anwendungsbereiche drängen auf den Markt. In heutigen Design-Umgebungen existiert üblicherweise eine feste Anzahl von Tools. Meist gibt es genau ein Tool für jeden Entwicklungsschritt, womit jederzeit für den Designer klar ist, wie er fortfahren kann/muß. Zukünftige Entwicklungsumgebungen werden jedoch auf integrierten CAD-Frameworks basieren [HaNeSp90]. Diese Frameworks ermöglichen eine einfache Einbindung neuer Tools und machen die Design-Umgebung damit flexibel und herstellerunabhängig. Die Konsequenz daraus wird sein, daß eine größere Anzahl von CAD-Tools integriert sein wird und dem Designer pro Design-Schritt mehrere Tools zur Verfügung stehen. Einige Tools lassen sich vielleicht nur in seltenen Spezialfällen anwenden, die Effizienz und die Ergebnisse anderer sind evtl. von der Komplexität der zu entwickelnden Schaltung abhängig. Dies wird es für den Designer schwieriger machen, einen Überblick über alle vorhandenen Tools, ihre Fähigkeiten und ihr Zusammenspiel zu behalten. Zu der normalen Entwicklungsarbeit kommt eine neue Aufgabe hinzu: Der Designer muß sein Vorgehen in Abhängigkeit von den vorhandenen Tools und ihren Fähigkeiten organisieren und planen. Wir schlagen vor, diese Aufgabe durch eine Komponente im Framework zu unterstützen, die wir DESIGN CONSULTANT nennen. Der Design Consultant ist ein System, das den Designer während des gesamten Design-Prozesses berät, ihm bei der Planung des Design-Prozesses hilft, geeignete Tools für bestimmte Design-Situationen vorschlägt und bei Bedarf Hilfestellung bei der Benutzung der einzelnen CAD-Tools gibt.

Als geeigneter Kandidat für die Lösung dieser Aufgaben kann sicherlich ein wissensbasiertes System angesehen werden. Zur adäquaten Unterstützung des Designers müssen Informationen aus den verschiedensten Bereichen und unterschiedlicher Komplexität in Betracht gezogen werden. Dazu gehören etwa das Vorgehen und die Erfahrungen aus früheren Entwicklungen, Daten über die Struktur und den Status des aktuellen Designs und auch Informationen über die Eigenschaften der verwendeten Technologie und die Fertigkeiten und Erfahrungen des Designers. Wird das gesamte Wissen des Design Consultant in einem integrierten Expertensystem verarbeitet, so wird das resultierende System unhandlich und schwer erweiterbar. Außerdem wird die dezentrale Entwicklung von Teilen des Gesamtsystems bei verschiedenen Stellen (etwa Tool-Entwickler, Designer, Methoden-Administrator) durch ein monolithisches System erschwert. Daher erscheint es wesentlich vielversprechender, den Design Consultant auf der Basis einer Menge von Expertensystemen zu realisieren, die auf geeignete Weise zusammenarbeiten. Somit haben wir es hier nun mit verteilten Expertensystemen zu tun, und es ist die Frage zu beantworten, wie die einzelnen Expertensysteme koordiniert werden können. In unserem Prototypen wird diese Koordination verschiedener Expertensysteme auf der Basis einer Blackboard-Architektur durchgeführt.

Das Ziel dieses Papieres ist es nicht, die einzelnen Experten eines Design Consultant Systems vorzustellen, sondern vielmehr das Zusammenwirken der einzelnen Experten und die dazu notwendigen Mechanismen zu beschreiben.

Zunächst stellen wir im folgenden Kapitel ein Konzept vor, daß es ermöglicht, den Design-Prozeß adäquat zu beschreiben und darzustellen. In Kapitel 3 wird die Blackboard-Architektur vorgestellt und die Problematik in Bezug auf unsere Problemstellung skizziert. Die Struktur und die Implementierung des Prototypen wird in Kapitel 4 beschrieben, gefolgt von einer kurzen Statusbeschreibung.

2 Modell und Repräsentation des Design-Prozesses

Um den Designer während seiner Arbeit zu unterstützen, muß zunächst einmal die Möglichkeit geschaffen werden, den zugrundeliegenden Design-Prozeß geeignet zu beschreiben und darzustellen. In diesem Kapitel stellen wir ein solches Modell vor, mit dessen Hilfe sich jede Design-Methode modellieren läßt (siehe auch [KSSWS92]). Wie Eingangs erwähnt, orientiert ein Designer sein Vorgehen während der Entwicklung eines integrierten Schaltkreises an einer Design Methode. Eine Methode ist nichts anderes als ein vordefiniertes Schema, das es erlaubt, die möglichen und/oder die empfehlenswerten Abläufe während des Design-Prozesses festzulegen. Sie beschreibt also den generellen Ablauf eines Designs, läßt aber dabei durchaus an definierten Stellen alternative Vorgehensweisen zu. Ziel ist es also, geeignete Konstrukte zur Verfügung zu stellen, um eine solche Design-Methode zu definieren und darzustellen.

Während der Entwicklung eines Chips hat der Designer eine ganze Reihe verschiedener Arbeitsschritte durchzuführen, wie zum Beispiel Schematic Entry, Simulation, Layout Generation, etc. Diese Aufgaben setzen sich aus einzelnen Aktivitäten zusammen, die ihrerseits mithilfe von Design-Tools ausgeführt werden. Die AKTIVITÄT ist daher der elementarste Baustein unseres Modells. Jeder Aktivität ist ein Tool zugeordnet, und sie repräsentiert eine Funktion dieses Design-Tools. Eine Beispielaktivität könnte etwa sein "Editiere das Layout mit dem Tool xyz". Eine Aktivität ist ein Platzhalter für die entsprechende Funktionalität des zugehörigen Tools. Sie enthält eine Beschreibung ihrer Fähigkeiten, der Art der produzierten Daten und der verwendeten Algorithmen, sowie Hinweise darauf, wo sich das Tool physisch befindet und mit welchen Parametern und unter welchen Bedingungen es aufgerufen werden kann. Darüberhinaus können auch weitere Informationen über das Tool hinzugefügt werden, etwa Benchmark-Ergebnisse oder andere Performance-Informationen. Vorstellbar ist auch, daß die Beschreibung ständig modifiziert wird, indem zum Beispiel nach einer Anwendung überprüft wird, wie erfolgreich sie war und Informationen über Erfolg und Mißerfolg der Aktivität in Abhängigkeit zur Design-Situation in die Beschreibung übernommen werden. Während die Beziehung Aktivität/Tool eindeutig ist, kann ein Tool mit mehreren Aktivitäten in Beziehung stehen. So kann zum Beispiel ein Multi-Level-Editor sowohl für Schematic-Entry als auch für die Eingabe des Layouts verwendet werden, und manche Simulations-Tools führen nicht nur die eigentliche Simulation durch, sondern erzeugen auch die dafür notwendigen Stimuli selber.

Um Aktivitäten geeignet zu gruppieren und zu strukturieren führen wir das Konzept der TASK ein. Eine Task gruppiert eine Menge von Aktivitäten und/oder Tasks, zwischen denen bestimmte Beziehungen bestehen. Sie repräsentiert diese zusammengesetzte Menge nach außen hin und stellt somit ein abstrakteres Gebilde dar als die Aktivität. Eine Task kann zum Beispiel eine Abfolge einzelner Schritte definieren oder eine Anzahl von Alternativen anbieten, mit denen im Design-Prozeß fortgefahren werden kann. Es gibt genau einen Einstiegs- und einen Ausstiegspunkt, und genau wie bei den Aktivitäten existiert eine Beschreibung der Vorbedingungen und der Auswirkungen auf die eingegebenen Design-Daten.

Natürlich gibt es während eines Design-Prozesses Tasks/Aktivitäten, die direkt hintereinander ausgeführt werden müssen, aber üblicherweise ist ein Design kein linear ablaufender Prozeß: es gibt immer wieder Situationen, in denen zwischen mehreren Alternativen gewählt werden muß oder wo verschiedene Aktivitäten parallel ausgeführt werden können. Um eine Design-Methode zu definieren, muß es also möglich sein, Sequentialität, Parallelität und Auswahl geeignet darzustellen. Aus diesem Grunde führen wir die folgenden drei Konstrukte ein:

- Lineare Anordnung
- Synchronisator
- Selektor

Mit Hilfe der Linearen Anordnung werden Tasks modelliert, die nacheinander ausgeführt werden sollen. Synchronisatoren werden verwendet, um die Koordination von parallel ausführbaren Tasks zu realisieren, und der Selektor soll schließlich die Auswahl zwischen alternativen Tasks unterstützen. Natürlich können nur Tasks linear angeordnet werden, deren Vor- und Nachbedingungen zueinander passen: So macht es zum Beispiel keinen Sinn, einen Simulations-Task zu starten, wenn nicht vorher bereits entsprechende Stimuli erzeugt wurden. Jeder beliebige Design-Ablauf kann nun durch eine geeignete Mischung dieser Konstrukte modelliert werden. Ein Design-Prozess ist kein linearer, sondern vielmehr ein iterativer Prozeß. Wohldefinierte Iterationen können im Graphen des Design-Flusses direkt als Zyklen dargestellt werden. Es gibt natürlich auch Situationen, bei denen Rückschritte nötig werden. Diese Fälle können dann durch die üblichen Backtracking Mechanismen behandelt werden.

Um einen Design-Fluß darstellen zu können, müssen die eingeführten Konstrukte geeignet graphisch repräsentiert werden. Für die Darstellung der Tasks und Aktivitäten werden im folgenden Rechtecke verwendet, die im Falle einer Linearen Anordnung durch Pfeile verbunden sind (Abbildung 1).

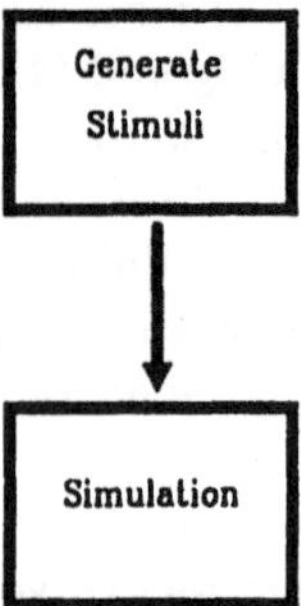

Abb. 1. Lineare Anordnung der Tasks Generate Stimuli und Simulation

Parallelität von Tasks wird durch nebeneinander gezeichnete Rechtecke dargestellt. Die Ausgänge dieser parallelen Tasks werden mit einem Synchronisator, dargestellt als ein auf dem Kopf stehendes Dreieck, verbunden (Abbildung 2).

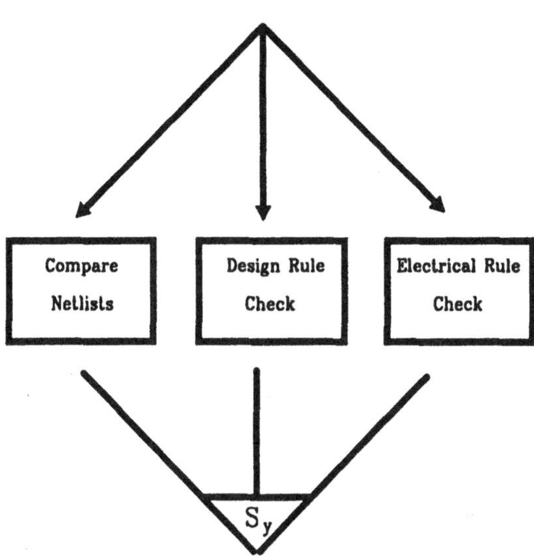

Abb. 2. Parallele Anordnung mehrerer Verifikations-Tasks kontrolliert durch einen Synchronisator

Immer wenn der Designer im Design-Ablauf die Möglichkeit haben soll, zwischen mehreren Alternativen zu wählen, wird ein Selektor mit den Eingängen dieser alternativen Tasks verbunden. Ein Selektor wird als Dreieck dargestellt (Abbildung 3).

Wie bereits erwähnt, können komplexere Strukturen durch eine geeignete Mischung der eingeführten Konstrukte dargestellt werden. So kann zum Beispiel die Struktur "Führe entweder Aktivität A oder aber Aktivität B zusammen mit Aktivität C aus" durch die Kombination eines Selektors (zur Unterstützung der Entscheidung) mit einem Synchronisator (zur Überwachung der Einhaltung der Bedingung ("A or (B and C)")) modelliert werden (Abbildung 4). Der Synchronisator bietet die Möglichkeit, Bedingungen zu definieren, deren Einhaltung während des Designs überprüft wird. So wird zum Beispiel erst mit der Methode fortgefahren, wenn alle parallelen Tasks abgeschlossen sind.

Aus Gründen der Übersichtlichkeit, wird im Folgenden nicht mehr die Unterscheidung zwischen Tasks und Aktivitäten gemacht. Immer wenn von Tasks gesprochen wird, sind die weniger abstrakten Aktivitäten mit eingeschlossen.

3 Blackboard Systeme

Blackboard-Systeme gehören im Hinblick auf die Koordination verteilter intelligenter Systeme vermutlich zu den am meisten untersuchten Mechanismen [Gero87], [Jackso87] p.368 ff., [JaDoBa89], [Mullin91], [AyLa91], [Karagi91]. Wir haben uns bei der Implementierung unseres Design Consultant Systems für eine Blackboard-Architektur entschieden, weil sie die wesentlichen Grundvoraussetzungen bietet: Blackboard-Architekturen sind sehr flexibel. Es ist einfach, neue Wissensquellen hinzuzufügen oder alte zu ersetzen, und

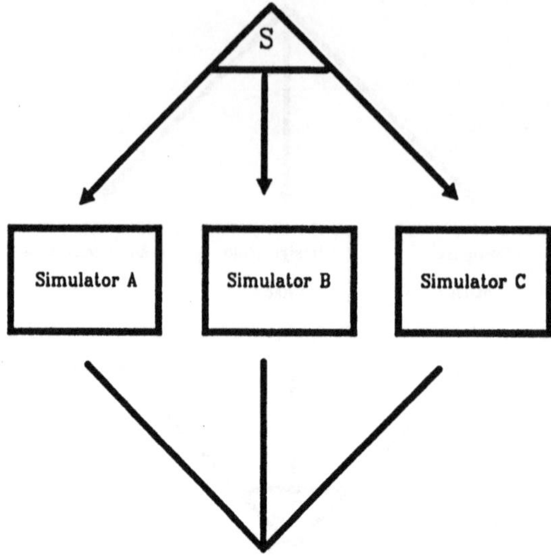

Abb. 3. Alternative Simulations-Tasks mit einem Selektor

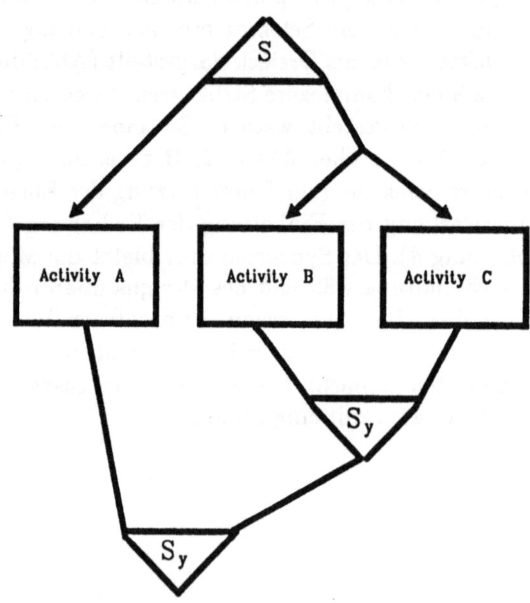

Abb. 4. Modellierung der Bedingung (A or (B and C))

sie sind erwiesenermaßen gut für die Lösung hierarchischer Probleme geeignet [ErLoFi81], [KiWi91].

Ein Blackboard-System besteht im großen und ganzen aus drei Komponenten:

- der Blackboard,
- den Wissensquellen (Experten)
- und einem Scheduler

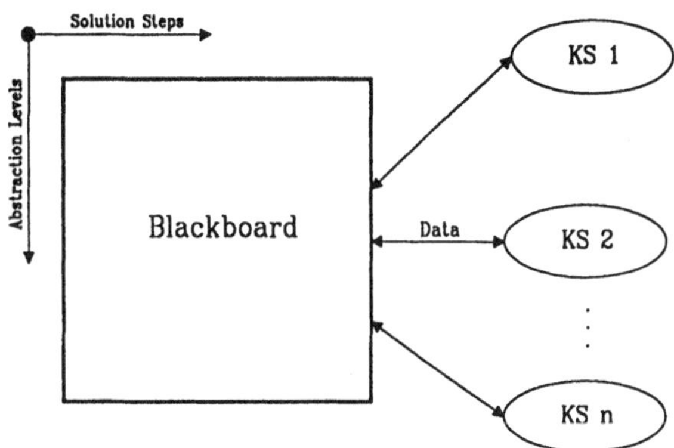

Abb. 5. Allgemeines Blackboard-System

Die Blackboard ist nichts anderes als eine gemeinsame Datenbasis, die den Wissensquellen als Kommunikationsmedium dient. Typischerweise ist sie, passend zum Lösungsraum der entsprechenden Problemklasse, in mehrere Abstraktionsebenen unterteilt. Die Wissensquellen verkörpern Experten für spezielle Probleme, die an die Blackboard angeschlossen sind. Während eines Design-Prozesses werden eine Reihe von Schritten durchlaufen die jeweils mit möglichst gutem Ergebnis bearbeitet werden sollen. Das heißt also, daß sich ein Design in eine Menge von Teilproblemen zerlegen läßt. Die Lösung eines solchen Problemes läuft nach einem einfachen Schema ab: das zu lösende Problem wird auf die Blackboard geschrieben und stellt ein Trigger-Ereignis für die Experten dar. Die Experten, die sich in der Lage sehen, die gestellte Aufgabe zu lösen, melden sich daraufhin bei der Blackboard. Sollten sich mehr als ein Experte berufen fühlen, so entscheidet der Scheduler, welcher besser für die Bearbeitung der Aufgabe geeignet ist. Diese Entscheidung basiert auf der Beschreibung der Fähigkeiten der einzelnen Experten, die von ihnen bereitgestellt wird. Ist der ausgewählte Experte mit der Bearbeitung seiner Teilaufgabe fertig, so schreibt er seinen Lösungsbeitrag auf die Blackboard. Diese Änderung der Daten auf der Blackboard wirkt dann erneut als Trigger-Ereignis für weitere Experten und so weiter. Es wird also successive eine Lösung für das Gesamtproblem erarbeitet.

Das Problem, das sich für unsere Anwendung bei einem solchen standardmäßigen Blackboard-System zeigt, ist der Scheduler. Der vorhandene Scheduler ist normalerweise nur in der Lage, recht einfache Entscheidungen zu treffen, die auf eher allgemeinen Informationen beruhen. So könnte er zum Beispiel denjenigen Experten auswählen, der die höchste Gewichtung aufweist (was auch immer diese Gewichtung ausdrücken soll) oder aber alle Experten sequentiell ausführen. Für den Design Consultant benötigen wir jedoch einen Scheduler, der recht komplexe Entscheidungen fällen kann. Er muß Entscheidungen treffen können, wie zum Beispiel "Führe Task 1 aus oder aber nacheinander Task 2 und Task 5, jedoch nur wenn der Designer zur Kategorie *unerfahren* gehört". In Abhängigkeit der vorliegenden Design-Daten und des aktuellen Kontexts müssen ein oder mehrere Tasks nacheinander aktiviert werden, vielleicht sogar parallel. Auf dem Weg durch die Design-Methode differiert die Komplexität der zu treffenden Entscheidungen von Fall zu Fall. Was wir also eigentlich benötigen, ist nicht ein einziger Scheduler, sondern mehrere: einen Scheduler für jeden Punkt im Design-Prozeß, an dem eine Entscheidung zu treffen ist. In unserem System wird die eigentliche Scheduling-Aufgabe daher nicht von einem zentralen Scheduler übernommen, vielmehr ist jedem Selektor ein spezifischer Scheduler zugeordnet. Im folgenden werden wir die Struktur unseres ersten Design Consultant Prototyps beschreiben.

4 Struktur des Design-Consultant-Prototyps

Der Design Consultant soll den Designer wärend des gesamten Entwicklungsprozesses unterstützen. Als Grundlage für diese Unterstützung dient eine zu Beginn gewählte Design-Methode, die mit den in Kapitel 2 vorgestellten Konstrukten modelliert wurde. Grundsätzlich können darin zwei Arten von Konstrukten unterschieden werden: Einerseits die Tasks und Aktivitäten als Repräsentanten von Design-Schritten und andererseits die Selektoren und Synchronisatoren, die den Ablauf des Design-Prozesses kontrollieren. Beide Klassen können in einer gewissen Art und Weise als Experten für spezielle Aufgaben angesehen werden, mit dem Unterschied, daß sie auf unterschiedlichen Daten arbeiten:

- Die Tasks oder vielmehr die einzelnen Aktivitäten/Tools arbeiten auf den Design-Daten, um den aktuellen Design durchzuführen
- Die Auswertung verschiedener Design-Alternativen durch die Selektoren und die Kontrolle der Parallelität durch die Synchronisatoren basieren hauptsächlich auf Informationen und Wissen über die betreffenden Tasks sowie über die Design-Methode.

Wir haben es also mit einer Aufteilung der Daten in Design- und Kontrolldaten zu tun, die auch in unserer Systemstruktur wiederzufinden ist: Es sind zwei Blackboards implementiert, die Design Data Blackboard und die Control Blackboard.

- Die Design Data Blackboard enthält den aktuellen Zustand des Designs. Das sind Informationen über die Daten die zwischen den einzelnen Tools ausgetauscht werden: wo sind sie zu finden, wie sehen sie aus, in welchem Zustand befinden sie sich, und so weiter. Die Design-Daten selber stehen nicht auf der Blackboard sondern in der Design-Datenbank. Die Design Data Blackboard ist in verschiedene Ebenen unterteilt, die mit den entsprechenden Abstraktions Stufen beim VLSI-Design (z.B. Verhaltensbeschreibung, Funktionale-Ebene, Logik, Layout) übereinstimmen.

– Die Control Blackboard beinhaltet die Repräsentation der Task-Struktur, d.h. die Informationen über die Anordnung der Tasks innerhalb der Methode, Informationen über die einzelnen Tasks selbst, sowie weitere Daten, die für die Kontrolle des Design-Prozesses notwendig sind.

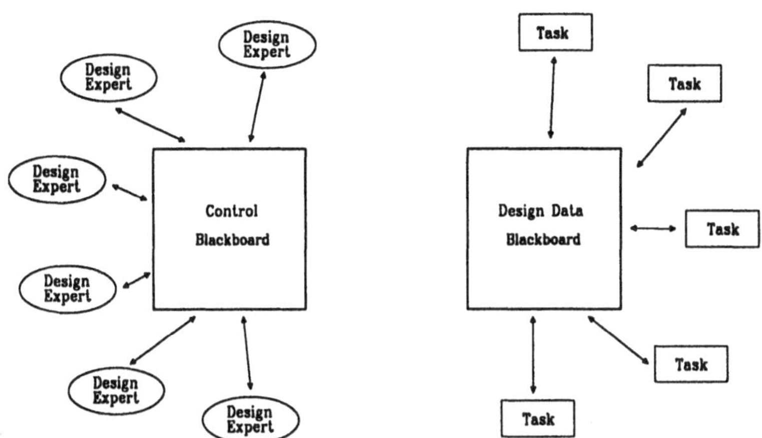

Abb. 6. Organisation der Blackboards im Design Consultant

Physisch ist jede Ebene der Design Data Blackboard in drei Bereiche aufgeteilt. Diese Bereiche enthalten verschiedene Arten von Informationen. Der erste Bereich enthält die Daten, die die aktuelle Design-Situation beschreiben. Die Namen der möglichen Nachfolger des aktuellen Tasks, definiert in der Design Methode, stehen im zweiten Bereich. In den dritten Bereich wird später der Name desjenigen Nachfolgers eingetragen, der tatsächlich ausgewählt wurde.

Wie bereits in Kapitel 3 diskutiert, ist der zu einem Blackboard-System gehörende standardmäßige Scheduler nicht in der Lage, kontextabhängige Entscheidungen zu treffen. Um diese Schwäche auszugleichen, ordnen wir jedem Selektor einen spezifischen Scheduler zu, der aus den potentiell einsetzbaren Tasks die geeignetesten auswählt. Da eine wesentliche Anforderung darin besteht, diese Auswahl auf der Basis der Vorschläge verschiedener Experten zu treffen (etwa einem System, daß seine Auswahl auf die Ergebnisse früherer Designs basiert und einem spezifisch auf die Design-Situation ausgelegten System, das bei der Definition der Methode erzeugt wird), wird der Scheduler folgendermaßen organisiert:

Der Scheduler besteht aus einer Menge von Auswahlexperten, die aufgrund ihrer Wissensbasen Vorschläge für die Weiterführung des Designs machen:

– Für jeden Selektor wird automatisch ein Auswahlexperte bei der Definition der Methode erzeugt, der spezifisch für die gegebene Design-Entscheidung ist. Dieses Expertensystem basiert auf einer Regelmenge, die vom ”Methoden-Administrator” bei der Definition der Methode erstellt werden kann, und deren Regeln einen einfachen und fest definierten Aufbau haben (siehe unten).

– Weitere Auswahlexperten, die nicht spezifisch für bestimmte Design-Situationen ausgelegt sind (etwa der Auswerter früherer Design-Abläufe) oder die auf anderen Wissensbasen arbeiten, können ebenfalls einen Vorschlag in der gegebenen Design-Situation machen.

Die Regeln, die der situationsspezifische Auswahlexperte verwendet, setzen sich aus vier Teilen zusammen. Als Identifikator enthalten sie zunächst den Namen des Selektors, zu dessen Regelpaket sie gehören. Dann existiert ein Teil mit Voraussetzungen für die Anwendbarkeit. Das können im einfachsten Fall Namen von Tasks sein, die sich gemeldet haben müssen. Ein weiterer Teil enthält Bedingungen, die für die Anwendung dieser Regel gegeben sein müssen. Der Bewertungsteil schließlich enthält Namen von Tasks und deren Gewichtung, und falls die Regel schließt, wird das Gewicht dieser Tasks entsprechend erhöht (Abbildung 7).

```
(SELEKTOR xy
   ...
   ("Regel 12"
    :Voraussetzungen (Generate-Testpattern aufrufbereit)
    :Bedingungen     (ganzer Chip ist fertig)
    :Gewicht         (Generate-Testpattern 5))

   ("Regel 13"
    :Voraussetzungen (Simulate aufrufbereit)
    :Bedingungen     (eine Komponente ist fertig)
    :Gewicht         (Simulate 5))

   ("Regel 14"
    :Voraussetzungen (Simulate und Gen.-Testp. aufrufbereit)
    :Bedingungen     (Designer hat frueher immer erst simuliert)
    :Gewicht         (Simulate 7))

... )
```

Abb. 7. Beispiel-Regelpaket

Die verschiedenen Auswahlexperten werden angetriggert durch die Beschreibung der aktuell zu treffenden Auswahl auf der Control Blackboard. Fühlen sich mehrere Auswahlexperten berufen, diese Entscheidung zu treffen, so tritt ein weiteres System in Aktion: Ein Vorschlagskoordinator führt die verschiedenen Auswahlvorschläge zur endgültigen Auswahl zusammen.

Um diese Koordination zu ermöglichen, muß jeder Auswahlexperte neben der situationsabhängigen Gewichtung der einzelnen Tasks auch eine Einschätzung der Relevanz des eigenen Ergebnisses abliefern. Diese Einschätzung wird sehr hoch sein bei einem Auswahlexperten, der direkt auf diese Situation zugeschnitten ist, sie wird beim Auswerten früherer Design-Ergebnisse u.a. von der Häufigkeit abhängen, mit der diese Situation in der Vergangenheit durchlaufen wurde. Natürlich kann der Koordinator auch selbst Informationen über die Zuverlässigkeit der Auswahlexperten besitzen (die evtl. ebenfalls auf der Auswertung der Vorschläge in der Vergangenheit beruht), und diese Informationen werden ebenfalls einbezogen, um aus den Vorschlägen die endgültige Auswahl zu erhalten, d.h. die endgültige Gewichtung der Tasks vorzunehmen.

Der Prozeß der Entscheidungsfindung läuft folgendermaßen ab: Wenn ein Task die ihm übertragene Aufgabe beendet hat, so werden die Namen der möglichen Nachfolgetasks (gemäß der aktuellen Methode) auf die Design Data Blackboard geschrieben, und der zugehörige Selektor wird auf der Control Blackboard bekannt gemacht. Der "normale" Scheduler der Design Data Blackboard überprüft danach nur, ob die Vorbedingungen der einzelnen Tasks erfüllt sind. Für alle Tasks, für die das zutrifft, werden deren Namen sowie alle verfügbaren Informationen über Fähigkeiten, Algorithmen, Ausgaben, usw. auf die Control Blackboard transferiert. Dann beginnt der eigentliche Scheduling-Prozeß:

Die angetriggerten Auswahlexperten liefern ihre Vorschläge ab, und der Koordinatior erzeugt aus diesen Vorschlägen die endgültige Auswahl, also eine Liste unterschiedlich gewichteter Tasks. Diese wird dem Designer als Vorschlag des Design Consultant für den weiteren Ablauf des Design-Prozesses übergeben. Der Designer hat die Freiheit, sich an den Rat des Design Consultant zu halten und den Task mit der höchsten Gewichtung auszuführen, er kann aber auch mit einem anderen Task fortfahren, den er bevorzugt. Der ausgewählte Task wird aktiviert und der Zyklus beginnt aufs neue.

Durch die Auslagerung der Scheduling Aufgabe auf die Selektoren wurde genau das erreicht, was in Kapitel 3 diskutiert wurde: Den innerhalb der Design-Methode definierten Selektoren werden spezifische Scheduler zugeordnet, die in der Lage sind, Entscheidungen situationsabhängig zu treffen.

5 Zusammenfassung und Ausblick

In diesem Papier haben wir die zugrundeliegenden Konzepte für die Implementierung eines Design Consultant Prototyps beschrieben. Ausgehend von der Möglichkeit, beliebige Design-Methoden zu definieren, wurde auf der Basis eines Blackboard-Systems die Grundlage geschaffen, verteiltes Expertenwissen zur Unterstützung des Designers während des Entwicklungsprozesses auszunutzen. Die Implementierung des Prototypen erfolgt auf einer Sun3 in einer LISP-Umgebung. Für die Realisierung der Blackboard-Struktur wird GBB eingesetzt, ein System zur Entwicklung von Blackboard basierten KI-Anwendungen.

Der Schwerpunkt unserer weiteren Arbeit wird auf der Untersuchung und Verbesserung der Mechanismen zur Entscheidungsfindung und zur Koordination der einzelnen Experten liegen.

Literatur

[AyLa91]   Ayel, J.; Laurent, J.-P.: "A Multi-Agents Cooperating System for On-line Supervision of Production Management Activities", Proc. 4. Internationaler GI-Kongreß Wissensbasierte Systeme, München, Oktober 1991, Informatik Fachberichte 291, Springer Verlag

[ErLoFi81]   Erman, L.D.; London, P.E.; Fickas, S.F.: "The Design and an Example Use of Hearsay-III.", Proceedings of the International Joint Conference on Artificial Intelligence, pp. 409-415, 1981

[Gero87]   Gero, John S. (ed.): "Expert Systems in Computer Aided Design", IFIP WG 5.2 Working Conference on Expert Systems in CAD, Sydney, Australia, 17.-20. February, p.153 ff., 1987

[HaNeSp90]   Harrison, D.S.; Newton, A.R.; Spickelmier, R.L.; Barnes, T.J.: "Electronic CAD Frameworks", Proc. of the IEEE, VOL. 78, No. 2, Feb. 1990

[Jackso87]   Jackson, P.: "Introduction to Expert Systems", Addison-Wesley, 1986, Deutsche Übersetzung: Expertensysteme, eine Einführung, Addison-Wesley 1987

[JaDoBa89]   Jagannathan, V.; Dodhiawala, R.; Baum, L. S. (editors): "Blackboard Architectures and Applications", Perspectives in Artificial Intelligence, Volume 3, Academic Press, 1989

[Karagi91]   Karagiannis, D.: "The Document Preparation System REGENT: Concepts and Functionality Proc. 4. Internationaler GI-Kongreß Wissensbasierte Systeme, München, Oktober 1991, Informatik Fachberichte 291, Springer Verlag

[KiWi91]   Kirn, S.; Wilkes, W.: "Techniken Intelligenter Koordination der Tools in einem CAD-Framework", Lehrstuhlinternes Papier, Hagen 1991

[KSSWS92]   Kemper, F.; Scherer, A.; Straube, M.; Wilkes, W.; Schlageter, G.: "A Knowledgebased Design Consultant: Model and Architecture", Proc. of the 25th Hawaii International Conference on System Science (HICSS-25), Koloa, Hawaii, January 7-10, 1992

[Mullin91]   Mullineux, G.: "A Blackboard Structure for Handling Engineering Design Data", Engineering with Computers, Vol.7, No.3, p.185-195, Springer International, Summer 1991

Flexible Environments for Integrated Building Design

Angelika Drach, Markus Langenegger, Sandro Heitz
Institut für Industrielle Bauproduktion
Universität Karlsruhe, Englerstraße 7, 7500 Karlsruhe

The formulation of design-knowledge as concepts, goals and rules cannot be captured in fixed and valid statements, the dynamic modeling of concepts and goals is on the contrary part of the design-process itself. Tools that effectively support architects in their design should therefore never use predefined mechanisms, but must be definable interactively according to design-specifications. "armilla+" presents concepts for a dynamic toolkit, supporting designers to flexibly extend and change integrated applications in building-design.

1   Introduction

The usual goal in developing decision-support systems is to provide a set of knowledge-bases, that analyze and solve standard-problems. This was the first approach of the authors, when they participated in the development of the "Intelligent Design Tool Armilla" (Drach, Gauchel, Hovestadt,1989), a system that supported designers in the layout of complex service systems in buildings. Experience however showed, that the problems of knowledge-acquisition, extension and maintenance became more and more unsolvable with the development of larger design-applications. Because of these problems, the systems remained limited in their scope and did not support complex design-relationships.

The new approach has been fostered by a long period of experience in the development of expertsystems and knowledge-based applications for building design. Our research involved investigations with a variety of tools and many activities in user-interface design. This practice and understanding of the problem provides the background to meet the challenges of our proposal.

The present concept of "armilla+" was developed in continuing research, to provide a toolbox for applications in building-design. On that common platform cooperating planners can configure their own specific tool to support different tasks like floorplan-, structural- or service-systems design. The central idea is based on a design-language using semantic expressions that enables designers to flexibly extend and change system behaviour. Interactive visual representations and editors support the parallel modeling of design-solutions, specifications and control. The language incorporates new schemes that naturally represent geometric, functional and compositional design-associations combined with modular design-rules. Facts and knowledge are not isolated, but treated as explicit and descriptive entities, therefore new environments can easily be built upon others, using and specifying existing versions.

The "armilla+" system is developed as an object-oriented, extensible model and presently implemented in CLOS on workstations. Applications demonstrate design-examples for conceptual service-system layouts.

2 The problem of integration

The growing complexity of building design, particularly through mechanical systems and building-services, the shorter cycles of technical innovations and the overwhelming amount of different codes and regulations in the building area have created a situation where architects will lose control of the design-process without the use of computer-technology. The traditional separation of architectural and engineering-tasks in building design on the other hand has brought on isolated software-solutions and applications in the field. The different software-products are not able to communicate. Their special procedures and strategies are hidden and not interchangeable. This situation demands for integration-models that incorporate the architect´s generalized view of design.

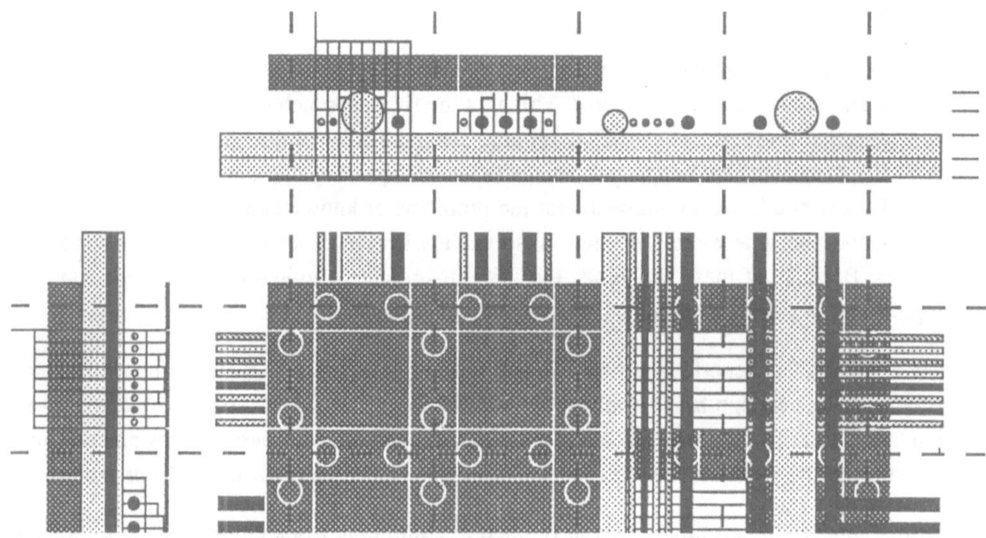

Fig. 1 ARMILLA installation model

3 ARMILLA integration techniques

3.1 Installation model

The ARMILLA research-project started at the Institut für Industrielle Bauproduktion in the early 80´s, approaching the integration-problem in building design. It was a common concern, that solving the problem required the combination of architectural knowledge with new developments in computer-technology. The project´s formulation and results are based on the special architectural experience of Fritz Haller, who is best known through his designs of construction-systems (USM-Haller, MINI, MIDI, MAXI).

The ARMILLA installation-model /HALL-85/ defines an integration-technique based on geometric coordination and control, using spatial templates and different levels of abstraction. It had been developed in a first step as an abstract methodology to organize service-systems in space and is applicable to any building-design without the need of computers. The intention was to provide a basic model to guarantee for a maximum of control and flexibility in service-system-design. In contrast to the traditional approach, where each building system is designed independently of each other, ARMILLA integrates space, building-structure and piping systems in a single model.

The basic concept of the installation model is the structuring of space through a three-dimensional modular grid. Possible layouts and locations of pipes and ducts are restricted to certain routes or templates defined in the spatial grid. Different templates exist for different types and sizes of pipes. The modular and integrated organization of templates reduces possible conflicts between interfering systems to a minimum.

3.2 Software applications

Since 1985 efforts started to apply the ARMILLA methodology to knowledge-based design-environments. First results include several prototype-expertsystems facing the problem of automating service-system design /MATH-88/ /RAET-89/. These systems however failed to represent and automate design-solutions for problems of acceptable complexity.

A new approach was taken with the "Intelligent Design Tool" Armilla 2 /HOVE-89/ /DRAC-90/ combining expertsystems and CAD. The new concept focused on assisting instead of automating design. An interactive graphic design-interface provided different views and tools on top of an abstract data-model of the building. A set of knowledge-bases for defined problem-spaces generated solutions, which could then be modified by a designer in interaction with the system. Armilla 2 had been developed as a prototype system that demonstrated a typical design-session from conceptual layout to component-specification. (Knowledge Craft, Lisp, OPS5). The implementation proved, that the interactive approach was a promising concept to overcome the problems of brittleness and rule-explosion in complex and unstructured design-tasks like building-design, which not only require reasoning at different levels of abstraction, but also integrating innumerable concepts from various domains and a great amount of "common sense"

Present research-projects focus on knowledge-representation and aspects of communication, cooperation and database technology in models for building-design /HOVE-91/ /HERT-90/ /HALL-91/ /FABE-91/.

The work presented in this paper is aimed to contribute to this context in introducing a new level of interaction. Experiences and results of Armilla 2 are extended by formalizing the representational schemes of the ARMILLA installation-model and proposing a description language and tool for knowledge-modeling. User-control is suggested not only at the level of product-modeling in finding appropriate design-solutions, but also through interactive definitions of behavioural aspects of knowledge at tool-level. The work is explorative in the sense of narrowing the gap between cognitive representations and software-technology.

Projects are funded by the government of Baden-Württemberg (Germany) CAD/CAM-Schwerpunkt, BMFT (Minister for Research and Technology, Germany) and DFG (German Research Association).

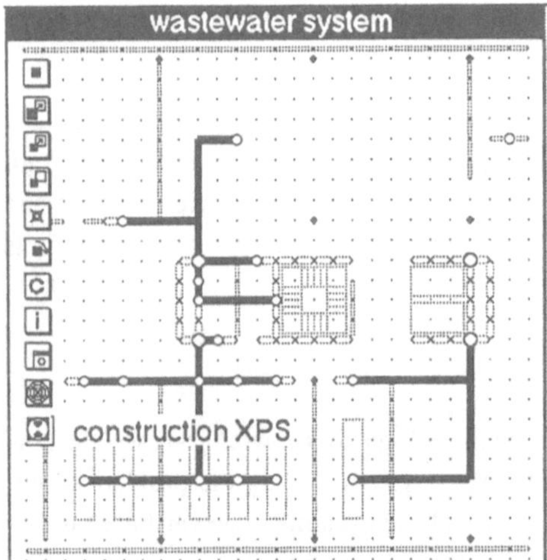

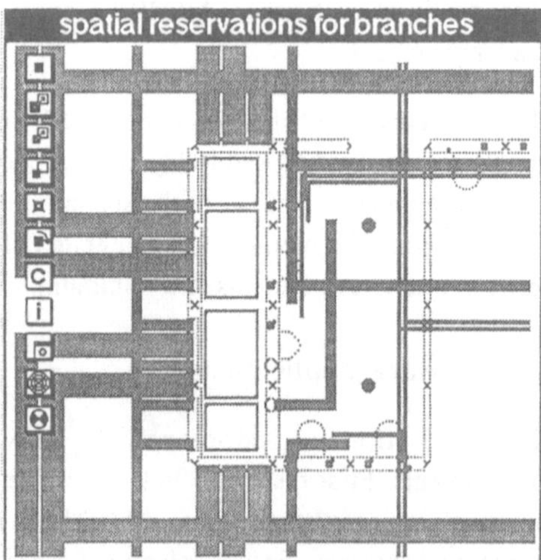

Fig. 2 Layout design of piping, cabling and ductwork in Armilla 2

4 Expertsystems versus Flexible Tools

The Application of knowledge-based technologies in ARMILLA 2 substantiated the idea of combining interactive graphical-interfaces with semantic data-management. However, problems of knowledge-acquisition, expertsystem-integration and communication remained. These experiences supported our theory and suggested the idea of a flexible tool:

- Applications of expertsystems in building-design treat design-knowledge as constant and valid expressions. This contradicts an architect´s view, where goals and strategies are evolutionary concepts that evolve and change during the process of design. Design-knowledge involves style as individual methodologies in solving problems /SIMO-75/. Design-support systems should therefore respond to this fact and provide adequate tools to view and interactively change design-concepts and system-behaviour.

- The permanent process of technological innovation in the building-industry involves frequent changes in design-methods and specifications. Easy adaptations and extension of knowledge-modules are therefore essential qualities for design-knowledge-bases.

- Expertsystems have proved to support designers in solving clearly defined standard-problems /KRÖP-90/ /LENA-90/. To date however, applications have failed to effectively deal with complex and unstructured problem-spaces. The question of structuring building-design into standard-problems that match standard-solutions remains the main focus of present research and becomes even more complex for highly interactive design-environments. Our proposal suggests a bottom-up approach to overcome brittleness and isolation of problem-spaces in expert-system applications. Design-support in interactive environments may provide a basic level of control to inform users, if and how their solutions comply with defined goals and constraints. A user can then proceed the design interactively while solutions are evaluated and checked for conflicts. On a second level active knowledge can be added to constraints, proposing fixes for violations /MARC-86/.

- According to classic expertsystem-theory applications are designed and maintained separately by knowledge-engineers as domain-specific sets. Representation and formalisms depend on the individual design of knowledge-engineers and are not visible to users, except through explanation-control which does not allow any rule-modifications The advantages of inference strategies in the separation of facts, rules and control tend to change into weaknesses with growing knowledge-bases. Representations in blackboard systems loose their inherent relationships, which are evident and essential at the time of their formulation. Even experienced knowledge-engineers admit that this problem makes large knowledge-bases hard to maintain. On the other hand advances in software-technology have improved modularization-techniques for software-applications. Object-oriented representation provide a more "cognitive" approach to represent problems. Declarative representations of composite "chunks" of knowledge are more expressive and therefore easier to change and adapt to similar problems.

5 The scope of armilla+

The goal of armilla+ is to provide a model for a supporting tool for architects and engineers, which is not limited to fixed concepts, strategies and actions, but is modifiable and extensible by the user to follow changing goals and views and to keep it useful over time without the need of constant reprogramming.

The armilla+ model comprises representational schemes for design-knowledge in interactive design-environments in the field of building-design. Concepts and prototypes are provided to describe semantic knowledge in different levels of abstraction as structural, geometric and functional aspects. The basic elements to define prototype-knowledge are design-entities, associations, shapes, and constraints. Actions, events and queries supply the "verbs" and "prepositions" for design-control in the formulation of active-constraints.

The complete armilla+ model comprises

- a specification language, to describe the various aspects of prototype-knowledge

-   a tool to support design not only at the level of product-modeling, but to allow also proto-type-configuration at the knowledge-level.The tool embeds the concepts of the specification language and provides a set of specialized editors in a graphical user interface through which information at the different levels is easily accessible. The user works in this environment and modifies the knowledge base through these editors.

-   a toolbox with a set of prototype-entities, associations etc. for the application area, the layout-design for service-systems in buildings.

-   a test-implementation, to demonstrate the model on UNIX workstations.

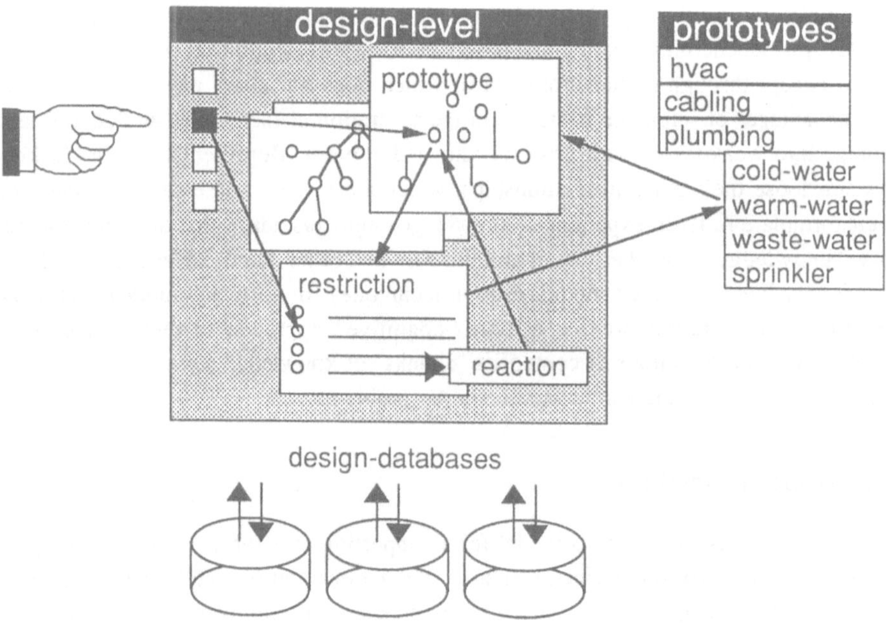

Fig. 3 armilla+ scenario

The specification language is needed due to the complexity of the knowledge and the expressive power needed, which cannot be provided through a fully graphical user interface. The language constructs cover all aspects of the basic model described above.

The language aims at expressing information about different "types" of solutions, in the sense of giving an actual description of the solution-spaces and interdependencies involved. In architecture and also in engineering the term "type" or "standard-type" refers to it´s synthetical nature. The pieces of knowledge it incorporates, are already organized in relation to each other and coordinated in a way, that they do not conflict and have an integrating impact on the practical results. The "type", as operational knowledge, may therefore guaranty for coherence between an action and it´s goal. /MURA-60/

To provide a maximum of modularity in specifications, the language is based on object-oriented-modeling techniques /BOOC-90/. It should therefore be no problem for users, to specify their own objects from taxonomies and add control-rules, instead of configuring and defining macros in a CAD-environment. We think that knowledge-modeling in design-support systems could become as easy as programming Hypercard or Excel.

The vocabulary presented in this paper is not complete in defining all relevant implications for building-design. Examples represent general concepts for service-systems in buildings like piping, cabling, ductwork, or circulation-systems. We present a framework for applications, that could serve for data-communication as well.

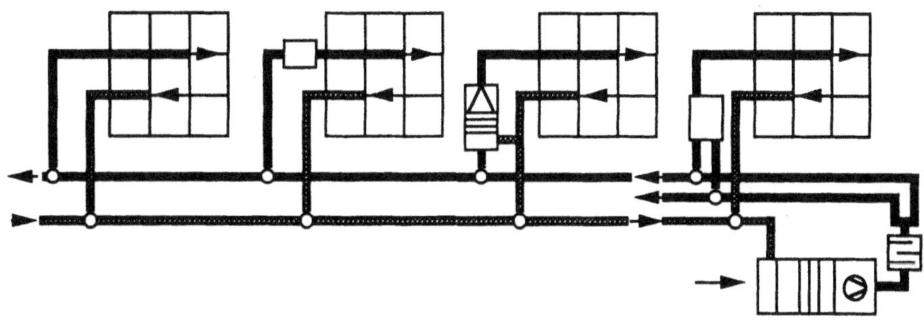

Fig. 4 Different prototypes for air-conditioning systems in service zones of a building

6 Specification language

6.1 Design levels

The process of building design is traditionally organized in design-steps representing communication and abstraction levels, usually defined by a certain scale of representation. Earlier ARMILLA applications already introduced the concept of design-stages to reduce complexity. ARMILLA 2 proposes five major design-levels: 1. spatial organization of the building-structure, 2. requirement definition for service-systems, 3. strategic layout-design of service-systems, 4. spatial coordination of piping routes, 5. component specification and allocation. The specification language is based on this concept in distinguishing globally defined abstraction and decomposition levels to organize data-communication and integration.

6.2 Prototypes

A basic concept in the armilla+ knowledge model is the idea of a prototype. Prototypes are classification schemes for types of solutions, but their representation differs in some aspects from comparable concepts in knowledge-based environments. The information stored in armilla+ prototypes is neither an operational model, how to generate a type of solution from a given situation, nor is it a complete and distinct solution for a distinct situation, which can be mapped and adapted to a similar situation.

In our representation a prototypes define the boundaries for their valid solution-spaces, through specification of valid elements and configurations of elements, which can be modified and checked when applied to a design-situation. In this sense they are not "visible" as a ready solution, but implicitly formed through a defined set of descriptive and "visible" patterns, which are formulated using elements of the specification language. This representation focuses on the descriptive power of prototypes in order to facilitate knowledge-modeling. Prototypes may be organized in hierarchies, specializing certain compatibility and restriction rules for specialized systems.

They are "loaded" and used in a design-situation interactively and may interactively be removed or replaced by other prototypes. Instantiation methods take care of the proper mapping of prototypes and elements to design-situations defined in the product-model, whereas attached rules and reactions supply assisting knowledge and procedures. They also incorporate knowledge about their appropriate design-level and how to propagate themselves to other levels.

Prototypes are either defined from scratch or redefined and extended by inheriting from other prototypes. The following language elements are introduced to represent basic concepts to describe prototypes in the field of service-system design.

6.3 Entities and Associations

Marvin Minsky´s theory of mind /MINS-85/ captures many cognitive aspects of design. Most striking is his theory of k-lines and societies of k-lines. He distinguishes organizations of higher level and lower level agents. Each higher level of description must add to knowledge about lower levels, rather than replace it . Our approach uses entities organized in object-hierarchies and association-networks to represent the notion of agents and agencies which are organized through k-lines

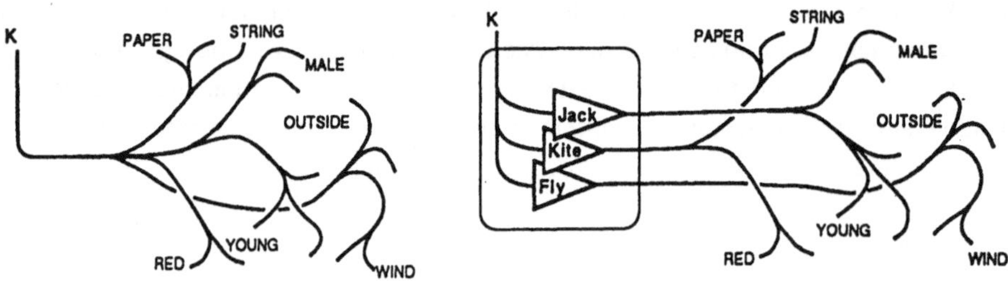

Fig. 5 K-lines and Societies of K-lines (Minsky)

Basic architectural concepts to describe structural, functional and geometric semantics in building-design are systems, components and zones.

- Systems represent structural entities in capturing hierarchies of functional decompositions into subsystems or components. They semantically relate to certain functional tasks in a building. Systems have no geometric representation.

  e.g. circulation-system, air-conditioning, cold-water-supply, heating

- Components are not decomposable entities as parts of systems. They form the end-nodes in a design-solution and depending on the level of abstraction they may represent actual physical components. Components need geometric representations.

  e.g. elevator, stair, duct, pipe, outlet

- Zones describe geometric entities of a building. They are important concepts to organize geometric building-hierarchies. Zones provide also the concept for semantic containers of components. They are used in design to organize space. Systems need zones to define spatial requirements for their functional tasks. Zones may overlap, several zones, representing different aspects of the design, may even occupy the same space.

  e.g. building, section, floor, room, core, shaft, office-zone, service-zone, circulation-zone, installation-zone

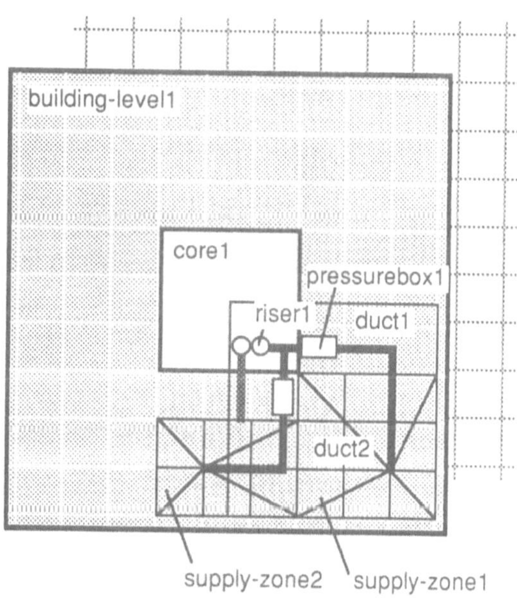

Fig. 6 Design-representation of air-supply systems at strategic layout level

Associations are complementary elements to entities in forming the "k-line"-connections between design-entities. They are important features in representing design not only as structural solutions, but in describing intermediate steps or direct goals between corresponding entities

/HAYE-88/ . This "holistic" or "coherent" view reflects much better mental images in design, than the "operational" view in rule-based representations, were agents form an unstructured mass of independent views.

- Roles are used to define the direction of links between two or more entities. Each role has it´s name-tag, denoting a proper identification of the semantic type of corresponding association. The model provides forms to build user-defined associations from basic concepts.

Basic types of roles are

structural: organization (system)--member (component)
                    set (group)--part
                    connection (component)--connection (component)
functional: supplier (system)--suppliant (zone)--function-of-supply (function)
                    task (system)--tool (component)
                    in-port (component)--out-port (component)--transportation (medium)
geometric: container (zone)--content (zone, component)

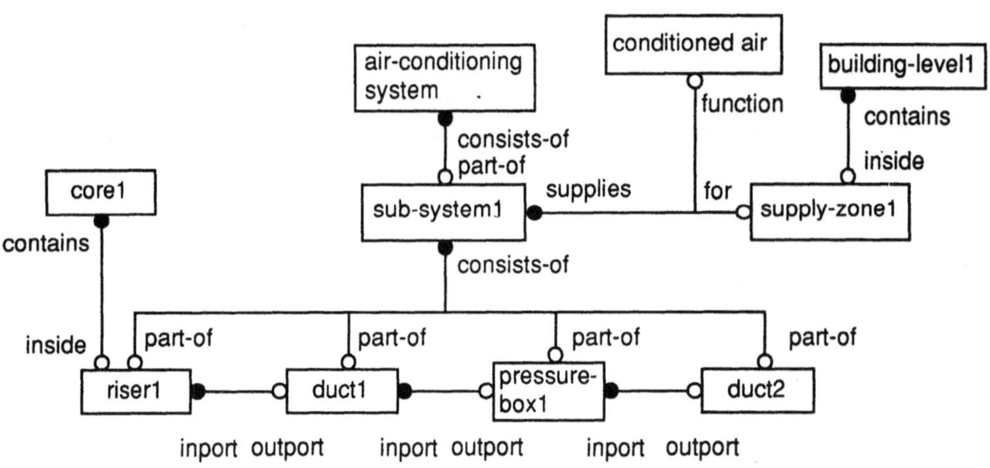

Fig. 7 Association network of an air-supply system during design

- Links accomplish association-networks during design (product-modeling) through instantiating direct paths between objects. That way they provide an additional level of information in forming search-patterns for problems. Because associations are often interrelated (as shown in Fig.5), the problem of keeping association-networks consistent with defined semantics is an important issue. In our approach this is managed at knowledge-level (prototype-specification) through user-defined constraints on associations, that watch for inconsistencies and use applied methods to restore semantic coherence.

6.4 Shapes

Geometric representations in armilla+ use "shapes" as a uniform description model to represent geometry in buildings. Their scope is not to provide a complex mathematical model but to express pragmatic schemes as three-dimensional hierarchies and organizations of geometric shapes in a simple and efficient model.

We propose two basic types

- Container-shapes may include other shapes. Their purpose is, to manage the behaviour of their member-shapes. This enables the structuring of shapes into purposeful hierarchies. Building hierachies and architectural zones for example may geometrically be represented by this type of shape.

- Simple-shapes do not contain other shapes, but provide schemes for detailed geometric descriptions and behaviour. This definition is sufficient for geometric properties of components.

Shapes are designed to manage their own coordinates, a bounding-box and a vector. They support interactive geometric manipulations like "move","place", "rotate", "scale", "stretch" etc. Operations on container-shapes can be propagated to their members. Special predicates support geometric tests on shapes like "inside", "intersect", "left-of","top-of" etc. These predicates may be applied to a small set of member-shapes or could be propagated through defined branches of the shape-hierarchy. This way, design-entities like components or zones could be grouped in appropriate hierarchies, to reduce geometric search for a given problem.

6.5 Constraints

The language introduces the concept of constraints as the central structure to define and provide dynamic control in an interactive design-environment. Constraints comprise flexible and powerful representational schemes for semantic specifications of prototypes and are designed to assist users during design in several ways:

1   User-defined constraint-rules check for semantic consistency of associations between systems, components or zones in a design and supply methods for correction.

    e.g. the consistency-rule for an inport-outport association between two components of a piping-system may determine, that both have to be members of the same subsystem. If one component is attached to a different subsystem during design, the improper links have to be removed.

2   User-defined or library constraints check if a design-situation meets certain specifications. In case of a violation the same constraints can then supply users with detailed information about the problem.

e.g.a restriction for waste-water systems may exist, that outlets can be disposed only within a certain distance from a riser. If a user should move a riser or outlet outside these limits, the constraint may then pop up the information about the restriction.

3　Constraints actively assist users at certain tasks, through adding operational information about methods of possible fixes of the problem.

e.g. in the previous example the constraint could be extended by a modified reaction-method, indicating several possibilities to fix the problem, like "undo" previous command, "move" riser, "move" outlet or suggesting a standard fix method, which could be installing a new riser in appropriate distance.

4　Constraint-directed search and optimization strategies can assist users in solving tedious configuration or allocation tasks. Reaction-methods of rules are used to formulate knowledge-based correction-rules following a "propose and correct" strategy /PUPP-90/ /MARC-88/.

e.g. a typical problem to apply this strategy is allocating competing piping-systems in their optimal spatial templates in a building, where many geometric and functional constraints may interact.

Constraints consist of a trigger-part, a conditional part and and active part. Control is supplied through a kind of event-trigger mechanism, which directly connects entities with constraints. This way inference can be provided without the overhead of a global matching-algorithm. Another advantage is a more declarative structure of the knowledge-base in the direct connections between entities and constraints.

Queries

The conditional parts of constraints represent situation-patterns describing the valid solution-space for the defined constraint. Queries are intermediate representations to describe conditional parts in constraints.The gaol is to provide reusable templates for an easier description of situation-patterns. Elements are set-definitions, predicates, type-checking, logical operations, variables and the access to entities, associations and geometric relations.

7　armilla+ tool

The tool provides an interface and mechanism to use the concepts of the specification language in a system and demonstrates design-support and assistance according to the armilla+ model. Graphical editors are the major means of information. Buttons, commands and functions take the role of system-interaction. Design-control and assistance is enabled using event-driven inference based on object-specific constraints.

The interface-model distinguishes three basic information-levels:

-　Design modeling

a graphical interactive design-environment for building-design. Specialized views represent different design-levels and provide their own set of interactive tools to model the geometry and structural aspects of a building.

- Prototype configuration

    prototype-editors to manipulate the underlying knowledge base (prototype-configuration). Underlying entities, roles and constraints are accessible through information-panels,which enable browsing, as well as configuration.

- Toolbox

    a toolbox with a basic set of prototypes, typical design-entities, associations and constraints, which can be used as is, or extended by the user.

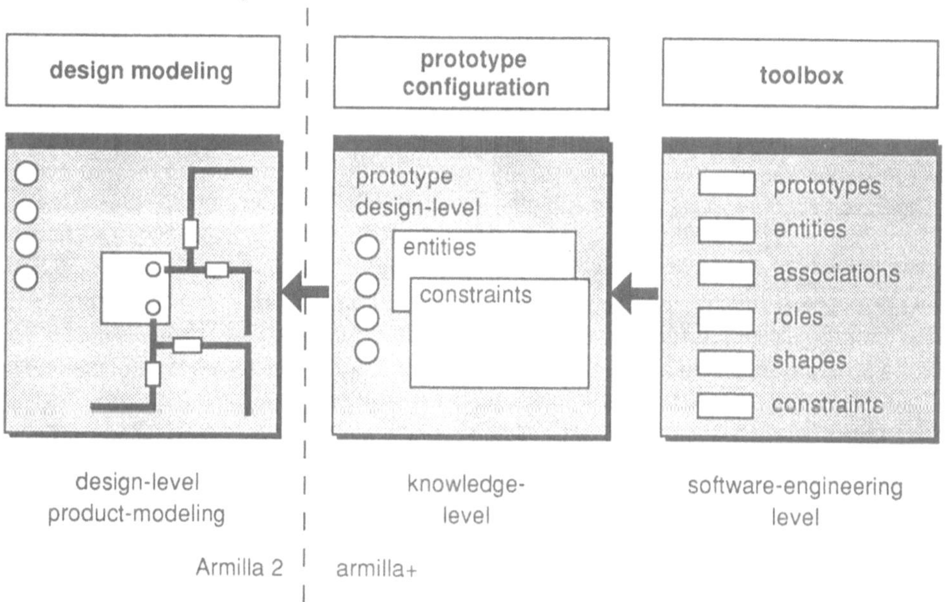

Fig. 8 Levels of information in the armilla+ tool

Applications are built as sets of additional, domain-specific entities, associations and constraints. These sets can also be combined to easily reuse existing knowledge for new areas.

Event-Trigger mechanism

Entities provide an interface to actions, which are introduced to represent types of operations on design-data. Entities incorporate knowledge of how to transform actions into object-specific operations. Actions are linked to corresponding types of events and are invoked either by top-level user-commands or by reactions of constraints. Events are created after the execution of an action and sent to a constraint-handler. For each action-event cycle the appropriate constraints are instantiated and sorted into a queue, which is then processed while the conditional parts of constraints are tested. In case of a violation, their active parts are called, which may invoke additional actions and events. In spite of the limits of this inference-strategy the idea of flexible constraints can be supported by the present implementation.

The current implementation of the armilla+ tool and language is in CLOS on DEC-3100 workstations as a general object-oriented model using GINA /SPEN-90/ as an interface-toolkit. The implementation is designed to be portable to other object-oriented languages, or object-oriented data-base-management systems and implemented as an extensible model.

7.1 Design modeling

The user interface for design modeling is built on concepts, already introduced with the Armilla 2 system. Design proceeds through different levels of abstraction, defined as discrete design-levels. Views provide the corresponding representational concept to enable graphical information of design-situations in different levels of abstraction. Views may be specialized to filter information for defined aspects of a design-task. Design interaction is provided through a graphic-editor, which allows interactive generation, modification and geometric modeling of components. Buttons connected with view-specific call-backs provide an additional interface to invoke procedures or start different tasks. Internal interfaces provide access to project data-bases and available prototypes from the toolbox.

The standard way to evolve design in the armilla+ environment is by integrating and modifying existing prototypes. In approaching a new design-problem or task an appropriate prototype is "loaded" from a selection menu, installing it´s knowledge in the design-environment. This step does not yet define any solution, only the necessary entities are created, which adapt themselves in a view according to their instantiation-format. The rest is left up to the user, who can now continue in it´s interactive design-session by modifying parameterized systems and components guided by the prototypes "assistance" and "advice". The attached knowledge of the prototype follows and guides the interactive and iterating process of product modeling of a building through different levels of detail, until a proper solution is generated.

Typical tasks where prototype-knowledge may assist and support designers are:

- Propagating partial design-decisions along functional and semantic links to other design-entities in a prototype specific way.

- Propagating geometric modifications of a building-part or section to all related parts.

- Notifying users about failures or inconsistencies in their designs.

- Finding and generating solutions for tedious, but clearly defined problems.

Experiences have shown, that even simple mechanisms can provide excellent design-support when accompanied by a proper model for semantic control. A tracing-mechanism for piping-nets for example might determine, that connected parts should be dragged along, in order to keep the net together. This rule might be applicable only under certain conditions, or not at all, depending on the prototype´s definition. The procedure can vary with different prototypes defined by different designers and their individual style of design.

Even experienced designers tend to loose overall control in complex building models. Prototypes with their constraints watch for violations, which are otherwise overseen or even "invisible". Prototypes provide additional switches for certain problems, which can be turned "off". Then interactive design can go on without warnings. As soon as the switch is turned "on" again the new situation is evaluated for restrictions.

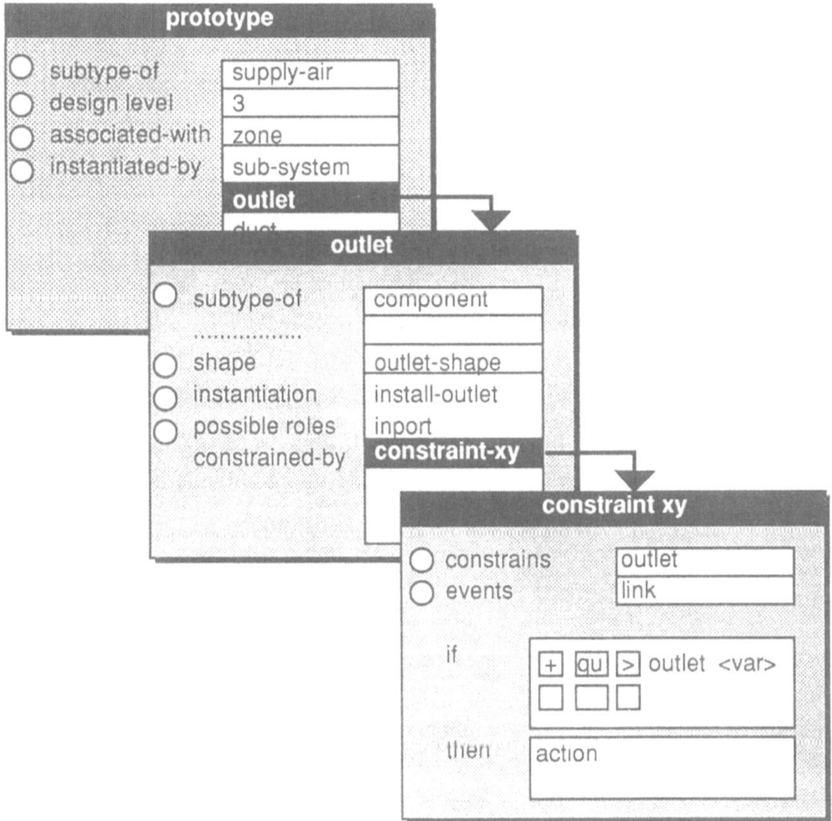

Fig. 9 Structural layers in prototype configuration

7.2 Prototype configuration

Instead of providing users with a predefined set of prototypes, that represent a limited selection of solution-types for a problem, armilla+ enforces the interactive redefinition and configuration of prototypes in order to incorporate individual requirements and knowledge. Any time during design modeling the level of prototype configuration can be entered and existing prototypes can be modified in their functional behaviour or "semantic" interpretation of a problem. Consistency -rules for design-associations may for example vary for different types of systems.

A great problem but also challenge in this approach is providing adequate user-interfaces, that allow both, informational transparency about a prototypes scope and it´s semantic and behavioural details and meaningful tools for it´s modification. The present interface demonstrates only a rough model for a hypermedia tool. Panels and browsing menus are the media for information and interaction. The integration of graphic editors, already available with software-engineering environments will provide a more sophisticated tool for practical use.

Prototype-configuration is structurally organized around layers of information, incorporating the definitions of the specification language. A complete view of the actual state of knowledge becomes visible through "navigation" along knowledge-paths.

- A prototype editor displays information about a prototype´s scope. This comprises a reference name, it´s position in hierarchy and appropriate design-level. Important definitions regard installation-methods and prerequisites and the installation-set for prototype-specific design-entities. Information paths connect prototypes with attached entities.

- An entity editor provides the interface at the next information-layer. Design-knowledge may be specialized by adding "defaulted" properties and defining "possible roles". To specify the conditional boundaries of a definition constraints need to be added forming the next layer.

- A constraint-editor exposes the trigger, condition and reaction part of it´s rule-definition. Forms assist in the formulation of conditions. Query-structures support definitions in supplying a language to express complex search patterns. Standard-actions provide the elements to describe complex reactions.

8   Summary

The outset for the armilla+ model were experiences in the field of building design integration. To date this area still appears even to practitioners as unstructured and orderless and requires a great amount of creativity and human communication. We do not think that tools should replace human control and communication, but could be quite efficient in facilitating it. Our proposal is centered on a users perception of design which means he or she should be enabled to structure his or her own environment in the limits of an integrating language-framework. The developed concepts in our model concentrated on the idea of providing public interfaces for design-knowledge. Question of data-management, CAD-integration, product-modeling, concurrent design and multi-user environments, which are important issues in this field of research were only touched by our approach.

The idea of flexible tools is aimed to point out perspectives and might conform well with next-generation CAD-systems, with object-oriented interfaces and data-management. In some respect this vision is not so different from using style-formats in a word-processing system, instead of using prototypes in a CAD-System.

/HALL-85/   Haller F.u.a., armilla- ein installationsmodell, Institut für Baugestaltung der Universität Karlsruhe, 1985

/MATH-88/   Mathis, Ch., Installationsplanung mit einem wissensbasierten System, VDI-Verlag, Düsseldorf 1989

/RAET-89/   Raetz P., XNET: Ein intelligentes CAD-System für die Planung von Lokalen Netzwerken in Gebäuden, VDI-Verlag, Düsseldorf 1988

/HOVE-89/   Hovestadt L. Haller F. Gauchel J., Drach A., Ein "intelligentes CAD-System" für die Planung und Verwaltung von Leitungsnetzen in hochinstallierten Gebäuden, VDI-Berichte 775, 1989

/DRAC-90/   Drach A., Gauchel J., Hovestadt L., ARMILLA - ein Intelligentes Designserkzeug für die Layoutplanung von Leitungsnetzen in hochinstallierten Gebäuden, in: Gauchel (ed.) KI-Forschung im Baubereich, 1990

/HOVE-91/   Hovestadt L., A4 - a model for an extensive use of computers in architecture, 2.int. workshop on Computer Building Representation, Aix-les-Bains,1991

/HERT-90/   Hertkorn Ch., Roggendorf Ch., Intelligent Design Environment Systems, IEA annex 21, 1990

/HALL-91/   Haller,F.., Lockemann P.C., Dillmann R., Objektorientierte Modellierung in Planung und Konstruktion, DFG-Project, 1991

/FABE-91/   FABEL: Integration von modell- und fallbasierten Entwicklungsnasätzen für wissensbasierte Systeme. Antrag für ein Verbundvorhaben, GMD, Bonn 1991

/SIMO-75/   Simon H.A., Style in Design, in: Eastman (ed.) Spatial Synthesis in Computer Aided Building Design.

/KRÖP-90/   Kröplin B., u.a., Ein Konzept für die wissensbasierte Konstruktion von Standardbauteilen im Stahlbetonbau, in: Gauchel (ed.) KI-Forschung im Baubereich, 1990

/LENA-90/   Lenart M., Ketteler G., Expertensysteme für den Entwurf von Baukonstruktionen, in: Gauchel (ed.) KI-Forschung im Baubereich, 1990

/MARC-86/   Marcus S., McDermott J., SALT: A Knowledge Acquisition Tool for Propose-and Revise Systems, Techn.Report, CMU-CS-170, 1986

/MURA-60/   Muratori S., Studi per una operante storia urbana die Venezia, 1960

/BOOC-90/   Booch G., Object Oriented Design with Applications, 1991

/MINS-85/   Minsky M., The Society of Mind, 1985

/HAYE-88/   Hayes-Roth B., Johnson M. V., Garvey A., Hewett M., Building Systems in the BB*
Environment ,in Engelmore, Morgan (ed.) Blackboard Systems, 1988

/PUPP-90/   Puppe, F., Problemlösungsmethoden in Expertensystemen, Springer Verlag, Berlin,
Heidelberg, NewYork, 1990

/MARC-88/   Marcus S., Stout J., McDermott J., VT: An Expert Elevator Designer That Uses
Knowledge-Based Backtracking, AI Magazine, Spring 88

/SPEN-90/   Spenke, M. , Beilken, Ch., An overview of GINA, the Generic Interactive Application,
Esprit/Eurograpics Workshop on User-interface Management Systems and
Environments, Lisbon 1990

Wissensrepräsentation und Ablaufsteuerung für einen elektronischen Assistenten

G. Dargel
Institut für Maschinenelemente und Maschinenkonstruktion
TU Dresden
Mommsenstraße 13
O-8027 Dresden

Zusammenfassung

Am Beispiel eines Systems zur Unterstützung der Konstruktion von Lagerungen in Stirnradgetrieben werden Mechanismen zur Repräsentation und Verarbeitung von Wissen untersucht. Es werden ein verallgemeinerter Vererbungsmechanismus für die Framedarstellung von Wissen, Ansätze zur Darstellung von Regelwissen sowie ein Mechanismus zur intelligenten Ablaufsteuerung vorgestellt. Abschließend werden Möglichkeiten und Notwendigkeiten des Wissenserwerbs durch Lernen analysiert.

Abstract

Using the example of an supporting system for bearing design, the paper analysed methods of presentation and treatment of knowledge. A generalized mechanism of inheritance in frame systems, reflections about presentation of rule-based knowledge and a mechanism for intelligent control of the inference are introduced. Finally the paper stresses the necessity and possibility of knowledge aquisition by learning.

1. Einführung

CAD-Systeme sind in der heutigen Zeit weit verbreitete *Werkzeuge* zur Unterstützung der Konstruktionsarbeit. Ein CAD-System der Zukunft sollte einige Eigenschaften haben, die über den Charakter eines Werkzeuges hinausgehen. Hier ist es zweckmäßig, den Begriff des Konstruktions*assistenten* zu verwenden. Was erwartet man nun von einem Assistenten des Konstrukteurs? Welche Eigenschaften sollten das CAD-System der Zukunft auszeichnen, über die heutige CAD-Werkzeuge nicht verfügen? Wie lassen sie sich realisieren?
Vor einiger Zeit entstand am Institut für Maschinenelemente und Maschinenkonstruktion der TU Dresden ein System zur weitergehenden Unterstützung des Konstrukteurs. Bearbeitungsgegenstand des in /2/ vorgestellten Systems war eine spezielle Klasse von Einzelteilen. Später wurde versucht, die bei der Arbeit an und mit diesem System gewonnenen Erfahrungen auf die Baugruppenkonstruktion zu übertragen. Durch die größere Komplexität der zu verarbeitenden technischen Systeme ergaben sich eine Reihe von neuen Anforderungen. Besonders für die Mechanismen zur Wissensrepräsentation und Ablaufsteuerung mußten neue Wege gegangen werden. Der folgende Beitrag versucht, die dabei gewonnenen Erfahrungen, Lösungswege und Ansätze vorzustellen.

An einen Konstrukteur werden im Konstruktionsprozeß sehr komplexe Anforderungen gestellt. Er hat
- alle entscheidenden Aspekte des zu konstruierenden technischen Systems zu beachten und im
  Modell zu entwickeln,
- alle maßgeblichen Bedingungen einzubeziehen,
- mit allen zweckmäßigen Wissensquellen zu kommunizieren,
- über einen großen Einsatzbereich zu verfügen (breites Wissen),
- effektiv zu arbeiten (großer Erfahrungsschatz, tiefes Wissen),
- gegebene Probleme, fremde und eigene Ergebnisse kritisch zu werten,
- auf veränderte Konstruktionsbedingungen zu reagieren,
- Verallgemeinerung, Konkretisierung, Analogibetrachtungen als Arbeitstechniken zu nutzen
  (Kreativität),
- aus Ergebnissen, Bewertungen und Fehlern zu lernen.

Am Grad der Erfüllung dieser Anforderungen zeigt sich die Qualifikation des Konstrukteurs. Auch
Systeme zur Konstruktionsunterstützung oder zur automatischen Konstruktion müssen an ebendiesen
Anforderungen gemessen werden. Heutige CAD-Systeme können diese Anforderungen in ihrer
Gesamtheit nicht erfüllen. Sie sind als Werkzeuge konzipiert, die den Konstrukteur in seiner Tätigkeit
an mannigfaltigen Stellen mehr oder weniger effektiv unterstützen. Erst wenn es gelingt,
Konstruktionswerkzeuge so zu gestalten, daß sie den oben genannten Anforderungen nahekommen,
oder zumindest Teilbereichen davon zu entsprechen, kann man sie als elektronischen Assistenten
bezeichnen. Die folgenden Eigenschaften sollten ein Assistenten(system) gegenüber einen Werkzeug
auszeichnen:
- selbständiges Bearbeiten von Teilproblemen
- kritisches Bewerten von Aufgabenstellungen und Ergebnissen
- Erklärung von Entscheidungen und Lösungen
- selbständiges Erschließen von Informationsquellen
- Lernen aus Beispielen und Fehlern

Diese Fähigkeiten sind mit klassischen Mitteln nur sehr unvollständig und ineffektiv in ein
Computerprogramm umzusetzen. Einen Ausweg verspricht hier die wissensbasierte Programmierung.
Sie wirft allerdings eine ganze Reihe von neuen Fragestellungen auf.
Wie kann man (technisches) Wissen in einem Rechner darstellen? (Wissensrepräsentation)
Wie bekommt man Wissen in den Computer? (Wissensaquisition)
Wie kann man dieses Wissen nutzen? (Inferenz)

2. Wissen

Hierfür gibt es, je nach Betrachtungswinkel und Anwendungszweck, verschiedene Definitionen. Man
kann an dieser Stelle folgende sehr pragmatische Definitionen anwenden:

Wissen ist Information über Objekte und ihre Eigenschaften

Dabei versteht man unter *Objekten* Elemente der Realität. Sie können sowohl gegenständlicher (etwa
Bauteile, Formfeatures), als auch nichtgegenständlicher (wie z.B. Kräfte) Art sein.
Eigenschaften beschreiben die Objekte näher. Sie können *Qualitäten* oder *Zusammenhänge* sein.

Qualitäten sind Eigenschaften, die einem einzelnen Objekt zugeordnet werden können.

Beispielsweise ist die Zähnezahl eines Stirnrades eine Qualität ebendieses Objektes.

Zusammenhänge sind Eigenschaften, die Verhältnisse zwischen mehreren Objekten beschreiben.

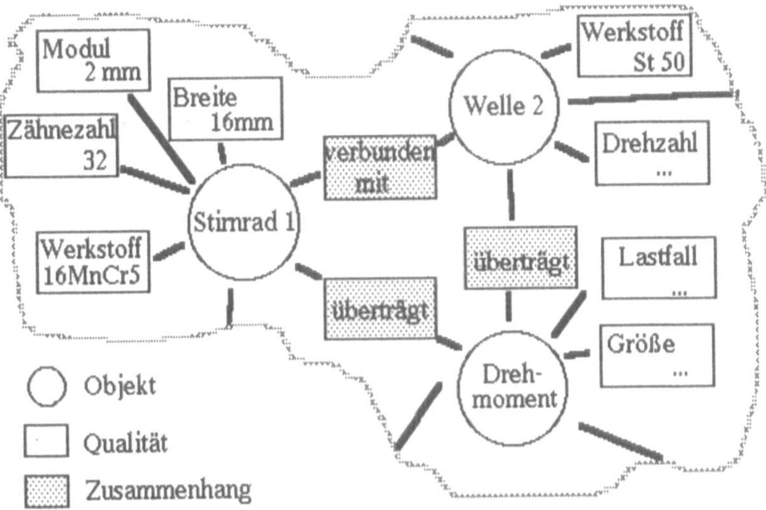

Qualitäten und Zusammenhänge

Wenn beispielsweise *Stirnrad 1* mit *Welle 2* verbunden ist dann ist *ist_verbunden_mit* ein Zusammenhang zwischen den Objekten *Welle 2* und *Stirnrad 1*. Diese Definitionen sind zugegebenermaßen sehr pragmatisch. Sie ermöglichen trotzdem eine brauchbare Behandlung von Konstruktionswissen.

Neben dem Wissen, welches unmittelbar den Konstruktionsgegenstand oder die Tätigkeiten des Konstrukteurs beschreibt, sind für einen elektronischen Assistenten noch weitere Informationen notwendig. Das betrifft vor allem:

- Wissen über das übergeordnete System. Beispielsweise ist zur Konstruktion eines Getriebes Wissen über die Maschine, in der es eingesetzt werden soll, notwendig.
- Wissen über den Nachfolgeprozeß. Bei der Maschinenbaukonstruktion betrifft das vor allem die Fertigung.
- Wissen über den vorangegangenen Prozeß. Wie sind die einzelnen Anforderungen an das Konstruktionsobjekt zustande gekommen? Welche Anforderungen haben eine hohe Priorität?
- Wissen über Randbedingungen der Konstruktion. Welche Berechnungsverfahren sind zulässig? Welche sind möglich?

Dieses *Metawissen* hat für den Unterschied zwischen Werkzeug und Assistent eine herausragende Bedeutung. Hierzu ein Beispiel. Ein System, welches die Sicherheit eines Bauteiles gegen Versagen mit 0.98 berechnet ist als Konstruktionswerkzeug wahrscheinlich brauchbar. Zum Assistenten taugt es erst, wenn es in der Lage ist, diesen Zahlenwert unter den vorhandenen Bedingungen einzuschätzen und sein Zustandekommen zu erklären. In jedem Falle sollte es Vorschläge zur Verbesserung dieses Zustandes unterbreiten können. Und im Zweifelsfalle sollte es seine Inkompetenz erkennen.

Gerade an Metawissen fehlt es heutigen Systemen. Eine wichtige Aufgabe ist es, Formen der Wissensrepräsentation zu finden, die auch Metawissen geeignet bereithält.

3. Wissensrepräsentation

Die verschiedensten Ansätze zur Repräsentation von Wissen sind denkbar (vergl. auch /3/ und /4/). Entscheidend für den Ansatz sind neben der Art des Wissens auch noch die gewünschten Zugriffsmöglichkeiten. Bei der Vielgestaltigkeit des zu repräsentierenden Konstruktionswissens ist es nur sehr unhandlich (und damit ineffektiv und eingeschränkt) möglich, eine allgemeine Repräsentationsform zu finden. Vielmehr ist es für ein anwendbares System notwendig, jeden Wissensbestandteil in der jeweils zweckmäßigen Form zu verwalten. Das verlangt natürlich sehr flexible Mechanismen der Wissensverwaltung und des Zugriffs.

Weiterhin ist es naheliegend, Wissen, welches bereits rechnernutzbar in irgendeiner Form bereitsteht, für das System zu erschließen. Erwähnt werden sollen an dieser Stelle Datenbanken sowie Berechnungs- und Optimierungsprogramme.

Bei der Analyse des abzulegenden Wissen(einschließlich Metawissen) zeigen sich zwei unterschiedliche Bereiche des Konstruktionswissens.

1. Wissen über das zu konstruierende technische System. (*Objektwissen*) Neben geometrischem und funktionellem Wissen umfasst dieser Wissensbereich auch Informationen über das Umfeld und die Anwendung des Systems.

2. Wissen über den Konstruktionsprozeß. (*Prozeßwissen*)

   Wie gestaltet man (berechnet man, wählt man aus) ein technisches System?

Diese beiden Wissensbereiche stellen recht unterschiedliche Anforderungen an die Repräsentation. Es erscheint zweckmäßig, sie unter Aufrechterhaltung aller Querverbindungen getrennt zu repräsentieren. Objektwissen kann in einer zentralen Objektwissensbasis abgelegt werden. Prozeßwissen sollte auf einzelne Moduln (Elementarbausteine) verteilt werden.

3.1. Frameansatz für Objektwissen im Konstruktionsprozeß

Für Objektwissen konstruktiver Anwendungen bietet sich der Frameansatz an. Das Framekonzept ist in Arbeiten zur Unterstützung technischer Prozesse mit KI-Mitteln weitverbreitet und bietet eine ganze Reihe von Vorteilen. Im folgenden soll ein realisierter Framemechanismus vorgestellt werden. Er baut auf Lösungen aus anderen Bereichen der Informatik auf. Hier sei auf die Veröffentlichungen in /1/ und /4/ verwiesen.

Objekte und ihre Eigenschaften sind durch Datensätze mit jeweils vier Elementen beschrieben.

Objektname   Eigenschaftsname   Eigenschaftsausprägung   Facette

Dabei ist jedem Objekt der Wissensbasis ein eindeutiger Objektname zugeordnet. Die für den Objektnamen sowie den Eigenschaftsnamen geltenden Einschränkungen richten sich nach der verwendeten Softwareumgebung. Im beschriebenen Fall sind es Zeichenketten, die mit einem Kleinbuchstaben beginnen. Im Feld Eigenschaftsausprägung sind, je nach der zu beschreibenden Eigenschaft, unterschiedliche Eintragungen möglich. Falls es sich bei der zu beschreibenden Eigenschaft um eine Qualität im Sinne obiger Definition handelt, kommen als Einträge beliebige Datenstrukturen in Frage. Beispielsweise sind in diesem Falle Zeichenketten, numerische Werte oder Verweise auf Prozeduren zum Bestimmen der Eigenschaftsausprägung möglich.

Falls die zu beschreibende Eigenschaft ein Zusammenhang ist, sind die Eigenschaftsausprägungen Objektnamen.

Die Facette beschreibt den Geltungsbereich des Datensatzes näher. Beispielsweise kennzeichnet die Facette *default*, daß es sich bei der beschriebenen Eigenschaftsausprägung um Voreinstellungen handelt, die genau dann zur Anwendung kommen, wenn keine anderen Ausprägungen angegeben sind. Weitere mögliche Facetten geben typische Werte, Grenzwerte oder Ausnahmebedingungen an. Folgende Beispiele sollen die Datenrepräsentation verdeutlichen.

gewinde_4 nenndurchmesser M8   value

antriebswelle   wird_gelagert_von   lager_1   default

Das erste Beispiel beschreibt eine Qualität. Die Eigenschaft *nenndurchmesser* des Objektes *gewinde_4* ist mit dem Wert *M8* ausgeprägt. Die Facette *value* kennzeichnet konkrete Falldaten. Im zweiten Beispiel ist ein Zusammenhang zwischen den Objekten *antriebswelle* und *lager_1* angegeben. Der Datensatz sagt aus, daß die Antriebswelle durch das angegebene Lager gelagert wird. Bei diesem Zusammenhang handelt es sich um eine Voreinstellung.

Ein Frameansatz zur Wissensrepräsentation ist, wie andere objektorientierte Systeme auch, dadurch gekennzeichnet, daß durch Vererbung Eigenschaften zwischen einzelnen Objekten übertragen werden können. Im allgemeinen ist die Vererbung so realisiert, daß eine Klassenhierarchie aufgebaut wird. Alle Objekte, die Instanzen einer Klasse sind, erben die Eigenschaften dieser Klasse. Im vorgestellten System wird die Klassenzugehörigkeit durch die Eigenschaft *ako* (a_kind_of) beschrieben. Beispielsweise beschreibt

antriebswelle   ako   welle value

die Zugehörigkeit des Objektes *antriebswelle* zur Klasse *welle*. Durch den Vererbungsmechanismus verfügt die Antriebswelle über alle Eigenschaften einer Welle. Welle selbst ist ein Objekt der Wissensbasis und gehört beispielsweise zur Klasse Maschinenteile. Die Eigenschaft *ako* beschreibt also eine Beziehung zwischen Objekten, sie ist ein *Zusammenhang* entsprechend obiger Definition. Für die untersuchten technischen Objekte erscheint es zweckmäßig, diesen Vererbungsmechanismus zu verallgemeinern. Neben der Vererbung aufgrund der Zugehörigkeit eines Objektes zu einer Klasse sollte es weitere Möglichkeiten des automatischen Übertragens von Eigenschaften zwischen Objekten geben. Beispielsweise führt der Zusammenhang, daß ein Maschinenteil mit einem anderen verbunden ist dazu, daß sich bestimmte Eigenschaften (z.B. der Bewegungszustand) übertragen. Realisiert wird dieser erweiterte Mechanismus dadurch, daß die Fähigkeit zur Vererbung den Eigenschaften einzeln zugewiesen werden kann. Dabei kann auch angegeben werden, welche Eigenschaften zwischen den Objekten vererbt werden sollen. Der Datensatz

maschinenteil   ist_verbunden_mit   drehzahl vererbt

sagt aus, daß bei verbundenen Maschinenteilen die Drehzahl vererbt wird. Der klassische Vererbungsmechanismus zwischen Klassen und Instanzen wird folgendermaßen beschrieben:

_   ako   _   vererbt

Hierbei steht das Zeichen _ für beliebige Objekte oder Eigenschaften.
Um mit einem solchen Framesystem arbeiten zu können, sind eine Reihe von Zugriffsmechanismen

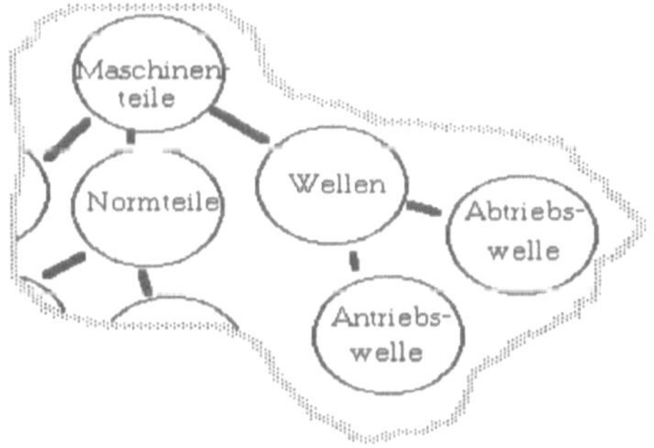

Ausschnitt aus einer Klassenhierarchie

notwendig. Neben Funktionen zum Lesen, Löschen und Hinzufügen von Datensätzen haben sich noch weitere Mechanismen als zweckmäßig erwiesen. Genannt werden sollen an dieser Stelle Mechanismen zur Ausblendung von Objekten aus der Wissensbasis.

Aus verschiedenen Gründen kann es günstig sein, Objekte aus der Wissensbasis auszublenden. Ein Grund dafür kann die Effektivitätserhöhung sein. Ein komplexes technisches System, beispielsweise ein Getriebe, wird in der Objektbasis als ein Netz hunderter Objekte mit einer Vielzahl von Eigenschaften dargestellt. Indem man im Moment nicht benötigte Objekte und ihre Eigenschaften zeitweise ausblendet, ist man in der Lage, wesentlich effektiver auf Wissen zuzugreifen.

Eine weitere Anwendung für die Ausblendung von Objekten ist die Überprüfung von Hypothesen.

3.2. Regelansatz für Prozeßwissen im Konstruktionsprozeß

Prozeßwissen läßt sich in der oben beschriebenen Art nicht günstig darstellen. Eine für Prozeßwissen vielversprechende Darstellungsform sind Regeln. Regeln treten im Konstruktionsalltag in unterschiedlichen Formen auf. Mindestens folgende Formen von Regeln sind zu unterscheiden.

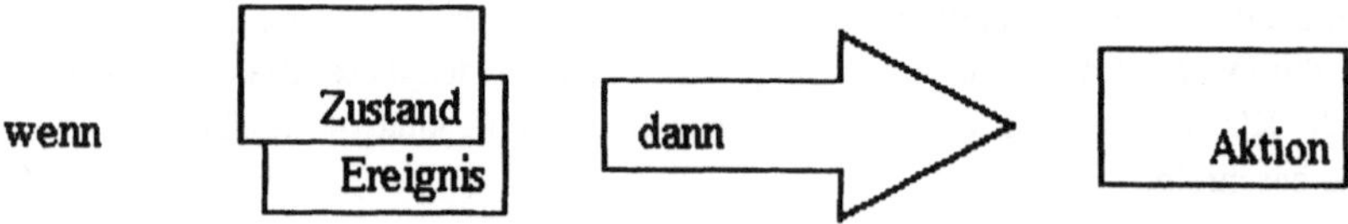

Regel 1

Regel 1 ist die klassische *Produktion*(sregel). In der Anwendung hat sie den Vorteil, daß das Wissen über die Anwendbarkeit der Regel (dies ist eine typische Form von Metawissen) in der Regel selbst enthalten ist. Ein System, welches mit Produktionsregeln arbeitet, benötigt vergleichsweise wenig Wissen über die Anwendbarkeit der einzelnen Regeln. Damit läßt sich eine Ablaufsteuerung in einem solchen System relativ einfach aufbauen. Im einfachsten Fall können Produktionsregeln direkt an Ereignisse im System gebunden werden. Produktionsregeln unterstützen sowohl Synthese- als auch Analyseprozesse.

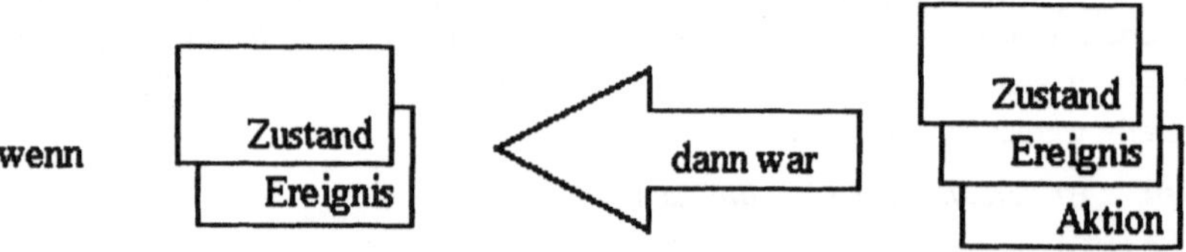

Regel 2

Auch Regel 2 geht von einer Situation des Systems aus. Mit solch einer Regel kann man auf Ereignisse, Aktionen oder Zustände, die dieser Situation vorausgingen, schließen. Durch diese Rückwärtsverkettung bietet sie sich für Analyseprozesse an. Auch hierbei ist ein großer Teil Metawissen in der Regel selbst enthalten.

Weil Regel 1 und 2 von einer Systemsituation ausgehen, kann man sie als *Situationsregeln* bezeichnen.

Regel 3

Regel 3 hingegen ist eine *Zielregel*. Ausgangspunkt ist ein zu erreichendes Ziel. Unabhängig von der bestehenden Systemsituation wird eine Aktion vorgegeben die zum Ziel führt (oder dazu führen kann). Zielregeln sind dann anwendbar, wenn:

- sich die vorgeschlagene Aktion bei Nichterreichen des Zieles rückgängig machen läßt,
- man sich durch die Aktion in irgendeiner Form dem Ziel nähert, das heißt daß die Aktion bei wiederholter Anwendung zum Ziel führt,
- das Scheitern von Aktion die Situation nur insofern verändert hat, daß Alternativaktionen zum Ziel führen können.

Im Gegensatz zu den Situationsregeln enthalten Zielregeln kein Wissen über ihre Anwendbarkeit. Die oben formulierten Anforderungen sind eigenständig zu überprüfen. Das erhöht natürlich die Anforderungen an die Ablaufsteuerung im System. Im der Konstruktionspraxis treten diese Regeln recht häufig auf. Ein Beispiel für Situationsregeln sind bestimmte Optimierungsverfahren.

3.2.1. Formulieren von Wissen in Regelform

Vergleichsweise einfach ist die Formulierung der auszulösenden Aktion. Ein gravierendes Problem bei der Repräsentation von Konstruktionswissen in Regelform besteht in der Beschreibung der auslösenden Systemsituation. Der Systemzustand

Wenn die Welle hoch belastet ist ...

lässt sich nicht so einfach formulieren. Er wird durch eine Vielzahl von Einzeleigenschaften und deren Bewertung gekennzeichnet. Dabei können sich unterschiedliche Teileigenschaften durchaus widersprechen. Hier bietet es sich an, verschiedene Beispiele für eine hochbelastete Welle im Rechner abzulegen. Das System muß dann zur Entscheidung über das Zutreffen der Prämisse die aktuelle Situation mit den Referenzsituationen vergleichen. Dieser Prozeß läuft auf einen Mustervergleich heraus, wie er in verschiedenen Bereichen der Datenverarbeitung zu lösen ist.
Zweckmäßigerweise läßt sich dieser Mechanismus mit einer Lernkomponente verbinden. Das Programm lernt dann im Verlauf der Bearbeitung immer mehr Beispiele für hochbelastete Wellen kennen.

3.2.2. Mustervergleich

Im folgenden soll ein Ansatz für den Mustervergleich zur Regelverarbeitung dargestellt werden. Während der Systemerstellung werden für eine Reihe von Beispielsituationen (beispielsweise hochbelastete Wellen) Objektwissensbasen erzeugt. Der Rechner vergleicht die Darstellungen miteinander und bewertet die einzelnen Datensätze in Hinblick auf ihre Übereinstimmung. In der Regel werden die für die Situation charakteristischen Datensätze häufiger übereinstimmen. Im Falle der Übereinstimmung wird die Bewertung dieser Datensätze erhöht, im anderen Fall vermindert. Nach einigen derartigen Trainingsbeispielen kristallisieren sich die für die Systemsituation charakteristischen Eigenschaften heraus. Nichtcharakteristische Datensätze können aus dem Muster entfernt werden.

Probleme mit diesem Mechanismus ergeben sich nach unserer Erfahrung vor allem dann, wenn sehr unterschiedliche oder sich widersprechende Ursachen zu der zu beschreibenden Situation führen. In diesen Fällen kann die Zuordnung von mehreren Vergleichsmustern zu einer Systemsituation einen Ausweg bieten. Die Trainingsmechanismen werden dann aber komplizierter.

Der hier vorgestellte Ansatz kann einige "Anleihen" aus anderen Gebieten der Informatik nicht verbergen. Insbesondere die Forschungen aus dem Bereich der neuronalen Netze (z.B. für optische Texterkennung) weist hier Wege, die zu einer Lösung führen können.

4. Intelligente oder unintelligente Ablaufsteuerung?

Ansätze zur weitergehenden Konstruktionsunterstützung oder zur automatischen Konstruktion gehen häufig von folgendem Schema aus:

- Befragen von Experten u.a. über den Ablauf des Konstruktionsprozesses,

- Verallgemeinern des Ablaufes,

- Umsetzen des Ablaufes in ein Programm,

...

Das Programm, und damit die Konstruktionsunterstützung, folgt somit immer der Vorgehensweise des Experten. Nun sind nicht nur die Konstruktionsergebnisse von Aufgabe zu Aufgabe unterschiedlich, sondern auch der Ablauf des Konstruktionsprozesses. Neben der konkreten Konstruktionsaufgabe beeinflussen den Ablauf der Konstruktion besonders:

- die Bedingungen, die der Konstrukteur vorfindet (Vergleichslösungen, Hilfsmittel, Normen),

- die Bedingungen, denen das Konstruktionsergebnis später unterliegt (Fertigung, Einsatz),

- die Anforderungen, die ein übergeordnetes System an den Konstruktionsgegenstand stellt (Gesamtmaschine -> Getriebe, Getriebe -> Welle).

Diese Beeinflussungen sind von Aufgabe zu Aufgabe unterschiedlich. Zweckmäßig wäre demzufolge eine Ablaufsteuerung, die auf diese Randbedingungen reagieren kann.

Das Wissen über den zweckmäßigen Konstruktionsablauf ist im eigentlichen Konstruktionswissen enthalten. Beispielsweise erfordern die Regeln zur Nachrechnung eines Bauteils das Vorliegen von Bauteilabmessungen. Der Ablauf

erst Bauteilabmessungen festlegen, dann nachrechnen

ist also indirekt in den Regeln zur Nachrechnung enthalten. Eine getrennte Repräsentation des Wissens über den Ablauf führt zu einer Redundanz in der Wissensbasis mit den daraus erwachsenden Problemen der Wartung u.s.w. Es erscheint erfolgversprechend, das Konstruktionswissen indirekt zur Ablaufsteuerung zu verwenden.

Im vorgestellten Fall ist die Ablaufsteuerung wie folgt realisiert:

Das Prozeßwissen ist in einzelnen Moduln (Elementarbausteine) in der jeweils zweckmäßigen Repräsentationsform abgelegt. Die einzelnen Elementarbausteine haben über eine genormte Schnittstelle Zugriff auf die zentrale Objektwissensbasis. Alle Elementarbausteine sind (quasi)parallel aktiv. Die Kommunikation zwischen den einzelnen Moduln erfolgt durch einen Nachrichtenaustausch über ein Blackboard. Falls ein Modul zu seiner Arbeit Informationen benötigt, die durch einen Zugriff auf die Objektbasis nicht zu erhalten sind, fordert er diese durch eine Nachricht auf dem Blackboard an. Falls auf dem Blackboard eine Anforderung nach Informationen steht, die ein Elementarbaustein

erzeugen kann, versucht er diese zu gewinnen und als Nachricht einzutragen. Der Nutzer kann in den Prozeß eingreifen, indem er Nachrichten auf dem Blackboard ablegt.
Ein spezieller Modul, der Blackboardmanager, überwacht die Kommunikation und sorgt für die Vermeidung von Konflikten. Wenn zu einem Zeitpunkt keine neuen Informationen eingetragen werden, gibt er eine Anforderung an den Nutzer (im Dialog) weiter.

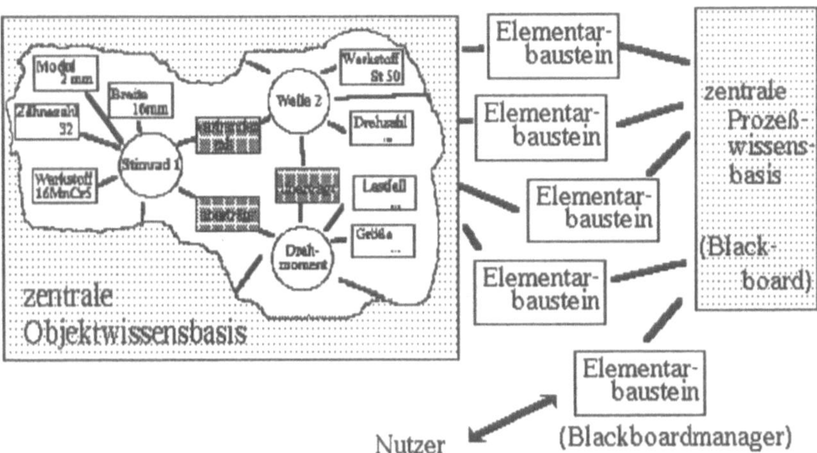

Durch dieses, scheinbar völlig chaotische, Vorgehen wird erreicht, daß eine "intelligente" Steuerung des Konstruktionsablaufs ohne separates Ablaufwissen erfolgt.
Für dien Aufbau der Elementarbausteine hat sich im vorgestellten System die folgende Struktur

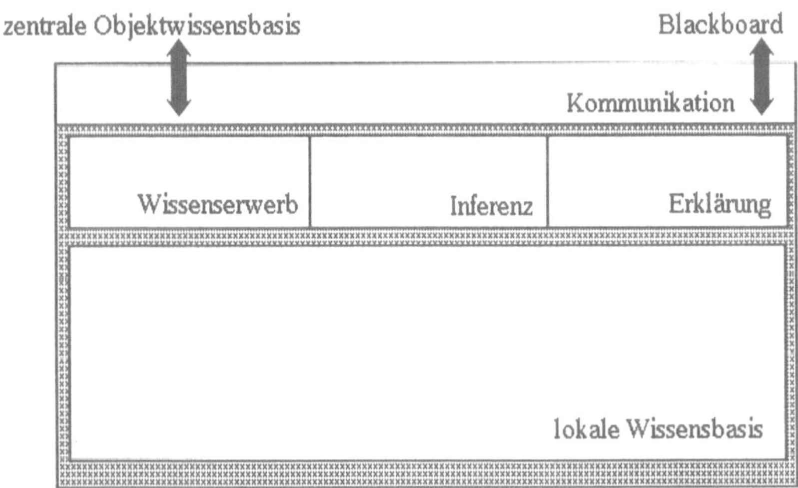

bewährt:

Der zentrale Bestandteil des Moduls ist die lokale Wissensbasis. Diese enthält das zur Problemlösung im speziellen Fall notwendige Wissen. Daneben ist dort auch problemspezifisches Metawissen enthalten. Das Wissen ist dort in der jeweils optimalen Form repräsentiert. Als Repräsentationsform kommen beispielsweise auch FORTRAN-Programme (für Berechnungsaufgaben) oder Datenbanken in frage.

Die Kommunikation der einzelnen Elementarbausteine erfolgt über das Blackboard mit Hilfe einer Kommunikationssprache. Diese Sprache ist problemabhängig. Der einzelne Modul braucht von dieser Sprache aber nur die Teilmenge zu beherrschen, die sich auf seinen Funktionsumfang bezieht. Im vorgestellten System konnte durch eine Einschränkung der Nachrichtenvielfalt eine einfache Kommunikationssprache implementiert werden. Gegenstand der Blackboardkommunikation und damit Nachrichteninhalt können im realisierten System sein:

- Wissen über Objekte / Eigenschaften / Eigenschaftsausprägungen,

- Bewertungen dieses Wissens,

- Erklärungen über Zustandekommen oder Verwendung dieses Wissens.

Für einen eingeschränkten Objektbereich und eine vorerst vergleichsweise geringe Zahl von Elementarbausteinen konnten mit diesem einfachen Kommunikationsmechanismus zufriedenstellende Ergebnisse erreicht werden.

5. Wissenserwerb

Wissenserwerb ist für das System in zweierlei Hinsicht notwendig. Zum ersten ist der Zugriff auf Wissen der aktuellen Arbeitsaufgabe (Falldaten) nötig. Der einfachste Weg dafür ist der Mensch-Maschine-Dialog. Um die Nutzerakzeptanz nicht übermäßig zu strapazieren, sind an die Dialogschnittstelle hohe Anforderungen zu stellen. Der Dialog soll weitestgehend natürlichsprachlich und mit ausgeprägter Erklärungsfähigkeit ablaufen. Alles Fallwissen, welches in irgendeiner Form bereits computerintern vorliegt ist dem System in geeigneter Form zu erschließen. In besonderer Form trifft das auf alle geometrischen Informationen zu, die ja als Bestandteil des Geometriemodells im CAD-System vorliegen. Die Falldaten sind in der Regel temporär, d.h. nach Bearbeitungsende können die meisten Falldaten aus dem System gelöscht werden. Eine Ausnahme hiervon bilden nur jene Falldaten, die im Sinne von Beispiel- oder Vergleichslösungen aufbewahrt werden sollen.

Aufwendiger ist der Erwerb von Wissen, welches von der konkreten Arbeitsaufgabe unabhängig ist. Dabei handelt es sich meistens um Prozeßwissen. In heutigen Systemen wird dazu häufig der Weg des *knowledge engeneering* gegangen. Von Experten aufbereitetes Wissen wird dem System in speziellen Sitzungen implementiert. Dieser Weg ist sehr aufwendig. Der hohe Aufwand beim knowledge engeneering erwächst nicht zuletzt aus den von Aufgabe zu Aufgabe veränderlichen Randbedingungen der Konstruktion. Ein zukünftiges CAD-System sollte in der Lage sein, Prozeßwissen automatisch aus Beispielen oder Fehlern zu erzeugen. Diese Art von Wissenserwerb bezeichnet man zweckmäßigerweise als *Lernen*. Ein elektronischer Konstruktionsassistent muß lernfähig sein. Man kann Lernfähigkeit wie folgt definieren:

Lernfähigkeit ist die Fähigkeit eines Systems sich selbständig zu verändern, um seine Effektivität zu erhöhen, oder um die Fähigkeit zur Lösung einer bestimmten Aufgabe zu erhalten.

Entsprechend obenstehender Definition kann man Lernfähigkeit erster und zweiter Art unterscheiden. Lernfähigkeit erster Art umfasst alle Anpassungen des Konstruktionsassistenten an die aktuelle Aufgabenstellung. Sie ist meist mit vergleichsweise geringem Aufwand zu realisieren. Ein Beispiel dafür ist das Ordnen der abzuarbeitenden Hypothesen nach der Wahrscheinlichkeit ihres Zutreffens, oder das Arbeiten mit Musterlösungen. Mechanismen, die zur Lernfähigkeit erster Art führen, sind dadurch gekennzeichnet, daß die Widerspruchsfreiheit des Gesamtsystems nicht in Frage gestellt wird. Die Veränderung des Systems ist in der Regel temporär.

Lernfähigkeit erster Art ist im vorgestellten System an verschiedenen Stellen realisiert. Unter anderem werden Zwischenergebnisse von rechenintensiven Operationen protokolliert. Es ist beispielsweise wahrscheinlich, daß in einem Getriebe gleichartige Normteile mehrfach zur Anwendung kommen. Die Protokollierung der geometrischen Daten eines Normteiles nach dem ersten Datenbankzugriff erspart so unter Umständen eine erneute Datenbanksuche. Ein Nebeneffekt dieser Arbeitsweise ist eine gewisse Einschränkung der Anzahl unterschiedlicher Einzelteile.

Lernfähigkeit zweiter Art führt dagegen zu einer expliziten Vermehrung des im System enthaltenen Wissen. Davon kann beispielsweise gesprochen werden, wenn daß System die Möglichkeit der Problemlösung dadurch erlangt, daß es eine Regel erzeugt und permanent in der Wissensbasis ablegt. Die Realisierung des oben beschriebenen Mustervergleichsmechanismus zur Regelverarbeitung führt zu Lernfähigkeit zweiter Art. Mit der Anzahl der erkannten Systemzustände wächst die Treffsicherheit beim Erkennen.

Aus der Lernfähigkeit zweiter Art erwachsen verschiedene Probleme. Die Widerspruchsfreiheit des Systems nach der Änderung muß überprüft und gegebenenfalls hergestellt werden. Das schließt auch die Fähigkeit zu *"vergessen"*, d.h. das Entfernen oder Modifizieren von nicht mehr zutreffenden Wissensbestandteilen ein. Die Überwachung der Systemkonsistenz (*truth maintenance*) ist eine der Hauptschwierigkeiten, die einer weitgehenden Anwendung von Lernfähigkeit zum Wissenserwerb im Wege steht.

6. Zusammenfassung

Die Weiterentwicklung von CAD-Systemen in Richtung zu einem elektronischen Assistenten erfordert Wissensverarbeitung.

Die Realisierung von Metawissen ist eine wesentliche Eigenschaft eines elektronischen Assistenten.

Das zu verarbeitende Konstruktionswissen ist vielgestaltig und dem müssen auch die Wissensrepräsentations- und Verarbeitungsmechanismen entsprechen.

Eine Framedarstellung ist eine effektive Form der Repräsentation von Objektwissen.

Eine Verallgemeinerung des Vererbungsmechanismus erleichtert die Beschreibung von Zusammenhängen zwischen Objekten.

Regeln als Darstellungsform für Prozeßwissen erfordern häufig einen Mustervergleich zum Erkennen von Systemsituationen.

Die Steuerung des Bearbeitungsablaufs von Konstruktionsaufgaben kann durch das zur Anwendung kommende Wissen erfolgen.

Erst das Erschließen möglichst vieler Informationsquellen und deren flexible Behandlung, sowie eine auf den Benutzer und die Problemstellung abgestimmte Kommunikation machen ein Computerprogramm zu Assistenten.

Lernfähigkeit kann auf unterschiedlichem Niveau realisiert werden.

Lernen zum Wissenserwerb erfordert auch Mechanismen zum Vergessen.

Literatur

/1/ P.Schnupp, C.T.Huu, "Expertensystem-Praktikum", Springer, Berlin Heidelberg (1987)

/2/ P.Höper, G.Dargel, "Expertensystem zum Detaillieren von Drehteilen", Maschinenbautechnik, Berlin 38(1989) H.10, S.464-467

/3/ P.H.Winston, "Artifikal Intelligence" (2.Auflage), Addison-Wesley, Reading, Mass. (1984)

/4/ H.Dörne, "Wissensrepräsentation - Ideen, Aspekte, Formalismen", in: Grundlagen der Künstlichen Intelligenz, Akademie-Verlag, Berlin (1989)

Verteilte Konstruktion :
Das Arbeiten in Konstruktionsräumen

H. Grabowski, M. Schmidt

Universität Fridericiana, TH Karlsruhe TH

Institut für Rechneranwendung in Konstruktion und Planung (RPK)

Kaiserstr. 12, D-7500 Karlsruhe 1,

email: gr / schmidt@rpksun1.mach.uni-karlsruhe.de

Schlüsselwörter: CAD, Simultaneous Engineering, Concurrent Engineering, Verteilte Konstruktion, Konstruktionsräume, Konstruktionstransaktionen, Datenbankanwendung, Konstruktion im Team

Zusammenfassung

Simultaneous Engineering ist eines der Schlüsselkonzepte zur Reduzierung von Entwicklungs- und Fertigungszeiten. Teil dieses Konzeptes ist die sogenannte Verteilte Konstruktion, *die die gleichzeitige bzw. parallel versetzte Entwicklung eines Produktes oder einer technischen Lösung ermöglichen soll. Für die Verteilte Konstruktion werden Mechanismen zur Aufgabenzerlegung, parallelen Entwicklung von Teillösungen und deren Zusammenführung benötigt. Ein wichtiges Hilfsmittel für die Verteilte Konstruktion sind sogenannte Konstruktionsräume. Ein Konstruktionsraum beschreibt eine Aufgabe und deren Randbedingungen für einen Konstrukteur. Der Artikel gibt eine Einführung in die allgemeinen Anforderungen an die Verteilte Konstruktion im Bereich des Maschinenbaus, den Lösungsansatz für Konstruktionsräume und deren Implementierung in einem CAD-Systemprototypen.*

Abstract

Simultaneous Engineering is one of the key concepts to reduce product development cycles and the manufacturing period of time. Part of it is the socalled Concurrent Design which is a concept for the simultaneous and parallel shifted design of products or technical solutions. Concurrent Design needs means for the definition of an adequate design task decomposition, the control of parallel solved design tasks and the composition of partial solutions. An important aid to support this concept are Design Spaces which are the environments for design tasks. Within this spaces designers can solve their design tasks. The article gives an introduction to the general requirements of Concurrent Design in mechanical design. Especially the solution principle of Design Spaces and their implementation within a prototype CAD system .

1. Einleitung

Die Lebensdauer eines Produktes am Markt wird zunehmend kürzer. Das heißt, daß in immer kürzeren Zeiträumen neue Produkte mit verbesserter Funktionalität oder neuem Design alte Produkte auf dem Markt ersetzen. Im Gegensatz zu dieser reduzierten Lebensdauer, nimmt die Produktentwicklungszeit auf Grund der heutigen Produktkomplexität und der Anzahl der involvierten Experten, mehr und mehr zu /Milb-91/. Simultaneous Engineering soll helfen, diese Probleme zu lösen. Simultaneous Engineering ist eines der Schlüsselkonzepte um effizientere Entwicklungs- und Fertigungsprozesse zu garantieren /PeWi-89/. Die wichtigsten Faktoren hierzu sind ein optimierter Informationsfluß und die Organisation des Arbeitsablaufes. Darüber hinaus werden Werkzeuge benötigt, die bestehende CIM[1] -Architekturen entsprechend erweitern.

Während Simultaneous Engineering das Ziel hat, den gesamten Entwicklungs- und Fertigungsprozeß zu verbessern, beschränkt sich die *Verteilte Konstruktion* auf den Entwicklungsprozeß eines Produktes. Auf Grund der Komplexität heutiger Produkte und des notwendigen technischen Fachwissens, können Produkte in der Regel nur noch durch mehrere Menschen mit verschiedenem Fachwissen - im Team-Work - bzw. durch mehrere Firmen, entwickelt werden. Ziel der Verteilten Konstruktion ist es, Konzepte zur Unterstützung des verteilten Konstruktionsprozesses bezüglich optimaler Aufgabenzerlegung, Erreichung optimaler Teillösungen, Team-Organisation, Informationsfluß und Dokumentation, zur Verfügung zu stellen.

Das theoretische Wissen über den Prozeß der verteilten Konstruktion ist eher gering und basiert in der Industrie auf Erfahrung. Trotzdem existieren bereits einige rechnergestützte Werkzeuge wie z.B. CAD[2] -Systeme und technische Datenbanken, die die verteilte Konstruktion teilweise unterstützen können.

Ziel des Artikels ist es, den Begriff der Verteilten Konstruktion einzuführen und ein Konzept für ein rechnerunterstütztes Werkzeug und dessen Realisierung vorzustellen. Das System basiert auf der Idee, Produktdaten und Daten über den Konstruktionsprozeß in einem Modell zu beschreiben und es mehreren Konstrukteuren zu ermöglichen, simultan Produktdaten zu erzeugen und zu modifizieren. Dazu ist es notwendig *Konstruktionstransaktionen* zu definieren, die in begrenzten *Konstruktionsräumen* die Modifikation von Produktdaten zulassen. Diese Konzepte finden ihre Entsprechung in der modernen Datenbanktechnik, sind jedoch semantisch auf einer höheren Stufe anzuordnen. Der Artikel basiert auf Arbeiten des ESPRIT II Projektes CACID[3], in dem CAD-Systemprototyp für die Verteilte Konstruktion im Maschinenbau entwickelt wird. Die beschriebenen Konzepte sind jedoch auch auf andere Anwendungen übertragbar.

---

[1]Computer Integrated Manufacturing
[2]Computer Aided Design
[3]ESPRIT II Projekt Nr. 5168 CACID (Computer Aided Concurrent Integral Design)

2. Definition des Begriffs der Verteilten Konstruktion

Simultaneous Engineering hat zum Ziel, den Entwicklungs- und Fertigungsprozeß zu verkürzen. Dies soll dadurch erreicht werden, daß die einzelnen Phasen der Produktentwicklung und Fertigung stärker miteinander verbunden und dadurch früher begonnen werden. Die so entstehende zeitliche Überlappung der einzelnen Phasen, stellt erhöhte Anforderungen an die Flexibilität, den Informationsfluß und die Organisation einer Firma.

Die Verteilte Konstruktion beschränkt sich auf den Bereich der Produktentwicklung. Nach Pahl/Beitz /PaBe-86/ kann die Konstruktion in die Phasen Klärung der Aufgabenstellung, Entwurf, Ausarbeitung und Detaillierung, gegliedert werden. Ergebnis dieses Prozesses sind Produktdokumentationen wie z.B. Berechnungsergebnisse und technische Zeichnungen.

Um den sequentiellen Konstruktionsprozeß in einen verteilten Prozeß umzuwandeln, muß er in mehrere Teilprozesse die parallel angeordnet sind, unterteilt werden. Diese Zerlegung eines Prozesses in mehrere Teilprozesse entspricht der Zerlegung einer Konstruktionsaufgabe in kleinere Teilaufgaben. Man kann Verteilte Konstruktion definieren als:

Ein systematischer Ansatz für die verteilte Entwicklung eines Produktes im Team. Es wird die systematische Aufteilung der Konstruktionsaufgabe, deren optimale Lösung durch teilweise parallele Konstruktionstätigkeiten und die integrierte Beschreibung der entwickelten Produktdaten, angestrebt. Die Mitglieder des Konstruktionsteams, die unterschiedliches Fachwissen besitzen können, müssen explizit koordiniert werden und die Möglichkeit haben, zu diesem Zweck Informationen auszutauschen.

Der Begriff *Verteilt* unterstreicht in dieser Definition den Aspekt der Aufgabenzerlegung, der verteilten Aufgabenlösung und Zusammenführung von Teillösungen. Daraus resultiert eine Reihe von organisatorischen Aufgaben.

Die Lösung einer Konstruktionsaufgabe im Team hat mehrere Vorteile:

- Reduzierung der Entwicklungszeit,

- Verbesserung der Qualität des Konstruktionsprozesses und

- Verbesserung der Qualität des entwickelten Produktes.

Die verbesserte Qualität des Konstruktionsprozesses und des entwickelten Produktes resultieren vorwiegend aus der Zusammensetzung des Konstruktionsteams. Die einzelnen Konstrukteure können ihr Wissen teilen, voneinander lernen, flexibler auf Probleme reagieren und somit kostspielige Fehler in der Produktentwicklung vermeiden. Darüber hinaus können die Fähigkeiten jedes Mitgliedes des Konstruktionsteams durch eine geeignete Aufgabenverteilung, besser genutzt werden.

Ein weiteres Argument für die Verteilte Konstruktion ist die Kostenreduzierung, die durch kürzere Entwicklungszeiten und weniger Fehler erreicht werden kann. Der zusätzliche Aufwand für den Informationsfluß in einem Konstruktionsteam und dessen Organisation kann jedoch auch die Kosten erhöhen. Für die Wettbewerbsfähigkeit vielen Firmen ist es oftmals wichtiger, ihre Produkte schnell auf den Markt zu bringen.

Zur Realisierung der Verteilten Konstruktion sind mehrere Anforderungen zu errfüllen:

- Verbesserung der Konstruktionstheorie bezüglich Aufgabenbeschreibung und Aufgabenzerlegung für ein Team.

- Entwicklung von Verfahren zur Entwicklung von optimalen Teillösungen bezüglich der Gesamtaufgabe.

- Optimierung der Planung des Konstruktionsprozesses, seine Verfolgung und die Zusammenstellung eines optimalen Konstruktionsteams.

- Effiziente Kommunikationsmechanismen und verbesserter Informationsfluß zwischen den beteiligten Konstrukteuren. Dazu sind erweiterte Datenmodelle notwendig. Insbesondere muß der Datenaustausch standardisiert werden, um eine reibungslose Kommunikation zwischen Organisationen, Konstrukteuren und rechnergestützten Werkzeugen, zu ermöglichen.

- Konsequente Nutzung und Integration aller Lösungsfindungs-, Berechnungs und Simulationsmethoden im Konstruktionsprozeß. Bereitstellung aktueller und konsistenter Informationen über den Konstruktionsverlauf und das zu entwickelnde Produkt.

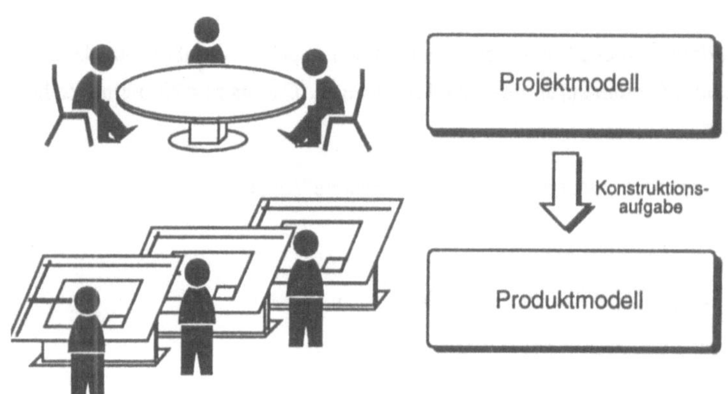

Bild 1:   Produktmodell und Projektmodell

Diese Anforderungen führen zu zwei wesentlichen Informationsklassen: Projektinformationen (Daten über den Konstruktionsprozeß) und Produktinformationen (Bild 1). Projektinformationen beinhalten organisatorische Daten wie z.B. Daten über das Konstruktionsteam, die Beschreibung von Konstruktionsaufgaben, deren Zerlegung, Daten zur Terminverfolgung und den Zustand des Projektes. Produktinformationen umfassen die Beschreibung aller relevanten Daten eines Produktes, von den Anforderungen bis hin zur Gestaltsbeschreibung. Die Trennung der beiden Informationsklassen resultiert aus der Überlegung, daß die Beschreibung eines Produktmodelles unabhängig von Verlauf des Konstruktionsprozesses sein muß.

Das Produkt- und Projektmodell besitzen verschiedene Beziehungen untereinander. Die wichtigste Beziehung stellt die Konstruktionsaufgabe dar, die aus der organisatorischen Sicht angibt, welche Information durch einen Konstrukteur im Produktmodell, zu erzeugen oder zu modifizieren ist. Umgekehrt gilt auch, daß zu jedem Objekt des Produktmodelles bekannt sein muß, welche Konstruktionsaufgaben sich darauf beziehen.

Diese Klassifizierung der für die Verteilte Konstruktion relevanten Informationen kann unabhängig von einer branchenspezifischen Anwendung aufgestellt werden. Insbesondere ist das Projektmodell für viele Anwendungen ähnlich. Unterschiede können sich in den Möglichkeiten der Aufgabenbeschreibung und der Konzepte für die Aufgabenzerlegung ergeben. Die Aufgabenzerlegung kann auf funktionalen Gliederungsaspekten aufbauen oder sich z.B. an dem für die Aufgabe notwendigen Fachwissen orientieren.

3. Bestehende Konzepte und Werkzeuge für die Verteilte Konstruktion

Simultaneous Engineering ist bisher eher ein Schlagwort als ein abgeschlossenes und strukturiertes Konzept. Es existieren nur sehr begrenzt Vorschläge über die Organisation von Konstruktionsteams oder die optimale Zerlegung von Konstruktionsaufgaben und deren Beschreibung. Lösungen in diesem Bereich sind abhängig von komplexen Eigenschaften und Bedingungen, wie z.B. Art der Konstruktionsaufgabe, verfügbare Zeit, Zusammensetzung des Teams und deren Erfahrung.

Eine bekannte Methodik die für die Verteilte Konstruktion geeignet scheint, ist die Konstruktion in Baugruppen /AnKL-83/. Das heißt, daß eine Aufgabe entsprechend der zu erarbeitenden Baugruppen unterteilt wird. Dies ist jedoch erst im fortgeschrittenen Stadium des Entwurfs möglich, wenn entsprechende Strukturen bekannt sind. Andere Konzepte basieren im wesentlichen auf der Idee der fertigungsgerechten Konstruktion. M. Cutkofsky und J. Tenenbaum /CuTe-90/ haben z.B. eine Methodik zur Beschreibung des verteilten Produktentwurfes, des zugehörigen Fertigungsprozesses und dessen Unterstützung mittels Rechner, erarbeitet. Diese Methodik geht davon aus, daß die Herstellbarkeit eines Produktes am besten gewährleistet ist, wenn Produkt und Fertigungsprozeß parallel entworfen werden. Schwerpunkt bei diesen Überlegungen ist die Verknüpfung von Konstruktion und Fertigung, nicht jedoch die Parallelisierung des Konstruktionsprozesses.

Ein Informationsmodell zur Beschreibung der für die verteilte Produktentwicklung notwendigen Daten, ist das allgemeine Referenzmodell für AEC[4] /IBBC-89/, daß für den Bereich Architektur entwickelt wurde. Es ermöglicht Aspekte von Produktanforderungen, Produktfunktionalität und möglichen technischen Lösungen, zu beschreiben. Um die Zerlegung von Konstruktionsaufgaben zu unterstützen, wird ein Produkt hierarchisch in seine Teilfunktionen zerlegt. Abhängig von der angestrebten technischen Lösung werden weitere detailliertere Teilfunktionen bestimmt. Die Ausarbeitung der Lösungen kann durch mehrere Experten erfolgen. Um die Abhängigkeiten zwischen den Teilfunktionen und Lösungen zu berücksichtigen, kann eine Menge von Randbedingungen definiert werden, die zur Kommunikation genutzt werden.

Neuere CAD-Systeme bieten die Möglichkeit, Produktdaten geeignet zu verwalten (z.B. Produktdatenarchive). Durch die Einführung von Zugriffsmechanismen, können diese Techniken in verteilten Systemen genutzt werden. Normalerweise benutzen diese Systeme Zeichnungen, Einzelteile oder Baugruppen als Objekte, die zentral verwaltet werden und in einer verteilten Umgebung modifiziert werden können. Eines dieser Systeme ist das CAD-System CADDS4X (Assembly Design) /Raab-91/, daß es mehreren Konstrukteuren erlaubt, an Einzelteilen und Baugruppen, parallel zu arbeiten, wobei die Daten zentral verwaltet werden.

Andere Entwicklungen im Bereich der rechnerunterstützten Werkzeuge, verwenden Techniken aus der Künstlichen Intelligenz. Dies Systeme verwalten Konstruktions- und Fertigungsregeln (z.B. Designer's Aid for Simultaneous Engineering /AdIs-89, Lu-89/). Das gespeicherte Wissen wird dazu benutzt, Probleme, die möglicherweise bei der Fertigungsplanung eines Produktes auftreten können, schon in der Konstruktion zu vermeiden.

4. Anforderungen an ein CAD-System für die Verteilte Konstruktion

Werkzeuge für die rechnerunterstützte Verteilte Konstruktion können in Systeme unterteilt werden, die organisatorische Aufgaben (Datenverwaltung, Terminplanung, usw.) oder den Produktentwurf bzw. dessen Dokumentation, unterstützen. Für den Produktentwurf sind dies heute vor allem Systeme, die die verteilte Baugruppenausarbeitung ermöglichen.

Ein integriertes System zur Unterstützung organisatorischer Aufgaben und des Produktentwurfes sollte folgende Aufgabenstellungen unterstützen:

- Verwaltung von Projektinformationen,

- Vereinfachung der Projektorganisation, Kontrolle und Dokumentation,

---

[4]AEC Architecture, Engineering and Construction

- Verwaltung aller relevanten Produktdaten über das zu entwickelnde Produkt,

- Möglichkeit des parallelen Zugriffs und der Modifikation von Produktdaten durch verschiedene Anwendungen und Konstrukteure,

- Gewährleistung der Konsistenz der Produktdaten und Meldung von Inkonsistenzen, sowie

- Unterstützung der Produktdokumentation.

Zur Unterstützung der Verteilten Konstruktion werden Projekt- und Produktinformationen benötigt. Um diese Informationen einem rechnerunterstützten Werkzeug zugänglich zu machen, müssen sie in einem integrierten Produkt- /Seil-85/ und Projektmodell beschrieben werden. Das Produktmodell umfaßt Daten über Produktanforderungen, Produktfunktionen, verwendete physikalische Prinzipien und die Produktgestalt (Makro und Mikrogeometrie). Das Projektmodell umfaßt Daten über das Konstruktionsteam, Aufgabenbeschreibungen und deren Zerlegung in Teilaufgaben, den Zustand einzelner Teillösungen und Informationen über den aktuellen Zustand des Konstruktionsprozesses. Dies sind z.B. Daten darüber, wer gerade welche Produktdaten benutzt oder modifiziert, bzw. wann welche Änderungen durchgeführt wurden.

Verschiedenen Konstrukteuren und Anwendungen muß es möglich sein, die gespeicherten Produktdaten zu modifizieren. Jede dieser Produktdatenmodifikationen stellt für sich eine *Konstruktionstransaktion* dar, die das Produktmodell, von einem konsistenten Zustand in einen neuen konsistenten Zustand, überführt. Eine Konstruktionstransaktion beginnt zu einen bestimmten Zeitpunkt, erzeugt, benutzt oder modifiziert Produktdaten und wird schließlich beendet. Je nach Konstruktionsaufgabe kann eine solche Transaktion sehr kurz sein oder aber auch über Wochen andauern.

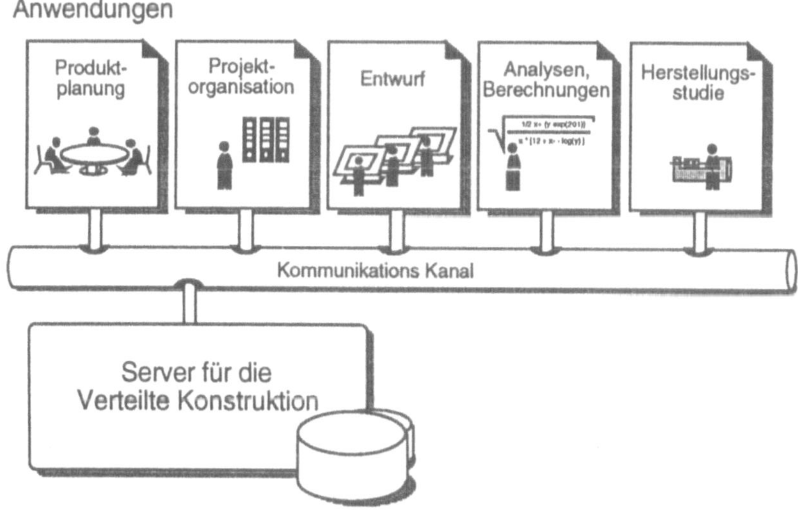

Bild 2 :   Struktureller Aufbau einer Umgebung für die Verteilte Konstruktion

Um die gespeicherten Daten bei einem verteilten Zugriff konsistent zu halten, müssen geeignete Synchronisationsmechanismen eingesetzt werden, die auf dem Wissen über den Ablauf des Konstruktionsprozesses aufbauen. Die Synchronisation kann durch verschiedene Methoden erreicht werden. Am geeignetsten erscheint eine Methode, die den Zugriff auf einzelne Objekte des Produktmodelles regelt und Randbedingungen für ihre Erzeugung und Modifikation festlegt. Zur Beschreibung der für eine Konstruktionstransaktion relevanten Objekte, ist die Einführung von *Konstruktionsräumen* notwendig. Diese Räume legen fest, unter welchen Randbedingungen eine Konstruktionstransaktion Objekte des Produktmodelles erzeugen und modifizieren darf.

Die spezifizierten Anforderungen führen zu einer *Client-Server*-Systemarchitektur, wie sie im Bild 2 dargestellt ist. Teilkomponenten dieses Systems sind die einzelnen Anwendungen, ein Kommunikationskanal und ein Server für die Verteilte Konstruktion. Der Server hat einerseits Datenbankfunktionalität und andererseits die Funktion, parallele Konstruktionstransaktionen zu synchronisieren und damit ein konsistentes Produktmodell zu garantieren. Eine weitere wichtige Komponente der Architektur ist der Kommunikationskanal, über den die einzelnen Anwendungen mit dem Server kommunizieren oder auch gegenseitig Informationen austauschen.

Die Funktion des Servers geht über die Funktionalität eines Datenbanksystems hinaus. Der Server muß die Semantik des Konstruktionsablaufes kennen und für die Konstruktion geeignete Synchronisationsverfahren zur Verfügung stellen. Sperrmechanismen, wie sie in heutigen Datenbanksystemen zur Verfügung gestellt werden, sind hierzu nicht ausreichend.

5. Ein CAD-System für die Verteilte Konstruktion

CAD-Systeme basieren auf mehr oder weniger komplexen Produktmodellen. Unter Berücksichtigung der Zeit führt jede Interaktion mit dem Produktmodellierer zu einem neuen Modellzustand. Aus der Sicht des Konstruierens bilden mehrere dieser Interaktionen einen Konstruktionsschritt, welche man wiederum zu einer Konstruktionstransaktion zusammenfassen kann, die eine Teilaufgabe abgeschlossen löst (Bild 3).

> Eine Konstruktionstransaktion KT ist eine geordnete Folge von Konstruktionsaktivitäten KA_i, die ein Produktmodell, über mehrere temporäre Zwischenzustände TMZ_i, von einem konsistenten Zustand in einen neuen konsistenten Zustand, überführt .

Konsistent bedeutet in dieser Definition, daß das CAD-System, auf einem entstandenen Produktmodellzustand, weiter operieren kann.

Für eine Konstruktionstransaktion kann man wie in der Datenbanktechnik die Eigenschaft der Unteilbarkeit und der Ununterbrechbarkeit postulieren /LoSc-87/. Unteilbar bedeutet, daß alle Einzelaktionen als eine Gesamtaktion gesehen werden. Ununterbrechbar bedeutet, daß eine Transaktion entweder vollständig ausgeführt oder vollständig zurückgesetzt wird. Das heißt, daß nach einer Transaktion entweder ein neuer konsistenter Produktmodellzustand erreicht oder auf den letzten konsistenten Zustand zurückgesetzt wird.

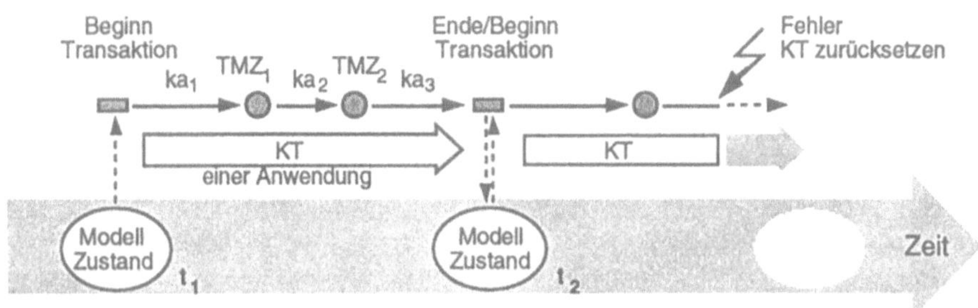

Bild 3:   sequentielle Konstruktionstransaktionen

Im Fall der Verteilten Konstruktion erzeugen und/oder modifizieren mehrere Anwendungen - sprich Konstrukteure - das Produktmodell, d.h. mehrere Konstruktionstransaktionen verlaufen parallel zueinander (Bild 4). Um unter diesen Umständen die Konsistenz des Produktmodelles zu gewährleisten, müssen geeignete Schritte unternommen werden.

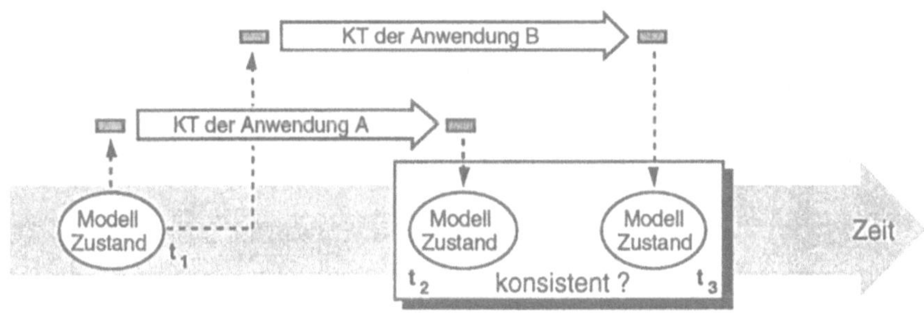

Bild 4:   parallele Konstruktionstransaktionen

Damit zwei Transaktion KT$_1$ und KT$_2$ (Bild 4) jeweils von einem konsistenten Produktmodellzustand ausgehen können, bekommen sie zu Beginn den letzten konsistenten Modellzustand zugewiesen. Da dann KT$_2$ die schon durchgeführten Änderungen von KT$_1$ nicht berücksichtigt und beide Transaktionen zu verschiedenen Zeitpunkten beendet werden, ist sicherzustellen, daß beide Endzustände zusammen, wieder einen einzigen konsistenten Modellzustand ergeben.

Um bei mehreren parallelen Konstruktionstransaktionen eine geordnete Folge von konsistenten Modellzuständen zu erreichen, müssen die aktiven Transaktionen entsprechend synchronisiert werden. Prinzipiell können zwei Synchronisationsverfahren unterschieden werden:

- Optimistische Synchronisationsverfahren und

- Pessimistische Synchronisationsverfahren.

Optimistische Synchronisationsverfahren lassen jede Transaktion erst einmal temporäre Modelländerungen durchführen. Ist nach der Transaktion ein konsistenter Zustand gegenüber dem letzten verfügbaren Modellzustand erreicht, dann kann die Transaktion erfolgreich beendet werden. Ist dies nicht der Fall, dann wird die Transaktion mit allen ihren Änderungen zurückgesetzt. Diese optimistische Vorgehensweise - Fehlerbehebung erst nach dem Auftreten eines Fehlers - ist bei den komplexen Abhängigkeiten beim Konstruieren, insbesondere bei langen Konstruktionstransaktionen mit vielen Änderungen, in der Regel nicht durchführbar.

Pessimistische Verfahren gehen von vorneherein davon aus, daß eine Transaktion einen nicht konsistenten Modellzustand erzeugen könnte. Deshalb werden zu Beginn einer Transaktion Ranbedingungen festgelegt, die verhindern sollen, daß parallele Transaktionen sich wiedersprechende Produktmodelländerungen durchführen. Bei einem Konflikt muß je nach Priorisierung eine Transaktion auf eine andere warten.

Für die Verteilte Konstruktion ist das zweite Verfahren geeigneter, da Konstruktionstätigkeiten in der Regel aufwendig sind, auf komplexen Abhängigkeiten basieren und ein Zurücksetzen der Arbeiten kostspielig ist. Bei pessimistischen Synchronisationsverfahren kann durch eine geeignete Projektorganisation, die Anzahl der sich blockierenden Transaktionen, reduziert werden.

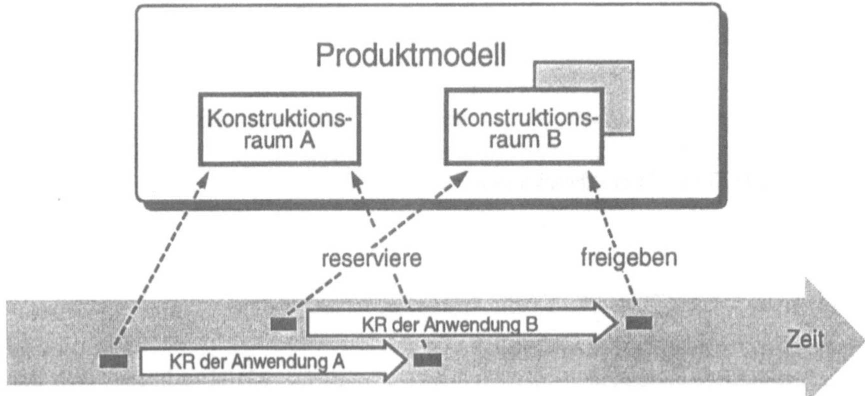

Bild 5:   Konstruktionsräume als Synchronisationsmechanismus

Pessimistische Synchronisationsverfahren gehen davon aus, daß einzelne Objekte der Konstruktionslösung, zu Beginn oder auch während einer Transaktion, für andere Transaktionen gesperrt werden. Objekte können Einzelteile, Baugruppen oder z.B. auch Produktfunktionen sein. In der Regel sind es sogar Teilemengen , Gestaltungszonen oder Formelemente dieser Objekte.

Zur Beschreibung der für eine Konstruktionstransaktion zu schützenden Objekte werden Konstruktionsräume verwendet (Bild 5) /Rude-91/. Ein Konstruktionsraum kann aus der Sicht des Konstrukteurs folgendermaßen definiert werden :

Der Konstruktionsraum KR ist die Produktinformation, die von einem Konstrukteur für sein Konstruktionsaufgabe von Bedeutung ist und für die Lösung seiner Aufgabe, zu erzeugen und/oder zu modifizieren ist.

Die Reduzierung des Konstruktionsraumes auf die zu modifizierenden Objekte ist notwendig, da viele Infomationen im Produktmodell für einen Konstrukteur von Interesse sind, aber nur wenig Objekte wirklich modifiziert werden sollen. Zur Beschreibung der zu modifizierenden Objekte kann ein abgeschlossener dreidimensionaler Oberflächenverband verwendet werden.

Aus der Sicht der Verteilten Konstruktion kann definiert werde:

Der Konstruktionsraum KR ist die Menge von Objekten des Produktmodelles, die für eine Konstruktionstransaktion reserviert sind und von denen bestimmte Teilmengen modifizierbar sind. Die erlaubten Modifikationsoperationen werden durch eine Menge von Randbedingungen festgelegt, die Teil des Konstruktionsraumes sind.

Die durch die Konstruktionsräume definierten Randbedingungen haben die Aufgabe, die Modifizierbarkeit bestehender Objekten des Produktmodelles und die Erzeugung neuer Objekte im Konstruktionsraum, einzuschränken.

Formal lassen sich die beschriebenen Sachverhalte folgendermaßen zusammenfassen:

$$PM(t) = (pmz_1, ..., pmz_n)$$
$$KT = (PM, pmz, (ka_1, ..., ka_m)) \quad pmz_j \xrightarrow{KT} pmz_{j+1}$$

$$KR = (PM, pmz, \{o_1, ..., o_m \mid o_i \in PM \}, \{r_1, ..., r_p \})$$

PM = Produktmodell, pmz = Produktmodellzustand, ka = Konstruktionsaktivität,

o = Objekt des Produktmodelles, r = Randbedingung

Der Konstruktionsraum ist ein dynamisches Objekt, daß sich während einer Konstruktionstransaktion verändern kann. Dies ist notwendig, da in der Regel zu Beginn einer Transaktion nicht alle Objekte bekannt sind, die modifiziert werden müssen. Bei der Veränderung eines Konstruktionsraumes muß die laufende Transaktion unterbrochen werden und mit alle aktiven Transaktionen (bzw. deren Konstruktionsräume), auf Kollisionen hin überprüft werden. Dies entspricht einer Ausdehnung oder Reduzierung des verfügbaren Konstruktionsraumes.

Realisierung:

Im Rahmen des ESPRIT II Projektes CACID wird ein CAD-Systemprototyp für die Verteilte Konstruktion realisiert, der entsprechend der beschriebenen Konzepte entworfen wurde. Das System basiert auf einem Produktmodell, das Objekte der Klassen Geometrie, Formelement und Baugruppenstruktur kennt. Die Menge der durch einen Konstruktionsraum definierbaren Randbedingungen ist auf die Konsistenzregeln der einzelnen Klassen und die Einschränkung des zur Verfügung stehenden dreidimensionalen euklidschen Raumes festgelegt. Die Wahl der zulässigen Randbedingungen begründet sich darauf, daß alle verfügbaren Produktmodelldaten, unmittelbar mit der Produktgestalt in Verbindungen stehen.

Die Einschränkung des verfügbaren Raumes wird durch einen (oder mehrere) dreidimensionalen Raum definiert. Die Gestalt des Raumes ist abhängig von Einbaubedingungen bzw. läßt sich von bestehenden Gestaltselementen wie z.B. einer Wirkflächenpaarung ableiten. Sie ist nicht notwendigerweise kubisch, sondern kann sich an der Umgebung anschmiegen.

Bild 6 zeigt eine Baugruppe einer Prägemaschine, die auf dem CACID CAD System modelliert wurde. Innerhalb des dargestellten Konstruktionsraumes ist eine geeignete Lagerung für die Welle einzubringen. Der Konstruktionsraum könnte auch zweiteilig sein und die linke und rechte Lagerung der Welle umfassen. Das System befindet sich zur Zeit in der Evaluierungsphase.

Bild 6:   Darstellung der durch einen Konstruktionsraum definierten Randbedingungen

Konsistenzprüfungen in einem solchen System, lassen sich im wesentlichen auf Kollisionsprüfungen und die Einschränkung der Manipulierbarkeit von Randelementen, zurückführen. Eine Veränderung des Konstruktionsraumes während einer Transaktion, entspricht hier der Anforderung von mehr oder weniger Raum.

Komplexere Randbedingungen und Konsistenzprüfungen entstehen bei der Verwendung von komplexeren Produktmodellen, die es z.B. ermöglichen, die Festigkeit eines Produktes, Wirkkräfte oder sogar Produktanforderungen, zu beschreiben. Dabei spielen insbesondere die zunehmende Abhängigkeiten vieler Informationen untereinander, eine wichtige Rolle.

Das beschriebene pessimistische Synchronisationsverfahren, deckt einen großen Bereich an Konsistenzsicherungen ab. Es kann aber nicht immer garantieren, daß eine Transaktion nach ihrer Beendigung, zu einem neuen konsistenten Produktmodellzustand führt (z.B. mehrere Transaktionen haben indirekt die Herstellungskosten eine Produktes, über das in den Produktanforderungen angegebene Limit, angehoben). In diesem Fall ist das Problem zu lösen, welche der Transaktionen zurückzusetzen ist, unter Berücksichtigung der bestehenden Kostengrenze.

6. Zusammenfassung

Es wurde gezeigt welche Anforderungen aus der Verteilten Konstruktion an die Entwicklung eines rechnerunterstützten Werkzeuges gestellt werden können. Dabei sind die Faktoren Optimierung des Informationsflusses, Organisation des Konstruktionsprozesses und insbesondere die Sicherstellung der Konsistenz des Produktmodelles hervorzuheben. Daraus resultiert die Anforderung, daß Informationen über Projektdaten (Daten über den Konstruktionsprozeß) und Produktdaten, in einem System zu verwalten sind.

Basismechanismen für ein *Verteiltes CAD-System* sind Konstruktionstransaktionen und Konstruktionsräume. Sie werden dazu eingesetzt, parallele Konstruktionsaktivitäten voneinander abzugrenzen und zu synchronisieren. Der strukturelle Aufbau eines solchen Systems entspricht einer Client-Server-Architektur, wobei der Server die Funktion hat, Daten über den Konstruktionsprozeß und Produktdaten zu verwalten, bzw. die Synchronisation der aktiven Konstruktionstransaktionen zu übernehmen. Die funktionalen Anforderungen an einen solchen Server gehen über die Möglichkeiten eines Datenbanksystems hinaus, da die Semantik des Konstruktionsprozesses von Bedeutung ist.

Ziel der Weiterenwicklung der Verteilten Konstruktion ist es, sich in den Prozeß des Simultaneous Engineering einzuordnen, wozu in einem ersten Schritt der Datenaustausch zu anderen Anwendungen unterstützt und in einem weiteren Schritt die Integration der Informationsmodelle vorangetrieben werden muß.

7. Literatur

/AnKL-83/ Andreasen, Kähler, Lund, Design for Assembly, IFS (Publication) Ltd. und Springer Verlag, 1983

/AdIs-89/ R. E. Adler, K. Ishii, DAISIE: Designer's Aid for Simultaneous Engineering, Comp. Eng. Proc. Int. Comput. Eng. Conf. Exhib v 1 (of 2), Proceedings 1989

/CuTe-90/ M. R. Cutkosky, J. M. Tenenbaum, A Methodology and Computational Framework for Concurrent Product and Process Design, Mechanism and Machine Theory, Vol. 25, Iss. 3, S. 365-381, 1990

/IBBC-89/ Four Years of Product Modelling, collected papers, TNO Institute for Building Materials and Structures, August, 1989

/LoSc-87/ P.C. Lockemann, J.W. Schmidt, Datenbank-Handbuch, Berlin, Heidelberg, New York, Springer-Verlag, 1987

/Lu-89/ S. C.-Y. Lu, Computer-based environment for simultaneous product and process design, Mechanical Engineers (ASME), New York, NY, USA, 1988, S. 35-46

/Milb-91/ J. Milberg, Wettbewerbsfaktor Zeit in Produktionsunternehmen, Münchener Kolloquium '91, Wettbewerbsfaktor Zeit in Produktionsunternehmen, Springer Verlag, 1991

/PaBe-86/ G. Pahl, W. Beitz, Engineering Design, Springer-Verlag, Second Edition, 1986

/PeWi-89/ James P. Pennell, Robert I. Winner, Concurrent Eingineering: Practice and Prospects, IEEE Global Telecommunication Conference & Exhibition (GLOBECOM '89), Part 1 (of 3), Dallas, TX, USA

/Raab-91/ Horst H. Raab, Rechnervernetzung und reduzierte Fertigungstiefe steigern die Produktivität, Sonderteil in Hanser-Zeitschriften, März, Carl Hanser Verlag München 1991, S. 16-18

/Rude-91/ S. Rude, Rechnergestützte Gestaltsfindung auf der Bais eines integrierten Produktmodelles, Dissertation an der Universität Karlsruhe, 1991

/Seil-85/ W. Seiler, Technische Modellierungs- und Kommunikationsverfahren für das Konzipieren und Gestalten auf der Basis der Modellintegration, VDI Fortschrittsberichte, Reihe 10: Angewante Informatik Nr. 49, VDI-Verlag, 1985

Ansätze einer adaptierbaren Datenorganisation in einer integrierten Entwurfsumgebung

H. Pahle, C. Hübel
Sonderforschungsbereich 124 (D2/B4)
Universität Kaiserslautern
{huebel, pahle}@informatik.uni-kl.de

Überblick

Zur Realisierung rechnergestützter Entwurfsumgebungen werden Basiskomponenten zur Verwaltung und Handhabung der Entwurfsobjekte benötigt, die eine Integration der Daten erlauben, ihre Konsistenz gewährleisten, für ihre dauerhafte Speicherung sorgen und jeweils adäquate und effiziente Zugriffsfunktionen bereitstellen. Im Gegensatz zu konventionellen Anwendungen der Datenbanktechnologie werden in Entwurfsumgebungen diese Dateneigenschaften weitgehend unabhängig voneinander gefordert, so daß ihre ebenfalls unabhängige Realisierung sinnvoll erscheint. Hieraus ergeben sich eine Reihe spezieller Anforderungen an Datenbanksysteme, zu denen in der vorliegenden Arbeit Lösungsansätze vorgestellt werden.

Abstract

In order to realize environments for computer aided design, several basic components are required which have to manage and maintain design objects. They must provide data integration, consistency, persistency, and efficient data access. In contrast to conventional database applications, design environments require these data properties independently. Thus, it gives sense to realize them separately. This results in several new requirements for database systems for which a solution approach is proposed.

1 Einleitung

Mit der zunehmenden Komplexität von Entwurfsaufgaben und dem steigenden Bedürfnis nach einer flexiblen Produkterstellung werden rechnergestützte Entwurfsumgebungen, die dem Entwerfer eine homogene und durchgängige Unterstützung während des Konstruktionsvorganges bieten, zu einer unverzichtbaren Grundlage bei der Durchführung des Konstruktionsprozesses. Viele der in solchen **integrierten Entwurfsumgebungen** zu realisierenden Funktionen besitzen allgemeinen Charakter. Dies gilt insbesondere für die Bereiche der Datenhaltung, der Ablaufkontrolle sowie der Entwurfsorganisation. Es bietet sich daher an, existierende Basiskomponenten (z.B. Datenbanksysteme, Kommunikationssysteme etc.) für die erforderlichen Teilfunktionen unmittelbar einzusetzen, oder sie in einer möglichst allgemeinen Form so zu erweitern, daß sie in den unterschiedlichen Ingenieurbereichen effizient genutzt werden können. Diese Idee führt zum Ansatz der CAD-Frameworks [HNSB90], die als eine Rahmenarchitektur für integrierte Ingenieursysteme unter Zuhilfenahme von Basisdiensten die Einbettung anwendungsspezifischer Komponenten (z.B. spezielle Entwurfswerkzeuge) in einen anwendungsneutralen Systemrahmen vorsehen.

Aus Sicht der Datenhaltung erfolgt die Integration der in einer Entwurfsumgebung enthaltenen Entwurfswerkzeuge über eine gemeinsame Datenbasis, die alle diejenigen Daten oder Entwurfsobjekte beinhaltet, die im Verlaufe eines Entwurfsvorganges anfallen bzw. benötigt werden. Das Schema einer solchen Datenbasis wird i.allg. als **Produktmodell** bezeichnet [AGPR88]. Die gewünschte und angestrebte Integration über die Entwurfsobjekte stetzt deren möglichst vollständige Modellierung, Repräsentation und Handhabung durch eine werkzeugneutrale Datenhaltungskomponente voraus. Der Einsatz konventioneller Datenbanksysteme (DBS) stellt aus vielschichtigen Gründen keinen erfolgsversprechenden Ansatz dar [HR85, Lo85]. Teilweise müssen mit dem DB-Einsatz gravierende Nachteile in Kauf genommen werden. Die auftretenden Probleme können mit den Begriffen Modellierungs-, Verarbeitungs-, Verteil- und Ablaufproblematik charakterisert werden. Konsequenterweise war in den vergangenen Jahren die Schaffung neuer, besser angepaßter Datenbankkonzepte und deren prototypische Realisierung in sog. **Nicht-Standard-Datenbanksystemen** (NDBS) ein zentraler Aspekt der Datenbankforschung [Ba86, CD87, Da86, Hä88, PSSWD87, Sch86, St86]. Die untersuchten Konzepte betrafen dabei die Mächtigkeit der bereitgestellten Datenmodelle, die Erweiterbarkeit und Anpaßbarkeit der Systeme, sowie die Effizienz der realisierten Zugriffsfunktionen.

Auf der anderen Seite wurden von den Entwicklern einzelner Entwurfswerkzeuge spezielle Lösungen der Datenhaltungsprobleme auf einer ad-hoc Basis realisiert. Das Ergebnis war zum einen die Definition standardisierter Austauschformate (z.B. IGES [IGES83], VDAFS [VDA86], STEP [STEP89], EDIF [ED87] usw.) und zum anderen die Schaffung spezieller Organisationsformen für die Ablage von Entwurfsobjekten in Dateisystemen, wodurch gleichzeitig die beim Entwurf auftretende Versionen- und Alternativenbildung berücksichtigt werden konnte [KAC86, CP88, DMK85, SZ89]. Diese Speziallösungen sind meist zwar von einer hinreichenden Effizienz beim Datenzugriff bestimmt, bieten jedoch nicht alle mit Datenbanksystemen allgemein verbundenen und wünschenswerten Systemmerkmale, wie beispielsweise Integritätskontrolle, Mehrbenutzerbetrieb, Transaktionskonzept, Datenschutz und Datensicherheit. Am gravierendsten aber, dürfte der vorherrschende Mangel an Datenunabhängigkeit sein, also der Mangel an Unabhängigkeit der Werkzeuge von den einmal definierten und im Datenbestand materialisierten Datenformaten. Darüberhinaus legen diese Lösungen meist ein stärkeres Gewicht auf den Datenaustausch als auf die werkzeugunabhängige Datenintegration, so daß immer noch ein hoher Grad an Redundanz vorherrscht.

Beide Ansätze zur Datenorganisation realisieren mehr oder weniger ausgeprägt bestimmte im Bereich der Entwurfsanwendungen wünschenswerte und erforderliche *Dateneigenschaften*. Die wichtigsten dieser Eigenschaften sind die **Persistenz**, die **Konsistenz** sowie die **Integration** und der **effektive Datenzugriff**. Ausgehend von der Beobachtung bzw. der Erkenntnis, daß inerhalb einer Entwurfsumgebung diese Eigenschaften keineswegs zu jedem Zeitpunkt und in gleichem Maß erforderlich sind, stellen wir in dieser Arbeit Ansätze einer Datenorganisation vor, die eine Adaption der durch ein Datenhaltungssytem gewährleisteten Dateneigenschaften an die jeweils vorherrschenden Anforderungen erlaubt.

Kapitel 2 beschreibt als eine Art Fallstudie die Entwurfsumgebung PLAYOUT [Zi86], die eine weitgehende und durchgängige Unterstützung des VLSI-Chip-Entwurfs bietet. Dabei werden insbesondere verschiedene Ebenen eines Entwurfssystems identifiziert, an denen unterschiedliche Dateneigenschaften und verschiedene Repräsentationsformen der gleichen Informationsstruktur angebracht sind. Die Anforderungen an eine adaptierbare Datenorganisation werden dann in Kapitel 3 in einem allgemeinen Rahmen diskutiert und die gewünschten Dateneigenschaften klassifiziert. In Kapitel 4 werden zwei, gegenwärtig praktisch erprobte Ansätze für die Datenhaltung im VLSI-Entwurfsbereich vorgestellt und insbesondere im Hinblick auf die realiserten unterschiedlichen Dateneigenschaften diskutiert. Kapitel 5 enthält schließlich eine Zusammenfassung der wesentlichen Punkte und skizziert unsere zukünftigen Bemühmungen um eine adaptierbare Datenorganisation.

2   Die VLSI-Entwurfsumgebung PLAYOUT - ein Fallbeispiel

In diesem Kapitel sollen zunächst einmal die Randbedingungen aufgezeigt werden, die für die nachfolgend beschriebenen Ansätze zur adaptierbaren Datenorganisation in einer integrierten Entwurfsumgebung von Bedeutung sind. Als Fallbeispiel einer Entwurfsumgebung dient hierzu das PLAYOUT-Entwurfssystem. Zunächst wird der PLAYOUT-Entwurfsprozeß kurz umrissen, dessen Strukturierung durch die allgemeinen Entwurfsmethoden **Präzisierung** und **Detaillierung** geprägt wird. Anschließend erfolgt die Beschreibung der hierarchischen PLAYOUT-Systemarchitektur, die eine Verarbeitung von entsprechend strukturierten Entwurfsprozessen unterstützt. Schließlich werden die Datenverwaltungskonzepte des PLAYOUT-Entwurfssystems aufgezeigt.

Der PLAYOUT-Entwurfsprozeß

Die Strukturierung des zugrundeliegenden PLAYOUT-Entwurfsprozesses erfolgt nach den allgemeinen **Entwurfsmethoden Präzisierung** und **Detaillierung**. Diese lassen sich nach [Wen86] folgendermaßen definieren: Bei der Präzisierung ist die Ausgangsbeschreibung wenig exakt, sie beschreibt eine Näherung. Durch die Präzisierungsinformation wird die Näherung verbessert. Bei der Detaillierung ist die Ausgangsbeschreibung exakt, die Detaillierungsinformation beschreibt lediglich eine hierarchische Verfeinerung.

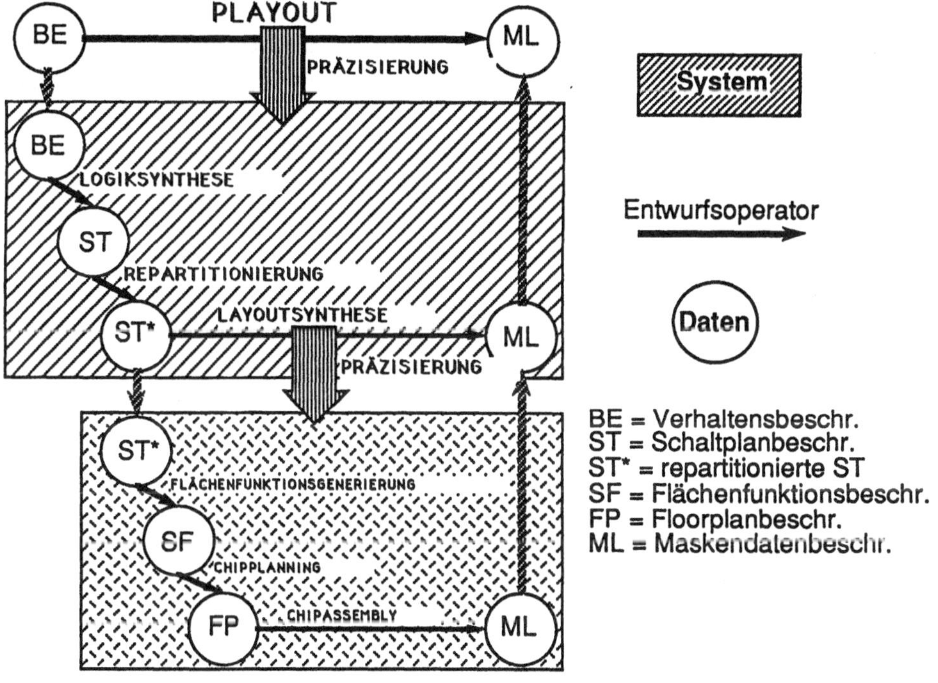

Abbildung 1: PLAYOUT Entwurfsprozeß

Abbildung 1 zeigt die präzisierende Zerlegung des Entwurfsprozesses PLAYOUT auf den oberen Abstraktionsstufen: Bei der **Logiksynthese** entsteht aus der Verhaltensbeschreibung eines Prozessors eine hierarchische Schaltplanbeschreibung. Die **Repartitionierung** paßt die hierarchische Zerlegung der Schaltplanbeschreibung an die Erfordernisse des folgenden Syntheseschritts an. Die **Layoutsynthese** erzeugt aus der repartitionierten, hierarchischen Schaltplanbeschreibung eine hierarchische Maskendatenbeschreibung.

Die Layoutsynthese wird innerhalb des PLAYOUT-Entwurfsprozesses nochmals in die folgenden drei Teilschritte zerlegt: Die **Flächenfunktionsgenerierung** ermittelt Flächenfunktionen, welche abgeschätzte Abmessungen eines Bausteins, in unterschiedlichen Längen-Breiten-Verhältnissen beschreibt. Das **ChipPlanning** ermittelt eine Plazierung und berechnet die globale Verdrahtung. Die geometrischen Größen sind hierbei noch abgeschätzt. Das **ChipAssembly** berechnet schließlich die exakte Maskendatenbeschreibung. Sie orientiert sich dabei an den vom Chipplanning vorgegebenen Daten für Plazierung und Verdrahtung.

Jeder dieser Teiloperatoren wird nach der Entwurfsmethode Detaillierung nochmals zerlegt. Die durch diese Zerlegung resultierenden hierarchischen Operatoren werden in PLAYOUT als **Toolboxen** bezeichnet. Diese werden nochmals präzisiert durch die sogenannten **Tools**.

Das PLAYOUT-Entwurfssystem

Das PLAYOUT-Entwurfssystem stellt die Ablaufumgebung dar, in der sich der eigentliche Entwurfsprozeß vollzieht. Hier sollen nicht die einzelnen Systemkomponenten detailliert dargestellt, sondern vielmehr ein Systembild beschrieben, das die Verständnisgrundlage bildet und zur Motivation der anschließend aufgeführten Anforderungen dient.

Nach [Hal90] läßt sich ein **System** formal als ein 7-Tupel S = ([X], [Y], [F], [D], [ST], [P], [C]) beschreiben mit:

[X] ist eine Menge von Eingaben, [Y] ist eine Menge von Ausgaben des Systems S.

[F] ist die Menge der Operatoren des Systems S, die beschreiben, auf welche Weise X nach Y transformiert wird.

[D] definiert die Design- oder Strukturkomponenten des Systems S. Dies sind interagierende Bestandteile des Systems S, die auch als **Subsysteme** bezeichnet werden.

[ST]ist eine Menge von Zuständen, die ein System annehmen kann.

[P] ist eine Menge von Ressourcen. Hierunter sind etwa die verwendeten Hardware- und Softwarekomponenten einzuordnen.

[C] sind Konditionen und Einschränkungen, die bei der Transformation eingehalten werden müssen.

Die konkretere PLAYOUT Systembeschreibung mit einer charakteristischen Strukturbeschreibung [D] wird in Abbildung 2 dargestellt. In dieser werden Dienste der Datenhaltung, der Ablaufkontrolle und der Systemschnittstelle isoliert und zentral in eigenen Komponenten zusammengefaßt. Entscheidende Vorteile ergeben sich daraus, daß die gleiche Funktionalität mit Hilfe generisch anwendbarer Funktionen nur einmal implementiert werden müssen.

Die Ausgestaltung der **Datenhaltungskomponente** ist abhängig von den folgenden Systembeschreibungsmerkmalen. Die Eingaben [X] und Ausgaben [Y] eines Systems werden als Elemente einer Datenbank durch die Datenhaltungskomponente verwaltet. Die Zustände [ST] eines Systems werden durch die gespeicherten Daten zu Beginn und am Ende einer Ablaufeinheit definiert und beschreiben Zustände einer Datenbank auf denen bestimmte, festgelegte Konditionen [C] eingehalten werden.

Die **Ablaufkontrolle** steuert die Aufrufreihenfolge der verschiedenen Operatoren [F]. In Abhängigkeit von Systemzustand [ST] und Konditionen [C] wird durch Aufruf eines Operators ein Zustandsübergang ausgeführt. Die Auswertung einer Kondition kann durch Steuerparameter beeinflußt werden, die in den Eingabedaten [X] der Datenhaltungskomponente beschrieben sind oder interaktiv über die Benutzerschnittstelle eingegeben werden.

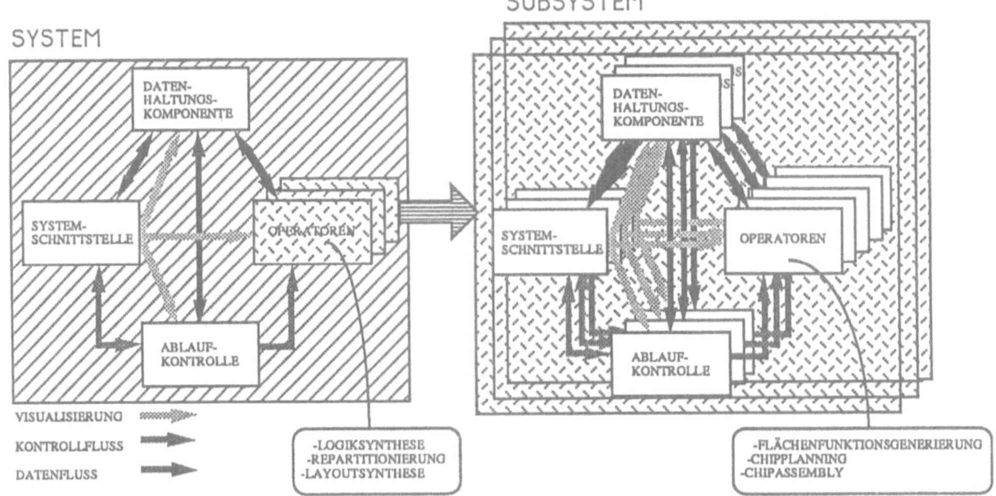

Abbildung 2: PLAYOUT Systemarchitektur

An der **Systemschnittstelle** erfolgen die Ein- und Ausgaben des Systems. Bei Benutzerschnittstellen müssen insbesondere Dienste zur Visualisierung der verschiedenen Systemgrößen ([X], [Y], [F], [ST], [C]) sowie zu deren Auswahl, Aktivierung bzw. Eingabe zur Verfügung gestellt werden.

Die **Operatoren** der Systembeschreibung können wiederum als Systeme, mit der gleichen charakteristischen Strukturbeschreibung realisiert werden. In diesem Fall erhält man ein **hierarchisch strukturiertes System.**

Abbildung 2 zeigt einen Teil der hierarchisch strukturierten PLAYOUT-Systemarchitektur. Dabei wird deutlich, daß die operatorbezogene Systemstrukturierung analog zur Strukturierung des Entwurfsprozesses erfolgt.

Datenverwaltung im PLAYOUT-Entwurfssystem

Zur Festlegung der **statischen** Aspekte der Datenhaltungskomponente eines Systems müssen die relevanten Datentypen sowie deren Repräsentationsformen mit den darauf definierten Funktionen beschrieben werden. Zur Spezifikation der **dynamischen** Aspekte erfolgt danach eine Betrachtung des Datenflusses.

Statische Aspekte der Entwurfsdatenhaltung

Die für ein Subsystem innerhalb eines hierarchisch strukturierten Systems **relevanten Datentypen** sind die Eingabe-, Ausgabe- und systemlokalen Datentypen. Die grau unterlegten Flächen in Abbildung 1 beschreiben gerade die relevanten Datentypen und die Operatoren des PLAYOUT-Systems, sowie die des Layoutsynthese-Subsystems. Auffällig ist hierbei, daß sich **Datentypen,** die für das übergeordnete, bzw. das untergeordnete System modelliert sind, **überlappen.** Über diese Datentypen erfolgt gerade der Austausch von Daten zwischen den verschiedenen Ebenen der vorgestellten hierarchischen Systemarchitektur. Die Integration der Komponenten einer hierarchischen Systemarchitektur erfordert eine **einheitliche Beschreibung** dieser Datentypen zumindest auf einer konzeptionellen Ebene.

Die relevanten Datentypen eines Systems müssen nicht nur auf einer konzeptionellen, logischen Ebene, sondern auch auf der Ebene der Repräsentationsformen festgelegt werden. Auf den verschiedenen Systemebenen existieren unterschiedliche Anforderungen an die Datentypen und den darauf definierten Operatoren und damit auch an die zugrundeliegenden Repräsentationsformen. Die unterschiedlichen Repräsentationsformen von Datentypen im PLAYOUT-System, lassen sich durch **Eigenschaften** wie **Effizienz, Datenunabhängigkeit, Konsistenz, Persistenz** und **Integration** charakterisieren. Diese werden auf den verschiedenen Ebenen des PLAYOUT-Systems unterschiedlich gewichtet.

Betrachtet man etwa die oberste **Systemebene** von PLAYOUT, so kommunizieren hier verschiedene **Toolboxen** über eine gemeinsame Datenbasis. Hier ergeben sich Forderungen nach einer redundanzfreien und für alle Benutzer zugänglichen (++ Integration), dauerhaften (++ Persistenz) und widerspruchsfreien (++ Konsistenz) Speicherung aller relevanten Daten. Der Zugriff auf die Daten soll im Mehrbenutzerbetrieb möglich sein, wobei eventuell auftretende Konflikte vermieden werden (++ Konsistenz). Änderungen in Speicherungsstrukturen, Zugriffspfadstrukturen, Datenstrukturen usw. sollen möglichst wenige Änderungen verursachen (++ Datenunabhängigkeit). Da die Ausführungszeiten der Toolboxen in der Regel relativ groß sind (Minuten- bis Stundenbereich), spielt an dieser Stelle die Zeit zur Bereitstellung der Daten (- Effizienz) nur eine sekundäre Rolle.

Auf einer tiefer gelegenen **Systemebene** kommunizieren die verschiedenen **Tools** einer Toolbox ebenfalls über eine gemeinsame Datenbasis. Die Anforderungen an die Repräsentationsform der Daten in einer Toolbox lassen sich wie folgt beschreiben: Ein Entwurfswerkzeug benötigt nur einen Ausschnitt aus den gesamten Entwurfsdaten (- Integration). Daher kann auch nur innerhalb dieser Teilsicht die Korrektheit (+ Konsistenz) der Daten überprüft werden. Der Zugriff auf Daten geschieht im Einbenutzerbetrieb und muß innerhalb der Algorithmen sehr direkt und effizient erfolgen (++ Effizienz). Daher muß in manchen Fällen auf einen hohen Grad an Datenunabhängigkeit verzichtet werden (- Datenunabhängigkeit). Das Protokollieren von Aufrufparametern erlaubt die Rekonstruktion von Daten bei einem Systemabsturz. Zwischenzustände werden daher nur zu bestimmten, meist durch den Tool-Anwender vorgegebenen Zeitpunkten abgespeichert (- Persistenz).

Die für das PLAYOUT-System insgesamt relevanten Datentypen werden unterteilt in die sogenannten Makro- und Mikrodaten. **Makrodaten** sind im wesentlichen durch die Strukturierung des Entwurfsprozesses bestimmt, wohingegen die **Mikrodaten** stärker durch die verwendeten VLSI-Entwurfsalgorithmen definiert sind.

Die verschiedenen **Repräsentationsformen**, die bei der Implementierung der Datenhaltungskomponenten in den PLAYOUT-System- und Subsystemkomponenten benutzt werden, werden im folgenden kurz beschrieben. Makrodaten werden auf der oberen Systemebene auf eine Repräsentationsform abgebildet, die von einem konventionellen DBS bereitgestellt wird. Mikrodaten werden als ASCII-Dateien, die im **Datenaustauchformat** PLIF [PLI90] kodiert sind, in einem Dateibaum abgelegt. Der Datenaustausch zwischen den verschiedenen Toolbox-Subsystemen und der Datenbank erfolgt ebenfalls über das Datenaustauschformat PLIF.

Der Aufruf einer Toolbox erfolgt auftragsbezogen. Die Abarbeitung des Auftrags wird durch den Entwerfer unter Verwendung der vorhandenen Tools durchgeführt. Aus Gründen der höheren Effizienz werden hierzu die Daten aus der PLIF-Datei in eine zentrale **Hauptspeicherdatenstruktur** eingelesen, die in Form eines abstrakten Datentyps (ADT) den Tools zugänglich ist. Die darin gespeicherten Informationen beschreiben die Eingabe- und Ausgabedaten der Toolbox sowie lokale Daten von Zwischenzuständen, die zur Kommunikation zwischen den Tools benötigt werden. Zustandsübergänge sind innerhalb einer Toolbox durch Aufrufe von Tools definiert. Durch einen **Hauptspeicherabzug** der zentralen Datenstruktur kann jeder Zwischenzustand einer Toolbox persistent gemacht werden.

Dynamische Aspekte der PLAYOUT-Datenhaltung

Bislang wurden nur statische Aspekte der Spezifikation einer Datenhaltungskomponente in einer hierarchischen Systemarchitektur erörtert. Im folgenden sollen daher die **dynamischen Aspekte** etwas näher betrachtet werden. Aspekte und Mechanismen, die hierbei zur Organisation und Kontrolle von Abläufen im Mehrbenutzerbetrieb notwendig sind, werden zunächst einmal außer Acht gelassen. Vielmehr gilt das Hauptaugenmerk der Beschreibung des **Datenflusses.**

Da die Entwurfsdaten zentral in einer Datenhaltungskomponente verwaltet werden, treten primär Datenflüsse zwischen dieser und den Operatoren auf. Hinzu kommt jedoch, daß bei einer hierarchischen Systemarchitektur Operatoren selbst wiederum eigenständige Systeme mit einer eigenen Datenhaltungskomponente darstellen. In diesen erfolgt dann eine **lokale Verarbeitung** einer Teilsicht von Daten, die bereits in dem systemübergeordneten Datenhaltungssystems abgespeichert sind. Solche **Ausschnittsbildungen** werden beispielsweise in [LP83] mit Hilfe von "Checkout"- und "Checkin"-Mechanismen beschrieben. Die Eingabedaten werden aus der Datenhaltungskomponente des übergeordneten Systems in die Datenhaltungskomponente des Subsystems transferiert; danach erfolgt die Anwendung der Operatoren des Subsystems und abschließend werden die Ausgabedaten zurückgegeben. Ein weiterer Aspekt der hierbei zu beachten ist, ist die **Transformation** von Daten die notwendig wird, falls Quelle und Senke bei den oben beschriebenen Datenflüssen in unterschiedlichen Repräsentationsformen modelliert sind. Am häufigsten treten hierbei Transformationen zwischen persistenten und hauptspeicherorientierten Repräsentationsformen auf, die zur Sicherung von Zwischenzuständen auf beliebigen Ebenen der Systemhierarchie benötigt werden. Es kann jedoch auch vorkommen, daß Transformationsschritte zwischen unterschiedlichen nicht-persistenten Repräsentationsformen im Hauptspeicher notwendig werden.

3 Anforderungen an eine adaptierbare Datenhaltung in einem integrierten, hierarchischen Entwurfssystem

Zur Unterstützung der Datenhaltung in einer hierarchischen Systemarchitektur wäre ein **Datenmanagementsystem** wünschenswert, welches eine adäquate Funktionalität zur Datenhaltung auf allen Systemebenen anbietet. Die wichtigsten **Anforderungen** an ein solches Datenmanagementsystem sind im folgenden aufgeführt:

- umfassende und weitestgehend **neutrale Modellierung** von Entwurfsdaten eines hierarchischen Systems (wird bereits durch konventionelle Datenbanksysteme unterstützt)
- Möglichkeiten der **Ausschnittsbildung** auf Datentyp- und Datenausprägungsebene (wird bereits durch konventionelle Datenbanksysteme unterstützt)
- Unterstützung der **Abbildung** eines Ausschnittes von Datentypen auf möglichst explizit beschreibbare Repräsentationsformen (!)
- automatische Generierung und Aktivierung von **Transformationen** zwischen Repräsentationsformen (!)

Die zusammenhängende, umfassende und neutrale Modellierung der relevanten Datentypen aller Entwurfssystemkomponenten in einem Datenschema, dem sog. Produktmodell, bildet die Voraussetzung für die datenbezogene Integration der Subsysteme. Die relevanten Daten (Eingabe-, Ausgabe- und lokale Daten) eines einzelnen Subsystems können dann als ein Ausschnitt dieses Produktmodells festgelegt werden, für den eine jeweils geeignete Repräsentationsform gewählt werden kann (**Adaption**).

Beim Aufruf eines Subsystems müssen im Datenmanagementsystem diejenigen Datenausprägungen bestimmt werden, die die Eingaben (Ausgaben) des Teilsystems umfassen. Falls die Eingabedaten (Ausgaben) nicht in der benötigten Repräsentationsform vorliegen, muß eine Transformation vorgenommen werden. Damit die Adaption und die Transformation der verschiedenen zu unterstützenden Repräsentationsformen möglichst automatisch erfolgen kann, müssen die Repräsentationsformen dem Datenmanagementsystem bekannt sein; es muß daher eine Möglichkeit bestehen, diese explizit zu beschreiben.

Abbildung 3 zeigt eine **Klassifikation** von möglichen Repräsentationsformen, die in einem geeigneten Datenmanagementsystem zur Verfügung gestellt werden sollten. Zunächst wird zwischen **persistenten** und **nicht-persistenten** beziehungsweise zwischen integrierten, integrierbaren und nicht integrierbaren Repräsentationsformen unterschieden. **Integrierte** Repräsentationsformen garantieren, daß alle Daten eines Schemas zu jeder Zeit und für jede Applikation sichtbar und redundanzfrei verwaltet werden. Bei **integrierbaren** Repräsentationsformen sind nicht alle Daten sichtbar. Es besteht jedoch die unmittelbare Möglichkeit der Integration. Bei **nicht-integrierbaren** Repräsentationsformen fehlt - zumindest aus Sicht des Datenbankmanagementsystems - diese Möglichkeit.

Konventionelle Datenbanksysteme die nach der ANSI/SPARC-Architektur (siehe Abbildung 4) aufgebaut sind, erfüllen teilweise die oben angeführten Anforderungen. Sie sehen im allgemeinen drei Ebenen der Informationsbeschreibung: die konzeptionelle Ebene enthält eine umfassende Beschreibung der Daten aller Applikationen, in der alle Realisierungsaspekte ausgegrenzt werden. Die interne Ebene bietet Möglichkeiten der Abbildung dieser Daten auf leistungsfähige Speicherungs- und Zugriffsstrukturen der verfügbaren Hardware und Systemsoftware. Die externe Ebene erlaubt die Definition beliebig vieler, individueller Anwendersichten.

Weitere Anforderungen an die externe und interne Ebene

Die in konventionellen DBS bereitgestellten Repräsentationsformen bieten ein hohes Maß an Datenunabhängigkeit und Integration, jedoch erfüllen sie in der Regel nicht die Effizienzanforderungen wie sie typischerweise in CAD-Systemen vorherrschen. Gründe hierfür liegen vor allem an der Art

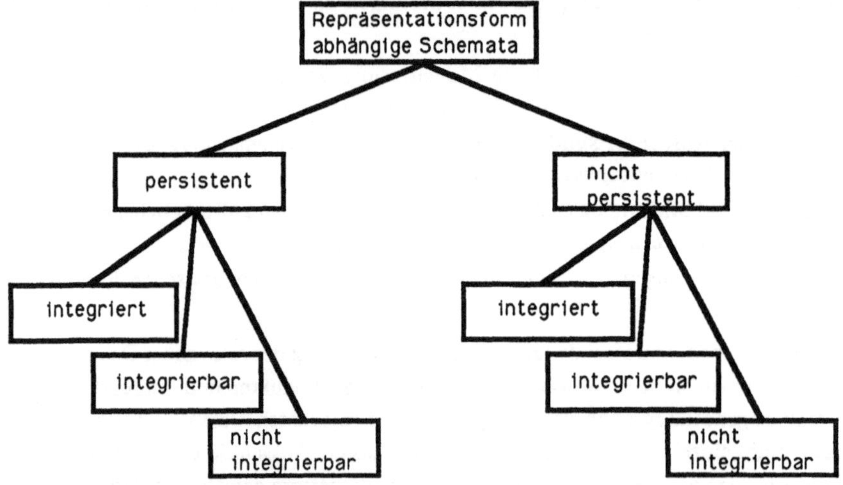

Abbildung 3: Klassifikation von Repräsentationsformen

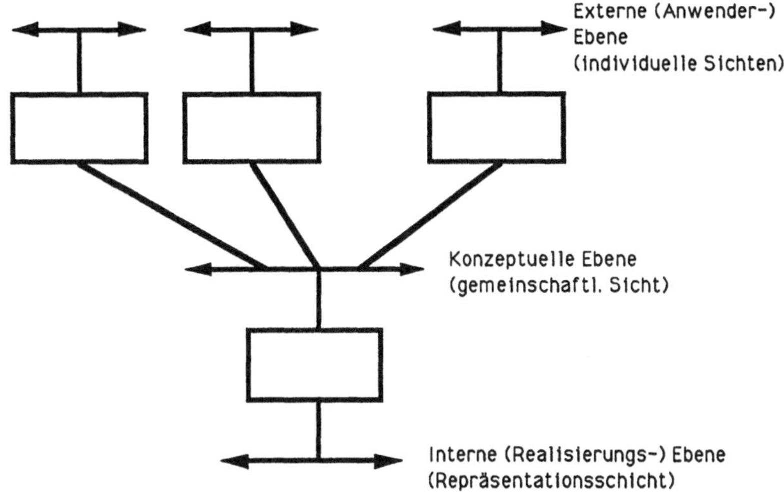

Abbildung 4: ANSI/SPARC-Architektur

der Bereitstellung von Daten an der Anwendungsschnittstelle (externe Ebene). Konventionelle Datenbanksysteme erlauben hier zwar die Definition von Sichten, die gerade diejenigen Datenausschnitte beschreiben, die von Applikationen benötigt werden, jedoch sind diese Sichten nur "virtuell". Das heißt, die Daten stehen nach Festlegung einer Sicht dem Anwender lediglich satzweise im Hauptspeicher zur Verfügung (**nicht persistent, integrierbar, satzorientiert**). Eine effizientere Verarbeitung wäre möglich, wenn alle selektierten Daten im Hauptspeicher, also "nahe" beim Anwendungsprogramm materialisiert werden könnten (**nicht persistent, integrierbar, mengenorientiert**). Zusätzlich wäre es wünschenswert, wenn verschiedene Darstellungen der materialisierten Daten mit unterschiedlichen Zugriffseigenschaften und dennoch bei gleichbleibender Funktionalität angeboten würden. Durch die Variationsmöglichkeiten wird ein systemseitiges Optimierungspotential geschaffen, da durch die gleichbleibende Funktionalität immer noch ein hohes Maß an Datenunabhängigkeit gewährleistet werden kann (**nicht persistent, integrierbar, mengenorientiert, optimierbar bei hoher Datenunabhängigkeit**). Sehr hohe Effizienzanforderungen machen es u.U. erforderlich, daß bei der Programmierung besonders zeitkritischer Applikationen auf Datenunabhängigkeit verzichtet werden muß, das heißt, es werden Datendarstellungsformen mit ganz speziellen, äußerst effizienten Zugriffsfunktionen benötigt. Werden diese Darstellungsformen einem Datenmanagementsystem bekannt gemacht, so kann zumindest die Datenbereitstellung mit Hilfe von Transformatoren systemseitig übernommen werden (**nicht persistent, integrierbar, mengenorientiert, optimierbar bei Verlust von Datenunabhängigkeit**).

Auf der internen Ebene bieten konventionelle Datenbanksysteme eine größere Vielfalt an Repräsentationsformen an. Diese garantieren für alle gespeicherten Daten Persistenz, Integration und sind optimierbar, wobei ein hohes Maß an Datenunabhängigkeit garantiert wird (**persistent, integriert, optimierbar**). Häufig besteht jedoch die Anforderung, daß Daten sehr effizient auf Platte abgespeichert werden sollen, wobei auf die Eigenschaften der Integration und Datenunabhängigkeit verzichtet werden kann. Beispiele hierfür sind etwa die in Kapitel 2 vorgestellten Speicherungsformen Hauptspeicherabzug und Datenaustauschformat. Wichtig bleibt auch hierbei der Aspekt, daß eine Transformation in andere Repräsentationsformen unterstützt wird, so daß diese Eigenschaften noch überprüfbar werden (**persistent, integrierbar**).

Die in Abbildung 3 vorgestellte Klassifikation von Repräsentationsformen ist sicherlich nicht vollständig. Auch kann bisher keine allgemeingültige und formale Beschreibung für die Abbildung auf und Transformation zwischen beliebigen Repräsentationsformen angegeben werden. Es existieren jedoch Lösungen für spezielle Repräsentationsformen der in Abbildung 3 beschriebenen Klassen, die teilweise in Kapitel 4.2 vorgestellt werden. Diese basieren darauf, daß für die Primitiven der konzeptionellen Beschreibungsmöglichkeiten eine Umsetzung auf die primitiven Datentypen einer konkreten Repräsentationsform angegeben werden. Weiterhin müssen auf diesen Datentypen zumindest Operationen zum Lesen und Schreiben angeboten werden.

4 Lösungsansätze

Wurden im vorangegangenen Abschnitt die Anforderungen aus dem Bereich hierarchisch-strukturierter Entwurfsanwendungen an Datenhaltungssysteme mit einer adaptierbaren Datenorganisation aufgezeigt, so sollen hier zwei unterschiedliche Lösungsansätze dargestellt werden. Der erste Ansatz geht von mehreren verschiedenen Repräsentationsformen aus und legt spezielles Gewicht auf die automatische Generierung der notwendigen Transformationsfunktionen. Dabei werden die Eigenschaften dieser Repräsentationsformen dem realisierten Datenmanagementsystem nicht explizit bekannt gemacht, sondern vielmehr vom Anwendungsprogrammierer ausgewählt. Der zweite Ansatz dagegen ist stärker im Bereich der NDBS-Entwicklung verwurzelt und beruht auf der Vorstellung, daß die Dateneigenschaften explizit beschrieben werden und somit zur systemseitigen Optimierung von Repräsentationsformen und Datenzugriffen genutzt werden können. .

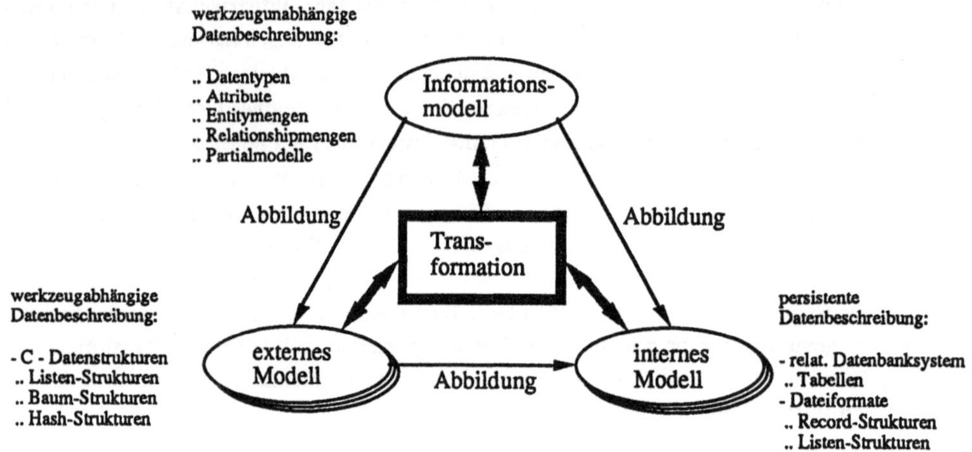

Abbildung 5: Erweiterung der ANSI/SPARC-Architektur

Abbildung 5 zeigt eine **Erweiterung der ANSI/SPARC-Architektur**. Der Unterschied liegt hierbei in der Bereitstellung einer größeren Anzahl von Repräsentationsformen mit den unterschiedlichsten Eigenschaften und der Bereitstellung der dazugehörigen Transformatoren. Weiterhin ist zusätzlich eine direkte Verbindung zwischen persistenten und werkzeugabhängigen Repräsentationsformen vorgesehen. Diese entspricht gerade der weiter oben beschriebenen Transformation von integrierbaren nicht-persistenten Hauptspeicherstrukturen in entsprechende persistente Strukturen.

4.1 Kombinations-Ansatz

Die Prototypimplementierung eines Systems, welche eine adaptierbare Datenorganisation unterstützt, besteht im wesentlichen aus den Komponenten:

- Informationsmodell-Editor

- Abbildungsgenerator (/-Editor)

- Transformationsgenerator

In einem **Informationsmodell-Editor** werden konzeptionelle Schemata in einer erweiterten Entity-Relationship Notation erstellt. Für jede in das System integrierte Repräsentationsform existiert ein **Abbildungsgenerator**, der eine Abbildung der Beschreibungselemente des konzeptionellen Schemas (beziehungsweise eines Ausschnitts) auf die Beschreibungsmittel dieser Repräsentationsform durchführt. In der Regel bestehen bei dieser Abbildung mehrere Alternativen. Mit Hilfe eines **Editors** besteht hier eine interaktive Auswahlmöglichkeit. Ein **Transformatorgenerator** erlaubt schließlich die Konvertierung von Daten zwischen unterschiedlichen Repräsentationsformen.

4.1.1 Der Informationsmodell Editor

Die Grundtypen zur Beschreibung eines Informationsmodells sind durch die Begriffe **Schema**, **Entity-Typ**, **Relationship-Typ**, **Attribut** und **Datentyp** gekennzeichnet. Diese sind in einem sogenannten Datenwörterbuch ("Data Dictionary") des Informationsmodell-Editors beschrieben, welches in einem relationalen Datenbanksystem verwaltet wird.

Bei der Definition eines **Datentyps** kann unter den Kategorien "einfache Datentypen", "Strukturen und Varianten", "Arrays" (mit festen Grenzen) und "Aufzählungstypen" ausgewählt werden, die im Editor mit Hilfe eines Namens eindeutig unterscheidbar sind. Einfache Datentypen werden durch eine Typ-Deklaration, in der Sprache der Repräsentationsform in die sie abgebildet werden, definiert. Bei Strukturen und Varianten müssen die Strukturkomponenten benannt und deren Basistypen angegeben werden. Die Definition eines Array-Datentyps erfolgt durch Festlegung der Dimension des Arrays und dessen Basistyps. Aufzählungstypen werden durch eine Anzahl von Symbolen und deren Reihenfolge definiert.

Die **Attribute** eines Entity-Typs werden im Informationsmodell-Editor mit einem Namen bezeichnet, und es wird ihnen ein Datentyp zugeordnet. Weiterhin muß für jedes Attribut dessen Schlüsseleigenschaft angegeben werden. Es werden hierbei die folgenden Fälle unterschieden: Ein Attribut kann Teil eines Primärschlüssels (P), Teil eines Primärschlüssels und Teil eines Fremdschlüssels (PF), Teil eines Fremdschlüssels (F) sein oder es kann keine Schlüsseleigenschaft (L) besitzen.

Ein **Entity-Typ** wir durch die Festlegung seines Namens und der Menge seiner Attribute definiert. Da bei vielen Applikationen nicht alle Attribute eines Entity Typs benötigt werden, ist es möglich im Editor sogenannte Entity-Konfigurationen zu definieren. Einer Entity-Konfiguration werden Attributgruppen zugeordnet. Das heißt eine Entity-Konfiguration beschreibt eine statische Sicht auf einem Entity-Typ.

Zur Darstellung von Beziehungen zwischen Entity-Typen stellt der Editor **Relationship-Typen** bereit. Momentan unterstützt der Editor 2-stellige Relation des Typs "One_To_One", "One_To_Many", "Many_To_Many" und "PartOf".

Schemata werden im Informationsmodell-Editor benötigt, um Entity-Typen und Relationship-Typen zu gruppieren. Diese Gruppierungen werden benötigt, um Ausschnitte aus dem Informationsmodell auf Datentypebene festzulegen (siehe Kapitel 2). Damit wird beispielsweise Sichten von Applikationen auf dem umfassenden Informationsmodell festgelegt. Einem Schema werden hierzu eine Menge von Entity-Typen zugeordnet. Implizit gehören auch alle Relationship-Typen, deren zugeordnete Entity-Typen alle in dieser Menge enthalten sind, zu diesem Schema.

Schemata können nicht nur Entity-Typen, sondern auch weitere Schemata zugeordnet werden. Dies bedeutet, daß alle Entity-Typen und Relationship-Typen, die in diesen Schemata sichtbar sind, auch in dem übergeordneten Schema sichtbar werden. Überschneiden sich beispielsweise die Schemata zweier Applikationen, so kann die Schnittmenge der Schemata als eigenes Schema beschrieben und den beiden Applikationen zugeordnet werden. Die Schemata der Applikationen enthalten somit immer noch nur die Ausschnitte des Informationsmodells, die die Applikationen wirklich benötigen, weiterhin wird die Schnittmenge der beiden Schemata nicht mehrfach beschrieben.

4.1.2 Der Repräsentationsform-Editor und Abbildungsgenerator

Zur Spezifikation der Datenhaltungskomponente eines Systems reicht die Angabe des konzeptionellen Schemas nicht aus. Vielmehr müssen für die Anbindung an eine Applikation **Datentypen** und **Operatoren** bereitgestellt werden. Daher sind in der hier beschriebenen Prototypimplementierung für nicht-persistente Repräsentationsformen Operatoren zum Lesen, Schreiben, Modifizieren und Löschen auf Entity-Typen sowie Operatoren zum Lesen, Schreiben und Löschen auf Relationship-Typen definiert. Für persistente und integrierte beziehungsweise integrierbare Repräsentationsformen sind lediglich Operationen zum Lesen und Schreiben von Entity-Typen und Relationship-Typen vorgesehen. Diese Operatoren werden durch die Abbildungsgeneratoren bereitgestellt. Eine schematische Beschreibung der Wirkungsweise des realisierten Abbildungsgenerators ist in Abbildung 6 dargestellt. Im folgenden Teil werden exemplarisch zwei Repräsentationsformen vorgestellt, die in dem Prototyp integriert sind. Hierzu werden die Beschreibungsprimitiven der Repräsentationsformen sowie die entsprechenden Abbildungen der konzeptionellen Beschreibungsmittel auf diese dargestellt.

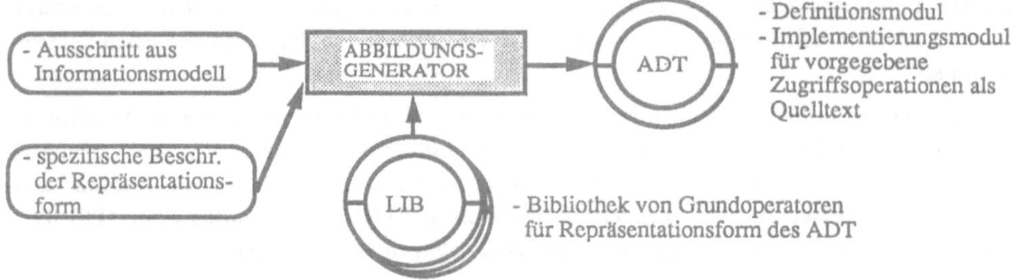

Abbildung 6: Ein- Ausgaben eines Abbildungsgenerators

Repräsentationsform "C-Speichermanager"

Der C-Speichermanager beschreibt eine nicht-persistente Repräsentationsform. Sie unterstützt Anwendungen im Einbenutzerbetrieb. Bei der Abbildung eines konzeptionellen Schemas erfolgt die Umsetzung der Primitiven wie folgt: Für einfache Datentypen der konzeptionellen Beschreibungsebene muß eine Typdefinition in C angegeben werden. Für die übrigen Datentypen werden automatisch Typdefinitionen aus deren Beschreibung im Editor abgeleitet. Die Attribute eines Entity-Typs werden als Komponenten einer C-Struktur modelliert, wobei die Attributnamen als Komponentennamen der Struktur übernommen werden. Zur Repräsentation eines Entity-Typs sind im C-Speichermanager verschiedene Abbildungsmöglichkeiten vorgesehen. In einer Bibliothek stehen hierzu universell verwendbare Speicherungsstrukturen vom Typ "Field" (ähnlich einem Array), "List", "AVL-Tree" und "Hashtable" sowie die dazu spezifischen Zugriffsoperatoren zur Verfügung. Mit Hilfe des entsprechenden Editors wird jedem Entity-Typ die gewünschte Speicherungsform des C-Speichermanagers zugeordnet. Für Relationship-Typen ist eine Abbildung auf **Zeigerstrukturen** oder **Fremdschlüsselattribute** vorgesehen. Der zum C-Speichermanager gehörige Abbildungsgenerator erzeugt nun zu einem vorgegebenen Schema mit Hilfe dieser Eingaben Quelltextmodule die die Definition der Datentypen sowie die Prototypen und Implementierungsmodule der Zugriffsoperationen enthalten. Weiterhin wird ein "Makefile" generiert, mit dem eine bindefähige Objektdatei erzeugt werden kann.

Repräsentationsform "SLANG"

Mit Hilfe der Datenbeschreibungssprache SLANG (Simple data description LANGuage) [Sür88] können Datenaustauschformate auf ASCII-Dateien definiert werden, die zur Klasse der persistenten, integrierbaren Repräsentationsformen gezählt werden. Die **Grundkonstrukte** von SLANG sind **Listen** und **Records**, die durch die folgenden Produktionen definiert sind:

- List ::= "(" Keyword { Record | Atom } ")"

- Record ::= "<" { List } ">"

- Atom ::= String

Zur Festlegung der Abbildung eines konzeptionellen Schemas auf SLANG, muß die Umsetzung der Beschreibungsmittel des Informationsmodells auf die oben definierten Grundkonstrukte angegeben werden. Einfache Datentypen und Aufzählungstypen werden in Strings konvertiert und bilden somit Atome der SLANG-Syntax. Die Datentypen Strukturen und Varianten werden auf einen SLANG-Record abgebildet, wobei die Strukturkomponenten auf Listen abgebildet werden und die Namen der Strukturkomponenten als Keyword in SLANG übernommen werden. Der Datentyp Array wird auf eine SLANG-Liste abgebildet. Attribute einer Entity-Ausprägung werden als SLANG-Liste, eine Entity-Ausprägung wird als SLANG-Record und eine Menge von Entity-Ausprägungen oder Relationship-Ausprägungen wiederum als SLANG-Liste dargestellt. Mit Hilfe von Produktionen kann dies folgendermaßen beschrieben werden:

- Daten-Liste ::= "(DATALIST" { Entity-Menge | Relationship-Menge } ")"

- Entity-Menge ::= "< (" ENTITY-TYPE { Entity-Ausprägung } ") >"

- Entity-Ausprägung ::= "<" { Entity-Attribut } ">"

- Entity-Attribut ::= "(" ENTITY-ATTRIBUTNAME Datentyp ")"

- Datentyp ::= Einfacher-Datentyp | Strukur | Array | Aufzählungstyp

- Einfacher-Datentyp ::= Atom

- Aufzählungstyp ::= Atom - Array ::= { Datentyp }

- Struktur ::= "<" { Strukturkomponente } ">"

- Strukturkomponente ::= "(" STRUKTURKOMPONENTENAME Datentyp ")"

- Relationship-Menge ::= "< (" RELATIONSHIP-TYPE < Referenz > ") >"

- Referenz ::= ...

Zur vollständigen Definition der Syntax eines Datenaustauschformats muß noch die Reihenfolge festgelegt werden, in der Entity- und Relationship-Mengen abgelegt werden. Durch die Festlegung dieser

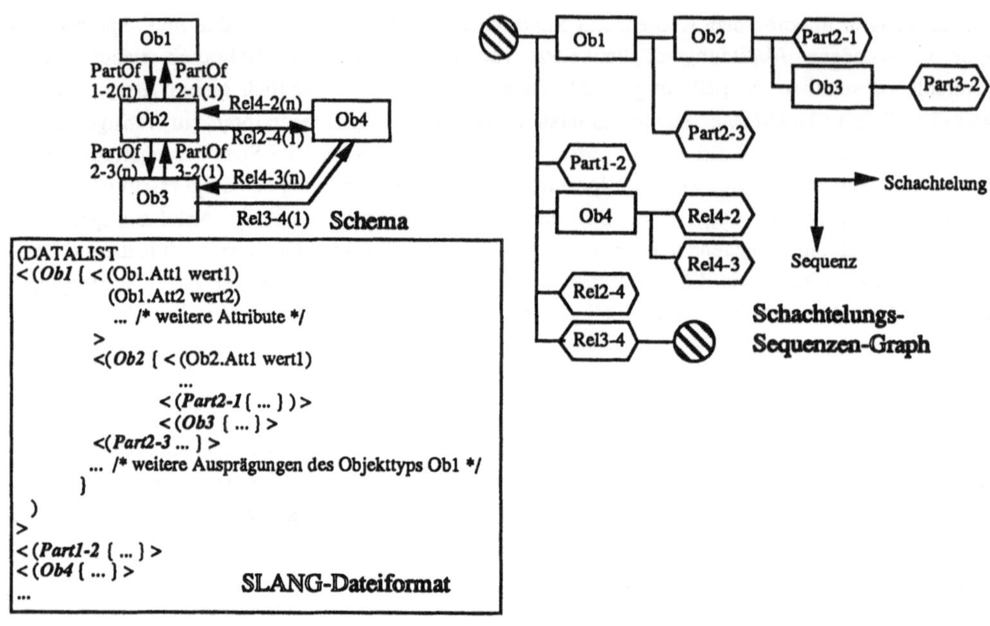

Abbildung 7: Reihenfolgeabhängigkeiten im Schachtelungs-Sequenzen-Graph

Reihenfolge erfolgt gerade eine Abbildung der Netzwerkstruktur des Informationsmodells auf eine lineare Sekundärspeicherstruktur. Die Datenbeschreibungssprache SLANG erlaubt zwei mögliche Strukturierungsformen in der Daten abgelegt werden können, nämlich die Sequenz und die Schachtelung. Die oben vorgestellten Produktionen erlauben beispielsweise die Beschreibung einer Sequenz von Entity-Ausprägungen in der Liste Entity-Menge. Eine Sequenz von Entity-Mengen und Relationship-Mengen kann in der Daten-Liste abgelegt werden. Erweitert man die Produktion "Entity-Ausprägung" auf der rechten Seite um die Metasymbole "Entity-Menge" und "Relationship-Menge", so ist eine Schachtelung von Entities und Relationships innerhalb eines übergeordneten Entities möglich. Solche Konstrukte sind beispielsweise für komplexe Objekte sinnvoll. Man legt alle Objekte, die Teil eines übergeordneten Objektes sind, geschachtelt in diesem ab. Die Festlegung der Reihenfolge (Sequenz und Schachtelung) in der Entity-Typen und Relationship-Typen in einer Datei abgelegt werden sollen, kann mit Hilfe eines Schachtelungs-Sequenzen-Graphen definiert werden. Abbildung 7 zeigt beispielhaft, wie eine Menge von Entity-Typen und Relationship-Typen eines Informationsmodells in einem solchen Graphen abgelegt werden. Die Knoten des Graphen beschreiben gerade die Entity- und Relationship-Typen. Knoten die in diesem Graphen vertikal verbunden sind, werden in einer Sequenz abgelegt, Knoten die horizontal verbunden sind, werden geschachtelt abgelegt.

Die repräsentationsformspezifischen Informationen sind gerade die oben angegebenen Produktionen und der Schachtelungs-Sequenzen-Graph, der mit Hilfe eines Editors interaktiv erstellt werden kann. Die Bibliothek der Grundoperatoren umfaßt Prozeduren zum Parsen und Schreiben von SLANG-Records und -Listen. Die Ausgabe des Abbildungsgenerators sind Definitions- und Quelltextmodule zum Lesen und Schreiben von Entity- und Relationship-Mengen in der Repräsentationsform SLANG.

4.1.3 Repräsentationsform-Transformatoren

Werden Daten zwischen Datenhaltungskomponenten ausgetauscht, die in unterschiedliche Repräsentationsformen abgebildet sind, so muß eine Transformation der Daten erfolgen. Eine solche Transformation von Daten sollte systemseitig unterstützt werden. Hierzu erfolgt zunächst eine Selektion von Daten in der Quell-Repräsentationsform, die dann in die Ziel-Repräsentationsform umgesetzt wird. Alle selektierten Entities und Relationships werden dabei aus der Quell-Repräsentationsform ausgelesen und dann in die Ziel-Repräsentationsform geschrieben. Diese Operatoren werden gerade durch die Abbildungsgeneratoren bereitgestellt.

Der Transformator muß hierbei Datenabhängigkeiten (z.B. Reihenfolgeabhängigkeiten) der Repräsentationsform beachten. Es kann durchaus vorkommen, daß gewisse Repräsentationsformen sich auf Grund von konträren Datenabhängigkeiten nicht direkt in einander überführen lassen. Dies ist beispielsweise häufig der Fall, wenn Daten aus einem Datenaustauschformat in ein anderes Datenaustauschformat transformiert werden sollen. Wie im vorigen Abschnitt beschrieben, ist die Reihenfolge in der Daten in einem Datenaustauschformat abgelegt werden sehr stark durch die Syntax und Semantik der Datenbeschreibungssprache eingeschränkt. Sind die Reihenfolgen konträr zu einander definiert, so muß eine lokale Pufferung von Daten erfolgen. Dies wird durch den oben beschriebenen Ansatz jedoch nicht unterstützt. Eine einfache Lösung dieses Problems ergibt sich dadurch, daß die Daten aus dem Quell-Datenformat zunächst in eine Repräsentationsform transformiert werden, die verträglich zu beiden Repräsentationsformen ist. Eine Repräsentationsform mit möglichst geringen Datenabhängigkeiten ist hierfür geeignet. Aus dieser werden die Daten schließlich in die Ziel-Repräsentationsform transformiert.

Als nächste Frage soll geklärt werden, wie viele Transformatoren insgesamt benötigt werden. Damit möglichst wenige Transformatoren bereitgestellt werden müssen, sollte ein Transformator nicht auf einem Ausschnitt sondern auf alle Datentypen des umfassenden Informationsmodells arbeiten können. Weiterhin kann die Anzahl der Transformatoren gesenkt werden, falls mit dem gleichen Kode die Transformation in mehrere Repräsentationsformen unterstützt wird. Da alle Repräsentationsformen die Grundoperatoren zum Lesen und Schreiben zur Verfügung stellen, brauchen hierzu lediglich die Objektmoduln der entsprechenden Repräsentationsformen ausgetauscht zu werden. Dies ist nur dann nicht der Fall, wenn in den verschiedenen Repräsentationsformen unverträgliche Datenabhängigkeiten eingehalten werden müssen. Das heißt, die Anzahl der Transformatoren die zur Verfügung gestellt werden müssen, ist abhängig von der Anzahl der unverträglichen Repräsentationsformen.

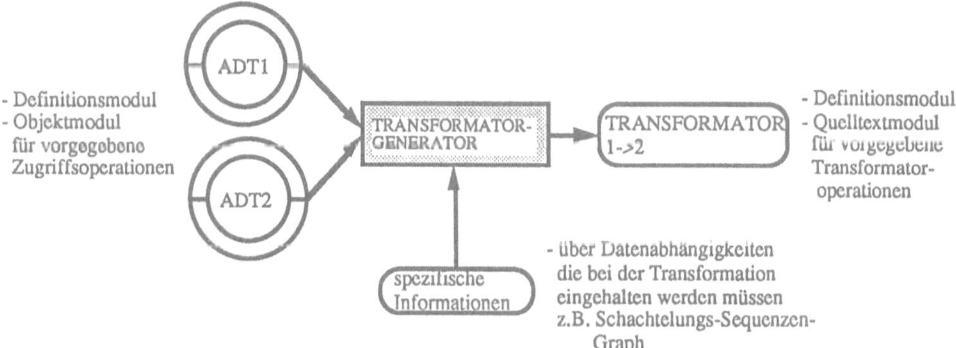

Abbildung 8: Ein- Ausgaben eines Transformatorgenerators

Können die Datenabhängigkeiten von Repräsentationsformen formal beschrieben werden, wie dies beispielsweise bei der Repräsentationsform SLANG durchgeführt wurde, so kann ein Transformatorgenerator bereitgestellt werden. Die Architektur dieses Transformatorgenerators wird in Abbildung 8 schematisch dargestellt. Er benötigt die Datenschnittstelle der ineinander zu transformierenden Repräsentationsformen, die gerade durch die entsprechenden Abbildungsgeneratoren zur Verfügung gestellt werden, so wie die formale Beschreibung der Datenabhängigkeiten. Es genügt hierbei die Beschreibung mit den größeren Einschränkungen, da diese bei verträglichen Repräsentationsformen die Einschränkungen beider umfaßt. Die Ausgabe dieses Generators ist der Kode des gewünschten Transformators.

4.2 Der NDBS-Kern-Ansatz

Der zweite Ansatz zur Datenhaltung in Entwurfssystemen geht von der Idee aus, die durch die konventionelle Datenbanktechnologie angebotenen Konzepte so zu erweitern bzw. zu modifizieren, daß entsprechende Nicht-Standard-Datenbanksysteme (NDBS) den oben aufgezeigten Anforderungen in höherem Maße gerecht werden. Dem hier konkret beschriebenen PRIMA-System [Hä88] liegt die **NDBS-Kernarchitektur** zu Grunde, die eine Zweiteilung eines NDBS in ein anwendungsunabhängiges Kernsystem und eine auf die Erfordernisse einer Anwendungsklasse hin ausgerichteten Modellabbildung vorsieht. Die Vorteile dieser zweigeteilten Architektur sind vor allem darin zu sehen, daß durch die Modellabbildung eine anwendungsbezogene Schnittstelle mit den von der Anwendung benötigten Objekten und Operationen bereitgestellt werden kann und andererseits sich alle geeigneten, allgemein verwendbaren Darstellungs- und Zugriffstechniken im NDBS-Kern vereinigen und effizient implementieren lassen. Die Aufgabe der Modellabbildung besteht nun darin, ein konkretes Anwendungsmodell auf ein allgemeines, der Komplexität der Anwendungsobjekte angepaßtes Datenmodell des Kerns abzubilden. Eine Erweiterung von bestehenden bzw. ein Übergang zu neuen Anwendungsklassen ist durch die Erweiterung bzw. den Austausch dieser Modellabbildungsschicht zu erreichen.

Datenmodellierung

Das im Rahmen des PRIMA-Projektes realisierte **Molekül-Atom-Datenmodell (MAD)** [Mi88] kann als eine Erweiterung des Relationenmodells um strukturbildende Elemente verstanden werden und fällt damit in die Kategorie der "strukturell-objektorientierten" Datenmodelle [Di86]. MAD erlaubt die Handhabung dynamisch definierbarer komplexer Objekte. Hierzu wird eine SQL-ähnliche Abfragesprache, MQL (Molecule Query Language), angeboten. Die elementaren *Datenbausteine* im MAD-Modell, die Atome, spielen eine ähnliche Rolle wie Tupel im Relationenmodell; sie repräsentieren die elementaren Einheiten eines realen Weltausschnittes. Jedes Atom ist durch ein Surrogat eindeutig identifiziert und einem Atomtyp zugeordnet, durch den die Attribute und damit die logische Struktur der einzelnen Atomausprägung festgelegt wird. Die möglichen Datentypen der Attribute sind reichhaltiger als dies in konventionellen Systemen der Fall ist und eröffnen damit bereits auf Attributebene eine mächtige Strukturierungsmöglichkeit z.B durch die Bildung von Wiederholungsgruppen. Beziehungen zwischen den Atomen werden durch bidirektionale Referenzen ausgedrückt. Diese symmetrische Modellierung der Beziehungen wird ebenfalls auf Typebene beschrieben und stellt einen wesentlichen Faktor für die Flexibilität des Modells dar. Ausgehend von den Atomen, die über die Referenzen zu einem heterogenen Atomnetz verbunden sind, können die komplexeren Datenaggregate, die Moleküle, definiert und abgeleitet werden. Die durch MQL-Anweisungen spezifizierten Molekültypen können dabei als zusammenhängende, azyklische Graphen verstanden werden, die sich im wesentlichen aus einem Wurzelatomtyp und weiteren Atom- und Beziehungstypen ergeben. Die

Auswertung der MQL-Anweisung liefert dann die Molekülausprägungen, die einen Auschnitt, bzw. eine spezielle Sicht auf das in der Datenbank befindliche Atomnetz darstellen.

Verarbeitungsmodell und Datenanbindung

Neben dem Datenmodell hat die Art und Weise der **Datenanbindung** entscheidenden Einfluß auf die Tauglichkeit der Kern-Schnittstelle. Das in PRIMA praktisch umgesetzte Verarbeitungskonzept beruht auf der Idee der Erhaltung von referentieller Lokalität nahe an ihrem "Entstehungsort", also nahe am Anwendungsprogramm bzw. an den Programmen der Modellabbildungsebene ("near by application locality"). Dies wird durch eine anwendungsnahe Pufferung der Verarbeitungsgegenstände erreicht, wobei ein sog. **Objektpuffer** [HHMM88] oberhalb der eigentlichen DB-Schnittstelle über DB-Operationen mit Daten "versorgt" bzw. "entsorgt" werden kann (CHECKOUT/CHECKIN [LP83, KDG87]). Die Spezifikation der jeweils betroffenen Datenaggregate erfolgt deskriptiv durch MQL-Anweisungen. Die Verarbeitung der in den Puffer eingelagerten Daten kann dann sehr **direkt** und **effizient** realisiert werden [HP89]. Aus Gründen der Konsistenzerhaltung, der Wartbarkeit von Änderungen sowie zur Unterstützung der Anwendungsprogrammierung ist eine funktionale Anbindung der in den Objektpuffer eingebrachten Daten durch eine eigene Laufzeitumgebung sowie eine programmiersprachliche Integration realisiert. Der Zugriff auf den Objektpuffer wird insbesondere durch ein mächtiges Cursor-Konzepte unterstützt, das die explizite Definition hierarchisch voneinander abhängiger Cursor-Typen und die Allokation entsprechender Ausprägungen erlaubt [Hü91].

Abbildung 9 zeigt neben der NDBS-Kern-Architektur eine mögliche Abbildung in einer für den

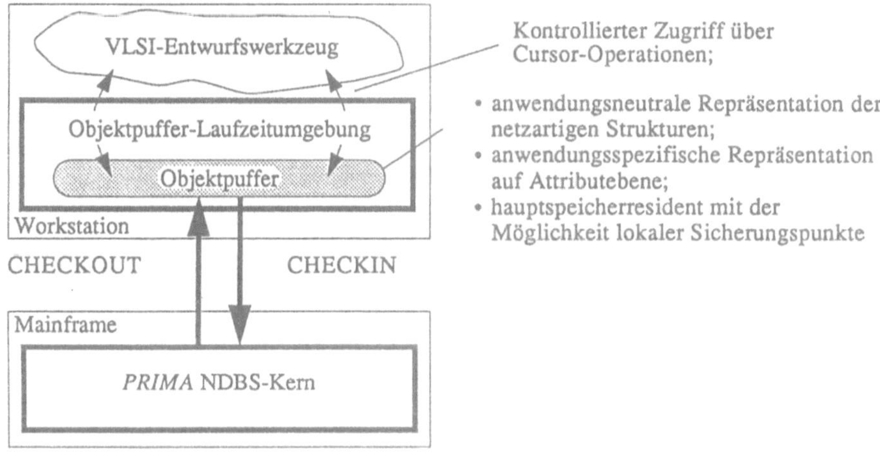

Abbildung 9: Grobarchitektur des PRIMA-NDBS

Bereich der Entwurfsanwendungen typischen Workstation/Server-Umgebung. Aufgrund der Homogenität zwischen Hardware- (Workstation/Sever) und Software-Struktur (NDBS-Kern-Architektur) sind die durch rechnerübergreifende Kommunikation zu erwartenden "Reibungsverluste" relativ gering [HS89]. Dies gilt insbesondere, da die verarbeitungsinhärente Lokalität bzgl. der Datenreferenzen auf Workstation-Seite, also innerhalb der Modellabbildung, erhalten und ausgenutzt werden kann. Die Lokalität innerhalb der einzelnen Systemkomponenten (und damit verbunden deren Autonomie) wird zusätzlich durch eine workstation-seitige Datenhaltung unterstützt, die neben der globalen von einem Server-Rechner kontrollierten Datenbank eingesetzt wird. Mit Hilfe einer SAVE-Operation kann der Objektpufferinhalt dort lokal gesichert, also in einer persistenten Form abgelegt werden. Die

RESTORE-Operation erlaubt entsprechend das Wiederherstellen eines zuvor gesicherten Objektpufferinhaltes.

Gemessen an den in Kapitel 3 vorgestellten Anforderungen an ein Datenmanagementsystem für hierarchisch-strukturierte Entwurfssysteme und gemessen an den Möglichkeiten konventioneller DBS bietet der in PRIMA realisierte NDBS-Ansatz zwei entscheidende Vorteile:

- die nicht-persistente, integrierbare Repräsentationsform, wie sie durch den Objektpuffer gegeben ist, erlaubt im Gegensatz zu konventionellen DBS die Aufnahme komplex-strukturierter Datengranulate (konventionelle DBS bieten lediglich tupel-orientierte Granulate), die Nutzung der Zugriffslokalität erfolgt durch den Objektpuffer in der "Nähe" der Anwendungsprogramme, so daß sich die entsprechende Repräsentationsform durch besonders effiziente Datenzugriffe auszeichnet.

- darüberhinaus wird durch Sicherung des Objektpufferinhaltes in einer lokalen DB eine persistente, integrierbare Repräsentationsform unterstützt.

Für die in PRIMA angebotenen Repräsentationsformen mit ihren speziellen Dateneigenschaften stehen generische Transformationen bereit:

- SAVE bzw. RESTORE für die Transformation von der nicht-persistenten, integrierbaren Repräsentationsform in die entsprechende persistente, integrierbare bzw. umgekehrt und

- CHECKOUT bzw. CHECKIN für die Transformation und die Ausschnittsbildung von der integrierten in eine integrierbare Repräsentationsform bzw. deren Reintegration in den Datenbestand der DB.

Die Wahl verschiedener Repräsentationsformen mit den gleichen Eigenschaften aber unterschiedlichen Strukturen, so wie dies beispielsweise durch die in Abschnitt 4.1 beschriebenen Mechanismen berücksichtigt wurde, ist zur Zeit im PRIMA-Ansatz nur sehr eingeschränkt möglich. So können ausschließlich persistente Repräsentationsformen variiert werden. Bereits konventionelle DBS bieten hierzu eine sog. **Storage Structure Language** [LS87], die es erlaubt unabhängig vom vorliegenden konzeptionellen Schema interne Speicherungs- und Zugriffsstrukturen zu beeinflussen. Vergleichbare Beschreibungsansätze, die eine Variation der nicht-persistenten integrierbaren Objektpufferdatenstruktur vorsehen, bilden den Gegenstand aktueller Untersuchungen.

5 Schlußbemerkungen und Ausblick

VLSI-Entwurfsprozesse sind durch die allgemeinen Entwurfsmethoden der **Detaillierung** und der **Präzisierung** geprägt. Die Entwurfsoperatoren sind gemäß den Entwurfsphasen zerlegt und hierarchisch strukuriert. Die Struktur des Entwurfsprozesses beeinflußt die Beschreibungsformen der VLSI-Entwurfsobjekte sowie den Aufbau entsprechender Entwurfssysteme und -umgebungen. So führt die Zerlegung der Operatoren zu einer hierarchischen Systemstruktur, wobei der Zusammenhang zwischen den Systemebenen durch den Entwurfsablauf vor allem aber auch durch die Entwurfsdaten und deren *Fluß* bestimmt ist. Am Beispiel der VLSI-Entwurfsumgebung PLAYOUT wird die zentrale Rolle der Datenhaltung für alle Systemebenen deutlich. Aufgrund verschiedener Zugriffsanforderungen werden allerdings auf unterschiedlichen Ebenen unterschiedliche Dateneigenschaften gefordert. Ein Vergleich mit den durch DBS im allgemeinen erreichten Dateneigenschaften legt zwei wesentliche Schwachstellen offen: DBS, zumindest konventionelle DBS, erzwingen stets eine Integration der persistent abgelegten Daten. Daneben bieten sie keinerlei Möglichkeiten der expliziten Festlegung externer Repräsentationsformen und unterstützen daher auch nicht die erforderlichen Transformationen zwischen ihnen.

Der vorliegende Beitrag zeigt beispielhaft zwei mögliche Lösungsansätze auf:

- Den **Kombinationsansatz**, der für jede erforderliche Repräsentationsform mit ihren entsprechenden Dateneigenschaften eine eigene Subkomponente zur Datenhaltung bereitstellt (z.B. File-System, konventionelles DBS, Hauptspeichermanagement etc.), die dann durch eine übergreifende Schnittstelle und durch bereitgestellte Transformatoren zu einer umfassenden Datenhaltungskomponente zusammengefaßt werden. Dabei wird die Abbildung zwischen den verschiedenen Repräsentationsformen systemseitig gewährleistet, wohingegen die Wahl einer geeigneten Repräsentationsform für eine konkrete Applikation in Benutzerverantwortung liegt.

- Den **NDBS-Ansatz**, bei dem der Versuch unternommen wird die konventionelle Datenbanktechnologie um geeignete Konzepte und Mechanismen zu erweitern, so daß entsprechende DBS in der Lage sind die speziellen Anforderungen im Bereich der Entwurfsanwendungen zu erfüllen. Grundidee dieses Ansatzes ist es, ausgehend von einer expliziten Beschreibung der gewünschten Eigenschaften, die systemseitige Optimierbarkeit der konkret eingesetzten Repräsentationsformen und der entsprechenden Operationen zu ermöglichen und gleichzeitig ein hohes Maß an Datenunabhängigkeit zu gewährleisten.

Zeichnet sich der Kombinationsansatz insbesondere durch seine Pragmatik aus - baut er doch ausschließlich auf vorhandenen Datenhaltungskomponenten auf - so sprechen konzeptionelle Gründe stärker für den NDBS-Ansatz, da hier ebenenweise Datenhaltungsfunktionen aus den unterschiedlichen Datenhaltungskomponenten weitgehend redundanzfrei realisiert werden können. Am Beispiel der PRIMA-Implementierung eines NDBS-Kerns und der damit verbundenen Objektpufferkomponente wurde die prinzipielle Eignung der NDBS-Kernarchitektur motiviert, wenngleich nicht alle der in Kapitel 2 und 3 aufgezeigten Anforderungen unmittelbar berücksichtigt sind. Dies gilt insbesondere für die Spezifikation und Variation der Repräsentationsformen sowie für eine automatische Generierung entsprechender Transformatoren, wie dies beim Kombinationsansatz im Vordergrund stand. Unsere zukünftigen Arbeiten zielen daher darauf ab, die Vorteile beider Ansätze zu vereinigen und die Idee der expliziten Beschreibung von Repräsentationsformen in unserem NDBS-Prototyp zu verwirklichen.

6 Literatur

AGPR88   Anderl, R., Grabowski, H., Pätzold, B., Rude, S.: The Development of Advanced Modelling Techniques-Meeting the Challenge of CAD/CAM-integration, Proc. 4th CIM Europe Conference, May 1988.

Ba86   Batory, D.S.: GENESIS - A Project to Develop an Extensible Database Management System, in: Dittrich, K.R., Dayal, U. (Hrsg.): Proceedings of the International Workshop on Object-Oriented Database Systems, Asilomar, 1986, S. 207-208.

CD87   Carey, M.J., DeWitt, D.J.: An Overview to the EXODUS Project, in: Carey, M. (Hrsg.): Special Issue on "Extensible Database Systems", IEEE Database Engineering, Vol. 10, No. 2, 1987, S. 47-54.

CP88   G. D. Chen and T. M. Parng. A Database Management System for a VLSI Design System. 1988.

DKM85   K. R. Dittrich, A. M. Kotz and J. A. Müller. DAMASCUS - ein Datenhaltungssystem für den VLSI-Enwurf. In Datenbank-Systeme für Büro, Technik und Wissenschaft, pages 70-72, Springer Verlag, 1985.

EDI87   N.N.: EDIF, Electronic Design Interchange Format, Version 200, EDIF Steering Commitee, 1987.

Hä88   Härder, T.: Overview of the PRIMA Project, in: The PRIMA Project, Design and Implementation of a Non-Standard Database System, Härder, T. (ed.), Forschungsbericht Nr. 26/88, SFB 124, Universität Kaierslautern, 1988.

Hal90   Hallmann, M.: Prototyping komplexer Softwaresysteme, B. G. Teubner, Stuttgart, 1990.

HHMM88   Härder, T., Hübel, C., Mitschang, B., Meyer-Wegener, K.: Processing and Transaction Concepts for Cooperation of Engineering Workstations and a Database Server, in: Data and Knowledge Engineering 3, North-Holland, 1988, S. 87 - 107.

HNSB90   Harrison D., Newton A., Spickelmier R., Barnes T.: Electronic CAD Frameworks, Proceedings of the IEEE, Vol. 78, No. 2, 1990

HP89   Hübel, Ch., Pick M.: Anwendungsnahe Pufferung komplexstrukturierter Objekte - Ein Erfahrungsbericht, in: Proc. GI-Fachtagung Datenbanksysteme für Büro, Technik und Wissenschaft, Informatik Fachberichte, Bd.204, Springer-Verlag, 1989, S. 355-360.

HR85   Härder, T., Reuter, A.: Architektur von Datenbanksystemen für Non-Standard-Anwendungen, in: Proc. GI-Fachtagung Datenbanksysteme für Büro, Technik und Wissenschaft, Informatik Fachberichte, Bd.94, Springer-Verlag, 1985, S. 253-286 (eingeladener Vortrag).

HS89   Hübel, Ch., Sutter, B.: Aspekte der Datenbank-Anbindung in workstation-orientierten Ingenieuranwendungen, in: Tagungsband der 16. GI-Jahrestagung, München, Springer-Verlag, Informatik-Fachbericht Nr. 222, 1989, S. 259-274.

Hü91   Hübel, Ch.: Ein Verarbeitungsmodell für datenbankgestützte Ingenieuranwendungen in einer arbeitsplatzrechner-orientierten Ablaufumgebung, beim Fachbereich Informatik der Universität Kaiserslautern eingereichte Dissertation, Kaiserslautern, November 1991.

IGES88   N.N.: Initial Graphics Exchange Specification (IGES), Version 4.0, U.S. Department of Commerce, NBS, Gaithersburg, USA, Feb. 1988.

KAC86   R. H. Katz, M. Anwarrudin and E. Chang. A Version Server for Computer-Aided Design Data. In 23th Design Automation Conference, pages 27-33, 1986.

KDG87   Küspert, K., Dadam, P., Günauer, J.: Cooperative Object Buffer Management in the Advanced Information Management Prototype, Proc. 13th VLDB Conf. , Brighton, Sept. 1987, S. 483 - 492.

Lo85   Lockemann, P.C., et al.: "Anforderungen technischer Anwendungen an Datenbanksysteme", in: Proc. GI-Fachtagung 'Datenbanksysteme für Büro, Technik und Wissenschaft', Informatik Fachberichte, Bd.94, Springer-Verlag, 1985, S. 1-26.

LP83   Lorie, R. A., Plouffe, W.: Complex Objects and Their Use in Design Transactions, Proc. Annual Meeting - Database Week: IEEE Engineering Design Applications, San Jose, CA, USA, Mai 1983, S. 115-121.

LS87   Lockemann, P.C., Schmidt, J.W. (eds.): Datenbank Handbuch, Springer-Verlag,1987.

MeN89   Mehlhorn, K., Näher, S. : LEDA, a Librarz of Efficinet Data Types and Algorithms, TR A 04/89, FB10, Uni des Saarlandes, Saarbrücken, 1989.

Nä90   Näher, S.: LEDA User Manual Version 2.0, TR A17/90, Uni des Saarlandes, Saarbrücken, 1990.

PLI90   N.N.: PLIF Datenaustauschformat, Fachbereich Informatik - interner Bericht, Uni Kaiserslautern, 1990.

PSSWD87   Paul, H.-B., Schek, H.-J., Scholl, M.H., Weikum, G., Deppisch, U.: Architecture and Implementation of the Darmstadt Database Kernel System, in: Proc. of the ACM SIGMOD Conference, San Francisco, 1987, S. 196-207.

SR86   Stonebraker, M., Rowe, L.: The Design of Postgres, ACM SIGMOD Conf. on Management of Data, Washington D.C., USA, 1986.

STEP89   N.N.: ISO-TC 184 (Hrsg): STEP-Document 284, NSB USA 1989.

Sür88   Schürmann, B.: SLANG (Simple Data Description Language), SFB 124 Bericht 22/88, Uni Kaiserslautern, 1988.

SZ89   Siepmann, E., Zimmermann, G.: An Object-oriented Datamodel for the VLSI Design System PLAYOUT, 26th DAC Conf., Los Vegas 1989.

VDA86   N.N.: DIN66301: Format zum Austausch geometrischer Informationen (VDAFS), Deutsche Norm zu Industrielle Automation / Rechnergestütztes Konstruieren, Berth-Verlag, Juli 1986.

Wen83   Wendt, S.: Grundlegende systemtechnische Begriffe und Modelle der Informationstechnik, Fachbereich Elektrotechnik - Bericht 83 B-14, Uni Kaiserslautern, 1983.

Zi86   Zimmermann, G.: "Top-down Design of Digital Systems", in: Logic Design and Simulation, E. Hörbst (Editor), Elsevier Science Publ. B.V., 1986.

Technisch-funktionale Abhängigkeiten im technischen Modellierungsvorgang und deren Verwaltung durch einen DB-orientierten Systemansatz[1]

P. Englesos, B. Sutter

Universität Kaiserslautern,
Fachbereich Informatik
Postfach 3049
6750 Kaiserslautern

Überblick

Ein vorrangiges Ziel bei der Entwicklung künftiger CAD-Systeme muß die systemseitige Erfassung der technischen Entwurfssemantik sein, wie sie sich aus den Wechselwirkungen zwischen den technischen Objekten im technischen Modellierungsprozeß ergibt. In diesem Beitrag werden zunächst technisch-funktionale Abhängigkeiten zur expliziten Repräsentation dieser Zusammenhänge eingeführt. Daran schließt sich ein Vorschlag zur Modellierung und Verwaltung dieser Abhängigkeiten durch das Nonstandard-Datenbanksystem PRIMA und ein spezielles dort angebotenes Verarbeitungsmodell an.

Abstract

The development of advanced CAD systems is primarily directed towards a system controlled representation of the design semantics due to the interdependencies among the technical objects in the technical design process. In this paper, we introduce technical-functional dependencies to represent these relationships in an explicit manner. After that, a proposal for the modelling and the managing of these dependencies with the nonstandard database system PRIMA and its special processing model is given.

1   Einleitung

Mit der zunehmenden Komplexität von Entwurfsaufgaben werden rechnergestützte Entwurfsumgebungen, die dem Entwerfer eine homogene, durchgängige Unterstützung während des Konstruktionsvorganges anbieten, zu einer unverzichtbaren Grundlage des gesamten Konstruktionsprozesses /KJBM89/. Die heute vorherrschende Vielfalt von speziell zugeschnittenen Systemlösungen arbeiten auf der Basis von angepaßten und optimierten Datenstrukturen. Sie erlauben i. allg. überhaupt keine oder nur eine über spezielle Datentransformationsroutinen mit dabei auftretenden erheblichen Reibungsverlusten mögliche Integration zwischen den Systemen. Die zukünftige Forschung ist von der Entwicklung von **integrierten Ingenieursystemen** geprägt, die die Idee einer durchgängigen, integrierten Systemlösung in der Konstruktionsphase und in den sich anschließenden Entwicklungsphasen verfolgen.

---

1.   Diese Arbeit wurde von der Volkswagen-Stiftung gefördert

Die Aufgabe von **CAD-Systemen** im Rahmen eines integrierten Ingenieursystems ist hauptsächlich durch den Aufbau eines geeigneten rechnerinternen Modells des Entwurfsobjekts bestimmt, das Grundlage für die geforderte durchgängige Entwurfsunterstützung ist. Die Verwaltung und der Aufbau dieses Modells wird i. allg. durch den in einem CAD-System realisierten **Modellierungskern** übernommen. Die Konzeption von neuen CAD-Systemen als zentraler Bestandteil von integrierten Ingenieursystemen ist daher durch eine Reihe von Anforderungen geprägt, die sich an dieser Zielstellung orientieren (vgl. auch das CAD-Referenzmodell /AFGH88/):

- Funktionalität des Modellierungskerns

- Beschreibung und Verwaltung des Produktmodells

- Integrationsaspekte zur Einbindung eines CAD-Systems in eine durchgängige Entwurfssystemumgebung.

Die **Funktionalität des Modellierungskerns** ist in erster Linie durch die Objekte und Operationen bestimmt, die an der Schnittstelle des CAD-Systems angeboten werden. Die Funktionalität ist zunächst unabhängig von der Benutzerschnittstelle des Systems zu betrachten, deren Zielstellung durch eine ergonomische Bedienoberfläche und Benutzerführung vorgegeben ist.

In geometrisch-orientierten CAD-Systemen zur Bauteilmodellierung erstellt der Konstrukteur in erster Linie die Geometrie eines Bauteils. Die Basisobjekte sind dabei Linien, Kreisbogen, Ellipsen usw. oder räumliche Primitive (Quader, Zylinder usw.), die über einen gegebenen Operationsvorrat zu einem Modell für das Bauteil zusammengesetzt werden. Die Entwurfsvorgehensweise eines Konstrukteurs orientiert sich dagegen i. allg. nicht an den erwähnten geometrischen Basisobjekten, sie ist vielmehr durch technische Objekte bestimmt, durch deren Komposition ein Entwurfsobjekt erstellt wird. Im Entwurfsvorgang sind somit nicht nur die geometrischen Eigenschaften des Entwurfsobjektes von Interesse, sondern auch seine physikalischen, funktionalen und technischen Eigenschaften. Der technische Modellierungsansatz /Se85, PS91/ versucht dies zu berücksichtigen, indem an der Schnittstelle des Modellierers technische Objekte angeboten werden, auf denen Operationen definiert sind, die das "technische Verhalten" des Objektes berücksichtigen.

Die Wichtigkeit einer einheitlichen **Beschreibung und Verwaltung der Produktdaten** ist bereits seit längerem bekannt, jedoch sind bis heute noch keine durchgängigen und allgemein verfügbaren Lösungskonzepte entwickelt worden, was hauptsächlich in der Komplexität der Produktdaten, aber auch in der historischen Entwicklung von rechnergestützten Werkzeugen (meist als isolierte Einzelsysteme) begründet ist. Forschungsaktivitäten sind vor allem bei der Entwicklung und Modellierung von integrierten Produktmodellen /An89, STEP88/, die sich aus einer Reihe von Partialmodellen zur Beschreibung der unterschiedlichen Eigenschaften der Entwurfsobjekte zusammensetzen, und Möglichkeiten zu deren Abbildung in Datenhaltungssystemen zu beobachten.

Schließlich darf die Entwicklung verbesserter CAD-Systeme nicht isoliert betrachtet werden, vielmehr ist deren **Integration in komplexe Entwurfsumgebungen** (also in ein integriertes Ingenieursystem) eine wesentliche Voraussetzung zur Erlangung einer durchgängigen Entwurfsunterstützung. Derartige integrierte Ingenieursysteme haben die Aufgabe einer Organisation des Konstruktionsablaufs, des Erstellens spezifischer Systemkonfigurationen, der Kontrolle eines kooperativen Entwurfsvorganges zwischen mehreren Konstrukteuren usw. Die Realisierung dieser Aufgaben ist umgekehrt davon abhängig, daß es Modellierungskerne mit den skizzierten Eigenschaften gibt, da ansonsten rechnerseitig nicht die notwendige Basisinformation zur Verfügung steht.

Wie bereits oben angedeutet, stellt das technische Modellieren einen vielversprechenden Ansatz zur Gestaltung des Modellierungskerns in einem künftigen CAD-System dar. Sind dem CAD-System Objekte und

Operationen mit einer stärker anwendungsorientierten Semantik bekannt, so können die Zusammenhänge zwischen den Operationen und Objekten sowie die Beziehungsstrukturen zwischen den Objekten ebenfalls explizit im System erfaßt und verwaltet werden. Diese werden im folgenden als **technisch-funktionale Abhängigkeiten** bezeichnet.

Im nächsten Kapitel wird zunächst der Begriff technisches Modellieren näher erklärt. Dabei werden insbesondere die technischen Objekte und deren strukturelle Beziehungen aufgezeigt. Eine Unterteilung der technisch-funktionalen Abhängigkeiten und eine daraus gefolgerte Klassifikationsstruktur der Abhängigkeiten stehen im Mittelpunkt des darauffolgenden Kapitels. Das letzte Kapitel beschäftigt sich mit Fragen der Modellierung und Verwaltung der Abhängigkeiten. Zunächst wird eine konkrete DBS-Umgebung vorgestellt und auf die Modellierung der Informationsstrukturen mit dem dort zur Verfügung stehenden Datenmodell eingegangen. Als Basis für die Abbildung wird in unserem Ansatz ein strukturell objektorientiertes Datenbanksystem (DBS) /Di86/ unterlegt, das sich im Gegensatz zu den kommerziellen relationalen Datenbanksystemen durch eine ganzheitliche Beschreibung und Handhabung von komplexen Objektstrukturen (z.B. den technischen Entwurfsobjekten) sowie durch ein Verarbeitungsmodell auszeichnet, das auf die speziellen Anforderungen derartiger technischer Anwendungssysteme ausgerichtet ist. Der letzte Teil behandelt Realisierungsfragen. Ausgehend von einem Architekturvorschlag für ein technisches Modellierungssystem werden wir aufzeigen, wie die Abhängigkeiten in den Konstruktionsprozeß einbezogen werden.

2   Der technische Modellierungsansatz

Der technische Modellierungsansatz vermittelt eine Sichtweise, durch die einem Modellierungskern (oder kurz: Modellierer) das "technische Verhalten" eines Objektes bekannt gemacht wird, womit die Auswirkungen von Operationen, die auf das Entwurfsobjekt in seiner Funktionsumgebung ausgeführt werden, systemseitig berücksichtigt bzw. bestimmt werden können. Das technische Verhalten ist für jedes technische Objekt unterschiedlich und hängt im wesentlichen von den Wechselwirkungen zu den anderen technischen Objekten in seiner Funktionsumgebung ab.

Ausgehend von diesen Überlegungen läßt sich technisches Modellieren wie folgt definieren: **Technisches Modellieren** bedeutet, daß der Konstrukteur beim Entwurf eines Bauteils mit **technischen Objekten** arbeitet (d.h., seine Basisobjekte sind jetzt Paßfeder, Lager, Absatz, Bohrung, Welle etc.), die über **objektspezifische Operationen** (etwa Erzeugen oder Positionieren) manipuliert und in einer technischen Objektstruktur angeordnet werden. Diese Objektstruktur ist der zentrale Bestandteil des technischen Partialmodells (innerhalb des integrierten Produktmodells). Somit sind dem Modellierer die Wechselwirkungen zwischen den Operationen und den Objekten sowie zwischen den Objekten selbst bekannt und deren Überprüfung bzw. Einhaltung kann systemkontrolliert erfolgen. Diese Wechselwirkungen werden als **technisch-funktionale Abhängigkeiten** bezeichnet.

Technische Objekte

Die Eigenschaften eines technischen Objektes, die während des Entwurfsvorganges festgehalten werden und für den weiteren Ablauf von Interesse sind, müssen modelliert und erfaßt werden. Hier sind zunächst die topologischen Eigenschaften aufzuführen, die ein technisches Objekt charakterisieren und in seinen Beziehungen zu den anderen technischen Objekten beschreiben (*technische Topologie*). Die weiteren Merkmale eines technischen Objektes lassen sich im wesentlichen in die drei Gruppen *Gestalt* (geometrische und formgebende Eigenschaften), *Funktionalität* (Funktion bzw. Funktionsstruktur zusammen mit den physikalischen Wirkprinzipien) und *Technologie* (etwa die physikalischen und chemischen Werkstoffeigenschaften, Toleranzangaben, Oberflächenangaben) aufteilen /An89/.

In dem **technischen Partialmodell** ist die primäre Organisationsstruktur der technischen Objekte durch die Repräsentation der technischen Topologie reflektiert. Eine wichtige Frage ist die nach der Repräsentation der übrigen aufgeführten Eigenschaften der Entwurfsobjekte in dem technischen bzw. den übrigen Partialmodellen. Die Beziehung zwischen dem technischen und den übrigen Partialmodellen ist unterschiedlich eng geknüpft. So ist z.B. die geometrische Modellstruktur eng an die technische Topologie gebunden und läßt sich teilweise automatisch aus den technischen Objekten ableiten (vgl. /HPS89/), während z.B. das Arbeitsplanungsmodell oder das Montagemodell in der technologischen Fertigungsvorbereitung /An89/ größerer Freiräume zuläßt. Dies hängt in erster Linie davon ab, ob die verschiedenen "Sichten" (also die Partialmodelle) des letztlich zu entwickelnden Produktes in der gleichen Phase der Entwicklung (z.B. geometrisches und technologisches Modell in der Gestaltungsphase) oder in nacheinandergeschalteten Phasen (z.B. Arbeitsplanungsmodell in der technologischen Fertigungsvorbereitung) aufgebaut werden. In den hier vorgestellten Überlegungen wird unterlegt, daß das technische Objekt alle Eigenschaften umfaßt, die im technischen Modellierungsvorgang relevant sind. Ob diese Eigenschaften nun in dem technischen Modell "materialisiert" sind oder ob sie über einen Verweis auf die weiteren Partialmodelle zugreifbar sind, ist zunächst von untergeordneter Bedeutung. So wird in dem von uns realisierten Ansatz beispielsweise davon ausgegangen, daß die geometrischen Abmessungen der technischen Objekte (z.B. Länge, Höhe, Breite) direkt im technischen Partialmodell abgebildet sind, während die konkreten geometrischen Modelle (z.B. Constructive Solid Geometry (CSG) /RV84/) in dem geometrischen Partialmodell reflektiert werden.

Betrachtet man jetzt die technischen Entwurfsobjekte etwas genauer, so lassen sie sich verschiedenen **technischen Objektklassen** zuordnen. Diese Objektklassen stehen untereinander in einer hierarchischen Beziehung, die die technische Gesamtstruktur (Objektstruktur) festlegt. In Bild 1 ist die Grobstruktur der technischen Objekte abgebildet und wird am Beispiel eines Einzelteils vom Typ Welle belegt. Eine technische Objektklasse ist aufgrund der unterschiedlichen Semantik der technischen Objekte weiter in **technische Objekttypen** unterteilt (z.B. Absatz oder Paßfeder als Objekttypen der Klassen Hauptelement bzw. Funktionselement). Die Verbindung zwischen einem technischen Objekttyp und der zugehörigen Objektklasse läßt sich als Generalisierungsbeziehung (IS_A-Beziehung) beschreiben, die natürlich mehrstufig definiert sein kann.

Baugruppen sind Teilgruppen einer Maschine oder Anlage, die eine Teilfunktion erfüllen. Eine Baugruppe kann aus Baugruppen oder Einzelteilen bestehen. **Einzelteile** sind Teile einer Baugruppe und werden entweder aus einer Menge vorgefertigter Teile ausgewählt (Normteile, Kaufteile) oder für einen speziellen Zweck angefertigt und bestehen dann aus Funktions-, Haupt- und Nebenelementen. Ein **Funktionselement** (z.B. Lager, Paßfeder) repräsentiert einen Teil des Einzelteils, durch den dessen Funktion (z.B. Übertragung eines Drehmoments) realisiert wird. Ein **Hauptelement** (z.B. Absatz) bezeichnet ein Formelement zur Beschreibung eines Einzelteils mit den dazugehörigen Eigenschaften. **Nebenelemente** (z.B. Fase, Freistich) werden aus einer möglichen Anzahl von Varianten ausgewählt (meist aus Normteilkatalogen) und einem Hauptelement zugeordnet, das damit näher beschrieben wird.

Technisch-funktionale Abhängigkeiten

Ausgehend von dem technischen Objektbegriff ist es die Aufgabe der technisch-funktionalen Abhängigkeiten (oder kurz Abhängigkeiten), eine explizite Beschreibung der Semantik eines technischen Objektes in

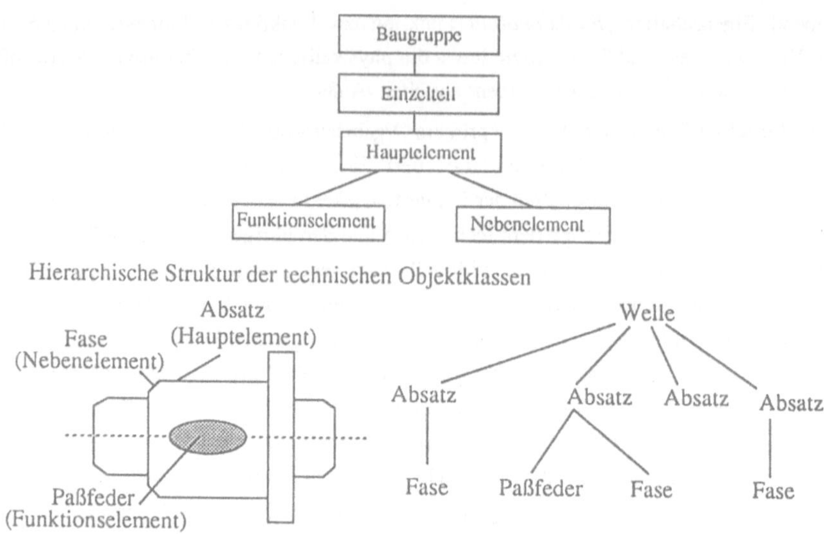

Technische Objektstruktur eines Zeichnungsteils am Beispiel einer Welle

Bild 1: Technische Objektklassen und deren hierarchische Objektstruktur

seiner Struktur, Technologie und Funktion sowie der Beziehungen zu anderen technischen Objekten bzw. zu den technischen Operationen und der Semantik beim Übergang in andere Partialmodelle zu realisieren. Durch eine formale Beschreibung der technisch-funktionalen Abhängigkeiten können die Wechselwirkungen zwischen den technischen Objekten systemseitig erfaßt und im Entwurfsvorgang kontinuierlich berücksichtigt werden bzw. selbst Einfluß auf den Entwurfsvorgang nehmen.

Der Entwurf ist durch eine Top-Down-Vorgehensweise geprägt. Ausgehend von der zu entwerfenden Maschine oder Anlage wird der Gesamtentwurf in den Entwurf von (Sub-)Baugruppen und schließlich von Einzelteilen unterteilt. Diese technischen Objekte werden dabei über ihre Funktion bzw. Teilfunktion bestimmt. Die Aufgabenbeschreibung für eine Baugruppe ist durch deren funktionale Zielstellung sowie durch gewisse Forderungen und Umgebungsrestriktionen gegeben. Ebenso ist die Aufgabenbeschreibung für ein Einzelteil bzw. in der Phase der Einzelteildetaillierung die Aufgabenbeschreibung der Haupt-, Funktions- und Nebenelemente durch strukturelle, technische, geometrische und funktionale Vorgaben bestimmt. Durch die Aufgabenbeschreibung werden somit Abhängigkeiten für ein technisches Objekt definiert, die schließlich zu Wechselwirkungen in der gesamten hierarchischen Objektstruktur führen.

Desweiteren sind für jeden technischen Objekttyp eine Reihe von technisch-funktionalen Abhängigkeiten gegeben, die die semantische Korrektheit des Objektes selbst, seine Verträglichkeit mit anderen technischen Objekten sowie bestimmte Methoden und Verfahren etwa hinsichtlich seiner Auswahl oder Auslegeberechnung festlegen. Schließlich sind noch die allgemeingültigen Abhängigkeiten zu beachten, die sich keinem konkreten Objekttyp zuordnen lassen. Sie ergeben sich beispielsweise aus der allgemeinen Konstruktionslogik oder aus den verschiedenen physikalischen Wirkprinzipien. Eine genauere Aufteilung und Klassifizierung der Abhängigkeiten wird im nächsten Kapitel eingeführt.

Technische Operationen

Die technischen Objekte im Zusammenhang mit ihren technisch-funktionalen Abhängigkeiten legen die Semantik der auf den Objekten definierten Operationen fest. So wird beispielsweise das technische Objekt "Paßfeder" nach gewissen funktionalen Vorgaben und gegebenen Standard- bzw. Kataloginformationen bestimmt, die wiederum als Abhängigkeiten gegeben sind. Generell werden im Entwurfsvorgang allgemeine und objekttypspezifische Methoden (Berechnungs-, Dimensionierungs-, Auswahlverfahren etc.) benutzt, um die Eigenschaften eines technischen Objektes zu bestimmen. Aus der Berücksichtigung der technisch-funktionalen Abhängigkeiten bei der Abarbeitung der Operationen resultiert eine technisch-funktionale Semantik dieser Operationen.

Die technischen Operationen auf den Haupt-, Funktions- und Nebenelementen sind hauptsächlich Operationen zum Erzeugen, Positionieren, Orientieren, Ändern und Löschen der technischen Objekte, bei deren Durchführung die oben erwähnten technisch-funktionalen Abhängigkeiten (also auch die Methoden) zu berücksichtigen sind. In ähnlicher Weise lassen sich die technischen Assoziationen /GAPR88/, die eine genauere Festlegung der technischen Operationen bewirken (z. B. fluchtend, paßgenau oder achsparallel für die Operation Positionieren), in Form von technisch-funktionalen Abhängigkeiten definieren. In einer Gesamtbewertung am Ende eines Entwurfsschrittes werden alle technischen Objekte in ihrer Wechselwirkung untereinander hinsichtlich einer räumlichen und funktionalen Verträglichkeit sowie in der Einhaltung der Umgebungsrestriktionen überprüft.

3 Klassifikation und Beschreibung der technisch-funktionalen Abhängigkeiten

Wie aus den bisherigen Ausführungen deutlich geworden ist, umfaßt der Begriff technisch-funktionale Abhängigkeiten alle Restriktionen, Bedingungen, Regeln oder Verfahren, die während des Entwurfsvorganges eines technischen Objektes

- seine Aufgabenstellung festlegen,
- die Semantik der gestaltenden, technologischen und funktionalen Eigenschaften bestimmen bzw. überprüfen,
- seine Wechselwirkungen zu anderen technischen Objekten und den technischen Operationen bestimmen,
- die relevanten Methoden zur Durchführung der Operationen spezifizieren,
- und beim Übergang in ein anderes Partialmodell die Einhaltung von Integritäts- und Konsistenzbedingungen überwachen.

In diesem Kapitel werden wir zunächst eine Klassifikation der Abhängigkeiten hinsichtlich ihrer Bedeutung durchführen. Ausgehend von dieser Klassifikation haben wir eine Sprache definiert, die eine anwendungs- und systemunabhängige Beschreibung der Abhängigkeiten in einem konkreten Entwurfsszenario erlaubt. Die Grundzüge der Sprache werden im zweiten Teil dieses Kapitels auszugsweise vorgestellt.

3.1 Erarbeitung einer Klassifikation der technisch-funktionalen Abhängigkeiten

Die in Bild 2 dargestellte Klassifikation zeigt zunächst eine Zweiteilung der Abhängigkeiten in die allgemeinen Abhängigkeiten und die objekttypspezifischen Abhängigkeiten.

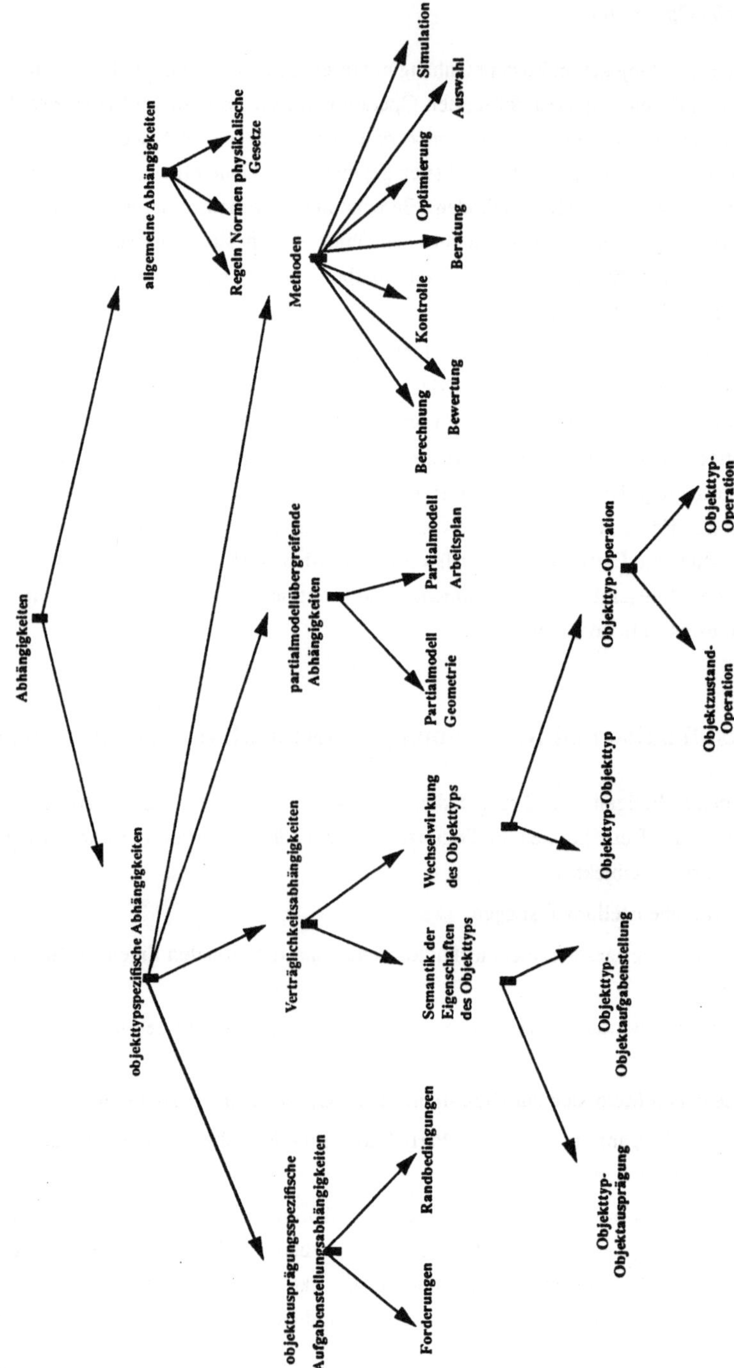

Bild 2: Klassifikation der technisch-funktionalen Abhängigkeiten

Die **allgemeinen Abhängigkeiten** sind allgemeingültige Konstruktionsregeln, Richtlinien (z.B. Gestaltungsrichtlinien für ein Gestalten unter Beachtung der Beanspruchung, Formänderung und Stabilität), DIN-Normen, VDI-Richtlinien oder physikalische Wirkprinzipien. Desweiteren werden allgemeine Beratungsprogramme oder Kombinationsmethoden zur Auswahl von logischen oder physikalischen Grundfunktionen dazu gezählt, die beispielsweise in der Konzeptphase gewinnbringend eingesetzt werden können. Die allgemeinen Abhängigkeiten stellen somit eine *technisch-funktionale Wissensbasis* dar, die unabhängig von dem konkreten Entwurfsobjekt vor allem bei einer Neukonstruktion zur Unterstützung des Entwerfers herangezogen werden kann.

Unter den **objekttypspezifischen Abhängigkeiten** werden alle Abhängigkeiten zusammengefaßt, die speziell für die technischen Objekte eines Objekttyps gelten. Sie werden in die ausprägungsspezifischen Aufgabenstellungsabhängigkeiten, die für jedes technische Objekt eine eigenständige Aufgabenstellung definieren, die Verträglichkeitsabhängigkeiten, die die eigentliche Semantik des technischen Objektes erfassen, die Methoden, die für die Durchführung der technischen Operationen wichtig sind und die partialmodellübergreifenden Abhängigkeiten unterteilt.

Die **objektausprägungsspezifischen Aufgabenstellungsabhängigkeiten** umfassen die Forderungen (Zielstellung), die ein technisches Objekt zu erfüllen hat, und die Umgebungsrestriktionen, also die Randbedingungen, die dabei zu berücksichtigen sind. Entsprechend werden die Abhängigkeiten weiter in die Forderungen und die Randbedingungen unterteilt.

Die **Forderungen** beschreiben die Zielvorgabe, die die Ausprägung eines technischen Objekttyps für eine konkret vorgegebene Aufgabe zu erfüllen hat. Die Eigenschaften des technischen Objekts werden dann sukzessiv im Laufe des Entwurfsvorganges realisiert. In einigen Fällen kann die Aufgabenstellung einer vollen Beschreibung eines Objekts entsprechen. Meistens hat sie aber einen allgemeineren Charakter. Die Forderungen beschreiben demnach einen Rahmen, in dem das technische Objekt mit seiner Funktion zu entwerfen ist.

Die Angaben einer Aufgabenstellung werden entweder direkt vom Entwerfer in Form von explizit eingegebenen Forderungen oder Restriktionen vorgegeben oder aber implizit über die Beziehungen zwischen den verschiedenen Objekten ganz oder teilweise aus den Aufgabenstellungen anderer Objekte an das Objekt weitergeleitet. So kann auf der Grundlage der hierarchischen Beziehung der Objekte in der technischen Objektstruktur die Aufgabenstellung einer Baugruppe zum Teil an die Aufgabenstellung eines Einzelteils weitergeleitet werden. Bei der Einzelteildetaillierung läuft der Vorgang des Weiterleitens in ähnlicher Weise ab. So können beispielsweise aus der Aufgabenstellung einer Welle die Angaben über eine Krafteinleitungsstelle (Position, Kraft, Drehmoment etc.) an die Aufgabenstellung für die Paßfeder weitergeleitet werden. Ebenso sind gewisse Rückwärtsbeziehungen zwischen den Aufgabenstellungen zu warten (rückdelegieren). Bei einer formalen Beschreibung der Aufgabenstellungsabhängigkeiten ist daher ein Bezug herzustellen, der festlegt, von wo Teile der Aufgabenstellung abgeleitet werden.

In den **Randbedingungen** werden alle Vorgaben einer Aufgabenstellung beschrieben, die die Umgebung festlegen, in der das technische Objekt eingesetzt werden soll, d.h., die hier gemachten Angaben sind nicht direkt den Eigenschaften eines technischen Objektes zuzuordnen. Es werden beispielsweise Angaben über Raumtemperatur, Raumabstände zwischen verschiedenen Objekten oder physikalische Eigenschaften des Raummaterials wie Wasser, Luft, Öl usw. angegeben.

Die **Verträglichkeitsabhängigkeiten** beschreiben alle technischen oder funktionalen Beziehungen und Bedingungen, die für ein technisches Objekt hinsichtlich seiner Eigenschaften (Attribute) oder in seiner Funktionsumgebung zu anderen technischen Objekten sowie bei der Ausführung einer technischen Operation zu berücksichtigen sind. Daraus folgt eine weitere Unterteilung in die Eigenschafts- und Wechselwirkungsabhängigkeiten. Bei jedem Entwurfsschritt und jedem Ansprechen eines Objekts muß also überprüft werden, ob seine aktuellen technischen Eigenschaften mit den in den Eigenschafts- und Wechselwirkungsabhängigkeiten angegebenen Beziehungen, Bedingungen und Restriktionen verträglich sind.

Unter den **Eigenschaftsabhängigkeiten** werden die Bedingungen und Restriktionen verstanden, die aufgrund von logischen oder technischen Funktionsvorgaben und physikalischen Prinzipien oder Effekten vordefiniert sind. So sind z.B. die Formen, die eine Paßfeder annehmen kann (geradestirnig, rundstirnig oder scheibenförmig) oder die Funktionen, die eine Welle bzw. eine Achse zu erfüllen haben, vordefiniert. Dazu kommen natürlich spezielle Formen, Funktionen oder andere Eigenschaften, die vom Entwerfer zusätzlich definiert werden können (z.B. bestimmte betriebsspezifische Vorgaben). Die Eigenschaftsabhängigkeiten eines Objekts können weiter in die Beziehungen zwischen Objekttyp und Objektausprägung sowie zwischen Objekttyp und Aufgabenstellung unterschieden werden.

In der Aufgabenstellung werden die Anforderungen gestellt, beschrieben oder mit Daten gefüllt, ohne daß irgendwelche Restriktionen dieser Angaben hinsichtlich der technischen Semantik überprüft werden. Das heißt, daß in der Aufgabenstellung die zu realisierende Funktionsumgebung nur beschrieben wird (statische Informationen). Das "Hintergrundwissen" zur dynamischen Überprüfung der Abhängigkeiten während einer technischen Operation wird in den Eigenschaftsabhängigkeiten dargestellt.

Die in der Gruppe **Objekttyp-Objektausprägung** definierten Abhängigkeiten geben die möglichen Formen und Eigenschaften an, die ein Objekt auf Grund seiner technischen oder funktionalen Semantik in seiner Struktur, Technologie und Funktion annehmen *kann*, wie z.B. die möglichen Werkstoffe, aus denen eine Paßfeder besteht, die maximale Rotationsgeschwindigkeit eines Lagers usw.

Durch die in der Gruppe **Objekttyp-Objektaufgabenstellung** definierten Abhängigkeiten werden *mögliche* Aufgabenstellungen beschrieben. Hier wird z.B. für die Raumtemperatur, in der eine Getriebewelle zu operieren hat, ein Wertebereich angegeben, oder es werden die möglichen Formen des Getriebes, in dem die Welle eingesetzt werden darf, beschrieben. Es werden also Bedingungen und Restriktionen auf technischen Eigenschaften definiert, die die Funktionsumgebung eines technischen Objektes betreffen.

Die **Wechselwirkungsabhängigkeiten** beschreiben die Beziehungen, die zum einen zwischen technischen Objekten und zum anderen während der Ausführung einer technischen Operation gelten. Sie werden weiter in die Abhängigkeiten Objekttyp-Objekttyp und Objekttyp-Operation unterteilt.

Die Abhängigkeiten **Objekttyp-Objekttyp** werden in den weiteren Entwurfsschritten überprüft, wobei die technischen Objekte in ihrem Zusammenwirken betrachtet werden, das durch gewisse Regeln und Bedingungen bestimmt ist. So müssen z.B. die Verzahnung zweier Zahnräder passend und die Bohrung eines Lagers mit dem Absatzdurchmesser gleich sein sowie gewisse Passungen und Toleranzen eingehalten werden usw. Die Wechselwirkungen der Objekte untereinander spiegelt sich dabei sowohl in der Geometrie (Gestalt) als auch in der Funktion und Technologie wider.

In den Abhängigkeiten **Objekttyp-Operation** werden die möglichen Zustände eines technischen Objekts (freigegeben, nicht freigegeben, positioniert, geändert, geprüft, nicht geprüft usw.), die technische oder organisatorische Bedeutung haben, in ihrer Verträglichkeit mit der gerade auszuführenden Operation, festgelegt. Dabei können für einen Objekttyp beispielsweise nur spezielle Operationen und diese auch nur unter gewissen Bedingungen zugelassen werden. In diesen Abhängigkeiten kann auch der gesamte Ablauf einer technischen Operation, d.h., das dynamische Verhalten eines technischen Objekts, beschrieben werden.

Die **partialmodellübergreifenden Abhängigkeiten** haben die Aufgabe, den Zusammenhang zwischen den Partialmodellen in Form von Konsistenz- und Integritätsbedingungen zu überwachen, bzw. in Form von Regeln, Richtlinien, Bedingungen etc. den Übergang, d.h. die Ableitung von Objekten des einen Partialmodells aus denen eines anderen Partialmodells (soweit als möglich automatisch) durchzuführen. Ausgehend von dem technischen Partialmodell ist die Bindung der weiteren Partialmodelle mehr (z.B. geometrisches Modell) oder weniger (z.B. Arbeitsplanungsmodell) stark ausgeprägt. Die enge Bindung des geometrischen Modells ist beispielsweise dadurch gekennzeichnet, daß jedem technischen Objekt eine geometrische Struktur zugeordnet ist. Die technische Objektstruktur bestimmt dann den Zusammenhang der einzelnen geometrischen Strukturen. Jede Operation auf einem technischen Objekt kann unmittelbar Auswirkungen auf die geometrischen Strukturen haben, die ebenfalls in den Abhängigkeiten beschrieben werden müssen. Der Übergang zum Arbeitsplanungsmodell findet in einer dem Entwurfsvorgang nachgeschalteten Phase, der technologischen Fertigungsvorbereitung, statt, so daß hier der wechselseitige Einfluß wesentlich geringer ist. Wegen der Komplexität, Heterogenität und Fülle von Informationen, die bei einer vollständigen Beschreibung des Übergangs in ein weiteres Partialmodell anfallen, werden die partialmodellübergreifenden Abhängigkeiten im Rahmen dieser Arbeit nicht weiter berücksichtigt.

Als **Methoden** werden schließlich alle Verfahren in Form von Prozeduren, Funktionen oder größeren Programmpaketen verstanden, die Daten eines technischen Objekts berechnen, überprüfen, auswählen, ändern oder dem Entwerfer Informationen bezüglich des zu bearbeitenden technischen Objektes oder der Entwurfsschritte zur Verfügung stellen. Während des Entwurfsvorganges werden zur Bestimmung der Daten eines technischen Objektes parametrisierte Funktionen, **Berechnungs-** (Finite-Element-Methoden(FEM)-Programme oder Kalkulationsprogramme usw.) oder **Auswahlmethoden** (Konstruktionskataloge von Norm-, Wiederhol- oder Zulieferteilen, Werkstoff- oder Normenkataloge usw.) eingesetzt. Zur Bewertung und Überprüfung eines technischen Objektes spielen dann **Analyse-, Simulations-, Nachrechnungs-** sowie **Bewertungsprogramme** (Methoden) eine entscheidende Rolle.

3.2   Eine Sprache zur Beschreibung der technisch-funktionalen Abhängigkeiten

Zur Beschreibung der Abhängigkeiten haben wir eine über eine Grammatik definierte Sprache aufgestellt /En91/, die zunächst unabhängig von einer konkreten Realisierungsumgebung ist. Die Sprache setzt eine Beschreibung des technischen Partialmodells voraus, in der die Attribute eines technischen Objektes dessen Struktur, Funktion und Technologie beschreiben und die technische Objektstruktur repräsentiert ist. Bei der Entwicklung der Sprache standen folgende Anforderungen im Vordergrund:

- Erfassung und Wiedergabe der Semantik der technisch-funktionalen Abhängigkeiten

- Reflektion der eingeführten Klassifikation der Abhängigkeiten

- Einordnung der Abhängigkeiten in der technischen Objektstruktur und Zuordnung der Abhängigkeiten zu den technischen Objekten bzw. technischen Operationen

- Unterstützung des Weiterleitens (bzw. Rückdelegierens) von Abhängigkeiten in der durch die Objektklassen aufgebauten Hierarchie der technischen Objekte

- Möglichst einfache und einheitliche Repräsentation der Abhängigkeiten.

Wir wollen die Sprache hier auszugsweise vorstellen. Dazu haben wir den Ausschnitt zur Beschreibung der Aufgabenstellung ausgewählt. Die Beschreibung einer Aufgabenstellung ist über den <task_identifier> eindeutig identifizierbar (vgl. Bild 3). Die Entwurfsumgebung wird durch OBJECT TYPE und OBJECT INSTANCE bestimmt, die den Typ des zu entwerfenden technischen Objekts sowie eine konkrete Ausprägung

```
<task_specification> ::=        TASK <task_identifier>
                                OBJECT TYPE <object_type>
                                OBJECT INSTANCE <object_identifier>
                                OBJECT REQUIREMENTS <attribute_specification_list>
                                [ENVIRONMENT REQUIREMENTS <attribute_specification_list>].


<attribute_specification_list> ::= "(" {<attribute_specification> ";"} ")".
<attribute_specification> ::=   <attribute_name>
                                TYPE <attribute_type>
                                [VALUE <attribute_value>]
                                [RESTRICTION <attribute_restriction>]
                                [STATE <attribute_state>].


<attribute_value> ::=           ( <simple_value> | <record_value> | <list_value>).
<simple_value> ::=              <expression> |
                                <from_task_specification> |
                                <from_object_specification> |
                                <from_catalog_specification> |
                                <from_method_specification> ).


<attribute_restriction> ::=     "(" <operator> <expression>
                                [ { ( AND | OR ) <operator> <expresion> } ] ")".
<attribute__state>::=           NOT_EVALUATED | EVALUATED | INVALID | ... .
```

Bild 3: Ausschnitt der Grammatik zur Beschreibung einer Aufgabenstellung

festlegen. Die Aufgabenstellung setzt sich aus den Forderungen an das Objekt (OBJECT REQUIRE-MENTS) und den Umgebungsrestriktionen (ENVIRONMENT REQUIREMENTS) zusammen.

Die Forderungen werden über eine Attributspezifikationsliste angegeben. Jede Attributspezifikation beinhaltet den Attributnamen sowie den Typ des Attributs. Des weiteren kann eine Vorschrift zur Bestimmung des Attributwerts (VALUE) oder eine Werterestriktion, die von dem Attributwert einzuhalten ist (RE-STRICTION) (oder beides) angegeben werden. Zusätzlich kann für eine Attributspezifikation der Status des Attributs (noch nicht berechnet, invalidiert etc.) explizit definiert und somit jederzeit abgefragt werden. Eine Attributspezifikation kann für die Attribute des zu entwerfenden technischen Objektes und für Attribute, die innerhalb der Aufgabenstellung zur Beschreibung der Forderungen benötigt werden, angegeben werden. Als Attributtypen sind einfache Datentypen (INTEGER, REAL, STRING, BOOLEAN), Record-Strukturen und Listen vorgesehen.

Die **VALUE-Klausel** berücksichtigt die verschiedenartigen Forderungen an ein technisches Objekt in seiner konkreten Entwurfsumgebung, nämlich die Ableitung eines Attributwertes aus einer anderen Aufgabenstellung, aus dem Inhalt eines anderen technischen Objekts sowie die Bestimmung eines Attributwertes aus einem Katalog oder über eine Methode bzw. dessen direkte Wertespezifikation. Durch eine <from_task_-

specification>-Angabe wird ein Teil der Aufgabenstellung gemäß der durch die technischen Objektklassen festgelegten Hierarchie aus den übergeordneten technischen Objekten abgeleitet. Die <from_object_specification>-Klausel erlaubt, Beziehungen zu Attributwerten anderer technischer Objekte aufzubauen. Für diejenigen Attribute, die von anderen Attributen referenziert werden, müssen bei Änderungs- oder Löschoperationen auf diesen Attributen besondere Mechanismen angeboten werden, die in den abhängigen technischen Objekten die Änderungen bekanntmachen und dort mögliche Reaktionen anstoßen. Eine <from_catalog_specification>-Klausel gibt einen Katalog an (Datei, Relation etc., abhängig von der gewählten Informationsspeicherung), über den der Attributwert (aufgrund der bei der Auswahl angegebenen Eingabeparameter) zu bestimmen ist. Die <from_method_specification>-Angabe gibt eine Methode an, mittels der der Wert eines Attributs zu bestimmen ist. Auch hier sind zuvor eine Reihe von Eingabeparameter zu belegen. Schließlich kann durch eine <expression>-Angabe ein Attributwert als Direktwert (Konstante) gegeben sein oder über den definierten Ausdruck aus anderen Attributwerten berechnet werden. Die in dem Ausdruck enthaltenen Attribute müssen Attribute des technischen Objektes sein, für das die Aufgaben-

```
TASK shaft_t_47N11

OBJECT TYPE shaft

OBJECT INSTANCE shaft_47N11

OBJECT REQUIREMENTS

    (gear_box_length TYPE REAL mm

                    VALUE FROM OBJECT gear_box gearbox_00N7 length;
    shaft_length    TYPE REAL mm

                    VALUE gear_box_length-20

                    RESTRICTION <= 100;
    min_diameter    TYPE REAL mm

                    VALUE FROM METHOD compute_min_diameter

                        PARAMETER (shaft_length, material, axial_load,...);
    load_point      TYPE RECORD

                    VALUE (X_coordinate TYPE REAL mm

                                    VALUE 10
                        strength     TYPE REAL N

                                    VALUE 2500;);

    ...)


ENVIRONMENT REQUIREMENTS

    (temperature TYPE REAL K

                VALUE FROM METHOD temperature_estimation

                    PARAMETER (material)

                RESTRICTION <= 330;

    ...)
```

Bild 4: Beispiel zur Beschreibung der Aufgabenstellung einer Welle stellung spezifiziert wird, oder aber innerhalb der Aufgabenstellung über eine Attributspezifikation deklariert worden sein (sog. importierte Attribute), womit dann also auch Werte aus anderen technischen Objekten bzw. Aufgabenstellungen in den Ausdruck eingehen können. Werden in einer Attributspezifikation Typkonstruktoren benutzt (Record- oder List-Typ), so kann mittels der VALUE-Klausel dem gesamten Attribut oder aber jeder Attributkomponente einzeln ein Wert zugewiesen werden.

Die **RESTRICTION-Klausel** erlaubt, für ein Attribut einen Wertebereich festzulegen, der wieder von verschiedenen Faktoren abhängig sein kann (andere technische Objekte, Kataloge etc.). Werden in einer Attributspezifikation eine VALUE- und eine RESTRICTION-Angabe vorgenommen, so kann der berechnete Attributwert auf die Einhaltung des angegebenen Wertebereichs hin überprüft werden. Bei einer Nichteinhaltung des Wertebereichs ist zunächst zu überprüfen, ob die Auswertung der VALUE-Klausel auch zu anderen Ergebnissen für die Attributwerte führen kann. Dies kann beispielsweise der Fall sein, wenn bei der Ausführung von Methoden Benutzerinteraktionen vorkommen und der Benutzer andere Parameterwerte eingeben kann, oder es ist zu prüfen, ob durch die erneute Auswertung anderer Attribute, deren Werte veränderlich sind und die bei der Auswertung der aktuellen VALUE-Klausel eine Rolle spielen, ein neuer Wert resultiert. Ansonsten ist die vorgegebene Aufgabenstellung so nicht erfüllbar und muß modifiziert werden.

In der **ENVIRONMENT REQUIREMENTS-Klausel** werden die Attribute beschrieben, die die Umgebungsrestriktionen eines technischen Objektes bestimmen, aber nicht ein Attribut des technischen Objektes selbst sind (z.B. Raumtemperatur, Luftfeuchtigkeit). Die Spezifikation dieser Attribute ist die gleiche wie die oben beschriebene Attributspezifikation.

Anhand eines Beispiels, das die Definition einer Aufgabenbeschreibung für ein konkretes Einzelteil vom Objekttyp Welle wiedergibt, sollen die Sprachkonstrukte verdeutlicht werden (vgl. Bild 4). Die Konstruktionsumgebung wird durch einen Identifikator der Aufgabenstellung (TASK shaft_t_47N11) sowie OBJECT TYPE (shaft) und OBJECT INSTANCE (shaft_47N11) bestimmt. Die Aufgabenstellung, aus den Forderungen an das Objekt (OBJECT REQUIREMENTS) und den Umgebungsrestriktionen (ENVIRONMENT REQUIREMENTS) zusammengesetzt, wird über zwei Attributspezifikationslisten angegeben. Die VALUE-Klauseln in Bild 4 zeigen die Spezifikation einer Aufgabenstellung aus dem Inhalt eines anderen technischen Objekts (Attribut gear_box_length, das von dem Attribut length des Objekts gearbox_00N7 vom Objekttyp gear_box abgeleitet wird) sowie die Bestimmung eines Attributwertes über eine Methode (Attribut min_diameter) bzw. dessen direkte Wertspezifikation (X_coordinate, strength).

Damit haben wir nun die dem technischen Modellierungsvorgang inhärenten technisch-funktionalen Abhängigkeiten erarbeitet, in einer Klassifikationsstruktur eingeordnet und schließlich auszugsweise einen Sprachvorschlag zur Beschreibung der Abhängigkeiten vorgestellt. Nun ist ein Konzept zur systemseitigen Modellierung und Verwaltung (d.h. Modifikation, Aktivierung und Überprüfung) der Abhängigkeiten zu erarbeiten und die Frage nach der Einbindung in ein technisches Modellierungssystem zu beantworten.

4 Modellierung und Verwaltung der technischen Objekte und der Abhängigkeiten mit dem Nonstandard-Datenbanksystem PRIMA

Der von uns verfolgte Lösungsweg geht von einem DB-orientierten Systemansatz aus. Die Vorteile des Einsatzes von Datenbanksystemen in Ingenieuranwendungen (etwa die Verwaltung großer Datenmengen, Mehrbenutzerbetrieb, Recovery-Konzepte etc.) sind allgemein anerkannt, wenngleich kommerziell verfügbare Systeme nicht die geforderte Effizienz und Funktionalität bieten. Wir bauen hier auf die neueren Entwicklungen von sog. Nonstandard-Datenbanksystemen (NDBS) auf, die in ihrer Konzeption speziell die Anforderungen aus den technischen Anwendungsbereichen berücksichtigen. Grundlage der weiteren Ausführungen ist das NDBS-System PRIMA mit dem dort realisierten MAD-Datenmodell (Molekül-Atom-Datenmodell). Aufbauend auf dem NDBS-System lassen sich nun eine Reihe von anwendungsorientierten Basiskomponenten zur direkten Unterstützung des gesamten Konstruktionsvorganges anbieten. Hier sind beispielsweise Komponenten zur Realisierung eines Versionenmodells, das die Handhabung von versionierten Entwurfsobjekten /KS92/ ermöglicht, oder zur Bereitstellung eines Kooperationsmodells zur Unterstützung einer kooperativen Konstruktionsvorgehensweise /HKS92/ anzuführen. Im folgenden werden wir zunächst eine kurze Einführung in das Daten- und Verarbeitungsmodell des PRIMA-Systems geben. Daran schließt sich die Beschreibung einer möglichen Modellierung der technisch-funktionalen Abhängigkeiten sowie der zugehörigen technischen Objekte mit dem MAD-Modell an. Schließlich werden wir einen Architekturvorschlag zur Einbindung der Abhängigkeiten, d.h. zur Verwaltung und Überprüfung der Abhängigkeiten in einem Modellierungssystem, vorstellen.

4.1 Kurze Beschreibung von Datenmodell und Systemumgebung des PRIMA-Systems

Das **MAD-Modell** /Mi88/ erlaubt die ganzheitliche Handhabung dynamisch definierbarer, komplexer Objektstrukturen und gehört somit zur Klasse der **strukturell-objektorientierten Datenmodelle** /Di86/. Hierzu wird eine SQL-ähnliche Abfragesprache, MQL (Molecule Query Language), angeboten. Atomtypen (Atome) sind die Grundbausteine des MAD-Modells und entsprechen den Relationen (Tupel) im Relationenmodell. Die möglichen Datentypen der Attribute sind reichhaltiger als dies in konventionellen Systemen der Fall ist und eröffnen damit bereits auf Attributebene eine mächtige Strukturierungsmöglichkeit (z.B durch die Bildung von Wiederholungsgruppen). Von besonderem Interesse hier ist der Datentyp CODE, der die Speicherung und systemkontrollierte Ausführung von benutzerdefinierten Prozeduren durch das DBS ermöglicht. Beziehungen werden im MAD-Modell über spezielle Referenzattribute der Atome abgebildet, die eine direkte Darstellung von n:m-Beziehungen erlauben. Ausgehend von den Atomen, die über die Referenzen zu einem heterogenen Atomnetz verbunden sind, können die komplexeren Objekte, die Moleküle, definiert und abgeleitet werden. Die durch MQL-Anweisungen spezifizierten Molekültypen können dabei als zusammenhängende, azyklische Graphen verstanden werden, die sich im wesentlichen aus einem Wurzelatomtyp und weiteren Atom- und Beziehungstypen ergeben. Die Auswertung der MQL-Anweisung liefert dann die Molekülausprägungen, die einen Ausschnitt, bzw. eine spezielle Sicht auf das in der Datenbank befindliche Atomnetz darstellen.

Neben dem Datenmodell hat das **Verarbeitungsmodell** entscheidenden Einfluß auf die Tauglichkeit der NDBS-Schnittstelle. Das im PRIMA-System realisierte Verarbeitungsmodell ist in erster Linie durch eine anwendungsnahe Pufferung der Verarbeitungsgegenstände in einem sog. Objektpuffer gekennzeichnet, der als eine komplexe Hauptspeicher-Datenstruktur realisiert ist. Die lokale Verarbeitung erfordert ein zweistufiges Verarbeitungskonzept /HS89/ nach dem CHECKOUT/CHECKIN-Mechanismus. Im Vorfeld der eigentlichen Verarbeitung werden die Verarbeitungsgegenstände über eine oder mehrere MQL-Anfragen ermittelt und aus der zentralen Datenbank in den Objektpuffer eingelagert. Die Verarbeitung der in den Puffer eingelagerten Objekte kann dann direkt und effizient realisiert werden. Aus Gründen der Konsistenzerhaltung, der Wartbarkeit von Änderungen sowie zur Unterstützung der Anwendungsprogrammierung (insbesondere durch die Einführung eines mächtigen Cursor-Konzeptes) ist eine funktionale Einbettung durch

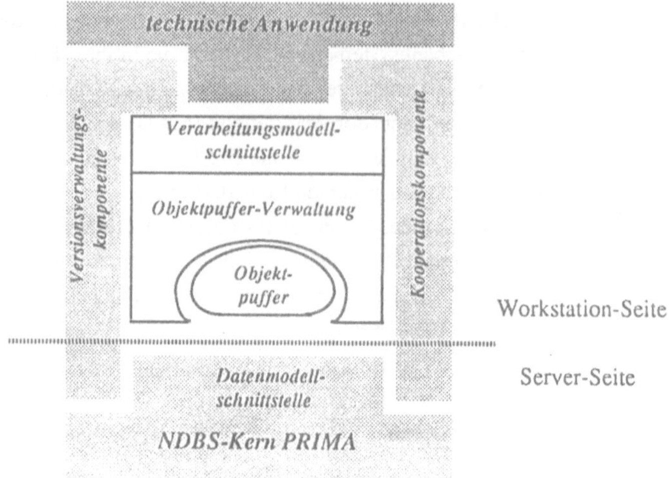

Bild 5: Grobarchitektur der Anwendungsanbindung an den NDBS-Kern PRIMA

eine Laufzeitumgebung sowie eine programmiersprachliche Integration realisiert. Nach erfolgter Verarbeitung müssen die geänderten Daten mittels einer CHECKIN-Operation wieder in den globalen Datenbestand zurückgeschrieben werden. Desweiteren bietet das Verarbeitungsmodell Konzepte zur Strukturierung komplexer Ablaufeinheiten bzw. zum gezielten Zurücksetzen des Verarbeitungskontextes (auf Anforderung des Anwenders oder nach einem Systemfehler) an /HS89/. Bild 5 zeigt die Grobarchitektur der Objektpuffer-Einbindung. Ausgehend von einer Workstation/Server-Aufteilung ist der Server-Komponente der NDBS-Kern PRIMA zugeordnet. Auf der Workstation als dem eigentlichen Ingenieurarbeitsplatz ist der Objektpuffer mit der notwendigen Verwaltungskomponente angesiedelt, auf den über eine Verarbeitungsmodell-Schnittstelle zugegriffen werden kann. Oberhalb dieser Schnittstelle sind in der Modellabbildungskomponente die angesprochenen Basiskomponenten angeordnet, die dem eigentlichen Anwendungsprogramm eine anwendungsorientierte Grundfunktionalität zur Verfügung stellen.

4.2 Modellierung der technischen Objekte und der technisch-funktionalen Abhängigkeiten

Die Modellierung der technischen Objekte und der technischen Objektstruktur ist mit dem MAD-Modell recht einfach möglich. Die Beziehungen zwischen den technischen Objektklassen und den technischen Objekttypen (z.B. Funktionselement und Paßfeder, Lager etc.) ist von ihrer Bedeutung her eine Spezialisierungsbeziehung und muß im MAD-Modell auf einfache Beziehungstypen abgebildet werden, die dann durch die Anwendung zu warten sind.

Die Repräsentation der technisch-funktionalen Abhängigkeiten in einem MAD-Schema sollte insbesondere deren strukturelle Beziehungen widerspiegeln. Das heißt, daß die Struktur der Abhängigkeiten im MAD-Schema erhalten bleibt und die Beziehungen zwischen den Abhängigkeiten selbst (etwa bei der Aufgabenstellung) ebenso wie die Beziehungen zu den assoziierten technischen Objekten in der Objektstruktur direkt reflektiert werden. Dies macht eine Übersetzung der oben beispielhaft eingeführten Sprache zur Spezifikation von Abhängigkeiten erforderlich. In dem von uns verfolgten Ansatz werden die Abhängigkeiten von einem Compiler übersetzt und die Information in den Atomtypen zur Aufnahme der Abhängigkeiten, wie sie in dem MAD-Schema in Bild 6 aufgeführt sind, abgelegt. In der hier gewählten Modellierung wird als weiterer Atomtyp *"technischer Objekttyp"* eingeführt. Er enthält für jeden technischen Objekttyp einen Eintrag, der u.a. die Beziehung zu den objekttypspezifischen Abhängigkeiten beinhaltet und somit eine Beziehung zwischen Objekttyp und Abhängigkeiten aufbaut. Da die eingeführten Abhängigkeiten i. allg. typspezifisch sind, aber eine direkte Beziehung zu jeder Ausprägung eines technischen Objektes (also den Ausprägungen in den Atomtypen Fase, Freistich, usw.) wenig sinnvoll ist, wurde dieser Atomtyp eingeführt. Die Abhängigkeiten, die für jedes technische Objekt verschieden sind, nämlich die ausprägungsspezifischen Aufgabenstellungen, haben eine direkte Beziehung zu den technischen Objekten. Die Problematik ist darin begründet, daß in einem Schema sowohl ausprägungs- als auch typspezifische Information repräsentiert werden soll.

Die Struktur des MAD-Schemas zur Repräsentation der Abhängigkeiten orientiert sich weitgehend an der Klassifikation aus Bild 2. Die vorkommenden Atomtypen entsprechen hauptsächlich den Blättern des Klassifikationsbaumes und haben folgende Bedeutung:

- **typspezifische Abhängigkeiten**: Die Wurzel der hierarchischen Struktur der Abhängigkeiten eines Objekttyps.

- **Methoden**: Enthält Verwaltungsinformation und Verweise auf alle dem technischen Objekt zugeordneten Berechnungs-, Auswahlmethoden usw.

- **Verträglichkeits-Abhängigkeiten**: Entspricht den Verträglichkeitsabhängigkeiten.

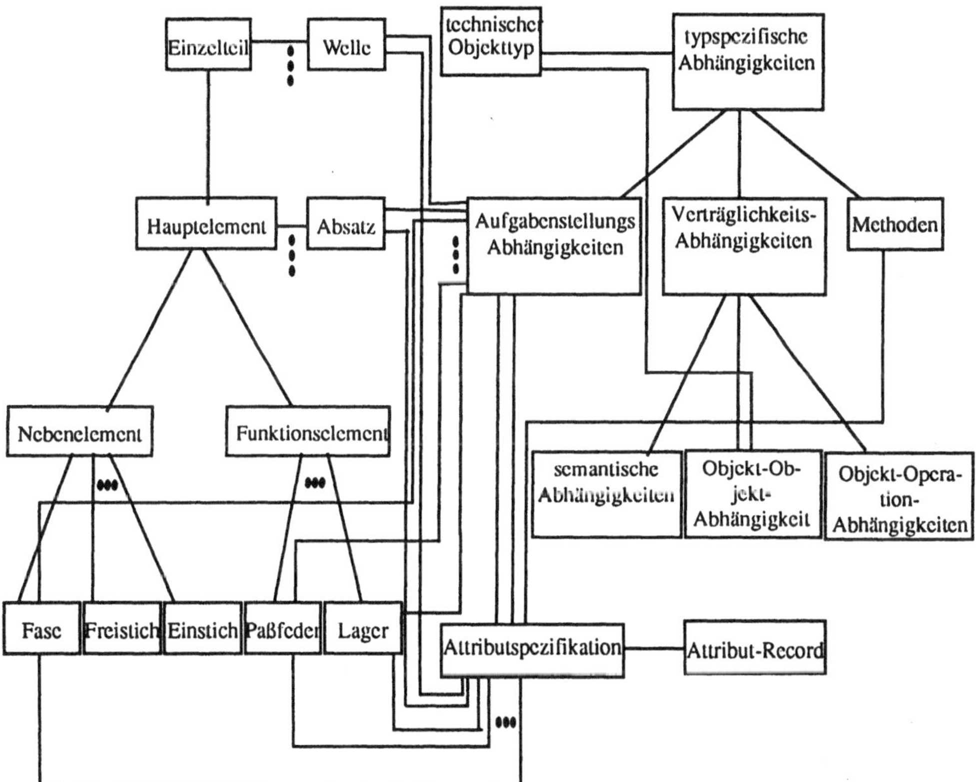

Bild 6: MAD-Schema zur Repräsentation der technischen Objekte und der technisch-funktionalen Abhängigkeiten

- **semantische Abhängigkeiten**: Hier werden die Eigenschaftsabhängigkeiten beschrieben.

- **Objekt-Objekt-Abhängigkeiten**: Entspricht den Wechselwirkungsabhängigkeiten zwischen technischen Objekten.

- **Objekt-Operation-Abhängigkeiten**: Hier werden alle Restriktionen auf den Operationen des entsprechenden technischen Objekts abgelegt.

- **Aufgabenstellungs-Abhängigkeiten**: Stellt die Aufgabenstellungsabhängigkeiten dar und verweist auf die Bestandteile einer Aufgabenstellung, nämlich auf die direkte Aufgabenspezifikation (Attribut Spezifikation). Sie sind einem technischen Objekt zugeordnet.

- **Attribut-Spezifikation**: Hier werden die Attribute spezifiziert, die die konkrete Aufgabenstellung einer technischen Objektausprägung beschreiben. In einer Spezifikation können Methoden, Attribute einer übergeordneten Aufgabenstellung oder Attribute anderer technischer Objekte auftreten (vgl. Bild 3). Diese Beziehungen werden explizit über Referenzattribute repräsentiert.

- **Attribut-Record**: Er wird zur Darstellung komplexer Attributtypen benötigt.

4.3   Verwaltung und Überprüfung der technisch-funktionalen Abhängigkeiten

Die effiziente Verwaltung der technisch-funktionalen Abhängigkeiten und insbesondere deren systemseitige Überprüfung bei der Durchführung von technischen Operationen in der skizzierten Workstation/Server-Architektur (vgl. Bild 5) sind entscheidend für die Akzeptanz unseres Systemansatzes. Grundlage unseres Ansatzes ist die Realisierung von **Konstruktionsablaufprogrammen** (KAP), die alle Operationen (Methoden), die die Gestaltung *eines* technischen Objektes während des Konstruktionsprozesses bestimmen, zusammenfassen. Entsprechend ist für jeden technischen Objekttyp ein eigenes KAP zu realisieren. Von diesem Programm aus werden die verschiedenen Komponenten des Systems (Kommunikationskomponente, Datenhaltungskomponente usw.) angestoßen, um das Programm mit technischen oder organisatorischen Informationen zu versorgen, z.B. mit den technisch-funktionalen Abhängigkeiten, die dann in einer Ablaufsequenz zur Konstruktion (Gestaltung) des jeweiligen technischen Objekts angewendet werden.

Eine eigene Komponente übernimmt die Abarbeitung und Ausführung des KAP. Diese Komponente liest die Sequenz der Konstruktionsschritte, die vorwiegend aus Methodenaufrufen besteht, ein, interpretiert ihren Inhalt entsprechend und stößt ihrerseits andere Komponenten, die die Methoden bzw. das Konstruktionsprogramm selbst mit Daten versorgen, an. Fehlermeldungen oder Interpretationen von Ergebnissen werden über die Kommunikationskomponente dem Anwender direkt mitgeteilt. Bild 7 zeigt die allgemeine Architektur des gesamten Modellierungssystems mit der Komponente, die das Konstruktionsablaufprogramm abarbeitet.

Die **Abhängigkeiten-Verwaltungskomponente** (AVK) übernimmt die Aufgabe der Definition, Bereitstellung, Aktivierung und Überprüfung der technisch-funktionalen Abhängigkeiten. Sie baut auf der Verarbeitungsmodell-Schnittstelle auf (vgl. Bild 5), an der die Funktionalität des auf dem PRIMA-System realisierten Verarbeitungsmodells angeboten wird. Der Zeitpunkt der Überprüfung bzw. Ausführung von Abhängigkeiten ist nicht zuletzt wegen deren Heterogenität sehr unterschiedlich und kann hier nur teilweise vorgestellt werden:

- Bei der Evaluierung einer Aufgabenstellung wird ein technisches Objekt kreiert und die abgeleiteten Eigenschaften wie sie in der Aufgabenstellung definiert sind mit Werten versorgt. Daran schließt sich automatisch eine Überprüfung der semantischen Abhängigkeiten an.

- Nach der Auswahl einer nächsten Operation durch den Anwender werden die Objekttyp-Operation-Abhängigkeiten überprüft.

- Bei der Durchführung einer technischen Operation (Ablauf eines KAP) wird direkt aus dem Programm die Überprüfung bzw. Aktivierung von Abhängigkeiten angestoßen. Ebenso können am Ende einer Operation Abhängigkeiten evaluiert werden. Dies gilt beispielsweise für die Wechselwirkungs-Abhängigkeiten, die erst am Ende einer bestimmten Operation, wenn ein konsistenter Entwurfszustand erreicht worden ist, zu überprüfen sind. Ist die aktuelle Konstruktionsumgebung bekannt, d.h., alle technischen Objekte, die von der Operation berührt sein können, so werden die Wechselwirkungs-Abhängigkeiten automatisch vom System erkannt und deren Evaluierung angestoßen.

Die Schnittstelle der AVK bietet die Funktionalität zur Erfüllung der Aufgaben an:

- Abhängigkeiten definieren, löschen, ändern bzw. abspeichern.

- Evaluierung bzw. Modifikation einer Aufgabenstellung.

Die Informationen, die bei der Definition einer Aufgabenstellung abgelegt werden, sind statisch, d.h., es sind noch keine Werte für die definierten Attribute ermittelt worden. Durch die Evaluierung werden bei-

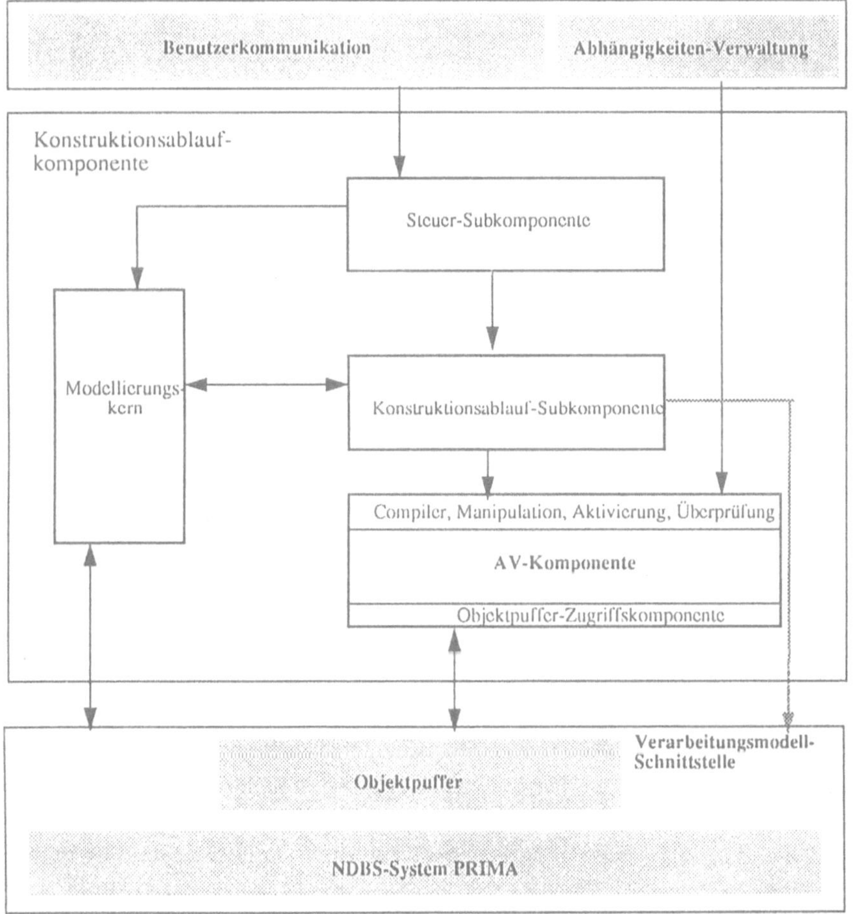

Bild 7: Architekturvorschlag eines NDBS-basierten Modellierungssystems

spielsweise die Methoden ausgeführt und die erhaltenen Werte auf die Einhaltung der über die Restriktionen angegebenen Wertebereiche überprüft. Bei einer Modifikation einer Aufgabenstellung müssen die dazu in Beziehung stehenden Objekte (diese können über die Referenzen identifiziert werden) ebenfalls aktualisiert werden.

- Überprüfungsoperationen auf den Verträglichkeitsabhängigkeiten.
- allgemeine Informationsoperationen auf den Abhängigkeiten.

In Bild 7 ist das Wechselspiel der verschiedenen Komponenten verdeutlicht. Der dynamische Ablauf bei der Abarbeitung eines KAP ist in den nachfolgend aufgeführten Schritten beschrieben. Die wesentliche Idee ist in dem Objektpuffer begründet. In einem Objektpuffer wird der zur aktuellen Bearbeitung notwendige Ausschnitt des technischen Partialmodells eingelagert. In einem oder mehreren weiteren Objektpuffern werden die zur Durchführung notwendigen Abhängigkeiten eingelagert und ihre Aktivierung durch die AVK auf Anforderung angestoßen.

- Identifikation des technischen Objektes und der Operation aus dem Anwendungsprogramm; die Steuersubkomponente lädt die betreffenden Objekte in den Objektpuffer.
- Identifizieren des KAP (durch die Steuersubkomponente) und Übergabe der Kontrolle an die Konstruktionsablauf-Subkomponente.
- Bereitstellen (d.h. gegebenenfalls Laden) der Aufgabenstellungsabhängigkeiten des aktuellen Objekts
- Ausführen der technischen Operation durch die Konstruktionsablauf-Subkomponente; dabei werden die betroffenen Abhängigkeiten von der AV-Komponente in den Objektpuffer geladen (mittels einer Datenbankanfrage aus der Datenbank) und deren Überprüfung angestoßen. Dies kann (abhängig vom Typ der Abhängigkeiten) eine sehr komplexe Operation sein, z.B. eine geeignete Parameterbereitstellung und Versorgung von zu aktivierenden Methoden, oder lediglich die Ausführung der Operation EVAL auf Attributen des MAD-Datentyps CODE bedeuten.
- Gegebenenfalls Änderung der Objektausprägung und Rückgabe der Kontrolle an die Steuersubkomponente.

5   Zusammenfassung und Ausblick

Ein wichtiger Aspekt, der bei zukünftigen Modellierungssystemen für den rechnerunterstützten Konstruktionsprozeß von zentraler Bedeutung sein wird, ist die Erfassung von mehr Semantik der Objekte, die i. allg. implizit durch den Entwurfsablauf gegeben ist, und die Reflektion dieser Zusammenhänge in dem rechnerinternen Produktmodell. Das systemseitige Wissen um diese Zusammenhänge ist die Basis für eine durchgängige Unterstützung des Konstruktionsprozesses sowie der nachgeschalteten Entwicklungsphasen.

Die technische Entwurfssemantik legt die Beziehungen und Wechselwirkungen zwischen den technischen Objekten und den Operationen fest. Sie baut auf logische, physikalische, funktionale und technische Gegebenheiten auf, die ein technisches Objekt bei seiner Gestaltung im Konstruktionsablauf bestimmen. Diese Semantik wird unter dem Begriff "technisch-funktionale Abhängigkeiten" erläutert und ein Weg zur ihrer formalen Beschreibung und der operationalen Integration in eine Systemarchitektur vorgeschlagen. Bei der hier vorgestellten Klassifikation der technisch-funktionalen Abhängigkeiten wird ihre Komplexität und Heterogenität ersichtlich. Das dargestellte Konzept ist ein Lösungsansatz für die Definition und Verwaltung der technisch-funktionalen Abhängigkeiten.

Konkret wurde eine Abbildung der technisch-funktionalen Abhängigkeiten in der Umgebung des NDBS PRIMA vorgestellt. Dabei sind die auftretenden Probleme deutlich geworden, nämlich einerseits die schwierige direkte Abbildung der Abhängigkeiten von den Sprachkonstrukten her und andererseits das Fehlen von geeigneten Werkzeugen, die die Abhängigkeiten unter Beibehaltung ihrer technischen und funktionalen Semantik verwalten. Die Eigenschaften von MAD, komplexe Objekte darstellen zu können und ihre Aufbaustruktur effizient zu verwalten, wurden bei der Abbildung der Klassifikationsstruktur der Abhängigkeiten und bei ihrer Verbindung zu den technischen Objekten genutzt. Dadurch ist die Struktur der Abhängigkeiten gut abzubilden und ein Zugriff auf ihren Inhalt kann vom Konstrukteur oder von einer Verarbeitungsfunktion einfach erfolgen.

Nachdem bislang in einer ersten Realisierung ein (eingeschränktes) technisches Modellierungssystem, aufbauend auf dem PRIMA-System realisiert worden ist, in der der Schwerpunkt der Arbeit auf die Anbindung an das dort angebotene Verarbeitungsmodell gelegt wurde, gibt es bislang noch nicht die Möglichkeit einer expliziten Modellierung der Abhängigkeiten. Weiterführende Arbeiten werden sich mit einer Einbindung der beschriebenen Abhängigkeiten-Verwaltungskomponente in den Systemansatz beschäftigen. In diesem Zusammenhang sind auch Fragen der Ablaufkontrolle zu klären: Wie kann die atomare Ausführung bzw. Überprüfung von Abhängigkeiten, die Ausführung einer technischen Operation bzw. einer Sequenz von Operationen systemseitig garantiert werden und die Entwurfsdaten in einem konsistenten Zustand gehalten werden? Dabei ist zu prüfen, wie das Transaktionskonzept des NDBS-Kernsystems oder aber neuere Überlegungen zur Kontrolle und Steuerung komplexer Abläufe gewinnbringend zur Lösung dieser Problematik eingesetzt werden können.

6 Literatur

AFGH88 Abeln, O., Finkenwirth, K., Gnatz, R., Howein, W.: Refernzmodell für CAD-Systeme, in: Proc. der 18. Jahrestagung der Gesellschaft für Informatik, S. 705-721, Informatik Fachberichte Nr. 187, Springer, Hamburg, 1988.

An89 Anderl, R.: Integriertes Produktmodell, in: Zeitschrift für wirtschaftliche Fertigung und Automatisierung, Carl Hanser Verlag No. 12, 1989.

Di86 Dittrich, K.R.: Object-Oriented Database Systems: The Notion and the Issues; in: Proc. Int. Workshop on Object-Oriented Database Systems, pp. 2-6, Pacific Grove, Ca., 1986.

En91 Englesos, P.: Konzepte zur Modellierung, Verwaltung und Überprüfung von technisch-funktionalen Abhängigkeiten im technischen Modellierungsvorgang, Diplomarbeit, Universität Kaiserslautern, 1991.

GAPR88 Grabowski, H., Anderl, R., Pätzold, B., Rude, S.: The Development of Advanced Modelling Techniques-Meeting the Challenge of CAD/CAM-Integration, in: Proc. 4th CIM Europe Conference, May 1988.

HKS92 Hübel, C., Käfer, W., Sutter, B.: Controlling Cooperation Through Design-Object Specification - a Database-oriented Approach, in: Proc. of the European Design Automation Conference, Brüssel, Belgien, März 1992.

HPS89 Hübel, Ch., Paul, R., Sutter, B.: Technische Modellierung und DB-gestützte Datenhaltung - ein Ansatz für ein durchgängiges integriertes Produktmodell, Bericht des Zentrums für Rechnergestützte Ingenieursysteme (ZRI), Nr. 6/89, Kaiserslautern, 1989.

HS89   Hübel, Ch., Sutter, B.: Aspekte der Datenbankanbindung in workstation-orientierten Ingenieur-
        anwendungen, in: Proc. der 19. Jahrestagung der Gesellschaft für Informatik, München, 1989.

KJBM89 Krause, F.-L., Jansen, H., Bienert, M., Major, F.: System Architectures for Flexible Integration of
        Product Gestaltung, in: International Symposium on Advanced Geometric Modeling for Engi-
        neering Applications, Berlin, FRG, 1989.

KS92   Käfer, W., Schöning, H.: Mapping a Version Model to a Complex-Object Data Model, in: Proc.
        of the International Conf. on Data Engineering, Phoenix, Arizona, 1992.

Mi88   Mitschang, B.: Eine Molekül-Atom-Datenmodell für Non-Standard-Anwendungen - Anwen-
        dungsanalyse, Datenmodellentwurf, Implementierung, Informatik-Fachberichte, Band 185,
        Springer-Verlag, Berlin, 1988.

PS91   Paul, R., Sutter, B.: Technisches Modellieren - ein Zugang zur integrierten Produktdatenhaltung,
        in: Proceedings der Fachtagung Datenbanksysteme in Büro, Technik und Wissenschaft, Springer,
        Kaiserslautern, 1991.

RV84   Requicha, A.A.G., Voelcker, H.B.: Boolean Operations in Solid Modelling: Boundary Evaluation
        and Merging Algorithms, Technical Memorandum No. 26, Production Automation Project, Uni-
        versity of Rochester, New York, 1984.

Se85   Seiler, W.: Technische Modellierungs- und Kommunikationsverfahren für das Konzipieren und
        Gestalten auf der Basis der Modellintegration, Dissertation, Fortschr.-Bericht VDI-Reihe 10, Nr.
        49, VDI-Verlag, Düsseldorf, 1985.

STEP88 Wilson, P.R., Kennicott, P.R.: ISO STEP Baseline Requirements Document (IPIM), ISO TC184/-
        SC4/WG1 N 284, ISO Draft Proposal No. 10103, 1988.

Verarbeitung geometrischer Informationen in einer CAD/CAP-integrierten Umgebung

J. Xu
Lehrstuhl für Produktionssysteme und Prozeßleittechnik, Ruhr Universität Bochum

W. Maßberg
Lehrstuhl für Produktionssysteme und Prozeßleittechnik, Ruhr Universität Bochum

Zusammenfassung

Es zeigt sich, daß der Geometrieverarbeitung in der integrierten Informationsverarbeitung für CIM eine große Bedeutung zukommt. Im Hinblick auf die rechnerunterstützte Arbeitsplanung sowie die Integration mit CAD wird in diesem Beitrag eine fertigungsorientierte Werkstückbeschreibung, basierend auf Fertigungselementen, vorgestellt. Zur Extrahierung der Informationen über Formelemente aus B-rep, die die Geometriebeschreibung der Fertigungselemente darstellen, werden die sogenannten attributierten Graphengrammatiken herangezogen.

Abstract

Processing geometric information has proved to be a very important part of integrated information processing for CIM. Accounting for the decision process of CAP and the integration with CAD, a manufacturing-oriented description of workpieces, based on manufacturing features, is introduced. In the proposed approach, attributed graph grammars are used to extract the information on form features, which represent the geometric description of manufacturing features, from B-rep.

Einleitung

Zur CAD/CAP-Integration gehört in der ersten Linie die Weiterverarbeitung der von CAD-Systemen generierten Informationen über Produkte bzw. Werkstücke. Hier sind sowohl technische Daten wie die Werkstückgeometrie, Qualitäts- und Materialeigenschaften, als auch organisatorische Informationen wie Stückliste oder Auftragstermine zu berücksichtigen. Für die Integration sowie eine nachgeschaltete rechnerische Unterstützung für die Arbeitsplanung sind die Vollständigkeit und Verfügbarkeit dieser Informationen, vor allem die Werkstückgeometrie, maßgebend.

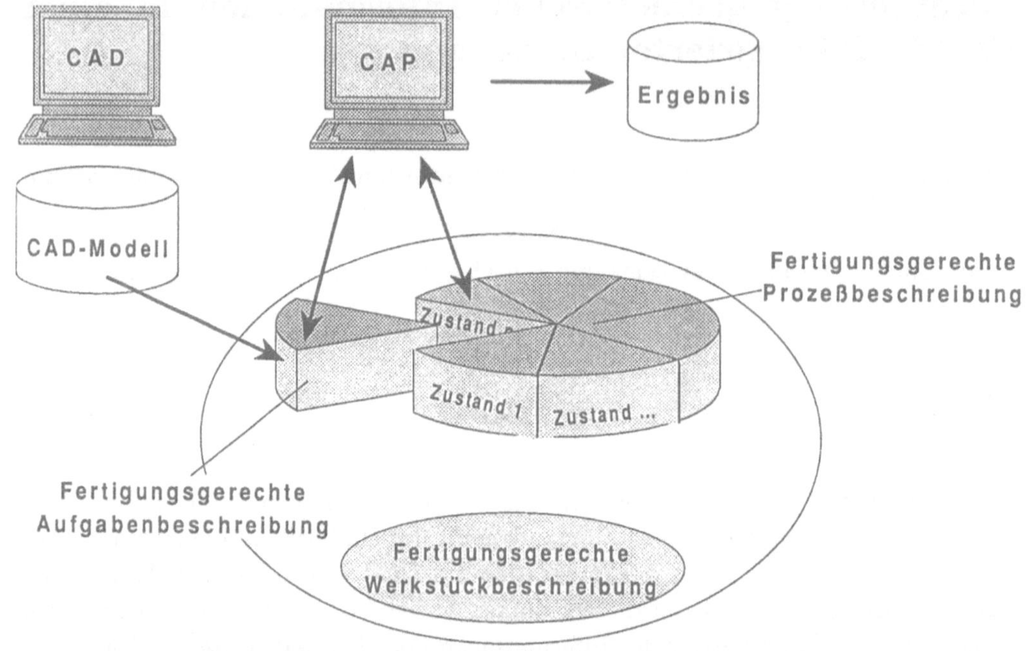

Bild 1. Fertigungsgerechte Werkstückbeschreibung

Das Ergebnis der Konstruktion ist eine Beschreibung des Fertigzustands eines Werkstücks. Die Fertigungsunterlagen und -anweisungen sind im Gegensatz dazu die Beschreibung des Herstellungsprozesses vom Rohzustand bis zum Fertigzustand. Während diese fertigungsprozeßorientierte Beschreibung früher unter dem Zugriff auf Erfahrungswerte von Mitarbeitern kompakt und implizit formuliert werden konnte, muß sie heute für den Einsatz automatisierter Fertigungsprozesse ausführlicher und expliziter beschrieben werden. Zahlreiche ablauforientierte Kenngrößen (geometrisch, technologisch und dispositiv) sind in der Arbeitsplanung noch zu definieren.

Zur Unterstützung der Arbeitsplanung ist zuerst eine fertigungsgerechte Werkstückbeschreibung, die aus einer Aufgabenbeschreibung und einer Prozeßbeschreibung besteht (Bild 1), notwendig. Die Aufgabenbeschreibung steht in einem direkten Zusammenhang mit dem Konstruktionsergebnis und stellt die konkreten Fertigungsanforderungen dar, die schließlich erfüllt werden müssen. Hinsichtlich der Rechnerunterstützung sowohl in der Konstruktion (CAD) als auch in der Arbeitsplanung (CAP) ist diese Beschreibung, wie im Bild 1 dargestellt, einerseits eine von CAD-Modellen abgeleitete und weiter ergänzte rechnerinterne Darstellung. Andererseits können programmtechnische Methoden wie die Geometrie- oder

Wissensverarbeitung in der Arbeitsplanung auf dieser Beschreibungsbasis formuliert werden. Im Gegensatz dazu ist die prozeßorientierte Beschreibung ein zeitlich diskretes Modell, das sich aus mehreren Fertigungszwischenzuständen zusammensetzen kann. Diese Zwischenzustände werden während der Arbeitsplanung generiert, um die prozeßorientierte Rechnerunterstützung wie die Kollisionsüberprüfung zu ermöglichen. In diesem Beitrag liegt der Schwerpunkt im Zusammenhang mit der CAD/CAP-Integration auf der Bereitstellung der fertigungsgerechten Aufgabenbeschreibung der Werkstücke.

Geometriemodelle

Geometrische Informationen gehören zu den wichtigsten produktbeschreibenden Informationen. Damit kommt der Geometrieverarbeitung in der Arbeitsplanung in einem zunehmenden Maße Bedeutung zu.

Als Datenmodelle für die Geometrieverarbeitung stehen bisher 2D- und 3D-Modelle zur Verfügung. 2D-Modelle beinhalten nur partielle Informationen über die Werkstückgeometrie und werden meist zur Erstellung von Zeichnungen verwendet. Der Einsatzbereich dieser Modelle in einer integrierten Informationsverarbeitung ist damit eingeschränkt, z.B. auf aufgabenorientierte CAD/NC-Ketten.

CSG (constructive solid geometry)- und B-rep (boundary representation)-Modelle sind die am meisten eingesetzten 3D-Modelle.

In CSG wird die Geometrie als Verknüpfung von Grundvolumenelementen wie Zylindern, Kugeln oder Würfeln durch die regulierten Booleschen Operationen beschrieben. Diese Modelle können rechnerintern als Bäume dargestellt werden. Vorteile dieser Modelle sind die kompakte Darstellungsform und mathematisch beweisbare Stabilität hinsichtlich der Volumenbildung (r-set). Zu Nachteilen zählen z.B. die Repräsentationsvielfalt (nonuniqueness) und die mögliche Redundanz, die die Effizienz bei der Durchführung weiterer Boolescher Operationen beeinträchtigen kann.

Ein Objektvolumen wird in B-rep-Modellen durch seine orientierten und getrimmten Begrenzungsflächen mittels eines topologischen Rahmens dargestellt, in dem der Körper durch die ihn umhüllenden Flächen, die Flächen selbst durch die sie umrandenden Kanten und die Kanten wiederum durch die begrenzenden Eckpunkte repräsentiert werden. Flächen (face), Kanten (edge) und Eckpunkte (vertex) sind die sogenannten topologischen Elemente, denen entsprechend die geometrischen

Informationen wie die mathematischen Beschreibungen von Oberflächen (surface), Kurven (curve) sowie die Lagen der Punkte (point) zugeordnet werden. Zusätzlich können Kantenzüge (loop) und zusammenhängende Flächen (shell) in die Repräsentation einbezogen werden. Unter den topologischen Elementen sind neun elementare, topologische Relationen (adjacency topology) möglich. Hier ist es zu bemerken, daß die sogenannte Relation unter Flächen "F<F>"[10], das heißt, die Relation einer Fläche mit all ihren benachbarten Flächen, für unser Konzept von besonderer Bedeutung ist. Da sich eine flächenorientierte Betrachtungsweise für die

Bearbeitungsoperationen in der spanenden Fertigung als zutreffend erweisen kann, kommen Modelle dieser Art einer fertigungsgerechten Beschreibung sehr entgegen.

Fertigungsgerechte Aufgabenbeschreibung mit Fertigungselementen

Zur Modellierung spanender Herstellungsprozesse können Oberflächen (surface) der Werkstücke oder Flächen (face), topologische Glieder von den Oberflächen, als Informationseinheit betrachtet werden. Für die Darstellung technischer Eigenschaften können diesen Basisobjekten noch technische Merkmale wie die Oberflächenbeschaffenheit zugeordnet werden.

Zur Unterstützung der Entscheidungsprozesse in der Arbeitsplanerstellung müssen als Voraussetzung planerische Regeln formuliert werden. Dazu sind Fertigungsanforderungen hinsichtlich der Konstruktionsergebisse einerseits und potentielle Bearbeitungsmethoden andererseits in einen Zusammenhang zu bringen. Dadurch entsteht die sogenannte fertigungsgerechte Aufgabenbeschreibung für die Arbeitsplanung. Eine objektorientierte Betrachtung dieses Aufgabenbereichs in der Arbeitsplanung führt zur Definition von "Fertigungselementen". Fertigungselemente sind die für die Bearbeitung relevanten Bereiche an den Oberflächen der Werkstücke (Bild 2). Ihnen werden Attribute zugeordnet, die fertigungscharakteristische Kenngrößen wie "Breite", "Orientierung" oder "Referenzpunkte für den Werkzeugzugang" darstellen. Da Fertigungselemente von vornherein eng mit der Werkstückgeometrie verbunden sind, haben sie neben den Attributen noch einen wichtigen Bestandteil, die sogenannten "Formelemente". Formelemente bilden die charakteristische Gestalt von Fertigungselementen, die aus einer oder mehreren Flächen mit bestimmten Relationen untereinander resultiert und sich auf mögliche Fertigungsverfahren wie Drehen, Fräsen und Bohren beziehen kann. Obwohl die Werkstückgestalt durchaus komplex sein kann, ist es jedoch in den meisten Fällen möglich, den zu bearbeitenden Bereich an den Oberflächen in einige Formelementklassen mit einer einfacheren Gestalt wie Bohrungen oder Nuten zu analysieren.

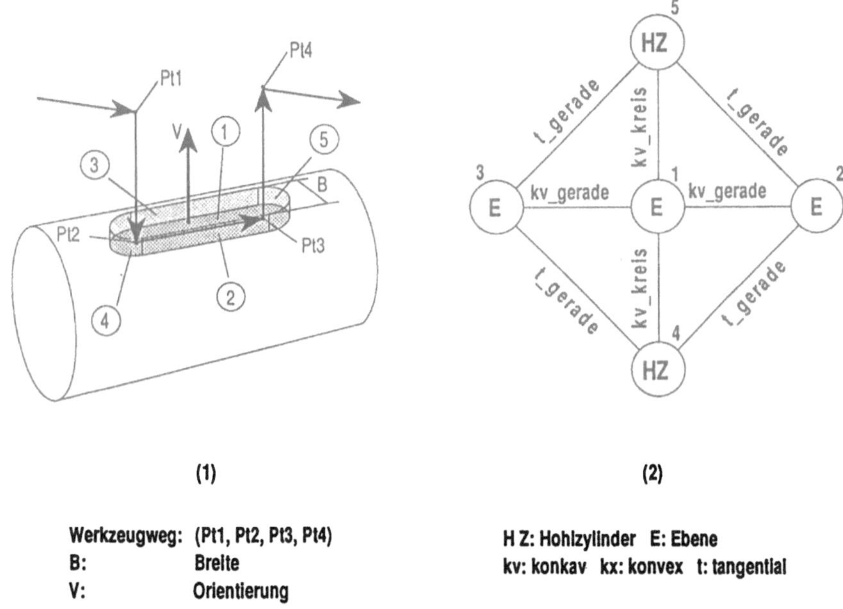

Bild 2. Fertigungselemente, Formelemente und attributierte Graphen

Fertigungselemente sind häufig miteinander über technische Zusammenhänge wie Bemaßungen oder Lagetoleranzen verbunden. Da Zusammenhänge solcher Art Fertigungsrestriktionen bestimmen und damit bei dem Entscheidungsprozeß für die Arbeitsplanerstellung von Bedeutung sein können, müssen sie gemeinsam betrachtet werden. Diese so zusammenhängenden Elemente sind in der Literatur als "komplexe Elemente" bezeichnet [1].

Die Definition von Fertigungselementen kann offensichtlich auf die Fertigungsmethoden bezogen und entsprechend firmenneutral vorgenommen werden. Bei den komplexen Elementen dagegen müssen nicht nur technische Relationen innerhalb eines Elements sondern auch firmenspezifische Rahmenbedingungen wie die Verfügbarkeit der Bearbeitungsmethoden berücksichtigt werden. Aus diesem Grund ist die Festlegung der komplexen Elemente von den jeweiligen firmenspezifischen Bedingungen geprägt.

Ansätze zur CAD/CAP-Integration

Wie vorher verdeutlicht wurde, kann eine fertigungsgerechte Aufgabenbeschreibung auf der Basis der Fertigungselemente erstellt werden. Damit ergibt sich im

Zusammenhang mit der CAD/CAP-Integration die Bereitstellung der Informationen über Fertigungselemente bzw. die Extrahierung der Formelemente aus den von CAD generierten Modellen, als das Kernproblem dieser Integration.

Die bisherigen Lösungsansätze können sich grundsätzlich als "definierend" (feature modelling) (Bild 3) und "interpretierend" (Bild 4) voneinander unterscheiden.

Bild 3 zeigt, daß die Definition der Formelemente schon in der Konstruktionsphase festgelegt wird, meist in einer CSG-ähnlichen Sprache, bzw. in der impliziten Darstellungsform [9]. Die Konsistenz, ob diese Definition nach der Evaluierung, d.h. bezüglich der expliziten Geometriedarstellung, noch gültig bleibt, wird bisher nicht automatisch geprüft. Die Erfahrungen mit diesem Ansatz zeigen [9], daß sich dieses Konzept eher für die sogenannten statischen Datenaustauschprozesse eignet, wo es sich um die gleiche Abtraktionsebene der Informationen, die gleiche Semantik handelt, z.B. bei der Entwicklung von Bibliotheken für Normteile. Für die CAD/CAP-Integration ist diese Vorgehensweise im Hinblick auf unterschiedliche Aufgabenstellungen in der Konstruktion und Arbeitsvorbereitung noch nicht zufriedenstellend.

Im Gegensatz dazu kann man im Bild 4 zuerst eine funktionsorientierte Werkstückbeschreibung in der Konstruktion vornehmen. Diese Beschreibung wird mit Hilfe der Geometrieverarbeitung in Modelle umgewandelt und visualisiert. Zwischen diesen Modellen, die die Werkstückgeometrie explizit darstellen, und der fertigungsgerechten Aufgabenbeschreibung findet noch eine Interpretation statt. Zu dieser Interpretation werden bisher manuelle und automatische Methoden herangezogen. Bei der manuellen Interpretation werden einzelne Flächen durch einen Dialog identifiziert und zu Formelementen zusammengefaßt. Aufgrund des großen Aufwandes bei der Identifikation findet dieses Verfahren jedoch keine große Akzeptanz. Zur automatischen Extrahierung der Formelemente müssen zuerst formale Modelle erstellt werden. Basierend auf diesen Modellen werden meist Flächen aus B-rep identifiziert und als Formelemente extrahiert.

Betrachtet man die konventionelle Abwicklung zwischen der Konstruktion und Arbeitsplanung, ist es festzustellen, daß eine Interpretation des Konstruktionsergebnisses von dem jeweiligen Arbeitsplaner vorgenommen wird. Diese Interpretation ist empirisch und auf firmenspezifische Randbedingungen bezogen. Ausgehend von dieser Tatsache dürfte ein Integrationsprozeß zwischen CAD- und CAP-Systemen nicht als ein reiner Datenaustauschprozeß betrachtet werden. Daraus ergibt sich die Zielsetzung einer rechnerunterstützten Lösung zu dieser Integration: den Prozeß

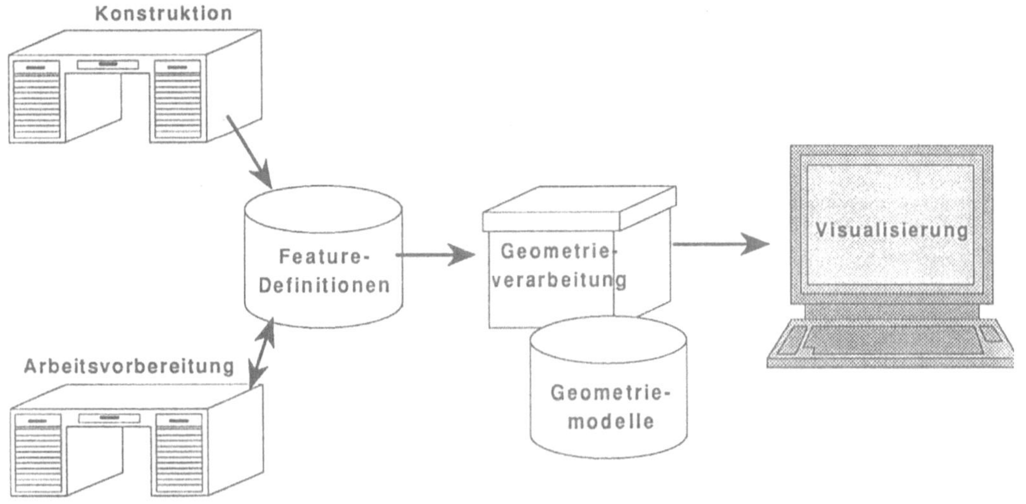

Bild 3. CAD/CAP-Integration Alternative 1

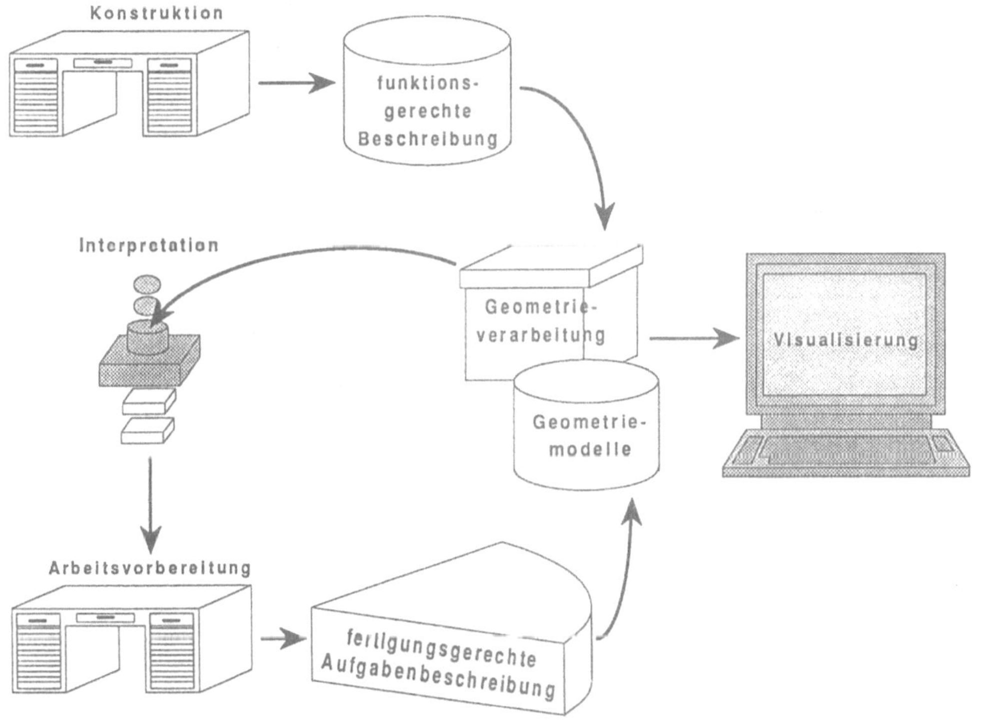

Bild 4. CAD/CAP-Integration Alternative 2

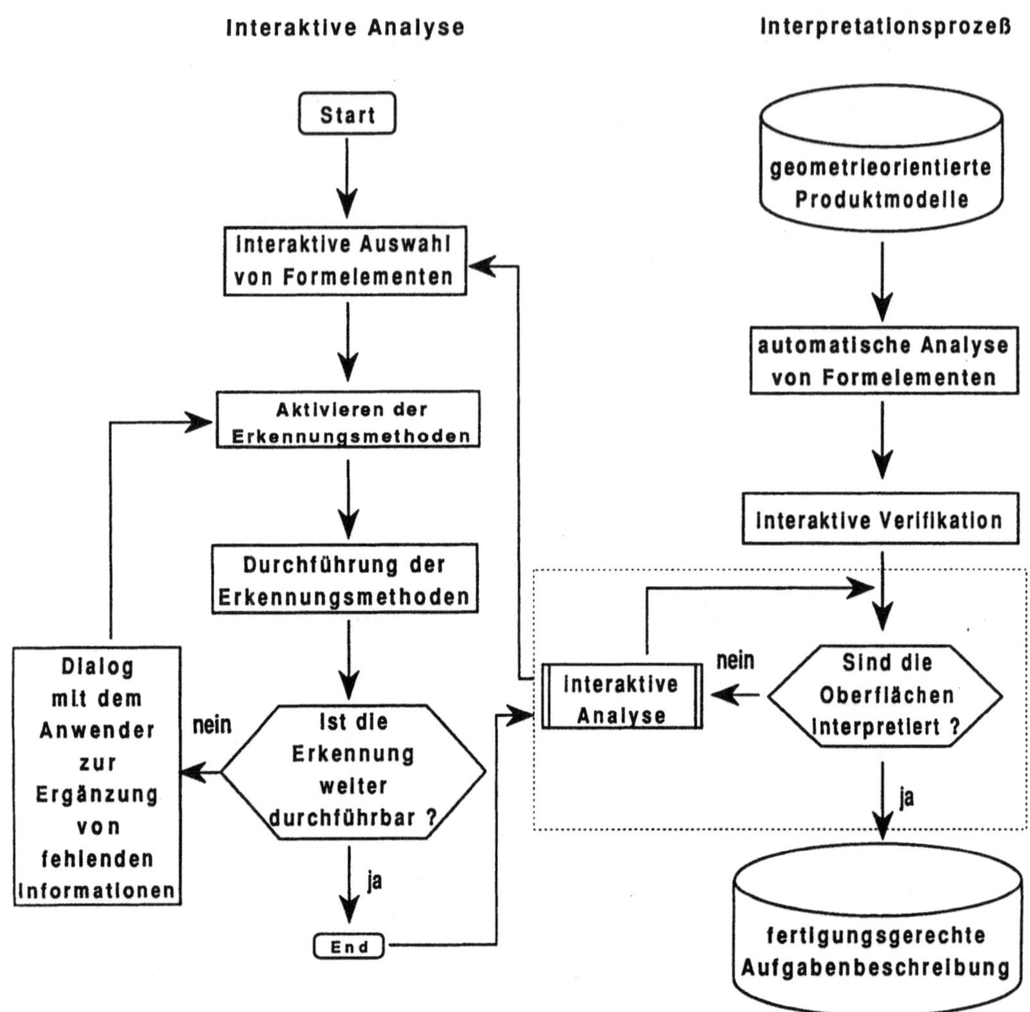

Bild 5. Modellgestützer Dialog zur CAD/CAP-Integration

rechnerisch so zu unterstützen, daß der Interpretationsaufwand möglichst gering gehalten werden kann.

Basierend auf diesem Grundgedanken, wurde im Rahmen eines Forschungsprojekts, unterstützt von der DFG, ein neuer Ansatz mit einem leistungsfähigen Dialog (Bild 5) untersucht. Dabei werden die sogenannten attributierten Graphengrammatiken herangezogen. Zuerst werden Formelemente bezüglich ihrer formalen Beschreibung mit attributierten Graphen automatisch aus den Geometriemodellen extrahiert. Dazu werden Regeln für die Lokalisierung einzelner Flächen der Formelemente konstruiert. Diese Regeln werden dann in einer vordefinierten Reihenfolge angewendet. Wenn die Suche erfolgreich abgelaufen ist, werden die Adressen der Flächen zusammengefaßt. Einige Attribute wie "Breite" und "Orientierung" können dabei berechnet und zusammen mit den Flächenadressen als Entity gespeichert werden. Nach der automatischen Analyse, durch die ein großer Anteil der Arbeit geleistet werden kann, wird das Ergebnis interaktiv verifiziert. Jedoch können nicht alle Fälle in der automatischen Vorgehensweise berücksichtigt werden. Dazu gehören z.B. die Überlagerungen mehrerer Formelemente. Für diesen Fall kann man ergänzende Informationen interaktiv ins System einleiten, um einen weiteren automatischen Ablauf zu ermöglichen.

Darstellung der Formelemente mit attributierten Graphen

Um Formelemente auch informationstechnisch zu erfassen, benötigt man eine rechnerinterne Repräsentation für sie. Da Flächen eines Formelements zueinander bestimmten Relationen unterliegen, sind Beschreibungsmethoden für Graphenstrukturen heranzuziehen.

Ein gerichteter Graph g = (B, K) besteht aus einer Menge B = {1, 2, ..n} von Knoten und einer Menge K $\subseteq$ BxB von Kanten.

Ein ungerichteter Graph ist ein gerichteter Graph g = (B, K) mit der symmetrischen Relation von K, bzw. <v,w> $\in$ K iff. <w,v> $\in$ K.

Ein markierter Graph ist ein gerichteter Graph, in dem alle Knoten und Kanten mit Symbolen markiert sind, g = (B, I, K, M), wobei
B wie bei den gerichteten Graphen definiert ist,
M eine endliche Menge von "Markierungen" darstellt,
K mit K $\subseteq$ BxBxM, eine Menge der (markierten) Kanten repräsentiert,
I: B $\rightarrow$ M eine Funktion ist, die den Knoten eine Markierung zuordnet [5].

In markierten Graphen können Knoten zur Repräsentation von Objekten und Kanten zur Darstellung von binären Relationen zwischen Objekten herangezogen werden. Die Markierung dient zur symbolischen Kennzeichnung von Objekten und ihren Relationen untereinander. Es ist erlaubt, daß mehrere Kanten zwei Knoten miteinander verbinden, sofern die Kantenrichtungen oder die Kantenmarkierungen verschieden sind. Die Numerierung der Knoten in den Graphen dient hier dazu, sie eindeutig zu identifizieren, auch wenn ihre Markierungen gleich sind.

Als Erweiterung der markierten Graphen stellen sich attributierte Graphen dar. In attributierten Graphen werden Knoten und Kanten Attribute zugeordnet, damit ergänzende Informationen, wie z.B. quantitative Eigenschaften, in die Repräsentation einbezogen werden können.

In den attributierten Graphen zur Beschreibung von Formelementen werden Flächen eines Formelements mit Knoten und Relationen zwischen den Flächen mit Kanten dargestellt. Markierungen von Knoten sind Flächentypen wie Ebene und Hohlzylinder. Attribute der Knoten sind die geometrischen Parameter jeweiliger Flächen. Den Kanten liegt hier im Zusammenhang mit der rechnerinternen Geometriedarstellung, den Geometriemodellen, die topologische Relation F<F> von B-rep-Modellen zugrunde. Diese Kanten können zusätzlich mit "konkav" oder "konvex" markiert werden (Bild 2). Die auf diese Weise beschriebenen Formelemente bezeichnet man in der Literatur als explizit dargestellt [9]. Es ist hier zu bemerken, daß sich die meisten bisher vorgestellten Modelle [2][3][4][11] zur expliziten Darstellung der Formelemente immer noch auf die Beschreibung der topologischen Relationen beschränken. Attribute, die bei der Modellierung eine wichtige Rolle spielen, können nicht über diese Modelle zum Ausdruck gebracht werden. In [3] z.B. werden Formelemente mit dem "Attributed Adjaceny Graph" modelliert. Hierbei sind jedoch nur die Kanten im Graphen mit "0" und "1" jeweils für konkave und konvexe Kanten markiert. Die behandelten Flächentypen sind Ebenen. Weiterhin basiert die Erkennung auf dem sogenannten "Graph Match"-Verfahren, wobei eine rekursive Beschreibungsmöglichkeit nicht erlaubt ist. Aus dieser Sicht ist die Beschreibungsmethode mit attributierten Graphen viel aussagekräftiger und somit die darauf basierende Erkennungsmethode leistungsfähiger.

Attributierte Graphengrammatiken

Zur Erkennung der Formelemente, beschrieben mit den attributierten Graphen, werden die sogenannten "attributierten Graphengrammatiken" herangezogen.

Regeln der attributierten Graphengrammatiken werden in [5] als "Konnektor" bezeichnet. Die hier benutzte Notation ist eine modifizierte oder vereinfachte Form. Die Anwendung der Regeln in einer sequentiellen Weise, gesteuert von einer Kontrolle, bezeichnet man als Ableitung. Während der Ableitung werden Flächen des jeweiligen zu suchenden Formelements schrittweise innerhalb eines B-rep identifiziert, bis alle dazu gehörigen Flächen gefunden sind.

Ein Konnektor in Bild 6.1, 6.2 und 6.3 besteht aus den rechten, den unteren und den oberen Sektoren. Knoten in dem rechten Sektor, bezeichnet als "Kandidat", stehen

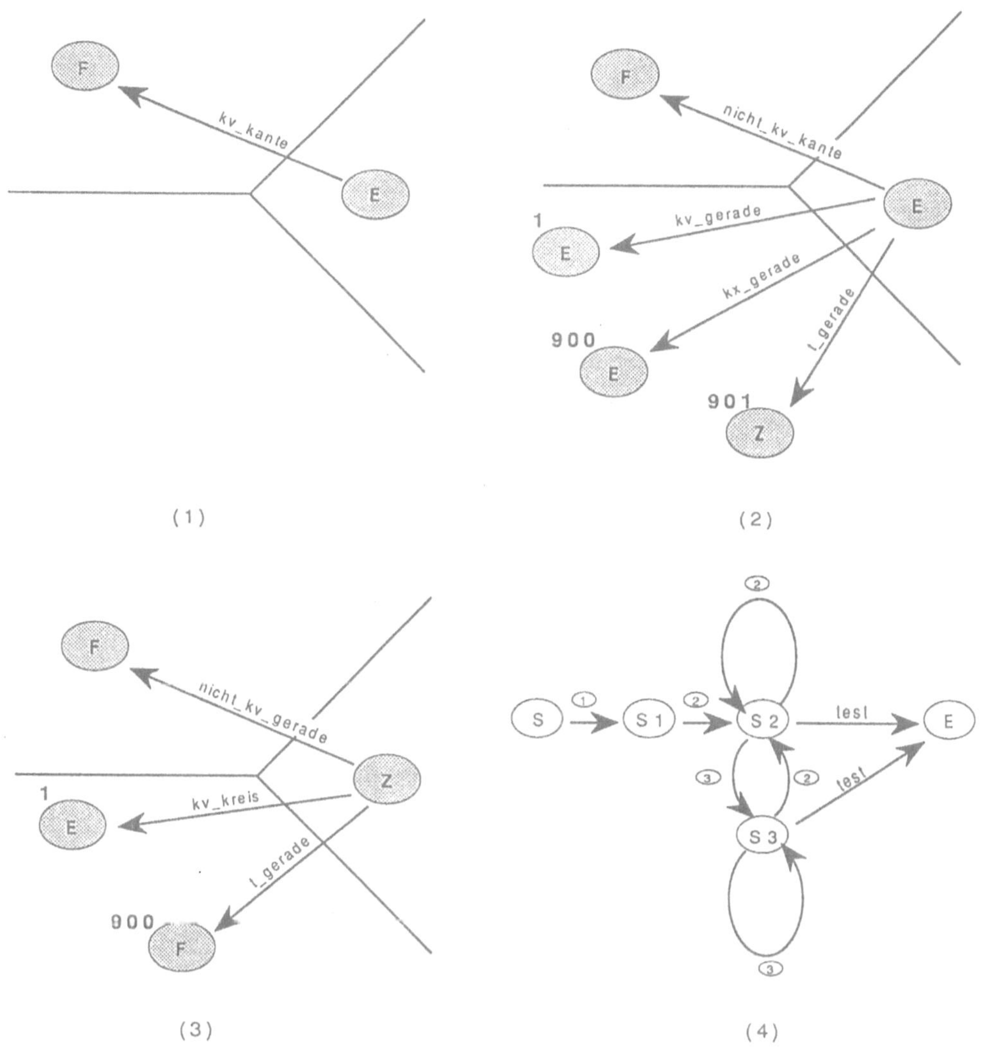

F: Face   Z: Zylinder   E: Ebene
kv: konkav   kx: konvex   t: tangential

Bild 6. Attributierte Graphengrammatiken

für die zu identifizierenden Flächen bei der Anwendung der Regel. Knoten im unteren Sektor, bezeichnet als "Referenzknoten", sind die bei dem bisherigen Prozeß identifizierten Flächen. Referenzknoten sind numeriert. Knoten im oberen Sektor sind mit "Umgebungsknoten" bezeichnet. Hierbei handelt es sich um die Flächen, die topologisch direkt angrenzend liegen zu den Flächen, die entweder als Kandidat gefunden oder als Referenzknoten identifiziert sind. Weiterhin werden über Kanten die Bedingungen ausgedrückt, die bezogen auf die Relationen zwischen den Flächen zu einer erfolgreichen Regelanwendung erfüllt werden müssen.

Die Anwendung einer Regel erfolgt durch die folgenden Schritte:

(1) Zuerst wird nach den Flächen als Kandidat bezüglich der vorgegebenen Markierung gesucht. Der Suchbereich umfaßt alle Flächen, die topologisch unmittelbar in der Nähe von den bisher identifizierten Flächen liegen. Findet man eine oder mehrere dieser Flächen, kommt man zum nächsten Schritt.

(2) Zur weiteren Identifikation werden die Relationen zwischen den gefundenen Flächen und den bisher identifizierten Flächen, dargestellt durch Referenzknoten, herangezogen. Diese Relationen sind durch die Kanten zwischen den rechten und unteren Sektoren vorgegeben.

(3) In diesem Schritt wird der obere Sektor betrachtet. Relationen zwischen diesem Sektor und dem rechten Sektor stellen die Restriktionen dar, mit denen man Rücksicht auf die "Verträglichkeit" des Kandidaten mit seiner Umgebung nehmen kann. Dieser Test findet ebenfalls zwischen den Umgebungsknoten und Referenzknoten statt, wenn entsprechende Relationen zwischen ihnen in der Regel vorgegeben sind.

(4) Im letzten Schritt werden Attribute berechnet, wenn sie basierend auf den Attributen von einzelnen Flächen, z.B. die Breite einer Nut, abgeleitet werden können.

Nach einer erfolgreichen Anwendung werden Flächen, die dem Kandidaten in der Regel entsprechen, als identifiziert akzeptiert und numeriert. Es ist an dieser Stelle jedoch möglich, daß mehrere Flächen als identifiziert in Frage kommen. Es zeigt sich, daß der Prozeß einen gewissen nichtdeterministischen Charakter hat. Noch ist festzustellen, daß die Suche nach Flächen nur bezüglich der topologischen Relation F<F> und zwar mit einer begrenzten Tiefe erfolgen kann. Wenn Flächen eines Formelements nicht unter dieser Relation stehen, z.B. durch die Überlagerung von anderen Formelementen, können diese Flächen nicht immer automatisch erfaßt werden. In diesem Fall ist eine interaktive Identifikation des Suchbereichs notwendig (Bild 7). Flächen, die sich in diesem Bereich befinden und zu dem zu suchenden Formelement gehören, können dann zusammengefaßt werden.

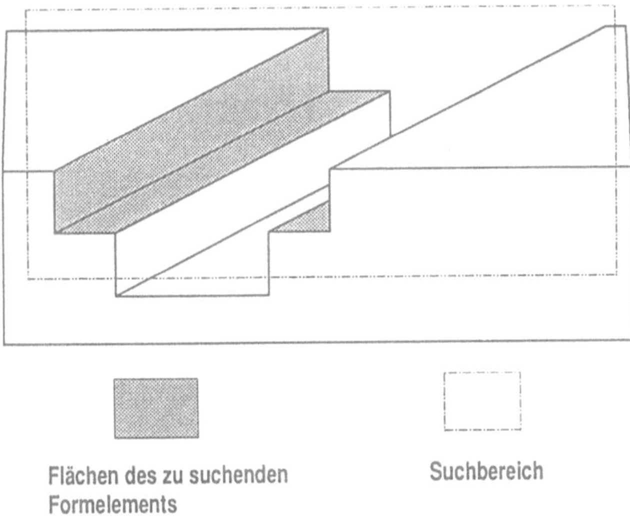

Bild 7. Interaktive Festlegung des Suchbereichs

Die Kontrolle im Bild 6.4 hat eine Graphenstruktur. Knoten symbolisieren hier Prozeßzustände. Kanten, markiert mit den Regelnummern, bezeichnen Transitionen zwischen Zuständen. Bei den Transitionen handelt es sich hier um die Anwendung einzelner Regeln.

Ein Erkennungsprozeß beginnt zuerst mit dem Startzustand, im Bild gekennzeichnet mit "S". Durch Kanten bzw. anwendbare Regeln wird der Prozeß von einem Zustand zu einem anderen gesteuert. Ein Zustand kann mehrere Ausgänge bzw. mögliche anwendbare Regeln haben. Ist eine Regel nicht erfolgreich angewendet, kann man die nächste Regel am jeweiligen Zustand ausprobieren. Wenn alle Regeln in diesem Zustand nicht anwendbar sind, wird der Prozeß unterbrochen. Die Erkennung ist dann erfolgreich, wenn der Endzustand, bezeichnet mit "E" im Bild, erreicht wird. Noch ist es in der Kontrolle möglich, Schleifen zu konstruieren, z.B. "S2-(3)-S3-(2)-S2". Damit eröffnet sich eine rekursive Anwendung der Regeln. Die Erkennung für Formelemente wie Taschen, Inseln oder Rotationsflächen ist durch diese Möglichkeit im Vergleich mit dem "Graph-Match"-Verfahren viel effizienter durchführbar.

Die Regeln sowie die Kontrolle im Bild 6 sind für die Erkennung des Formelements "Taschen" gedacht. Bei den Transitionen, markiert mit "Test", werden gegenüber der normalen Regelanwendung keine Flächen identifiziert, sondern lediglich die Bedingungen, die durch den Konnektor dargestellt sind, geprüft. Der Ableitungsprozeß für

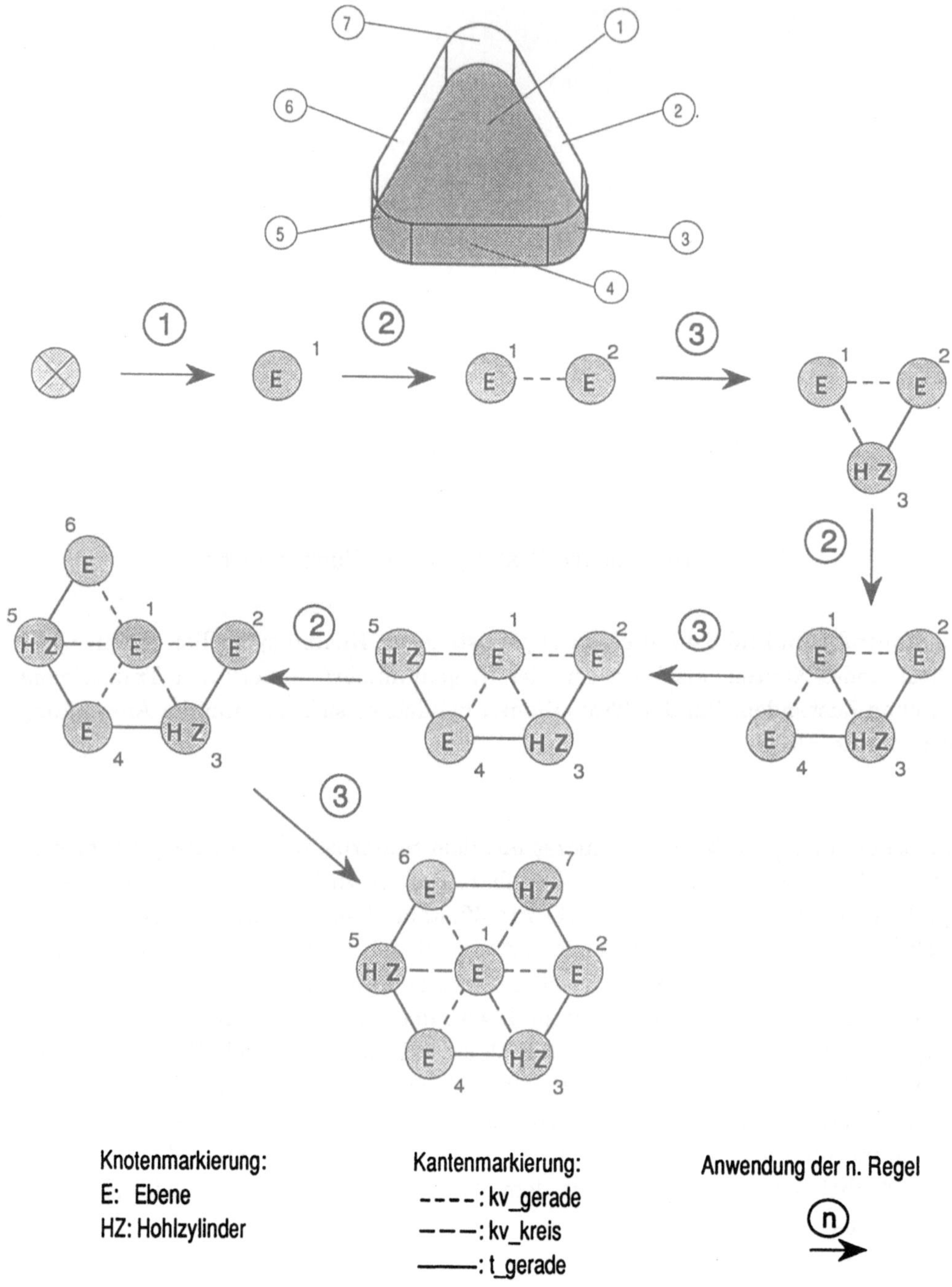

Bild 8. Erkennungsschritte für die Tasche

Bild 9. Testwerkstück 1

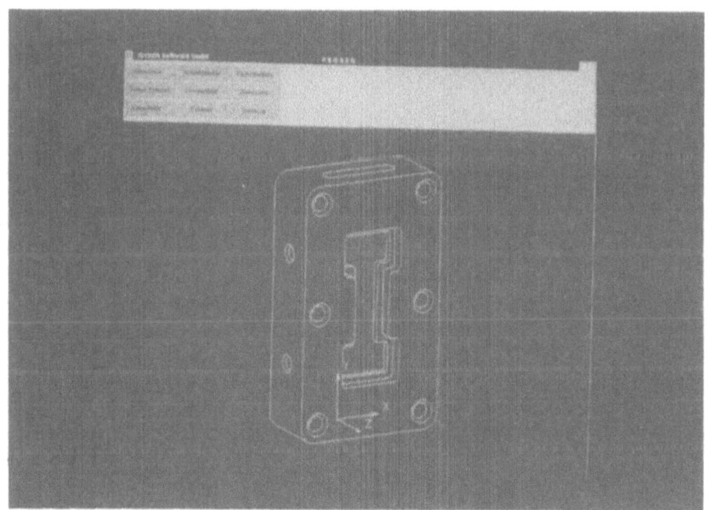

Bild 10. Testwerkstück 2

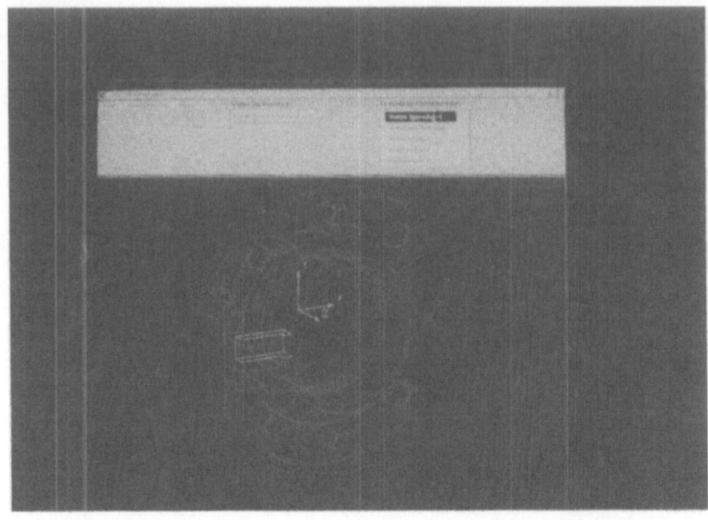

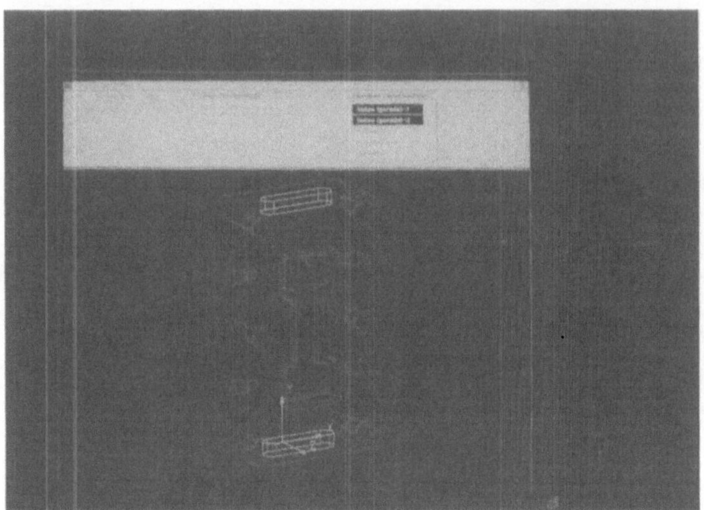

Bild 11. Erkennung des Formelements "Nuten"

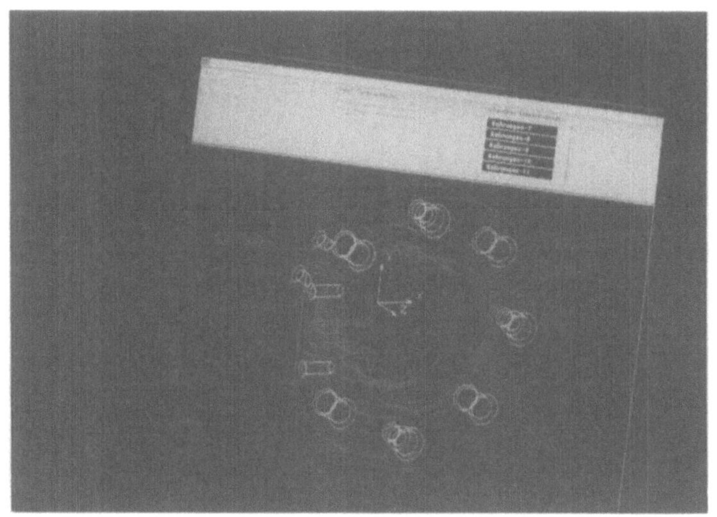

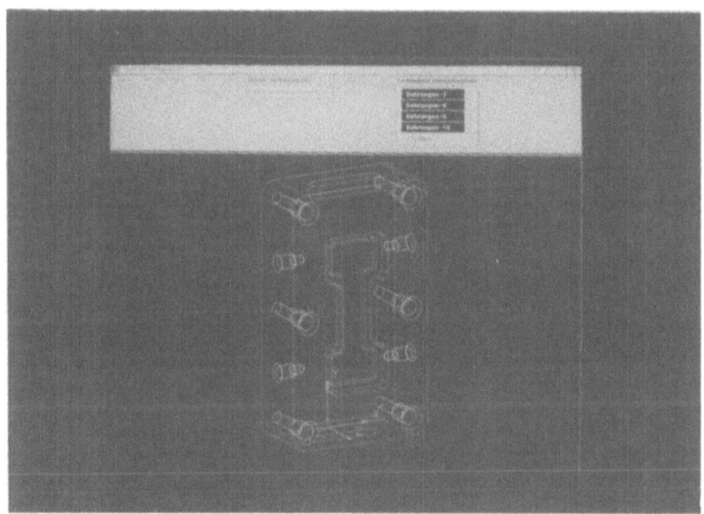

Bild 12. Erkennung des Formelements "Bohrungen"

Bild 13. Erkennung des Formelements "Taschen"

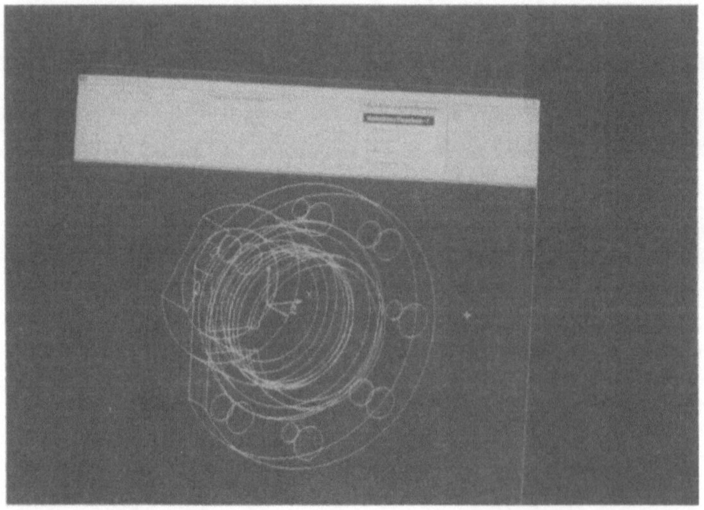

Bild 14. Erkennung des Formelements "Rotationsflächen"

eine ausgedachte Tasche zeigt Bild 8. In Bild 9 - Bild 14 sind die Erkennugsergebnisse für die Formelemente "Taschen", "Bohrungen", "Nuten" sowie "Rotationsflächen" gezeigt. Da sich die Strukturen von den Formelementen hier noch nicht sehr stark überlagert haben, konnten sie automatisch extrahiert werden. Die gefundenen Formelemente sind mit der Drahtdarstellung andersfarbig vom Grundkörper hervorgehoben. Die Implementierung erfolgte mit dem CAD-System "PROREN2" der Fa. "ISYKON".

Zusammenfassung und Ausblick

In diesem Beitrag wurden das Konzept für eine fertigungsorientierte Werkstückbeschreibung in der Arbeitsplanung sowie die Bereitstellung einer fertigungsgerechten Aufgabenbeschreibung im Zusammenhang mit der CAD/CAP-Integration vorgestellt. Informationen über Produkte oder Werkstücke, die während der Arbeitsplanung generiert werden, sind auf den ganzen Fertigungsprozeß bezogen. Zur Generierung dieser Informationen werden rechnergestützte Mittel wie die Kollisionsüberprüfung entwickelt und eingesetzt. Diese Maßnahmen sind besonders hilfreich, wenn man mit komplexen räumlichen Bewegungen konfrontiert ist. Da manche dieser Methoden wie graphische Hilfsmittel nur aufgrund der Geometriemodelle funktionieren können, muß das prozeßorientierte Werkstückmodell, das die geometrischen Zwischenzustände darstellt, erzeugt werden. Es zeigt sich, daß die Geometrieverarbeitung in der Arbeitsplanung eine Gemeinsamkeit mit der Geometrieverarbeitung in den anderen Bereichen wie der Konstruktion hat. Dennoch werden hier besondere Ansprüche gestellt, denen man nur durch die Erweiterung bisheriger Methoden zur Geometriemodellierung gerecht werden kann. Um diesen Anforderungen entgegenzukommen, ist eine enge Zusammenarbeit im Bereich Anwendungen, Entwicklungen bzw. Forschungen erforderlich [7][8].

Literatur

[1] Eversheim, W.: Organisation in der Produktionstechnik, Band 3: Arbeitsplanung, VDI-Verlag, Düsseldorf, 1989

[2] Kyprianou, L.K.: Shap Classification in Computer Aided Design, Ph.D. Thesis, Cambridge University, UK, 1984

[3] Joshi, S.; Chang, T.C.: Graph-Based Heuristics for Recognition of Machined Features from a 3D Solid Model, Computer Aided Design, 20 (1988) 2, S.58-66

[4] Floriani, L.D.: Feature Extraction from Boundary Models of Three-Dimensional Objects, IEEE Transaction on Pattern and Machine Intelligence, 11 (1989) 8, S.785-798

[5] Göttler, H.: Graphengrammatiken in der Softwaretechnik: Theorie und Anwendung, Informatik-Fachbericht 178, Springer Verlag, 1988

[6] Nagl, M.: Graph-Grammatiken: Theorie, Implementierung, Anwendung, Vieweg, Brauscheig/Wiesbaden, 1979

[7] Shapiro, V.; Vossler, D.L.: Construction and Optimization of CSG Representations, Computer Aided Design, 23 (1991) 1, S. 4-20

[8] Gursoz, E.L.; Choi, Y.; Prinz, F.B.: Boolean Set Operation on Non-Manifold Boudary Representation Objects, Computer Aided Design, 23 (1991) 1, S. 33-39

[9] Shah, J.J.; Mathew, A.: Experimental Investigation of the STEP Form-Feature Information Model, Computer Aided Design, 23 (1991) 4, S. 282-296

[10] Weiler, K.: Edge-Based Data Structures for Solid Modeling in Curved Surface Enviroments, IEEE Computer Graphics and Applications, 5 (1985) 1, S.21-41

[11] Corney, J.; Clark, D. E. R.: Method for Finding Holes and Pockets that Connect Multiple Faces in 2 1/2 Objects, Computer Aided Design, 23 (1991) 12, S.658-668

Dieses Forschungsvorhaben wurde von der DFG unter dem Geschäftszeichen MA 769/29-1 unterstützt.

Feature Based Integration of CAD and CAPP

Ansgar Bernardi[1], Christoph Klauck[1], Ralf Legleitner[1], Michael Schulte[2], and Rainer Stark[2]

[1] Deutsches Forschungszentrum für Künstliche Intelligenz GmbH, W-6750 Kaiserslautern, Germany,
[2] Universität des Saarlandes, Lehrstuhl für Konstruktionstechnik/CAD, W-6600 Saarbrücken, Germany

Abstract

To integrate CAD systems with other applications in the CIM world, two principal approaches are currently under development. The feature based CAD systems provide higher level primitives which support not only the generation of the drawing but also serve as basic input for other CIM components. Another approach enables any CIM component to recognize the higher level entities used in CAD systems out of a lower level data exchange format, which might be the internal representation of such systems as well as some standard data exchange format. In this paper the authors examine both approaches in more detail. First a conceptual model of CAD and - as an example of another CIM component - of CAPP is represented. Comparing these two models the authors investigate the possible integrations on the different levels and provide a concise terminology and advantages and disadvantages of the different approaches.

1 Motivation

The expected advantages of a close coupling of CAD and CAPP are the same which also apply to any other CIM related connection between different components: The information interchange shall lead to better knowledge transfer, to shorter turnaround times and to improved feedback. In the end, higher flexibility and generally better results are expected.

2 Conceptual Model of CAD

The task of design in mechanical engineering is to come from an abstract or logic idea of a technical product or system to a specific solution which obeys certain constraints. In recent years many models have been developed to describe and prescribe this design process (e.g. [VDI1, VDI2, Pahl, Crol]). According to the reasonable comprehensive model of Pahl and Beitz [Pahl] the design process comprises the following stages:

1. *Clarification of the task*
   Design activity of collecting information about the requirements - e.g. functions - to be embodied in the solution and about the constraints

2. *Conceptual design*
   Design activity of establishing function structures, searching for suitable solution principles, and combining them into first concept variants

3. *Embodiment design*
   Design activity of determining the layout and forms of the technical product or system in accordance with technical and economic considerations

4. *Detail design*
   Design activity of laying down the arrangement, form, dimensions, and surface properties of all individual parts; subsequently materials have to be specified, technical and economic feasibilities are re-checked, and all technical drawings and other production documents are produced.

When classifying the conceptual framework of current CAD systems into the above described model of the design process it is only the fourth stage - *detail design* - which represents the predestinated stage of designing with the help of CAD systems. Since the heart of a conventional mechanical CAD system is its geometric modeller the use of current CAD systems is mainly restricted to allowing and supporting the designer to conceive, evolve, and document the design in terms of technical drawings.

According to Koller [Kol1] it is usually not worthwhile extending the conceptual framework of future CAD systems to earlier design stages than *detail design*. The main use of CAD systems should be concentrated on the design tasks which occur most often in design problems: the design and re-design of already - at least in principle - known solutions. But to come to more effective support of the designer CAD systems have to be extended to more intelligent design tools. For instance, it is desirable to develop CAD systems which are able to heed design rules and design interrelationships or to meet requirements of strength.

Besides the domain of geometric modelling which already has obtained a very high, sophisticated degree, CAD systems can be made more intelligent in terms of non-geometric technical information (e.g. functional requirement specifications, material properties, etc.) and administrative information (e.g. standards for common parts, evolution and versions of design, related families of parts, scheduling, inventory, etc.) [Arb1].

One approach of coming to more intelligent design tools within CAD systems is to integrate the concept of design by features (cf. [Pra1, Sha2, Cun1, Dix1, Sha1]) into a feature based modeller (cf. [Kra1]). Further explanations to the concept of design by features are made in the following chapter of this article.

The conceptual framework for intelligent CAD systems in terms of feature based modelling can be illustrated as figure 1 shows:

According to the described design process the preliminary layout of the technical system or product (result of design stage three: *embodiment design*) serves as input for the *detail design* whereas the definitive layout represents the output. The activity of feature based modelling is characterized by both, the selection/composition process and the specification/computation process. To be able to make decisions in a design process the user - designer - and/or the CAD system need help in the form of specific design knowledge (cf. [Sta1]). If the design problems do not vary to a high degree, the effort

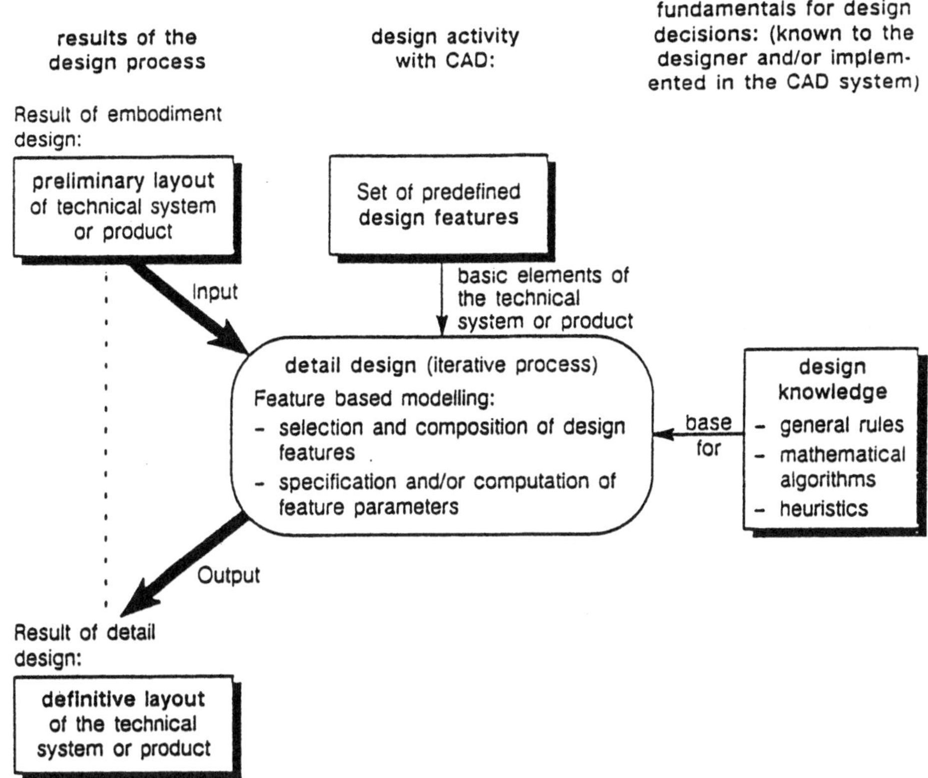

Fig. 1. Conceptual model of CAD: feature based modelling at the stage of *detail design*

of implementing design rules into CAD systems or into other supporting design systems (e.g. knowledge based systems for design) is justified. Since the designer intends to use only a certain number of design features (cf. the following chapter) for specific design problems, it is useful to provide a library of them within the CAD system.

3 Design by Features

Current CAD systems usually provide engineering drawings (2D), resp. wire frame models, surface models, solid boundary representation models, or solid constructive geometry models (3D). This implies that a product or assembly unit - sub-assembly or individual part - is represented by sets of points, lines, surfaces, and/or primitive volumes. This type of representation influences the way designers have to work with CAD systems. To a certain extent the designer is forced to translate his (high level feature) conception of the assembly units into sets of points, lines, surfaces, and/or primitive volumes.

The term feature is used to indicate form elements that are described on a higher semantic level than those primitives that can be found in the traditional geometric models. The conviction has been accepted that different classes of features have to be used in different engineering domains. In [Sha2] feature definitions depend on disciplines like engineering design or process planning. In the authors' view features used in engineering design have to be "elements used in generating, analyzing, or evaluating design" and in geometric modelling features are "groupings of geometric and/or topological entities that need to be referenced together".

However, in this paper features for design - from now on called design features - have to meet the following two requirements:

- They are mappable to a generic shape.
- They have an engineering significance resp. a semantic meaning in engineering design.

In design the engineering significance can be seen from four points of view: 1) required function, 2) manufacturing, 3) assembly, and last but not least 4) strength. To determine the design of an assembly unit the designer first has to create those parts of the geometry that are necessary for realizing the required functions. Furthermore, he has to ensure that the assembly unit can be manufactured and mounted. Finally, the assembly unit has to fulfill the conditions of strength.

In the context of design by features the designer determines the geometry of assembly units by employing design features for all those four points of view. For instance, the design feature *feather key groove* serves for the transmission of torque in connection with a feather key - point of view *function*; the feature *chamfer* makes mounting easier - point of view *assembly*. Some design features influence the design in more than one aspect. The feature *undercut* realizes a space for running out of a tool - point of view *manufacturing* - as well as it helps to minimize the stress concentration at the transition from one shaft section to another one - point of view *strength*.

Furthermore, features can be classified according to their level of complexity. Two terms are used: *single features* and *compound features*. Compound features are a combination of more elementary features which may themselves be compound features. Single features are the lowest order canonical forms supported by a feature based system. The usefulness of the concept of compound features is the generation and manipulation of features at multiple levels. A related group resp. compound feature could be manipulated as a unit rather than working on each single feature individually. The feature *shaft end* in figure 2 can be disintegrated into its sub-features - single features - *shaft shoulder, rounding, undercut, feather key groove*, and *chamfer*. The ability to capture the relationships between the single features in a compound definition is useful, as well.

Using design features two different feature classes can be distinguished: Design features like *bearing application* or *gearing* are not related to a single part. E.g. a feature *bearing application* can have effects on different parts of a housing as well as on different parts of a shaft (cf. figure 3). Furthermore, the feature may include two bearings and parts to fix the bearings on the shaft and on the casing - e.g. spring rings. However, most design features described in the literature are related to single parts. The feature *shaft end* and its single features shown in figure 2 are examples for such a feature type. The above described features refering to a group of parts can be decomposed into several features related to single parts. Figure 4 shows the detail design of the seats of the rolling bearings on the shaft.

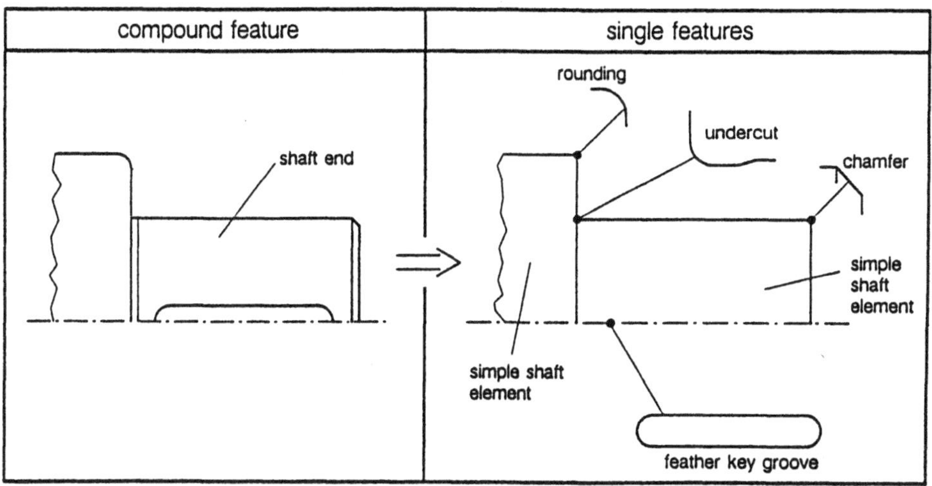

Fig. 2. Compound feature shaft end and its single features

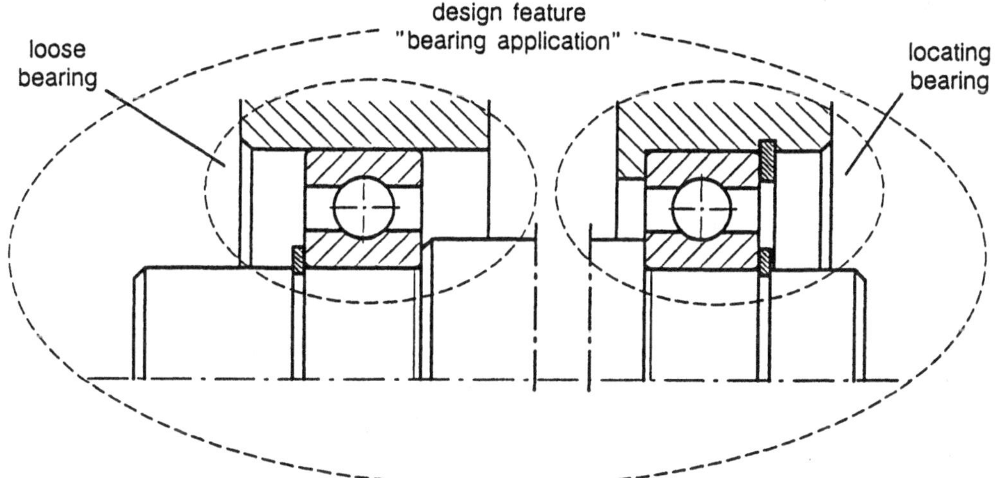

Fig. 3. Design feature bearing application

At the beginning of the feature based modelling process the designer mostly uses features which are referred to a group of parts. The more the detail design process is advanced the less complex features are used. The design features used at the end of the detail design process are just referenced to single parts.

Design by features can be seen as a two-step process. The first step is the modelling of the features themselves. This leads to a list of predefined feature types. The second step is the actual feature based modelling. This is a typical repetition of the following actions: 1) select a feature type from the predefined list, 2) define values for the feature

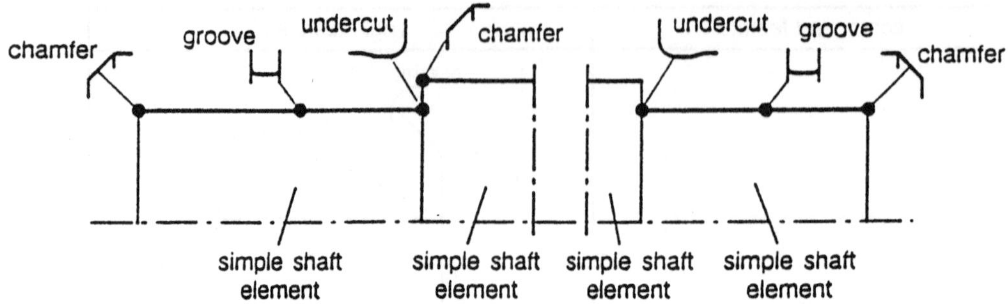

Fig. 4. Seats of the rolling bearings on a shaft

parameters to scale the feature to the desired shape and size, and 3) define position and orientation of the feature, or define to which other feature(s) the new one applies.

The complete definition of a feature requires the specification of all dimension and location parameters. However, not all these parameters are available, or even important, until the final stages in design. Therefore, it is necessary to introduce the concept of *abstract features*, which are defined as entities that cannot be evaluated or physically realized until all variables have been specified (cf. [Sha1]).

It depends on the definition of the term design feature if besides geometry characteristics such as type of material, surface finish, dimensional or shape tolerances, and relations between design features - e.g. parallelism and mating surfaces - can be expressed as well. Otherwise, property features, precision features, and/or assembly features have to be used in addition to the design features.

4 Conceptual Model of CAPP

The task of process planning is the generation of a sequence of actions which must be performed in order to manufacture a given workpiece. The generation starts on the basis of information obtained from the design and the knowledge about the manufacturing process; it also takes into account the given manufacturing environment as well as general planning principles.

To build a computer aided process planning system which will be accepted from the staff of a company it is necessary to simulate the behaviour of a human planner as well as to integrate the system with the other CA* applications of the company. From a general point of view the behaviour of a human planner in manufacturing can be described by the conceptual model in figure 5.

The production engineer - the expert (in operation scheduling) - is given a description of the workpiece. This description consists of all geometrical and technological data which are necessary for the generation of a process plan. In this description the expert identifies characteristical parts or areas which are related to special information about the manufacturing process, e.g. an insertion. This parts are the so-called *features* (for manufacturing) and can be seen as an abstraction of the manufacturing task to build a

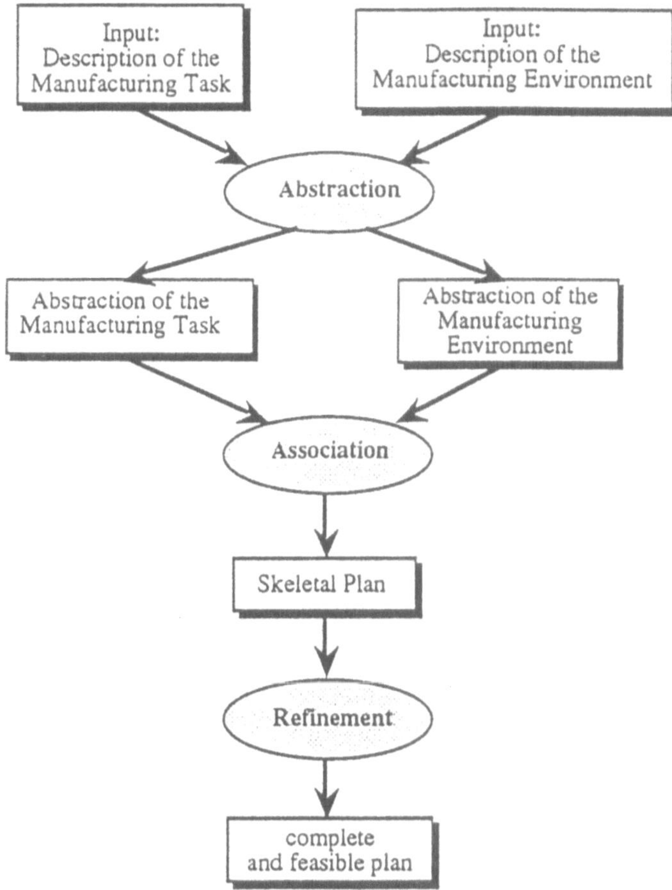

Fig. 5. A conceptual model of process planning

structure of the manufacturing problem. According to these features, the expert selects out of his memory (or out of existing plan libraries) generalized plan fragments, the so-called *skeletal plans*. By combining these skeletal plans according to the feature structure and by adapting them to the concrete workpiece, a complete production plan can be created. This conceptual model of an expert's way of process planning was simulated by the implementation of the prototypical system PIM [Leg1].

The different abstraction and refinement steps the expert performs lead to the definition of suitable domain specific higher level representation languages which allow the adequate representation of the expert's terminology and know-how. The integration of the PIM system into the CIM area was realized by connections to existing interfaces from the CAD and CAM world like STEP [3] and CLDATA[4]. The main idea of this higher level language system is shown in figure 6.

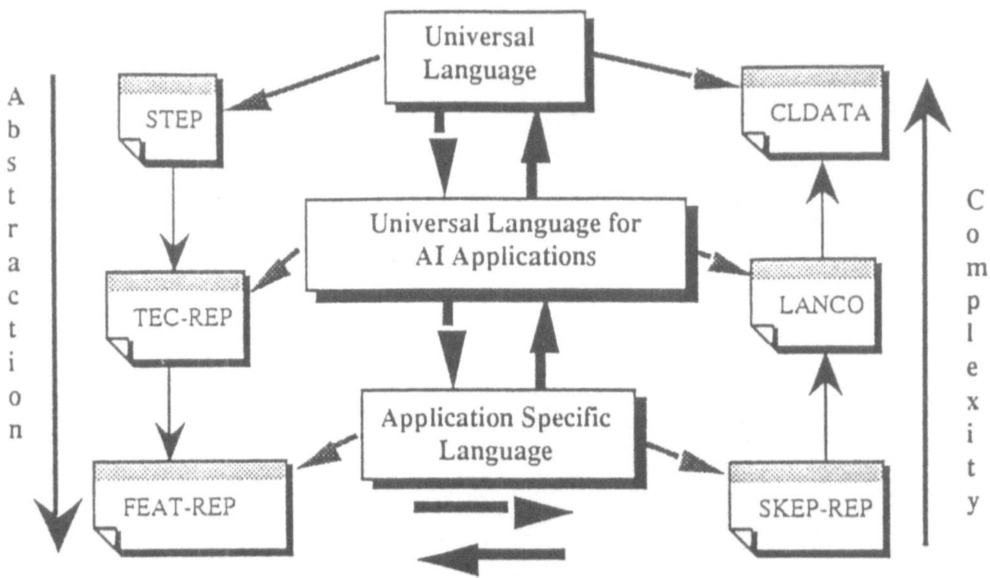

Fig. 6. Abstraction levels of PIM (Planning In Manufacturing)

Based on TEC-REP (TEChnological REPresentation) [Ber1], a general representation formalism for geometrical/technological information about the workpiece, features can be defined according to the expert's view. They are represented in the domain specific language FEAT-REP (FEATure REPresentation) [Kla1]. Note that these descriptions represent the personal terminology of this expert together with the sets of alternative skeletal plans (abstracted plans or fragments of plans), represented in the hierarchical formalism SKEP-REP (SKEletal Plan REPresentation), which are associated with every feature. The generation of a production plan by the PIM system boils down to a sequence of abstraction, selection, and refinement: The geometrical/ technological representation of a workpiece allows the recognition of the relevant features. The associated skeletal plans are selected, merged, and refined until a complete plan is created. (cf. [Leg1])

5 CAD Features Versus CAPP Features

The principal description of the CAD process and the conceptual model of CAPP employed the term *features* to denote some higher level entities which represent knowledge of

---

[3] STandard for the Exchange of Product Model Data, ISO TC 184/SC 4, NAM 96.4
[4] Cutter Location DATA

the respective experts. Using the example presented in figure 3 the authors now compare the features used in the different areas.

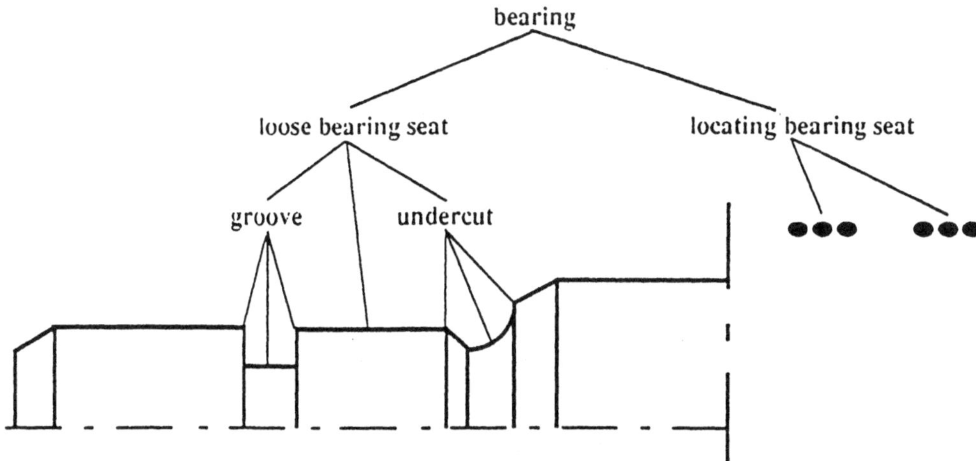

Fig. 7. Functional description of a bearing

The CAD expert thinks in terms of functionality which results in an appropriate feature structure of the workpiece under construction. This feature structure of an example is illustrated in figure 7. The functional entity *bearing* consists of a loose bearing seat and a locating bearing seat; the loose bearing seat is build upon the single design features groove, cylinder and undercut. These geometric entities are the direct results of the functional description. The other points of view mentioned in section 3 lead to more details of the realization, e.g. the functional design feature *loose bearing seat* is associated to the geometrical design feature *shaft end*. The final result is shown in figure 8, where those geometrical design features are presented which describe the geometrical and technological phenotype of the designed shaft.

The expert in process planning starts from the geometrical/technological description of the workpiece which is the result of the CAD process. Based on this information the expert recognizes his own features. In the example this may lead to a feature structure as illustrated in figure 9: The basic surfaces as primitive elements are aggregated to manufacturing dependent higher level entities which the expert can associate with fragments of the process plan, the skeletal plans.

Comparing the features of the different experts it has to be noted that

1. Some basic features arise in both feature structures, e.g. the groove. While the described entities are the same in both areas, the experts associate different information with them.

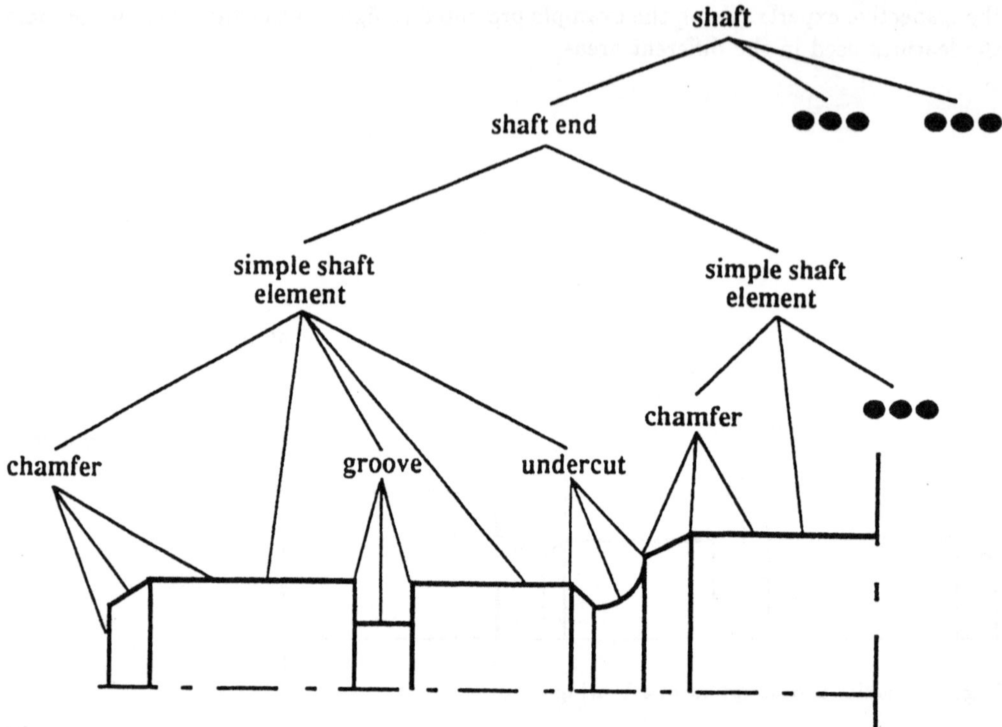

Fig. 8. Geometrical description of a shaft (from the viewpoint of the designer)

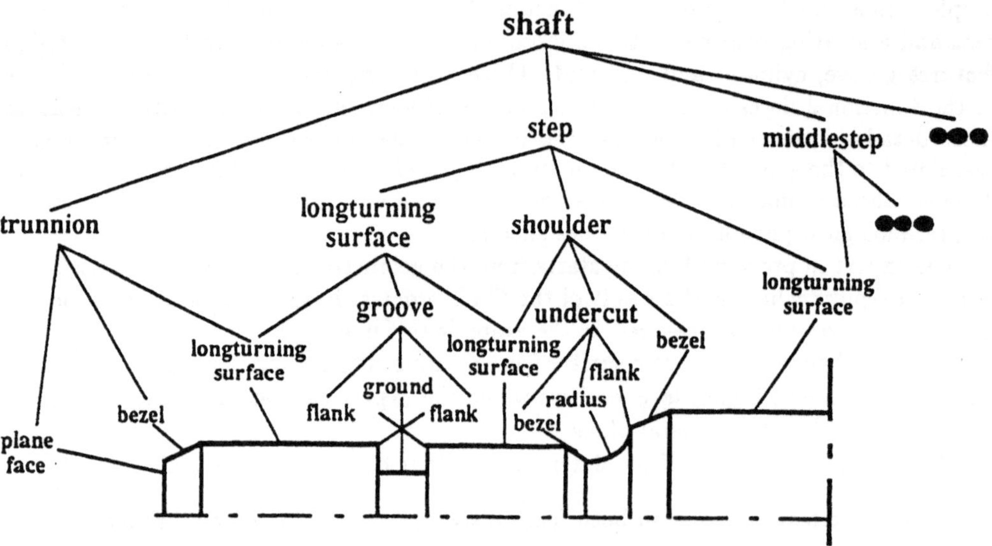

Fig. 9. Geometrical description of a shaft (from the viewpoint of the production engineer)

2. The domain specific view of the experts may result in different names for the same geometric entity: The *chamfer* of the CAD expert is a functionality related term - point of view assembly -, whereas the process planner calls the same entity *trunnion* because of manufacturing aspects.

3. On higher levels the feature structures differ: The lower level entities are aggregated in different ways. This is the direct result of the domain dependent point of view of the experts. While the *bearing* as a higher level functional feature unites several surfaces forming the two bearing seats, these surfaces do not form a single manufacturing feature, since these surfaces appear in an ascending part and a descending part of the shaft and therefore in general cannot be manufactured without tool change or chucking change.

In summary, while some features are used in both areas, principal differences in single features as well as in feature structures separate the domains. Higher features which bear more information lead in general to bigger differences. However, the idea of a *feature* as some entity representing expert's knowledge and aggregating lower level information is the same in both areas. This results in certain characteristics of features which the authors investigate in the next section.

6 What are Features ?

Currently there is no consensus on a precise definition of the term *feature*. Most researchers working in this area agree that a feature is an abstraction of lower level design or manufacturing information [Dix2]. Features that are required for design may differ considerably from those required for manufacturing or assembly, even though they may be based on the same lower level entities. This was discussed in more detail in the previous section.

John R. Dixon and John J. Cunningham have defined a feature as *"any geometric form or entity that is used in reasoning in one or more design or manufacturing activities"* [Cun1]. T.-C. Chang has defined a feature in his book [Cha1] as *"a subset of geometry on an engineering part which has a special design or manufacturing characteristic."*. Other similar definitions of features can be found in [Dix3].

Definition 1. Based on the requirements pointed out in chapter 3 the authors define the term *feature* as a description element based on geometrical and technological data of a product which an expert in a domain associates with certain information.

They are firstly distinguished by their kind as:

1. *functional features*, e.g. seat of the rolling bearing or O-ring groove (cf. [Web1]),
2. *qualitative features*, e.g. bars or solid workpiece,
3. *geometrical (form) features*, e.g. shoulder, groove or drilled hole,
4. *atomic features*, e.g. toroidal shell, ring, shape tolerance or surface finish.

and they are secondly distinguished by their application as

1. *design features*, e.g. crank or coupler (cf. the more detail classification of design features in section 3),

2. *manufacturing features*:

   (a) *turning features*, e.g. shoulder or neck,

   (b) *milling features*, e.g. step or pocket,

   (c) *drilling features*, e.g. stepped hole or lowering,

   (d) ...

3. ...

In the area of CAD the design features are additionally distinguished by their associated information as single features and compound features whereas the single features represent the smallest geometrical features with associated information. The compound features are defined via single features or compound features.

It is important to keep in mind that the above mentioned features describe a certain kind of a shape and that they are also related to some information about this shape. So the proposed feature language has a syntax (shape description) and a semantics (description of related information). In [Kla1] several syntactical characteristics of features have been outlined.

1. **Contextsensitivity**: In dependence of the context of a structure different features are formed.
2. **Interaction**: Areas of features can overlap.
3. **Dependence of Dimensions**: In dependence of the dimensions the same structures may be identified as different features.
4. **Fragmentary Description**: Some features are described by not connected areas.
5. **Hierarchy**: A complete feature description of a workpiece forms a hierarchical structure of features.
6. **Qualitative Description**: Instead of describing a feature in terms of geometrical and technological information the expert mostly uses a qualitative description.

It is obvious that the phenotype of these characteristics differ, if the same workpiece is described in CAD features based on functional requirements or in CAPP features based on the available manufacturing processes, as we have described in the previous section.

The analogue between the feature language and formal language with semantics is explained in [Kla1]. There it is stated out that the geometrical description in addition to attributes about the context, functionality and technology forms the syntax of a feature. The information associated with the feature forms the semantics of a feature. A designer for example associates functionality and costs with his features whereas a manufacturer associates a set of skeletal plans with his features.

The area of formal languages is a well established field of research and provides a powerful set of methods like parsing and knowledge about problems, their complexity, and the way of how to solve them efficiently. The use of formal language techniques for feature descriptions facilitates the application of these results to the area of feature recognition (in CAPP) and feature expansion (in CAD). So a major component of the CAD/CAM integration can be realized with such techniques.

7 Possible Integrations

To integrate CAD systems with other applications in the CIM world, two principal approaches are currently under development [Cha1]. The feature based CAD systems provide higher level primitives which support not only the generation of the design but also serve as basic input for other CIM components. Another approach enables any CIM component to recognize the higher level entities used in this component out of a lower level data exchange format which might be the internal representation of a CAD system as well as some standard data exchange format.

Feature based CA* systems of the future have to offer both kinds of integration: The former to allow a more efficient integration of feature based CA* systems and the latter to guarantee an integration with other CA* systems and to make the achieved data like technical drawings usable in the systems.

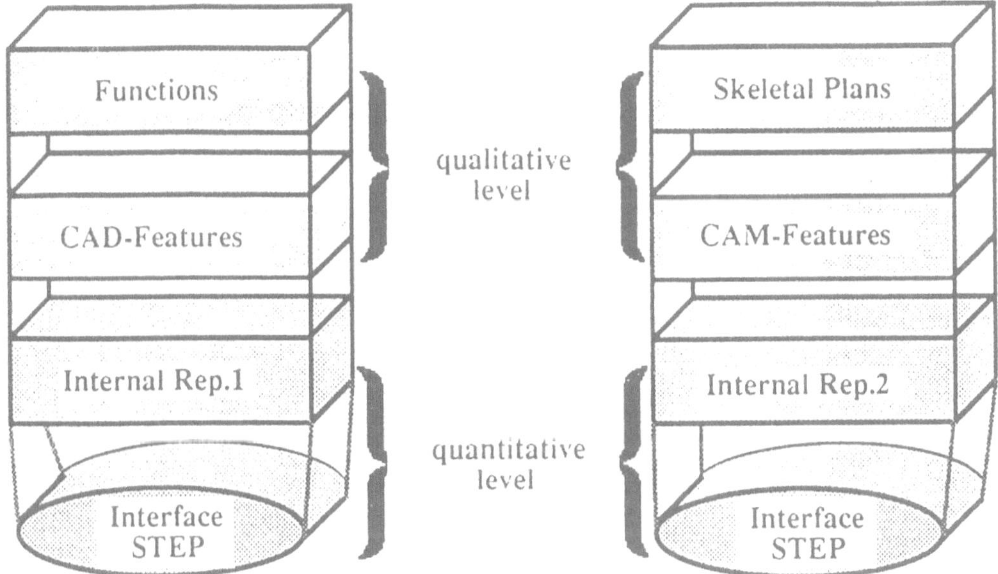

Fig. 10. A principle view of CAD and CAPP Systems

The basic functionality of the different systems and their principle design is not affected by the selected kind of integration. Both CAD systems and CAPP systems rely on some internal representation, which is tailored to their respective needs (cf. figure 10). This quantitative data level is connected to some external interface, ideally a standard like STEP. In special cases this standard can be used as the internal representation of the system; in general a well behaving transformation procedure can be used.

The qualitative levels are based on the quantitative information. The features used on these levels bridge the gap between the quantitative level and the expert's way of thinking. The transformation between the quantitative and the qualitative level is complex and expensive. The expert's knowledge must be represented and used in suitable tools in order to realize this step. Nevertheless this transition is feasible, which is proved by the analogue to formal languages where such transformations are already realized, e.g. described in [Leg1].

According to this model, a self-evident solution is the integration on the quantitative level via a standard like STEP, illustrated in figure 11. Note that the standard contains no qualitative information. As outlined in the previous sections a standardization of the qualitative information like the feature definitions is in general impossible, even though the underlying principles of the feature definitions and the resulting representation languages are similar (cf. [Kla1]).

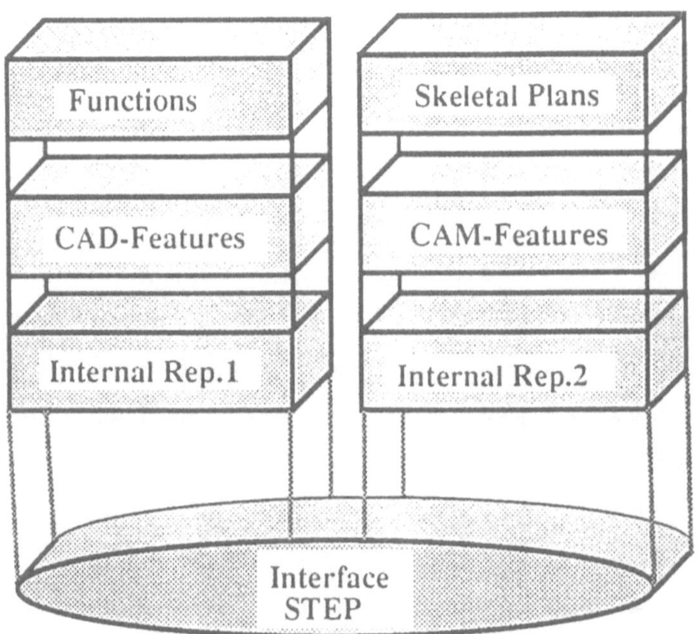

Fig. 11. Minimal integration via a standard

The more interesting integration of feature based CAD and CAPP systems is illustrated in figure 12. The integration will be realized by a so-called *integration function* **INT**. This function INT is defined according to three cases:

1. The CAD feature have the same structure (syntax) as a CAM feature: INT is the bijective identity function.
2. The CAD feature (respectively CAM feature) have the same structure as a set of complex CAM features: The CAD feature is reproduced by INT to the set of complex CAM features.

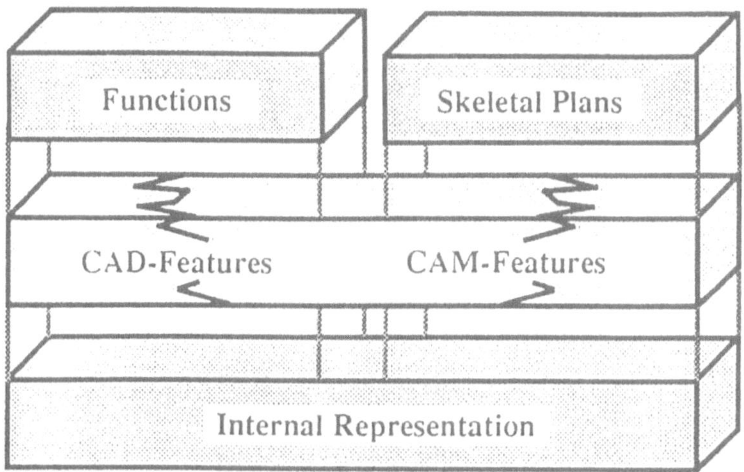

Fig. 12. Close integration on the qualitative level

3. The CAD feature (respectively CAM feature) is only describable by a set of atomic CAM features: The CAD feature is reproduced by INT to the set of atomic CAM features.

In the last two cases a feature recognition process is necessary to build the complete CAM feature structure out of the result of INT. This is necessary because the feature structure of a workpiece always forms a hierarchical structure as mentioned in section 6. Because all possible surfaces are contained in the set of atomic CAM features respectively CAD features INT can reproduce every CAD feature to a set of CAM features and vice versa.

The advantage of the integration model of figure 12 lies in the distinction between the time-complexity of the integration function INT and the feature recognition process. The former realize a hard link between two structures in a constant time whereas the latter realize a generation of a structure in a maybe non polynomial time. Independent of the kind of integration the user's view of the CAD or CAPP system is always the same: The system can be tailored to the domain experts terminology, the selected kind of integration may influence only the efficiency, not the terminology.

8 Conclusion

Features in CAD and CAPP represent specific experts knowledge; interesting features - which represent more knowledge - are very domain specific. Because of this fact a standardization of features in general and especially on a higher level seems impossible.

Nevertheless, an integration on the qualitative level is at least possible. Due to similarities in the structure of the feature definitions an integration function INT can be found.

Using a standardized representation formalism for the feature definitions, this function can be generated automatically.

The standardization on the quantitative level (e.g. STEP) ensures an ever-ready connection to arbitrary systems, although at the cost of reduced efficiency.

References

[Arb1] Arbab, F.: A Paradigm for Intelligent CAD. Eurographics Workshops on Intelligent CAD Systems (1st: 1987: Noordwijkerhout, Netherlands). Intelligent CAD Systems I: theoretical and methodological aspects/ edited by P.J.W. ten Hagen and T. Tomiyama - (Eurographic seminars); pp. 20-39; 1987.

[Ber1] Bernardi, A.; Klauck, Ch.; Legleitner, R.: TEC-REP: Repräsentation von Geometrie- und Technologieinformationen. D-91-07, DFKI GmbH, 1991.

[Cha1] Chang, T.-C.: Expert Process Planning for Manufacturing. Addison-Wesley, 1990.

[Cro1] Cross, N.: Engineering Design Methods. Chichester, New York, ···: John Wiley & Sons Ltd., 1989.

[Cun1] Cunningham, J.J.; Dixon, J.R.: Designing With Features: The Origin of Features. MDA Technical Report 3-88. Proceedings of the ASME Computers in Engineering Conference, San Francisco, CA, July 31 - August 3, 1988

[Dix1] Dixon, J.R.; Cunningham, J.J.; Simmons, M.K.: Research in Designing With Features. MDA Technical Report 4-87. Proceedings of the IFIP WG 5.2 Workshop on Intelligent CAD, Cambridge, MA, October 6-7, 1987.

[Dix2] Dixon, J.R.; Finger, S.: A Review of Research in Mechanical Engineering Design. Part I: Descriptive, Prescriptive, and Computer-Based Models of Design Processes. Engineering Design, Springer-Verlag, 1989, pp. 51-67.

[Dix3] Dixon, J. R.; Finger, S.: A Review of Research in Mechanical Engineering Design. Part II: Representations, Analysis, and Design for the Life Cycle. Engineering Design, Springer-Verlag, 1989, pp. 121-137.

[Kla1] Klauck, Ch.; Bernardi, A.; Legleitner, R.: FEAT-REP: Representing Features in CAD/CAM. IV International Symposium on Artificial Intelligence: Applications in Informatics, 1991.

[Kol1] Koller, R.: CAD: automatisches Zeichnen, Darstellen und Konstruieren. Berlin, Heidelberg, ···: Springer, 1989.

[Kra1] Krause, F.-L.; Vosgerau, F.H.; Yaramanoglu, N.: Implementation of Technical Rules in a Feature Based Modeller. Eurographics Workshops on Intelligent CAD Systems (2nd: 1988: Veldhoven, Netherlands). Intelligent CAD Systems II: implemental issues/ edited by V. Akman, P.J.W. ten Hagen and P.J. Veerkamp - (Eurographic seminars); pp. 195-208; 1988.

[Leg1] Legleitner, R.; Bernardi, A.; Klauck, Ch.: PIM: Skeletal Plan based CAPP. International Conference on Manufacturing Automation, 1992.

[Pah1] Pahl, G.; Beitz, W.: Engineering Design, a systematic approach. Berlin, Heidelberg, ···: Springer, 1988.

[Pra1] Pratt, M.J.; Wilson, P.R.: Requirements for Support of Form Features in a Solid Modelling System. R-85-ASPP-01, CAM-I, Arlington, Texas, 1985.

[Sha1] Shah, J.J.: Conceptual Development of Form Features Modelers. Research in Engineering Design, Vol. Feb. 1991, pp. 93-108.

[Sha2] Shah, J.J. at all: Current Status of Feature Technology. R-88-GM-04.1, CAM-I, Arlington, Texas, 1988.

[Sta1] Stark, R.; Weber, C.: Wissensbasierte Systeme für die Konstruktion - Grundlagen aus konstruktionsmethodischer Sicht. International Conference on Engineering Design, 1991

(ICED 91). Schriftenreihe "Workshop-Design-Konstruktion", WDK 20: Proceedings of ICED 91, Vol. 2, pp. 1151-1161. Heurista-Verlag, Zürich, 1991.

[VDI1] Guideline VDI 2221: Methodik zum Entwickeln und Konstruieren technischer Systeme und Produkte. Düsseldorf: VDI-Verlag, 1986.

[VDI2] Guideline VDI 2222, Sheet 1: Konstruktionsmethodik, Konzipieren technischer Produkte. Düsseldorf: VDI-Verlag, 1973.

[Web1] Weber, C.; Schulte, M.; Stark, R.: Feature-based Modeling for Design: Functional Features for Design in Mechanical Engineering. Proceedings of the 8th International Conference on CAD/CAM, Robotics and Factories of the Future, Metz, France, 1992.

Eine Sprache für die featureorientierte Beschreibung und Verarbeitung von Produktgestaltungsinformationen

S. Kramer, E. Rieger

Institut für Werkzeugmaschinen und Fertigungstechnik (IWF)

Technische Universität Berlin

Pascalstr. 8-9

D-1000 Berlin 10

Zusammenfassung

Effiziente computerunterstützte Produktgestaltung erfordert die Möglichkeit objektorientierter Arbeitsweisen. Diese Anforderung wird durch die Featuretechnologie ermöglicht. Features sind intelligente Konstruktionsobjekte, bestehend aus ihrer geometrischen Gestalt und ihrer funktionalen und technologischen Semantik. Um Features in objektorientierter Weise zu beschreiben wurde eine Sprache entwickelt, mit der Featureinformationen beschrieben werden können. Dies können auch konstruktive Regeln und funktionale Zwangsbedingungen sein. Die Featurebeschreibungen können graphisch interaktiv vom Benutzer erstellt werden. Diese werden bei Bedarf durch das Modelliersystem während der Laufzeit interpretiert und können in die Konstruktion eingebracht werden. Konstruktive Randbedingungen aus der aktuellen Konstruktion können dabei beachtet werden. Der beschriebene Featuremodellierer ist Teil eines integrierten Produkt- und Arbeitsplanungssystems.

Abstract

For efficient computer aided design it is nessessary to provide an object oriented modelling environment. This requirement is fulfilled by using the feature approach. Features are intelligent design objects, including their shape and their functional and technological behaviour. A language has been developed to describe features in an object oriented manner. This language allows the description of all feature related information, including design rules and functional constraints. New features are generated in a graphical interactive environment. The resulting textual feature description is then interpreted during runtime, taking into account the current design state. The described feature modeller is part of an integrated system for product and process modelling.

Themenbereich: Featuremodellierung, Produktgestaltung, Informationsmodellierung

Schlüsselworte: Features, Featurebeschreibungssprache, CAD-System

1. Einführung

Im Bereich der CAD/CAM Entwicklung gibt es eine klare Tendenz von der reinen Geometriemodellierung hin zum Modellierer für Produkte, mit dem die verschiedenen Module der Prozeßkette arbeiten und planen können. Unter diesem Aspekt erhält die Featuretechnologie wegen der Vorteile des objekt-orientierten Produktgestaltens und der integrierten Informationsbereitstellung für verschiedenen Anwendungsmodule eine große Bedeutung(1,2).

Die Erweiterung der Funktionalität von Volumenmodellierer führt zur Einführung der Form-Features (3). Diese Form-Features repräsentieren ein oder mehrere geometrische Elemente, die in Gruppen zusammengestellt werden. Erste Versuche in Richtung Form-Feature basiertes Gestalten können in der Einführung geometrischer Macros gesehen werden. Die Definition von Features als *Feature = Form-Feature & Semantik* sieht Features als gestaltende Objekte aus dem Blickwinkel des Konstrukteurs. Der Konstrukteur kann sich somit auf Elemente wie Nuten und Löcher beziehen, wobei die Elemente nicht nur Gestaltinformationen enthalten. Die Semantik ermöglicht die Integration von weiteren produktgestaltenden Informationen. Diese Informationen bestehen aus technologischen Attributen wie Oberflächenbeschaffenheit und Abmaßen, können aber auch Toleranzen, Einbauregeln und Zwangsbedingungen beschreiben. Somit können mit Features die verschiedenen Aspekte der Produktbeschreibung abgedeckt werden. Hinter der Idee des Featuremodellierers steht der Anspruch, das Gestalten durch den Umgang mit kompletten Konstruktionselementen, wie sie in der Vorstellung des Gestaltenden schon vorhanden sind, effizienter zu machen. Die Informationen, die in den Features enthalten sind, werden automatisch angewandt, sobald Features benutzt werden. Eine Lochfeaturegeometrie wird beispielsweise immer von einem Bauteil abgezogen.

Im Bereich des ESPRIT II Projektes IMPPACT (4) entwickelte das Institut für Werkzeugmaschinen und Fertigungstechnik der Technischen Universität Berlin ein Featuremodellierersystem. Es ist Teil eines integrierten Systems für Produkt- und Prozeßmodellierung, unter Berücksichtigung der Generierung von NC-Daten. Das System integriert unterschiedliche CIM-Module entsprechend der diversen Aspekte einer Prozeßkette.

Um dem Featuremodellierer die Flexibilität und Offenheit für Features verschiedener Produkttypen und Fertigunggebiete zu erhalten, werden keine fest programmierten Features in das Modelliersystem eingebunden. Deshalb wurde eine Möglichkeit geschaffen, Features graphisch interaktiv zu erstellen und die Featureinformationen in textueller Form abzuspeichern. Um variable Features zu erhalten, werden sie in ihrer generischen Form beschrieben. Sie werden zu spezifischen Features, sobald ein Benutzer das Feature parametrisiert, um es in die aktuelle Konstruktion einzubauen. Die Systemarchitektur, die Darstellung der Featureinformation und die Handhabung von Features werden im vorliegenden Artikel beschrieben.

2. Struktur des Feature Modelling Systems

Das integrierte IMPPACT-System für Produkt- und Prozeßmodellierung ist modular strukturiert. Der Austausch produktbezogener Daten erfolgt über die gemeinsame Produkt- und Prozeßdatenbank via einer datenbankunabhängigen Produkt- und Prozeßdatenschnittstellen. Das Featuremodelliersystem repräsentiert ein Modul im Produkt- und Prozeßmodelliersystem und vereint die Funktionalitäten für rein geometrisches Modellieren mit analytisch beschreibbarer und freigeformter Geometrie und dem Modellieren mit Features. Die generischen Features sind unabhängig vom ausführbaren Programm des Featuremodellierers gespeichert, wodurch auch der Zugriff anderer Module auf die Features möglich ist. Die Struktur des Featuremodellierers ist in Bild 1 dargestellt.

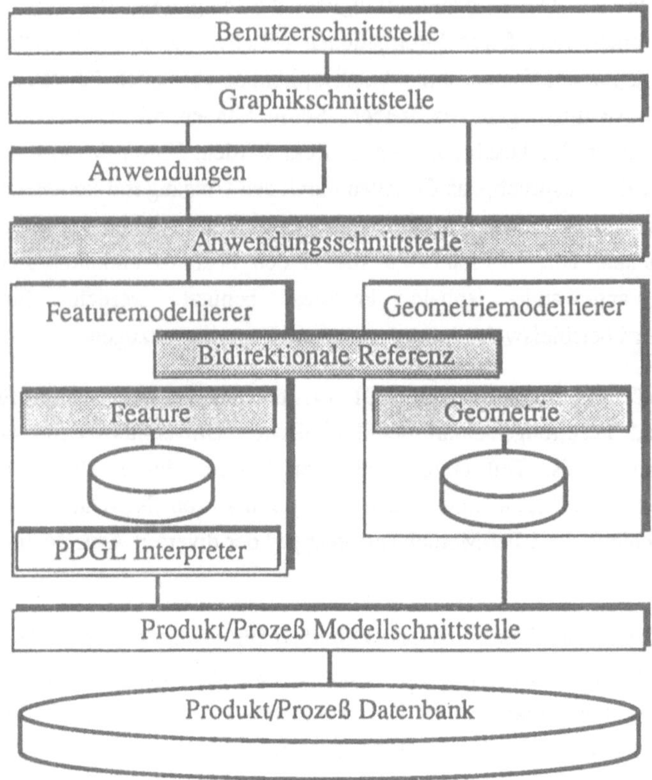

<u>Bild 1:</u> Systemarchitektur des Featuremodellierers

Der Featuremodellierer ist als eigenes Modul konzipiert und übernimmt die Speicherung und Behandlung nichtgeometrischer produktgestaltbezogener Informationen. Er hat unabhänig vom Geometriemodellierer (5) eine eigene Speicherstruktur. Die Beziehungen zwischen Features und Geometrie werden über den Aufbau bidirektionaler Referenzen verwaltet. Features enthalten den Verweis auf die mit ihnen assoziierte Geometrie und die Geometrie enthält in ihren topologischen Knoten Verweise auf die Features, die mit ihr assoziiert sind. Der Aufbau bidirektionaler Referenzen zwische Features und Geometrie ist erforderlich, um den Verbleib der geometrischen Gestalt der Features in der sich verändernden Konstruktion zu verfolgen und ein, bei späteren, mit der Featuregeometrie interferierenden Modellieroperationen, semantikbezogenes dynamisches Verhalten der Features zu ermöglichen.

Das Verarbeiten der in der textuellen Featurebeschreibungssprache PDGL beschriebenen Features geschieht durch den Interpreter des Featuremodellierers. Die Interpretation eines Features überführt die generische textuelle Beschreibung des Features in die rechnerinterne Darstellung, die in der dynamischen Datenstruktur des Featuremodellierers gespeichert wird. Zusätzlich wird die explizite geometrische Gestalt des Features im Geometriemodellierer erstellt.

Mit der rechnerinternen Darstellung eines Features sind auch alle für die Historie relevanten Informationen, einschließlich ihrer Strukturierung, erfaßt. Diese Informationen beziehen sich auf:

- den Namen des angewandten Features,
- seine Anordnung im Teil,
- die zu seiner Ausprägung erforderlichen Parameter und
- Unterfeatures einschließlich der erforderlichen Parameter.

3. Das Konzept von PDGL

Um die Anforderungen an die Featurebeschreibungssprache hinsichtlich ihrer Mächtigkeit und des zu beschreibenden Informationsgehaltes zu spezifizieren, müssen die Features zuerst in ihre Informationsbestandteile zerlegt werden. Die Erzeugungsvorschrift der Featuregeometrie läßt sich prozedural beschreiben. Die resultierende Geometrie repräsentiert das zum Feature gehörige Form-Feature. Zur Erzeugung des Form-Features muß die volle Funktionalität des Geometriemodellierers als Bestandteil der Sprache über eine Schnittstelle zum Modellierer verfügbar sein. Da ein Form-Feature explizit, durch seine geometrische Gestalt, oder implizit durch seine, für die Ausprägung notwendigen Parameter repräsentiert sein kann, müssen die impliziten Parameter als Featureattribute definiert werden. Dies bedingt zwei unterschiedliche Segmente innerhalb der textuellen Featurebeschreibung. Zunächst muß ein datenstrukturierender Mechanismus definiert werden, um die gesamte Featureinformation zu sammeln und sie in Form eines neuen Objektes, dem Featureobjekt, zu gruppieren. Die Definition der zur Ausprägung dieser Objekte erforderlichen Prozedur als Funktion bildet dann das zweite Segment der textuellen Featurebeschreibung.

Die Generierung der expliziten Repräsentation eines Form-Features wird über die Schnittstelle zum Geometriemodellierer vorgenommen. Die Einführung fest definierter Schlüsselwörter, die bei der Ausführung in Aufrufe an die Anwendungsschnittstelle des Geometriemodellierers umgewandelt werden, bilden das Verbindungsglied zum Modellierer. Generell kann die Einführung fest definierter Schlüsselwörter als Schnittstelle zu anderen Programmmodulen, die eine einzelne, in sich geschlossene Funktionalität anbieten, gesehen werden. Weiterhin muß eine Möglichkeit für das Handhaben von Objekten anderer Systemmodule via PDGL definiert werden. Dies geschieht durch die Einführung eines neuen generischen Variablentyps, der diese Objekte repräsentiert. Diese Art von Elementen, die Verbindungsstücke zu anderen Modulen bilden, werden anwendungsorientierte Sprachelemente genannt.

Die prozedurale Beschreibung eines Form-Features erfordert Sprachelemente zur Definition von Funktionen, die lokale Variablen und Aufrufkonventionen festlegen. Zusätzlich müssen die syntaktischen Konventionen, wie beispielsweise das Zeichen zur Beendigung eines Statements, festgelegt werden. Aspekte, die sich aus der Anwendung der Sprache zur textuellen Featurebeschreibung ergeben, sind beispielsweise die Möglichkeit zur Definition automatisch ableitbarer Parameter und die Deklaration von Parameterrestriktionen. Ein Beispiel für eine Parameterrestriktion ist die Festlegung des maximalen Durchmessers einer Bohrung. Schließlich müssen die Sprachelemente, die die Bedingungen für die Ausführung eines Features beschreiben, definiert werden. Das Konzept für diesen Mechanismus ist bereitgestellt und weitergehende Implementierungen werden später detailliert erklärt. Die prinzipiellen Gruppen, aus denen sich die Sprache zusammensetzt, sind in Bild 2 zusammengefaßt.

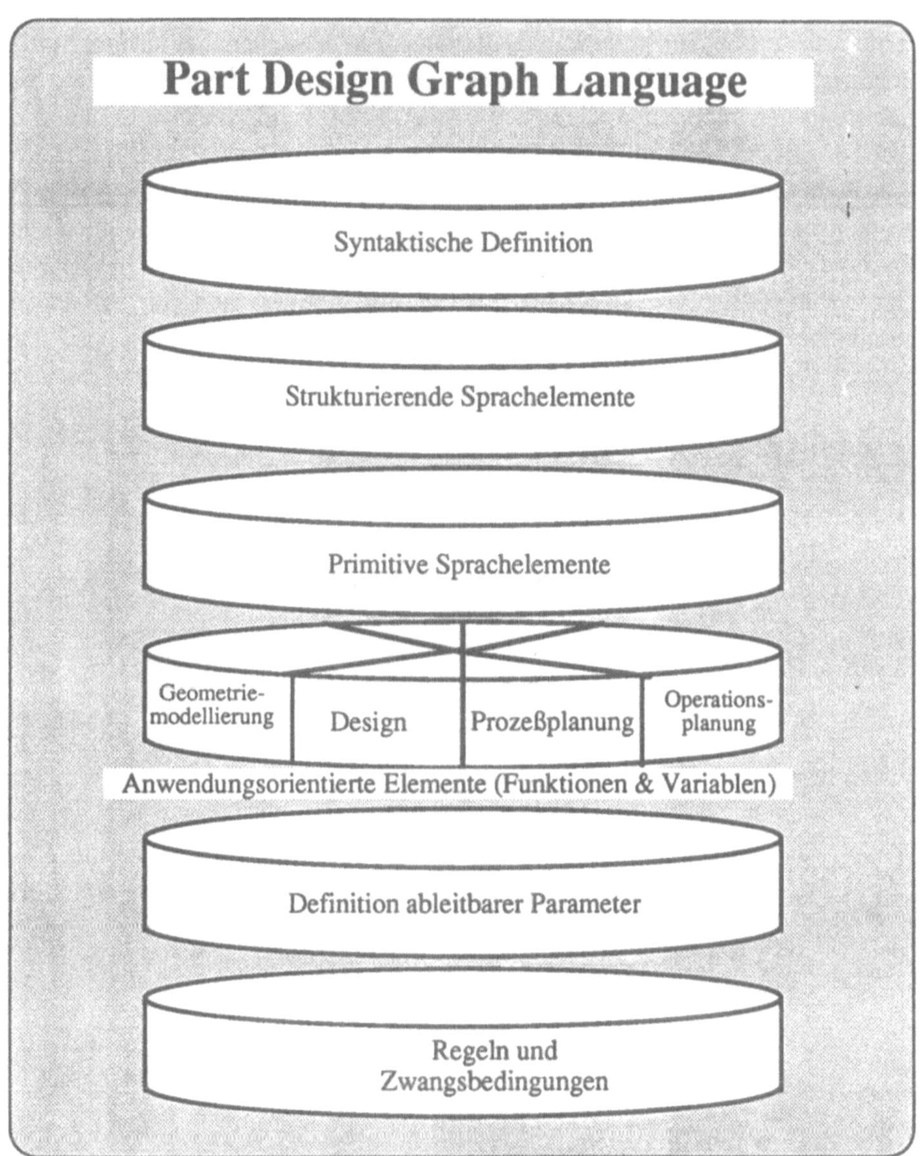

Bild 2: Gruppierung der PDGL Sprachelemente

Die Nutzung einer bereits existierenden Sprachsyntax deckt die grundlegenden Erfordernisse zur Spezifikation von PDGL, wie sie in den ersten drei Feldern in Bild 2 dargestellt sind, ab. Da die Beschreibung von Features als die Modellierung featurebezogener Information angesehen werden kann, wurde die Syntax von EXPRESS gewählt. EXPRESS (6) ist eine Informationsmodellierungssprache, die konsistent und mächtig ist und für die Schnittstellenspezifikation zum Austausch produktbezogener Daten, STEP (7), konzipiert wurde. STEP definiert das Produktmodell und seine Struktur in vordefinierten Entities, während PDGL die Generierung neuer benutzerabhängiger Feature-Entities vorsieht. In PDGL beschriebene Features sind ausführbar und vom Menschen lesbar. Die Schlüsselbegriffe von PDGL sind in Bild 3 dargestellt.

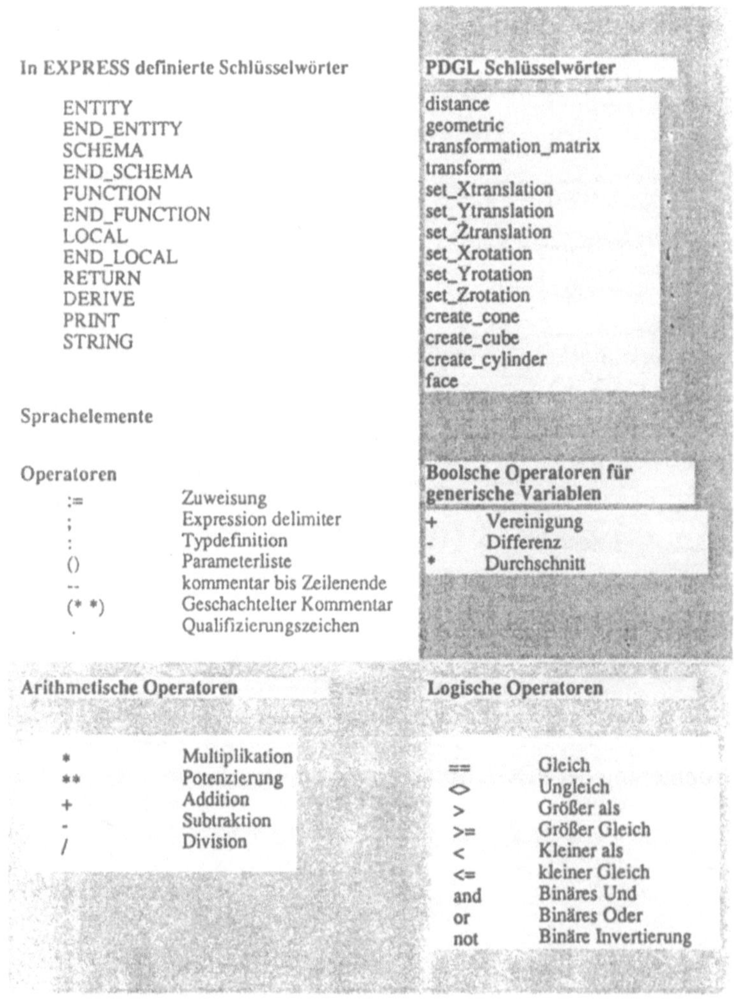

<u>Bild 3:</u> Schlüsselbegriffe in PDGL

Zur Handhabung der geometrischen Gestalt wird, wie oben erwähnt, der generische Variablentyp `GEOMETRIC` entsprechend der EXPRESS-Syntax eingeführt. Diese Variablentypen werden vom Feature Modellierer nicht weiter zerlegt, sondern werden durch den Interpreter gefiltert und wie ein primitiver Variablentyp erkannt, dessen Behandlung im externen Systemmodul, dem Geometriemodellierer, vorgenommen wird. So kann jedes geometrische Element, wie beispielsweise Fläche oder Kante, diesem Variablentyp zugeordnet und verarbeitet werden, wobei die elementspezifische Behandlung vom Geometriemodellierer übernommen wird. Die Erweiterung der arithmetischen Operatoren auf diesen Variablentypen erlaubt die Verknüpfung von Volumen über die boolschen Operationen in der gleichen Weise wie die Verknüpfung von Zahlen.

Ein Nachteil existierender Featuremodellierersysteme kann in ihrer Spezialisierung auf einzelne Phasen der Produktentwicklung gesehen werden. Dies führt entweder zu einer Arbeitsweise, die auf Begriffen der Arbeitsplanung basiert, oder auf die Definition rein geometrieorientierter Features (8,9). Im beschriebenen Konzept zur benutzerabhängigen Featuredefinition ist es dagegen möglich, für die Arbeitsplanung relevante Features zu definieren und in die Konstruktion miteinzubeziehen. In der Arbeitsplanung läßt sich die prozeßrelevante Information aus der Konstruktion extrahieren und auswerten. Die Beschreibung und Verwendung eines Features für das technologische Attribut der Oberfächengüte in der Konstruktion kann später in der Arbeitsplanung zur Festlegung der Bearbeitungsvorgänge herangezogen werden. Voraussetzung ist, daß die auf die Featureinformation zugreifende Module die Semantik der verwendeten Features handhaben können. Dies bedingt die Verwendung von Features, die anderen Systemmodulen bekannt sind. Diese vordefinierten Features sind kein fester Bestandteil der Sprache PDGL, sondern ihre Anwendung und ermöglichen die Integration verschiedenster Informationsaspekte in die Konstruktion.

Ein wichtiger Aspekt von PDGL ist die Handhabung automatisch ableitbarer Attribute, um ein dynamisches Verhalten der Features zu erreichen. Dies bedeutet, daß generische Features bei ihrer Ausprägung die sie umgebende Konstruktion berücksichtigen. Die Deklaration und Definition dynamischer Variablen, deren Wert im Moment des Zugriffs evaluiert wird, erfolgt im DERIVE Block der Featurebeschreibung. Die Vorgabe von Parameterrestriktionen und damit von Zwangsbedingungen ist im WHERE Block der Featuredefinition vorgesehen.

Die Hülle für alle Informationen des Features ist die SCHEMA Definition. Der erste Teil enthält die implizite Beschreibung des Features mit seinen statischen und dynamischen Attributen innerhalb des ENTITY Blocks. Variablen sind als Attribute definiert. Andere Features, die Unterfeatures des beschriebenen Features sind, können als Attribute wie primitive Variablen definiert werden. Elemente, die für die Arbeitsplanung oder andere Module relevant sind, lassen sich ebenfalls definieren. Die Definition von geometrischen Flächen als Attribut des ENTITY Blocks kann beispielsweise zur Bezeichnung der Spannflächen herangezogen werden, wobei die Semantik der Attribute aus dem Attributnamen erkennbar hervorgeht. Das Form-Feature ist ein weiteres Attribut des Entity-Blocks. Nach der Ausführung des Features verbleibt der Entity-Block als Objekt in der rechnerinternen Darstellung des Featuremodellierers. Weiterhin sind die zur Ausprägung eines Features erforderlichen Parameterwerte im ENTITY Block definiert, womit die implizite Repräsentation eines Features gegeben ist.

Die Ausprägung eines Objektes des im ENTITY Block definierten Typs mit seinen Attributen erfolgt im zweiten Segment der Featurebeschreibung, im Funktionsteil. Die dort beschriebene Funktion wird bei Ausführung des Features aufgerufen und gibt als Rückgabeargument des Features ein Objekt des im ENTITY Block definierten Typs an das aufrufende Feature oder an das System zurück. Deshalb ist der Rückgabewert der Funktion immer vom gleichen Typ wie die Entitydeklaration des Features. Die Geometrie wird durch Ausführen der Funktion erzeugt. Featuremuster können durch die Definition von Schleifen erzeugt werden. Die bedingte Ausführung von Teilen der Funktion erlaubt das Berücksichtigen der umgebenden Konstruktion beim Ausprägen des Features. Eine mathematische Artihmetik und der Gebrauch von lokal definierten Variablen ergänzen den Funktionsblock.

Andere an der Produktentwicklung beteiligte Module, die mit der im Featuremodell enthaltenen Information arbeiten, können ihre eigenen Funktionen und Entities in das Schema einführen, die die Informationsaspekte, die die Module benötigen, abdecken. Diese Funktionen und Entities sollten zum Beispiel für die featurebasierte Entwicklung des Arbeitsplans berücksichtigt werden. Entscheidend für die Verwendung der Featureinformation ist, daß die Semantik aus der Namensgebung ersichtlich ist. Dies muß bei der Erstellung neuer Features berücksichtigt werden.

PDGL wird durch einen Syntax-Graphen spezifiziert. Die Anwendung von Syntax-Graphen für die Spezifizierung von formalen Sprachen ist aus der Spezifikation von Programmiersprachen wie C bekannt. Der Syntax-Graph bricht die Programmstatements auf die festdefinierten Schlüsselwörter einer Sprache herunter. Ein Teil des Syntax-Graphen, der PDGL spezifiziert, ist in Bild 4 dargestellt. Dieser Teil definiert einen Ausdruck und seine Elemente. Durch den Syntax-Graphen wird die Sprache realisierungsunabhängig spezifiziert, wobei gleichzeitig die Sprachkonsistenz gewährleistet ist. Für die Realisierung des Interpreters von PDGL wurden die UNIX Standardwerkzeuge LEX und YACC verwendet. Der Syntax-Graph von PDGL läßt sich eindeutig in die entsprechende YACC Spezifikation übersetzen und kann somit als rechnerinterne Darstellung der Sprache aufgefaßt werden.

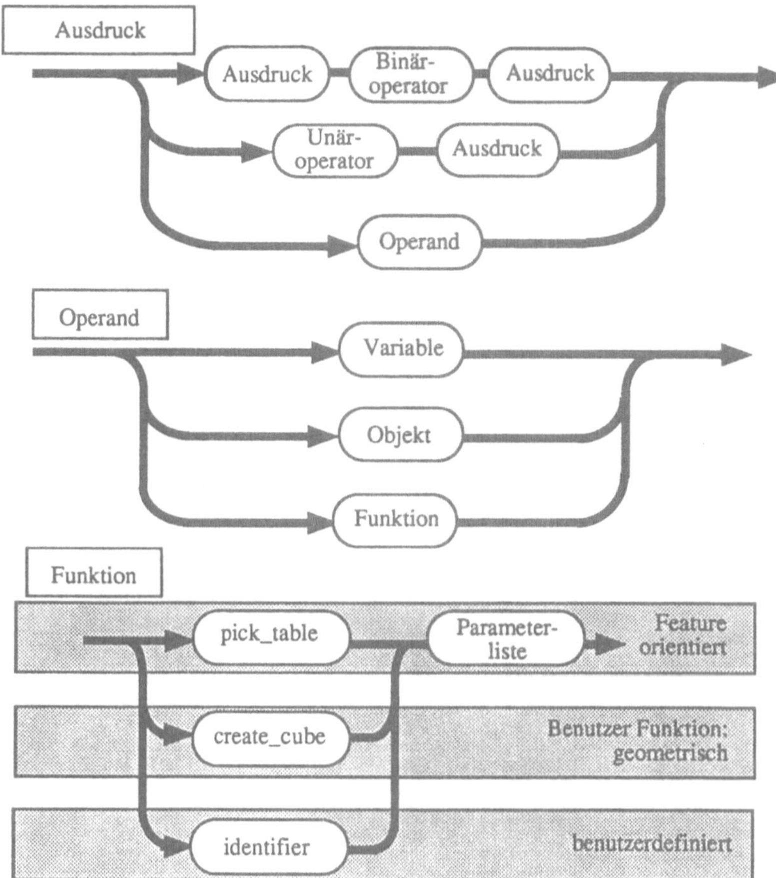

Bild 4: Ausschnitt aus dem Syntax-Graphen von PDGL

Da die zur Ausprägung des Features erforderliche Funktion in Form der PDGL Beschreibung und die verwendeten Parametergrößen in der rechnerinternen Featurestruktur bekannt sind, läßt sich jedes verwendete Feature reproduzieren, was Voraussetzung zum Aufbau einer featureorientierten Historie ist. Dabei ist wichtig, daß sich ein Feature entsprechend seiner Semantik verhält. Dieses semantikgerechte Verhalten wird durch die Definition von Regeln und Zwangsbedingungen erreicht. Definierte Regeln und Bedingungen müssen dabei auch im fortschreitenden Konstruktionsprozeß dynamisch überwacht werden und im Fall ihrer Verletzung dem Benutzer gemeldet werden.

Eine PDGL Featurebeschreibung ist in Bild 5 gegeben. Das hier beschriebene Feature repräsentiert eine abgesetzte Gewindebohrung.

Die textuelle Beschreibung von Features und die mit PDGL gegebene Möglichkeit zur Definition semantisch höherwertiger Objekte, dient zur Verknüpfung allgemeiner geometrischer und nichtgeometrischer Information mit dem Feature. Die Handhabung von Elementen anderer Module über PDGL, wie zum Beispiel Geometrieelemente, wird durch das Einführen eines generischen Variablentyps in PDGL und der Einführung der Objektfunktionen als fest definierte Schlüsselwörter vorgenommen. Somit ist es möglich über PDGL verschiedene Systemmodule anzusprechen, wie in Bild 6 skizziert.

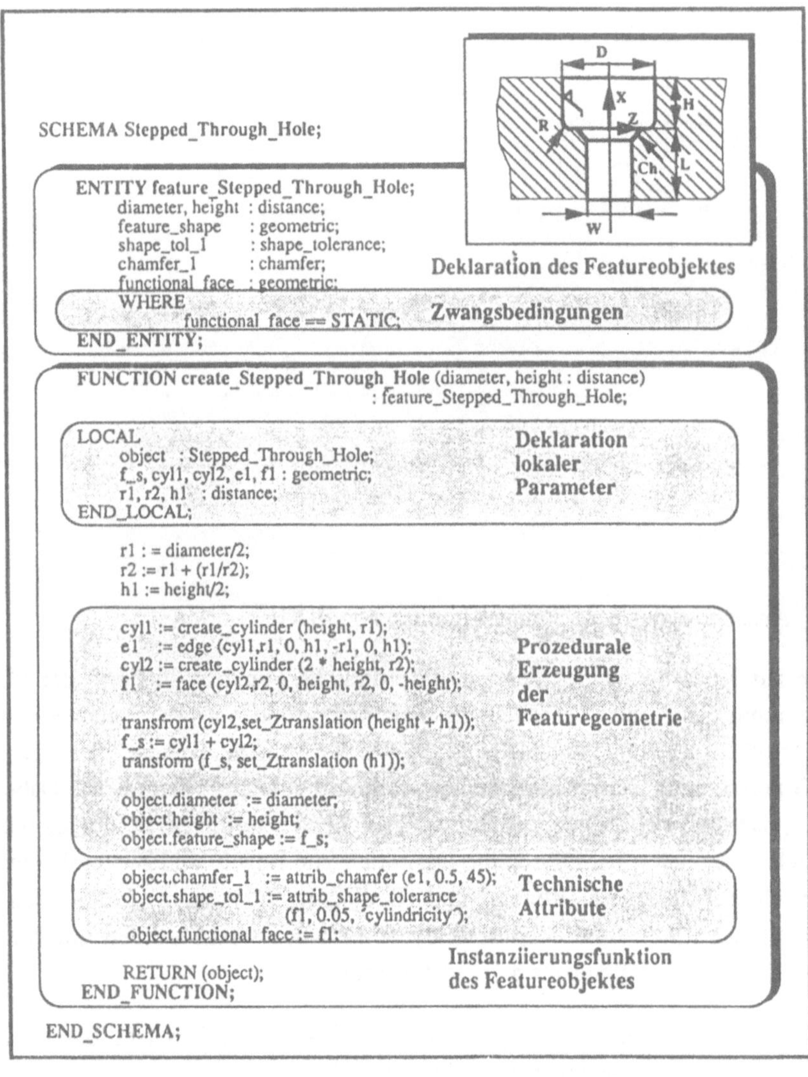

Bild 5: PDGL Beschreibung des Features 'Stepped_Thru_Hole'

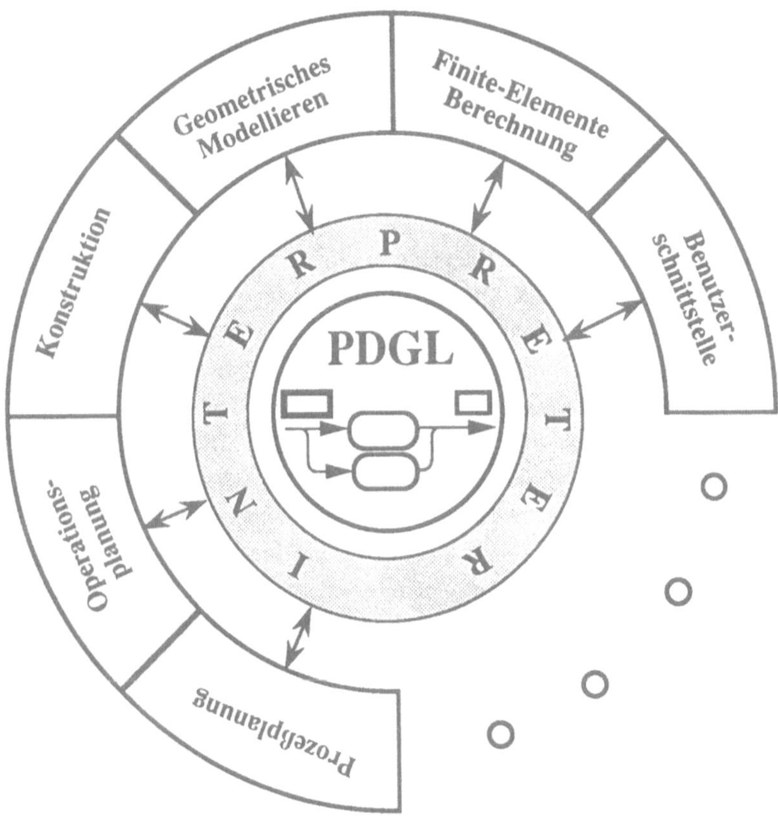

Bild 6: PDGL als Verbindungsglied zu den an der Produktentwicklung beteiligten Modulen

4. Aspekte der Realisierung

Mit dem vorgestellten Featuremodelliersystem wird eine Produktgestaltung in einer graphisch interaktiven Umgebung ermöglicht. Das Teilmodell wird in einem 3D-Graphikraum dargestellt und kann in diesem in Echtzeit bewegt werden. Entsprechend der Systemarchitektur, wie sie in Kapitel 2 besprochen wurde, werden die Feature- und die reine Geometriemodellierungsfunktionalität in einer homogenen Benutzeroberfläche integriert. So kann der Benutzer durch die Wahl der geeigneten Modellierungsart ein Bauteil gestalten, wobei ihm die gesamte Featuremodellierfunktionalität und die kompletten Möglichkeiten des Geometriemodellierers zur Verfügung stehen. Die Grobmodellierung eines Bauteils kann zum Beispiel mit Hilfe des Geometriemodellierers, die Feinspezifikation mit dem Featuremodellierer erfolgen. Ein Beispiel ist das featureorientierte Modellieren von Normteilen. Normteilfeatures und ihre Ausprägung über Sachmerkmalsleisten (DIN 4001) wurden unter Berücksichtigung von

DIN V 66304 (Transport und Archivierung produktdefinierender Daten) exemplarisch realisiert. Im Gegensatz zu Geometriemakros bleibt nach dem Einbau eines Features in das Bauteil die Informationen über die Relation der Featuregeometrie zum Feature erhalten. Andere Module in der Prozeßkette sind nun fähig, Featureinformationen anwendungsspezifisch aus der Teilebeschreibung zu extrahieren.

Für die Programmrealisierung wurde C++ gewählt, daß die Philosophie der objektorientierten Features unterstützt. Die Realisierung des Interpreters wird durch die UNIX-Standardwerkzeuge LEX & YACC in Verbindung mit C++ Klassenfunktionen unterstützt. Der verwendete Geometriemodellierer ist ebenfalls objektorientiert implementiert. Dies ermöglicht eine optimale Verbindung zwischen den beiden Datenstrukturen. Der Hauptvorteil des Geometriemodellierers liegt in der Möglichkeit anwendungsdefinierte Attribute an Geometrieelemente zu binden. Diese Attribute werden benutzt, um die Verbindung von der Geometrie zur Featurestruktur als Teil der RID zu speichern. Die Geometriemodelliererfunktionalität beinhaltet die Möglichkeit die Modellierungshistorie zu protokollieren. Diese Funktionalität wurde für das featureorientierte Modellieren verändert und erweitert. Die somit entstehende featureorientierte Modellierhistorie erleichtet und vereinfacht das Ändern und Variieren von Teilemodellen erheblich. So kann die Teilehistorie zurückgefahren werden, es können Teileparameter variiert werden und beim Aktualisieren wird die Verletzung einer Zwangsbedingung unverzüglich gemeldet, falls die Änderung die Semantik eines Features verletzt. Dies setzt natürlich eine vollständige und präzise Featurebeschreibung voraus und die funktionalen und technologischen Inhalte eines Features müssen durch die Definition von Zwangsbedingungen beschrieben werden.

Es wurde ein Programm-Modul für das graphisch interaktive Gestalten von Featuresbeschreibungen eingeführt. Dem Benutzer wird es ermöglicht, die verschiedenen Bestandteile eines Features wie geometrische Grundelemente, Modellierfunktionen und technologische Angaben auszuwählen. Sie werden automatisch in der PDGL-Beschreibung definiert und deklariert. Danach können diese Featurebestandteile parametisiert werden und es können Bezüge, Abhängigkeiten und Bedingungen zwischen den Featureparametern interaktiv definiert werden. Das Ergebnis der Nutzung dieses Moduls ist die PDGL-Beschreibung des gestalteten Features.

Der Konstruktionsprozeß erfolgt durch das Auswählen, Positionieren und Verknüpfen von Basisgeometriemodellen oder Features. Die Featureauswahl kann auf zwei unterschiedliche Methoden erfolgen. Die erste Methode ist die Auswahl über den Featurenamen, die klassifiziert in verschiedenen Bereichen der Featureverwaltung liegen können. Die zweite Auswahlmethode erlaubt die direkte Auswahl der Features über das Picken von Symbolicons. Der Featuremodellierer erfragt nun die Parameter, die für die Ausprägung des Features benötigt werden. Hierbei werden nur die für die Konstruktion relevanten Parameterwerte angefordert. Die weiteren modellierungsrelevanten Parameter werden, wie in der Featurebeschreibung definiert, aus den gegebenen Werten abgeleitet.

Auch können Parameterwerte aus der Datenbank, wie zum Beispiel aus Sachmerkmalleisten, aufgerufen werden oder es werden Parameterwerte aus dem vorhandenen Teilemodell abgeleitet. Ein Beispiel ist ein Freiformflächenfeature für einen Übergang zwischen zwei Flächen. Hier werden die notwendigen Gestaltungsparameter aus der Schnittlinie und der Gestalt der beiden Flächen evaluiert.

Um die Featureausprägung für den Konstrukteur zu erleichtern, wird nach der Auswahl des Features eine Skizze des Features eingeblendet. Auf dieser Featureskizze ist die Featuregestalt und Bedeutung der Featureparameternamen zu erkennen. Danach wird das Feature ausgeführt und das Form-Feature als sichtbares Objekt auf dem Bildschirm dargestellt. Der Konstrukteur kann das Feature nun positionieren und mit dem vorhandenen Teilemodell verknüpfen. Bei der Verknüpfung des Features kann dem Konstrukteur die Verküpfungsart vorgeschrieben werden. Um die Featurebedeutung zu erhalten sollte beispielsweise ein Lochfeature immer von einem Teilemodell subtrahiert werden. In zukünftigen Versionen soll diese Funktionalität erweitert werden. Das heißt, daß das Feature Informationen enthält, wie es sich gegenüber dem Teilemodell zu positionieren und in das Bauteil einzufügen hat.

Die durch die Featuremodellierung in das Bauteilmodel eingebrachten nichtgeometrischen Produktinformationen können mit Hilfe des Feature - Informationssystems dargestellt werden. Einerseits können Informationen zu Teilbereichen der Teilgeometrie abgerufen werden. So kann zum Beispiel eine Fläche gepickt werden woraufhin die Featureattribute, die sich auf das Feature der ausgewählten Geometrie beziehen, angezeigt werden. Wenn das angezeigte Feature ein Unterelement eines anderen Features ist, kann der Benutzer auch Informationen der darüberliegenden Features abrufen. Selbstverständlich ist es dem Benutzer auch möglich, die aktuellen Parameterwerte eines Features abzurufen, wie zum Beispiel die komplette Struktur des nichtgeometrischen Teilemodels, in dem auch Toleranzen abgebildet werden. Bild 7 zeigt den prinzipellen Aufbau der systeminternen Informationspräsentation der Oberfächentoleranz am Feature 'Stepped_thru_hole'. Die zweite Möglichkeit Featureinformationen zu erhalten ist genau gegensätzlich. Hier kann die Frage nach der Existenz eines bestimmten Features oder Unterfeatures in einem Bauteil an den Featuremodellier gestellt werden. Es können zum Beispiel alle Flächen mit einer bestimmten Oberfächentoleranz graphisch hervorgehoben werden. Die Featureinformation können auch systemintern ausgewertet werden, was für andere Komponenten, wie featurebasiertes Arbeitsplanen wichtig ist. Hierfür kann das Wissen über Arbeitsplanung in Features abgebildet oder ein Bezug von Konstruktionsfeatures zu Planungsfeatures gebildet und in die rechnerinterne Darstellung des Produktmodells aufgenommen werden.

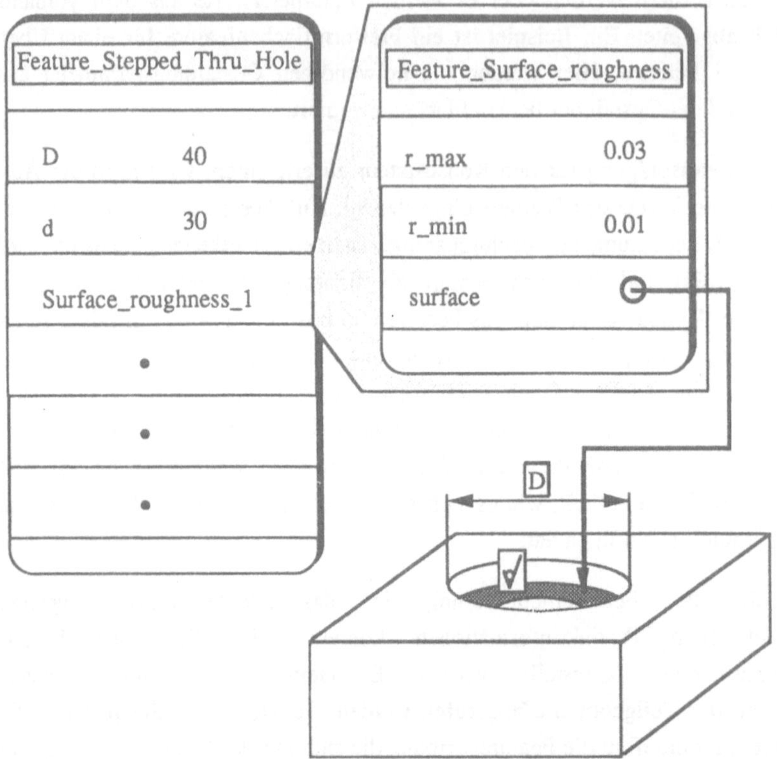

Bild 7: Abbildung einer Oberflächentoleranz in der rechnerinternen Featurestruktur

In Bild 8 ist die Bildschirmansicht für den Abruf von Featureinformation zu einer gewählten Fläche gezeigt. Das System zeigt, daß der spezifizierten Fläche über das Feature 'surface_roughness' eine Oberflächentoleranz zugeordent ist.

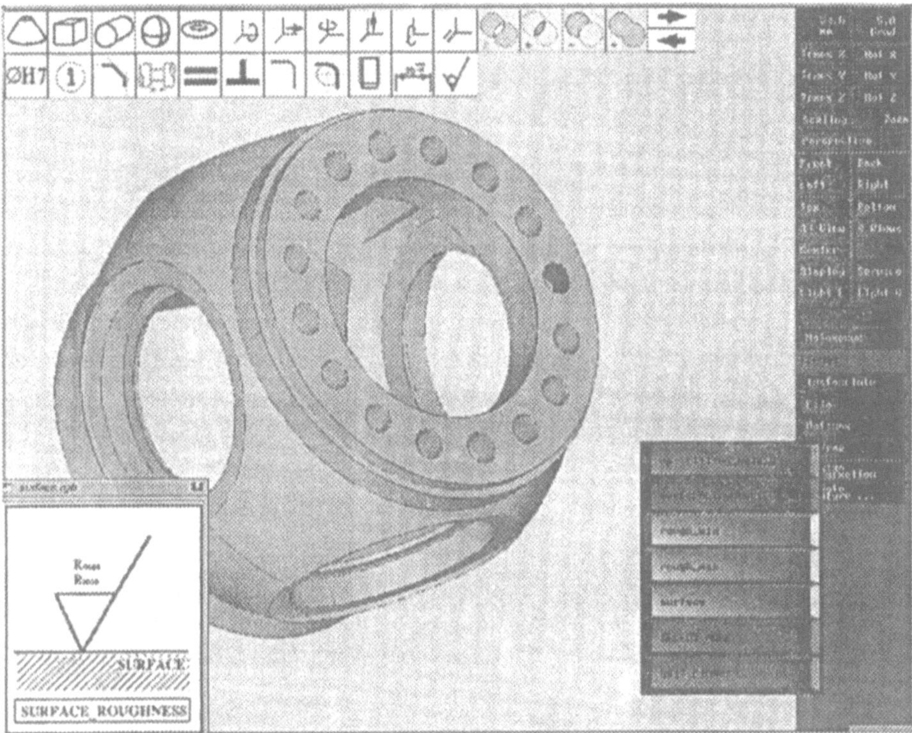

Bild 8: Abruf von Featureinformationen

5. Ausblick

Das präsentierte Sprachkonzept dient als Basis für eine umfassende Beschreibung von Featureinhalten. Der erreichte Realisierungsstand des Featuremodelliersystems und die in Arbeit befindlichen Umsetzungen weiterführender Konzepte zeigen die Fexibilität und Erweiterbarkeit des Modelliersystems auf. Dies eröffnet die Möglichkeit Einbauregeln für Features zu definieren und gleichzeitig funktionale Anforderungen an die Featureumgebung im Bauteil, die aus der Semantik der Features resultieren, zu berücksichtigen. Dies geschieht durch das Definieren geometrischer Zwangsbedingungen und der Erweiterung der Featureinformationen auf Anforderungen, die von anderen CIM-Modulen wie der Arbeitsplanung, herrühren. Weitere Funktionalitäten sind geplant, um das System benutzerfreundlicher zu gestalten. So wird beispielsweise über eine neue Art der Positionierung von Features im Bauteil konzipiert, welche nicht so sehr auf die

Anforderungen der Geometriemodellierung sondern mehr auf die direkte Umsetzung von konstruktiven Denkprozessen eingeht. Ein weiterer Aspekt ist die Suche und Auswahl eines Features aus einer Featurebibliothek, unterstützt durch ein Klassifizierungssystem, das mehrere anwendungungsorientierte Sichtweisen auf ein Feature berücksichtigen.

Das vorgestellte Sprach- und Systemkonzept wird ebenso für die Entwicklung anderer CIM-Module der Prozeßkette genutzt. Für die Spannplanung benötigte Spannelemente werden in PDGL definiert und in einem Archiv abgelegt. Die Generierung der während der Fertigung auftretenden Zwischenzustände wird ebenfalls featurebasiert durchgeführt. Somit kann der beschriebene Featureansatz zum einen als Integrationsfaktor für die verschiedenene Phasen der Produktentwicklung und zum anderen als Grundlage zur Realisierung semantikorientierter Produktgestaltungssysteme gesehen werden.

Literatur

(1) Spur, G., Germer, H.-J., Lehmann, C., 1989, Impact of Geometric Modelling for Computer Integrated Manifacturing, Preprints of the International Symposium on Advanced Geometric Modelling for Engineering Applications, Berlin, FRG, Nov., 9-32.

(2) Krause, F.-L., 1988, Knowledge Integrated Product Modelling for Design and Manufacture, Proceedings of the 2nd Toyota Conference, Aichi, Japan, October 2-5, 179-225.

(3) Finger, S., Dixon, J.R., 1989, A Review in Mechanical Engineering Design. Part II: Representation, Analysis and Design for the Life Cycle, Research in Engineering Design, 1:121-137.

(4) Meier, A., 1990, IMPPACT: An Overview, In Proceedings of the Workshop on Implementing CIM, in cooperation with CIM-EUROPE (Saarbrücken, D, Dec.), 20-40.

(5) Braid, I.C., 1989, Improving Product Models and Kernel Modellers, Proceedings of the 2nd Toyota Conference, Aichi, Japan, October 2-5, 275-302.

(6) N.N., 1989, Object Oriented Information Modelling Using EXPRESS (ISO 10303 Part 11), GEMAP, Munich.

(7) Dunn, M., Cook, T., Gallo, S., Perlotto, K., 1988, PDES/STEP Form Feature Information Model, Version 4, East Hartford, Conneticut, USA.

(8) Anderson, D.C., Chang, T.C., 1989, Automated Process Planning Using Object-Oriented Feature Based Design, Proceedings of the International GI-IFIP Symposium 89, Production Technology Centre Berlin, November 8-10, 233-246.

(9) Mäntylä, M., 1988, Feature Based Product Modeling for Process Planning, Proceedings of the 2nd Toyota Conference, Aichi, Japan, October 2-5, 303-324.

Parametric Design Using Constraint Description Graph

Borut Žalik, Nikola Guid, and Aleksander Vesel

University of Maribor, Department of Computer Science
62000 Maribor, Smetanova 17, SLOVENIA
E-mail: ZALIK@UNI-MB.AC.MAIL.YU

Abstract - We present our constraint-based geometric modeling system named FLEXI. Creation of an object begins with a sketch carrying a topological information and approximal values of object's geometry. Geometrical constraints are then interactively inserted. Benefits of the presented geometric modeling system are unnecessity of giving constraints in correct order and the ability of replacing incorrect constraints with their inverse constraints by the system itself. A new structure - a biconnected constraint description graph enables these benefits. A triggering mechanism for controlling of the constraint propagation is developed for this structure. An algorithm for converting the biconnected constraint description graph into an acyclic constraint description graph is briefly explained. Managing of the over-dimensioning is solved by introduction of a priority mechanism.

Zusammenfassung - Wir stellen unseres geometrisches Modelliersystem vor. Es basiert auf den geometrische Beschränkungen. Es ist gennant FLEXI. Die Kreation eines Objektes beginnt mit einem Entwurf, der eine topologische Information und ungefähre Werte von der Geometrie des Objektes enthält. Geometrische Beschränkungen sind dann interaktiv eingesetzt. Der Vorzug des vorgestellten Systems sind die Unnotwendigkeit der Eintragung der Beschränkungen in richtiger Ordnung und die Fähigkeit der Ersatzung der falschen Beschränkungen mit ihren inversen Beschränkungen von dem System alein. Das alles ermöglicht eine neue Struktur - ein bigebundener Beschränkungenschildener Graph. Für diese Struktur wurde ein neuer Auslösemehanismus für Kontrollierung der Beschränkungenverbreitigung entworfen. Der Algoritmus für Konvertierung eines bigebundenen Beschränkungenschildenen Graphes in einen nicht-zyklischen Beschränkungenschildenen Graph ist auch beschrieben. Mit dem Einsatz des Prioritätsmechanismus ist das Problem der Überdimensionierungen gelöst.

1 Introduction

The goal of advanced CAD systems is to provide aids for the intellectual aspects of design rather than accepting only the solutions solved by human designers. A lot of weaknesses can be reproached the actual CAD systems. They are point out in the excellent paper written by Akman et. al. [1]. Almost all up to date geometric problems arising in geometric modeling and computer graphics have been implemented and solved by numerical algorithms using final arithmetic. Geometrical concepts are immediately converted into numerical parameters what causes a loss of geometrical relations. This is the reason why algorithms are unstable and why they can give the wrong results from completely correct input data. A good system should store and recall all information which has been explicitly given (e.g. a line l is a tangent to a circle c) by usage of the symbolical structures [5]. In this way we can restrict or even completely eliminate the well-known problems of the final arithmetic (e.g. accumulation of errors). Conventional geometric modelers are not able to handle incomplete information of the geometric primitives (e.g. only slope of a line is needed for solving some of the geometric problems) neither they can work with approximal values of them. Such implicit information is not stored in classical geometric modelers because analytic functions can not be used with incomplete information. Numerical methods can use only relations which can be transformed into functions operating on numbers and they can not use symbolical data. On the other hand some problems can not be solved without arithmetic operations (e.g. determination of the intersection point between two non parallel lines). Because of this symbolical and numerical techniques must be coupled together in the most powerful way [11].

However, it seems that the production of the final drawings is the area where traditional drafting packages have already reached perfectness. But many of them are powerless with respect to initial sketching and they do not support automatic modifications of the geometric objects. It has been noticed that design time can be rapidly decreased if a tool for easy modification of the objects which differ only in a few details is available. If geometric modeling system does not offer automatic support to the modification of the object geometry, this task can become very awkward. For example, modification of a geometric object requires at first erasing those geometric elements (e.g. lines, circular arcs) which will be changed. In many cases neighboring geometric elements have to be modified, too. After that new construction should be done. Although new object can differ only in some metric values comparing previous one, the designer has to spend a lot of time and effort establishing those changes. As the number of modifications grows reusing the old model can become even more expensive than starting the design from the beginning.

Better results are achieved by parametric design which offers the user a small number of parameters defining object geometry. When a parametric description of an object is available it is very easy to generate its instances by changing numerical values of the parameters. However, there are two main problems with parametric design [20]:

- it is difficult to express all functionally important characteristics of an object, and
- the parametric description is done by means of textual language, therefore it is very hard to define a geometric object properly.

It seems, that idea of constraints in geometric modeling can be used to override many of described weaknesses. In our paper, we will present our experimental geometric modeling system named FLEXI based on geometrical constraints. It will be shown how parametric description is got as a side effect of dimensioning of a geometric object. A tool for efficient generation of instances of already defined object is developed, too.

2 Related Work

A survey of several previous works based on geometrical constraints has been made by Roller et al. [19]. There are two pioneering systems: in 1963 Sutherland developed his famous Sketchpad, in 1981 Borning presented his ThingLab ([6], [22]). The algebraic approach of variational geometry has been discussed by Lin et al. where a modified Newton-Raphson method is used to derive new geometry [14]. In the case when Jacobian matrix is singular, Light used a modified version of Doolittle's method [13]. Nelson presented Juno, a constraint-based graphics system. It integrates a language for describing pictures with WYSIWYG editor [18]. A system which is able to deal with underdetermined drawings and is really interactive has been proposed by Sunde [23]. Aldefeld made a system based on geometric reasoning and he used a forward inferencing control strategy [2]. Suzuki et al. used a logical framework to represent geometrical objects and constraints. A geometric reasoning mechanism has been used for solving these constraints [24]. Kimura proposed a system based on first-order predicate logic in the combination with object-oriented techniques for dimensioning and tolerancing in product modeling [9]. Kondo developed a geometric modeling system named PIGMOD with parametric design capability based on non-manifold modeling. This system is able to manage 2D and 3D constraints stored in a history graph [10]. Dahshan noticed that designers loose a lot of time on small modifications. He proposed a system named OPAL where modification process has been automated in an object-oriented environment [7]. Shimada also noticed that instead of giving all details of a shape, the designer can give only geometrical constraints. After that the resultant shape is automatically generated by evaluating constraints. He found out that it is more natural for the designer to express his/her shape design intend declaratively in the form of geometrical constraints. Using this tool one is able to change a shape easily and flexibly, because necessary modification and consistency management are automatically done by the system [21]. The practical usage of some systems is often restricted because of their non-interactive behavior and the absence of a good user interface. Van Emmeric proposed an experimental 3D modeling system GeoNode based on constraint modeling in CSG where constraints are specified graphically and evaluated in real-time during manipulation of a model [8].

3 Constraints in Geometric Modeling

The major advantage of the constraint-based systems is their ability to describe geometrical objects simply and naturally using declarative semantic. The declarative representation is more natural by describing truths that must exist rather specifying the procedures to obtain these truths [26]. The designer has to state only a set of relations among a set of geometrical elements without thinking about the algorithms used to produce geometrical objects. A desired relation among one or more objects is called a constraint. It is left to the constraint-based system to find the values of the objects that will make relationships true. Aldefeld divided constraints appearing in geometric modeling into two groups and we accepted his classification [3]. In the first group there are dimensional or metric constraints. They fix coordinates, distances, angles, radii etc. Constituent elements of their description are variables ranging over numerical intervals. Stating different values to the variables, one can produce instances of generic model. Structural constraints refer to other spatial relationships like parallelism, perpendicularity, connectivity, tangency, etc. It is supposed that these constraints should not be changed during object designing. This means for example, if two lines are parallel they are parallel forever. Of course, structural constraints do not use any variable in their formal description.

In our system constraints are offered to the user in the form of n-placed predicates. Each predicate consists of a name associated by the list of arguments which are enumerated in the parents. The arguments can be constants or variables. The constants are elements from a set of geometrical elements (like lines or circles). The variables refer to the values of angles, distances or coordinates and they are either numbers or string expressions. A short overview of some constraints used in our system follows.

A) Structural constraints

On(l/c, v) a vertex v is situated on the line l (or on the circle c)

Through(v, l/c) a line l (or a circle c) passes through the vertex v

Perpendicular(l_1, l_2) lines l_1 and l_2 are perpendicular

Parallel(l_1, l_2) lines l_1 and l_2 are parallel

Tangent(l, c, v) a line l is a tangent to the circle c; common point is the vertex v

Center(c, v) a vertex v is center of the circle c

B) Metric constraints

Point(v, x, y) a vertex v has coordinates (x, y)

AngleValue(l, α) the slope of the line l corresponds to the angle α; $0 \leq \alpha < \pi$

RelPosition(v_1, v_2, x, y) the relative position of vertex v_1 regarding vertex v_2 is (x, y)

Distance(v_1, v_2, d) the distance between vertices v_1 and v_2 is d

Distance(l_1, l_2, d) the distance between lines l_1 and l_2 is d

Angle(l_1, l_2, α)   the angle between lines l_1 and l_2 is α

Radius(c, r)   the radius of the circle c is r

Line(l, v, α)   a line l passes through the vertex v and its slope corresponds to the angle α

Circle(c, r, v)   a vertex v is center of the circle c with the radius r

Similar predicates are used in many other geometrical constraint-based systems ([2], [9], [24]).

It is much easier to state constraints than to satisfy them. This is the reason why constraint-based systems tend to be very application specific. There are many methods for constraint solving. Some of them are [12]: local propagation, relaxation, propagation degrees of freedom, graph transformation, equation solving. Our system uses the fastest and also at least powerful method called local propagation of known states, or shortly just local propagation. The constraint solving process using this method can be observed as a chain-reaction-like sequence of computations. Unknown value for one parameter is calculated using other parameters whose values have been already known. The determination if all neccessary values for constraint solving are presented is called triggering of the constraint propagation or constraints firing. In the case of cyclic constraints, the local propagation fails. More powerful methods should be used in this case (e.g. relaxation).

4 The Architecture of the Constraint-Based Geometric Modeling System FLEXI

In previous chapter we met benefits of declarative description of geometric objects. However, it is also expected that the incremental design approach is going to be predominate in the design for many years to come [20]. Considering the case of modeling with constraints the designer sets the facts about an object. We can not expect that the user immediately sets enough geometrical constraints which are correct, unambiguous, and without conflicts. We think that the effect of each inserted constraint should be visible immediately, or as soon as possible giving the user the opportunity correcting himself. The pure declarative approach does not inform what has gone wrong if the resulting shape differs from the designer expectation. Because of this we set the following requirements for our system:

- interactive graphical specification of constrains,
- immediate graphical feedback of inserted constrains, if possible,
- predictable results of constraints evaluation,
- detecting and solving over-dimensioning with priority mechanism,
- working with under-dimensioning schemes using approximal values,
- using uncompletely specified geometrical primitives,

- storing input definitions in the forms of predicates,
- automatic modification of generated object,
- automatic creation of instances from a generic object,
- incorporation of free-form shapes into our system, and
- the flexibility at adding the new constraints into the system.

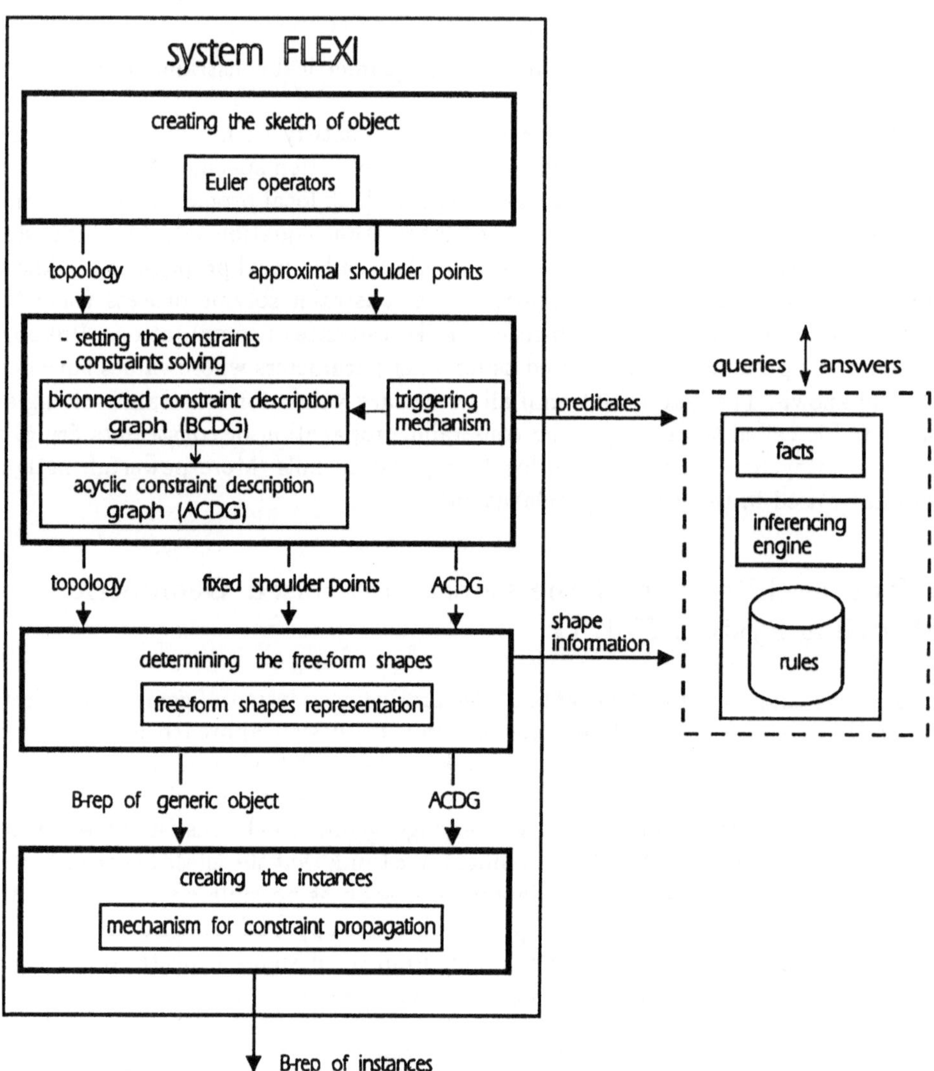

Fig. 1. System configuration

Figure 1 shows the architecture of our system. As it is usual in every-day practice, the designer starts his/her work with a sketch. It can be drawn using mouse or tablet.

Some designers prefer sketching on the paper. A scanner should be used to input information in this case. In both occasions recognition system should be used. In our case, a simple 2D drawing system which offers straight lines, circles, and arcs, is used. The sketch of an object carries topological information and approximal values of the characteristic or shoulder points. They are marked by arrows in Fig. 2a. We use boundary representation which is capable of describing objects of an arbitrary shape to any desired level of detail ([17], [25]). We do not use the approach where constraints can influence on topology like in the system proposed by Ando et al. [4]. The topology can be changed explicitly only during manipulation by a sketch. Euler operators are used for correct topological description [16]. The topology is frozen after a sketch of a model is finished.

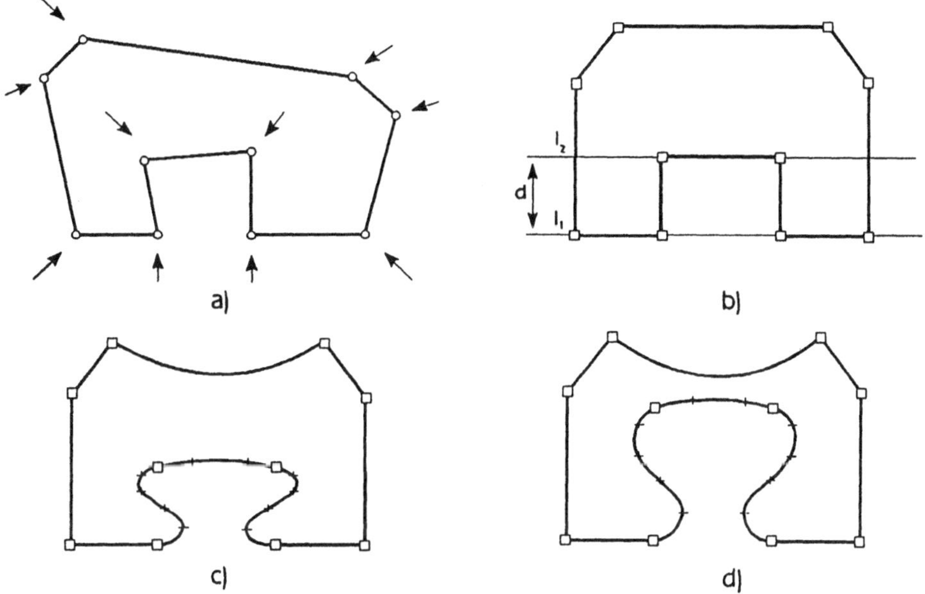

Fig. 2. Steps of designing in FLEXI a) Sketch of an object b) Fixing shoulder points c) Determination of edge types d) Generation of instances

The proper values of the shoulder points and the position of an object is reached by inserting constraints. This work is completely interactive. Constraints are set in the form of predicates using pull-down menu technique. Inserted constraints are stored. They can be used for giving the answers about a created object, or for producing new facts about it using already known facts. This part of our system is not implemented yet (dashed part of Fig. 1). All constraints are evaluated as soon as possible and the appearance of an object is immediately updated. The selection among alternative solutions is done on the principle of minimal disturbance. The system compares the solutions with approximal values (or old exact values) and accepts the solution that causes the smallest change in the position of the geometrical element.

In Fig. 2b all shoulder points have already been fixed (we denote a fixed shoulder point with a squared marker) and out of all constraints only the distance between two parallel lines l_1 and l_2 is drawn. Firing of constraints is controlled by a constraint description graph mechanism. When a constraint is set the constraint description graph is immediately extended and the triggering mechanism which manages local propagation is activated. This mechanism discovers if the knowledge about any of already inserted geometric elements can be improved. These elements can be completely or only partly unknown. The triggering process, constraint description graph, and the solution of the over-dimensioning problems will be explained more precisely in the next sections. After the designer sets enough constraints to fix all shoulder points, he/she can change the type of each edge. The user can choose among straight lines, arcs, circles, or cubic Hermite curves. In the case of chosen arcs and curves, the designer has to input more information. If an edge is an arc one has to determine the orientation, in the case of Hermite curve, he has to fix the initial and end tangent vectors and if necessary, he can insert more control points to get the desired shape of an edge. As it is shown in Fig. 2c during this process the shoulder points do not change their positions. The additional control points which determine the shape of the Hermite curve and are not part of the topological representation are marked by crosses (Fig. 2c and Fig. 2d). A generic object is now available and its instances can be easily created by changing space relations among geometrical elements. This causes constraint propagation and recalculation of the modified part of an object. The acyclic constraint description graph and the boundary representation are needed for this task (Fig. 1). In Fig. 2d the distance between l_1 and l_2 has been increased.

5 Construction of the Constraint Description Graph; an Example

The definition which can be found in [7] says: A constraint propagation is the process of determining the values for all variables in the problem, when the values of one or more variables are given. This definition is useful in the case when all constraints needed for an object description have been already set. We use it for creation of instances. As we mentioned before our system supports interactive insertion of constraints. For this purpose we need a different definition: Triggering of the constraint propagation is the process of determining the values for as many as possible variables in already described parts of an object when the value of one variable is given or a new geometric relation is established.

The user of FLEXI can operate on a sketch with initial approximal values. This is the reason why we can not expect that one can select the constraints in the most adequate way for the triggering of the constraint propagation. Not at last, it should not be forgotten that different designers design in different ways. Therefore we have developed a flexible tool which is not dependent on the order of the inserted constraints. Even more, it can use constraints and geometric relations not explicitly inserted by the user. For choosing of the correct constraints and for determination of their correct order we propose a biconnected graph structure called a biconnected constraint description graph (BCDG). Let us say that A and B are nodes of the BCDG. The first link proceeds from the node A to the node B and the second connects these two nodes in the opposite direction. A predicate is associated with each link of the BCDG. Predicates connecting two nodes have opposite effects (e.g. On and Through, Distance and -Distance, Angle and π-Angle), or in the case of predicates with symmetric effects, they are the same (e.g. Parallel, Symmetric, Perpendicular).

Let us go through a simple example. The user has already inserted the sketch of a polygon (Fig. 3a). For determining the correct dimensions one inserted the following list of the constraints (they are drawn in Fig. 3b) represented here in the form of predicates:

$Point(v_1 , x, y)$
$Through(v_1, l_1)$
$AngleValue(l_1, \alpha_1)$
$On(l_1, v_2)$
$Perpendicular(l_1 , l_2)$
$Through(v_1, l_2)$
$On(l_2, v_4)$
$Parallel(l_2, l_3)$
$Angle(l_3, l_4, \alpha_1)$
$Through(v_2, l_4)$
$On(l_4, v_3)$
$Angle(l_2, l_5, \alpha_3)$
$Through(v_4, l_5)$
$On(l_5, v_3)$

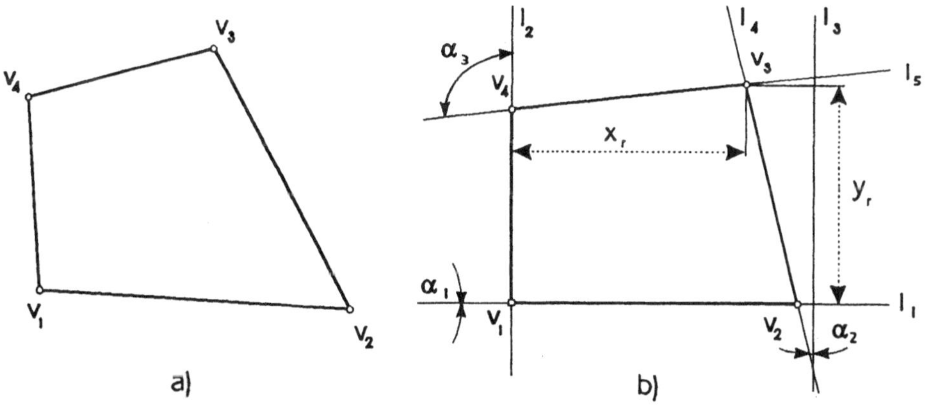

Fig. 3. An example a) A sketch b) Inserted constraints

Adding a new constraint activates the triggering of the constraint propagation. The predicates coming into a treated node are checked and they serve as the keys for a triggering table. If a combination of already existing predicates can be found in the triggering table, the algorithm searches for required variable values in the neighboring nodes. These values can be approximal or exact. For the constraint propagation only the exact values can be taken. For faster determination whether needed exact values already exist, a small condition code register CCR is sticked on the each graph node. It consists of three flags (P: a point, S: a slope of a line, and R: a radius). In Fig. 4 the BCDG of our previous example is shown.

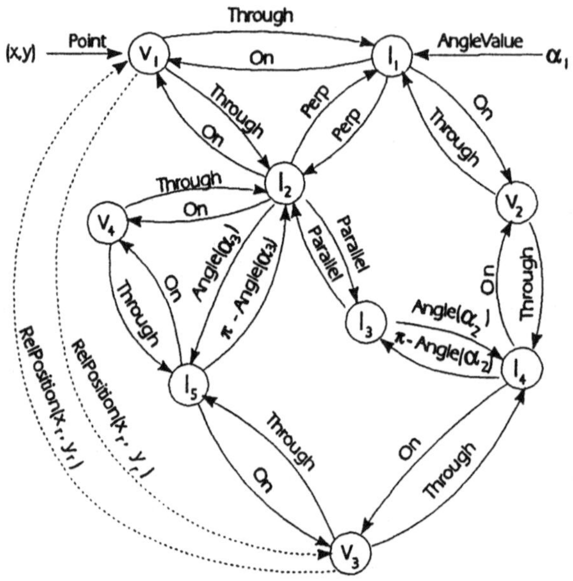

Fig. 4. Biconnected constraint description graph

In our example only the shoulder point v_1 and the lines l_1 and l_2 are completely specified till now. Beside inserted geometric relations the slopes for l_3, l_4, and l_5 and the approximal values for v_2, v_3, and v_4 are known. Suppose after that one gives the relative position of the vertex v_3 regarding the position of the vertex v_1:

$$\text{RelPosition}(v_1, v_3, x_r, y_r).$$

This relation is presented by two dashed lines in Fig. 4. It is clear from Fig. 3b, that our object is now completely determined. Let us see how the triggering of the constraint propagation works in this case. If the exact value of the node v_3 is unknown and a new relation to it has just been established the neighboring nodes of the v_3 are visited and v_3 is trying to be calculated. If this fails the triggering is stopped and the system waits for a new constraint. Otherwise the propagation process continues. In our case this happened because exact value of the vertex v_3 becomes known via constraint RelPosition and known exact position of the vertex v_1. The vertex v_3 offers now its exact value to all neighbors. The breadth-first searching strategy is used for this task [15]. The children nodes l_4 and l_5 are visited and they become completely determined. After that the node l_4 is developed and the vertex v_2 is calculated. The propagation process does not proceed through the links where the slopes are propagated and so the node l_3 is not visited. By the help of the node l_5 the vertex v_4 is evaluated. After that the node v_2 is developed. The propagation process is stopped because all nodes which can be reached from the node v_2 are already known. The same is true for the node v_4 which is developed after that. It should be noticed that all shoulder points have been completely determined although the position of the auxiliary line l_3 is unknown (only the slope is given for the line l_3).

6 Instances Generation Using Acyclic Constraint Description Graph

Every BCDG can be transformed into an acyclic graph. We call it an acyclic constraint description graph (ACDG). The advantages of using it are:

- if one input parameter is changed by the user it is enough to recalculate and update only a part of an object in many cases;
- one can easily find independent parts of an object for parallel processing.

In our system, when all shoulder points become determined, an ACDG is constructed from a BCDG by following algorithm. At first, the root nodes are found in the BCDG (node storing v_1 in Fig. 4). It is easy to find them because they are only the nodes storing the vertices which positions are explicitly given by the user through the predicate Point. Each node is developed by the breadth-first searching strategy. Connections to all children nodes are then established. We check if its exact values can be calculated through already established links. Only nodes storing exact values of the geometrical elements and nodes having connections with predicates transforming only slopes, are candidates for the further development. The nodes which store the vertices have higher priority against those graph nodes storing lines. The sequence of graph node developing in our example is illustrated in Table 1.

Table 1. The sequence of BCDG graph developing

Level	Developing node	Developed nodes	Determined nodes
0	/	v_1	v_1
1	v_1	l_1, l_2, v_3	v_3, l_1
2	v_3	l_4, l_5	point_of(l_4) ,point_of(l_5)
3	l_1	v_2, l_2	l_2
4	l_2	v_4, l_5, l_3	l_5, slope_of(l_3)
5	l_5	v_4	v_4
6	v_4	/	/
7	l_3	l_4	l_4
8	l_4	v_2	v_2
9	v_2	/	/

The resulting ACDG is shown in Fig. 5 where links are marked by numbers denoting the order of the graph node development.

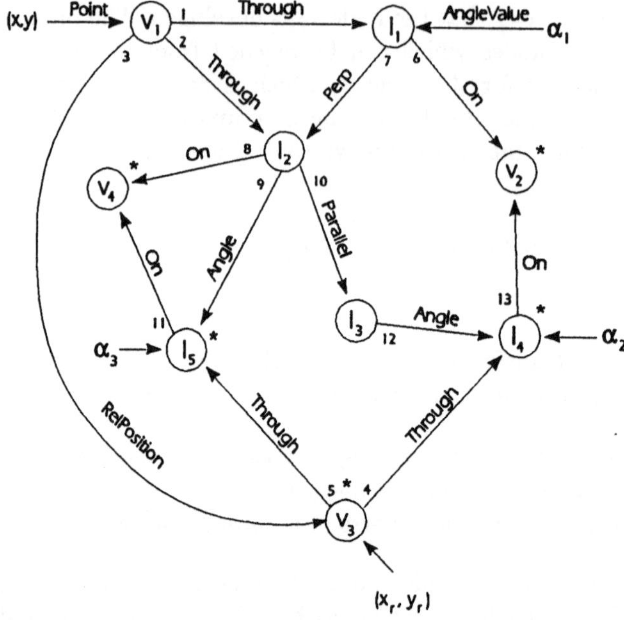

Fig. 5. Acyclic constraint description graph

Consider the object in our example has already been completely determined and its ACDG has been successfully generated. Now, it is very easy to produce instances of it. Here is an example.

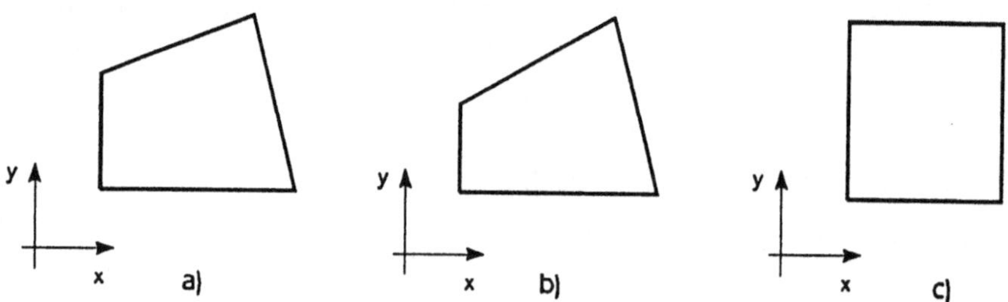

Fig. 6. Generation of the instances

In Fig. 6a first instance is generate. Suppose that values of its metric parameters are: $(x, y) = (1, 1)$; $\alpha_1 = 0°$, $\alpha_2 = 15°$, $\alpha_3 = 110°$, and $(x_r, y_r) = (2.5, 3)$. If the user is not satisfied with appearance of the generated object, he/she can change it very simple. The user perhaps wants to increase the angle α_3 to be 120° (Fig. 6b). In this case there is no need to recalculate the whole object completely. In fact, only position of vertex the v_4 has to be changed. This information is effectively captured by ACDG. Only one new entry into ACDG shown in Fig. 5 occur in this case. The new value of the angle α_3 causes recalculation of the slope of the line l_5 what starts constraint propagation. From the line l_5 only the vertex v_4 is reachable. Its new position is calculated as intersection of the lines l_2 and l_5. Constraint propagation is stopped after that. Namely, from the node storing v_4 no one ACDG node is accessible. In this way only necessary calculation has been done and updating of the object's appearance can be performed immediately.

Consider the user wants to create the new instance - a rectangular. It is shown in Fig. 6c. Its location and the length of its diagonal is the same as for the objects in Fig. 6a and Fig.6b. The users has to change only the values of the angles α_2 and α_3. α_2 gets the value $0°$ and α_3 the value $90°$. In this case there is also no need to recalculate the whole object. Two new entries occur in ACDG in this case (α_2 and α_3). If we follow constraint propagation process, we notice that following calculations should be only applied: determination of the slopes for the lines l_4 and l_5 and calculation of two intersections between lines l_2 and l_5 and lines l_1 and l_4 to achieved the new position of the vertices v_2 and v_4.

7 Managing the Overdimensioning with the Priority Mechanism

Suppose that our object has been completely defined and its geometry is represented by the ACDG from Fig. 5. Consider now a case the user wants to set some additional constraints. For example:

Distance(l_2, l_3, d_1)
On(l_3, v_3)

The first constraint does not cause a conflict because only the position of the line l_3 is fixed. Till now slope of the line l_3 has been used during constraint propagation and it is not changed by this constraint. After the second constraint is inserted, the system notices that it has an influence on the vertex v_3 which has already been determined. At first a warning is given to the user. If he/she still insists on this constraint, he/she is asked for two priority identifiers (e.g. the old ACDG links get the number 1 and the new ones the number 2). From the vertex v_3 the propagation through the ACDG is started. All attainable ACDG nodes are visited (they are marked by asterisks in Fig. 5). The appropriate CCR flags are thrown down and the links with reverse predicates are established again. They are marked by the priority number 2. A new created node which has to be added to the graph is bound by biconnected links marked in both directions by the priority number 2 (see Fig. 7).

Our object is not yet completely defined using the constraints with the priority identifier 2 and the user has to put more constraints. If he/she selects:

Distance(v_1 , v_4, d_2),

the ACDG becomes as in Fig. 7. After each inserted constraint the firing of the constraint is activated. It works as it has been described in the previous chapter. In

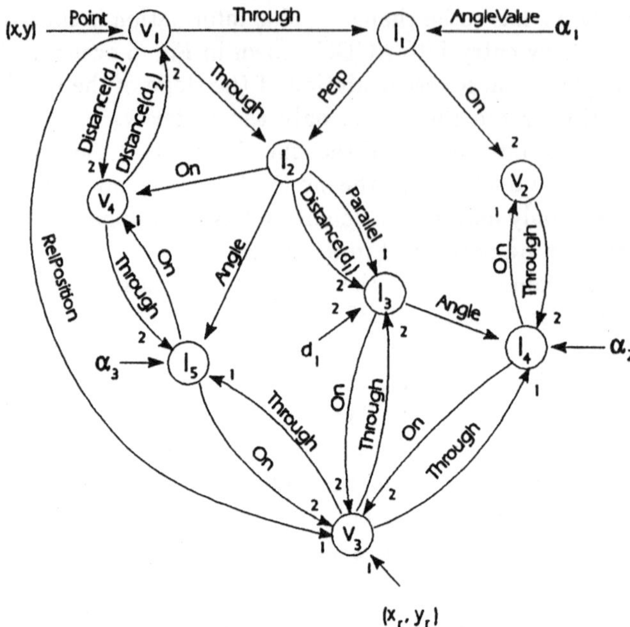

Fig. 7. Application of the priority mechanism in the ACDG

the case of using an old link (denoted by the number 1 in our example), the link with priority number 2 is removed and both priority numbers are deleted. The constraint description graph which can handle constraint propagation using priority identifiers is named a modified acyclic constraint description graph (MACDG). The MACDG of our example can be seen in Fig. 8.

One can switch now among different constraint systems defined over the same topological framework of an object. The designer has to choose among priority identifiers, only.

8 Conclusion

The introduction of a topology (especially the topology of the adjacent relations among geometrical elements) in the boundary representation of geometric objects has been proved itself as very useful. The answers to many questions about the represented object can be directly given (e.g. has the face f any hole, or which edges touch the edge e). Geometrical data is usually directly built in the framework fixed by the topology. Concept of geometrical constraints offers an additional level of abstraction giving new explicit information about a geometric object. For example: vertices v_1 and v_2 are at the distance d; an edge e is a tangent to the arc a. This information is explicitly given by the user during describing of the object, and the geometric constraints efficiently capture it. Later we are able to recall these geometric relations among geometric elements without any time-complex calculations and answers are error-free regarding to the final arithmetic problems.

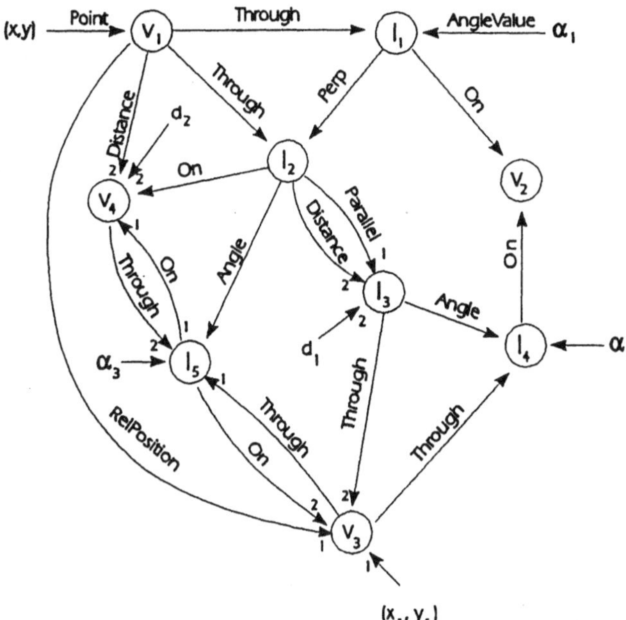

Fig. 8. The modified acyclic constraint description graph

Some of the problems still have to be solved in FLEXI. The main problem is reparameterization to support different functionally important characteristics of an object. For example, some of the metric values of a geometric object described by ACDG (or MACDG) have been explicitly given. They are accessible all the time to the user. He/she can change them in the prescribed ranges. The triggering mechanism computes and updates automatically the new instance of a generic object. The rest of the metric values are given indirectly. We are developing an algorithm which can override this weakness by reparameterization of an object description. In other words, we want to create a new ACDG of an object, where required metric values not accessible in an old ACDG can be reached directly. Reusability of an object will be increased in this case. Another problem being studied is combining of the geometrical objects and producing resulting ACDG of a new geometrical object automatically.

References

1. Akman, V., ten Hagen, P. J. W., and Tomiyama, T.: A fundamental and theoretical framework for an intelligent CAD system. Comput. Aided Design **22** (1990) 352–367
2. Aldefeld, B.: Variation of geometries based on a geometric-reasoning method. Comput. Aided Design **20** (1988) 117–126
3. Aldefeld, B., Malberg, H., Richter, H., and Voss, K.: Rule-Based Variational Geometry in Computer-Aided Design. In *Artificial Intelligence in Design* Pham, D. T. (Eds.) Springer-Verlag (1991) 27–46

4. Ando, H., Suzuki, H., and Kimura, F.: A geometric reasoning system for mechanical product design. In *Computer Applications in Production and Engineering* Kimura F. and Rolstadas, A. (Eds.) Elsevier Science Publishers (1989) 131–139

5. Arbab, F.: Examples of Geometric Reasoning in OAR. In *Intelligent CAD Systems II* Akman, V., ten Hagen, P. J. W., Veerkamp, P. J. (Eds.) Springer Verlag (1989) 32–57

6. Borning, A.: The programming language aspects of ThingLab, a constraint-oriented simulation laboratory. ACM TOPLAS **3** (1981) 353–387

7. Dahshan, K. E. and Barthes, J. P.: Implementing Constraint Propagation in Mechanical CAD System. In *Intelligent CAD Systems II* Akman, V., ten Hagen, P. J. W., Veerkamp, P. J. (Eds.) Springer Verlag (1989) 227–217

8. Emmerik, M. J. G. M. van: A System for Interactive Graphical Modeling with Three-Dimensional Constraints. In *CG International '90* Chua, T. S., Kunii, T. L. (Eds.) Springer Verlag (1990) 361–376

9. Kimura, F., Suzuki, H., and Wingard, L.: A Uniform Approach to dimensioning and tolerancing in product modelling. In *Computer Applications in Production and Engineering* Estensen, K. B., Falster, P., and Warman, E. A. (Eds.) Elsevier Science Publishers (1987) 165–178

10. Kondo, K.: PIGMOD: parametric and interactive geometric modeller for mechanical design. Comput. Aided Design **22** (1990) 633–644

11. Kitzmiller, C. T. and Kowalik, J. S.: Coupling Symbolic and Numeric Computating in Knowledge-Based Systems. AI Magazine 8 No. 3 (1987) 85–90.

12. Leler, W.: Constraint Programming Language. Addison-Wesley (1988)

13. Light, R. and Gossard, D. C.: Modification of geometric models through variational geometry. Comput. Aided Design, **14** (1982) 209–214

14. Lin, V. C., Gossard, D. C., and Light, R. A.: Variational geometry in computer-aided design. Comput. Graphics **15** (1981) 171–177

15. Manber, U.: Introduction to algorithms: A Creative Approach. Addison-Wesley (1989)

16. Mäntylä, M.: An Introduction to Solid Modeling. Computer Science Press (1988)

17. Mortenson, M. E.: Geometric Modeling. John Wiley & Sons (1985)

18. Nelson, G.: Juno, a constraint-based graphics system. Computer Graphics **19** (1985) 235–243

19. Roller, D., Schonek, F., and Verroust, A.: Dimension-driven Geometry in CAD: A Survey. In *Theory and Practice of Geometric Modeling* Strasser, W., Seidel, H.-P. (Eds.) Springer Verlag (1989) 509–523

20. Rossignac, J. R., Borrel, P., and Nackman, L. R.: Interactive Design with Sequences of Parameterized Transformations. In *Intelligent CAD Systems II* Akman, V., ten Hagen, P. J. W., Veerkamp, P. J. (Eds.) Springer Verlag (1989) 93–125

21. Shimada, K., Numao, M., Masuda, H., and Kawabe, S.: Constraint-based object description for product modeling. In *Computer Applications in Production and Engineering* Kimura, F. and Rolstadas A. (Eds.) Elsevier Science Publishers (1989) 95–106

22. Sutherland, I. E.: Sketchpad - A man-machine graphical communication system. Proceedings of the Spring Joint Computer Conference (1963) 329–346

23. Sunde, G.: CAD System with Declarative Specification of Shape. Eurographics Workshop on Intelligent CAD Systems (1987) 90–104

24. Suzuki, H., Ando, H., and Kimura, F.: Geometric constraints and reasoning for geometrical CAD systems. Comput. & Graphics **14** (1990) 211–224

25. Wilson, P. R.: Euler formulas and geometric modeling. Comput. Graphics & Applications **5** No. 8 (1985) 24–36

26. Woodbury, R. F.: Variations in solids: A declarative treatment. Comput. & Graphics, **14** (1990) 173–188

Zur Modellierung von Invarianten auf Geometriekonstruktionen

Roland Berling, Manfred Rosendahl
Universität Koblenz
Rheinau 3-4
D-5400 Koblenz

Zusammenfassung

Geometrische Invarianten sind ein Mittel, Konstruktionsbeziehungen zwischen Geometrieelementen in der Entwicklung einer Konstruktion zu beschreiben. Der vorliegende Text diskutiert verschiedene Modellierungsformen geometrischer Invarianten und stellt ein Modell vor, genannt konstruktive Modellierung, das über einen Graphen die zur Konstruktion gehörenden Invarianten repräsentiert. Es wird ein Verfahren beschrieben, das zur Konsistenzwahrung bei Konstruktionsänderungen nur minimale Gleichungssysteme berechnen muß.

Abstract

Geometric constraints are a means for expressing constructive relationships between geometric elements while developing the construction. The paper discusses several methods to model geometric constraints, and presents a model called constructive modeling in detail. A special graph is used for describing the constraint system. The constraint solver is able to achieve consistency computing an equation system, which is minimal in its dimensions.

1 Kontext

Die Integration von Geometrie-, Funktions- und Technologiemodell, und die Wiederverwendbarkeit von Konstruktionen, insbesondere die Wiederverwendbarkeit von Konstruktionswissen sind heute von besonderem Interesse in der Forschung und Entwicklung von CAD-Systemen. Der vorliegende Text stellt Ansätze vor, diese Aspekte durch eine Erweiterung des Geometriemodells zu unterstützen.

Die Kommunikation mit CAD-Systemen wird auch in Zukunft graphisch-interaktiv sein, ein Benutzer entwickelt bzw. modifiziert in erster Linie eine Form. Die Wechselwirkung mit nichtgeometrischen Teilmodellen wird über eine Attributierung der Geometrie ausgedrückt.

Was ist die Konsequenz dieser Überlegung bezüglich der oben angesprochenen Aspekte? Die Form der Konstruktion und die Wechselwirkung zu anderen Konstruktionen spiegeln Elemente der Funktion bzw. Einsatz von Konstruktionswissen wieder. Die Attributierung der Geometrie muß genau dies berücksichtigen. Es geht dabei weniger darum, den Konstrukteur im Ausdruck dieser Elemente zu unterstützen, als vielmehr, diese Funktionsaspekte der Form über Änderungen der Konstruktion invariant halten zu können.

Die Form einer Konstruktion wird im Aufbau über die in Beziehung zu setzenden geometrischen Basiselemente beschrieben, die wiederum durch Punktkoordinaten und Größen ihre Definition finden. Die Dimensionen, das heißt Abstände und Winkel, die dabei entstehen, sind die Größen, über die durch Formulierung von Invarianten Aspekte der Funktion, die die Form beeinflußen, ausgedrückt werden können. Variantenmodule und die Parametrierbarkeit von Mustern unterstützen bereits dieses Prinzip, haben unter anderem aber den Nachteil, daß die erzeugbaren Varianten nicht mehr über die Invarianteninformation verfügen.

Invariante Beziehungen, im weiteren auch *Constraints* genannt, sind ausdrückbar sowohl über Größen, die Basiselemente bestimmen, als auch über Dimensionen zwischen Basiselementen, die geometrische Bezüge ausdrücken. Die Integration des Geometriemodells mit anderen Teilmodellen ist über diesen Mechanismus möglich. Ein mechanisches Prinzip, das die Position zweier Teile zueinander beeinflußt, kann zum Beispiel als Invariante bezüglich einiger Dimensionen der Geometrierepräsentation der Teile eingebracht werden. Ein anderes Beispiel: Grenzbedingungen bei der Verwendung eines Werkstoffes können als Intervalle über geometrische Größen modelliert werden. Aspekte eines topologischen Modells lassen sich ebenfalls über Invarianten auf der Geometrie modellieren. So ist zum Beispiel die Beschreibung des Zusammenhangs zwischen geometrischen Basiselementen durch Einbringung eines Gleichheits-Constraints auf Punkten, über die die Basiselemente definiert werden, möglich.

2 Ansätze

2.1 Vorüberlegungen

Zur Beantwortung der Frage nach den Modellierungsmöglichkeiten von Invarianten auf geometrischen Konstruktionen ist es notwendig, den Begriff der Invariante im Kontext des Entwurfs einer Form genauer zu untersuchen. Eine Form wird durch ein Inbeziehungsetzen von geometrischen Basiselementen endlicher Dimensionierung beschrieben. Wir beschränken uns hier auf Basiselemente in der Ebene: Linien, Kreise und Kreisbögen, die Aussagen treffen aber auch auf geometrische Konstruktionen im Raum zu.

Folgende Größen, über die Basiselemente zueinander in Beziehung gesetzt werden können, stehen zur Verfügung:

- Punkte (Punktkoordinaten)
- Größen, die die Dimensionierung von Basiselementen ausdrücken (z.b.: Radius eines Kreises, Länge einer Linie, Öffnungswinkel eines Bogens)
- Dimensionen, die bei der Einbettung von Basiselementen in eine Ebene entstehen (Abstände und Winkel zwischen Elementen, Abstände und Winkel zu einem Referenzsystem)

Invarianten, die die Form der Konstruktion betreffen, sind als Constraints über diese Größen auszudrücken. Folgende Arten des *Constraining* können dabei unterschieden werden:

- Constraining der Form, unabhängig von der Lage im Referenzsystem. Die Invarianten, die unter diese Klasse fallen, setzen Größen, die die Dimensionierung von Basiselementen ausdrücken, oder Dimensionen zwischen Basiselementen zueinander in Beziehung. Der Ausdruck von Parallelität zwischen Linien oder Tangentialität einer Linie an einen Kreis sind Beispiele für diese Art von Constraints.
- Constraining der Dimensionierung. Ein Constraining der Dimensionierung erfolgt durch Festlegung eines Intervalls gültiger Werte für eine Größe, deren Wert unabhängig von der Einbettung in ein Referenzsytem ist. Die Kopplung an nichtgeometrische Größen ist über diese Constraints möglich. Das Intervall kann beispielsweise durch eine Funktion bestimmt sein, die ausdrückt, wie die Dimensionierung eines Stabes von der auf ihn wirkenden Kraft abhängt. Die Festschreibung der Länge einer Linie oder die Definition eines Winkels als rechter Winkel sind Exemplare des Constrainings der Dimensionierung.
- Constraining bezüglich eines Referenzsystems. In diese Klasse fallen Invarianten, die geometrische Dimensionen zu einer geometrischen Referenz (Beispiel: Koordinatensystem) in Bezug setzen. Die Festlegung der Steigung einer Linie ist eine solche Invariante. Die Form ist jetzt nicht mehr unabhängig von der Lage in der Ebene. Constraining bezüglich einer Referenz erlaubt, verschiedene abgeschlossene Konstruktionen zueinander in Beziehung zu setzen.

Aspekte der Funktion einer isoliert betrachteten Konstruktion sind unabhängig von der Lage in der Ebene bzw. im Raum; Form- bzw. Dimensionierungsinvarianten sind daher die

Mittel, diese Aspekte als Attributierung der Geometrie auszudrücken. Auf der anderen Seite findet die Entwicklung einer Form immer in einem Referenzsystem statt. Um alle Freiheitsgrade der Konstruktion durch das Invariantensystem bestimmt zu halten, ist es unerläßlich, auch Constraints bezüglich einer Referenz einzubringen.

Im folgenden wird versucht, Definitionsformen von Invarianten zu klassifizieren. Einige bekannte Verfahren der Gestaltung parametrischer Modelle werden dabei eingeordnet. Umfangreiche Zusammenstellungen von Konzepten zur Invariantenmodellierung wurden von Roller et al. erarbeitet ([7, 8]).

2.2 Alternativen in der Modellierung

Eine Invariante ist in erster Linie ein Prädikat über eine Anzahl von Variablen, die in diesem Fall geometrische Größen repräsentieren. Im Bereich des geometrischen Modellierens ist es von Interesse, bei einer gegeben Menge von Werten für eine Teilmenge der Größen Werte für alle Größen zu berechnen, so daß das Prädikat erfüllt ist. Folgende Modellierungen werden diskutiert:

Gleichungssysteme

Eine Invariante über geometrische Größen wird durch eine oder mehrere Gleichungen repräsentiert. Das entstehende Gleichungssystem ist im allgemeinen nichtlinearer Natur, da beispielsweise bereits der Abstand zwischen zwei Punkten als quadratische Gleichung auszudrücken ist. Light und Gossard [6] beschreiben ein System, das geometrische Invarianten als Gleichungen über die *charakteristischen Punkte* der Geometrie ausdrückt. Die Variantenmodule bekannter CAD-Systeme nutzen im allgemeinen diese Modellierungsform, wenn es um die Repräsentation der Parametrierung eines Musters geht. Das Einbringen von Invarianten geschieht oft dadurch, daß ein Benutzer zuerst eine Skizze zu erstellen hat, die dann nachträglich mit Constraints versehen werden kann. Ein Constraining dieser Form kann auch zur Spezifikation der gewünschten Geometrie (deklarative Geometriedefinition) benutzt werden (siehe auch [10]). Beispiele für diese Modellierung finden sich in [6], [3] und [9].

Folgende Punkte sind bezüglich dieser Modellbildung anzumerken:

- Es besteht die Gefahr der Über- bzw. Unterbestimmtheit des Gleichungssystems. Eine Analyse des Systems ist also unerläßlich. Problematisch ist in diesem Zusammenhang vor allem die Identifizierung redundanter Invarianten bzw. aller möglichen Kandidaten, von denen im Falle einer Überbestimmtheit einige zu löschen sind (siehe auch [6], [9]).

- Mit jeder Änderung in einer Konstruktion muß das Gleichungssystem neu ausgewertet werden. Das Vorhandensein nichtlinearer Gleichungen führt zur Anwendung iterativer Methoden wie besipielsweise Newton-Raphson. Um nicht das gesamte System neu berechnen zu müssen, ist es notwendig, unabhängige Komponenten unter den Gleichungen zu identifizieren und den Prozeß in eine Folge von Berechnungen möglichst minimaler Gleichungssysteme zu sequenzialisieren. Verschiedene Ansätze zur Reduktion wurden untersucht: Matrixmethoden zur Vereinfachung der Jacobi-Matrix bei Newton-Iteration [6], Graphalgorithmen zur Identifizierung minimaler Systeme in einem, das Gesamtsystem repräsentierenden Constraint-Graphen [9]. Verfahren zur Zerlegung des Gesamtsystems in einfachere sind in diesem Modell von zentraler Bedeutung.

- Der Ansatz erlaubt eine sehr flexible Definition und Modifikation von Invarianten, insbesondere, wenn das Einbringen von Invarianten erst nach der Definition der Geometrie geschieht.

Konstruktorensysteme

Die Modellierung durch Gleichungssysteme besitzt den Nachteil, daß mit jeder Änderung das System neu zu analysieren ist, um zu einer möglichst einfachen Folge von auszuführenden Berechnungen zu gelangen. Wird die Modellierung des Invariantensystems über die Konstruktionsoperationen, mit denen der Benutzer seine Konstruktion aus Basiselementen aufbaut, durchgeführt, so kann das Constraint-Solving in bestimmten Aspekten effizienter gestaltet werden. Eine Konstruktionsoperation (im weiteren auch *Konstruktor* genannt), wie beispielsweise die Konstruktion einer Linie parallel zu einer anderen, ist als Abbildung interpretierbar, die auf der Basis vorhandener Größen neue berechnet; gleichzeitig werden geometrische Basiselemente in Beziehung zueinander gesetzt (hier: Parallelität zweier Linien). Invarianten sind also in einer bestimmten Form durch Konstruktoren modelliert. Das Modell ordnet einer Konstruktion eine Funktion (Konstruktorfunktion) zu, die den Vorgang der Konstruktion beschreibt. Ein Modell dieser Art wird in den nächsten Abschnitten ausführlicher entwickelt; Systeme, die diesen Ansatz verfolgen sind auch in [1], [4] und [5] beschrieben. Folgende Punkte sind bezüglich dieser Modellbildung anzumerken:

- Konstruktoren legen Freiheitsgrade in der Geometrie fest, die Konstruktion ist durch die assoziierte Funktion eindeutig bestimmt. Die Problematik von über- oder unterbestimmten Systemen entsteht in diesem Ansatz nicht.

- Die assoziierte Funktion teilt die Menge der geometrischen Größen und Dimensionen einer Konstruktion in unabhängige und abhängige Größen. Die Argumente der Funktion sind unabhängig, alle Größen, die durch Konstruktoren berechnet werden und zur Definition neuer geometrischer Elemente herangezogen werden, sind abhängig von den Argumenten. Das Constraint-Solving ist bei Änderung von Argumentgrößen sehr schnell. Die Änderung einer abhängigen Größe erfordert die Analyse der Funktionsstruktur und die Berechnung der Umkehrfunktion über Iterationsverfahren.

– Die eingebrachten Invarianten sind nicht symmetrisch, es existiert durch die Konstruktoren eine bevorzugte Evaluierungsrichtung, die, wenn möglich, immer gewählt wird. Dies beschleunigt zwar das Constraint-Solving, kann aber zu einer Einschränkung der Variierbarkeit der Konstruktion führen.

Im folgenden wird auf die Modellierung von geometrischen Invariantensystemen über Konstruktoren und Konstruktorfunktionen näher eingegangen. Es wird ein Modell vorgestellt, das die Struktur der mit einer Konstruktion assoziierten Konstruktorfunktion repräsentiert, und ein Verfahren diskutiert, das ein Constraint-Solving auf dieser Struktur realisiert.

3 Konstruktive Modellierung

Konstruktive Modellierung ist die Beschreibung von geometrischen Invarianten durch Konstruktoren und deren Beziehungen untereinander. Die Art und Weise, wie ein Entwurf durchgeführt, d.h., wann welche Elemente erzeugt und in Beziehung gesetzt werden, ist Ausdruck der Geometrie-Invarianten, die über Änderungen konsistent zu halten sind.

3.1 Modellstruktur und Komponenten

Es gilt, die Struktur der mit der Geometrie einer Konstruktion assoziierten Konstruktorfunktion zu repräsentieren. Die Struktur wird beschrieben durch einen gerichteten azyklischen Graph (DAG), dessen Knoten Repräsentanten von Konstruktoren, Selektoren und absoluten Größen sind. Die Kanten beschreiben die Argumentbeziehungen.
Absolute Größen sind Größen, die nicht durch Konstruktoren oder Selektoren berechnet werden, sie werden beispielsweise durch den Benutzer während der Definition der Geometrie eingebracht. Eine Interpretation hinsichtlich ihres Typs (z.B.: Koordinate, Länge, Größen abstrakter Natur) erfahren sie durch ihre Argumentbeziehung zu Konstruktoren und Selektoren bzw. durch die Funktionen, die diese berechnen.
Konstruktoren sind Funktionen, die beschreiben, wie ein geometrisches Element auf der Basis vorhandener Größen und Geometrien und neuer Größen konstruiert wird. Der Konstruktor ist im Sinne des Modells auch Repräsentant der Geometrie des neuen Elementes. Wird zur Konstruktion also eine Geometrie referiert, so zeigt die Argumentkante auf einen

im Graphen bereits vorhandenen Konstruktorknoten. Folgende Liste zeigt Beispiele von Konstruktoren:

$p\_abs(x, y)$ Punkt, definiert über kartesische Koordinaten.

$p\_pol(P, d, w)$ Punkt, definiert über polare Koordinaten (d: Distanz, w: Winkel) relativ zu einem Referenzpunkt.

$p\_int(G_1, G_2)$ Punkt, definiert als Schnittpunkt zweier geometrischer Elemente: G_1, G_2.

$l\_2p(P_1, P_2)$ Linie, definiert über zwei Punkte: P_1, P_2.

$l\_t2c(K_1, K_2)$ Linie, definiert als Linie, tangential zu zwei Kreisen: K_1, K_2.

$c\_pr(P, r)$ Kreis, definiert über Mittelpunkt und Radius.

$c\_3o(G_1, G_2, G_3)$ Kreis, definiert als Kreis, tangential an drei vorhandene Geometrien: G_1, G_2, G_3.

Konstruktoren können selbstverständlich auch vektorwertige Funktionen sein, ein Beispiel ist l_t2c, eine Funktion, die zwei Tangentialpunkte berechnet, bei zweidimensionaler Geometrie also einen vierstelligen Vektor liefert. Neben Konstruktoren der Geometrie können auch beliebige algebraische und auch transzendente Funktionen in dieser Weise modelliert und genutzt werden.

Manchmal ist es notwendig, implizit repräsentierte Dimensionen oder geometrische Elemente im Graphen explizit zu machen. Für diesen Zweck gibt es eine Reihe von Selektoren, Funktionen, deren Argumente Konstruktoren und deren Resultat Dimensionen bzw. geometrische Elemente sind. Beispiele:

$dist(P_1, P_2)$ Abstand zwischen zwei Punkten.

$ang(P_1, P_2)$ Winkel zwischen zwei Punkten.

$dis\_x(P_1, P_2)$ Abstand in der X-Koordinate zwischen zwei Punkten.

$p\_ele(G, s)$ Explizierung einer Punktgeometrie, die durch den Konstruktor G implizit definiert wurde. s ist eine genauere Spezifikation des Punktes, zum Beispiel m: Mitte, a: Anfang, e: Ende.

Die Selektoren erzeugen neue Knoten im Graphen, die durch Argumentkanten von Konstruktoren referenziert werden können.

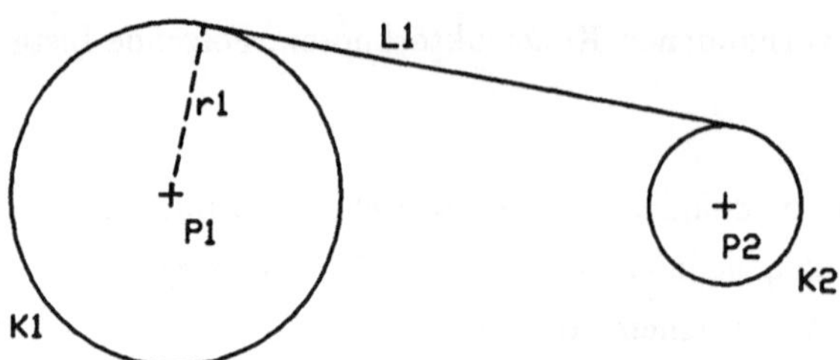

Abbildung 1: Beispiel einer Konstruktion

Abbildung 1 zeigt ein Beispiel. Die Invarianten dieser Konstruktion sind die Tangentialität der Linie und die Radien der Kreise. Die assoziierte Konstruktorfunktion hat folgende Form:

$$P_1 = p\_abs(x_1, y_1)$$
$$P_2 = p\_abs(x_2, y_2)$$
$$K_1 = c\_pr(P_1, r_1)$$
$$K_2 = c\_pr(P_2, rad(K_1)/2)$$
$$L_1 = l\_t2c(K_1, K_2)$$

Abbildung 2 zeigt den Strukturgraphen der Konstruktorfunktion. Die Knoten der Konstruktoren sind zur besseren Lesbarkeit und Identifizierbarkeit in der Funktionsbeschreibung mit den Namen der Geometrieelemente versehen.

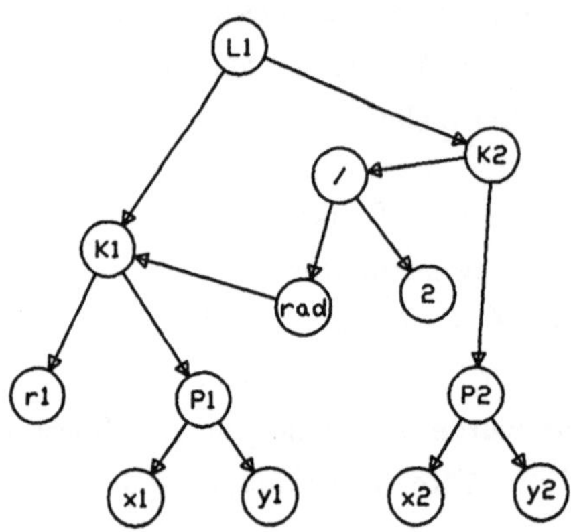

Abbildung 2: Strukturgraph der Konstruktorfunktion zu Abbildung 1

Der Strukturgraph bzw. die Konstruktorfunktion wird gleichzeitig mit der Modellierung der Form aufgebaut. Eine Erweiterung einer Konstruktion führt entsprechend zu einer zur Konstruktorfolge passenden Erweiterung des Strukturgraphen. Abbildung 3 zeigt eine Erweiterung zur Konstruktion aus Abb. 1 in folgender Form:

$$P_m = p\_ele(L_1, m)$$
$$P_3 = p\_pol(P_m, ang(L_1) + 90°, d)$$

$$L_2 = l\_2p(P_m, P_3)$$

Eine alternative Erweiterung ist:

$$P_3 = p\_abs(x_3, y_3)$$
$$P_m = p\_lot(P_3, L_1)$$
$$L_2 = l\_2p(P_m, P_3)$$

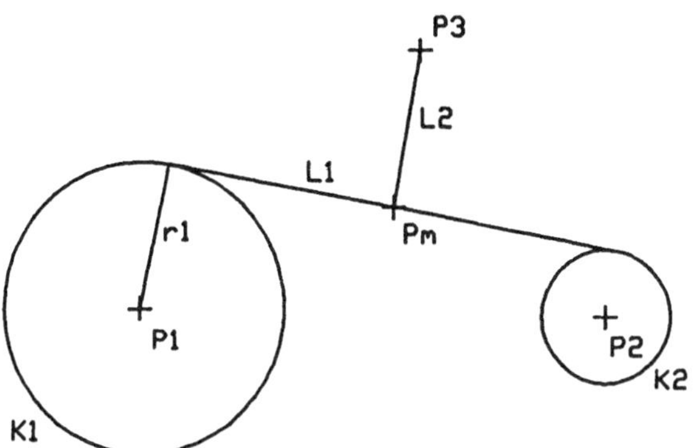

Abbildung 3: Erweiterte Konstruktion

Abbildung 4a zeigt den Ausschnitt des Strukturgraphens, der durch die Erweiterung entstanden ist, Abbildung 4b zeigt die Erweiterung zur Alternativkonstruktion.

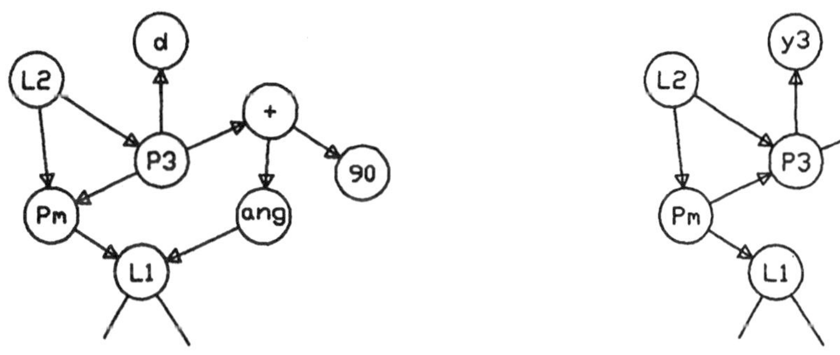

Abbildung 4a: Ausschnitt aus dem
erweiterten Strukturgraphen

Abbildung 4b: Erweiterter Strukturgraph
für die Alternative

Im ersten Fall ist die Linie L_2 über den Mittelpunkt P_m senkrecht zu L_1 konstruiert, in der Alternative ist der Punkt P_3 von L_1 unabhängig und L_2 als Lot zu L_1 konstruiert. Die Invarianten sind nicht nur von der Art der Konstruktoren, sondern auch von der Abfolge abhängig. Der Strukturgraph beschreibt, da er sowohl Art der Konstruktoren und Selektoren, als auch über die gerichteten Kanten deren Abfolge modelliert, alle Invarianten, die mit der Konstruktion eingebracht wurden.

3.2 Änderungen des Strukturgraphen

Konstruktionen können in zwei Weisen geändert werden. Eine Änderung der Geometrie durch Neubelegung einiger vorhandener geometrischer Größen muß konsistent bezüglich der Invarianten sein. Eine Änderung der Geometrie durch Umdefinition der Konstruktionsart eines geometrischen Elementes hat eine Änderung des Strukturgraphen zur Folge. Folgende Änderungen dieser Art sind zu unterscheiden:

- Das Löschen eines Konstruktors hat zur Folge, daß alle adjazenten Knoten auch entfernt werden, soweit sie keine Konstruktoren repräsentieren. Ein Konstruktor kann nur entfernt werden, falls er kein Argument eines anderen Konstruktors oder Selektors ist. So kann in Abbildung 2 der Knoten K_2 beispielsweise nicht gelöscht werden.
- Die Änderung eines Konstruktors entspricht einer Änderung der Konstruktionsart eines Basiselementes. Ein Beispiel ist die Änderung der Linie L_1 in Abbildung 2 in $L_1 = l\_2p(P_1, P_2)$. Die Argumentkanten des entsprechenden Knotens werden gelöscht und neu gesetzt, adjazente Selektoren und Größen werden ebenfalls gelöscht, da sie ja nur im Zusammenhang mit Konstruktoren existieren. Der Knoten erfährt eine andere Attributierung (im Beispiel: Funktion l_2p). Die Änderung eines Konstruktors darf nicht zu Kreisen im Graphen führen, eine Änderung der Definition des Punktes P_1 in Abbildung 3 durch $P_1 = p\_pol(P_3, d_1, w_1)$ ist zum Beispiel nicht möglich, da dann über P_1, P_3, P_m, L_1, K_1 ein Kreis existierte.

Die Änderung eines Konstruktors hat im allgemeinen eine Änderung der Form zur Folge, sie stößt einen Constraint-Solving Prozeß an, der dafür sorgt, daß die Geometrie konsistent mit den Invarianten gehalten wird.

3.3 Änderungen der Geometrie

Die Größe der Gleichungssysteme, die während des Constraint-Solving aufgestellt und gelöst werden, muß aus Effizienzgründen minimal gehalten werden können. Um ein effizientes Constraint-Solving zu realisieren, sollte jede Invariante in Richtung jeder involvierten Größe auflösbar sein, eine Forderung, die gerade bei geometrischen Invarianten nicht erfüllbar ist, weil Umkehrfunktionen entweder nicht existieren oder Invarianten selbst nur über Gleichungssysteme ausdrückbar sind. Aus diesem Grund ist in dem hier beschriebenen Modell eine Invariante nur durch eine dieser Funktionen beschrieben. Es gibt bezüglich der Konstruktorfunktion also eine Partition der geometrischen Größen in zwei Mengen: die Argumente der Funktion, unabhängige Größen, die im Strukturgraphen auf Blattebene auftauchen und abhängige Größen, die durch Konstruktoren und Selektoren berechnet werden und nur implizit im Graphen repräsentiert sind.

Eine Änderung auf der Menge der unabhängigen Größen kann über die Konstruktorfunktion direkt propagiert werden. Abbildung 5 beschreibt ein Beispiel.

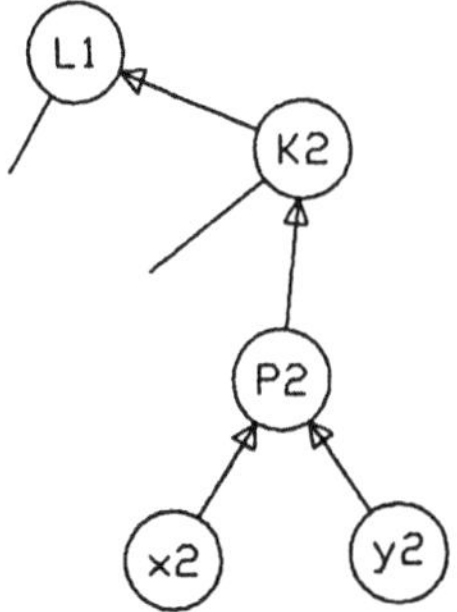

Abbildung 5: Propagierung neuer Werte unabhängigger Größen (Kanten in Propagierungsrichtung)

Die Konstruktion aus Abbildung 1 wird durch Verschieben des Mittelpunktes des Kreises K_2 geändert. Abbildung 5 zeigt den Propagierungspfad der geänderten Größen x_2 und y_2 im Graphen. Die in diesem Sinne gegen die Kantenrichtung des Strukturgraphen (siehe Abb. 2) erreichbaren Konstruktoren und Selektoren werden neu berechnet, der Rest der Geometrie bzw. der Konstruktorfunktion bleibt unbeeinflußt.

Die Änderung abhängiger Größen erfordert die Berechnung der Umkehrfunktion. Abhängige Größen sind Werte von Funktionen über Elemente aus der Argumentmenge der Konstruktorfunktion. Abhängige Größen sind im Graphen über den Knoten des Konstruktors oder Selektors, der sie berechnet, identifizierbar. Die Pfade gegen die Kantenrichtung von den Blättern zu diesem Knoten repräsentieren mögliche Funktionen zur Berechnung dieser Größen aus Argumenten der Konstruktorfunktion. Ob ein Pfad zur Berechnung der Umkehrfunktion nutzbar ist, hängt vom Typ der geänderten Größe und vom Typ der Argumente der Konstruktoren und Selektoren auf diesem Pfad ab. In Abbildung 6 sei der Punkt P in seiner x-Koordinate über die y-Distanz zwischen P_1 und P_2 bestimmt. Eine Änderung von P in x-Richtung kann nur über Änderung von y_1 oder y_2 erreicht werden. Die Änderung von x_1 und x_2 führten zu keinem Ergebnis. Zur Suche geeigneter Pfade bzw. Argumente kann man die geänderte Größe durch den Graphen propagieren. Jeder Knoten, der besucht wird, weiß, welche seiner Argumente für die Berechnung dieser Größe in Frage kommen, und kann seinerseits diese Argumente als zu ändernde Größen weiter propagieren. Sind alle geeigneten Pfade gefunden, so müssen in der Anzahl der geänderten Größen Funktionen (bzw. Argumente auf Blattebene) ausgewählt werden, die zu einem Gleichungssystem zusammengeführt werden, das mit geeigneten Verfahren zu lösen ist. Abbildung 7 zeigt ein Beispiel.

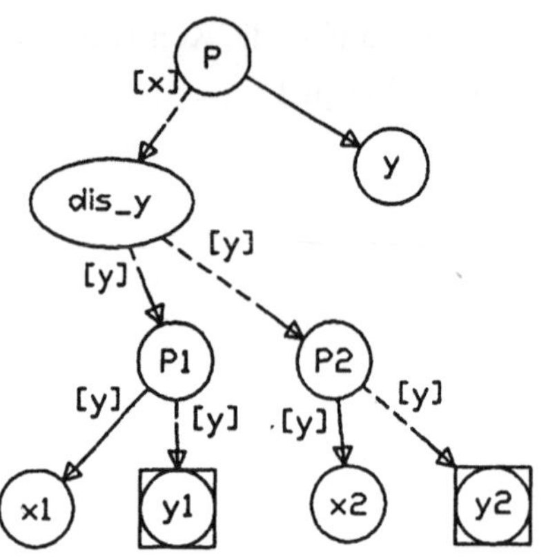

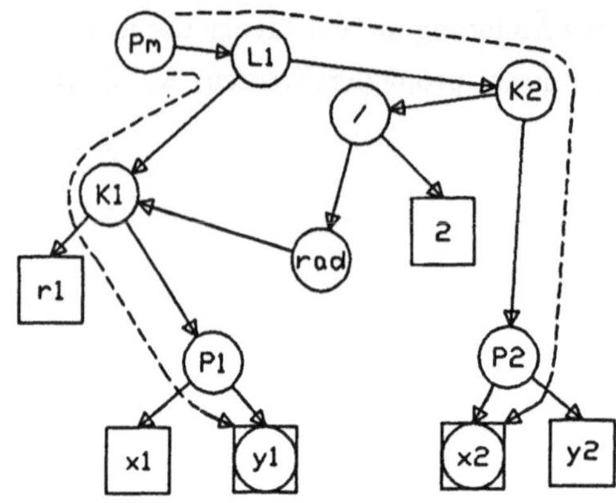

Abbildung 6: Propagierung von Größen   **Abbildung 7:** Änderung abhängiger Größen

Die Konstruktion in Abbildung 3 wurde durch Verschieben von P_m geändert. Die mit Quadraten markierten Blätter des Graphen zeigen die Argumentgrößen, von denen zwei freizugeben und neu zu berechnen sind, um die gewünschte Verschiebung von P_m zu erreichen. Im Beispiel wurden y_1 und x_2 gewählt, die gestrichelten Pfeile markieren die Pfade der Funktionen, die P_m aus y_1 und x_2 berechnen. Die Berechnung neuer Werte für y_1 und x_2 erfolgt mittels Newton-Raphson Iteration:

$$J * \Delta \bar{u}_n = -F(\bar{u}_n)$$

J ist die Jacobi-Matrix der durch die Pfade repräsentierten Funktionen, $\bar{u}_n$ der Vektor der zu iterierenden Größen, im Beispiel y_1 und x_2. Als Startwerte für $\bar{u}_0$ werden die ursprünglichen Argumentwerte benutzt. Die Fehlerfunktion: $F(\bar{u}_n)$ ist über die Pfade im Strukturgraphen berechenbar, das Gleichungssystem wird numerisch gelöst. Die Elemente der Jacobi-Matrix werden für jeden Iterationsschritt als Differenzenquotienten über geänderte abhängige Größen und Argumentgrößen gebildet. Interessant ist, daß auch der Differenzenquotient durch Propagierung von Werten im Graphen berechnet werden kann. Sei $P_x m(y_1)$ beispielsweise die Funktion, die $P_m.x$ in Abhängigkeit von y_1 berechnet. Der Differenzenquotient ist dann:

$$\frac{\Delta P_x m(y_1)}{\Delta y_1} = \frac{P_x m(y_1 + o) - P_x m(y_1)}{o}$$

Über einen kleinen Offset o werden die Argumentgrößen (hier: y_1) variiert. Die abhängige Größe (hier: $P_m.x$) wird durch Propagierung der Variation neu bestimmt.

Verlief die Iteration erfolgreich, so werden die Werte von den neu belegten Größen aus durch den Graphen propagiert. Abbildung 8 zeigt dies für das Beispiel aus Abbildung 7. Alle durch Traversierung gegen die Kantenrichtung im Strukturgraphen erreichbaren Selektoren und Konstruktoren werden dabei neu berechnet.

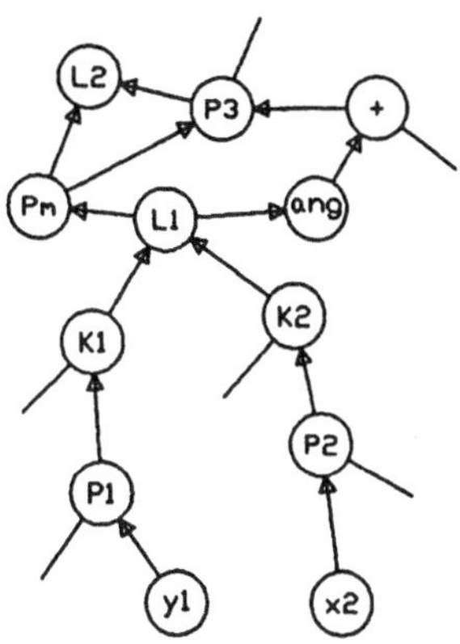

Abbildung 8

4 Aspekte der Implementierung

Das vorgestellte Modell wurde auf der Basis eines vorhandenen 2D CAD-Systems als Erweiterungsmodul realisiert([2]). Es wurde ein objektorientiertes Programmiersystem genutzt, um Datenmodell und Algorithmen zu implementieren. Konstruktoren und Selektoren sind als Klassen definiert, geometrische Größen werden über Instanzenvariablen beschrieben. Jede Klasse besitzt eine Methode, die spezifiziert, wie die Geometrie von Objekten dieser Klasse auf der Basis gewisser Argumentobjekte zu berechnen ist. Darüberhinaus besitzt jede Klasse noch Methoden, die Darstellung, Speicherung und Handhabung von Darstellungsattributen ermöglichen. Zur Verwaltung der Geometriedaten und zur Darstellung werden Routinen des 2D-Systems benutzt. Der Strukturgraph ist durch die Abhängigkeitsstruktur der erzeugten Objekte repräsentiert.

Der Constraint-Solving Prozeß ist ein Vorgang bestehend aus drei Phasen. Die erste Phase ermittelt die freizugebenden Argumentgrößen. Eine Änderung erzeugt eine Nachricht an das Objekt, welches das geänderte geometrische Element repräsentiert, sich neu zu berechnen. Diese Nachricht wird mit der Information, welche Größe sich geändert hat, rekursiv zu allen Argumentobjekten geschickt, bis sie auf Blattebene ankommt und dafür sorgt, daß die dort befindlichen Objekte als Auswahlgrößen dargestellt werden. Die zweite Phase berechnet die Umkehrfunktion. Die Differenzenquotienten werden durch die Nachricht an das geänderte Objekt, sich neu zu berechnen, bestimmt. Mit einer Variation über kleine Änderungen der ausgewählten Argumentgrößen können so alle Komponenten der Jacobi-Matrix bestimmt werden. Mit der Jacobi-Matrix kann das Gleichungsystem aufgestellt und gelöst werden. Die Fehlerfunktion ist die Differenz zwischen momentanem Wert des geänderten Objektes und dem zu erreichenden Wert. Dieser Vorgang wird solange iteriert, bis die Fehlerfunktion ihre Nullstelle erreicht. Die dritte Phase sorgt für die

Propagierung. Die ausgewählten Argumentgrößen sind durch die neuen Werte geändert worden. Es wird eine Nachricht an alle Objekte geschickt, sich neu zu berechnen, um diese Änderungen durch den Graphen zu propagieren. Um mehrfache Berechnungen gleicher Objekte auszuschließen, werden berechnete Objekte markiert. Für die Propagierung einer Änderung unabhängiger Größen, d.h. Objekte auf Blattebene, ist die Ausführung dieser dritten Phase ausreichend.

Die Nutzung objektorientierter Konzepte zur Implementierung des Modells hat den Vorteil, daß das System durch Einführung neuer Klassen um neue Konstruktoren einfach erweiterbar ist. So kann zum Beispiel ein Konstruktor l_t2c (Linie, tangential zu zwei Kreisen) als Unterklasse zu l_2p (Linie, definiert über zwei Punkte) erzeugt werden. l_2p ist die unspezifischere Liniendefinition, l_t2c kann bis auf die Methode zur Konstruktion der Geometrie alle Instanzenvariablen und Methoden zur Darstellung und Handhabung verwenden. Weitere Beispiele zur Klassenhierarchie finden sich in [2].

5 Zusammenfassung und Ausblick

Die Modellierung von Invarianten auf geometrischen Konstruktionen ist ein Ansatz, Wechselwirkungen zwischen Geometriemodell und anderen Teilmodellen, wie Funktions- oder Technologiemodell, im Bereich des Computer-Aided Design besser beschreiben zu können. Geometrische Invarianten können als Constraints der Form, Constraints der Dimensionierung oder Constraints bezüglich einer Referenz klassifiziert werden. Constraints bezüglich einer Referenz sind keine neue Klasse von Invarianten, sondern eher ein Ausdruck der Constraining-Richtung. Während in den anderen beiden Klassen die Geometrie als geschlossenes System gesehen wird, steht hier die Einbettung in ein anderes System im Fokus der Invariantenbildung.

Es wurde ein Modell vorgestellt, das die Invarianten über eine mit der Geometrie assoziierte Konstruktorfunktion modelliert. Der Constraint-Solving Algorithmus garantiert minimale Gleichungssysteme. Das beschriebene Modell bzw. seine Implementation ist bisher nur in der Lage, Änderungen von maximal zwei Größen in einem Knoten zu verarbeiten. Eine Änderung von Größen in mehreren Knoten des Strukturgraphens ist in gleicher Form, wie im Modell beschrieben, möglich. Mit der Erhöhung der Anzahl zu ändernder Größen tauchen jedoch zunehmend Probleme durch Abhängigkeiten dieser untereinander auf, was zu redundanten Gleichungssystemen führt. Diese Abhängigkeiten sind über Erreichbarkeitsanalysen oder gemeinsame Knoten auf Pfaden zu Blättern im Graphen erkennbar. Beispiele sind die Abbhängigkeiten zwischen den Radien der Kreise in Abb. 2 oder zwischen dem Punkt P_m und dem Winkel der Linie L_1 in Abb. 4a. Eine Änderung von Größen in mehreren Knoten ist zum Beispiel nötig, um Constraints der Dimensionierung sinnvoll ausdrücken und halten zu können. Soll zum Beispiel in einer Konstruktion der y-Abstand zwischen zwei beliebig definierten Punkten P_1 und P_2 gleich gehalten werden, so ist ein Selektor: $d = dis\_y(P_1, P_2)$ einzuführen, der diese Abstandsinvariante ausdrückt. Wird die Geometrie geändert, so muß der diesen Selektor bzw. d repräsentierende Knoten mit der Vorgabe, den alten Wert d zu erreichen, als geändert markiert werden. Der Constraint-Solver sorgt dann dafür, daß nicht nur die Geometrieänderung propagiert wird, sondern auch der y-Abstand zwischen P_1 und P_2 konstant gehalten wird.

Der hier entwickelte Ansatz ist im Prinzip auf die Gestaltung dreidimensionaler Geometrien übertragbar. Die Menge der Konstruktoren und Selektoren muß um entprechende Operationen erweitert werden (z.B.: Konstruktion einer Kugel oder eines Zylinders tangential zu einer Fläche). Das Iterationsverfahren zur Lösung des Gleichungssystems muß in der Lage sein, die Änderung von mehr als zwei Größen in verschiedenen Knoten des Graphen zu bearbeiten; das Verschieben eines Punktes erfordert beispielsweise die Lösung eines Gleichungssystems, bestehend aus drei Gleichungen. Andere Probleme entstehen durch die Nutzung von Flächen als Gestaltungselemente. So muß die Änderung der Flächengeometrie kontrollierbar sein, wenn sich die Ränder als Ergebnis eines Constraint-Solvings ändern: liegt eine plane Fläche vor, muß die Koplanarität der Punkte und Kreissegmente im Rand invariant bleiben. Der Flächenkonstruktor hat entsprechende Constraints in die Repräsentation einzubringen. Diese Constraints können über Selektoren, wie im letzten Absatz beschrieben, modelliert werden. Die typische Brep-Struktur zur Körpermodellierung, dh. Repräsentation der topologischen Struktur und Attributierung der Elemente mit geometrischer Information, muß zur Modellierung geometrischer Constraints einer Revision unterzogen werden. Die topologische Adjazenzinformation wird im hier entwickelten Modell beispielsweise über die Konstruktorbeziehungen im Graphen ausgedrückt. Eine Synthese aus Constraint-Modellierung über Konstruktoren und Boundary-Modellierung diskutiert beispielsweise auch Kondo in [5].

Die aktuelle Forschungsarbeit beschäftigt sich mit der Erweiterung des Modells. Ziele sind dabei die gleichwertige Beschreibbarkeit aller Arten von Constraints und die Verarbeitung von Änderungen in mehreren Knoten des Strukturgraphens. Im Rahmen der Erweiterung des Modells werden auch Möglichkeiten der Beschreibung des Zusammenbaus von Konstruktionen untersucht. Der Prototyp wird zur Zeit um ein Konzept zur Gruppenbildung über geometrische Konstruktionen erweitert, um bei mehrfacher Verwendung gleicher geometrischer Konstrukte nur eine Repräsentation verwalten zu müssen.

Literatur

[1] F. Arbab; B. Wang, *A Geometric Constraint Management System in Oar*, in: P.J.W. ten Hagen; P.J. Veerkamp (eds.), *Intelligent CAD Systems III: Practical Experience and Evaluation*, Eurographics Seminars, Springer, 1991

[2] R. Berling; C. Du; M. Rosendahl, *RELCAD: A Relational CAD System with an Object Oriented Design*, Fachbericht Informatik 10/91, Universität Koblenz, 1991

[3] J.C.H. Chung; M.D. Schussel, *Comparison of Variational and Parametric Design*, SDRC, 1988

[4] K.-P. Greipel, *SIGRAPH-DESIGN: Ein CAD-System mit Relationen und Varianten*, in: J.L. Encarnacao; J. Hoschek; J. Rix (Hrsg.), *Geometrische Verfahren der Graphischen Datenverarbeitung*, Springer, 1990

[5] K. Kondo, *PIGMOD: Parametric and Interactive Geometric Modeller for Mechanical Design*, CAD, vol. 22, no. 10, Dec. 1990

[6] R. Light; D. Gossard, *Modification of Geometric Models through Variational Geometry*, CAD, vol. 14, no. 4, July 1982

[7] D. Roller; F. Schonek; A. Verroust, *Dimension-driven Geometry in CAD: A Survey*, in: W. Stra서; H.-P. Greipel (eds.), *Theory and Practice of Geometric Modeling*, Springer, 1989

[8] D. Roller, *Advanced Methods for Parametric Design*, in: H. Hagen; D. Roller (eds.), *Geometric Modeling: Methods and Applications*, Springer, 1991

[9] D. Serrano; D.C. Gossard, *Combining Mathematical Models with Geometric Models in CAE Systems*, in: *Proceedings of 1986 Computers in Engineering Conference and Exhibition*, Chicago, Illinois, July 1986

[10] G. Sunde, *A CAD System with Declarative Specification of Shape*, in: P.J.W. ten Hagen; T. Tomiyama (eds.), *Intelligent CAD Systems I: Theoretical and Methodological Aspects*, Eurographics Seminars, Springer, 1987

STEP - Grundlagen, Entwurfsprinzipien und Aufbau

R. Anderl
Institut für Rechneranwendung in Planung und Konstruktion
Universität Karlsruhe
7500 Karlsruhe 1, Kaiserstr. 12
Telefon: 0721/608-3374, Telefax: 0721/661138

Themenbereiche: Produktmodelle, Integration, Modell- und Datenaustausch

Schlüsselworte: Integriertes Produktmodell, STEP, Entwicklungsmethodik für STEP, Entwurfsprinzipien für Produktdatenmodelle

Kurzfassung

STEP steht für "Standard for the Exchange of Product Model Data" und bezeichnet eine Norm zum Austausch von Produktdaten. Die Entwicklung von STEP geht jedoch weit über eine Datenaustauschschnittstelle hinaus. Vielmehr wird ein Produktdatenmodell erarbeitet und genormt, das sich auf alle Funktionen der Datenverarbeitung auswirken wird. Im Rahmen des Beitrages werden die Grundlagen und die Entwurfsprinzipien für das STEP Produktdatenmodell vorgestellt. Darüber hinaus wird der Aufbau und Inhalt der zukünftigen STEP Norm präsentiert.

Abstract

The development of STEP (Standard for the Exchange of Product Model Data) is devoted to specify and to standardize a product data model which will not only effect data exchange but all the functions of product data processing. In this contribution the methodology and the design principles for developing the product data model are being presented. Furthermore, the structure of the future STEP standard and its content are explained.

1. Einleitung

STEP steht für "Standard for the Exchange of Product Model Data" und bezeichnet eine zukünftige Norm zum Austausch von Produktmodelldaten. Die Entwicklung von STEP wird in Arbeitsgruppen der internationalen Normungsorganisation ISO durchgeführt und zwar in ISO TC 184 SC 4. Der Stand der STEP Entwicklung ist bereits soweit fortgeschritten, daß erste Normentwürfe veröffentlicht werden und, sofern sie akzeptiert werden, zu Vornormen deklariert werden.

Die Entwicklung von STEP erfolgte zunächst um den Datenaustausch zwischen CAD-Systemen zu ermöglichen. Ziel war es dabei möglichst alle Daten über ein Produkt ohne Informationsverlust übertragen zu können. Erfahrungen aus der Entwicklung und Anwendung anderer Datenaustauschschnittstellen (wie z.B. IGES, Initial Graphics Exchange Specification) haben dazu geführt, das STEP-Produktdatenmodell formal zu spezifizieren. Im Verlauf der Entwicklungsarbeiten zu STEP hat sich jedoch damit gezeigt, daß mit STEP nicht nur eine Schnittstelle zum Produktdatenaustausch entsteht. Vielmehr ist eine Basis für eine neue Generation von Systemen der Informationstechnologie entstanden, das integrierte, kohärente Produktdatenmodell./KCIM-90/ Die Ausrichtung der Entwicklungsarbeiten zu STEP verfolgt bereits die Zielsetzung, dieses Datenmodell zu normen. Dieses Datenmodell wird dann nach geeigneten Abbildungsregeln auf verschiedene Funktionen der Datenverarbeitung abgebildet. Eine Funktion ist dabei der Austausch von Daten. Daneben gewinnen jedoch Funktionen wie Verwaltung (z.B. mit Datenbanken), Archivierung, interaktive Verarbeitung (z.B. in CAD-Systemen) zunehmend an Bedeutung.

Aus diesen wachsenden Ansprüchen heraus und resultierend aus dem Anforderungsprofil an STEP, wird die methodische Entwicklung der Spezifikation und der systematische Entwurf des Produktdatenmodells immer wichtiger. Im Rahmen dieses Beitrages werden die Grundlagen der Entwicklung von STEP sowie Prinzipien zum Entwurf des Datenmodells vorgestellt. Ebenso wird der Aufbau des Normentwurfs dargestellt und erläutert.

2. Grundlagen des STEP Produktdatenmodells

STEP zielt auf die Beschreibung eines Datenmodells, in dem sämtliche Merkmale eines Produktes abgebildet werden. Dieses STEP-Produktdatenmodell basiert hauptsächlich auf den folgenden Anforderungen:

1) das STEP Produktdatenmodell soll alle Produktmerkmale beinhalten, die während des gesamten Produktlebenszyklusses entstehen und zu verarbeiten sind,

2) dem STEP Produktdatenmodell soll ein kohärentes Datenmodell zugrunde liegen, damit der Informationsverlust beim Übergang von einer Phase des Produktlebenszyklus zu einer anderen und bei der Betrachtung des Produktes aus mehreren (anwendungsbezogenen) Sichten gegen null geht.

3) die Entwicklung des Produktdatenmodells muß unter Berücksichtigung der Funktionen zur Erstellung und zur Verarbeitung der Produktdatenmodelle erfolgen.

Daneben liegen der Entwicklung des STEP Produktdatenmodells Anforderungen zugrunde die sich auf seine Bedeutung als Schnittstellennorm beziehen. Diese Anforderungen umfassen Vollständigkeit, Archivierungsfähigkeit, Erweiterbarkeit, Effizienz, Kompatibilität mit anderen Normen (z.B. denen der Computer Graphik), Minimum an Informationseinheiten, Unabhängigkeit von der Hardware- und Softwareumgebung, Fähigkeit zur Bildung von anwendungsspezifischen Implementierungsvorgaben, Dokumentation, Validierung und Zertifizierung von STEP Software /GASS-89/.

Um diesen umfassenden Anforderungen gerecht zu werden, baut das STEP-Produktdatenmodell und seine Entwicklung auf den Grundlagen einer Methodik zur Produktdatenspezifikation, der Nutzung von Entwicklungsmethoden und -werkzeugen und auf einem bestimmten Ablauf der Modellspezifikation auf. Darüber hinaus beinflußt der Ablauf der Normung die Entwicklung des STEP Produktdatenmodells.

2.1 Methodik der Produktdatenspezifikation

Ausgehend von Erfahrungen die mit der Spezifikation und Implementierung von Schnittstellen zum Datenaustausch zwischen CAD-Systemen (wie z.B. IGES, Initial Graphics Exchange Specification) gemacht wurden, wurde für die STEP-Entwicklung eine methodische Vorgehensweise zur Produktdatenspezifikation entwickelt. Dieser Methodik liegen folgende Merkmale zugrunde:

* Unabhängigkeit des Produktdatenmodells von einer Implementierung,

* Objektorientierter Entwurf des Produktdatenmodells, d.h. Herleitung aus den Funktionen zur Erstellung und Verarbeitung des Produktdatenmodells

* Objektorientiertes Datenmodell,

* 3-Schichtenkonzept zur Beschreibung des Produktdatenmodells mit der Anwendungsschicht, der logischen Schicht und der physikalischen Schicht und

* Konsequente Herleitung der auf die Schichten bezogenen Spezifikationen über Abbildungsregeln (eng.: Mapping Rules).

Die methodische Vorgehensweise zur Produktdatenspezifikation kann in vier aufeinander folgende Phasen strukturiert werden /ANDE-89/. Diese sind die Konzeptphase, die Spezifikationsphase, die Validierungsphase und die Implementierungsphase.

In der Konzeptphase wird das Anforderungsprofil unter Berücksichtigung verschiedener Grundlagen und des Verhaltens des Datenmodells erstellt. Aufbauend darauf wird der Entwurf eines semantischen Datenmodells durchgeführt. Das Anforderungsprofil wird mit Hilfe von Methoden zur Funktionsanalyse ermittelt und in einem sogenannten Aktivitätenmodell (eng.: Activity Model, kurz AM) dargestellt. Dieses AM enthält die Beschreibung von Aktivitäten mit der Angabe der Datenflüsse zwischen den Aktivitäten. Die Erstellung des AM erfolgt mit Hilfe der Methode IDEFO (I-CAM Definition Method Nr. O). Der Entwurf des semantischen Datenmodells erfolgt mit Hilfe graphischer Entwurfsmethoden wie NIAM (Nijssen Analysis Method /NIHA-89/), IDEF 1x (I-CAM Definition Method No. 1 Extended) oder EXPRESS-G (Graphische Darstellungsmethode zu EXPRESS). Das Ergebnis des Entwurfs des semantischen Datenmodells wird auch als Referenzmodell (engl. Reference Model, kurz RM) bezeichnet.

In der Spezifikationsphase wird das semantische Datenmodell in eine formale Spezifikation überführt. Um das Datenmodell formal ausdrücken zu können, wurde die Spezifikationssprache EXPRESS ("EXPRESS is a language to express STEP") entwickelt /EXPR-91/. EXPRESS kann als eine Spezifikationssprache zur objektorientierten

Beschreibung konzeptioneller Schemata verstanden werden. Die wesentlichen Merkmale von EXPRESS sind

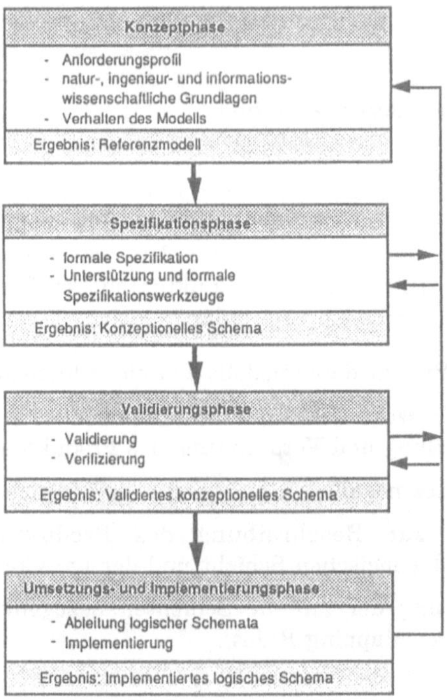

Bild 1:   *Methodische Vorgehensweise zur Produktdatenspezifikation*

- die Objektdefinitionen (ENTITIES) die Attribute enthalten und Vererbungshierarchien über Spezialisierungs- (SUBTYPE) und Generalisierungsmechanismen (SUPERTYPE) ausdrücken können. Attribute können Eigenschaften oder Referenzen zu anderen Objekten sein. Attribute können sogenannte lokale Regeln Bedingungen festlegen.

- die Einbindung von Objekten (ENTITIES) in einen vorgegebenen Kontext (SCHEMA) und

- die Verfügbarkeit globaler Regeln um Bedingungen zwischen Objektattributen auszudrücken.

In EXPRESS wird die formale Spezifikation des Produktdatenmodells erstellt. Im Prinzip werden dabei die Objekte aus dem semantischen Datenmodell in EXPRESS-Objekte abgebildet. Hierfür gibt es bereits Abbildungsregeln (engl. Mapping Rules). Ein Problem tritt jedoch bei der Abbildung der Semantik auf. Da dies zumindest heute noch sehr schwierig ist, werden die in EXPRESS formulierten Objektbeschreibungen ergänzt. Diese ergänzte Objektbeschreibung wird auch als interpretiertes Modell (engl.:

Interpreted Model, kurz IM) bezeichnet. Dieses interpretierte Modell, ausgedrückt in EXPRESS liegt dann in einer rechnerverarbeitbaren Form vor. Dies bedeutet, daß das STEP-Produktdatenmodell, sofern es digital und in EXPRESS formuliert vorliegt, direkt zur Erstellung von Software genutzt werden kann.

Die Validierungsphase hat zwei hauptsächliche Aufgaben. Einerseits dient sie zur Überprüfung ob das interpretierte Modell den Vorgaben aus dem semantischen Datenmodell genügt und andererseits werden in dieser Phase Kriterien zum sogenannten Konformitätstest entwickelt. Diese Konformitätskriterien umfassen Testfälle, Testkriterien und Testprozeduren, die eine STEP Software daraufhin prüfen soll, ob sie sich konform zur formalen Spezifikation, also konform zum interpretierten Modell verhält /CONF-91/.

Die Umsetzungs- und Implementierungsphase dient zur Abbildung der formalen Spezifikation in eine implementierungsgerechte Form. Dabei müssen im wesentlichen zwei Aufgaben gelöst werden:

1) Festlegung und Spezifikation eines Implementierungszieles, z.B. ein Format für eine sequentielle Datei, als Datenmodellschema für eine Datenbank, ein Archivierungsformat u.a.m. und

2) Festlegung und Spezifikation eines anwendungsabhängigen Implementierungsumfangs in Form eines sogenannten Anwendungsprotokolls. Diese Anwendungsprotokolle werden in gleicher Weise entwickelt wie das STEP-Produktdatenmodell selbst.

Anwendungsprotokoll und Spezifikation des Implementierungsziels stellen dann die Grundlagen für die Entwicklung einer STEP Software dar.

2.2 Entwicklungsmethoden und -werkzeuge

Die Methoden zur Analyse und zum Entwurf von Produktdatenmodellen können in Anlehnung an das Phasenmodell des Entwicklungsprozesses erläutert werden.

Die Konzeptphase erfordert zunächst eine Funktionsanalyse und den Entwurf des semantischen Datenmodells. Hierzu steht für die Funktionsanalyse die Methode IDEF0 zur Verfügung. Zum Entwurf des semantischen Datenmodells werden hauptsächlich zwei Methoden angewendet. Dies ist einerseits die aus IDEF1 entstandene Methode IDEF1x zum anderen die Methode NIAM. IDEF1x wurde, unter Berücksichtigung einiger Erweiterungen als EXPRESS-G (die graphische Darstellung von in der Sprache EXPRESS spezifizierten Datenmodellen) ausgeprägt. Die Bilder 2 und 3 zeigen die wesentlichen Konstrukte von EXPRESS-G und NIAM.

Die Spezifikationsphase sieht als Methode zur formalen Spezifikation die Spezifikationssprache EXPRESS vor. EXPRESS ist eine Spezifikationssprache zur objektorientierten Spezifikation von Datenmodellen. Die Angabe lokaler und globaler Regeln erlaubt die Definition von Zwangsbedingungen, von Abhängigkeiten innerhalb von

Datenobjekten sowie zwischen Datenobjekten. Bild 4 zeigt Konstrukte von EXPRESS. Eine graphische Repräsentation wird durch EXPRESS-G ermöglicht.

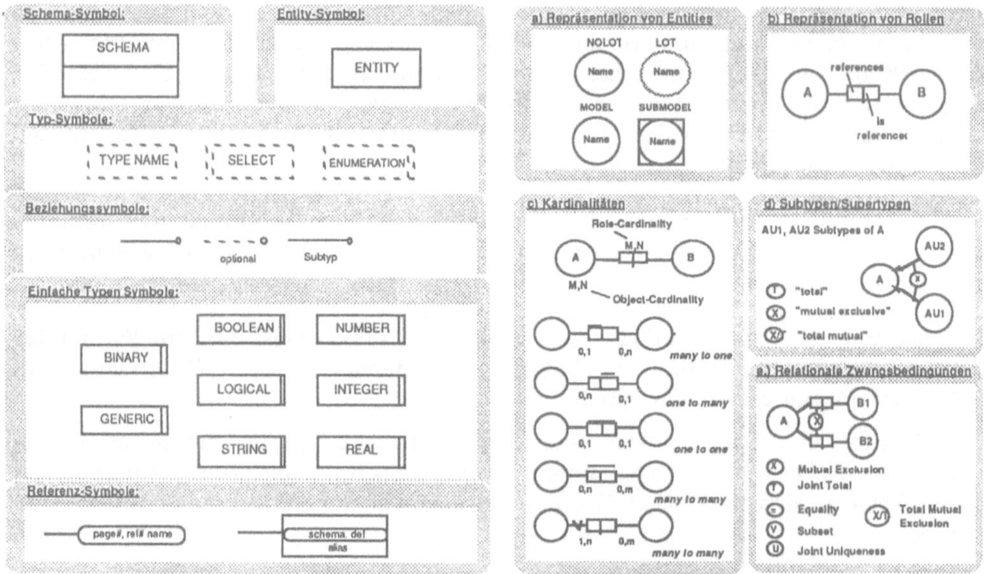

Bild 2:   EXPRESS-G Konstrukte

Bild 3:   NIAM Konstrukte

Zu Validierung des formal spezifizierten Produktdatenmodells werden Test- und Prüfverfahren genutzt. Wesentliche Anforderung ist dabei, eine Implementierung bezüglich ihrer Konformität zum formal spezifizierten Produktdatenmodell zu überprüfen. Die Validierung des formal spezifizierten Produktdatenmodells in bezug auf das semantische Datenmodell erfolgt dagegen meist manuell.

Die Implementierungsphase dient zur Festlegung der Darstellung des Produktdatenmodells in einem Implementierungsformat und zur Definition der anwendungsbezogenen Implementierungsvorschrift. Zur Festlegung des Implementierungsformates liegen derzeit drei Implementierungsziele vor:

• die physikalische, sequentielle Datei,

• das sogenannte Arbeitsformat (eng.: working format) und

• das Datenbankschema

Zur Spezifikation der Abbildung des Produktdatenmodells in eine physikalische Datei wird die erweiterte Backus-Naur-Form, die sogenannte Wirth-Syntax-Notation (kurz WSN) genutzt .

SCHEMA	☞	beinhaltet die Struktur, die den Kontext für die Definition der Entities vorgibt.
ENTITY	☞	modelliert einen Ausschnitt aus der Realität in einem bestimmten Kontext, und wird durch seine Attribute weiter spezifiziert.
TYPE	☞	repräsentiert die Verwendung der Entities: - Einfache Typen (Real, Integer, Boolean, ...) - Aufzählungstypen - Benutzerdefinierte Datentypen
RULE	☞	Definierte Zwangsbedingungen für die Daten von Instanzen - Local Rules (Where) - Global Rules (Rule)
SUPERTYPE/ SUBTYPE	☞	ermöglicht die Modellierung von Abstraktionsebenen
PROCEDURE/ FUNCTION	☞	ermöglicht die Definition von prozeduralen Algorithmen innerhalb des Konzeptionellen Schemas

Bild 4:   Elemente der formalen Beschreibungssprache EXPRESS

Die heute verfügbaren Softwarewerkzeuge zur Unterstützung dieser Methoden bauen hauptsächlich auf der rechnerverarbeitbaren, formalen Beschreibung des Produktdatenmodells auf und dienen zu seiner konsistenten und eindeutigen Definition. Die Abbildung des Produktdatenmodells in spezielle Implementierungen wird teilweise unterstützt. Bild 8 gibt einen Überblick über verfügbare Softwarewerkzeuge.

2.3   Ablauf der STEP-Produktdatenmodellentwicklung

Der Ablauf der STEP-Produktdatenmodellentwicklung ist ein iterativer Prozeß, der auf den vier Phasen aufbaut und die Beschreibungen für das Aktivitätenmodell, das Referenzmodell und das interpretierte Modell enthält. Die Iterationsschleifen in diesem Entwicklungsprozeß resultieren aus der Überprüfung von Kriterien zur

* Integration,

* Qualifikation und

* Interpretation.

Die Integration findet dabei sowohl anhand des Referenzmodells wie auch des interpretierten Modells statt. Es werden dabei Kriterien geprüft, die sich auf die Kohärenz des Datenmodells, die Redundanzfreiheit und auf die semantische Zusammengehörigkeit bzw. Beeinflußung von Objekten beziehen.

Die Qualifikation dient der Überprüfung, ob Sachverhalte und Konstrukte eindeutig beschrieben und einheitlich verwendet werden. Ebenso wird auf eine einheitliche Terminologie geachtet.

Die Interpretation dient der Unterscheidung von Objekten, die nicht aus anderen Objekten hergeleitet werden können und Objekten, die sich aus anderen Objekten ableiten. Dieses Ableiten kann z.B. eine Spezialisierung bedeuten, also die Verwendung des Vererbungsprinzips in dem ein Objekt als SUBTYPE eines anderen, bereits existierenden Objektes beschrieben wird (Bild 5).

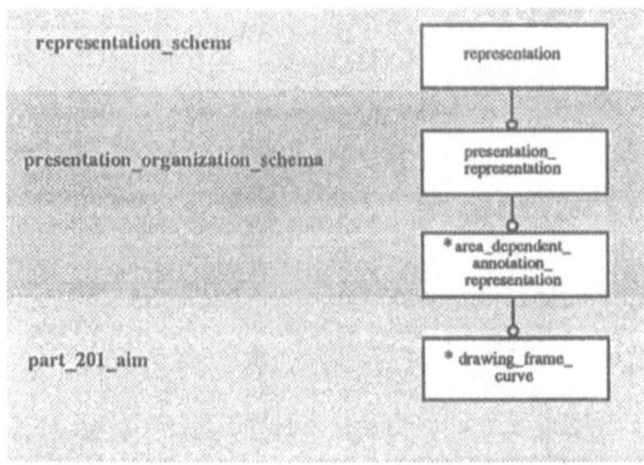

Bild 5:   Spezialisierung eines Datenobjektes

3. Entwurf des STEP-Referenzmodells

Das STEP-Produktdatenmodell soll möglichst alle Merkmale umfassen, die während des Produktlebenszyklus ein Produkt charakterisieren. Diese Anforderung beinhaltet, alle Daten abzubilden, die während der Entwicklung, Konstruktion, Planung, Fertigung, Montage, Qualitätssicherung, über die Wartung, Pflege und Instandhaltung bis hin zur Auflösung und Entsorgung eines Produktes entstehen. Das zu entwickelnde Datenmodell muß darüber hinaus ein integriertes, kohärentes Datenmodell sein, damit beim Durchschreiten der verschiedenen Phasen des Produktlebenszyklus keine Datentransformation erforderlich wird. Gelingt dies, so können Datenverarbeitungssysteme (z.B. CAD-, CAP-, CAM-Systeme) auf diese Datenmodelle zugreifen und sie als Integrationsbasis nutzen /GAHP-89, IMPA-91/.

Der STEP-Ansatz sieht hierfür einen Produktdatenmodellansatz vor, der auf kohärenten Partialmodellen basiert. Partialmodelle sind dabei definierte Teilmengen von Datenobjekten, die aufgrund einer ihr zugrundeliegenden Bedeutung zu einer solchen Teilmenge zusammengefaßt werden. So zählen beispielsweise die Datenobjekte für Linien, Flächen und Volumen zum Partialmodell der Geometrie. Kohärente Partialmodelle bezeichnen das Zusammenwirken mehrerer Partialmodelle (wie z.B. Geometrie und Toleranzen), wobei die Bedeutung (Semantik) für die beteiligten Partialmodelle abgestimmt werden muß /ANDE-89, PAET-91/.

Aus diesem Ansatz wird deutlich, daß die Auslegung und der Entwurf der Partialmodelle des STEP-Produktdatenmodells hauptsächlich im Rahmen des Entwurfs des semantischen Datenmodells erfolgen muß. Zur Erarbeitung des Produktdatenmodells sind dafür Entwurfsprinzipien erforderlich, die eine Beschreibung der zu modellierenden Teilmenge unterstützen. Würde man damit beginnen, so müßte man mit einem exponentiellen Anstieg der Datenobjekte rechnen, weil der gesamte Produktlebenszyklus berücksichtigt werden muß /GIEL-88/. Um dies zu vermeiden und um die Verkürzungsmerkmale für die Modellbildung geeignet zu wählen und deren Zusammenwirken zu beschreiben, wurden fünf Prinzipien zum Datenmodellentwurf entwickelt /GIEL-91a, Giel-91b/. Es sind dies die

- Spezialisierung,

- Integration von Sichten,

- Spezifizierung,

- Konkretisierung und

- Definition und Repräsentation.

Diese Entwurfsprinzipien stellen eine Grundlage dar, um den Entwurf des semantischen Datenmodells durchzuführen. Darüber hinaus führen sie zu einer Strukturierung der Entwurfsaufgabe und damit zu einer Reduzierung der Entwurfskomplexität.

3.1 Entwurfsprinzipien

Die genannten Entwurfsprinzipien werden kurz vorgestellt. Ausführliche Darstellungen sind in /GIEL-88, GIEL-91b, PAET-91/ zu finden. Zur Veranschaulichung dieser Entwurfsprinzipien werden Beispiele aus der Produktmodellierung angeführt.

Spezialisierung

Während Softwarehäuser die Entwicklung von Software bevorzugen, die für eine große Bandbreite von Produkten und Kunden geeignet sind, verlangen Kunden oft nach maßgeschneiderten Lösungen. Aus diesem Gegensatz heraus empfiehlt sich die Entwicklung von Modellen auf verschiedenen Spezialisierungsniveaus.

Aus allgemein entwickelten Konzepten lassen sich branchenspezifische Konzepte ableiten, aus denen dann wiederum unternehmensspezifische Modelle generiert werden können. Diese Vorgehensweise der zunehmenden Spezialisierung sorgt für einen effektiven Umgang mit entwickelten Konzepten. Auf allgemeinen Niveaus formulierte Eigenschaften gelten auch auf den unteren Ebenen, sie werden an die tiefer liegenden Niveaus vererbt.

Integration verschiedener Sichten

Experten aus verschiedenen Bereichen verfügen über unterschiedliche Informationsmodelle desselben Produkts. Ein integriertes Produktmodell muß diese verschiedenen Sichten auf ein und dasselbe Produkt miteinander verknüpfen. Bild 6 verdeutlicht dies am Beispiel der Konstruktions- und Produktionssicht.

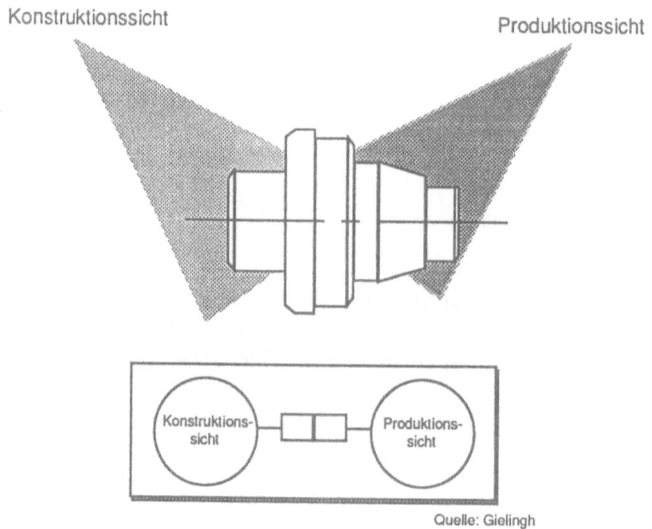

Bild 6:   Unterschiedliche Sichten auf ein Produkt

Spezifizierung

Zur Verminderung der Datenredundanz und zur Verwendung von Bibliothekslösungen muß die Nutzung von Daten zwischen Objekten einer Klasse angestrebt werden. Dieses Prinzip wird durch die Spezifizierungsdimension des Modells in drei Schritten zur Verfügung gestellt (Bild 7). Ausgehend von einer generischen Beschreibung des Objektes, das eine vollständige Parametrisierung der Merkmale enthält, kann durch Festlegung der Merkmale ein spezifisches Objekt festgelegt werden. Dieses Objekt legt so beispielsweise die Gestalt und die Materialeigenschaften einer Menge von Instanzen fest, die sich nur durch ihre Lage und Orientierung unterscheiden.

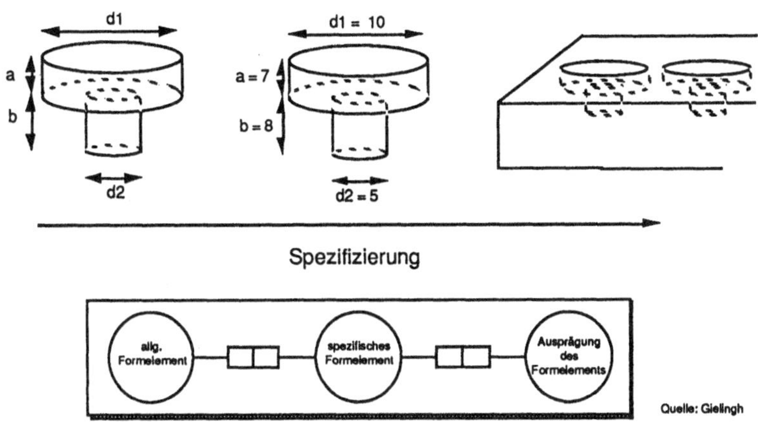

Bild 7:   Spezifizierung

Konkretisierung

Das Prinzip der Konkretisierung unterscheidet zwischen 3 Ebenen (Bild 8):

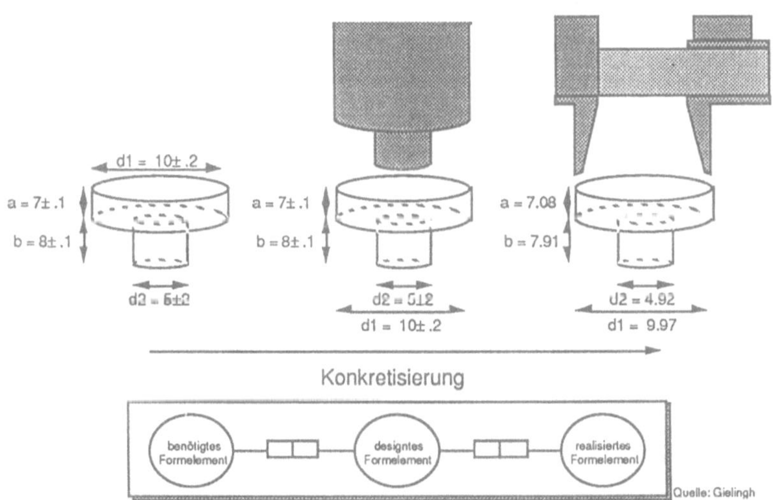

Bild 8:   Konkretisierung

- die Anforderungsebene beschreibt die Eigenschaften eines Produkts hinsichtlich seiner zu erfüllenden technischen Eigenschaften;

- die nächste Ebene beschreibt die aus den Anforderungen resultierende Konstruktion und zur Herstellung des Produktes notwendige Fertigungsabläufe;

- die letzte Ebene charakterisiert die resultierenden realen Eigenschaften des Produktes nach der Fertigung.

Definition und Repräsentation

DV-Systeme repräsentieren Produktmerkmale in unterschiedlichen Formen. Ein gutes Beispiel dafür ist die Produktgestalt: während ein Produkt nur eine (physikalische) Gestalt besitzt, kann diese z.B. als B-Rep, als CSG oder als FEM-Gitter dargestellt werden (Bild 9). Jede dieser Repräsentationen besitzt spezifische Vorteile und hat damit seine Berechtigung. Sie sind daher zulässig, müssen jedoch geeignet verwaltet werden.

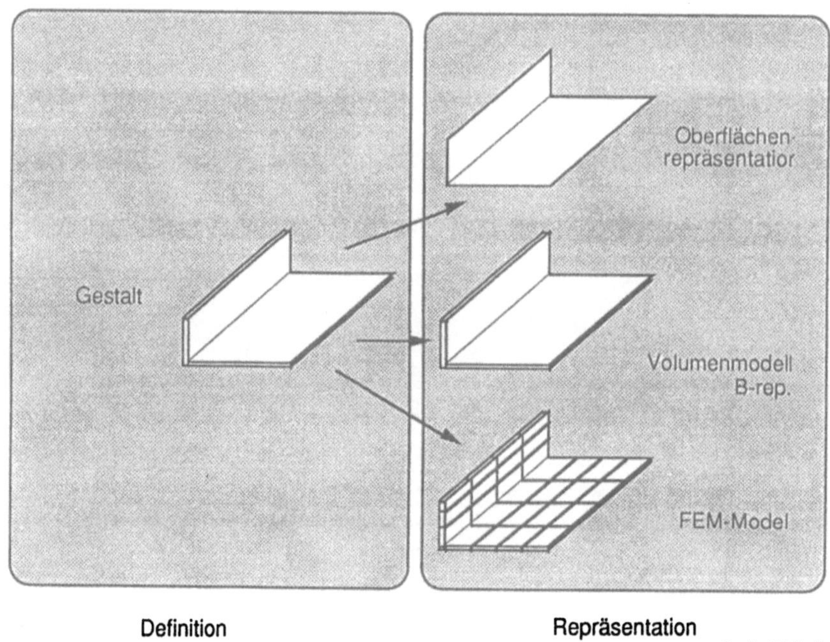

Bild 9:   Unterschiedliche Repräsentationen der Produktgestalt

3.2   Orthogonalität der fünf Prinzipien

Die fünf Entwurfsprinzipien werden als semantisch unabhängig voneinander verstanden, d.h. sie sind zueinander orthogonal. Ein Objekt des Produktdatenmodells kann daher zur gleichen Zeit Merkmale mehrerer Entwurfsprinzipien beinhalten. Bild 10 verdeutlicht dies am Beispiel eines spezifischen Fertigungsformelementes.

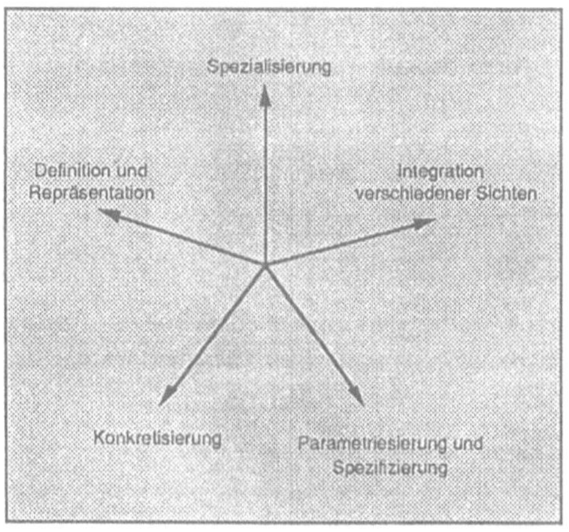

Bild 10:   *Orthogonalität der Entwurfsprinzipien*

3.3   Rechnerunterstützter Entwurf von Produktdatenmodellen

Zur Erstellung der Datenmodellentwürfe sind die vorgestellten Methoden kaum noch ohne Rechnerunterstützung handhabbar. Aus diesem Grund wurden Werkzeuge entwickelt, die den Entwurf der Datenmodelle unterstützen.

Für die grafische Beschreibungssprache NIAM existieren graphische Editoren, die eine komfortable Erstellung und Aufbereitung des semantischen Datenmodells erlauben /TNO-91/. In der Konzeptphase wird zum Entwurf des Produktdatenmodells ein grafischer oder textueller Editor benutzt. Damit kann das Modell erstellt und verändert werden. Für den Übergang von der Konzeptphase zur Spezifikationssphse ist ein Übersetzer verfügbar, der die grafische NIAM-Beschreibung des Referenzmodells in eine EXPRESS-Spezifikation, d.h. in ein Konzeptionelles Schema wandelt.

Aus der EXPRESS-Spezifikation des Produktmodells läßt sich mit Hilfe von Schemawandlern weitgehend automatisch ein Datenbankschema generieren (SQL, SDL-HODS) /Egge-88, Egge-89, PAET-91/.

4. Aufbau des STEP-Produktdatenmodells

STEP beschreibt eine zukünftige Norm (ISO10303-Teil 1 bis Teil n) zur neutralen Bereitstellung von Produktdaten. Kennzeichen der Norm sind einerseits ihr Aufbau und andererseits die Inhalte des Produktdatenmodells.

Der Aufbau der Norm sieht mehrerer Teile vor, die als Serien bezeichnet werden und nach ihrem Inhalt klassifiziert sind. Die folgenden Serien sind vorgesehen.

- ISO 10303 - 1 bis 20 Serie

  Diese Serie beschreibt Grundlagen und Aufbau von STEP.

- ISO 10303 - 11 bis 20 Serie

  Diese Serie enthält die Festlegung von Beschreibungs- und Spezifikationsmethoden. So ist ISO 10303-11 beispielsweise die vorgesehene Normbezeichnung für die Konstrukte der Spezifikationssprache EXPRESS.

- ISO 10303 - 21 bis 30 Serie

  Diese Serie umfaßt Implementierungsziele wie z.B. das sequentielle Dateiformat und die Datenbankzugriffsschnittstelle (STEP Data Access Inferface, kurz SDAI).

- ISO 10303 - 31 bis 40 Serie

  Diese Serie beschreibt Konzepte, Methoden und Kriterien zum Konformitätstest.

- ISO 10303 - 41 bis 100 Serie

  Dieser Serie beschreibt den Kern des Produktdatenmodells sowie die sogenannten "General Resources" (dt.: allgemeine Basismodelle; dies sind Basismodelle, die nicht aus einem Anwendungsgebiet entwickelt wurden wie z.B. das Geometriemodell)

- ISO 10303 - 101 bis 200 Serie

  Diese Serie beschreibt die sogenannten "Application Resources" (dt.: anwendungsbezogene Basismodelle; dies sind Basismodell die für bestimmte Anwendungen entwickelt wurden wie z.B. für das technische Zeichnen)

- ISO 10303 - 201 bis 300 Serie

  Diese Serie enthält die sogenannten "Application Protocols" (dt.: Anwendungsprotokolle; dies sind Auszüge und Spezialisierungen von allgemeinen und anwendungsabhängigen Basismodellen).

In Bild 11 wird ein zusammenfassender Überblick über den Umfang von STEP gegeben, der bis Ende '92 zur Norm geführt werden soll.

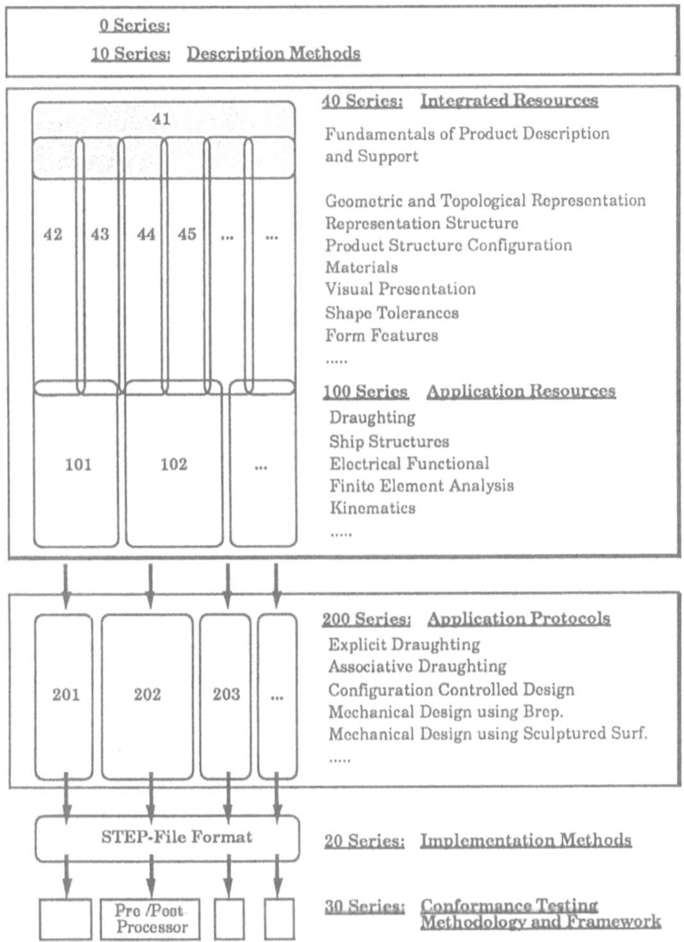

Bild 11:   Strukturierung von STEP

Während die ersten 4 Serien grundlegende Konzepte für die Spezifikation des STEP-Produktdatenmodells beschreiben, wird die eigentliche formale Spezifikation der STEP-Partialmodell in den Serien 41 - 200 festgelegt. Die Serie 201 - 300 schließlich enthält Implementierungsvorgaben in Form der Anwendungsprotokolle.

4.1   Kern des Produktdatenmodells

Der Kern des Produktdatenmodells wird in ISO 10303 - 41 "Fundamentals of Product Description and Support" beschrieben. Hierin wird ein Rahmenkonzept für den Aufbau eines Produktdatenmodells aus einer Menge von Partialmodellen festgelegt (Generic

Product Description Resources). Darüber hinaus werden Datenobjekte zur Verwaltung (Generic Management Resources) und zur Bennung (Support Resources) definiert.

Im Kern des Produktdatenmodells von STEP wird unterschieden zwischen

- Generic Product Description Resources

  Beschreibung der Struktur und Zusammenhänge der STEP-Basismodelle

- Generic Management Resources

  Beschreibung von Daten, die zur Handhabung und Kontrolle von Produktdaten notwendig sind (wie z.B. Datum, Verantwortlicher, Freigabestatus, ...)

- Support Resources

  Produktdaten, die allen Basismodellen gemeinsam sind (z.B. Identifier, Label, Text, Number, Index, ...)

Da STEP auch den Anspruch stellt ein generisches Produktmodell zu sein, wurden innerhalb der Generic Management Resources, Objekte festgelegt, die bei der expliziten Definition einer STEP Anwendung (in der Serie 200) erst eine ausgeprägte Semantik erhalten, d.h. sie werden anwendungsbezogen.

Die praktische Auswirkung dieses Kernmodells ergibt, daß in jeder STEP Implementierung allgemeine Konzepte des Kernmodells zur Verfügung stehen.

4.2 Anwendungsunabhängige Basismodelle

Die anwendungsunabhängigen Basismodelle umfassen Partialmodelle, die unabhängig von einem Anwendungsgebiet entwickelt wurden. Zu ihnen zählen die nachfolgenden Partialmodelle:

- Geometrie und Topologie (Geometric and Topological Represenation)

  Dieses Partialmodell enthält Datenobjekte zur Beschreibung von Geomtrie und Topologie. Es unterstützt Linien-, Flächen- und Volumengeometrie. Die Topologie spezifiziert die Struktur geometrischer Datenobjekte und stellt ihre Nachbarschaftsbeziehungen her.

- Schnittstellen zur Geometrie (Representation Structure)

  Dieses Partialmodell stellt eine logische Schnittstelle zur Geometrie dar. Dies bedeutet, daß andere Partialmodelle (z.B. Toleranzen) einen Bezug zur Geometrie aufbauen können ohne daß ihnen das wirklich zugrunde liegende Geometriemodell bekannt ist.

- Produktstruktur und -konfiguration (Product Structure Configuration)

  Dieses Partialmodell erlaubt die Abbildung von Erzeugnisstrukturen zur Ableitung von Stücklisten und Teileverwendungsnachweisen. Es unterstützt darüber hinaus Produktversionen, Konfigurationsvarianten und die Verfolgung der Weiterentwicklung eines Produktes.

- Materialien (Materials)

  Das Partialmodell Materialien bildet Materialeigenschaften eines Produktes ab. Werkstoffe können über die Materialelastizitätsmatrix und bestimmter Koeffizienten angegeben werden. Unterstützt wird die Beschreibung von homogenen Werkstoffen, Mischgefügen, glasfaserverstärkter Werkstoffe und Schichtwerkstoffe.

- Darstellungsmodell (Visual Presentation)

  Dieses Partialmodell beschreibt die Darstellungsparameter und -regeln zur bildlichen Darstellung der Inhalte der Partialmodelle.

- Toleranzen (Shape Tolerances)

  Dieses Partialmodell erlaubt die Abbildung von Abmessungs- Form- und Lagetoleranzen. Es ist in /HOLL-91/ näher beschreiben.

- Formelemente (Form Features)

  Das Partialmodell Formelemente beinhaltet die Beschreibung von Gestaltzonen (wie z.B. Einstich, Fase). Sie können explizit oder implizit beschrieben werden. Explizite Formelemente referenzieren die zu ihnen gehörenden Geometrieelemente. Implizite Formelemente geben eine Erzeugungsvorschrift vor, um die Gestaltzone zu berechnen.

- Unterstützung des Produktlebenszyklus (Produkt Life Cycle Support)

  Dieses Partialmodell repräsentiert verschiedene Phasen des Produktlebenszyklus und ordnet ihnen die Produktdaten zu.

Auf diesen anwendungsunabhängigen Basismodellen bauen anwendungsabhängige Basismodell auf.

4.3 Anwendungsabhängige Basismodelle

Anwendungsabhängige Basismodelle wurden unter Berücksichtigung von anwendungsbezogenen Funktionen entwickelt. Zu ihnen zählen:

- Technisches Zeichnen (Draughting)

  Dieses Partialmodell enthält Datenobjekte, die die Darstellung von Produkten auf einer technischen Zeichnung organisieren.

- Schiffsstrukturen (Ship Structures)

  Dieses Partialmodell beschreibt der Aufbau und die Struktur von Schiffen.

- Elektrische Funktionen (Electrical Functional)

  Dieses Partialmodell bildet den funktionellen Zusammenhang zwischen elektrotechnischen Bausteinen ab.

- Finite Elemente Analyse (Finite Element Analysis)

  Dieses Partialmodell enthält Datenobjekte zur Abbildung von Finite Elemente Strukturen. Es unterstützt ein-, zwei- und dreidimensionale Finite Elemente.

- Kinematik (Kinematics)

  Dieses Partialmodell enthält Datenobjekte zur Abbildung kinematischer Strukturen und zur Bewegung von Starrkörpern. Dies umfaßt die Beschreibung verschiedener Gelenke und der dazwischen liegenden Glieder.

Die hier beschriebenen Partailmodelle stellen den Umfang an Partialmodellen dar, die bis Ende '92 als ISO-Vornorm (Draft International Standard, kurz DIS) veröffentlicht werden sollen. Weitere Partialmodelle sind bereits in Arbeit.

4.4 Anwendungsprotokolle (Application Protocols)

In der Serie 201 - 300 von STEP werden die sogenannten Anwendungsprotokolle (Application Protocol) festgelegt. Ein Anwendungsprotokoll beschreibt einen Ausschnitt aus Partialmodellen und gibt vor, wie das Produktmodell von STEP zu verwenden ist.

Der Aufbau eines Anwendungsprotokolls umfaßt die folgenden Inhalte (Bild 12):

- Scope and Requirements

  Festlegung zwischen welchen Funktionen der Produktdatenverarbeitung im Rahmen des Anwendungsprotokolls berücksichtigt werden. D.h. Es werden die Anforderungen an das Anwendungsprotokoll gestellt.

- Application Reference Model

  Beschreibung eines Referenzmodells mit Begriffen der Anwendung. Das Referenzmodell ist ein semantisches Datenmodell, in dem die für die Datenverarbeitungsfunktionen benötigten Daten strukturiert beschrieben werden.

- Application Interpreted Model

  Das Referenzmodell wird auf Konstrukte der formalen Spezifikationssprache EXPRESS umgesetzt und um Rand- und Zwangsbedingungen ergänzt.

- Protocol Usage Guide

  Festlegung der Benutzung des Anwendungsprotokolls

- Conformance Requirements and Test Purpose

  Festlegung von Testkriterien für Implementierungen des Application Protocols.

Derzeit sind die folgenden Anwendungsprotokolle erarbeitet worden:

AP 201 Explicit Draughting (STEP Part 201)

  Austausch von Zeichnungsdaten auf der Basis einer expliziten Darstellung der Geometrie und der Bemaßung

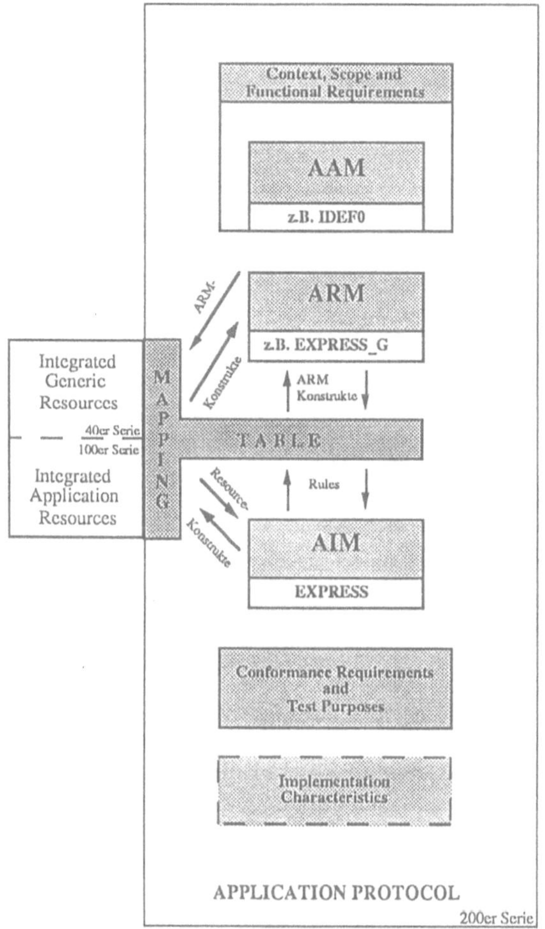

Bild 12:   Struktur eines Anwendungsprotokolls

AP 202 Associative Draughting (STEP Part 202)

Austausch von Zeichnungsdaten in Verbindung mit einem 3-D Wireframe-Geometriemodell

AP 203 Configuration Controlled Design (STEP Part 203)

Austausch von Produktstrukturdaten in Verbindung mit einem 3-D Wireframe-Geomtriemodell

AP 204 Mechanical Design using Boundary Representation (STEP Part 204)

Austausch von Boundary Representation Geometriemodellen mit der Einschränkung auf analytische Begrenzungsflächen.

AP 205 Mechanical Design using Sculptured Surfaces Representation (STEP Part 205)

Austausch von gekrümmten Kurven und Oberflächen-Geometrieinformationen (Freiformflächen).

Weitere Application Protocols z.B. für den Bereich Elektrik und Schiffsbau sind ebenfalls in Vorbereitung.

5. Zusammenfassung und Ausblick

Der Entwicklung des STEP Produktdatenmodells liegt eine methodische Vorgehensweise zugrunde. Diese Entwicklungsmethodik sieht eine sukzessive Erarbeitung des Produktdatenmodells vor. Ausgehend von einer Analyse von Funktionen zur Erstellung und Verarbeitung der Produktdaten wird zunächst ein Aktivitätenmodell aufgebaut, das das Anforderungsprofil für den Entwurf des semantischen Datenmodells liefert. Dieses semantische Datenmodell wird auch als Referenzmodell bezeichnet. Es als Vorgabe, aus der die formale Spezifikation des Produktdatenmodells abgeleitet wird. Diese formale Spezifikation wird auch als konzeptionelles Schema oder als integriertes Modell aufgefaßt. Diese formal Spezifikation ist Gegenstand der Normung. Aus der formalen Spezifikation werden Implementierungsvorgaben, sogenannte Anwendungsprotokolle entwickelt, die zusätzlich um Konformitätstestkriterien ergänzt werden. Es wurde ausgeführt, daß in allen Phasen der STEP Produktmodellentwicklung Methoden und Softwarewerkzeuge eingesetzt werden.

Zum Entwurf des semantischen Datenmodells müssen verschiedene Entwurfsprinzipien berücksichtigt werden. Diese sind die Spezialisierung, die Konkretisierung, die Instanziierung, die Integration verschiedener Sichten, sowie die Definition und Repräsentation. Mit Hilfe dieser Entwurfsprinzipien können die verschiedenen Aspekte des Produktlebenszyklus in das Produktdatenmodell einfließen.

Schließlich wurde der Aufbau der künftigen STEP Norm und dessen Inhalt vorgestellt. Von besonderer Bedeutung sind dabei der Kern des Produktdatenmodells, die allgemeinen Basismodelle, die anwendungsbezogenen Basismodelle und die Anwendungsprotokolle.

Auch wenn für das STEP Produktdatenmodell heute zunehmend Implementierungen erfolgen und die Einführung von STEP für die industrielle Praxis absehbar ist, so sind die Forschungs- und Entwicklungsarbeiten damit noch nicht beendet. Zukünftige Aufgabenstellungen umfassen unter anderem

- die Entwicklung einer Methode und zugehöriger Werkzeuge die einem objektorientierten Entwurf des semantischen Datenmodells unterstützen. Dabei müssen Funktionen und Daten gemeinsam spezifizierbar sein.

- die Entwicklung von Migrationsmethoden und Werkzeuge um zwischen den zu modellierenden Produktzuständen im Produktlebenszyklus eine kohärente Modellfortschreibung zu erhalten und

- die Erweiterung des STEP Produktdatenmodells um weitere Partialmodelle wie z.B. die der Fertigungsplanung, der Produktfunktionalität, der physikalischen Wirkprinzipien, der Einbettung von Software als Teil eines Produktes und der

Einbettung von Norm- und Zukaufteilen. Darüber hinaus besteht eine Notwendigkeit Bibliotheken im STEP Produktdatenmodell bereitzustellen.

Die Akzeptanz von STEP durch Entwickler, Anbieter und Anwender wird jedoch entscheidend für seinen Erfolg sein. Deshalb kommt einer Normung der STEP Spezifikation eine Schlüsselstellung für künftige DV-Systemgenerationen zu.

Literatur

/ANDE-89/   Anderl R.: Integriertes Produktmodell; ZwF Jahrg. 84 (1989), Heft 11

/CONF-91/   N.N.: ISO CD 10303-31: Conformance Testing Methodology and Framework - General Concepts TC 184 SC 4, N 75, 14. Jan. 1991

/EGGE-88/   Eggers J.: Implementing EXPRESS in SQL; ISO TC 184 SC 4 WG 1, N 292, Oktober 1988

/EGGE-89/   Eggers J.: The MCDonell Douglas Advanced Technology Data Dictionary; ISO TC 184 SC 4 WG 1, Februar 1989

/EXPR-91/   N.N.: ISO CD 10303-11: Product Data Representation and Exchange - Part 11: The EXPRESS Language Reference Manual: TC 184 SC 4; N 83, 31. Mai 1991

/GAHP-89/   Grabowski H.; Anderl R.; Holland-Letz V.; Pätzold B.: An Integrated CAD/CAM-System for Product and Process Modelling; International Symposium on Advanced Geometric Modelling for Engineering Applications; IFIP, Berlin 1989

/GASS-89/   Grabowski H.; Anderl R.; Schilli B.; Schmitt M.: STEP-Entwicklung einer Schnittstelle zum Produktdatenaustausch; VDI-Z 131, Nr. 9, 1989

/GIEL-88/   Gielingh W.F.: General AEC Reference Model (GARM): ISO TC 184/SC 4/WG 1, N 329, October 1988

/GIEL-91a/   Gielingh W.F.: The IMPPACT Reference Model for integrated Manufacturing; IMPPACT Workshop, Berlin 1991

/GIEL-91b/   Gielingh W.F.; de Bruijn W.; Böhms M.; Suhm A.; Cremer R.; Bassan J.: An open architecture for information integration of CIM modules; CAPE '91 Bordeaux, S. 739 - 748, Elsevier North Holland 91

/GRAS-89/   Grabowski H.; Anderl R.; Schmidt M.: Das Produktmodellkonzept von STEP; VDI-Z 131, Nr. 12, 1989

/HOLL-91/   Holland M.: Das STEP-Toleranzmodell; VDI-Z 133, Nr. 10, 1991

/IMPA-91/   N.N.: Proceedings zum IMPPACT Workshop; Berlin 1991

/KCIM-90/   N.N.: Jahresbericht der CIM-AG CAD; DIN Berlin 1990

/NIHA-89/   Nijssen G.M.; Halpin T.A.: Conceptual Schema and Relational Database Design (A Fact Oriented Approach) Prentice Hall 1989, ISBN 0-7248-0151-0

/PAET-91/   Pätzold B.: Integration rechnerunterstützter Verfahren für die Konstruktion auf der Basis eines objektorientierten Produktmodellansatzes; Dissertation, Institut für Rechneranwendung in Planung und Konstruktion, Universität Karlsruhe, 1991

/TNO-91/   N.N.: Configurable Graphical Editor Users Guide; TNO, Februar 1991

/WILS-91/   Wilson P.: Processing Tools for EXPRESS; Rensselaer Polytechnic Institute, March 1991

Entwicklung eines Toleranzenmodells zur Behandlung von Maß-, Form- und Lagetoleranzen

Prof. Dr.-Ing. Dierk G. Feldmann
Dipl.-Ing. Sylvia Jörgensen-Rechter
Technisch Universität Hamburg-Harburg
Arbeitsbereich Konstruktionstechnik I
Denickestr.17
2100 Hamburg 90

Zusammenfassung

Die Nennmaßgeometrie eines Werkstücks läßt sich nicht herstellen, es kommt zu Fertigungsabweichungen. Zur vollständigen Werkstückbeschreibung gehören daher Toleranzangaben, durch die die zulässigen Gestaltabweichungen festgelegt werden.

Das Referat beschreibt zunächst den Tolerierungsprozeß und erläutert, wie CAD-Unterstützung bei der Toleranzfestlegung und Toleranzanalyse aussehen kann und welche Vorteile sie bietet. Anschließend werden die Toleranzanalyseprogramme DESIMAT (Maßtoleranzanalyse) und ATAIR (Analyse von Form- und Lageabweichungen) vorgestellt. Aus der Beschreibung der Anforderungen an ein CAD-System, das optimale Voraussetzungen für die Kopplung mit Toleranzanalyseprogrammen mitbringt, wird die Notwendigkeit zum Aufbau eines Datenmodells hergeleitet, in dem Toleranz- und Geometriedaten assoziativ sind. Es werden die Schritte zur Erzeugung eines Toleranzenmodells aus dem CAD-Modell und dessen Datenstruktur erklärt. Die Beschreibung der Auswertung des Toleranzenmodells durch das Programm ATAIR sowie die Betrachtung des Toleranzenmodells als Teil des Produktmodells bilden den Abschluß des Referats.

Abstract

The nominal size of an assembly is a non-existant ideal geometry. There always will be deviations caused by manufacturing. That's why it is necessary to determine allowed deviations by the specification of tolerances.

First the report describes the process of tolerancing. It explains the advantages and the possibility of supporting tolerance specification and tolerance analysis by CAD. Two programs for tolerance analysis will be introduced: DESIMAT for analysing dimensional tolerances and ATAIR for analysing deviations of form and position. Describing the constraints for the interaction of a CAD-system and a program for tolerance analysis and asking for the requirements such a CAD-system has to fulfill, it will lead to a new CAD-data-model in which tolerance data and geometry data are associative. The steps of generating this "tolerance-model" out of a CAD-model and its structure of data will be explained. Then the evaluation of data from the tolerance-model by the program ATAIR will be described. At the end the report shows further opportunities of using the datas of the tolerance-model as a part of a product-data-model.

1. Einführung

Eine eindeutige und vollständige Bauteilbeschreibung erfordert neben der Abbildung der idealen Bauteilgeometrie auch die Angabe der zulässigen Abweichungen, da sich die Idealgeometrie auch mit hochpräzisen Werkzeugmaschinen nicht herstellen läßt. Die zulässigen Abweichungen von Maß, Form und Lage müssen durch entsprechende Toleranzen festgelegt werden. Die Wahl der Toleranzen und deren Werte hat entscheidenden Einfluß auf die Funktionsfähigkeit des Teils wie auch auf die Herstellkosten.

Optimale Toleranzfestlegungen durch den Konstrukteur sowie deren kompromißlose Einhaltung bei der Fertigung sind unabdingbare Voraussetzungen für die Produktqualitätssicherung. Die CAD-Technologie bietet sowohl bei der Tolerierung als auch bei der Toleranzverarbeitung Möglichkeiten der Unterstützung, die bisher noch nicht ausreichend genutzt werden.[1]

2. Möglichkeiten der CAD-unterstützung bei der Tolerierung

2.1 Tolerierungsprozeß

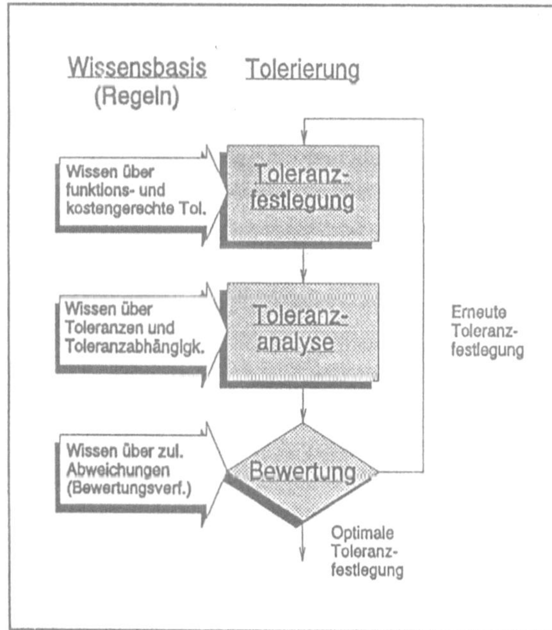

Bild 1: Iterativer Prozeß der Tolerierung

Bild 1 zeigt den iterativen Prozeß der Tolerierung.

Bei der Toleranzfestlegung sind die betrieblichen Fertigungs- und Prüfmöglichkeiten und die resultierenden Herstellkosten zu beachten. Der geringste Fertigungsaufwand wird durch eine Toleranzfestlegung erreicht, bei der möglichst viele Toleranzwerte den Allgemeintoleranzen entsprechen. Dem Konstrukteur müssen außerdem die Grenzen der Funktionsfähigkeit bekannt sein, denn er muß wissen, wann die Funktion eines Formelements es erforderlich macht, von den Allgemeintoleranzen abzuweichen und engere Toleranzen festzulegen.

Auf die Toleranzfestlegung folgt die Toleranzanalyse. Um die Auswirkungen der Toleranzangaben auf die Bauteilgestalt richtig beurteilen zu können, hat der Konstrukteur eine Vielzahl von Toleranzabhängigkeiten und Wechselwirkungen zu beachten. Zu diesen gehören Maßtoleranzsummationen abhängiger Maße, die Beziehungen von Form- und Lagetoleranzen zueinander sowie die Wechselwirkungen zwischen Maßtoleranzen und Form- und Lagetoleranzen.

Die anschließende Bewertung der Ergebnisse der Toleranzanalyse führt zu einer Bestätigung der Toleranzangaben oder zu einer erneuten Toleranzfestlegung mit dem Ziel, die in Bezug auf Funktionsfähigkeit und Herstellkosten optimalen Toleranzen zu finden.

2.2 Vorteile der CAD-Unterstützung bei der Tolerierung

In der Praxis stellt sich die Tolerierung oftmals nicht so systematisch dar. Die Auswertung einer Industriebefragung zu diesem Thema hat ergeben, daß der Konstrukteur die Aufgabe des Tolerierens vielfach nicht professionell betreibt. Obwohl die Bedeutung einer systematischen und detaillierten Toleranzanalyse für eine verläßliche und überprüfbare Toleranzfestlegung nicht bestritten wird, stehen dem Zeitmangel und unvollkommendes Beherrschen der Methoden gegenüber. Die Folge sind intuitive Toleranzfestlegungen und "Angsttoleranzen".

Diese Tatsache hat zu der Überlegung geführt, daß eine Rechnerunterstützung bei der Tolerierung wesentliche Vorteile bringen wird [2]. Da der Arbeitsplatz des Konstrukteurs heute zunehmend ein CAD-Arbeitsplatz ist, ist es naheliegend, nach den Möglichkeiten heutiger CAD-Systeme hinsichtlich einer Unterstützung des Konstrukteurs bei der Tolerierung zu fragen. Die Antwort ist nicht befriedigend. Die Leistungen derzeitiger CAD-Systeme beschränken sich auf die Benutzerführung beim Eintragen von Bemaßungen mit Maßtoleranzen und auf das Bereitstellen von Menüfunktionen zum Eintragen der Symbole der Form- und Lagetoleranzen sowie der Bezugssymbole.

Eine solche Unterstützung ist unzureichend. Um bei der Tolerierung effizienter arbeiten zu können, benötigt der Konstrukteur ein Hilfsmittel zur Toleranzfestlegung und ein Werkzeug zur Toleranzanalyse, die beide in das CAD-System integriert sein müssen.
Zur Unterstützung der Toleranzfestlegung muß unter anderem Wissen über funktionserforderliche Toleranzen, mögliche Fertigungs- und Prüfverfahren, betriebsübliche Genauigkeiten, Allgemeintoleranzen und Kostenabhängigkeiten bereitgestellt werden. Das könnte erreicht werden durch ein Informationsverwaltungssystem, das die Interaktivität und Dialogfähigkeit des CAD-Systems für die Suchläufe in einer angebundenen Datenbank einsetzt.

Zur Unterstützung der Toleranzanalyse muß ein Programmpaket an das CAD-System angebunden werden, das dem Konstrukteur die Auswirkungen seiner Toleranzfestlegungen schnell und deutlich vor Augen führt [3]. Durch ein solches Programm lassen sich bisher sehr zeitaufwendige Tätigkeiten wie das Zusammenstellen der für die Toleranzanalyse benötigten Fakten (Allgemein- und ISO-Toleranzangaben) durch Zugriff auf gespeicherte Normendateien beschleunigen. Komplexe Tätigkeiten wie das Verarbeiten der Regeln über Toleranzabhängigkeiten werden durch Programmroutinen für den Konstrukteur einfach und sicher. Ein Programm zur Toleranzanalyse mit einer geeigneten Benutzerführung zwingt durch seinen vorgegebenen Programmablauf zu einer systematischen Durchführung der Toleranzanalyse [4]. Die Ergebnisse sind dadurch nachvollziehbar, liegen schnell vor und sind fehlerfrei. Verläßliche Ergebnisse und die Durchführung der Toleranzanalyse am CAD-Bildschirm sind wichtig, damit die durchgängige Konstruktionstätigkeit durch die Toleranzanalyse nicht behindert wird. Ein weiterer Vorteil der CAD-Unterstützung liegt darin, daß die zu verarbeitenden Daten (Geometrie, Bemaßungs- und Toleranzangaben) bereits im CAD-System vorhanden sind, und damit der Eingabeaufwand gegenüber einem CAD-unabhängigen Programm entfällt.

2.3 Programme zur CAD-gestützten Toleranzanalyse

Bei der Toleranzanalyse kann zwischen Maßtoleranzanalyse und der Analyse von Form- und Lageabweichungen unterschieden werden.

Bei der Maßtoleranzanalyse geht es allein um die Überprüfung von Maßketten, d.h. die Berechnung von Schließmaßen und Schließmaßtoleranzen [5]. Ein Programm zur CAD-gestützten Maßtoleranzanalyse ist das Programm DESIMAT, das in den 2D-Teil des CAD-Systems DESIKON eingebunden ist [6]. Für die Berechnung des horizontalen oder vertikalen Schließmaßes und dessen oberem und unterem Abmaß müssen dem Programm die an der Maßkette beteiligten Maße bekannt sein. Diese lassen sich vom Benutzer interaktiv in der CAD-Zeichnung identifizieren.

Bild 2 zeigt an einem Beispiel den Aufbau der Maßkette zur Berechnung des zulässigen Abstands der Bohrung D4 von der Bauteilwand.

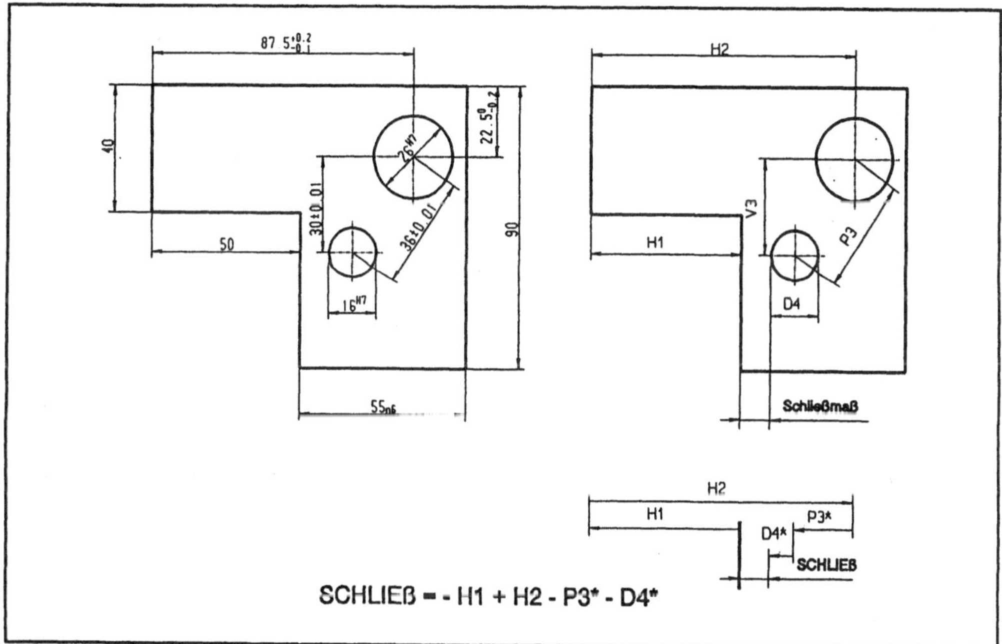

Bild 2: Schließmaßberechnung mit dem Programm DESIMAT

Bei der Maßkettenbildung werden "Symmetriemaße" (Maße an symmetrischen Elementen, bei denen nur die Hälfte des Maßes ein Glied in der Maßkette bildet, Maß D4), Winkelmaße sowie Längenmaße, die nicht in Richtung des Schließmaßes liegen (Maß P3), ausgewertet. Für Maßketten-glieder mit ISO-Toleranzangaben oder Glieder ohne Toleranzangaben (Maß D4, Maß H1) sucht sich das Programm automatisch die Werte für oberes und unteres Abmaß nach DIN/ISO 7160 oder DIN/ISO 7161 (ISO-Toleranzen) bzw. die Allgemeintoleranzwerte für Winkel-, Radien- oder Längenmaße nach DIN 7168 T1.

Ein Programm zur <u>Analyse von Form- und Lageabweichungen</u> ist das Programm ATAIR. Um die zulässigen Form- und Lageabweichungen eines Bauteils bestimmen zu können, wird das Bauteil zuerst in seine zu analysierenden Geometrieelemente zerlegt. Dann werden die in der Zeichnung enthaltenen Maß-, Form- und Lagetoleranzen, das Tolerierungsprinzip (Hüllprinzip, Unabhängigkeitsprinzip, Maximum-Material-Prinzip) und die Allgemeintoleranzen der nicht explizit angegebenen Form- und Lagetoleranzen durch die verschiedenen Regeln über Toleranzabhängigkeiten ausgewertet [7]. Durch das Programm ATAIR erhält der Konstrukteur ein Hilfsmittel, um interaktiv die maximalen Formabweichungen der einzelnen Geometrieelemente abzufragen, die sich aus seinen Toleranzangaben ergeben. Er kann kontrollieren, welche maximalen Formabweichungen möglich sind, wenn keine Toleranzangaben eingetragen worden sind, also die Allgemeintoleranzen gelten; und er kann außerdem die Positions- und Richtungsabweichungen der Geometrieelemente überprüfen, wenn er die gewünschten Bezugselemente angibt.

Ein Beispiel dafür, welche Auswirkungen Toleranzen auf die zulässige Bauteilgestalt haben können, wird in Bild 3 an einem zylindrischen Geometrieelement gezeigt, für das nach dem Unabhängigkeitsprinzip eine Rundheits- und Geradheitstoleranz festgelegt wurden [8].

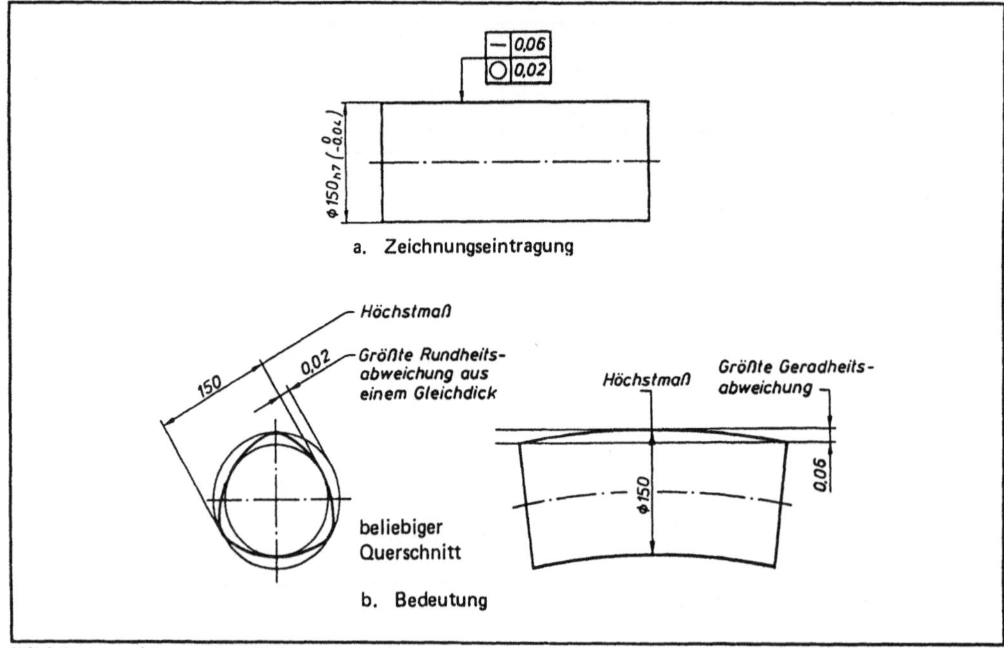

Bild 3: Auswirkung der Toleranzangaben auf die zulässige Bauteilgestalt

3. Toleranzenmodell

3.1 Anforderungen an ein CAD-System zur Anbindung eines Toleranzanalyseprogramms

Bei der Suche nach Lösungskonzepten für die CAD-Unterstützung der Toleranzanalyseprogramme sollte eine möglichst CAD-Systemneutrale Lösung gefunden werden. Ziel war es, die Programme durch einen entsprechenden Kopplungsbaustein mit jedem geeigneten CAD-System verbinden zu können [9]. Bei der Analyse marktüblicher CAD-Systeme hinsichtlich ihrer Eignung zeigten sich schnell die Grenzen und Schwachstellen heutiger CAD-Systeme.

Für die Toleranzanalyseprogramme DESIMAT und ATAIR soll durch die CAD-Kopplung erreicht werden, daß die in den CAD-Zeichnungsdaten enthaltenen Toleranzdaten zur Auswertung in das Programm übertragen werden. Das Problem der CAD-Kopplung liegt darin, daß die vom Benutzer eingegebenen Toleranzen für Maß, Form und Lage vom CAD-System nur als Texte und Symbole für die Zeichnungserstellung verstanden werden. Sie haben in der Datenstruktur keinen Bezug zu ihren Geometrieelementen. Ein Programm kann Toleranzdaten ohne Bezug zur Geometrie aber nicht auswerten.

Damit das Programm DESIMAT selbständig überprüfen kann, ob der Aufbau einer Maßkette korrekt ist, muß ihm die Art der Bindung der tolerierten Maße an das Bauteil bekannt sein. Eine solche Bindung geschieht üblicherweise beim Betrachten einer technischen Zeichnung, in der durch die Maßhilfslinien die Verbindung von Maß und Toleranz zur Bauteilkontur hergestellt wird. Eine aus den CAD-Daten herausgefilterte Maßzahl mit Toleranzangaben läßt sich für die automatische Überprüfung der Maßkettenbildung nicht verwenden, da nicht bekannt ist, was bemaßt wurde und in welcher Wechselwirkung es zu anderen Maßen steht. Die Maßtoleranzen haben also, wenn überhaupt, nur eine Bindung an das entsprechende Bemaßungselement, sind aber nicht assoziativ zur Geometrie. [10]

Für das Programm DESIMAT ließ sich über eine "Hilfskonstruktion" auch ohne eine neue Datenstruktur eine zufriedenstellende 2D-CAD-Kopplung erreichen. Über die vom Benutzer identifizierten Maße lassen sich die zu dem Bemaßungselement gehörenden Maßhilfslinien finden. Die Anfangspunkte der Maßhilfslinien können als charakteristische Geometriepunkte interpretiert werden, über die die Verbindung zur Bauteilgeometrie hergestellt und die Überprüfung der Maßkette durchgeführt werden kann.

Bei der CAD-Kopplung eines Programms zur Toleranzanalyse für Form und Lage stellen sich Probleme, die sich nicht durch "indirekte" Assoziation lösen lassen. Die Toleranzanalyse für Maß, Form und Lage ist eine 3D-Problematik [11]. Nur im 3D-CAD-Modell sind die zur Toleranzanalyse notwendigen Beziehungen der einzelnen Geometrieelemente verschiedener Ordnung enthalten. Ein geeignetes 3D-CAD-Modell muß so aufgebaut sein, daß die Flächen und Kanten des Bauteils von einem angebundenen Programm als solche erkannt werden können und sich innerhalb ihrer hierarchischen Struktur ansprechen lassen. Voraussetzung dazu ist das Vorhandensein einer geeigneten Schnittstelle. Durch sie muß das Programm Zugriffsmöglichkeit auf Bemaßungs- und Geometriedaten sowie auf Toleranzangaben haben und Toleranzanalyseergebnisse wieder in das CAD-Systen übertragen können. Hinsichtlich der Geometriedaten entsprechen einige 3D-CAD-

Systeme dieser Forderung. Für die Toleranzanalyse ist aber nicht nur die Zugriffsmöglichkeit auf 3D-Geometrieelemente notwendig sondern auch die Verfügbarkeit von Bemaßungs- und Toleranzangaben. Die Forderung nach Bemaßungs- und Toleranzangaben in 3D wird bisher von keinem am Markt erhältlichen CAD-System erfüllt. Es gibt zwar einige wenige Systeme, bei denen eine 3D-Bemaßung möglich ist, jedoch können keine Toleranzangaben gemacht werden. Ein großes Hemmnis für die Entwicklung von Bemaßungs- und Tolerierungsfunktionen in 3D ist, daß die in DIN 406 und DIN/ISO 1101 genormten Bemaßungs- und Toleranzangaben für die Darstellung in 2-dimensionalen technischen Zeichnungen entwickelt wurden und für die Festlegung der Maße und Toleranzen in 3D-Modellen nicht ohne weiteres geeignet sind [12]. Bemaßung und Tolerierung werden immer noch ausdrücklich als Aufgaben der Zeichnungserstellung betrachtet. Bei den meisten Systemen dient daher der 3D-Modus des CAD-Systems ausschließlich der Modellierung des Bauteils, zum Bemaßen und Tolerieren müssen die entsprechenden Ansichten des Modells in den 2D-Modus übertragen werden. Für die an einer 2D-Bauteilansicht eingetragenen Toleranzen ist eine Bindung an das dreidimensionale Bauteilmodell nicht vorgesehen. Das Programm ATAIR kann allein aus Toleranzangaben, losgelöst von der tolerierten Geometrie, keine Aussagen über zulässige Bauteilabweichungen ableiten. Es ist nicht ausreichend zu wissen, daß z.B. eine Geradheitstoleranz in den CAD-Zeichnungsdaten enthalten ist, es muß außerdem bekannt sein, auf welches Formelement sie sich bezieht, um überprüfen zu können, ob es weitere Toleranzangaben (z.B. Parallelitätstoleranz oder Ebenheitstoleranz) für dieses Element gibt, aus denen sich auch Einschränkungen der zulässigen Geradheitsabweichung ergeben können.

Damit die für Toleranzanalysen erforderlichen Geometrie-, Bemaßungs- und Toleranzdaten ausgewertet werden können, müssen entweder Bemaßungs- und Tolerierungsmöglichkeiten in 3D mit Bezug zu ihren Geometrieelementen geschaffen werden oder für die im 2D-Modus an die Bauteilkonturen angetragenen Bemaßungen und Toleranzen die Assoziativität zur 3D-Geometrie erhalten bleiben bzw. aufgebaut werden [13]. Letzteres ließe sich durch ein 3D-Attributierungssystem erreichen, das die Möglichkeit bietet, auswertbare Toleranzinformationen und Bezugsangaben an Geometrieelemente anzubinden.

3.2 Aufbau des Toleranzenmodells

Aufgrund fehlender Leistungen derzeitiger CAD-Systeme ist es zur Zeit noch nicht möglich, ein Toleranzanalyse-Programm direkt mit dem CAD-System zu verbinden; es ist in einem Zwischenschritt der Aufbau eines geeigneten Datenmodells nötig.
In Bild 4 ist die Vorgehensweise für die Erzeugung des Toleranzenmodells dargestellt. Die Umwandlung der CAD-Konstruktionsdaten in ein objektorientiertes Datenmodell geschieht in 3 Schritten.

Schritt 1:
Die CAD-Geometriedaten werden interpretiert und das Bauteil in einzelne zu analysierende Grundkörper zerlegt, wie Zylinder, Quader oder Kegel. Im Toleranzenmodell werden nicht nur die einzelnen Geometrie-Grundkörper des Bauteils abgelegt, sondern auch die darin enthaltenen Flächen- und Linienelemente.

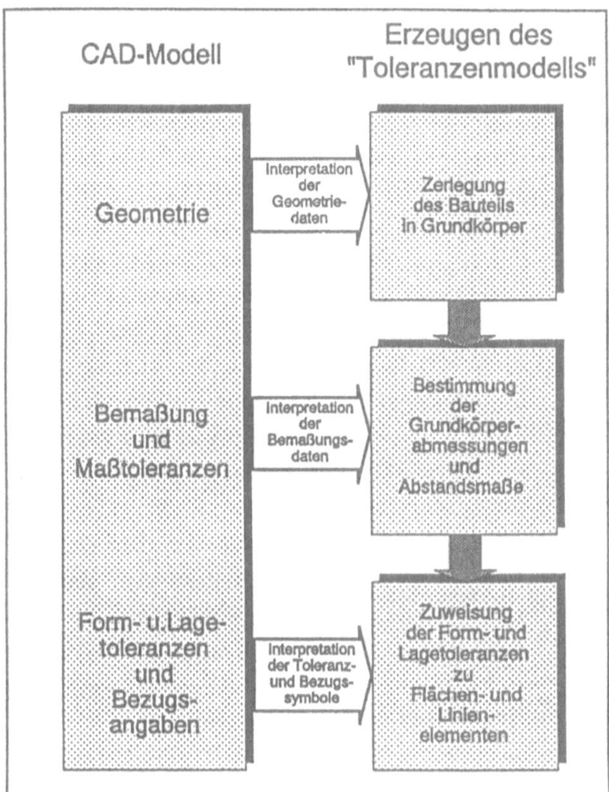

Bild 4: Erzeugen des Toleranzenmodells aus dem CAD-Modell

Schritt 2:

Aus den Bemaßungen und Maßtoleranzangaben werden die Abmessungen der Grundkörper und deren Abstandsmaße bestimmt.

Da sich die Grundkörperabmessungen und deren Maßtoleranzen oftmals erst aus Maßketten ergeben, wird hierzu das Schließmaßberechnungsprogramm DESIMAT eingesetzt.

Schritt 3:

Die Flächen- und Linienelemente des neuen Datenmodells weisen auf Listen ihrer zu tolerierenden Eigenschaften. Sofern entsprechende Form- und Lagetoleranzen in den Daten des CAD-Systems enthalten sind, werden diese herausgefiltert, interpretiert und die Werte als zulässige Abweichungen in diese Listen eingetragen. Die so geschaffene Assoziation zwischen Geometrieelementen und Toleranzangaben kann später durch das Toleranzanalyseprogramm ausgewertet werden.

In Bild 5a wird am Beispiel des Geometrieelements Zylinder die Gliederung in Flächen- und Linienelemente gezeigt. Die für ein Geometrieelement bzw. für dessen Flächen und Linien sinnvollen Toleranzangaben lassen sich unterteilen in die Toleranzen zur Bestimmung der Formabweichungen sowie die Richtungs-, Orts- und Lauftoleranzen, die Bezugsangaben zu anderen Geometrieelementen enthalten müssen. Bild 5b zeigt die Liste der Toleranzen, die direkt die Form des Zylinders bestimmen, d.h. ohne Bezüge zu anderen Geometrieelementen. Es sind 16 verschiedene Toleranzarten denkbar, zu denen gehören die Formtoleranzen der Flächen- und Linienlemente des Zylinders, aber auch die Lagetoleranzen mit Bezug "zu sich selbst", wie z.B. Parallelität der Zylindermantellinien. Aus der Zuordung in Bild 5b erkennt man, daß z.B. für die Zylinderstirnfläche S1 die Ebenheit, die Rechtwinkligkeit zur Achse und die Parallelität zur zweiten Stirnfläche toleriert werden kann; auf die Zylinderachse A(M) können sich eine Geradheitstoleranz und Rechtwinkligkeitstoleranzen zu S1 und S2 beziehen.

Formabweichungen des Zylinders lassen sich aber nicht nur durch die in Bild 5b enthaltenen

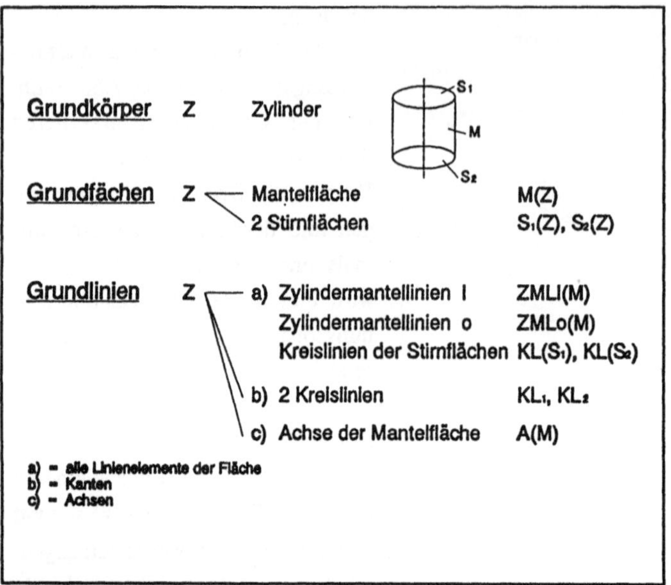

Bild 5a: Gliederung des Grundkörpers Zylinder in seine Flächen- und Linienelemente

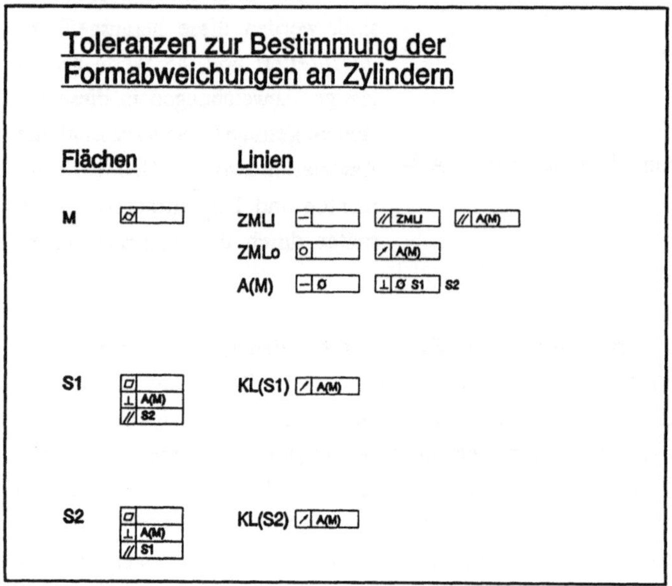

Toleranzen zur Bestimmung der Formabweichungen an Zylindern

Bild 5b: Toleranzen zur Bestimmung der Formabweichungen an Zylindern

Formtoleranzen einschränken, sondern auch durch dessen Richtungs-, Orts- und Lauftoleranzen. Der Grund dafür liegt in der Definition der Toleranzzonen. Durch die Form ihrer Toleranzzone schränkt z.B. eine Parallelitätstoleranz nicht nur die Richtungsabweichung des tolerierten Elements zu einem Bezugselement ein, sondern gleichzeitig auch dessen Formabweichung Geradheit.

Die Liste der Zuordnungen der Toleranzarten zu den Geometrieelementen wie in Bild 5b sagt nichts darüber aus, wie sinnvoll einzelne Toleranzeintragungen oder bestimmte Kombinationen sind, da einige dieser Toleranzen dieselbe Formabweichungsart einschränken.

4. Auswertung des Toleranzenmodells

Für die Betrachtung von Form- und Lageabweichungen war es notwendig, diese in verschiedene Abweichungsarten zu untergliedern. Am Zylinder sind allein 15 verschiedene Formabweichungsarten (Krumm, Gleichdick, Konisch, ...) möglich, die häufig unabhängig voneinander auftreten. Jede dieser Formabweichungsarten kann durch verschiedene Toleranzen eingeschränkt werden kann. So läßt sich z.B. die ellipsenförmige Abweichung vom Kreisquerschnitt durch eine Rundheitstoleranz, ebenso durch eine Zylinderformtoleranz oder eine Rundlauftoleranz einschränken.

Zur Bestimmung des zulässigen Wertes einer Formabweichungsart wird im Toleranzenmodell nach dem betreffenden Geometrieelement gesucht und aus den daran angebundenen Toleranzangaben die für diese Abweichungsart relevanten Toleranzen herausgefiltert. Sind solche Toleranzen im Toleranzenmodell eingetragen, werden deren Werte sowie gegebenenfalls die Längenmaßtoleranz miteinander verglichen. Auf diese Weise wird die Toleranzart ermittelt, aus deren Wert sich die restriktivste Einschränkung der Formabweichung ergibt.

Sind für die zu bestimmende Formabweichung keine Toleranzwerte im Toleranzenmodell eingetragen, werden zuerst die Allgemeintoleranzwerte der betreffenden Toleranzarten in Abhängigkeit vom Tolerierungsprinzip und dem Genauigkeitsgrad aus Normendateien gelesen. Die Allgemeintoleranzen werden dann miteinander verglichen und der zulässige Wert der Formabweichung bestimmt.

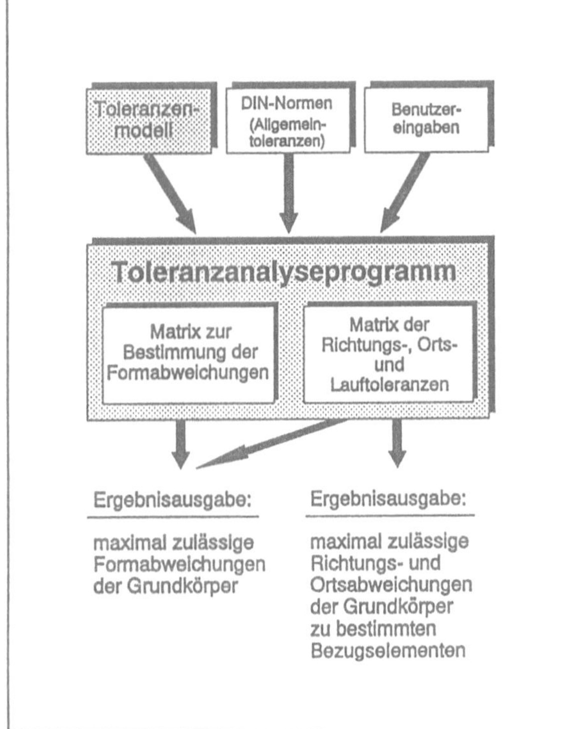

Bild 6: Aufbau des Toleranzanalyseprogramms ATAIR

Das Toleranzenmodell liefert alle ein Geometrieelement betreffenden Toleranzen und bildet dadurch die Grundlage des Programms ATAIR (Bild 6). Aus ihm, den Normendateien und ergänzenden Benutzereingaben stammen die Daten und Fakten, die das Toleranzanalyse-Programm benötigt.

Untersuchungen der Toleranzabhängigkeiten und Auswertungen der entsprechenden Normen [14] haben zu dem Konzept geführt, das Toleranzanalyse-Wissen in zwei sogenannten Matrizen zu verarbeiten:
- der Matrix zur Bestimmung der Formabweichungen und
- der Matrix der Richtungs-, Orts- und Lauftoleranzen.

Durch die Auswertung der Matrizen ergeben sich zum einen die maximal zulässigen Formabweichungen der Grundkörper und zum anderen die maximal zulässigen Richtungs- und Ortsabweichungen der Grundkörper zu bestimmten Bezugselementen. Das Ergebnis wird auf dem Bildschirm durch die Symbole der verschiedenen Abweichungsarten dargestellt, neben denen die berechneten zulässigen Werte stehen. Es wird außerdem angegeben, ob sich diese Werte aus eingetragenen Toleranzen ergeben haben oder ob es Allgemeintoleranzen sind.

5. Toleranzenmodell als Teil des Produktmodells

Die Problematik der Handhabung von Maß-, Form und Lagetoleranzen bezieht sich nicht nur auf die Toleranzanalyse. Sie zieht sich als "roter Faden" von der Konstruktionsabteilung über die Arbeitsvorbereitung und Fertigung bis zur Qualitätssicherung, wo überall Toleranzen und Geometrie betrachtet werden müssen. [15]

Eine weitere Möglichkeit zur Nutzung des Toleranzenmodells ergibt sich bei der Erstellung von Fertigungsunterlagen. Im Rahmen der CAD-CAM-Kopplung werden bereits vielfach die Geometriedaten des CAD-Bauteils zur Erstellung von NC-Programmen genutzt. Sollen auch die in der CAD-Zeichnung angegebenen Toleranzen berücksichtigt werden, müssen diese manuell in das Programm eingebracht werden [16]. Durch die im Toleranzenmodell enthaltene Bindung zwischen Geometrie- und Toleranzdaten ließen sich z.B. die zur Bestimmung der Werkzeugbahn erforderlichen Mittenmaßberechnungen weitgehend automatisieren.

Computerunterstützung greift inzwischen auch verstärkt in die Bereiche der Qualitätssicherung ein. Bei CAQ geht es um die Unterstützung bei der Prüfmittel- und Prüfverfahrenauswahl. Um den Eingabeaufwand solcher CAQ-Programme gering zu halten, bietet sich eine CAD-Kopplung an, durch die die bereits in CAD enthaltenen Konstruktionsdaten als Eingabedaten übertragen werden können. Die CAD-Toleranzdaten lassen sich jedoch nur verwenden, wenn ihre Bindung zur Geometrie mit ausgewertet werden kann, wie es im Toleranzenmodell realisiert ist.

Seit Jahren schon ist CIM das Schlagwort für zukunftsgerichtete Technologien von der Konstruktion bis zur Qualitätssicherung. Ziel des CIM-Konzepts ist die datentechnische Vernetzung der Abteilungen entsprechend dem Produktentstehungsfluß. Basis dafür ist das Produktmodell, ein Datenmodell, das alle charakteristischen Daten des Bauteils enthält. Im Produktmodell sind auch Toleranzdaten enthalten. Die Handhabung und Verarbeitung von Toleranzen im Sinne des CIM-Konzepts macht es unumgänglich, daß auch deren Bindung an die Geometriedaten mit aufgenommen wird. Das bedeutet, daß durch Datenkopplung erreicht werden muß, daß die Toleranzdaten, die im CAD-System erarbeitet werden, assoziativ zur Geometrie sind. Nur Toleranzdaten mit Bezug zur tolerierten Geometrie können in den verschiedenen Abteilungen automatisch weiterverarbeitet werden.

Bisher verwendete CAD-Schnittstellen (z.B. IGES) sehen eine derartige Übertragung von Toleranzdaten jedoch nicht vor, anders dagegen die in Entwicklung befindliche Schnittstelle STEP. Durch die Entwicklung von STEP wird versucht, eine international genormte Schnittstelle zum Produktdatenaustausch zu schaffen [17, 18]. Die Spezifikation des STEP-Produktmodells sieht mehrere Partialmodelle vor, deren Inhalt eindeutig definiert und anwendungsspezifisch ist. Zur rechnerinternen Abbildung von Toleranzinformationen wurde ein spezielles, objektorientiertes STEP-Toleranzmodell konzipiert [19]. Dem STEP-Objekt *Geometrietoleranz* (Form- und Lagetoleranz) werden durch Attribute die Informationen zugewiesen, die zur vollständigen Spezifikation der Toleranzart notwendig sind, z.B. Tolerierungsprinzip, Form der Toleranzzone und Bezugsangaben. Diese Struktur ist ebenfalls in dem von uns entwickelten Toleranzenmodell zu finden. Unterschiede bestehen in der Art der Verknüpfung von Toleranzobjekten und der Geometrie. Während das beschriebene Toleranzenmodell Toleranz- und Geometrieobjekte durch bidirektionale Verweise aneinander bindet, enthält das STEP-Toleranzmodell keine Geometrieobjekte, diese sind Teil eines eigenen Partialmodells. Die Bindung der Toleranzen an die tolerierte Geometrie und an die Bezugselemente wird durch die Referenzierung der Toleranzobjekte auf die Geometrieobjekte des Geometriemodells erreicht. Im STEP-Toleranzmodell fehlt der von ATAIR genutzte Rückverweis von Geometrieobjekten auf Toleranzobjekte.

Die Entwicklung von STEP ist ein wichtiger Beitrag, um zukünftig den Austausch geometriebezogener Toleranzdaten zu ermöglichen. Das STEP-Toleranzmodell hat eine dem Toleranzenmodell vergleichbare Struktur und ist ebenfalls als Basis für ATAIR denkbar. Derzeitigen CAD-Systemen fehlt jedoch noch die Funktionalität, um CAD-Daten in das STEP-Produktmodell abzubilden (vgl. 3.1). Die Abbildung des CAD-Modells in das STEP-Toleranzmodell müßte z.Zt. manuell geschehen. Das Vorgehen würde dabei der in Bild 4 gezeigten Interpretation der CAD-Daten entsprechen. Da außerdem die STEP-Normungsarbeiten noch nicht abgeschlossen sind, ergibt sich für uns aus der Verwendung des derzeitigen STEP-Toleranzmodells noch kein Vorteil.

6. Ausblick

Die fehlenden Leistungen heutiger CAD-Systeme zwangen zur Entwicklung eines Datenmodells für die Toleranzanalyse. Das Toleranzenmodell ist als "Notlösung" für die CAD-Anbindung des Programms ATAIR konzipiert worden, es kann nur als eine Übergangslösung angesehen werden. Es sind die CAD-Anbieter angesprochen, die Notwendigkeit der Datenkopplung zu erkennen und ihre Systeme so zu erweitern, daß das beschriebene Toleranzenmodell bereits im CAD-Modell integriert ist.

Literatur

[1] Feldmann, D.G.; Jörgensen, S.: *Toleranzen im Gestaltungsprozeß: Anforderungen der Praxis an ein Hilfsmittel zur Tolerierung und dessen Realisierung in CAD-Systemen*. proc. ICED 1988, Band 3, S.93-104

[2] Koller, R.: *CAD, Automatisiertes Zeichnen, Darstellen und Konstruieren*. Heidelberg: Springer Verlag, 1989

[3] Jörgensen-Rechter, S.; Feldmann, D.G.: *CAD-unterstützte Toleranzanalyse für Maß-, Form- und Lageabweichungen in 3D*. proc. ICED 1991, Band 2, S. 1190 - 1197

[4] Schöneich, M.: *Systematische Toleranzuntersuchung und Toleranzsynthese*. Dissertation, RWTH Aachen, 1978

[5] Trumpold, H.; Beck, Ch.; Riedel, T.: *Tolerierung von Maßen und Maßketten im Austauschbau*. Berlin: VEB Verlag Technik, 1984

[6] Jörgensen-Rechter, S.: *Leistungsbeschreibung DESIMAT*. Hamburg: rotring euroCAD, 1990

[7] Jorden, W.: *Der Tolerierungsgrundsatz - eine unbekannte Größe mit schwerwiegenden Folgen*. Konstruktion, 1991, No.5, S.170-176

[8] DIN-Normenheft 7: *Anwendungen der Normen über Form- und Lagetoleranzen in der Praxis*. Berlin: Beuth Verlag, 1987

[9] Bartsch, T.; Feldmann, D.G.: *Maschinelle Erfassung und Interpretation Technischer Linienzeichnungen durch ein wissensbasiertes Bildverarbeitungssystem*. proc. ICED 1991, Band 2, S.1255-1260

[10] Ning, R.: *Bemaßen und Tolerieren in CAD-Systemen mit Volumenmodellierern*. Dissertation, Produktionstechnik - Berlin, Bd. 62, Hanser Verlag, 1987

[11] Requicha, A.A.G.: *Toward a Theory of Geometric Tolerancing*. International Journal of Robotics Research 1983, Vol.2, No.4, S.45-60

[12] Meinl, F.: *Kritische Bemerkungen zur Darstellung von Toleranzangaben in technischen Zeichnungen*. Düsseldorf: VDI-Verlag, VDI-Berichte 596, 1986, S.281-305

[13] Requicha, A.A.G.; Chan, S.C.: *Representation of Geometric Features, Tolerances, and Attributes in Solid Modelers Based on Constructive Geometry*. IEEE Journal of Robotics and Automation 1986, Vol. RA-2, No.3, S.156-166

[14] DIN- und DIN/ISO-Normen: DIN 7167, DIN/ISO 1101, E DIN/ISO 1660, E DIN/ISO 2692, DIN/ISO 2768, E DIN/ISO 5458, DIN/ISO 5459, DIN/ISO 8015,

[15] Grabscheid, J.; Hirschmann, H.-J.; Lechner, G.: *Produktqualität mit einem räumlichen Toleranzmodell steigern*. ZWF CIM, 1990, Nr.10, S.227-235

[16] Eversheim, W.; Dahl, B.; Holland, M.; Marczinski, G.: *CAD-Systeme und NC-Programmiersysteme koppeln*. ZwF 85, 1990, Nr.5, S.267-271

[17] Grabowski, H.; Anderl, B.; Schilli, B.; Schmitt, M.: *STEP - Entwicklung einer Schnittstelle zum Produktdatenaustausch*. VDI-Z 131, 1989, Nr.9, S.68-76

[18] Grabowski, H.; Anderl, B.; Schmitt, M.: *Das Produktmodellkonzept von STEP*. VDI-Z 131, 1989, Nr.12, S.84-96

[19] Holland, M.: *Das STEP-Toleranzmodell*. VDI-Z 133, 1991, Nr.10, S.53-56

GRIVAD

Auf dem Weg zum Produktmodell der Fahrzeugelektrik

Raymond Tischendorf
Reinhard Müller
Kurt Taszus
BMW AG
Abt. ET-71
Postfach 400240
8000 München 40

1. Zusammenfassung

GRIVAD ist eine Spezialentwicklung für die Bordnetzkonstruktion auf der Grundlage eines CAD-Systems und einer relationalen Datenbank.

Die Abbildung aller Elektrikteile in Objekte der Datenverarbeitung, sowohl in das CAD-System als auch in die Datenbank, bildet die Grundlage für die Prozeßkette Fahrzeugelektrik. Die modulare Systemarchitektur und die bisher erzielten wirtschaftlichen Effekte sind die Grundlage für den weiteren Ausbau der integrierten Prozeßkette Fahrzeugelektrik.

2. Abstract

GRIVAD is a special system for the construction of wire-harnesses. It is based on a CAD-System and a relational database.

The depiction of all wire-harness components as computer internal representations in the CAD-System as well as in the database, forms the basis for the Electric-Process-Chain. The modular systemarchitecture and the achieved economic successes are essentials for the further expansion of the integrated Electric-Process-Chain.

3. Entwicklung von GRIVAD

Anfang 1980 wurde bei BMW ein CAD-System für die Fahrzeugelektrik gesucht. Da kein am Markt verfügbares System den Anforderungen genügte, wurde auf Basis eines offenen CAD-Systems das System GRIVAD entwickelt (GRaphisch Interaktive Verarbeitung Autoelektrischer Daten). GRIVAD ist für die Bordnetzentwicklung maßgeschneidert.

Das System GRIVAD wurde 1987 einem umfassenden Redesign unterworfen. GRIVAD war bis dahin ein Anwendungssystem, das rein auf die Zeichnungen des graphischen Basissystems MEDUSA gestützt, die Auswertungen vollzog.

4. Technischer Stand von GRIVAD

In der neuen Systemarchitektur wurde eine logische Schnittstelle zwischen dem CAD–System und der Datenbank geschaffen und die Funktionen des Systems GRIVAD im wesentlichen auf der Datenbank aufgesetzt. Heute ist GRIVAD mehr als nur ein CAD–System zur Entwicklung des Bordnetzes, es ist die Basis für die integrierte Prozeßkette Fahrzeugelektrik.

Unsere Anwender stehen, auch mit Blick auf den Wettbewerb und das Angebot am Markt, noch immer zu GRIVAD, und unsere Kabelbaumlieferanten wünschen sich von unseren Wettbewerbern in Qualität und Umfang vergleichbare Fertigungsdaten.

Auch die Spezialsysteme namhafter Anbieter, die seit etwa 1989 für die Kabelbaumentwicklung angeboten werden, erfüllen nicht alle Wünsche. Die benutzerfreundlichen Oberflächen und die Funktionalität im 3–D Raum können die Vorteile von GRIVAD bei der Beherrschung der Variantenvielfalt, der Konsistenz zwischen den verschiedenen Entwicklungsdokumenten und den Integrationsmöglichkeiten zu Fertigung, Kalkulation, Logistik und Vertrieb nicht ausgleichen.

5. Die Konstruktionsunterlagen

Für das weitere Verständnis der Abläufe, der Zusammenhänge und der beteiligten Datenverarbeitungssysteme ist es notwendig, einige Begriffe einzuführen wie sie bei BMW verwendet werden:

5.1 Der Stromlaufplan

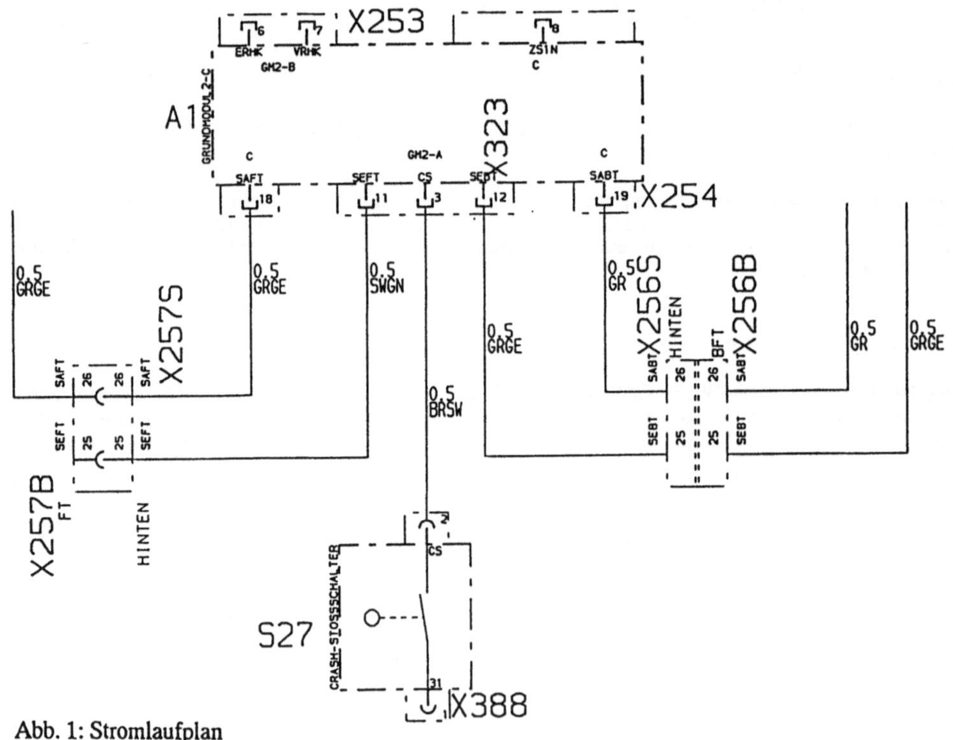

Abb. 1: Stromlaufplan

Der Stromlaufplan ist Träger der funktionalen Informationen eines elektrischen Systems. Als Elemente enthält er Verbindungen, Verbindungselemente (Stecker, Lötpunkte ...) und Schaltteile (z.B. Steuergerät, Relais, Lampe, Motor, Verbraucher). Es erfolgt noch keine Festlegung auf ein konkretes Bauteil im Sinne der Logistik.

Jede elektrische Funktion vom Antiblockiersystem bis zur Zentralverriegelung wird jeweils von einem Stromlaufplan beschrieben. Technische Varianten werden auf getrennten Stromlaufplänen dargestellt. Das Bordnetz eines Fahrzeuges wird durch ca. 80 Stromlaufpläne definiert.

5.2 Die Maßzeichnung

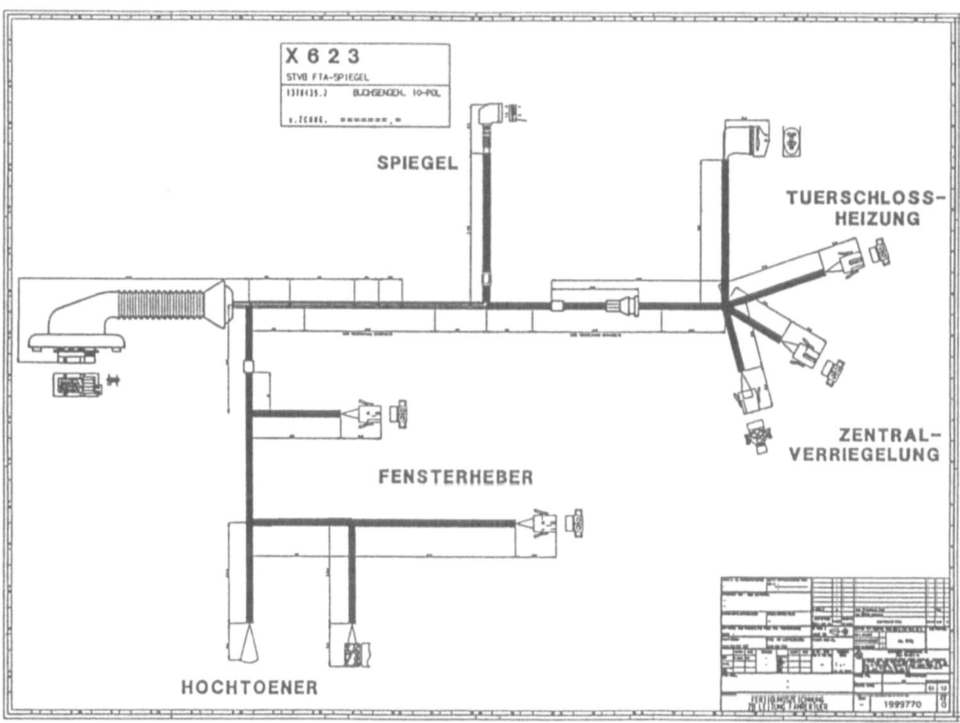

Abb. 2: Maßzeichnung

Die Maßzeichnung (2D) enthält die geometrische Anordnung und die technische Ausführung aller Teile (Steckverbindungen, Verbinder, Isolierteile ...). Auf einer Maßzeichnung wird eine ganze Familie von Kabelbaumteilstücken (bis zu 2^{50} Varianten) geometrisch beschrieben.

5.3 Die Kabelbaumliste

Die Kabelbaumliste beschreibt das Kabelbaumteilstück im Sinne der Fertigung. Die Kabelbaumliste wird aus Stromlaufplänen und einer Maßzeichnung von GRIVAD generiert. Über die Auswahl der Stromlaufpläne werden die Funktionen und über die Maßzeichnung wird das Teilstück des Kabelbaums festgelegt.

Die Kabelbaumliste besteht aus 4 Teilen:

- Deckblatt mit Schriftkopf, Freigabevermerken und Änderungsbeschreibungen
- Steckerbelegungstabellen
- Verbindungsliste
- Teileliste

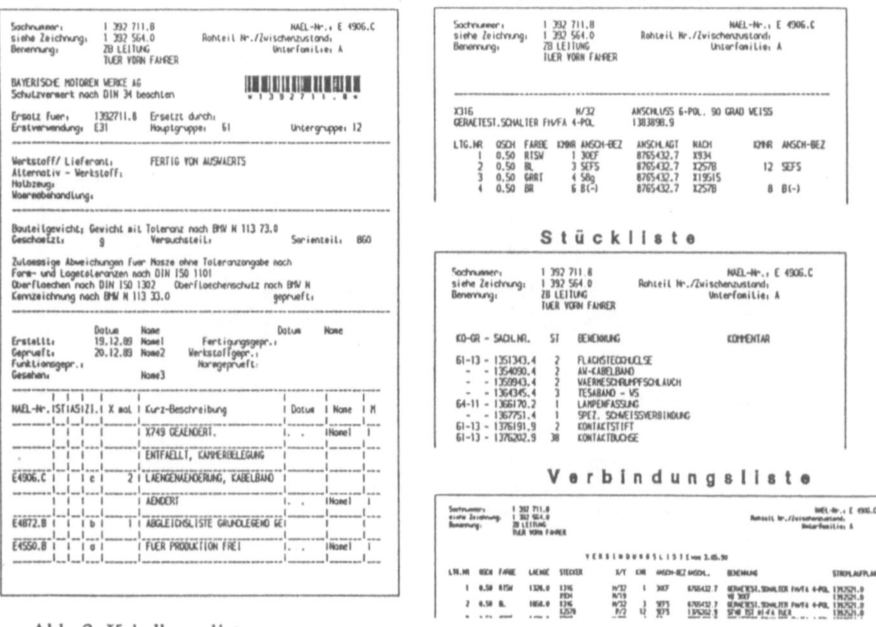

Abb. 3: Kabelbaumliste

6. Bedeutung des Bordnetzes

Das Bordnetz ist eines der teuersten und komplexesten Teile in einem modernen Fahrzeug. Aus Montagegründen besteht es aus mehreren Kabelbaumteilstücken. Mehr als 5000 Einzelteile werden in bis zu 7000 Arbeitsschritten zu einem Kabelbaumteilstück zusammengebaut. Das Bordnetz verbindet alle elektrischen Geräte und erstreckt sich über das gesamte Fahrzeug.

Die meisten funktionalen Veränderungen der Elektrik oder Änderungen an der Karosserie wirken direkt, mit extrem großen Auswirkungen, auf das Bordnetz ein.

Die Konstruktionsabteilungen benötigen daher ein Informationssystem, das die Änderungen des Bordnetzes schnell, konsistent und zuverlässig ermöglicht.

7. Prozeßkette Fahrzeugelektrik (Integration)

GRIVAD ist Keimzelle der integrierten Prozeßkette Fahrzeugelektrik. "Integriert" bedeutet dabei kontrollierter Direktzugang zu einem gemeinsamen Datenbestand im Gegensatz zum Weiterreichen (Kopieren) von Daten über Schnittstellen. Der Zugriff auf die Informationen erfolgt über zentrale Zugriffs- und Zustandskontrollen.

Die Prozeßkette "Fahrzeugelektrik" beginnt bei der Vorentwicklung und endet bei der Erstellung der Kundendienstunterlagen für die Händler. Die traditionellen Funktionen wie Konstruktion, Arbeitsplanung und Fertigung sind ebenso Bestandteile wie die Kalkulation, Logistik und Qualitätskontrolle.

Selbst die Erweiterung der Prozeßkette auf neue Aspekte wie Recycling ist heute denkbar.

Alle Informationen werden in GRIVAD immer an der Quelle durch den Verantwortlichen erfaßt. Fehlende Informationen werden nicht durch den Anforderer nacherfaßt. Alle nachgeschalteten Abteilungen verlassen sich auf die Informationen im System. Daher pflegt jeder Anwender seinen Datenbestand mit der notwendigen Sorgfalt. Die Angabe eines Verbindlichkeitskennzeichens ermöglicht verwaltete Arbeitsversionen.

Die verschiedenen Software-Systeme haben unterschiedliche Sichten auf einen gemeinsamen Datenbestand.

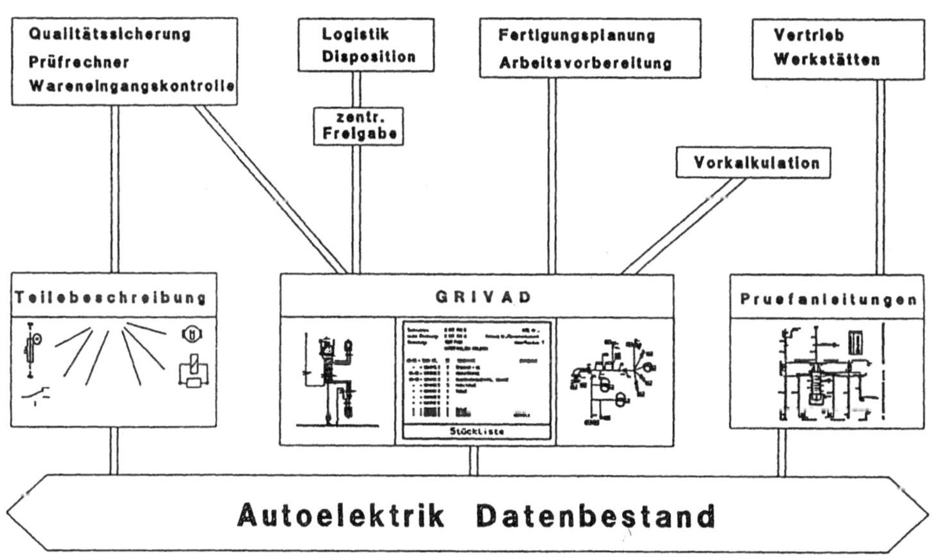

Abb. 4: Prozeßkette / Datenbus

8. Produktdatenmodell

Die zugrundeliegende Informationsstruktur von GRIVAD ist durchgängig objektorientiert, obwohl GRIVAD in einer konventionellen Programmiersprache realisiert wurde.

Jedem technisch relevanten Bestandteil (Stecker, Leitung, Schaltteil) wird im CAD-System ein Strukturelement zugewiesen. In der Datenbank werden diese Objekte durch entsprechende Entitäten repräsentiert. Die Verbindungen der elektrischen Teile (Objekte) untereinander finden ihre Entsprechung in den Datenbank-Relationen.

Der Konstrukteur wählt seine vertrauten Objekte (Leitungen, Stecker) über Menüs aus und plaziert diese in der CAD-Konstruktion. Die Objekte bleiben in der Datenstruktur des CAD-Systems Objekte und werden zusätzlich durch Linien und Texte visualisiert.

Neben der Abbildung der CAD-Strukturen enthält die Datenbank zusätzlich technische und logistische Stammdaten zu jedem Teil z.B. Widerstand, Betriebsspannung, Preis, Gewicht etc. Dazu kommen weitere Informationen über:

- die Zugriffsberechtigung,
- die vollständigen organisatorischen Stammdaten einschließlich der Änderungshistorie,
- Zustand der Konstruktionen hinsichtlich Qualität und Reifegrad,
- verwaltungstechnische Daten (Anwender, Projekte ...),
- Randbedingungen über die Verwendbarkeit der Teile im konkreten Kundenfahrzeug.

GRIVAD Objekt-Struktur

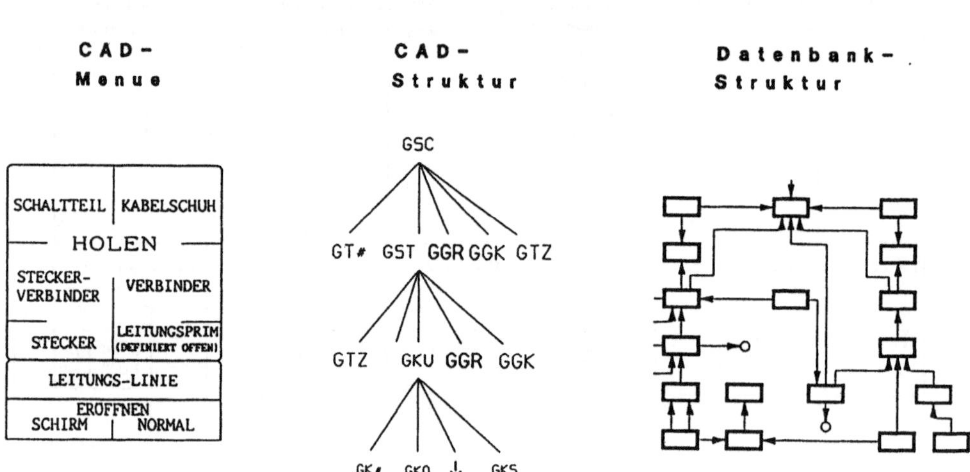

Abb. 5: Objekte in den verschiedenen Repräsentationen

9. Bearbeitungsablauf und Informationsstruktur

9.1 Bearbeitungsablauf

Die Konstruktionen (Stromlaufpläne, Maßzeichnungen und Kabelbaumlisten) als Träger der Informationen werden ebenfalls als Objekte in der Datenbank verwaltet (Konstruktionsverwaltung).

Zeichnung (CAD-Daten) und Schriftkopf (Datenbank) werden getrennt voneinander verwaltet. Die Zusammenführung der beiden Objekte erfolgt zum Zeitpunkt der Ausgabe auf Papier oder Mikrofilm.

Der Konstrukteur eröffnet die Konstruktion (Stromlaufplan oder Maßzeichnung) am CAD-Arbeitsplatz unter Kontrolle von GRIVAD.

Bereits während der Erstellung und der Veränderung der Konstruktion werden erste einfache Plausibilitätsprüfungen durchgeführt.

Die CAD-Objekte und deren Beziehungen untereinander werden von dem speziellen Prozeß "Erfassung" aus der CAD-Konstruktion in die Datenbank übertragen. Hierbei werden auch Prüfungen auf lokaler Ebene vorgenommen.

Die erfolgreiche (d.h. fehlerfreie) "Erfassung" wird als Verarbeitungsstatus der Konstruktion festgehalten.

Wird eine CAD-Konstruktion nach der Erfassung geändert, so wird der Status für alle Bestandteile dieser Konstruktion so gesetzt, daß eine weitere Auswertung dieser Daten nicht möglich ist.

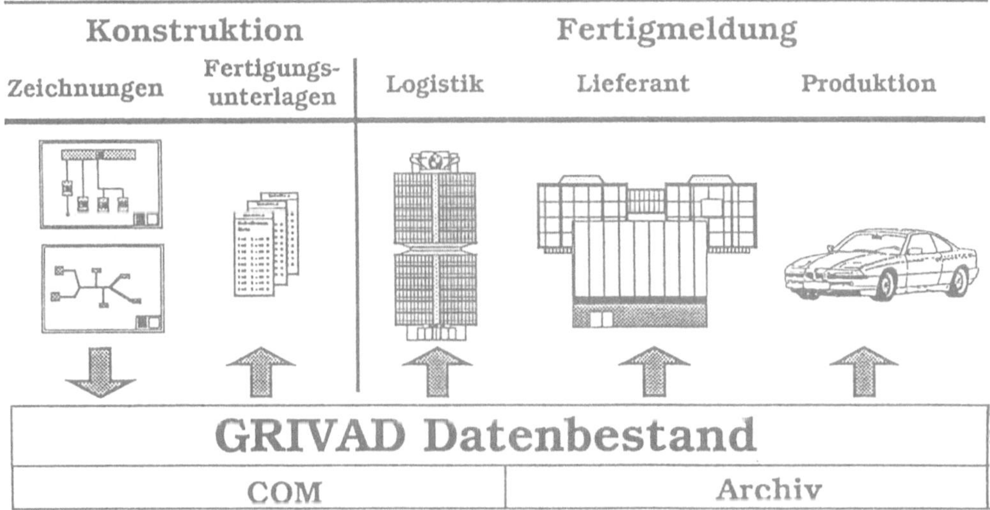

Abb. 6: Bearbeitungsablauf

Das CAD-System ist der graphische Editor zum Entwurf des Produktes Bordnetz. Nach der Erfassung ist die Datenbank das konsistente Abbild der CAD-Konstruktion.

Alle weiteren Verarbeitungsprozesse basieren direkt auf den Datenbankinformationen.

Einer der wichtigsten Prozesse ist die automatische Generierung der Kabelbaumliste, die Produktionsunterlage für die Fertigung der Kabelbaumteilstücke. Neben der vom System selbständig durchgeführten Ermittlung der querschnitts- und steckerabhängigen Kontaktteile sowie der Leitungslängen werden zahlreiche Plausibilitätsprüfungen durchgeführt.

Dadurch werden die Konstrukteure von zeitraubenden Routinearbeiten entlastet, gleichzeitig wird eine deutliche Verbesserung der Qualität erzielt.

9.2 Verbindlichkeit der Informationen

Innerhalb der Konstruktionsumgebung existiert ein abgestuftes Konzept der Datenverbindlichkeit. Zunächst können die Konstruktionsdaten nur von den am Entwicklungsprojekt beteiligten Konstrukteuren bearbeitet und ausgewertet werden. Mit zunehmender Stabilität der Konstruktion bezüglich weiterer Änderungen wird durch abgestufte Fertigmeldungen weiteren Benutzerkreisen der Zugriff und die Weiterverarbeitung erlaubt.

Für jede dokumentationspflichtige Fertigmeldung wird automatisch eine Archivierung des gesamten fertiggemeldeten Konstruktionsstandes angestoßen.

Die höchste Stufe der Verbindlichkeit stellt die Produktionsfreigabe dar. Mit der Produktionsfreigabe erfolgt automatisch die Übertragung der Fertigungsunterlagen in das unternehmensweite zentrale Freigabesystem sowie an die zentrale COM-Anlage.

Das zentrale Freigabesystem verwaltet in der Fahrzeugstückliste die Gültigkeitsbereiche einer Konstruktion bezogen auf Serienumfang und Sonderausstattungsumfänge in Abhängigkeit von der Modellpalette.

Der Konstrukteur bestimmt die technische Verwendbarkeit seiner Konstruktion über Funktionen (z.B. Fensterheber, ABS ...) und Typmerkmale (Cabrio, Touring ...) im Konstruktionssystem GRIVAD. Aus den Angaben der technischnen Verwendbarkeit und des Lieferprogramms (aktuell und zukünftig) wird die Fahrzeugstückliste automatisch erstellt.

Damit wird erstmalig bei BMW eine Durchgängigkeit der Daten ohne manuelle Übertragung von der Konstruktion bis zur Logistik sichergestellt.

10. Systemarchitektur

Das System GRIVAD ist eine Eigenentwicklung von BMW und läuft derzeit auf einer VAX 6440 unter VMS. GRIVAD nutzt als "graphischen Editor" das offene CAD-System MEDUSA von PRIME/Computervision. Für die Verwaltung der organisatorischen und der produktdefinierenden Daten wird die relationale Datenbank ORACLE benutzt. GRIVAD ist in Schalen realisiert, so daß Benutzeroberfläche, Datenbanksystem und CAD-System gegebenenfalls ausgetauscht werden können.

10.1 Integration von CAD und Datenbank

Die Grundvoraussetzungen für die Verknüpfung eines CAD-Systems mit einer beliebigen, relationalen Datenbank sind beim CAD-System MEDUSA gegeben:

- Schnittstelle des CAD-Systems für anwendungsspezifische Funktionalität bei der interaktiven Bearbeitung
- Einsetzbarkeit von Datenbank- und CAD-Funktionen in einer Programmumgebung

In GRIVAD ist dies im wesentlichen für folgende Funktionen eingesetzt:

- Der Zeichnungszugriff über das CAD-System wird erst nach einer Zugriffsprüfung in der Datenbank ermöglicht.

- Bei sämtlichen Zeichnungsauswertungen und automatischen Zeichnungsergänzungen werden mittels der "offline Call-Schnittstelle für die Zeichnungsbearbeitung" (MEDUSA-Dars) Informationen sowohl aus der Zeichnung gelesen und in die Datenbank geschrieben, als auch umgekehrt Stammdaten aus der Datenbank gelesen und in die Zeichnung zurückgetragen.

GRIVAD-Systemarchitektur

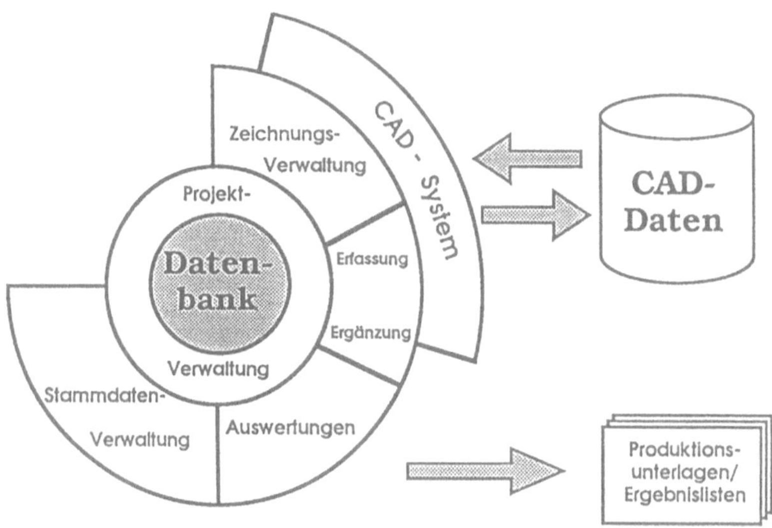

Abb. 7: Systemarchitektur

10.2 Projektorganisation / Zugriffs- und Berechtigungskonzept

Das Zugriffskonzept in GRIVAD basiert auf einer Projektstruktur. Jede Konstruktion ist eindeutig einem Projekt zugeordnet. Jeder Anwender kann zu beliebig vielen Projekten gehören und hat in jedem Projekt ein abgestuftes Berechtigungsprofil für die verschiedenen Bearbeitungsarten (anschauen, verändern, etc.). Die Verwaltung der Projektmitglieder und deren Berechtigungsprofile im Projekt obliegt allein dem projektverantwortlichen Konstrukteur.

Neben den projektspezifischen Berechtigungen gibt es Anwender mit funktionsspezifischen Berechtigungen (z.B. Zeichnungsprüfung). Diese gestatten einen Zugriff auf die Konstruktionen in Abhängigkeit vom Reifegrad der Konstruktion.

Die Zulässigkeit einer Anwenderaktion ergibt sich aus der projektspezifischen Berechtigung des Anwenders und dem aktuellen Status der Zeichnung.

10.3 Datenverbund und Datensicherheit

Der direkte Zugriff auf eine Konstruktion ist dem Anwender mit normalen Hilfsmitteln des Betriebssystems nicht möglich. Ein Zugriff ist nur über die Projektverwaltung möglich. Auf der Anwendungsebene ist die physikalische Speicherungsstruktur nicht transparent. Die Identifikation erfolgt nur über die gebräuchlichen Begriffe Sachnummer, Benennung, Projekt etc. Durch diese Strategie werden die Konstruktionsdaten selektiv vor unberechtigten Zugriffen geschützt, eine Voraussetzung für die Integration der Rechner in ein firmenübergreifendes Netzwerk. In dieses Netz sind neben den Töchtern in Österreich und Südafrika (via Satellit) auch Konstruktionsbüros und Lieferanten mittels ISDN und DATEX–P eingebunden. Die Konstruktionsbüros setzen den "graphischen Editor" von GRIVAD auf eigenen Rechnern ein. Der Datenaustausch erfolgt im Native–Format.

10.4 Variantenkonstruktion und Versionsmanagement

Während die Fertigung das aktuelle Modell produziert, wird in der Fertigungsvorbereitung das "Facelift" vorbereitet und die Konstruktion entwickelt bereits am Nachfolgemodell.

GRIVAD verwaltet diese unterschiedlichen Konstruktionsstände, so daß alle zusammengehörigen Konstruktionen auch über einen bestimmten gemeinsamen "Konstruktionshorizont" referenziert werden können.

Sowohl die verschiedenen Konstruktionsstände als auch die unterschiedlichen Varianten können nach verschiedenen Kriterien systemunterstützt verglichen werden.

10.5 Benutzeroberfläche

Der Zugriff auf die Systemfunktionen erfolgt über eine einheitliche maskengesteuerte Benutzerschnittstelle. Die etwa 300 Masken sind hinsichtlich Layout, Funktionalität und Tastenbelegung standardisiert. Die Umgang mit dem Informationsteil von GRIVAD wird dem Anwender in zwei Tagen erfolgreich vermittelt.

11. Einsatzerfahrungen

GRIVAD erfeut sich, auch verglichen mit anderen Informations–Systemen bei BMW, einer extrem hohen Akzeptanz und ist heute hinsichtlich Design und Konzeption Maßstab für weitere CAx–Anwendungen.

Die wirtschaftlichen Erwartungen sind voll erfüllt worden. Seit Einführung von GRIVAD ist die Komplexität der Elektrik um 600% gestiegen und wird noch von der gleichen Entwicklungskapazität bewältigt. Darüber hinaus ist in der Konstruktion eine überdurchschnittliche Kosteneinsparung erzielt worden. Die Qualität der Fertigungsunterlagen ist entscheidend verbessert worden. Bemaßungsfehler, Übertragungsfehler, falsche Kontaktteile und zahlreiche Tippfehler gehören der Vergangenheit an. Mit GRIVAD konnte der kundenspezifische Kabelbaum beherrscht werden, wodurch die Produktionskosten des Bordnetzes spürbar gesenkt werden konnten.

12. Ausblick auf weitere Entwicklungen

Die nächsten Schritte zu einer integrierten Prozeßkette Elektrik werden bereits geplant:

- Kabelbaumvorkalkulation als Grundlage für Preisverhandlungen mit Lieferanten.
- Ermittlung des technischen Mengengerüsts zur mittelfristigen Planung der Werkzeugkapazitäten für alle Einzelteile des Bordnetzes.
- Technische Prüfung des Bordnetzes zur Erkennung von Fehlern in frühen Entwicklungsphasen.
- Halbautomatische Generierung von Prüfanleitungen für den Kundendienst.

Auch systemtechnisch bleibt GRIVAD auf dem Stand der Technik. Die Portierung auf Workstations mit der obligatorischen Windows-Benutzeroberfläche und der Zugriff auf die netzwerkfähige Datenbank wird eine der nächsten Aufgaben sein.

Unsere Erfahrung hat gezeigt, daß mit steigender Leistungsfähigkeit von GRIVAD weitere Anforderungen gestellt worden sind. GRIVAD ist durch die modulare Systemarchitektur darauf vorbereitet.

Rationelle Entwicklung von CAD-Anwendermodulen am Beispiel der Konstruktion von Folgeverbundwerkzeugen

R. Koch
F. Kistenmacher
Universität-GH-Paderborn
FB10 - FG C.I.K.
Pohlweg 47-49
W-4790 Paderborn

J. Brünig

Siemens Nixdorf Informationssysteme AG
WB-F14
Heinz-Nixdorf Ring
W-4790 Paderborn

Zusammenfassung

Die Realisierung von Anwendersoftware für CAD-Systeme führt bei komplexen Aufgabenstellungen zu einem kaum überschaubaren Entwicklungsaufwand. Am Beispiel der Konstruktion von Folgeverbundwerkzeugen, die sich in hochinnovativen Branchen wie der Informationstechnologie oder der Konsumgüterindustrie im Einsatz befinden, wird ein rationeller Ansatz zum Entwurf von Anwendersoftware auf der Basis eines kommerziellen CAD-Systems vorgestellt. Der Ansatz bietet zwei wesentliche Aspekte: zum einen eine Produktdatenverarbeitung und zum anderen die Entwicklung von abgestimmmten, selbständigen Modulen für einzelne Konstruktionsaufgaben. Die Modularisierung erlaubt es, die Anwendersoftware schneller zu entwickeln und abgegrenzte Module frühzeitig und bedarfsgerecht zur Verfügung zu stellen. Durch die Erweiterung der CAD-systemspezifischen Geometriedaten um produktbeschreibende Daten besteht die Möglichkeit, konstruktionsrelevante Daten abzubilden und zwischen den Modulen auszutauschen. Dadurch wird eine Konstruktionsumgebung geschaffen, bei der sich die Module je nach betrieblichem Umfeld und Aufgabenstellung flexibel einsetzen lassen und andererseits über die Produktdaten die Korrektheit des Konstruktionsablaufs gesichert wird.

Abstract

The realization of CAD application softwares for complicated design tasks leads, usually, to a incomprehensible development process. In this paper we provide a rational approach to develope CAD application software and demonstrate it's use in stamping tools design. This approach has two folds: providing modular software component for each independent design task and processing product specific information. The modular system design supports fast software development and testing. Processing product specific data through extending CAD geometric model enables the formulation of design constraints and the exchange between different software components. With this concept a design environment is realized, which can be flexibly applied according to the requirements in factory and secures error-free design processes.

Einleitung

Blech ist ein wichtiger Werkstoff innovativer Branchen wie beispielsweise der Informationstechnologie, weil sich daraus, zum Teil in einem Arbeitsgang, kostengünstig in hohen Stückzahlen Teile hoher Strukturfestigkeit bei relativ niedrigen Gewicht und hoher Qualität herstellen lassen. Aufgrund immer kürzer werdenden Produktlebenszyklen kommt der stückzahlangepaßten Auslegung der entsprechenden Betriebsmittel große Bedeutung zu.

Der Einsatz von Plattenwerkzeugen steht dabei in Konkurrenz zum Koordiantenstanzen, das durch einfachere Werkzeugkonstruktion, aber auch durch längere Bearbeitungszeiten pro Artikel gekennzeichnet ist. Bei einer mittleren und großen Stückzahl der Blechartikel sind deswegen nur die Plattenwerkzeuge wirtschaftlich einsetzbar. Eine Verbesserung der Abläufe bei der Plattenwerkzeugkonstruktion kann die Wirtschaftlichkeit dieses Verfahrens erheblich steigern, denn 75-85% der Fertigungsvorbereitungzeit für Blech-Artikel, die in Automatenwerkzeugen gefertigt werden, nimmt die Konstruktion und Fertigung der entsprechenden Betriebsmittel in Anspruch [IPI-89]. Der Einsatz von CAD-Systemen kann die Konstruktion nur zu einem geringen Teil beschleunigen, da die Funktionalität der Systeme sehr allgemein gehalten ist und spezifische Anforderungen nicht erfüllt. Um das Rationalisierungspotential für die Konstruktion von Stanzbiegewerkzeugen in deutlich höherem Maße auszuschöpfen, muß eine Anwendersoftware entwickelt werden, die die benötigten Systemfunktionalitäten zur Verfügung stellt. Ein Teil dieser Funktionen sind dann auch bei anderen Aufgaben der Betriebsmittelkonstruktion nutzbar.

Für eine Rationalisierung der Produktentwicklung muß darüberhinaus der Produktentstehungsprozeß betrachtet werden, in dem die rechnerunterstützte Werkzeugkonstruktion ein Baustein eines integrierten CAD/CAM-Systems ist, mit dem der gesamte Prozeß von der Teilekonstruktion über die Betriebsmittelkonstruktion und -fertigung unterstützt werden kann.

Ein derartiger Baustein ist idealerweise in Zusammenarbeit mit mehreren Anwendern zu entwickeln. Zum einen ist eine wirtschaftliche Entwicklung bei den erheblichen Aufwänden für ein einzelnes Unternehmen im allgemeinen nicht rentabel und zum anderen werden Module entwickelt, die unternehmensneutral und leicht übertragbar sind.

Der nachfolgende Bericht beschreibt ein Projekt, bei dem eine stufenweise Realisierung und Verbesserung von Einzelmodulen aus dem Bereich Stanzbiegewerkzeuge durchgeführt wurde und das gemeinsam von einer unabhängigen Hochschuleinrichtung, einem Softwarehaus und einem industriellen Anwenderkreis bearbeitet wird.

Beschreibung der Produkte

Stanzwerkzeuge werden zum Fertigen von Bauteilen aus dem Basismaterial Blech eingesetzt. Je nach durchgeführten Fertigungsverfahren werden Stanzwerkzeuge in Schneid- und Verbundwerkzeuge eingeteilt. Bei den Verbundwerkzeugen sind unterschiedliche Arbeitsverfahren kombiniert (schneiden, biegen, prägen, ziehen). Der überwiegende Teil der Schnitteile kann aufgrund der komplexen Geometrie nicht in einem Arbeitshub der Presse bearbeitet werden, diese werden in einem Folgewerkzeug stufenweise bearbeitet. Bei den Folgeverbundwerkzeugen werden Werkstücke aus einer Kombination unterschiedlicher Arbeitsverfahren in mehreren hintereinanderliegenden Arbeitsstufen hergestellt. Das Produktspektrum ist vielschichtig, von Steckerteilen (Kleinstteile) bis zu Rechnergehäuse. Alle Werkzeuge dieser Art sind ähnlich, sie haben den gleichen Aufbau und verwenden gleiche, oft standardisierte Bauelemente [SEI-88], wie die Normalien Gestell, Platten und Normstempel.

IST-Konstruktionsweise

Die Konstruktion der Werkzeuge erfolgt in mehreren Teilschritten, die im Bild 1 dargestellt sind. Die Eingangsinformation ist die Artikelzeichnung, welche entweder in der firmeninternen Konstruktionsabteilung entwickelt oder von externen Kunden als Basis für die Werkzeugkonstruktion vorgegeben wird. Diese Zeichnungen können konventionell oder rechnerunterstützt erstellt worden sein. Wenn in einem Artikel Biegungen vorhanden sind, müssen sie in einzelnen Stufen erzeugt werden, da in einem Werkzeug nicht mehrere Biegeoperationen gleichzeitig an einer Kante durchgeführt werden können. Zur Ermittlung der Abwicklung sind Biegelängenberechnungen und Koordinatentransformationen notwendig. Bei dem nächsten Schritt, der Teileanordnung im Streifen, wird eine Werkzeugoptimierung durchgeführt. Die Geometrien werden so zueinander angeordnet, daß der Streifenverschnitt pro Teil minimiert wird. Dabei ist zu beachten, daß Faktoren wie einsetzbare Maschinengröße und damit zulässige Gesamtstreifenbreite und Gesamtschnittkraft diese Optimierung nur durch Iteration lösen lassen. Unter Umständen ist eine optimale Materialausnutzung ausgeschlossen, da aufgrund nachgeschalteter Bearbeitungsverfahren die Belegung bereits

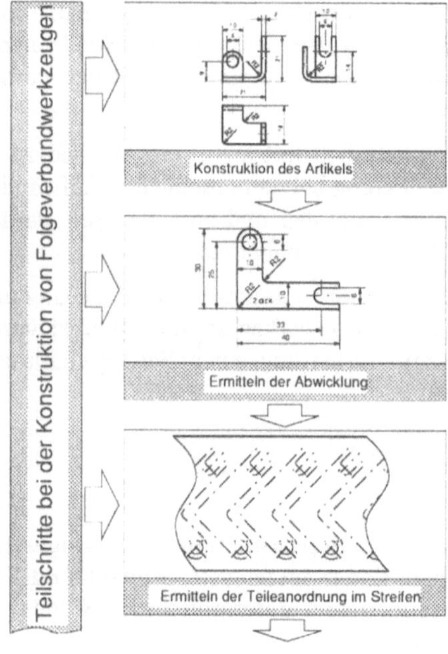

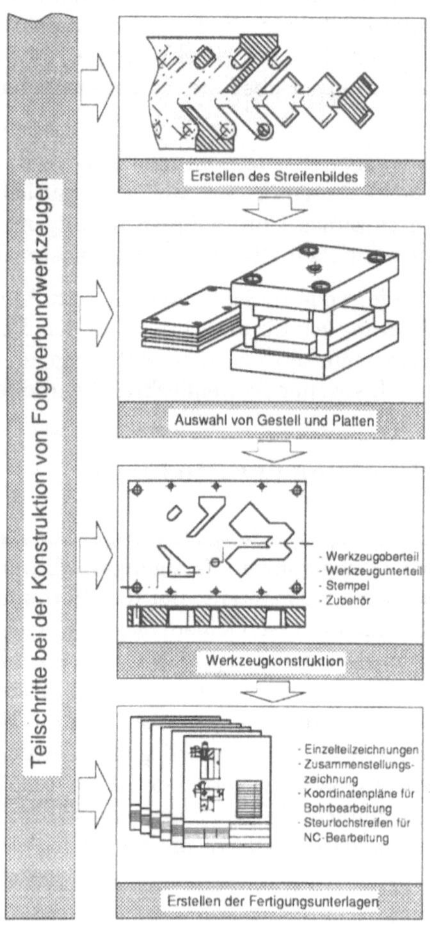

Bild 1: Schritte der Werkzeugkonstruktion

vorgegeben ist. Dies gilt zum Beispiel für die Fertigung von Steckkontakten aus dem Bereich der Elektronikindustrie, da hier die Teile am Streifen angehängt bleiben und in einem zusätzlichen Arbeitsgang vollautomatisch in ein Kunststoffgehäuse zu einem Steckverbinder montiert werden. Die Zuordnung der einzelnen Schnitt- und Biegeoperationen zu den Bearbeitungsfolgen erfolgt im Streifenbild. Das Streifenbild ist damit die Basis der Konstruktion des Stanzwerkzeuges, da nach dessen Erstellung alle formgebenden Werkzeuggeometrien festgelegt sind. Mit der Auswahl des Gestells - wenn das Gestell nicht durch Vorgabe des Maschinentyps von vornherein festliegt- und der zugehörigen Platten, beginnt die Konstruktion der Werkzeugelemente. Es werden die Schnittstempel und Biegestempel inklusive der Befestigungen mit der Geometrieübernahme aus dem Streifenbild konstruiert und die Durchbrüche beziehungsweise Freimachungen für die einzelnen Platten ermittelt. Als letzte Teilschritte werden die Fertigungsunterlagen erstellt und die Zeichnungen oder Geometrien zur Fertigung übergeben.

Um Aussagen über die Verbesserungsmöglichkeiten von CAD-Systemen und Entwicklungstendenzen zu erreichen, wurde bei einer Fragebogenaktion der Istzustand im Stanzwerkzeugbau ermittelt. Zum überwiegenden Teil (75%) werden Folge-Werkzeuge eingesetzt (Bild 2), auf die sich das Hauptinteresse einer Automatisierung richtet. Außerdem zeigte sich, daß nur 45 % der untersuchten Firmen ein CAD-System zur Werkzeugkonstruktion einsetzen. Dies ist auch ein Indiz für eine nicht ausreichende Funktionalität der CAD-Systeme für den Werkzeugbau, da bei einer ausreichenden Unterstützung der Konstruktion der Einsatz von CAD-Systemen wirtschaftlich sinnvoll beziehungsweise aus Wettbewerbsgründen erforderlich ist.

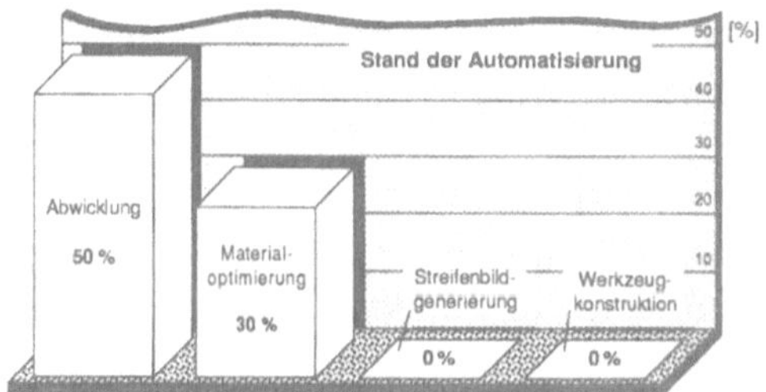

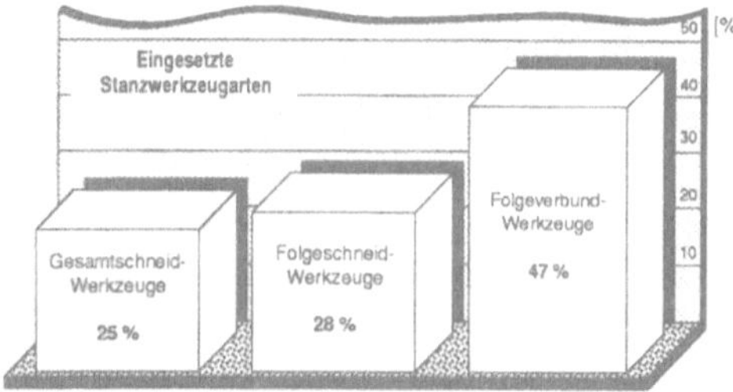

Bild 2: Einsatz von CAD im Stanzwerkzeugbau

Bei den CAD-Anwendern stellte sich heraus, daß eine über die CAD-Basisfunktionalitäten hinausgehende weitere Unterstützung der Werkzeugkonstruktion nur bei dem Arbeitsschritt "Artikelabwicklung erstellen" und bei der Schachtelung von Artikeln auf dem Blech-Streifen zur Verbesserung der Materialausnutzung gegeben ist. Zur Unterstützung der Werkzeugkonstruktion werden außerdem von einigen Anwendern Normalienkataloge benutzt. CAD-Systeme bieten also nur allgemeine Funktionalitäten und nur einige spezielle Anpassungen für Teilbereiche der Konstruktion. Gravierende Verbesserungen werden erst durch umfassende Software-Erweiterungen erwartet.

Anforderungen hinsichtlich Automatisierung

Der erste Schritt zur Anpassung des CAD-Systems ist die Analyse der Konstruktionsabläufe von Stanzwerkzeugen, das heißt hier, Zusammenhänge zwischen Werkstück, Werkzeugkonstruktion und Werkzeugherstellung zu erkennen, um diese anschließend in algorithmisierbarer Form abzubilden. Um eine hohe Einsatzbreite der Module zu erreichen, darf sich die Analyse der Stanzwerkzeugkonstruktion nicht auf ein Unternehmen beschränken. Bei einem Modul, daß die Konstruktion von Folgeverbundwerkzeugen verbessert, sollte auch - als Nebenprodukt - die Konstruktion von Werkzeugen ohne Biegeoperationen mit optimiert werden.

Aufgrund detaillierter Anforderungen von mehreren Industrieunternehmen und einer Ist-analyse des Konstruktionsprozesses ergeben sich neben den allgemeingültigen Anforderungen, wie Verbesserung der Wirtschaftlichkeit, folgende aufgabenspezifische Anforderungen:

- Verringerung der Werkzeugerstellungsaufwände,
- wirtschaftliche Einsatzmöglichkeiten auch bei mittleren bis kleinen Stückzahlen,
- Optimierung des Materialverbrauchs
- Verbesserung der Qualität,
- Berechnung, Optimierung und Kontrolle technologischer Werte,
- Nutzungmöglichkeit der Variantenprogramme für Normalien und anderer Module vom Standarddialog des CAD-Systems
- Standardisierung und Vereinfachung des Konstruktionsablaufes,
- Gewährleistung NC-gerechter Geometriedaten.

Aus der Sicht des Anwenders ergeben sich die folgenden Anforderungen:

- Für die Bedienoberfläche ist eine aufgabenangepaßte, interaktive und der systemüblichen Dialogführung entsprechende Anwenderführung zu entwickeln.
- Das Modul muß hinsichtlich Fehlbedienungen und Fehleingaben fehlertolerant sein.
- Kurzfristig und zu bestimmten Abschnitten muß eine Unterbrechung des Modules ohne Daten- und Informationsverlust möglich sein.
- Die rechnerintern abgelegten Technolgiewerte müssen menügesteuert zu pflegen sein.

Um den Anwendern Module zu einem frühstmöglichen Termin zur Verfügung zu stellen, sollte das Projekt in Teilabschnitte entsprechend den einzelnen Konstruktionsabschnitten, aufgeteilt werden. Überschaubare Teillösungen können schnell entwickelt werden und eine Aktualisierung ist schneller realisiert. Dies führt zu einem modularen Aufbau und damit zu einer schrittweisen Realisierung und Anwendung. Bei der Einteilung in Module wurde eine Unterteilung nach Konstruktionsergebnissen und zunächst nur für den Bereich ebene Schnitte vorgenommen:

1. Streifenbildgenerierung
2. Schnittstempel
3. Gestellauswahl und Plattengenerierung
4. Biegestationen inklusive Abkantungen, Sicken und Prägen
5. Normalien

Jedes Teilmodul soll auch einzeln zu nutzen sein, und die Ergebnisse der vorangegangenen Module müssen sich auch manuell ergänzen lassen. So ist es auch möglich, nur Einzelmodule zu verwenden und trotzdem eine Konstruktionsunterstützung in den Teilaspekten zu haben.

Automatisierungsansätze

Bei allen Automatisierungsansätzen gilt, daß bei steigenden Automatisierungsgrad die Einsatzmöglichkeiten abnehmen. Außerdem ist bei den noch zu entwickelnden Modulen zu berücksichtigen, daß sie sich in bereits vorhandenen (Konstruktions-) Umgebungen leicht einpassen sollen. Im Zusammenhang mit der Anpassung von CAD-Systemen mittels Anwendermodulen werden 3 Ansätze verfolgt (Bild 3):

a) Tools:
Tools automatisieren einzelne Arbeitsschritte.

b) Teillösungen:
Sie dienen zur Automatisierung mehrerer zusammenhängender Arbeitsschritte. Sie können dabei andere Teillösungen und/oder Tools verwenden.

c) Komplettlösungen (oder abgeschlosssene Anwendermodule):
Zum Einsatz kommen diese zur Lösung von in sich abgeschlossenen Aufgaben. Sie verwenden dazu andere Teillösungen und/oder Tools.

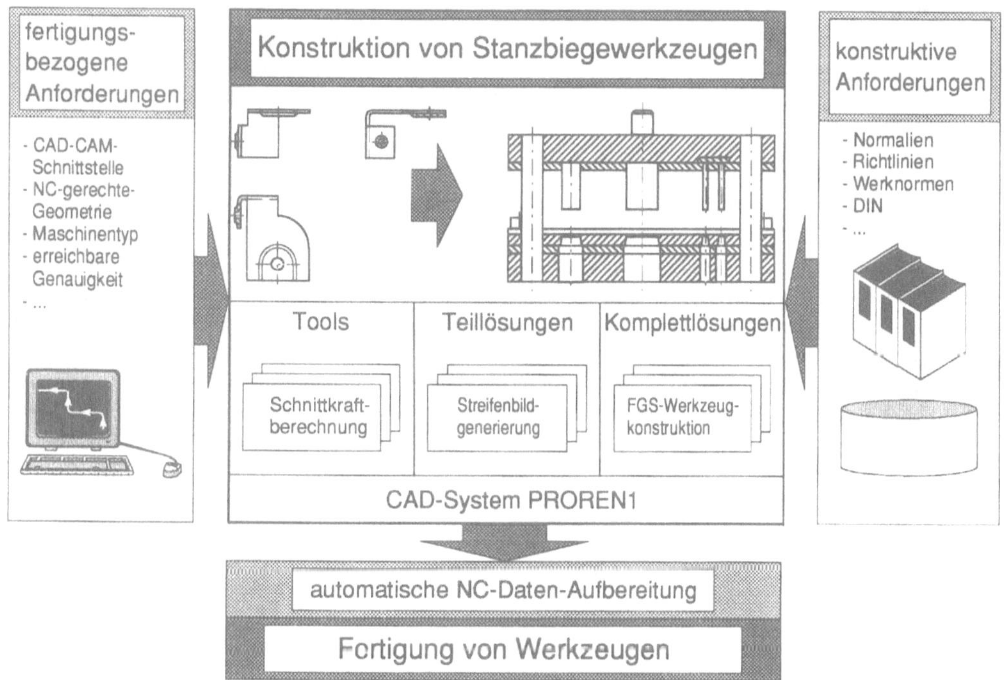

Bild 3: Automatisierungsansätze

Komplettlösungen in diesem Bereich sind als abgeschlossene Lösungen nur für bestimmte Werkzeugklassen einsetzbar. Dies bedeutet aber auch, daß eine eventuell angestrebte Komplettlösung für Folgeverbundwerkzeuge auch für Werkzeuge nur mit Schnittoperationen einsetzbar ist. Diese Komplettlösung würde die Teillösung zur Generierung von Streifenbildern genauso wie die Tools zur Bestimmung von Schnittkräften und Kraftschwerpunkten verwenden.

Die Komplettlösungen besitzen einen starren, in sich abgeschlossene Ablauf, so daß sie sich nur schwer auf unterschiedliche Aufgabenstellungen übertragen bzw. um andere Aufgaben erweitern lassen. Sie sind also unflexibel, da sie so ausgelegt sind, daß eine optimale Anpassung an eine Aufgabenstellung erfüllt wird. Sie erfordern außerdem den größten Entwicklungsaufwand, was zu einer kosten- und zeitintensiven Entwicklung führt. Dadurch ist die Pflege langwierig.

Auf Grund der eingeschränkten Aufgabenkomplexität können Teillösungen in der Regel schneller realisiert und den Anwendern zur Verfügung gestellt werden. Eine Erweiterung oder eine Optimierung ist bei den Teillösungen schnell zu erreichen. Tools, als Ansatz mit dem niedrigsten Rationaliserungsgrad, haben den kleinsten Entwicklungsaufwand und die größte Einsatzhäufigkeit. Mit einer Kombination von Tools und Teillösungen und deren Synergieeffekten kann es auch zu einem größeren Rationalisierungseffekt kommen, als bei größeren Komplettlösungen, da bei den Komplettlösungen häufiger ein nicht genutzter Funktionsumfang und damit auch unnötige Interaktivitäten anfallen. Bei den Tools ist dies nicht zu erwarten, da nur Funktionen verwendet werden, die auch wirklich benötigt werden.

Es erscheint also sinnvoll, bei der Entwicklung von Anwendermodulen Teillösungen und Tools den Vorzug zu geben. Bei den Tools und Teillösungen kann von einer sequentiellen Arbeitsweise, wie sie bei den Komplettlösungen üblich ist, zur Konstruktionsumgebung, die dem Konstrukteur mehr Freiheit bei der Aufgabenbearbeitung läßt, übergegangen werden. Das Ziel einer nach heutigen Gesichtspunkten optimalen Anpassung könnte also eine Konstruktionsumgebung sein, in der Tools, Teillösungen und die Funktionen der CAD-Systeme integriert sind.

Bei den Tools und Teillösungen muß gewährleistet sein, daß die Daten von anderen Modulen übernommen werden können, sie müssen also global definiert werden. Voraussetzung hierfür ist eine geeignete Datenbasis oder Datenstruktur, damit Funktionen auf mehrere Einzelteile bzw. mehrere Ansichten wirken können. Die Datenbasis sollte nicht nur die Geometrie berücksichtigen, es müssen auch Informationen über Aufgabe und Art der Bauteilgeometrie vorliegen. Dies kann durch Ergänzen der grafischen Daten um nichtgrafische, produktbeschreibende Daten geschehen. Es muß also von der Geometrieverarbeitung zur Produktdaten-Verarbeitung und -Verwaltung übergegangen werden. Hierbei sollte der Datenaustausch zwischen den einzelnen Funktionen über die Produktdatenbasis erfolgen und die mit CAD-Basisfunktionalitäten interaktiv erstellten Elemente sollten ebenfalls um die Produktdaten ergänzt werden. Als weiterer Vorteil resultiert daraus, daß eine Integrierbarkeit in andere Unternehmensbereiche oder für andere CA-Technologien leichter zu realiseren ist, da neben den geometrischen Daten auch die - für eine Integration meistens wichtigeren - produktbeschreibenden Daten vorhanden sind.

Konzipierung der Datenbasis

Für die Datenbasis ist zu beachten, daß alle Werkzeugelemente und deren Abhängigkeiten untereinander abgebildet werden. Außerdem sind funktionale Abhängigkeiten zwischen den Elementen zu betrachten und zu berücksichtigen. Dies ist bisher nur für ebene Blechteile genauer untersucht worden, in Ansätzen auch für Blechteile mit Biegungen. Anhand der Abhängigkeiten und der Funktionen der Bauteile können auch die Elemente der Datenbasis ermittelt werden, da die Datenflüsse und Korrelationen zwischen den Elementen ersichtlich werden (Bild 4).

Zusammenhänge bei der Werkzeugkonstruktion

Veränderungen \ Einfluß auf	Streifenbild	Stempel	Biegestationen	Stempelhalteplatte	Kopfplatte	Druckplatte	Führungsplatte	Abstreifplatte	Schnittplatte	Zwischenplatte	Grundplatte
Streifenbild	✕	●	●						●		
Stempel	○	✕		●	○	○	●	●			
Biegestationen	○		✕	●	○	○	●	●			
Stempelhalteplatte				✕	○	○	○				
Kopfplatte				●	✕	●	○				
Druckplatte		○		○		✕					
Führungsplatte							✕	○			
Abstreifplatte								✕			
Schnittplatte	○			○	○	○	○	○	✕	●	●
Zwischenplatte										✕	●
Grundplatte											✕

● definitive Veränderungen ○ Veränderungen möglich

Bild 4: Abhängigkeiten bei der Werkzeugkonstruktion

Da die Datenbasis des verwendeten CAD-Systems aus Kompatibilitätsgründen nicht verändert werden darf, werden zum jetzigen Zeitpunkt die Produktdaten über Attributdatensätze eingebracht. Dabei werden Attribute für Gruppen, zusammengehörige Geometrien, oder Linienattribute vergeben. Die Attributklassen sind zum Beispiel die Stempel(-geometrie), Artikel-(geometrie) oder ein Attribut, das die Verweise auf vorhandenen Stempel enthält.

Bei einer Komplettlösung wird die Konstruktionslogik durch ein Unterdrücken von unzulässigen Interaktionen abgesichert. Ein Rückschreiten in der Konstruktionslogik bedeutet aber in den meisten Fällen auch ein Löschen der bis dahin erarbeiteten Ergebnisse und ein nochmaliges Bearbeiten. Diese Absicherung ist bei den Teillösungen nur noch innerhalb des Moduls gewährleistet, wenn nicht geeignete Schnittstellen zwischen den Teilmodulen definiert werden. Die Schnittstellen sollten bei den Teillösungen und Tools auf die gemeinsame Datenbasis zurückgreifen, beziehungsweise sollte der Datenaustausch nur über die gemeinsame Datenbasis erfolgen. Wegen der Abhängigkeiten der Bauteile untereinander kann eine Aktion innerhalb eines Tools auch Auswirkungen auf andere Konstruktionsobjekte haben. Es sind also Mechanismen oder Kontrollen zu entwickeln, wie sie bereits in ähnlicher Form bei modularen Systemen entwickelt wurden [KOC-85].

Tool-Beschreibung

Zur Überprüfung der Einsatzmöglichkeiten von Modulen in der Werkzeugkonstruktion ist parallel bereits eine Komplettlösung für weniger komplexe Werkzeuge, die Flachgesamtschneidwerkzeuge, entwickelt worden. Bei dieser Entwicklung wurden unter anderem Tools, wie Schnittkraftberechnung oder eine den Schnittspalt berücksichtigende Geometriemodifikation entwickelt und die Arbeitstechnik für den Anwender erprobt. Anschließend wurde eine Beurteilung vorgenommen, um Erfahrungen in den weiteren Projektentwicklungen

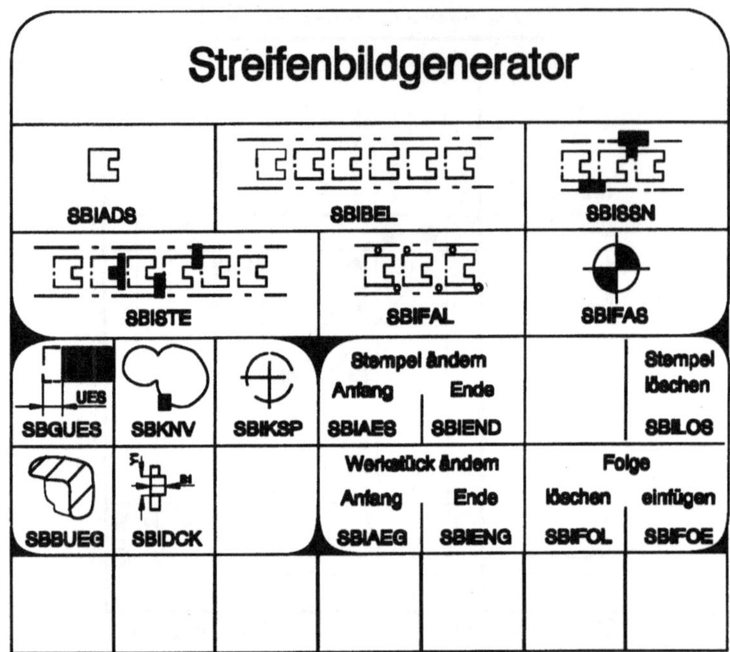

Bild 5: Menüaufleger des Moduls Streifenbildgenerierung

berücksichtigen zu können. Es bestätigte sich, daß Komplettlösungen für einfache Werkzeugklassen entwickelbar sind. Der Rationaliserungseffekt zeigte sich unter anderen in einer Reduzierung der Konstruktionszeit um den Faktor 2-3. Bei einer Kosten-/Nutzenrechnung ergibt sich unter Einbeziehung des Entwicklungsaufwandes aber eine sehr lange Amortisationsdauer beziehungsweise notwendige hohe Einsatzhäufigkeit. Komplettlösungen für komplexere und variantenreichere Werkzeugklassen lassen eine noch spätere Einsatzverfügbarkeit und eine längere, dann nicht mehr zu vertretende Amortisationsdauer erwarten, so daß sich hierfür eher die Entwicklung von Teillösungen anbietet.

Es ist mittlerweile die erste Teillösung, das Modul Streifenbildgenerierung (Bild 5) entwickelt worden. Diese Konstruktionsaufgabe hat bei den Industrieunternehmen eine hohe Priorität, da durch eine Optimierung des Streifenbildes auch das Werkzeug optimiert wird.

Der interaktive Dialog beginnt mit der Eingabe der benötigten technologischen Werte, wie Werkstoff, Blechdicke und Schneidverfahren. In Abhängigkeit von diesen Eingaben und berechneten Größen, wie Stegbreite und Randbreite wird automatisch ein Ausgangsmaterial vorgeschlagen. Diese Werte bilden die Grundlage für die Konstruktion der Bauteile, wie Schnittstempel und Seitenschneider. Die Anordnung und Positionierung der Bauteile sind nicht algorithmierbar, darum wird mittels einer interaktiv gesteuerten Konturverfolgung die Schnittkontur ermittelt und anschließend automatisch der zugehörige Stempel generiert. Die Auswirkungen werden dargestellt durch die Subtraktion der Stempelgeometrie vom Streifenbild in der betreffenden und allen nachfolgenden Folgen.

Zusätzlich werden dem Anwender umfangreiche Manipulationsmöglichkeiten zur Verfügung gestellt. Es ist mit speziellen Funktionen möglich die Bauteile, wie Stempel oder Seitenschneider zu löschen oder zu verschieben. Die Auswirkungen der Bauteile werden automatisch im Streifenbild neu berechnet und generiert. Eine Manipulation der Bauteilgeometrie ist mit allen CAD-Basisfunktion möglich, wenn sie durch eine Funktion eingeklammert sind. Dabei werden die nichtgrafischen Informationen auf die veränderte Geometrie übertragen. Eine

Kontrolle, ob die Artikelkontur unzulässig geschnitten wird, kann sich anschließen. Gegebenfalls wird der unzulässige Schnitt visualisiert und eine Warnmeldung ausgegeben. Eine automatische Korrektur des Stempels an die Artikelgeometrie findet jedoch nicht statt.

Ist eine Änderung der Artikelgeometrie unabwendbar, so ist auch dies möglich. Anschließend können die schon gesetzten Bauteile auf Verletzung der neuen Artikelgeometrie überprüft werden.

Eingegebene oder berechnete Werte lassen sich ebenfalls ändern, zum Beispiel die Werte für Vorschub und Folgenzahl. Hierbei werden die Stempel entsprechend verschoben und gegebenenfalls die Geometrie einzelner Stempel modifiziert. Dies ist erforderlich, wenn Stempel zwischen zwei Folgen plaziert sind und die Artikelgeometrie schneiden. Zusätzlich ist ein nachträgliches Löschen oder Einfügen von beliebigen Einzel-Folgen möglich. Alle betroffenen Folgen und Stempel werden dabei automatisch verschoben. Wenn in der zu löschenden Folge schon Stempel gesetzt sind, wird abgefragt, ob sie mit zu löschen sind oder ob sie verschoben werden sollen.

Als Benutzerführung wurde eine grafische Anwenderunterstützung entwickelt. So wird auf dem Grafikbildschirm zum einen Drauf- und Seitenansicht des Streifenbildes und ein Hilfsstreifenbild, in dem der Anwender arbeitet, dargestellt (Bild 6). In allen Ansichten werden die geschnittenen Konturen zur visuellen Kontrolle markiert, um den Überblick über den aktuellen Bearbeitungsstand zu erleichtern.

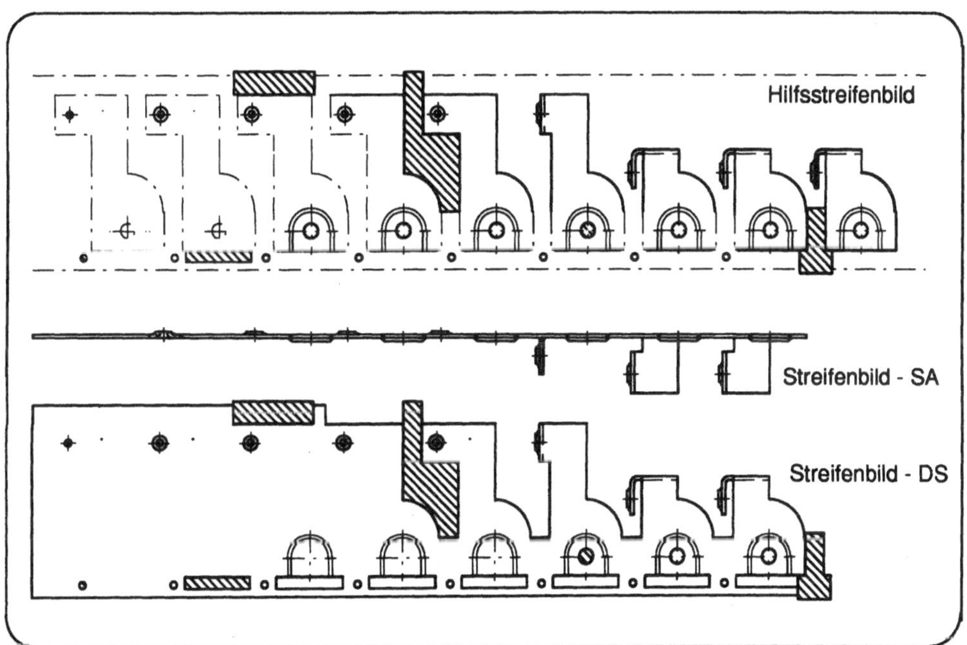

Bild 6: Grafikbildschirm des Moduls

Auf eine strenge Reihenfolge der einzelnen Funktionen ist bewußt verzichtet worden, um mehr Freiheiten bei der Aufgabenbearbeitung und bei Anpasssungen zu erreichen. Die bis jetzt konzipierten Teilabschnitten sollen zu einer Konstruktionsumgebung erweitert werden, bei der eine umfassende Sammlung von Tools und Teillösungen ohne fest vorgegebene Reihenfolge dem Anwender zur Ve?ügung gestellt wird. Dann hat der Konstrukteur zum Beispiel die

Möglichkeit einen Schnittstempel mit der dazugehörigen Befestigung zu konstruieren, danach die Druchbrüche in den Platten vom Programm errechnen und anzeigen lassen, um danach die Schnittplatte zu segmentieren und schließlich wieder einen Schnittstempel zu konstruieren.

Erfahrungen und Ausblick

Das Modul Streifenbildgenerierung ist derzeit bei den beteiligten Industrieunternehmen im praktischen Einsatz. Dabei werden in der ersten Phase nur ebene Schnitte bearbeitet, die notwendige Ermittlung von Abwicklungsstufen erfolgt mittels anderer Softwarepakete oder auf konventionellem Wege. Das Modul ist aber so konzipiert, daß Abwicklungsstufen problemlos eingebracht werden können. Dazu bietet sich eine 3D-Modellierung an, die die notwendigen Funktionalitäten für die Abwicklung und Biegelängenberechnung enthält.

Nachfolgende Module (Schnittstempel, Platten) sind in der Konzeptionsphase. Erwartungsgemäß zeigt sich, daß in diesem Zusammenhang die Änderungs- und Kontrollmechanismen genauer untersucht werden müssen. Im ersten Schritt bieten sich hier Visualisierungshilfen an, die dem Konstrukteur die optische Kontrolle erleichtern. Ein automatisierter Änderungsmechanismus ist nach derzeitigem Kenntnisstand nicht anzustreben, da sich geringfügige Änderungen ungewollt auf die gesamte Werkzeugkonstruktion auswirken können.

Die Entwicklungen werden sich deshalb darauf konzentrieren, Module zu entwickeln, die aufgrund der Geometrie- und Produktdaten die Konstruktionsergebnisse prüfen und daraus Hinweise auf Konstruktionsfehler und Inkonsistenzen ableiten können.

Zu den darüberhinausgehenden, langfristigen Entwicklungszielen gehört die Integration von wissensbasierten Systemen zur Optimierung und Qualitätssicherung bei der Konstruktion der Werkzeuge.

Literatur

[IPI-89]   Illiev, V.I.; Popov, G.S.; Ivanov, M.: A System for Computer-aided technical Preparation in the Production of Plane Parts by Stamping
Journal of Mechanical Working Technology, 18 (1989), S. 283-292

[KEV-90]   Kellner, P.;Vo-Han,V.:Allgemeines Werkzeugkonstruktionssystem für Kleinpreßwerkzeuge
CAD/CAM-Report 3/90, S. 100-105

[KOC-85]   Koch, R.: Entwicklung eines modularen Systems für die Projektierung und Angebotskonstruktion,
Dissertation, RWTH Aachen, 1985

[SEI-88]   Seifert, H.: Rechnerunterstütztes Kosntruieren mit PROREN, Band1,
Schriftenreihe Ruhr-Universität-Bochum,1988

[VDI-90]   Rechnerintegrierte Konstruktion und Produktion, Produktdatenverarbeitung
VDI Verlag, Band 2, 1991

Rechnerunterstützte Gestaltung dedizierter CAD-Werkzeuge

Peter Armbrust

Michael Bienert

Fritz H. Vosgerau

Institut für Werkzeugmaschinen und Fertigungstechnik (IWF)

Technische Universität Berlin

Pascalstraße 8-9

1000 Berlin 10

Zusammenfassung

Die an CAD-Werkzeuge gestellten Anforderungen sind durch anwender-, problem- sowie produkt- und betriebsspezifische Einflüsse sehr unterschiedlich und können von universellen Systemen nicht erfüllt werden. Um eine gezieltere Unterstützung der CAD-Anwender zu erreichen, beschreibt der Beitrag ein Konzept zur rechnerunterstützten Gestaltung dedizierter CAD-Werkzeuge. Hierin wird ein dediziertes Werkzeug durch ein flexibles und anpaßbares Systemmodell beschrieben und durch einen Interpreter ausgeführt. Zur Umsetzung der gewünschten Funktionalität werden Tools einer CAD-Toolbox angesprochen. Ergänzt wird das Konzept durch einen Kommunikationsmechanismus, der den Anwendern dedizierter Systeme eine rechnerunterstützte Möglichkeit des Informationsaustausches bietet.

Abstract

The requirements on CAD tools vary with specific needs postulated by users and their tasks, by the type of product to be developed and by company oriented restrictions. The needs postulated can not be met by general purpose CAD systems. This paper outlines a concept for the design and implementation of dedicated CAD tools in order to support the user effectively. Dedicated tools are represented by flexible and adaptable system models and are executed via an interpretation of system states. The execution of a desired functionality accesses specific tools of a CAD toolbox. In addition, the proposed concept comprises a communication mechanism which enables users of dedicated systems to exchange information.

Themenbereiche: Systemarchitektur, Systemintegration, Informationsmanagement, Software Engineering

Schlüsselworte: Dedizierte CAD-Werkzeuge, Systemmodell, CAD-Toolbox, Kommunikationstools

1. Motivation dedizierter CAD-Werkzeuge

Der zunehmende Konkurrenzdruck am Markt und der damit verbundene Zwang zur Produktinnovation erfordern von produzierenden Unternehmen eine hohe Flexibilität und Produktivität. Der Einsatz moderner und leistungsfähiger Rechner und Softwaresysteme eröffnet die Möglichkeit, die Qualitätsanforderungen an die Produkte zu erfüllen und die Komplexität aller Produktivitätsanforderungen zu beherrschen.

Der erfolgreiche Einsatz von EDV-Systemen ist wesentlich davon abhängig, welche Unterstützung die einzelnen Anwender bei der Bearbeitung ihrer spezifischen Problemstellungen bekommen und ob es gelingt, die innerbetrieblichen Informationsflüsse und das Informationsmanagement zu verbessern. Betrachtet man die heute existierenden und zum Einsatz kommenden rechnerunterstützten Verfahren und Werkzeuge, so ist festzustellen, daß die derzeitige Realität noch weit von einem Ideal entfernt ist.

Diese Aussage gilt auch für den Bereich der rechnerunterstützten Konstruktion. Hier kann festgestellt werden, daß von den CAD-Systementwicklern, von den industriellen Anwendern dieser Systeme und auch von Forschungsinstitutionen Teilaspekte der umfangreichen Aufgabenstellungen im Konstruktionsprozeß mit Erfolg angegangen wurden und eine Rechnerunterstützung realisiert wurde. Um jedoch auf breiter Basis eine durchgängige Rechnerunterstützung zu erreichen, sind noch vielfältige Probleme zu lösen.

Eine besondere Schwierigkeit der CAD-Technik ist darin zu sehen, daß die Anforderungen, die von Konstrukteuren an rechnerunterstützte Arbeitsmittel gestellt werden, mit der Konstruktionsaufgabe und der bearbeitenden Person variieren. Begründet ist dies durch die Individualität jedes Konstruktionsprozesses, in dessen Mittelpunkt der Konstrukteur steht, der mit seinem Wissen und seiner Erfahrung den Ablauf und die Steuerung dieses Prozesses bestimmt. Beeinflußt wird er hierbei durch Randbedingungen, wie beispielsweise durch Festlegungen und Restriktionen in der Arbeitsaufgabe oder durch organisatorische Vorgaben im Unternehmen /1/.

Da es kein universelles System geben kann, das alle denkbaren Anforderungen erfüllt, sind die am Markt verfügbaren CAD-Systeme zur schwerpunktmäßigen Unterstützung bestimmter Aufgabenbereiche ausgelegt. Dies führt in der Praxis häufig zu einem heterogenen Einsatz mehrerer Systeme, was die gewünschte Rechnerunterstützung auf lokale Funktionsbereiche beschränkt und durch die nicht ausreichend unterstützte Durchgängigkeit des Informationsflusses zusätzliche Integrationsprobleme schafft.

Neben der unzureichenden Integrations- und Kommunikationsfähigkeit sind weitere wichtige Kritikpunkte an verfügbaren Systemen, daß sie erst nach einer Anpassung an die produkt- und betriebsspezifischen Aufgabenstellungen der Anwender erfolgreich eingesetzt werden können. Solche Systemanpassungen sind im allgemeinen sehr kostenaufwendig und fallen bei einem Systemwechsel erneut an.

Die immer schnellere Innovation im Bereich der Rechnertechnik und neue Softwartechnologien beeinflussen die Weiterentwicklung und Verbreitung der CAD-Technologie. Diese darf jedoch nicht auf funktionale und informationstechnische Verbesserungen beschränkt sein, sondern muß auch den Bereich der Systemarchitektur und der Systemgestaltung einschließen, um den geschilderten Kritikpunkten begegnen zu können.

Das Gebiet der Systemgestaltung ist Schwerpunkt der in diesem Beitrag beschriebenen Konzepte und Softwaretools. Als Zielsetzung ist diesen vorgegeben, entsprechend den individuellen Anforderungen und Bedürfnissen von Konstrukteuren dedizierte CAD-Werkzeuge konfigurieren zu können und das Informationsmanagement zu unterstützen.

2. Das Konzept der rechnerunterstützten Gestaltung

Bei der Gestaltung eines dedizierten CAD-Werkzeuges spielen unterschiedliche Kriterien eine mehr oder weniger bedeutende Rolle. Ausgangspunkt ist der Bedarf an einem Werkzeug zur Lösung einer Aufgabe, die durch vorhandene Werkzeuge nicht oder nur wenig effektiv bearbeitet werden kann. Durch den Rechnereinsatz müssen in diesem Falle gezielt Lösungskomponenten bereitgestellt werden, aus denen das Werkzeug aufgebaut werden kann. Damit ist der Gestaltungsprozeß keineswegs abgeschlossen, vielmehr muß dieses Werkzeug noch in das bestehende Werkzeugszenario des übergeordneten Konstruktionsprozesses eingebunden werden. Andererseits werden die CAD-Werkzeuge später von Anwendern genutzt, die ihrerseits individuelle Ansprüche an die Bedienungsoberfläche stellen und einen eigenen Kommunikationsbedarf innerhalb der Gesamtaufgabe anmelden. Die Rechnerunterstützung muß auch diese Gestaltungskriterien erfassen und berücksichtigen. Der Gesamtumfang der damit erforderlichen Unterstützung wird durch das in Bild 1 skizzierte Gestaltungskonzept für dedizierte CAD-Werkzeuge umrissen.

Zentraler Kern dieses Konzeptes ist ein Systemmodell, das in der Art einer elektrischen Schaltung die Ablaufstruktur oder das Systemverhalten eines dedizierten Werkzeuges beschreibt. Der Aufbau dieses Modells kann mittels einer formalen Beschreibungssprache oder in grafisch interaktiver Arbeitsweise erfolgen. Direkt angegliedert an die interaktive Modellierung der Systemsteuerung ist die Dialogpräsentation, die die Gestaltung der Bedienungsoberfläche des dedizierten Werkzeuges beschreibt. Das Systemmodell wird über einen Interpreter ausgeführt, der den beschriebenen Dialog in geeignete Präsentationsformen umsetzt und die definierten Aktionen innerhalb des Dialogs zur Ansteuerung einer CAD-Toolbox heranzieht.

Diese Toolbox verwaltet eine Vielzahl von funktionalen CAD-Bausteinen und zusätzlich auch die über diese Bausteine erzeugten und verarbeiteten Informationsmengen. Die Bausteine repräsentieren jeweils eine abgeschlossene CAD-relevante Funktionalität und besitzen einen definierten formalen Aufbau, der es erlaubt, sie zu aktivieren oder mit anderen, passenden Bausteinen zu kombinieren. Die gezielte Auswahl der Bausteine, ihre Konfiguration zu Lösungskomponenten und letztendlich ihre Benutzung wird durch intelligente Toolboxmechanismen unterstützt. Die

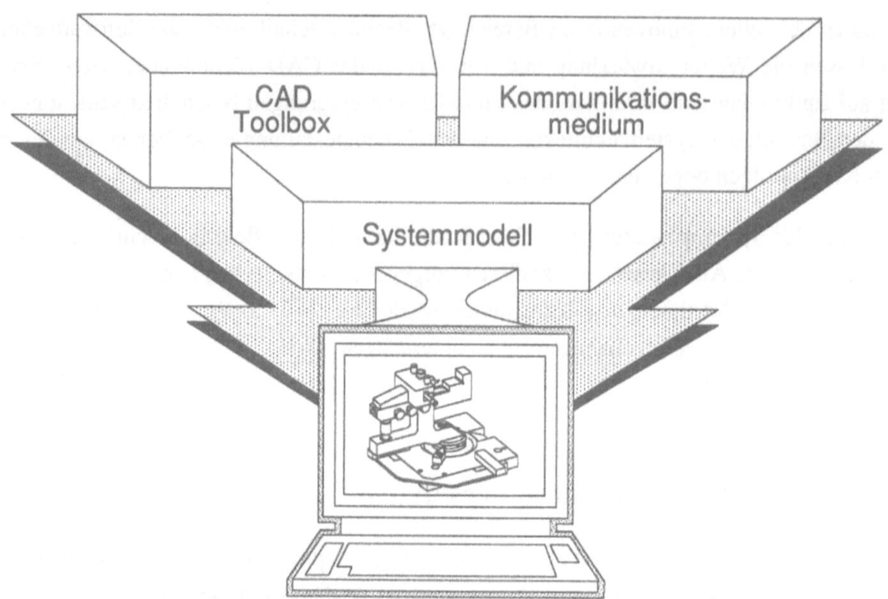

Bild 1: Komponenten zur rechnerunterstützten Gestaltung von CAD-Werkzeugen

durch die Toolbox bereitgestellte CAD-Funktionalität ist erweiterbar und kann betriebsspezifisch zusammengestellt werden.

Die Kommunikation dedizierter CAD-Werkzeuge und deren Anwender untereinander erfolgt über ein Kommunikationsmedium, das den gesamtheitlichen, aufgabenübergreifenden Informationsaustausch ermöglicht. Der Informationsaustausch ist konzeptionell objektorientiert, d.h. neben reinen 'Informationsinhalten' kann auch 'Funktionalität' ausgetauscht werden, die es dem Kommunikationspartner ermöglicht, die zugeordneten Informationen zu verarbeiten, beispielsweise zu visualisieren. Das zugrundeliegende Kommunikationsprinzip gestattet den beteiligten Anwendern einen offenen und freien Informationsaustausch. Grundlage für die tatsächliche Kommunikation ist eine Beschreibung der möglichen Inhalte und Funktionalitäten. Diese Beschreibung kann im Laufe der einzelnen Phasen des gesamtheitlichen CAD-Prozesses den unterschiedlichen Anforderungen angepaßt werden.

3. Dynamische Beschreibung eines dedizierten CAD-Werkzeuges

Die Entwicklung problemorientierter Werkzeuge erfolgt im allgemeinen nach dem Prinzip des 'Edit-Compile-Link-Execute'-Zyklus mit entsprechend langen Zykluszeiten. Zudem sind klassische CAD-Systemarchitekturen, die beispielsweise keine strikte Trennung von CAD-Funktionalität und Interaktionsoperationen enthalten, in Bezug auf

- Realisierung von Änderungswünschen des Konstrukteurs,
- Berücksichtigung neuer Funktionalität,
- Anpassung an leistungsstärkere Benutzeroberflächen (beispielsweise Motif) und die
- Unterstützung unterschiedlicher Problembereiche

häufig zu unflexibel, was zu einer zusätzlichen Schwerfälligkeit klassischer Systementwicklung führt.

Es ist daher notwendig, CAD-Werkzeuge in sinnvolle funktionale Bestandteile zu zerlegen. Zentraler Bestandteil des hier vorgestellten Konzeptes zum Aufbau dedizierter Werkzeuge ist ein Systemmodell, in dem der Benutzerdialog und die Funktionalität getrennt beschrieben werden. Der Benutzerdialog wird in einem Dialogmodell beschrieben, auf dessen Grundlage Benutzerinteraktionen, der Datenfluß innerhalb des dedizierten CAD-Werkzeuges und Funktionen einer CAD-Toolbox steuerungstechnisch verbunden werden. Das Dialogmodell, in <u>Bild 2</u> graphisch veranschaulicht, bildet somit die zentrale Komponente des Systemmodells. Der Dialog wird nicht mehr mittels klassischer Programmiersprachen 'fest verdrahtet', sondern in ein Modell umgesetzt, das durch einen entsprechenden Interpreter bearbeitet wird. Diese Art der Vorgehensweise bietet dem Anwender die Möglichkeit, das Systemmodell, und damit das Verhalten des dedizierten Werkzeugs, interaktiv zu erstellen. Das Benutzerinterface /2/ kann durch einen Anwendungsentwickler in Kooperation mit dem späteren Endbenutzer (Konstrukteur) gezielt und schnell erstellt werden. Hierbei ist das Verhalten des Systems jederzeit durch eine Interpretation des Systemmodells überprüfbar. Umständliche und zeitintensive 'Compile'- und 'Link'-Vorgänge sind nicht mehr erforderlich.

Das Systemmodell gliedert sich in die Dialogstruktur, die Dialogpräsentation und die Aktionssegmente. Die <u>Dialogstruktur</u> beinhaltet sämtliche Informationen über die Interaktionsmöglichkeiten des Anwenders. Als atomare Elemente der Dialogstruktur werden einfache Wegweiser sowie parametrisierte Interaktionsobjekte /3/ (beispielsweise Textfelder und Scrollbars) verwendet. Diese Elemente können als Sequenz, Wiederholung (bzw. Schleife), Option sowie als Teildialog zusammengefaßt und beliebig rekursiv strukturiert werden. Basierend auf der Struktur und dem aktuellen Dialogkontext bzw. -zustand, entscheiden die Interaktionen des Anwenders über die Fortsetzung des Dialogs durch den Dialoginterpreter, der gleichzeitig mittels der, an den Dialogweg gebundenen Aktionssegmente den Informationsfluß zwischen Interaktionsobjekten und Funktionen der CAD-Toolbox sicherstellt.

Die für den CAD-Einsatz notwendigen atomaren Dialogelemente, beispielsweise zur Selektion von Geometrieelementen oder zur Abfrage von geometrischen Positionen, können in Form von Interaktionsobjekten beliebig ergänzt werden. Der Entwurf einer Dialogstruktur ist damit weitestgehend unabhängig von dem verwendeten Ein-/Ausgabegerät.

Im Vergleich zur Dialogstruktur wird innerhalb der <u>Dialogpräsentation</u> entschieden, welches Interaktionsobjekt (Menue, Schalter, Textfeld etc.) mit welchen technischen Mitteln der zugrundeliegenden Ein- und Ausgabefunktionalität realisiert wird. Der gerätebezogene Teil der

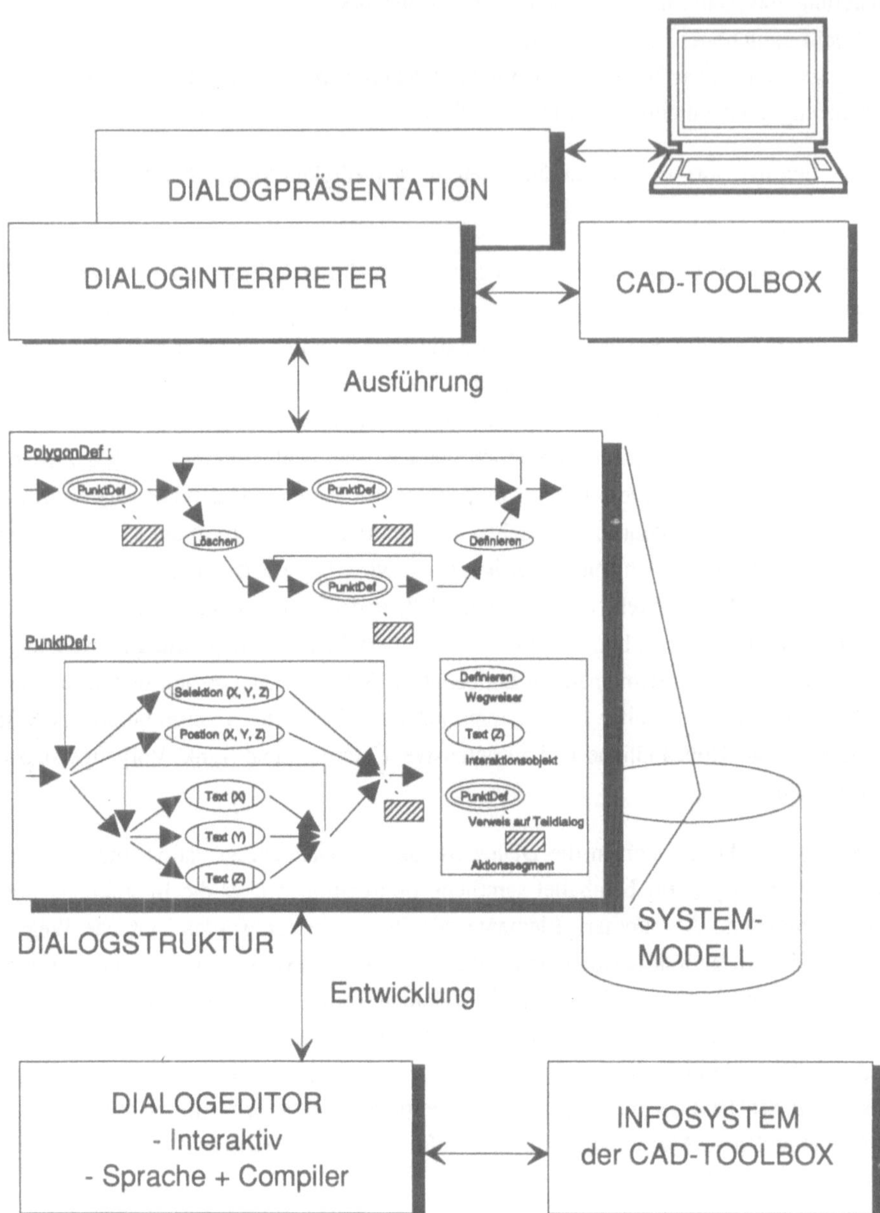

Bild 2: Das Systemmodell als Basis für die Entwicklung dedizierter CAD-Werkzeuge

Implementierung der Interaktionsobjekte kann somit die technischen Mittel der aktuell verwendeten Hardware optimal ausschöpfen, ohne das für die verwendeten Präsentationsformen der 'kleinste gemeinsame Nenner' gewählt werden muß.

Bezüglich Präsentation und Manipulation der Interaktionsobjekte wird auf bereits existierende Bedieneroberflächen wie beispielsweise OSF/Motif /4/ zurückgegriffen, das auf einer Vielzahl von Plattformen, vom PC bis hin zu Mini- und Supercomputern, gleichermaßen verfügbar ist. Beständig fallende Hardwarepreise graphisch-interaktiver Systeme führen zusätzlich zu einer Verbreitung derartiger Bedieneroberflächen. Trotz des bei modernen graphischen Benutzeroberflächen wie Motif gestiegenen Abstraktionsniveaus entsteht die Flexibilität eines dedizierten Werkzeuges erst durch die Integration der Bedieneroberfläche in ein übergeordnetes Dialogmodell, da die direkte klassische Integration per Programmiersprache mittels Funktionsbibliotheken und ereignisorientierten 'Call Back'-Funktionen zu einer verteilten Dialogrepräsentation führt. Außerdem würde die klassische Integrationsvariante wieder die Nachteile des 'Edit-Compile-Link-Execute'-Zyklus nach sich ziehen.

Motif ist unbestritten eine wesentliche Hilfe bei der Programmierung grafischer Bedienungsoberflächen, da es Aussehen und Verhalten vieler häufig benutzter Interaktionselemente durch 'Widgets', 'Convenience Functions' etc. vorgefertigt zur Verfügung stellt. Zudem wird auf dieser Ebene für ein einheitliches Erscheinungsbild verschiedener CAD-Werkzeuge gegenüber dem Anwender gesorgt. Im Hinblick auf die flexible Handhabung einer komplexen Dialogstruktur werden jedoch keine Hilfsmittel zur Verfügung gestellt.

Im Rahmen eines modernen dedizierten CAD-Werkzeuges ist die Entwicklung und Weiterentwicklung an die schnelle Erzeugung von Prototypen ('Fast Prototyping') gebunden. Mittels des Prototyps kann direkt überprüft werden, ob die an das Werkzeug gestellten Anforderungen realisiert wurden. Der Endanwender erhält damit sofort einen Eindruck über das spätere Verhalten des CAD-Werkzeuges. Gegebenfalls kann schnell eine Korrektur vorgenommen werden, die als Ergebnis wiederum einen neuen Prototypen liefert. Dieses Verfahren kann beliebig wiederholt werden. Im Hinblick auf die hier vorgestellte Systemkonzeption für dedizierte CAD-Werkzeuge können die folgenden Entwicklungsaufgaben unterschieden werden:

- Planung und Spezifikation des Dialogs basierend auf der durch den Konstrukteur gewünschten Sicht,
- Zusammenstellen der benötigten CAD-Funktionalität aus einer Toolbox bzw. Deklaration der Funktionen, die als Ergänzung der Toolbox noch entwickelt werden müssen,
- Zusammenstellen der benötigten Interaktionsobjekte bzw. Deklaration ihrer Steuerungsoperationen, falls diese noch benötigt werden,
- Integration der Funktionen in den Dialog,
- prototyporientierte Werkzeugbewertung,
- Implementierung zusätzlicher Funktionsbausteine und
- Implementierung zusätzlicher, spezieller Interaktionsobjekte.

Lediglich die beiden letzten Punkte erfordern noch den Zeitaufwand des 'Edit-Compile-Link-Execute'-Zyklus, da hier auf klassische Programmiersprachen zurückgegriffen werden muß. Dies ist jedoch unter dem Gesichtspunkt, das das im folgenden beschriebene CAD-Toolboxkonzept die Neuentwicklung von Funktionsbausteinen unterstützt, ohne weiteres vertretbar. Infolge der Verfügbarkeit bereits existierender Basisfunktionen innerhalb der CAD-Toolbox, ist die Neuentwicklung eher als Ausnahme anzusehen und nur noch für produktspezifische Berechnungen durchzuführen.

4. Die CAD-Toolbox

Das Konzept

Die Grundidee des im folgenden beschriebenen Toolboxkonzeptes besteht darin, eine Menge vorgefertigter Bausteine zur Verfügung zu stellen, die beim Aufbau und der Implementierung von CAD-Werkzeugen genutzt werden können. Hiermit verbundene Zielsetzungen waren eine flexible und anpaßbare Architektur und eine leichte Pflege und Wartung der Bausteine und der aufsetzenden Werkzeuge.

Bei der Umsetzung der Idee in ein Toolboxkonzept spielte die Arbeitsweise des Konstrukteurs mit CAD-Werkzeugen eine entscheidende Rolle. Sie sind unterstützende Hilfsmittel, die bei der Bearbeitung von Problemstellungen benutzt werden. Im Mittelgrund des Interesses des Konstrukteurs stehen die mit diesen Werkzeugen verarbeitbaren Informationen, beispielsweise Prinzipskizzen, technische Zeichnungen, dreidimensionale geometrische Modelle oder NC-Programme. Hierzu gehören auch vorgegebene Informationsmengen, auf die der Konstrukteur während seiner Tätigkeit zurückgreifen kann. Als Beispiele können Normteilinformationen oder Informationen über den verfügbaren Maschinenpark genannt werden. Semantisch zusammengehörige Informationen können als Einheiten betrachtet werden, die einen unterschiedlichen Komplexitätsgrad haben.

Die Informationseinheiten werden im Rechner repräsentiert und durch die Anwendung von CAD-Funktionen erzeugt und verarbeitet. Diese Funktionen haben ebenfalls einen unterschiedlichen Komplexitätsgrad. Beispiele hierfür sind eine Verknüpfungsoperation für geometrische Körper, das Erzeugen einer farbschattierten Darstellung, die Generierung eines FEM-Netzes oder die Simulation eines Bearbeitungsvorganges.

Aus dieser Betrachtungsweise heraus kann man verallgemeinernd sagen, daß ein Anwender eines CAD-Werkzeuges sowohl mit aktiven als auch mit passiven Komponenten arbeitet, die in einem Abhängigkeitsverhältnis stehen. Die Informationseinheiten können als passiv bezeichnet werden, da sie selbst nichts tun und von Funktionen erzeugt und verarbeitet werden. Die Funktionen werden vom Anwender aufgerufen und dadurch ausgeführt. Da sie selbst Aktionen durchführen, können sie als aktiv bezeichnet werden.

Funktionen und Informationseinheiten werden, wie <u>Bild 3</u> verdeutlicht, in dem hier vorgestellten Konzept als Bausteine betrachtet, die als Tools in der Toolbox zur Verfügung stehen. Damit sind zwei Gruppen von Tools eingeführt, die in sich weiter klassifiziert und aufgegliedert sind:

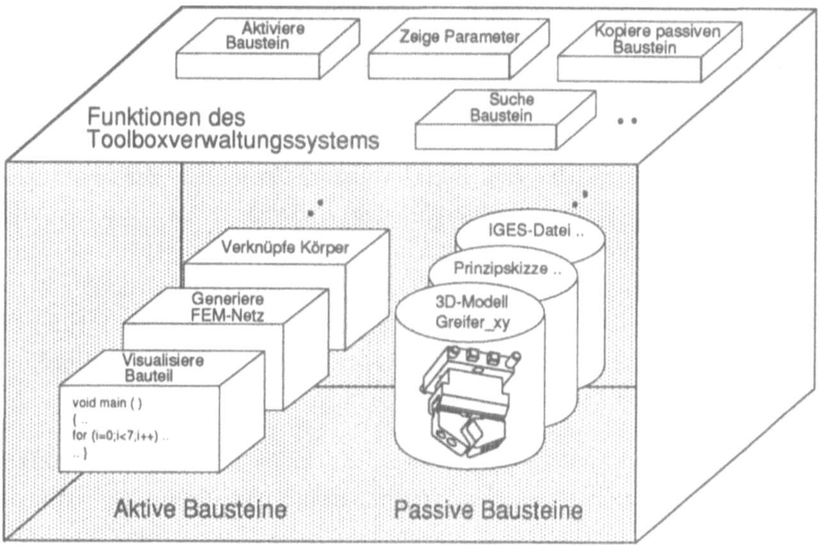

Bild 3: Komponenten der CAD-Toolbox

- aktive Bausteine (CAD-Funktionen) und
- passive Bausteine (semantisch zusammengehörige Informationsmengen).

Die Bausteine sind die Objekte, die im Mittelpunkt der Anwendung der Toolbox stehen. Für sie mußte bei der Konzeptentwicklung u.a.

- die äußere Repräsentanz,
- der zulässige innere Aufbau,
- die Beziehungen zwischen den Bausteinen und
- eine Zugriffs- und Verwaltungsstrategie

festgelegt werden, um das Konzept auf dem Rechner umsetzen zu können.

Die definierte **äußere Repräsentanz** ist durch eine objektorientierte Betrachtungsweise bestimmt. Die Bausteine werden über Identifikatoren oder deskriptiv angesprochen und haben eine neutrale Schnittstelle zum anwendenden Umfeld. Zu dieser Schnittstelle gehören eine Parametrisierung zur Kommunikation mit dem Umfeld sowie benutzer- und verwaltungstechnische Informationen, durch die u.a. Anwendungsbedingungen festgelegt sind.

Die Festlegung des **zulässigen inneren Aufbaus** erfordert eine getrennte Betrachtung der aktiven und der passiven Bausteine. Aktive Bausteine sind auf dem Rechner programmtechnisch realisiert. Bezüglich der zulässigen Realisierungstechniken und der Programmiersprachen wurden keine Einschränkungen gemacht, da dies die gewünschte Flexibilität beschneidet. So muß es beispielsweise möglich sein, in der objektorientierten Sprache C++ Neuimplementierungen vorzunehmen oder bereits existierende FORTRAN-Programme zu verwenden. Um die äußere Repräsentanz zu erreichen, wurden für die Implementierung Rahmenbedingungen vorgegeben.

Der innere Aufbau eines aktiven Bausteins wurde grundsätzlich dem Zuständigkeitsbereich seines Entwicklers, dem Bausteinentwickler, zugeordnet, jedoch wird auch dem Anwendungsentwickler eine Einflußmöglichkeit gegeben. Zur Implementierung kann der Bausteinentwickler über Schnittstellen auf bereits verfügbare Basisfunktionen zurückgreifen, beispielsweise für das Datenmanagement, zur Kommunikation mit dem Benutzer oder zur graphischen Ausgabe. Von diesen Schnittstellen können durch unterschiedliche Gerätetreiber oder durch unterschiedliche Genauigkeiten bei Berechnungen mehrere Versionen existieren. Ist dies der Fall, so soll es dem Anwendungsentwickler möglich sein, durch die Auswahl von Schnittstellenversionen eine spezifische Version eines aktiven Bausteins zu erstellen.

Ein passiver Baustein repräsentiert für den Anwender eine logisch zusammengehörige Informationsmenge, beispielsweise die technische Zeichnung eines konstruierten Gegenstandes. Auf die gespeicherten Informationsinhalte kann er nur durch die Anwendung aktiver Bausteine zugreifen. Der aus Sicht der Rechnerrepräsentation bestimmte innere Aufbau, d.h. die Struktur und die Speicherung der Daten, sollen dem Anwender grundsätzlich verborgen bleiben. Eine Einschränkung bezüglich des inneren Aufbaus wurde nicht vorgegeben.

In den <u>Beziehungen</u> zwischen aktiven und passiven Bausteinen drückt sich die gegenseitige Anwendbarkeit aus. Diese Anwendbarkeit ist vom semantischen und vom speicherungstechnischen Aufbau der zu verarbeitenden Informationen abhängig, was bereits deutlich wird, wenn man die rechnerinternen Repräsentationen vergleicht, die von zwei unterschiedlichen CAD-Systemen generiert werden.

Die gegenseitige Anwendbarkeit kann erfaßt und überprüft werden, wenn in der Toolbox Verwaltungsinformationen über zulässige semantische und speicherungstechnische Repräsentationsformen integriert sind. Für die Fälle, in denen eine Anwendbarkeit nicht gegeben ist, stellt sich die Frage, ob und wie sie durch den Anwendungsentwickler hergestellt werden kann. Entscheidend ist hier die Änderung der Repräsentationsform der passiven Bausteine, was in den gleichen Problemstellungen resultiert, die bereits vom Informationsaustausch beim Einsatz verschiedener CAD-Systeme bekannt sind. Für das Toolboxkonzept wurde hieraus abgeleitet, daß es eine Klasse spezieller aktiver Bausteine geben muß, die durch Konvertierung neue Versionen passiver Bausteine in anderen Repräsentationsformen erzeugen. Zu dieser Klasse gehören beispielsweise IGES- oder STEP-Prozessoren. In die Toolbox sind Verwaltungsinformationen integriert, die über Konvertierungsmöglichkeiten und damit verbundenen Informationsverlusten Auskunft geben.

Bei der Implementierung neuer aktiver Bausteine können bereits existierende verwendet werden. Daher sind netzartige Beziehungen zwischen aktiven Bausteinen zulässig. Aus dieser Sicht wird deutlich, daß die in den vorangegangenen Abschnitten beschriebenen dedizierten CAD-Werkzeuge, die aus dem passiven Systemmodell und dem aktiven Interpreter bestehen, wiederum Bestandteile der Toolbox sein können.

Beziehungen zwischen passiven Bausteinen repräsentieren einen semantischen Zusammenhang zwischen Informationsmengen. Als Beispiel hierfür kann die Beziehung zwischen Baugruppen und ihren Bauteilen genannt werden. Aus Sicht der Toolbox drücken diese Beziehungen 'gehört zu'- oder 'wird verwendet in'-Verbindungen aus. Die semantische Bedeutung 'Bauteil gehört zu Baugruppe' kann sich dem Anwender nur über verarbeitende aktive Bausteine erschließen.

Die Beziehungen in der Toolbox werden durch Verwaltungsinformationen ausgedrückt, die für den Anwender zugänglich sind. Dies verdeutlicht, daß zu einer Toolbox neben den Tools eine Menge anwendungsrelevanter Informationen über diese Tools gehören.

Die _Zugriffs- und Verwaltungsstrategie_ des Konzeptes erfordert ein Toolboxverwaltungssystem und eine Informationsbasis, in der alle anwendungs- und verwaltungsorientierten Informationen enthalten sind. Der Zugriff auf die Bausteine und die anwendungsorientierten Informationen erfolgt ausschließlich über das Verwaltungssystem durch den Aufruf entsprechender Verwaltungsfunktionen. Auch zur Aktivierung und Anwendung von Bausteinen werden entsprechende Verwaltungsfunktionen angeboten. Damit ist festgelegt, daß das Verwaltungssystem keinerlei Steuerungsfunktion übernimmt und die Benutzeroberfläche einer Anwendung völlig frei gestaltet werden kann.

Da vom Anwendungsentwickler Funktionen des Verwaltungssystems aufgerufen werden, können diese als zusätzliche Komponenten, d.h. als zusätzliche Gruppe von Tools, in der Toolbox angesehen werden. Wie bereits Bild 3 verdeutlicht, umfaßt das hier vorgestellte CAD-Toolboxkonzept also drei Gruppen von Tools,

- die aktiven Bausteine zur Repräsentation von CAD-Funktionen,
- die passiven Bausteine zur Repräsentation von Informationsmengen und
- die Funktionen des Toolboxverwaltungssystems.

Eine Implementierung

Das Toolboxkonzept wurde bei der Implementierung des Methoden- und Modellbanksystems MEMOS umgesetzt. Die Bezeichnungen für die drei Toolgruppen sind hier etwas anders gewählt, die aktiven Bausteine werden als 'Methoden', die passiven Bausteine als 'Modelle' und das Verwaltungssystem als 'Methoden- und Modellbankverwaltungssystem' bezeichnet /1/.

Einen Entwicklungsschwerpunkt bei der Implementierung des Toolboxkonzeptes in MEMOS bildeten das Verwaltungssystem und der Aufbau der Bausteine. Diese bilden eine wichtige Voraussetzung für den Einsatz der Toolbox. Der erfolgreiche Einsatz hängt jedoch hauptsächlich von den integrierten Bausteinen ab. Die Anwendungsbeispiele, die im letzten Teil dieses Abschnitts

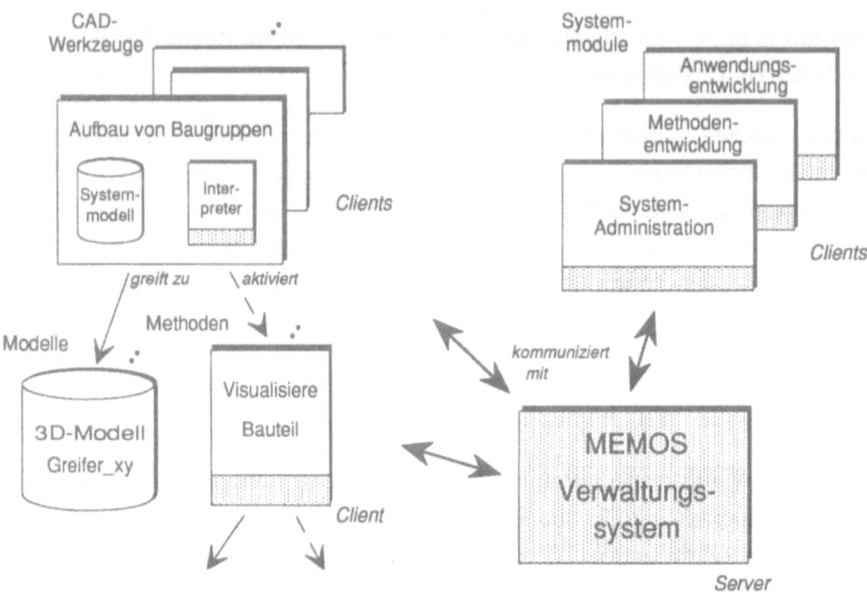

Bild 4: Das Client-Server-Konzept von MEMOS

beschrieben werden, zeigen die Vielfältigkeit der integrierbaren Tools. Sie haben die MEMOS-Entwicklung stark beeinflußt.

Der Aufbau der Methoden und Modelle wurde so gestaltet, daß sie gegenüber der Anwendung das gewünschte 'Black Box'-Verhalten aufweisen. Die programmtechnische Realisierung der Methoden und Speicherungsaspekte der Modelle werden gekapselt und bleiben verborgen.

Für MEMOS werden mehrere Benutzergruppen unterschieden, der Systemadministrator zur Pflege der Toolbox, der Bausteinentwickler zum Aufbau neuer Tools und der Anwendungsentwickler, der unter Nutzung verfügbarer Tools Systemmodelle aufbaut. Diese Gruppen haben verschiedene Aufgabenstellungen und müssen unterschiedlich unterstützt werden. Deshalb wurde das Verwaltungssystem ebenfalls flexibel gestaltet. Wie **Bild 4** zeigt, wurde es nach dem Client-Server-Konzept aufgebaut. Der Server bildet den Kern des Verwaltungssystems, der entsprechend der zu bearbeitenden Aufgabenstellung auf verwaltungsorientierte Tools zugreift. Für die verschiedenen Benutzergruppen sind aufgabenorientierte Systemmoduln als Clienten vorgesehen.

Das Toolboxkonzept beschreibt als dritte Gruppe von Tools Funktionen des Verwaltungssystems. In MEMOS gehören zu diesen Tools beispielsweise Funktionen zur

- Information, Auswahl und Beschreibung von Tools,
- Handhabung aktueller Parameterwerte und
- Verknüpfung und Ausführung von Tools.

Die Verwaltungstools sind in MEMOS über unterschiedliche Sprachschnittstelle ansprechbar. Vorgesehen sind

- eine FORTRAN - Unterprogrammschnittstelle,
- eine C - Unterprogrammschnittstelle und
- eine C++ - Klassenbibliothek.

Für jedes Verwaltungstool ist eine Funktion in diesen Schnittstellen realisiert. Wie Bild 4 verdeutlicht, ist in ihnen auch die Kommunikation mit dem Server realisiert. Durch die Übergabe ihrer Identifikatoren als Aufrufparameter dieser Funktionen erfolgt der Zugriff auf Methoden und Modelle.

Die Ausführungsfunktionen wurden in MEMOS so realisiert, daß Methoden als eigenständige Prozesse ablaufen. Vor dem Anstarten der zugehörigen Programme wird wahlweise eine Überprüfung beispielsweise der Anwendbarkeit, der Benutzerzugriffsrechte und der Verfügbarkeit benötigter Hardwarekomponenten durchgeführt.

Eine ausführlichere Diskussion des MEMOS-Systems bietet /1/.

Anwendungsbeispiele

Die Anwendung der beschriebenen MEMOS-Schnittstellen ermöglichen einen sehr flexiblen Einsatz der zur Verfügung stehenden Tools. Neben dem in Abschnitt 3 beschriebenen Einsatz zum Aufbau von Systemmodellen können die Schnittstellenfunktionen bei der Implementierung komplexer Methoden, Werkzeuge oder Systeme direkt aufgerufen werden.

Ein Anwendungsbeispiel für die MEMOS-Toolbox ist ein System für den wissensbasierten Entwurf von Drehmaschinen /5/. In diesem Systemkonzept werden Verfahren der Wissensverarbeitung mit den Möglichkeiten der Toolbox verknüpft. Für die Ermittlung der Entwurfsvorschläge werden Verfahren der Wissensverarbeitung eingesetzt, wobei das für den Drehmaschinenentwurf benötigte Fachwissen in Form von Regelbäumen in einer Wissensbasis abgelegt ist. Zur Bearbeitung geometrischer Aufgabenstellungen werden über MEMOS-Schnittstellenfunktionen in der Toolbox abgelegte aktive Bausteine aufgerufen, und die ermittelten Entwurfsvorschläge werden als passive Bausteine verwaltet. Durch die Anbindung der Toolbox ist die starre Kopplung des Entwurfssystems an ein bestimmtes Modelliersystem aufgehoben.

Ein anderes Beispiel für die Einsatzmöglichkeiten von MEMOS ist in /6/ dargestellt. Basierend auf dem Toolboxkonzept wird hier am Beispiel der Baugruppenkonstruktion ein neuer Systemansatz zur Unterstützung des gesamten Konstruktionsprozesses vorgestellt.

Eine Schlüsselstellung hat bei diesem Ansatz ein Lösungsraummodell, in dem sowohl anwendungs- und firmenspezifisches Konstruktionswissen als auch produktübergreifende Zusammenhänge der Problemwelt abgebildet werden können. Dieser Lösungsraum bildet die Basis für die konzipierenden Tätigkeiten einer Konstruktionsaufgabe. Hierauf aufbauend kann der Konstrukteur sowohl konkretisierende Tätigkeiten aufgabengerecht durchführen als auch seine Aufgabe und Konstruktionsergebnisse abstrahieren, um sich über alternative Lösungen zu informieren. Besonders die kreativen Verfahren fördern die kreativen Ingenieurtätigkeiten /6/.

Die Realisierung des Ansatzes erfordert eine flexible Toolbox, da im Zusammenhang mit und in Abhängigkeit von einem konkreten Lösungsraummodell anwendungs- und fallspezifische Funktionen konfiguriert werden müssen und verschieden strukturierte Informationsmengen für die zusammenhängende Verarbeitung aller produkt- und prozeßrelevanten Informationen integriert werden müssen.

5.   Integration und Kommunikation dedizierter Werkzeuge

Mit der Beschreibung der Benutzungsoberfläche und der Einbindung der ausgewählten CAD-Bausteine in das Systemmodell ist die funktionale Gestaltung eines dedizierten Werkzeuges und sein äußeres Erscheinungsbild abgeschlossen. Es kann prinzipiell ab sofort für die ihm zugedachten Aufgabenstellungen angewendet werden und die Verwaltungsmechanismen der Toolbox können für den Zugriff auf Konstruktionsdaten herangezogen werden.

Die Toolbox vereinigt das Wissen über alle vorhandenen Werkzeuge und deren funktionalen Aufbau, über die Benutzer der Werkzeuge und die von ihnen erstellten Konstruktionsdaten. Weil dieses Wissen abfragbar ist, kann die Toolbox als zentrale Informationsquelle für die Gestaltung und Steuerung der werkzeugübergreifenden Kommunikation herangezogen werden.

Grundlage einer Kommunikation ist das Vorhandensein eines geeigneten Mediums, über das unterschiedliche Inhalte zwischen den verschiedenen Partnern ausgetauscht werden können. Das hier beschriebene Konzept basiert auf dem aus der Wissensverarbeitung bekannten 'Blackboard'-Prinzip der offenen und wahlfreien Kommunikation /7/. Offen und wahlfrei bedeutet in diesem Zusammenhang, daß jeder Kommunikationspartner Zugang zu diesem Medium Blackboard besitzt, seine Informationen oder Fragen dort 'anheften' kann und Informationen oder Fragen anderer Partner lesen oder beantworten kann, aber nicht muß. Zur Lösung einer Aufgabenstellung kann dadurch prinzipiell das Wissen aller Partner herangezogen werden, was einerseits zu einem effektiveren Lösungsweg führt und andererseits eine qualitativ bessere Lösung hervorbringt.

Jedem neuen Anwender eines CAD-Werkzeuges ist diese Kommunikationsform prinzipiell offen. Wie die Kommunikation erfolgen kann und welche Inhalte und Funktionalitäten austauschbar sind, wird im Rahmen der Gestaltung des dedizierten Werkzeuges festgelegt, d.h. bei der Beschreibung des Systemmodells. Analog der Einbindung von CAD-Bausteinen mittels der Toolbox werden Kommunikationsbausteine eingegliedert, die den Zugang zum Medium 'Blackboard' realisieren. Die Kommunikationsbausteine selbst sind ein erweiterter Bestandteil der Toolbox und sind damit über deren Organisations- und Verwaltungsmechanismen ansprechbar.

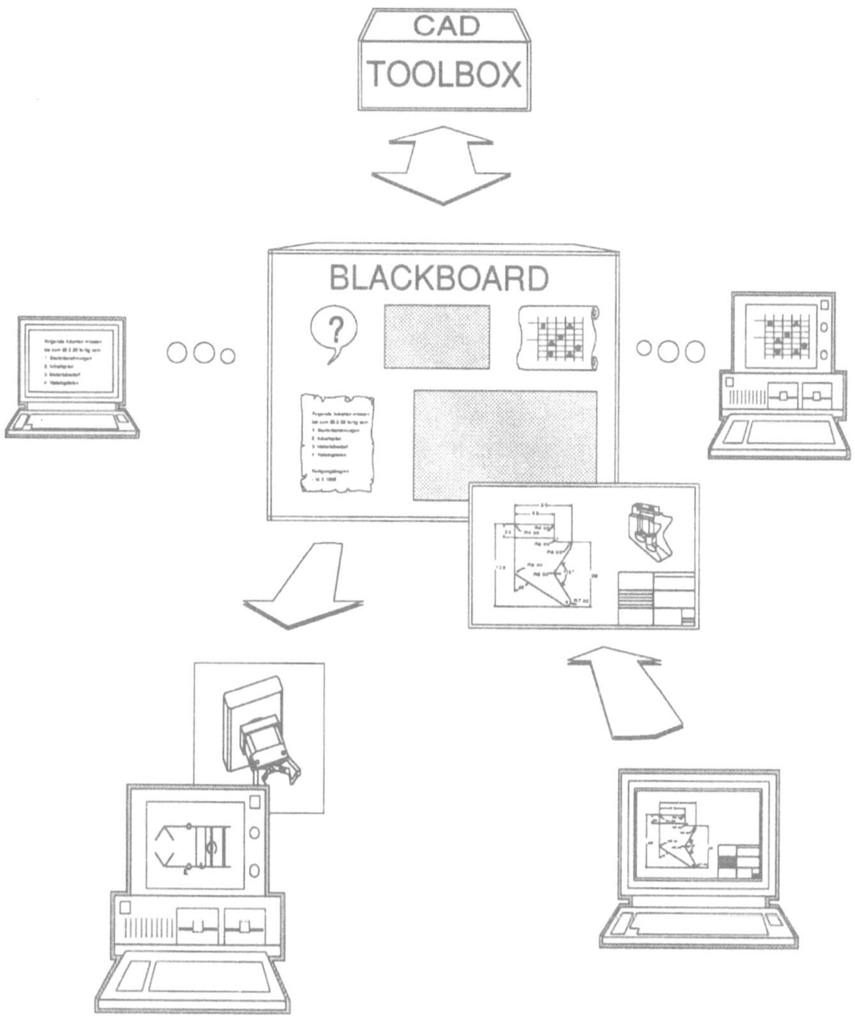

Bild 5: Informationsaustausch über eine Blackboard

Das Konzept des Blackboard-Mediums, **Bild 5**, sieht für jeden Kommunikationspartner einen Bereich vor, in dem er Informationen ablegen kann. Neben verbalen Inhalten, wie Anfragen, Notizen oder Hinweisen, kommen auch Informationsmengen zum Austausch, die im Sinne der Toolbox passive Bausteine darstellen. Verbale Inhalte werden direkt durch das Medium verwaltet, das hierzu Funktionen bereitstellt, um diese Inhalte einzutragen, zu lesen oder wieder zu entfernen. Dagegen sind passive Bausteine in Form eines Querverweises auf die Toolbox eingetragen und nur über die Toolbox zugreifbar.

Den auf der Blackboard vermerkten passiven Bausteinen können zusätzlich funktionale oder aktive Bausteine zugeordnet sein, mit deren Hilfe andere Anwender auf den Bausteininhalt zugreifen können. In welcher Form dieser Zugriff erfolgen kann, hängt von der Komplexität und inhaltlichen Funktionalität der aktiven Bausteinzuordnung ab. Eine elementare Zugriffsform ist der Lesezugriff, der es erlaubt, den informationstechnischen Inhalt eines passiven Bausteins für andere Anwender sichtbar zu machen. Für eine 3-dimensionale Werkstückbeschreibung wäre hierunter beispielsweise die grafische Darstellung in den Standardansichten, eine perspektivische Hidden-Line-Darstellung oder eine farbschattierte Darstellung zu verstehen.

Welche Funktionalität auf passiven Bausteinen verfügbar sein soll und welche Anwender oder Anwendergruppen hierauf Zugriff haben, wird im allgemeinen werkzeug- und anwenderübergreifend vereinbart. Diese Vereinbarung ist einerseits abhängig von betriebsspezifischen Abläufen und Organisationsformen und andererseits von dem zur Verfügung stehenden projekt- oder produktbezogenen Szenario dedizierter CAD-Werkzeuge. Sie ist damit jedoch keineswegs statisch, sondern kann den sich zeitlich, organisatorisch und inhaltlich ändernden Anforderungen angepaßt werden.

Die bereitzustellende Funktionalität wird durch eine definierte Anzahl dedizierter Kommunikationswerkzeuge realisiert, die auf die gleiche Art und Weise wie CAD-Werkzeuge gestaltet werden. Ihre CAD-Funktionalität ist jedoch primär auf den Kommunikationsaspekt ausgerichtet, weniger auf die Lösung einer konstruktiven Aufgabe. Zwischen CAD-Werkzeugen und Kommunikationswerkzeugen besteht aus gestalterischer und anwendungsbezogener Sicht kein Unterschied, weshalb Kommunikationswerkzeuge auch als elementare CAD-Werkzeuge bezeichnet werden.

Kommunikationswerkzeuge werden wie CAD-Werkzeuge über Toolboxmechanismen verwaltet. Die objektorientierte Kommunikation auf dem Blackboard-Medium erfolgt damit über die Bezeichnung des passiven Bausteins und die Nennung des aktiven Kommunikationswerkzeuges. Beides sind Querverweise auf die Toolbox. Der Anwender eines CAD-Werkzeuges veranlaßt mit der Anwahl eines passiven Bausteins von der Blackboard indirekt die Aktivierung des zugeordneten Kommunikationswerkzeuges über die Toolbox, was im allgemeinen mit einer Visualisierung des Informationsinhalts des passiven Bausteins verbunden ist. Eine Übernahme dieses Bausteins in das eigene CAD-Werkzeug ist allerdings nur dann möglich, wenn der Baustein in die 'Welt' des CAD-Werkzeuges paßt oder in sie konvertierbar ist. Diese Überprüfung kann durch Toolboxmechanismen durchgeführt werden.

Das Blackboard-Prinzip propagiert eine für alle Partner freie und offene Kommunikation, die jedoch im Hinblick auf die passiven Bausteine der Toolbox eingeschränkt werden muß. Dies gilt, weil mit CAD-Werkzeugen nicht beliebige Bausteine bearbeitbar sind und weil die Bearbeitung und damit mögliche Veränderung eines Bausteins nicht im Sinne der übergeordneten Gesamtaufgabe steht. Die Beschreibung dieser Einschränkungen wird durch Toolboxmechanismen zur Zugriffsregelung unterstützt und durch hierauf aufbauende Adressierfunktionen des Blackboard-Mediums, die dafür sorgen, daß der Anwender eines CAD-Werkzeuges nur das sieht, was er bearbeiten kann und soll.

Anmerkung

Die im Beitrag vorgestellten Arbeiten wurden durchgeführt im Rahmen des von der Deutschen Forschungsgemeinschaft geförderten Sonderforschungsbereichs 203 'Rechnerunterstützte Konstruktionsmodelle im Maschinenwesen', Sprecher: Prof. Dr.hc.mult. Dr.-Ing. G. Spur.

6. Literatur

/1/ Spur, G.; Armbrust, P.; Bienert, M.; Vosgerau, F.H.; Yaramanoglu, N.: Geometrische Methoden- und Modellbank. In: Sonderforschungsbereich 203 'Rechnerunterstützte Konstruktionsmodelle im Maschinenwesen', Forschungsbericht 1988-90. Berlin: Technische Universität Berlin, 1990, S. A1-1 - A1-85.

/2/ Olsen, D.R.: Software Tools for User Interface Management. ACM Computer Graphics, Vol. 21, No. 2, 1987.

/3/ Burgstaller, J.; Grollmann, J.; Kapsner, K.: On the Software Structure of User Interface Management Systems. In Hausmann, W., Hopgood, F.R.A., Strasser, W. (Eds.): Eurographics '89, Amsterdam: North Holland, 1989, pp. 75-86.

/4/ Berlage, Th.: OSF/Motif und das X-Window System, Addison-Wesley, 1991.

/5/ Spur, G.; Lehmann, C.M.; Bienert, M.: Integration von Wissensverarbeitung und geometrischen Modellierfunktionen als Basis neuer CAD-Systemarchitekturen. VDI-Berichte 700.1, Düsseldorf: VDI, 1988, S. 15-38.

/6/ Yaramanoglu, N.: Anwendung von semantischen Netzen als Lösungsraummodelle bei der mechanischen Baugruppenkonstruktion. Reihe Produktionstechnik Berlin, Bd. 87, München: Hanser, 1991.

/7/ Nii, P.: Blackboard Systems: The Blackboard Model for Problem Solving and the Evolution of Blackboard Architectures. AI Magazine 7 (1986) 2, pp. 38-53.

CHARM II
An Alternative Approach for Geometric Modeling

K. Ecker, J. Göers, R. Hirschberg

Institut für Informatik
TU Clausthal
3392 Clausthal-Zellerfeld

1 Introduction

An essential issue in engineering applications such as CAD or, more general, CIM is a powerful representation model that allows adequate modeling of objects those systems have to deal with. Well-known methods of representing geometrically constructed objects are the boundary representation and the constructive solid geometry. There are many CAD systems available on the market that are based on one of these representation models. It is, however, also known that these models have their principal drawbacks, as it is difficult - or even impossible - to model objects adequately for modern application environments such as CAD or CIM (an excellent discussion of the used techniques in geometric modeling versus the needs in practice can be found in [Pra89]). So for example, associative data describing relationships between objects or geometric constraints cannot be represented in most systems. Another concern is non-geometric information such as physical or technical data. During the design of objects these data could be needed e.g. for stability computations or simulations. But also in later phases such data can become important, as for example for the generation of cutter paths for NC machining.

We see that representation models should be redundancy-free, should model both geometric and non-geometric information, represent part-subpart hierarchies and dependencies between objects, should consider geometric and other constraints, allow definition of derived functions (methods), and should provide adequate database support.

In this paper we present CHARM II, the **Clausthal HierArchical Representation Model**. The fundamental idea of CHARM II is to represent objects in a hierarchical way by describing their parts, subparts, etc. Together with the hierarchical structure, properties of components and dependencies between them are stored. In order to describe objects properly we distinguish between information specific to an object as a whole, and its internal structure. Hence, internally an object may consist of different parts, each part again having certain properties and an internal structure, and dependencies between parts as well. Furthermore, new properties can be derived from stored ones and from the geometry of an object.

2 The CHARM II Model

The CHARM II system is a newly developed representation model whose main constructs are *objects*, *attributes*, and *functions*. The basic ideas are the following:

• The fundamental concept is that of an object. Objects are used to represent items of the real world; their structure is defined through a type declaration. Objects of the same structure are also said to belong to the same class.

• Attributes describe properties of objects which can be of geometric or non-geometric nature. Similar to objects, each attribute belongs to a certain class, in which all attributes of the same type are collected.

• Functions (in other systems often called methods) are used to derive additional information from the geometric structure and from other properties of objects. A function is always associated with a particular object or attribute type.

• In object type declarations, there is the possibility of defining a specialization hierarchy of object classes. Within the specialization hierarchy, an inheritance mechanism allows to transmit attributes and functions from one object type to more special types.

Notice that these concepts are similar to ideas known from object-oriented systems.

In the CHARM II system some types and functions are predefined. Special object types, attribute types and functions that are the basis for declaration of higher structured objects are predeclared and collected in the so-called SYSTEM toolbox. Whereas types and functions declared intrinsically in CHARM II cannot be changed, the SYSTEM toolbox can be established and is due to later changes.

In order to get more flexibility we allow user-defined toolboxes, each containing "private" object types, attribute types and function declarations. Uniqueness of names is then required within each toolbox.

In the following we discuss the notions of attributes, functions and objects in more detail. For a complete definition of syntax and semantics, however, we refer to [EGH90].

2.1 Attributes

Besides the usual standard attribute types `boolean`, `char`, `integer`, `real`, and derived subtypes `natural` and `posreal`, the SYSTEM toolbox contains predeclared attribute declarations that are useful for object representations, such as the enumerative types

    `ATTRIBUTE palette = (black, white, red, green, blue)` and

    `ATTRIBUTE point_symbol = (dot, cross, circle, square)`

or others for line style and fill patterns. Some of the attribute types are structured, i.e. composed of others, as for instance the attribute type `point_rep` which consists of the three components color, symbol, and size for point representation. Similarily, there are predefined attribute types for the representation of lines and areas.

Another kind of attribute declaration is the subrange type, where a new attribute type can be declared as a subrange of an already declared enumerative or standard type (except `real`), for example: `ATTRIBUTE hour = integer (0..23)` . According to the linear order defined on the underlying type, the first value has to be smaller then or equal to the second value. All values between the first and the last value (both including) belong to the subrange type.

In addition to these predefined types, each user may declare his own enumerative, subrange or structured attribute types.

2.2 Functions

The SYSTEM toolbox offers a variety of predefined functions such as of arithmetic type (e.g. `add, sub, mul, div,`...), boolean type (e.g. `and, or, not,`...), geometric type (e.g. `sin, cos,`...), and special type (e.g. `length [of a list of objects],`...).

Generally, the user can declare new functions in the following way:

```
FUNCTION function_name <id: o_type | a_type> (parameter list): a_type;[1]
  BEGIN
  ... {attribute definitions and function calls}
  END;
```

Here `function_name` denotes a new function. This name is not allowed to denote any attribute or object type, or function already present in the SYSTEM toolbox or in the actual user toolbox. The purpose of the clause `<id: o_type | a_type>` is to assign each function to an existing attribute or object type. Since functions are used to evaluate attribute values, their type is always that of an already declared attribute type, which is specified after the colon in the function head. The function body contains a list of operations: attribute definitions, function calls, if-, case- or loop-operations. Especially, there must be one attribute definition of the form   `function_name := abc`   where `function_name` is the name declared in the function head, and `abc` is either a function call of another already declared function that returns a value of the same attribute type as defined in the actual function head, or an attribute value or an attribute variable of compatible type. Besides attribute definitions the function body may contain `IF, CASE` or `FOR` constructs.

2.3 Objects

In object declarations we distinguish between notions for properties of the object itself, and its internal structure which is simply a collection of subobjects and attributes. Objects are structured hierarchically, so each subobject has again own properties and internal structure.

The bases of the hierarchical object declarations are predeclared object types, attribute types, and functions that are used as tools to define higher structured objects.

Some of the predeclared object types are `point, vector, polygon, circle, bow` and `arc`. Generally, user declared object types are of the following form:

---

[1] `o_type` and `a_type` are abbreviations for `object_type` and `attribute_type`, respectively.

```
OBJECT new_object_type_name (P_1 : type_of_P_1 ;...;P_k : type_of_P_k );
  BEGIN
     I_1 := type_1 (A_1 , A_2 ,...);
     I_2 := function_1<F_1 >(B_1 , B_2 ,...);
     ...
     I_m := function_m<F_m >(M_1 , M_2 ,...);
     I_n := type_n (N_1 , N_2 ,...)
  END;
```

The parameters $(P_1 ,...,P_k)$ in the header are of arbitrary attribute or object type. These parameters are used to transfer information into objects of that type. Especially, they define properties, sizes (dimensions) and spacial positions of the object. So they may be found among the actual parameters A_i , B_j , M_k , N_l in the declaration body.

Subobjects, attribute and function variables defined within the body $(I_1 ,..., I_n)$ must have uniquely chosen names, also different from all the parameters in the declaration head. This implies that the single assignment property is always valid in object declaration bodies. Subobjects, function values and attributes defined in the declaration body may be used as parameters in other definitions within the same object declaration body. From the single assignment property we conclude that the order in which subobjects, function values and attributes are generated is defined by the flow of information. Obviously, this order also reflects the order of construction when the object is built from its subobjects. Note that the parameter list does not contain any resulting parameters for information export; they are not necessary because all the subobjects created within the object body can be accessed from outside. Also special IF, CASE and FOR constructs are allowed to be used within object declaration bodies (c.f. Section 2.4).

In CHARM II there exists the possibility to inherit structures and properties from one object type to another which is not a subobject of the first type:

`OBJECT another_object_type_A (parameter list) BASED_ON object_type_A.`

Now, all properties and functions defined for the `BASED_ON` type `object_type_A` are also defined for the new type `another_object_type_A`. Furthermore, the object of type `another_object_type_A` inherits all the subobjects and attributes from `object_type_A`, i.e. they can be accessed as if they were defined in the body of `another_object_type_A`.

For some applications it is useful to have a list of objects of the same type. In CHARM II this is supported by a `LIST_OF` construct:

`name_of_list := LIST_OF object_type (P_1, P_2,..., P_n).`

The parameters $(P_1, P_2,..., P_n)$ have to be of that object type which is stated after the word symbol `LIST_OF`. Each element of the list can be accessed by its position in the list (e.g. P_2 can be accessed by `name_of_list[2]`). It is also possible to declare a new object type `BASED_ON LIST_OF already_declared_object_type`.

2.4 Higher Constructs

To gain more flexibility, CHARM II offers IF and CASE instructions known from high level programming languages. These constructs can be applied in object declarations generally, and in function declarations under the restriction that only the definition of new attributes but no objects is allowed. The reason is to avoid side effects: it should not be possible to define a function in which objects are created.

Another kind of higher construct is the loop instruction which corresponds to the usual `FOR` loop known from FORTRAN.

```
OBJECT name (P₁  : type_of_P₁  ,..., Pₖ  : type_of_Pₖ );
    BEGIN
        ...
        FOR loop_name = value1 TO value2 STEP value3 DO
            BEGIN  { object block }  END;
        ...
    END;
```

Here `loop_name` denotes an attribute of integer type uniquely chosen within the object body where the loop instruction occurs. To satisfy the single assignment property, all subobjects and attributes that are defined within the loop object block have to be indexed with `loop_name`. This `object block` may contain attribute and object definitions, function calls, `IF` and `CASE` constructs, and further loop instructions.

3 An Extended Example

For a user, CHARM II represents itself quite similarly to a real workshop, consisting of a number of shelves and a working bench. The bench is used for assembling new parts (objects). The needed tools can be found in toolboxes standing on the shelves. Each toolbox may contain different types of tools. In the notion of CHARM II, the tools are attribute, function, and object declarations. In our CHARM II workshop there are some standard toolboxes, all placed on a special shelf, the SYSTEM shelf. Here we store toolboxes that are read accessible for every user of CHARM II. For example, there is the basic SYSTEM toolbox which contains a collection of simple elements such as
- object types `point`, `vector`, `circle`,...
- attribute types for representation of points, vectors, areas,...
- declarations of functions for arithmetical and geometric calculations,....

Any object defined in CHARM II may eventually be considered as a series of elements that are defined in the SYSTEM toolbox. In order to avoid unexpected effects, the SYSTEM toolbox should be designed carefully so that later changes are avoided as far as possible. Besides the SYSTEM shelf there are private shelves for every user of CHARM II. In his private shelf, each user may keep several private toolboxes. Elements in private toolboxes can be created or modified at the owner's resonsibility.

In the following we discuss the power and flexibility of the CHARM II model. We choose the example of a cylinder roller bearing to demonstrate some of the properties of CHARM II.

Following DIN 5412/NUP, a *cylinder roller bearing* consists in the simplest case of an *outer ring*, a *set of cylinders*, an *inner ring*, and an *edge ring* (viz. Fig. 1).

We are using parameters in our object descriptions in order to control the object design. In CHARM II, a description of a cylinder roller bearing could be as follows:

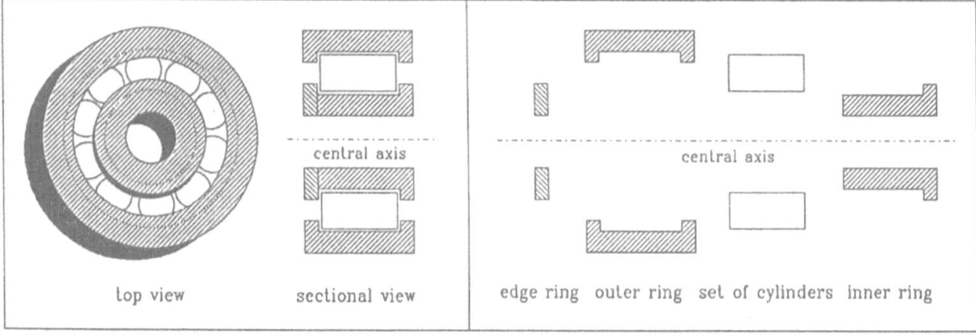

Fig. 1. Cylinder roller bearing following DIN 5412/NUP (simplified)

```
OBJECT cylinder_roller_bearing( mp : point; orient : direction;
        d_in : posreal; d_out : posreal; width : posreal;
        cyl_no : natural; ring_rep : body_rep; cyl_rep  : body_rep );
BEGIN
 normorient := normalize< orient >;
 d_dist := sub< d_out >( d_in );
 or := outer_ring( mp, normorient, d_out, d_dist, width, ring_rep );
 sc := set_of_cylinders( mp, normorient, d_out, d_dist, width, cyl_rep );
 ir := inner_ring( mp, normorient, d_in, d_dist, width, ring_rep );
 er := edge_ring( mp, normorient, d_in, d_dist, width, ring_rep )
END;
```

Parameter `mp` is the location of the center of boring; `mp` lies on the central axis. `orient` gives the orientation of the central axis in the three-dimensional object space. So the cite of a bearing is uniquely determined by these two parameters. The next four parameters specify the sizes of the composing parts: the diameter of boring (`d_in`), the outer diameter (`d_out`), the total width (`width`), and the numbers of cylinders (`cyl_no`). The remaining two parameters concern the representation of parts.

The object body directly represents the technical structure of a cylinder roller bearing. After two initial calculations, we define the four parts `cylinder_roller_bearing` consists of. The structure of each part must have been declared previously. Controlled by various parameters these parts are combined in order to establish the new object. Once an object such as `cylinder_roller_bearing` is defined, various instances of different size, position, and representation can be generated by setting the parameters appropriately.

4 Comparison to Other Approaches and Conclusions

In the environment of graphic systems several classical representation models are known. Examples are the constructive solid geometry (CSG), the boundary representation (B-Rep), and the Octree model. Originally, these models were designed for geometric data only.

Especially CSG– and B-Rep–based systems are widely used in practice. It is, however, known that the basic principles of these representation models do not support the structural demands of modern applications as for instance in the area of CIM [Gei91]. In CSG, though we agree that set operations like union or intersection of three-dimensional objects are important means to define objects, it seems to be quite unnatural to take set operations as the sole tool for object construction. Also, one cannot deny that the binary tree representation in CSG does in general not reflect the internal structure of real objects given by parts, subparts, etc. which is usually not a binary tree.

The way objects are described in the B-Rep model, i.e. by means of surface information, can never capture completely the structure of an object. Obviously, there is a difference between surface information and information about the object itself. So for example, one cannot differentiate between the representation of rectangles and that of more general quadrangles because this would require additional structural conditions.

We agree that each of these representation models is equipped with properties advantageous in certain circumstances, thus justifying their existence. On the other hand, there is increasing interest in more sophisticated representation models offering the following properties among others: representation of arbitrary part-subpart hierarchies, attributes of arbitrary type, conditions concerning geometric structures and attributes, variant construction, user-defined functions, and efficient database support.

There are indeed attempts to meet these demands. Hybrid systems, for instance, try to combine the advantages of CSG and B-Rep; but, as has been pointed out in [Bru89, Pra89], it is only possible to transfer CSG defined objects into B-Rep structured objects. Transformation from B-Rep to CSG appears to be very complicated , and there is little hope that it will ever be realized efficiently.

Some characteristics of applications in CAD or CIM are extensive data per object, a variety of different user defined object types, and many users accessing the data; these facts motivate the necessity of an efficient database support. It turns out, however, that the classical relational database model is not appropriate for graphic objects, due to insufficient structural flexibility; this was pointed out by Fischer [Fis83]. On the other hand, certain extensions of the relational model (RM/T, viz. [Cod79], and NF^2, viz. [SS86]) allow to enrich the classical relational model by constructs that support the representation of CSG– or B-Rep–objects. Systems that implement CSG or B-Rep in such enhanced relational database systems are proposed in [Kun89]. However, we have good reasons to argue that such an approach is not very natural, as the combination of such completely different concepts often leads to inefficient results.

The representation model CHARM II introduced in this paper allows to describe objects defined by geometric construction. Properties can be assigned to objects, and objects are described by their subobjects and relationships between them.

In order to manage whole sets of type declarations and concrete objects, appropriate database support is required. Furthermore, database support provides for example access to graphical data and attributes at the same time, needed in simulation or planning and production environments.

CHARM II uses a special internal "working" representation that essentially consists of linked lists: There are lists for each attribute and object type, and each entry in such a list corresponds to an attribute value or object, respectively. The internal representation reflects the hierarchical structure of structured objects and attributes. If the user has completed an object definition, the object will also be stored in an object-oriented database. During this transaction all the list entries of the working representation are sent to the database. Evidently, the user can retrieve any object stored in the database while constructing new objects.

A first version of the CHARM II system has already been implemented at the Technical University of Clausthal. This system allows the definition of arbitrarily hierarchically structured 3-dimensional objects with restricted attributes. CHARM II, as represented in this paper, is being implemented. An implementation of the database system is in progress, too (for the state of art viz. [HH91]), so that these two systems can be combined to an integrated system.

There are also plans for further research on the CHARM II model such as the integration of set operations and fast processing by parallel computers.

References

[Bru89] J.M. Brun. Solid modeling schemes and solid reconstruction. In W. Straßer and H.P. Seidel, editors, *Theory and Practice of Geometric Modeling*. Springer-Verlag, 1989.

[Cod79] E.F. Codd. Extending the database relational model to capture more meaning. *ACM Transactions on Database Systems*, 4:397–434, 1979.

[EGH90] K. Ecker, J. Göers, and R. Hirschberg. CHARM II – its syntax and semantics. Technical Report 90/2, Institut für Informatik, TU Clausthal, 1990.

[Fis83] W.E. Fischer. *Datenbanksysteme für CAD-Arbeitsplätze*, volume 70 of *Informatik Fachberichte*. Springer-Verlag, 1983.

[Gei91] Uwe Geitner (Hrsg.). *CIM-Handbuch*. Vieweg-Verlag, Braunschweig, 1991.

[HH91] C. Hörner and A. Heuer. EXTREM – the structural part of an object-oriented database model. Technical Report 91/5, Institut für Informatik, TU Clausthal, 1991.

[Kun89] T.L. Kunii, editor. *Visual Database Systems*. Proceedings of the IFIP TC 2/WG 2.6 Working Conference, 1989.

[Pra89] M.J. Pratt. Representation and communication in geometric modelling. In W.Straßer and H.P. Seidel, editors, *Theory and Practice of Geometric Modeling*. Springer-Verlag, 1989.

[SS86] H.J. Scheck and M.H. Scholl. The relational model with relation-valued attributes. *Information Systems*, 11, 1986.

Volumenorientierte Planung und Simulation von Fertigungsabläufen

Hans-Jürgen Germer,
Dieter Trebo

Produktionstechnisches Zentrum Berlin
Pascalstraße 8-9
1000 Berlin 10

Zusammenfassung

Trotz zunehmendem Einsatz leistungsfähiger CAD/CAM-Systeme bei der Entwicklung industrieller Produkte, wird überwiegend 2D-Funktionalität zur Aufgabenbearbeitung genutzt. Der Anteil von Arbeiten in produktionstechnischen Bereichen, die auf der Basis dreidimensionaler Gestaltrepräsentationen durchgeführt werden, ist noch relativ gering. Der Grund hierfür ist in einem Mangel an Softwarebausteinen zu sehen, die rechnerinterne Modelle aufgabenbezogen bearbeiten und bereitstellen. Neben den CAD-Methoden, die in konstruktiven Bereichen eingesetzt werden, sind es insbesondere geometrieverarbeitende Anwendungsbausteine, die in den planenden und fertigenden Bereichen zur realitätsnahen integrierten Aufgabenbearbeitung eingesetzt werden und zu einer entscheidenden Verbesserung der Planung von Fertigungsschritten und einer Entlastung von Ressourcen in den der Konstruktion nachgeschalteten Bereichen beitragen können.
Hierbei kommt Systemen zur Verifikation und Manipulation von Planungsschritten und Bearbeitungsanweisungen mit Hilfe einer grafischen Prozeßsimulation eine bedeutende Stellung zu. Vor diesem Hintergrund sollen hier Bausteine zur Konfiguration von Fertigungsmitteln und Bearbeitungsumgebungen sowie zur Simulation von Bearbeitungsabläufen auf der Basis von 3D-CAD-Methoden und Modellen vorgestellt werden.

CAD-Methoden in fertigungsnahen Bereichen

Die Notwendigkeit zur flexiblen Fertigung und zur Verkürzung von Entwicklungs- und Produktionszeiten ergibt sich aus den ständig variierenden Ansprüchen an industrielle Güter sowie der jeweiligen Marktsituation. Die Tendenz geht zur Produktion kleinerer Losgrößen, die mit der Möglichkeit einer raschen Produktsubstitution und Produktvariation einen hohen Grad an Flexibilität aufweisen müssen.
Dabei sind Produktivität und Qualität gleichermaßen sicherzustellen. Nicht nur Investitionen in hochleistungsfähige, flexible Produktionsanlagen, auch die gleichzeitige Anwendung rechnerunterstützter Methoden zur Planung des Produktionsprozesses tragen maßgeblich zur Steigerung der Produktivität bei.
Neben CAD-Methoden, die in konstruktiven Bereichen eingesetzt werden, sind es insbesondere geometrieverarbeitende Anwendungsbausteine, die in den planenden und fertigenden Bereichen zur realitätsnahen Aufgabenbearbeitung zunehmend eingesetzt werden sollten (Bild 1) [1].

Dies gilt vor allem für Anwenderbausteine, die auf der Basis einer vorhandenen CAD-Funktionalität gestaltet werden und als gemeinsame Methode sowohl den konstruktiven und planenden als auch den fertigenden Bereichen zur Verfügung gestellt werden können. Eine zukünftige integrierte Arbeitsweise muß auf dem Ansatz basieren, konstruktive, planende und qualitätssichernde Fertigungsbereiche rechnerunterstützt kommunizierend zu verknüpfen [2].

Bild 1: Anwendungsbausteine in fertigungsnahen Bereichen

Da mit weitergehender Integration auch ein optimaler Fertigungsablauf angestrebt wird, gibt es konkrete Nachfragen der Industrie für Softwarepakete zur Optimierung der Betriebs- und Fertigungsmittelnutzung. Die kapitalintensiven Fertigungseinrichtungen sollten von vorbereitenden Tätigkeiten weitgehend entlastet werden, da insbesondere das zeitaufwendige Einfahren neuer NC-Programme am Fertigungssystem wirtschaftlich nicht vertretbar ist. Hierzu sind Systemarchitekturen zu entwickeln, die über den Datentransfer von 3D-CAD-Bausteinen zu NC-Programmiersystemen hinausgehen. Insbesondere Daten und Methoden aus den Bereichen Konstruktion, Arbeitsplanung und Fertigung müssen dem Anwender in unterschiedlichen Phasen der Produktrealisierung bereitgestellt werden.

Darüber hinaus müssen an zukünftige Systeme zur Bearbeitung von Planungsaufgaben und NC-Programmgenerierung mit Hilfe von Planungs- und Simulationssystemen weitere Anforderungen gestellt werden. Zwischen dem Geometriemodell, das auf der Basis unterschiedlicher Geometrischer Modellierer generiert werden kann, und einem Planungs- bzw. Simulationsmodell müssen Schnittstellen definiert werden, die eine CAD-System-unabhängige Datenübertragung gewährleisten. Dies gilt ebenso für den Datentransfer und die Modellaufbereitung zwischen Planungs- und Simulationssystemen und zu NC-Steuerungen. Es stellt sich die Forderung nach der Entwicklung von Technologieprozessoren zur Anpassung an unterschiedliche Fertigungseinrichtungen und deren NC-Steuerungen. Hier erscheint eine Integration von NC-Programmmoduln in das Planungs- und Simulationssystem unerläßlich. Die Geometrieinformationen aller an einer Planung, Simulation und Fertigung beteiligten Komponenten wie Werkstück, Spannelemente, Werkzeugmaschine und Werkzeuge müssen bearbeitungsorientiert aufbereitet vorliegen. Die Einbindung der Programmsysteme in eine komfortable Benutzungsoberfläche ist für eine ergonomische Kommunikation zwischen Anwender und System unerläßlich.

3D-CAD-System basierte Planungs- und Simulationsbausteine

Für die Verifikation und Manipulation realer Fertigungsabläufe auf Rechenanlagen sind folgende grundlegende Mechanismen erforderlich:

- Alle an der Bearbeitung beteiligten Hard- und Softwarekomponenten müssen datentechnisch bereitgestellt werden.

- Methoden müssen die Konfiguration von Einzelteilen zu anwendungsbezogenen Baugruppen ermöglichen. Diese bilden funktionale Einheiten, die als Basis zum Aufbau einer Planungs- bzw. Simulationsumgebung dienen.

- Für die Planung oder Variation von Fertigungsbedingungen wie Aufspannung, Bearbeitungsverfahren, Werkzeugmaschine, und Werkzeuge sind Zugriffsmechanismen auf eine Informationsbasis erforderlich.

- Es muß eine programmtechnische Nachbildung des zu simulierenden Fertigungsprozesses erfolgen.

Die Einbindung bewährter Funktionen eines CAD-Systems in die Applikation ermöglichen zum einen den Zugriff auf vorhandene rechnerinterne Darstellungen. Zum anderen können CA-Funktionalitäten zur problem- und handlungsbezogenen Gestaltung der Applikation herangezogen werden.

Ein Planungs- und Simulationsbaustein muß insbesondere über Optionen verfügen, sowohl auf planungsrelevante Geometrien, Zeichnungssätze, Stücklisten, Kataloge und Richtlinien zugreifen zu können, als auch Möglichkeiten zur Kommunikation zu anderen CA-Applikationen bieten (Bild 2).

Der Einsatz von CAD-Methoden und Modellen bei der Planung und der Simulation von Bearbeitungsabläufen unterstützt die Verifikation, Manipulation und Optimierung von Planungsvorgaben und numerisch gesteuerten Fertigungsabläufen [3]. So können beispielsweise NC-Steuerungsdaten auf Kollisionsfreiheit, Vollständigkeit und Zeitverhalten analysiert und entsprechend optimiert werden. Daneben kann ein derartiges System die Möglichkeit einer interaktiven Definition von Programmschritten beinhalten. Eine anwendergerechte Realisierung der geforderten Funktionalität, insbesondere bezüglich einer anschaulichen Darstellung des Simulationsprozesses und einer ergonomischen grafisch-interaktiv orientierten Benutzerführung, erfordert jedoch die Einbeziehung leistungsfähiger 3D-Grafikstationen.

Grundlage des Bausteins zur Konfiguration von Baugruppen ist ein aufgabenneutrales Modellkonzept, welches der Repräsentation funktionaltechnologischer Informationen in Form von Master-Instance-Strukturen dient [4]. Ausgehend von rechnerinternen Bauteildarstellungen werden die am Bearbeitungsprozeß beteiligten Fertigungskomponenten zunächst als Einzelteile hantiert, mit anwendungsbezogenen Informationen versehen und zu funktionalen Unterbaugruppen wie "Werkstück/Spannmittel-Komplex" oder "Werkzeugmaschine" konfiguriert. Die rechnerinterne Beschreibung der Objektgeometrie kann hierbei als B-Rep-Modell eines Volumenmodelliersystems oder in einer facettenorientierten Darstellungsform vorliegen. Der Aufbau der Simulationsumgebung erfolgt durch Zusammenfügen der definierten Unterbaugruppen. Die hierzu entwickelten Funktionen sind in eine grafikorientierte und menügeführte Benutzeroberfläche eingebunden. Neben der Möglichkeit des rechnerinternen Aufbaus einer Fertigungsumgebung sollen dem Anwender Funktionen bereitgestellt werden, die insbesondere arbeitsplanende Tätigkeiten unterstützen. Eine besondere Bedeutung kommt hier dem grafisch unterstützten Aufbau einer geeigneten Spannsituation zu. Die Aufspannung des Werkstücks kann auf der Grundlage eines vorliegenden Spannplanes erfolgen, wobei die Art und die Position der Spannelemente bereits bekannt sind. Der interaktive Aufbau unter Zuhilfenahme einer Spannmittel-Bibliothek stellt jedoch durch ständige Visualisierung des jeweils aktuellen Zustandes eine wesentliche Verbesserung zur konventionellen Vorgehensweise dar.

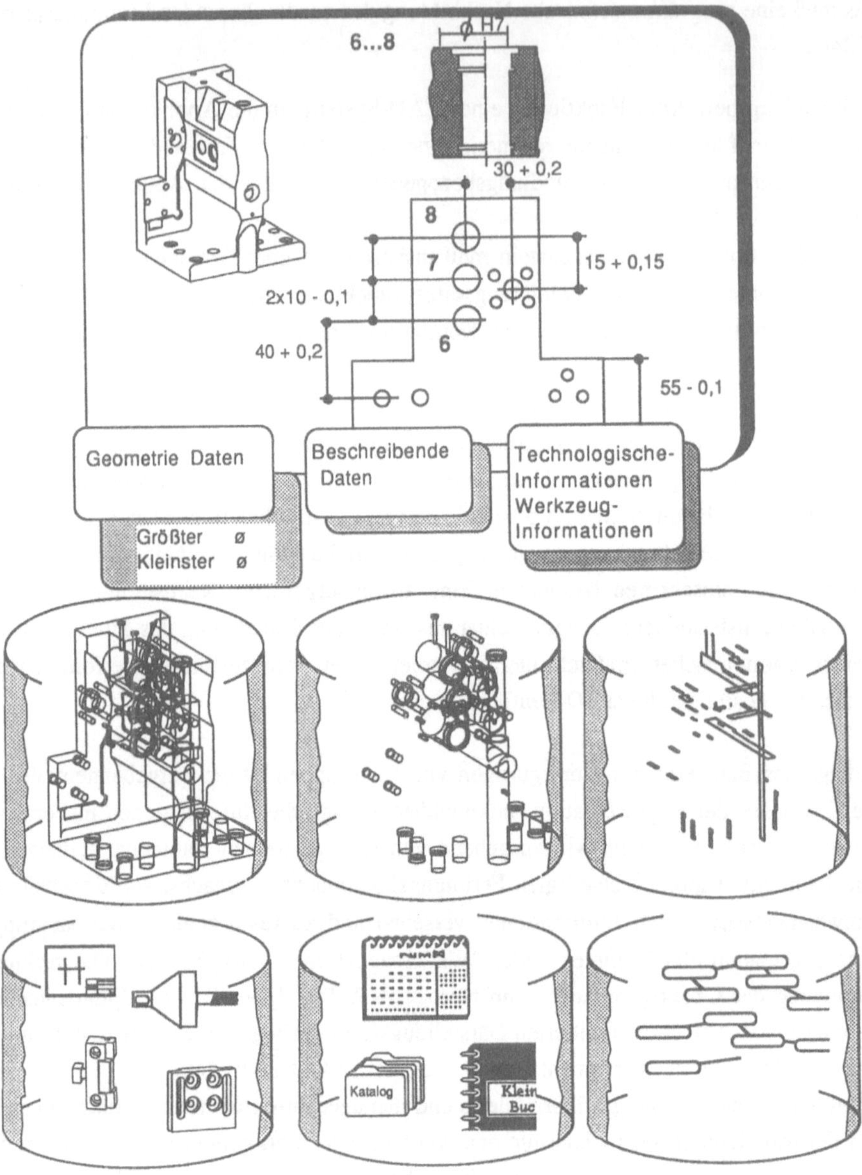

Bild 2: Bereichübergreifende Nutzung von CAD-Daten und Modellen

Aufbau von Planungs- und Simulationsmodellen

Der Verifikation und Optimierung von fertigungsvorbereitenden Tätigkeiten liegt der rechnerinterne Aufbau eines Planungsmodells zugrunde. Eine Prozeßsimulation basiert auf einem Simulationsmodell, welches alle am Bearbeitungsprozeß beteiligten Komponenten und Randbedingungen beinhalten muß. Dies sind im einzelnen:
- Geometrie und Kinematik der Werkzeugmaschine,
- Geometrie der Werkstück/Spannmittel-Konfiguration sowie
- Werkzeuge und Werkzeugdaten.

Betrachtet man eine reale Werkzeugmaschine als komplexe Baugruppe mit einer Vielzahl beweglicher und unbeweglicher Bauelemente, so erscheint es nicht sinnvoll, die Geometrie sämtlicher Komponenten detailgenau in ein Simulationsmodell einzubeziehen. Einige rechnerinterne Bauteilmodelle sollten andererseits so exakt sein, daß sich aus ihnen realitätsnahe Aussagen ableiten lassen. Für die Simulation NC-gesteuerter Bearbeitungsabläufe trifft dies insbesondere für alle geometrischen Elemente im Arbeitsraum der Werkzeugmaschine zu. Über die Geometriebeschreibung hinausgehend müssen dem Modell der Werkzeugmaschine kinematische Beziehungen, bauartspezifische Achsbezeichnungen, Maschinenkoordinatensysteme sowie Null- und Bezugspunkte zugewiesen werden. Aus einer Bibliothek vorhandener Einzelteilbeschreibungen werden vom Anwender Maschinenkomponenten ausgewählt und im grafisch-interaktiven Dialog zu Baugruppen konfiguriert. Um die kinematischen Bedingungen der Werkzeugmaschine in das rechnerinterne Simulationsmodell zu integrieren, werden den Komponenten der Werkzeugmaschine Bewegungsfreiheitsgrade und Bewegungsgrenzen zugewiesen, die den Anschlägen der realen Werkzeugmaschine entsprechen und somit ihren Arbeitsraum festlegen. In Bild 3 ist der Aufbau einer Werkzeugmaschine am Beispiel einer 5-Achsen-Fräsmaschine dargestellt.

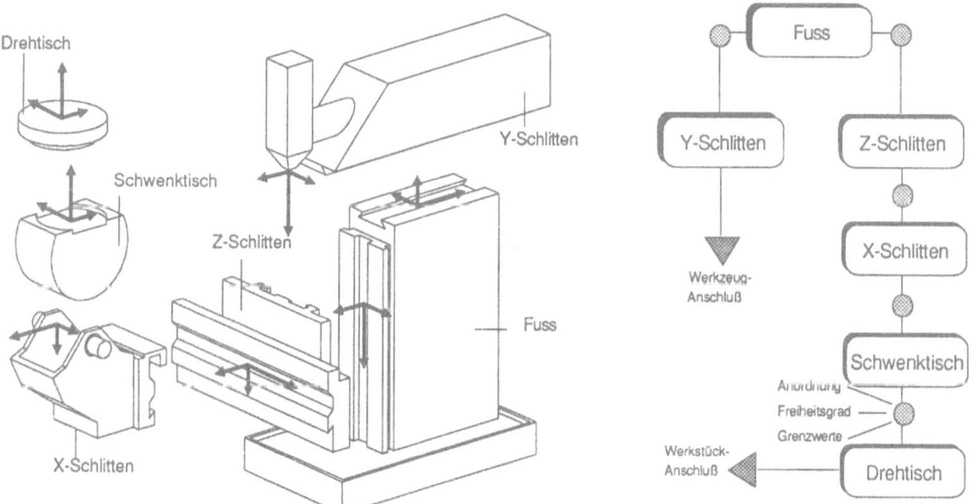

Bild 3: Exemplarischer Aufbau einer 5-Achsen-Fräsmaschine

Der Aufbau rechnerinterner Werkstück/Spannmittel-Konfigurationen ist eine Methode, Schritte der Arbeitsplanung durch Simulation im Vorfeld der Fertigung auszuführen. Die zur Verfügung stehende Funktionalität orientiert sich an der konventionellen Vorgehensweise der Arbeitsplanung, die eine Anordnung der Spannmittelelemente am Rohteil des Werkstücks vorsieht. Die Modelle für Spannmittelelemente können in Bibliotheken abgelegt und verwaltet werden. Die Einbeziehung der Fertigteilgeometrie in die Aufspannung stellt hierbei eine visuelle Unterstützung bei der Anordnung der Spannmittel dar. In <u>Bild</u> 4 sind exemplarisch mögliche Aufbaustufen eines Simulationsmodells für eine Werkstück-Spannmittel-Konfiguration dargestellt.

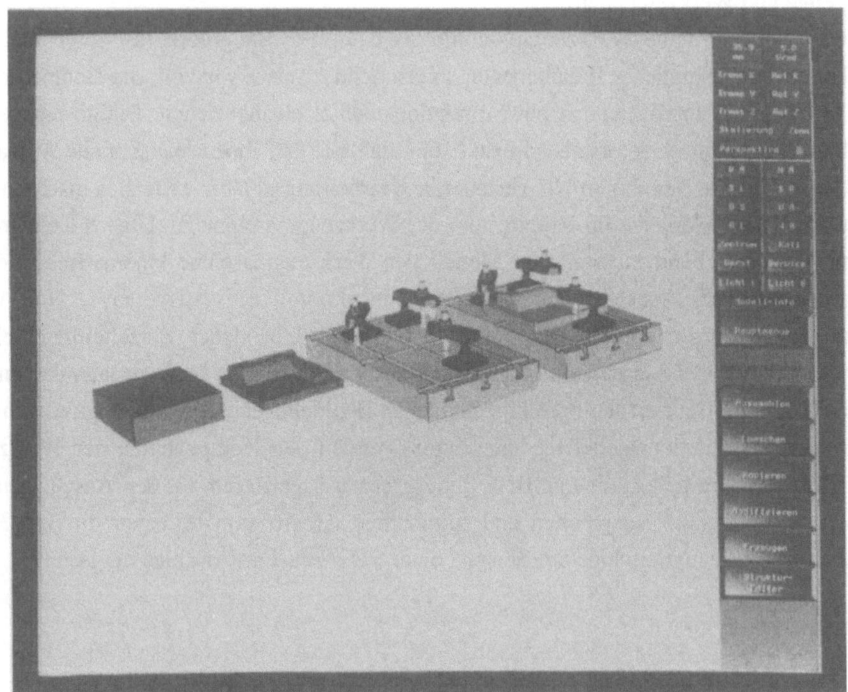

<u>Bild</u> 4: Aufbau einer Werkstück/Spannmittel-Konfiguration

Bei der Definition von rechnerinternen Werkzeugmodellen werden vom Anwender aus einer Bibliothek verfügbare Werkzeugbeschreibungen ausgewählt, mit einer Einspannreferenz versehen und unter Angabe von Werkzeugnummer und -abmessungen in einem Werkzeugspeicher abgelegt.

Die Zusammenfassung der Unterbaugruppen zu einem Simulationsszenario erfolgt über die Integration der Werkstückaufspannung und der Werkzeuge in die geometrisch und kinematisch konfigurierte Werkzeugmaschine.

Simulation von Bearbeitungsabläufen

In einem realen Fertigungsprozeß werden die NC-Anweisungen als Ausgabe des Postprozessors eines Programmiersystems von der NC-Steuerung der Werkzeugmaschine interpretiert und in Bewegungen der Maschinenachsen umgesetzt. Analog hierzu wird das Simulationsmodell über eine rechnerinterne Abbildung des Steuerungsverhaltens angesprochen. Die Umsetzung der Post-Prozessor-Anweisungen in die Informationsstruktur des Simulationsmodells bedarf der Definition einer Schnittstelle zur satzweisen Verarbeitung der NC-Anweisungen. Hierzu gehören neben der Bestimmung der Interpolationsart die Ermittlung und Verarbeitung von Zielpositionen, Vorschub, Spindeldrehzahl und Werkzeugparametern. Um die Integration unterschiedlicher Steuerungen in die Anwendung zu ermöglichen, muß die Schnittstelle derart gestaltet sein, daß die NC-Anweisungen auf der Basis eines Beschreibungsschemas für die Steuerung automatisch korrekt umgesetzt werden.

Beim Starten der Bearbeitungssimulation findet systemintern eine Überprüfung auf Vollständigkeit der Simulationsrandbedingungen statt. Über ein Steuerungsfenster werden NC-Programmzeilen und aktuelle Bearbeitungsparameter visualisiert.

Nach Angabe des Programmnullpunktes läßt sich die grafische Simulation an einer beliebigen Stelle des NC-Programms starten. Der Simulationsablauf kann jederzeit unterbrochen werden. Neben der inkrementellen Ansteuerung der Maschinenachsen kann satzweise sowohl vorwärts als auch rückwärts verfahren werden, in dem die programmierten Koordinaten direkt, d.h. ohne Interpolation, angefahren werden. Um Modifikationen am NC-Programm innerhalb der Simulationsumgebung vornehmen zu können, kann das NC-Programm über einen Texteditor bereitgestellt werden. Auf diese Weise lassen sich einzelne NC-Zeilen überarbeiten, löschen oder einfügen. Das modifizierte NC-Programm steht anschließend für alle Simulationsfunktionen bereit.

Die visuelle Kontrolle des Fertigungsprozesses wird durch unterstützende grafischen Hilfsfunktionen wie Perspektiv- oder Parallelprojektion, vordefinierte oder frei wählbare Ansichten und Ausblenden einzelner Komponenten ergänzt. Neben der visuellen Überprüfung des NC-Prozesses erfolgt wahlweise eine simulationsbegleitende rechnerische Kollisionsprüfung. Grundlage der Kollisionsalgorithmen bilden die facettenorientierten Bauteildarstellungen. Dies ermöglicht einerseits eine besonders schnelle Kollisionsprüfung und erlaubt andererseits die Einbeziehung systemfremder Bauteilbeschreibungen in die Kollisionsuntersuchungen. Der Facettierungsgrad bestimmt hierbei die Genauigkeit der Kollisionsbetrachtungen.

Interaktive Definition und Manipulation von NC-Anweisungen

Neben der Verifikation des Fertigungsprozesses soll dem Anwender im Zuge einer integrierten Bearbeitung von Planungs- und Fertigungsaufgaben die Möglichkeit gegeben werden, die Definition von NC-Anweisungen grafisch-interaktiv vorzunehmen. Hierbei kann direkt auf die Geo-

metrie von Roh- und Fertigteil zugegriffen werden. Auch andere Mechanismen wie beispielsweise ein manuelles Ansteuern der NC-Achsen über Dials oder die numerische Vorgabe von
Werten sind denkbar. Der entscheidende Vorteil gegenüber konventionellen Programmiertätig-
keiten (z.B. maschinelle NC-Programmierung) ist in der Berücksichtigung aller beteiligten Komponenten zu sehen. Bei einer Definition von Programmschritten auf der Basis der Geometriebe-
schreibungen, kann sowohl auf analytische Geometrie als auch auf Facettendarstellungen zugegriffen werden. Der Anwender identifiziert beispielsweise einen Geometriepunkt am Rohteil und
weist u.U. Bearbeitungsparameter wie Offset-Wert, Vorschub oder Spindeldrehzahl zu. Systemintern werden die Achspositionen berechnet und der Programmschritt kann visualisiert werden.
Auf diese Weise können NC-Programme zumindest teilweise sehr anschaulich generiert, erweitert oder die Anfahrpunkte zwischen Bearbeitungszyklen definiert werden.

Literatur

1. Spur, G.; Krause, F.-L.; Germer, H.-J.; Rieger, R.: NC Programming and Dynamic Simulation
Based on Solid Models in a CIM Strategy. Robotics & Computer-Integrated Manufacturing, Vol.
4, No. 3/4, pp. 471-481, 1988.

2. Germer, H.-J.: Geometriebasierte Technologische Ersatzmodelle für Planungsaufgabe. Reihe
Produktionstechnik Berlin, Bd. 91, München: Hanser, 1991.

3. Krause, F.-L.; Germer, H.-J.; Rieger, R.; Trebo, D.: 3D-CAD-Bausteine für die Simulation von
Bearbeitungsabläufen. ZWF 85 (1990) 8, S. 435-438.

4 Spur, G.; Imam, M.; Armbrust, P.; Haipter, J.; Loske, B.: Baugruppenmodelle als Basis der
Montage- und Layoutplanung. ZWF 84 (1989) 5, S. 233-237.

Konzept eines Tool-Interface für CAD-Design-Umgebungen

U. Hunzelmann, W. Wilkes, G. Schlageter

FernUniversität Hagen, Praktische Informatik, Feithstr. 140, W-5800 Hagen, Germany

Zusammenfassung Ein wesentliches Element eines CAD Frameworks zur Bildung von Design-Entwicklungsumgebungen ist eine Schnittstelle, über die die in der Design-Umgebung eingebundenen Tools ihre Datenhaltung realisieren. In diesem Papier wird die Tool-Schnittstelle, die auf der Basis eines objekt-orientierten Datenmodells im DASSY-Projekt entwickelt und implementiert wurde, beschrieben. Diese Tool-Schnittstelle entkoppelt die CAD-Tools von der zugrundeliegenden Datenbank, und durch die gewählte Architektur mit integrierter Hauptspeicher-Datenbank ist sie leicht auf verschiedene Typen von Datenbanken adaptierbar.

Abstract The tool interface which provides mechanisms for tools to implement their data handling facilities on the basis of a common data schema is a key element of a CAD framework. This paper describes a tool interface which has been developed and implemented in the DASSY project. It decouples the CAD tools from the underlying database, and the chosen architecture with an integrated main memory database allows the adaptation of the tool interface to different databases.

1 Einleitung

Aufgrund der Komplexität heutiger Schaltungen kann der Entwurfsprozeß eines VLSI Chips nur noch rechnergestützt durchgeführt werden. Zu diesem Zweck stehen dem Designer eine Reihe von Entwurfswerkzeugen (design tools) zur Verfügung. Die einzelnen Tools sind jeweils für eine bestimmte Phase des Design-Prozesses konzipiert (logischer Entwurf, physischer Entwurf, logische Verfikation, elektrische Verikation, etc.). Somit sind an der Entwicklung einer Schaltung eine Vielzahl von Tools beteiligt, die auf den Ergebnissen anderer Tools aufsetzen und gleichzeitig selbst Ergebnisse produzieren, die von anderen Tools benutzt werden. Daher ist es von großer Wichtigkeit, daß die Tools einerseits auf Ergebnisse anderer Tools zugreifen können und andererseits in der Lage sein müssen, diese Daten auch zu verstehen. Hierfür bietet sich die Verwendung von Datenbanksystemen an.

Da die Entwicklung neuer auf die speziellen Erfordernisse der Design-Daten abgestimmter Datenbanksysteme teuer ist, liegt die Erweiterung vorhandener Systeme nahe. Allerdings ist es aufgrund der teilweise komplexen Strukturen der Design-Daten nicht ohne Probleme (insbesondere bei kommerziell verfügbaren Datenhaltungssystemen) möglich, anfallende Design- Daten in einer Datenbank adäquat darzustellen.

Im Rahmen des vom BMFT geförderten Verbund-Projektes DASSY[1] wurde eine Tool-Schnittstelle definiert, die den Tools mächtige Konzepte und Operationen zur Programmierung ihrer Datenhaltung zur Verfügung stellt. Diese Konzepte und Operationen werden im DASSY-Projekt auf verschiedene Arten implementiert, sowohl auf der Basis kommerzieller Datenbanksysteme als auch auf der Basis von speziellen Prototyp-Datenbanken für CAD-Daten.

Die Tool-Schnittstelle basiert auf dem Datenmodell DaDaMo (Dassy-Daten-Modell), mit dem speziell die im VLSI-Entwurfsprozeß anfallenden Design-Informationen beschrieben werden können [HeRa92]. DaDaMo ist strukturell objektorientiert und an die bekannten semantischen und objektorientierten Modelle angelehnt. Es beinhaltet aber auch Elemente des ER-Ansatzes durch die explizite Definition von Beziehungen. Zur Beschreibung der Daten wurde eine EXPRESS-orientierte Schema-Beschreibungssprache (XDDL) entwickelt, für die Manipulation der Daten wurden geeignete Funktionen definiert.

Das vorliegende Papier beschreibt die Basis-Konzepte und die Implementierung der DASSY-Tool-Schnittstelle. Zunächst wird in Kapitel 2 das zugrundeliegende Datenmodell beschrieben. Kapitel 3 erläutert die Architektur der Schnittstelle, die integrierte Hauptspeicherdatenbank und das Zugriffskonzept auf die in der Hauptspeicherdatenbank liegenden Objekte. Kapitel 4 gibt eine Zusammenfassung des derzeitigen Implementierungsstandes mit Ausblick auf geplante zukünftige Arbeiten.

2 Das Datenmodell

Die drei wesenliche Elemente von DaDaMo sind Objekte, Attribute und Beziehungen. Im folgenden werden die Grundelemente des Datenmodells vorgestellt, soweit sie für die Prototyp-Implementierung relevant sind. Eine ausführliche Darstellung des Datenmodells findet sich in [DASS92].

2.1 Objekte und Klassen

Objekte bilden die wesentlichen Einheiten in DaDaMo. Gleichartige Objekte werden zu Klassen zusammengefaßt, die im Schema definiert werden und die Eigenschaften der enthaltenen Objekte beschreiben. Jedes Objekt gehört zu (mindestens) einer der im Schema definierten Klassen. Die Klassen sind zu einer Klassen-Hierarchie zusammengefasst. Klassen können als Sub-Klassen aus anderen Klassen abgeleitet werden, wobei sie alle *Eigenschaften* ihrer Super-Klasse erben.

Es werden zwei Arten von *Eigenschaften* unterschieden: Attribute, die die objektspezifischen Daten enthalten und Rollen, um Beziehungen zu anderen Objekten zu etablieren.

---

[1] Datentransfer und Schnittstellen in offenen, integrierten VLSI-Entwicklungsumgebungen
BMFT-Förderungsnummer: NT 2860

2.2 Attribute

Attribute sind typisiert, der Wertebereich eines Attributes wird durch den zugehörigen
Attributtyp bestimmt. Es werden atomare und komplexe Attributtypen unterschieden.
Mit Hilfe der atomaren Attribute können Daten des Objektes repräsentiert werden, die
keine weitere Strukturierung benötigen. DaDaMo stellt die folgenden atomaren Attributtypen zu Verfügung:

- integer
- float
- char
- byte
- enumeration

Komplexe Attribute lassen eine weitere Strukturierung innerhalb des Attributes zu.
Alle Elemente eines komplexen Attributes sind wiederum Attribute, entweder atomar
oder wiederum komplex. Die folgenden Konstruktoren zur Erzeugung komplexer Attribute stehen zur Verfügung:

- struct
- set
- list
- static array
- dynamic arrary

2.3 Beziehungen

Eine Beziehung ist eine logische Verknüpfung zweier Objekte. Eine Beziehung ist dabei
existenziell abhängig von den beiden in Bezug gesetzten Objekten, kann also alleine nicht
existieren. So wie jedes Attribut zu einem Attributtyp gehört, gehört jede Beziehung zu
einem Beziehungstyp. Dieser Beziehungstyp beschreibt die Eigenschaften der Beziehung
und ist genau wie eine Objekt-Klasse im Schema definiert. Ein Beziehungstyp wird im
wesentlichen bestimmt durch die Angabe der Objekt-Klassen, deren Instanzen miteinander in Beziehung gesetzt werden dürfen (häufig Klassen, die hoch in der Klassenhierarchie liegen). Desweiteren wird ein Rollennamen für diese Objektklassen vorgegeben.
Mittels dieser Rollennamen kann dann aus einem Objekt heraus das andere Objekt angesprochen werden. Desweiteren können Beziehungen Attribute besitzen. Diese Attribute
der Beziehung enthalten Informationen, die der Beziehung und nicht einem der beiden
verbundenen Objekte zugeordnet werden müssen.

Nachdem ein Beziehungstyp im Schema verankert ist, können Instanzen der im
Beziehungstyp beschriebenen Objekt-Klassen Beziehungen (also konkrete Ausprägungen
der Beziehungstypen) etablieren.

Ähnlich wie ein Objekt auf seine Attribute über den Attributnamen Zugriff hat, kann
dann das Objekt auf das mit ihm verknüpfte Objekt über einen Rollen-Namen zugreifen.

Anmerkung: Die redundante Definition der Rollennamen in den Objekt-Klassen der
folgenden Beispiele soll die Zuordnung zwischen Rollennamen und Beziehung leichter
nachvollziebar machen.

Beispiel: Die Benutzung einer Layout-Zelle in einer anderen Layout-Zelle (Instanziier-ung) kann man durch einen Beziehungstyp *INSTANCE* beschreiben, der Beziehungen zwischen Objekten der Klasse *CELL* darstellt. Die aktuelle Position und die geometrische Transformation der instanziierten Layout-Zelle kann nur der Beziehung zwischen der benutzenden und der benutzten Zelle zugeordnet werden. Daher erhält der Beziehungstyp *INSTANCE* die beiden Attribute *loc* und *trans* (siehe BILD 1).

```
RELTYPE INSTANCE;
   loc:Location;
   trans:Transformation;
   contains:CELL;
   INVERSE is_contained_in:CELL;
END_RELTYPE;

ENTITY CELL;
   cellName:Name;
   INSTANCE contains: CELL;
   INVERSE INSTANCE is_contained_in:CELL;
END_ENTITY;
```

Bild 1: Klasse CELL mit Beziehungstyp INSTANCE in XDDL (EXPRESS angelehnt)

Für den Zugriff auf die Objekte sind zwei prinzipielle Operationen vorgesehen:

1. Query-Operation:
   Bestimme eine Menge gleichartiger Objekte gemäß einer gegebenen Beschreibung
2. Durchlauf durch Ergebnis-Mengen:
   Die Ergebnis-Menge einer Query wird durchlaufen

Durch geeignete Kombination dieser beiden Operationen kann die Navigation durch die Datenbank gesteuert werden: Nach der initialen Suche des Wurzelobjektes (bzw. einer Menge von gleichartigen Wurzelobjekten) werden bei der nächsten Query die Objekte gesucht, die mit dem (aktuellen) Wurzelobjekt durch eine bestimmte Beziehung verknüpft sind. Die resultierende Ergebnismenge E wird ihrerseits durchlaufen, wobei zu jedem Objekt o_E die Objekte gesucht werden können, die über eine weitere Beziehung mit o_E verknüpft sind usw..

Beispiel: Navigation von einer Zelle zu den angeschlossenen Ports (vgl. entspr. Schema-Ausschnitt in BILD 2):

1. Query:
   Suche alle Objekte der Klasse CELL mit der gewünschten Eigenschaft (etwa: Name = "Adder").
2. Mengen-Durchlauf:
   Durchlaufe die Ergebnis-Menge, zu jedem Objekt o_Z führe die folgende Operation aus:

2.1 Hole alle Objekte der Klasse PORT, die von o_Z über den Rollennamen "has_ports"
erreichbar sind.

... .

Die beiden Operationen ergeben somit die Möglichkeit, entlang den definierten Beziehungen zu navigieren und die relevanten Objekte zu lesen und zu manipulieren. Insbesondere
der Bezug auf ein aktuelles Element (pro Ergebnismenge) in der Selektions-Bedingung
von Queries und die Einbeziehung der Rollennamen in die Selektion ermöglichen ein
komfortables Navigieren durch die Beziehungsstrukturen.

```
RELTYPE CELL_2_PORT;
    has_ports:Port;
    INVERSE belongs_to: CELL;
END_RELTYPE;

ENTITY CELL;
    cellName:Name;
    CELL_2_PORT has_ports: Port;
END_ENTITY;

ENTITY PORT;
    portName:Name;
    INVERSE CELL_2_PORT belongs_to: CELL;
END_ENTITY;
```

Bild 2: Klasse CELL und Klasse PORT mit Beziehungstyp CELL_2_PORT in XDDL

3 Architektur der Schnittstelle

Die hier beschriebene operationale Schnittstelle hat die Aufgabe, den CAD-Tools das
oben beschriebene Datenmodell und die entsprechende Operationalität zur Verfügung
zu stellen. Die dabei vom Tool definierten und manipulierten Design-Daten sollen persistent abgelegt werden, sodaß die Daten letztendlich in einem Datenbanksystem abzuspeichern sind. Eines der wesentlichen Ziele bei der Konzipierung der Schnittstelle be-
stand darin, die Schnittstelle nicht nur unabhängig von den anzupassenden Tools, sondern auch unabhängig von der zugrundeliegenden Datenbank zu machen. Dadurch wird
gewährleistet, daß zum einem die Anwender weiterhin die bei ihnen bereits vorhandene Datenbank benutzen können, andererseits aber auch leichter auf andere Datenbanksysteme wechseln können. Innerhalb des DASSY-Projektes konnten dadurch alle
Partner ihre angestammten Systeme benutzen, wie etwa das relationale System ORA-
CLE, das objekt-orientierte System POSTGRES oder das OMS-System aus dem JESSI-
COMMON-Framework.

Um diese Anforderung zu gewährleisten, muß die Schnittstelle als "Einschalung"
des zugrundliegenden Datenhaltungssystems gegenüber den Design-Tools realisiert werden. Die verwendete Datenhaltung bleibt dadurch nach außen transparent. Die Ob-

jekte, die dem Design-Tool unabhängig von der zugrunde liegenden Datenhaltung in einheitlicher Form präsentiert werden, können dann den Fähigkeiten des jeweiligen Datenbanksystems entsprechend in effizienter Weise abgelegt werden. Dazu muß ein Teil der Datenverwaltung von der Schnittstelle selbst übernommen werden. Angeforderte Daten (bzw. Objekte) werden im Hauptspeicher zwischengespeichert. Die Schnittstelle integriert also eine rudimentäre Hauptspeicherdatenbank. Jedes Werkzeug, das Objekte über die Schnittstellen-Operationen manipuliert, bildet zusammen mit der Schnittstelle einen Prozeß. Somit besitzt jedes Werkzeug (physikalisch) seine eigene, aber für alle Werkzeuge uniforme Schnittstelle. Die Schnittstelle selbst etabliert die Verbindung zum Basis-Datenbanksystem. Alle Werkzuege arbeiten auf ein und derselben Datenbank. Diese Datenbank kann auch physikalisch auf einer anderen Maschine laufen. Die Schnittstelle bietet derzeit keine Mechanismen zur Unterstützung eines Mehrbenutzer-Betriebes. Die Synchronisation mehrerer Benutzer muß zur Zeit daher noch auf der Ebene der Basis-Datenbank erfolgen.

Wie bereits im vorherigen Kapitel angedeutet, bietet die Schnittstelle zwei grundlegende Selektionsmechanismen für Objekte: Zum einem kann eine Query abgesetzt werden, bei der Objektmengen gemäß angegebener Selektions-Kriterien aus der Basis-Datenbank in den Hauptspeicher geladen werden, zum anderen kann ein bestimmtes Objekt aus einer vorher in den Hauptspeicher geladenen Objektmenge mittels Durchlaufens dieser Menge identifiziert werden. Diese Operationen werden von der Schnittstelle durch einen Cursor-Mechanismus realisiert. Ein Tool kann innerhalb "seiner" Hauptspeicherdatenbank beliebig viele Cursor eröffnen. Identifiziert wird jeder Cursor dabei durch einen eindeutigen Namen.

Die resultierenden Objekte einer Query werden einem bestimmten Cursor zugewiesen. Dieser Cursor verwaltet diese Objekte in einem Objekt-Pool. Ein Objekt dieses Pools wird dabei von dem Cursor als *aktuelles Objekt* ausgezeichnet. Mittels Cursor-Operationen kann dann ein anderes Objekt des Objekt-Pools zum *aktuellen Objekt* werden.

Ein Cursor besteht also im wesentlichen aus zwei Komponenten:

- dem Objekt-Pool
- der aktuellen Position innerhalb dieses Pools

Für die Anwendung sichtbar ist jedoch nur das *aktuelle Objekt*. Es kann über entsprechende Cursor-Operationen gelesen und manipuliert werden. Durch die Verschiebung er aktuellen Position des Cursors kann der Objekt-Pool durchlaufen werden.

Der Objekt-Pool eines Cursors enthält ausschließlich gleichartige Objekte. Diese Objekte sind durch zwei Eigenschaften charakterisiert:

- eine assoziierte Objektklasse (im Schema definiert)
- evtl.: eine Projektion bestimmter Attribute der assoziierten Objektklasse

Alle Objekte, die in den Objekt-Pool des Cursors gelangen, müssen zu der assoziierten Klasse gehören (entweder direkt oder indirekt, d.h. sie gehören zu der assoziierten Klasse oder einer ihrer Subklassen). Die folgenden Arten von Cursor-Operationen stehen den Tools zur Verfügung:

- Erstellen eines Cursors, Festlegen des Objekttyps
- Freigeben des Cursors

- Verschieben der aktuellen Position auf das nächste/vorherige Element
- Rücksetzen der aktuellen Position des Cursors auf das erste Element
- Füllen eines Cursors mit Objekten aus der Datenbank durch eine Query
- Einfügen eines neuen Objektes
- Ändern und Löschen des aktuellen Objektes
- Kardinalitätsbestimmung der Elemente im Objekt-Pool

Nach der Definition des Cursors ist der Objekt-Pool zunächst leer. Es gibt zwei Möglichkeiten, Objekte in den Objekt-Pool zu transferieren. Zum einen kann der Pool, wie bereits erwähnt, über eine Datenbankabfrage mit Objekten gefüllt werden, zum anderen kann das Werkzeug neue Objekte in den Objekt-Pool eintragen.

Manipulationen an Objekten werden durch das Tool immer über die Cursor-Operationen vorgenommen, die nicht in der Datenbank direkt, sondern auf einer Kopie im Hauptspeicher arbeiten. Cursor-Operationen wirken dabei zunächst nur in der Hauptspeicherdatenbank der Schnittstelle. Jede Änderung wird in allen anderen Cursorn sichtbar, die das geänderte Objekt enthalten. Die Übertragung von Änderungen in die im Hintergrund liegende Datenbank wird von der Schnittstelle unabhängig von der tatsächlichen Cursor-Operation automatisch durchgeführt. Die Datenübertragung kann jedoch auch vom Tool für einzelne Cursor angestoßen werden (Sicherungs-Operation).

Die Werte der atomaren Attribute eines Objektes werden im Objekt (also im Objekt-Pool der Cursor) hinterlegt. Für komplexe Attribute wird jedoch nicht der Wert, sondern lediglich ein Verweis auf einen Attribut-Cursor im Objekt hinterlegt. Der Attribut-Cursor enthält dabei genau die Elemente des komplexen Attributes dieses Objektes. Der Attribut-Cursor besteht, wie der (Objekt-)Cursor, aus einem (Attribut-)Pool und einer aktuellen Position.

Anders als ein Objekt-Cursor können Attribut-Cursor implizit von der Schnittstelle angelegt werden. Dies geschieht dann, wenn ein Objekt mit komplexen Attributen in einen Objekt-Cursor transferiert wird. Für jedes komplexe Attribut eines Objektes wird dabei ein Attribut-Cursor erzeugt und mit den Elementen des Attributes gefüllt. Die Verweise auf die Attribut-Cursor werden in den entsprechenden Objekten hinterlegt. Attribut-Cursor können auch explizit definiert werden und dabei auch ohne eine Verbindung zu einem Objekt in der Hauptspeicherdatenbank existieren. Dies erlaubt es, Objekte von den Attributen her aufzubauen und bietet damit mehr Flexibilität für die Tools beim Erzeugen von Objekten. Solange ein Attribut-Cursor jedoch nicht mit einem Objekt verbunden, können die darin enthaltenen Daten nicht in die Datenbank übertragen werden.

Wie bereits beschrieben, liegen alle Objekte mit den angeforderten atomaren Attributen in den Objekt-Pools der verschiedenen Cursor. Dabei kann es vorkommen, daß sich ein Objekt gleichzeitig in den Objekt-Pools mehrerer Cursor befindet. Wird dieses Objekt über einen Cursor geändert, so ist die Änderung auch über die anderen Cursor sichtbar. Alle Objekte der Hauptspeicher-Datenbank bilden also einen virtuellen Objekt-Raum, und die Objekt-Cursor können ihrerseits als Fenster auf diesen Objektraum gesehen werden, die jeweils den aktuellen Zustand der Objekte sichtbar machen.

4 Stand der Implementierung und Ausblick

Wir haben eine Tool-Schnittstelle zur Datenverwaltung vorgestellt, mit der CAD-Tools auf einheitliche Weise Zugriff zu einer Datenbank erhalten und somit Daten mit anderen Tools austauschen können. Zur Zeit existieren zwei Implementierungen der Tool-Schnittstelle. Der hier vorgestellte Prototyp wurde auf der Basis von ORACLE realisiert. Durch die Ausnutzung der Netz-Features des zugrundliegenden Datenbanksystems ORACLE ist es auf einfache Weise gelungen, die Design-Umgebung auf unterschiedlichen Hardware-Plattformen zu verteilen. Eine weitere Prototyp-Implementierung wurde an der TU Darmstadt (GRIS) auf der Basis von POSTGRES durchgeführt. Weiterhin wird an einer Abbildung des prozeduralen Interfaces von CFI [CFI91] auf die DASSY Tool-Schnittstelle gearbeitet, wodurch alle an diese Schnittstelle angepaßten Tools in die Design-Umgebung integriert werden können.

Um die Konzeption und Implementierung der Schnittstelle zu validieren, wird im Rahmen des DASSY-Projekts eine Design-Entwicklungsumgebung konzipiert, in der mehrere Design-Tools auf der Basis der hier beschriebenen Tool-Schnittstelle integriert werden. Alle Tools werden ihre Daten-Zugriffe auf der Basis eines gemeinsamen Schemas über die Tool-Schnittstelle durchführen. Es werden sowohl Tools aus dem VLSI-CAD-Bereich als auch dem TCAD-Bereich (Technology CAD) integriert.

Die Tool-Schnittstelle ist als Kern eines Design-Frameworks konzipiert. Zur Zeit fehlen noch wesentliche Mechanismen zur Verwaltung von Designdaten, wie etwa Versions- und Transaktionskonzepte. Im Rahmen weiterer Projekte sollen hier neben der Weiterentwicklung des Datenmodells fortgeschrittene Konzepte in die Schnittstelle eingebaut werden und die hier entwickelten und realisierten Konzepte in anderen Kontexten (etwa im JCF Projekt) benutzt werden.

References

[CFI91]   CAD Framework Initiative Inc.: Electrical Connectivity Information Model and Programming Interface. Version 0.9.2, Document No. 121, October 1991

[HeRa92]   W.Heijenga, E.Radeke, U. Jasnoch: DaDaMo: A conceptual datamodel for electronic design applications, erscheint in Proceedings European Conference on Design Automation (EDAC) März 1992

[DASS92]   DASSY-Project: DaDaMo: The DASSY Data Model, Version 1.1, August 1991, Contact Person: U. Hunzelmann

Das CAD-Referenzmodell als Gestaltungsleitlinie für humanorientierte aufgabenbezogene CAD-Systeme

Helmut Jansen
Fraunhofer-Institut für Produktionsanlagen
und Konstruktionstechnik
Pascalstraße 8-9
D-1000 Berlin 10

Themenbereiche: CAD-Technik, CAD-Systemarchitektur, Integration

Schlüsselworte: Referenzmodell, Produktmodell, CAD, Benutzerfreundlichkeit, Arbeitsqualität

Kurzfassung

Die komplizierte Handhabung heutiger CAD-Systeme erfordert eine hohe Qualifikation und Routine ihrer Anwender. Eine ganzheitliche Unterstützung der zur Produktentwicklung erforderlichen Konstruktionstätigkeiten ist heute noch kaum möglich. Neue Systemkonzepte, wie sie das CAD-Referenzmodell vorschlägt, könnten CAD-Systeme hervorbringen, die den gesamten Konstruktionsprozeß unterstützen und dabei den unternehmens- bzw. produktspezifischen Anforderungen gerecht werden und dem einzelnen Konstrukteur optimale Arbeitsbedingungen bieten.

Abstract

By reason of the rather complicated handling of today's CAD systems well qualified and trained users are required. A sufficient support of the entire design work for product development is currently not yet possible. Future CAD systems based on new concepts, like the Reference Model for CAD systems, must be able to support the whole design process, dealing with the special demands of a company and its products and offering optimized working conditions for the individual design engineer.

1. Situation heutiger CAD-Systeme

Die CAD-Technik hat bereits vielfach die technischen Bereiche von industriellen Unternehmen durchdrungen und beeinflußt zunehmend das konventionelle Gefüge von Entwicklung, Konstruktion, Planung und Fertigung. Den diesem Sachverhalt zugesprochenen positiven wirtschaftlichen Auswirkungen steht andererseits eine Vielzahl von Problemen gegenüber. Diese äußern sich in unterschiedlichster Form und beeinträchtigen sowohl die gewünschte Effizienz, als auch die Arbeitsqualität beim Einsatz von CAD-Systemen. Hauptursache sind offensichtlich überalterte Systemkonzepte, deren defizitäre Auswirkungen in den jeweiligen marktüblichen CAD-Systemen auch durch punktuelle Verbesserung einzelner Funktionen nur unzureichend beschönigt werden können. Die einseitige Ausrichtung derzeit eingesetzter CAD-Systeme auf die Verarbeitung von Geometrie kann hierfür als ein wesentliches Argument angeführt werden. Es dominiert die Dokumentation graphischer Informationen, wie sie für Aufgaben der Zeichnungserstellung typisch ist. Das

Beschaffen konstruktionsrelevanter Informationen und deren Umsetzen in konkrete Konstruktionsergebnisse, deren Bewertung und Beurteilung sowie die typische iterative Vorgehensweise beim Konstruieren werden nicht oder kaum unterstützt [1].

Aufgrund ihrer universellen Konzeption ist die Handhabung von CAD-Systemen meist kompliziert und weist üblicherweise kaum anwendungsbezogene Funktionalitäten auf. Die angestrebte effiziente Nutzung der CAD-Daten in Konstruktion und Fertigung für Berechnungen, Simulationen, Fertigungsplanung und -steuerung erfordert vom einzelnen Anwender das Beachten vielfältiger Restriktionen. Diese zusätzliche Belastung des Konstrukteurs kostet Konstruktionszeit und reduziert den Spielraum für kreatives Arbeiten [1]. Nur durch individuelle Anpassungsarbeiten können die heute am Markt verfügbaren CAD-Systeme an die konkreten Aufgaben und Anforderungen im Unternehmen angepaßt werden. Da jeder Anwender mit den gleichen Schwierigkeiten zu kämpfen hat und die gefundenen Lösungen nur selten von anderen genutzt werden können, ist die Folge ein enormer Anpassungsaufwand, der für viele ähnliche Probleme parallel und mehrfach zu leisten ist, was zur Unwirtschaftlichkeit beiträgt.

Die von der Industrie geforderte und notwendige umfassende Unterstützung des Konstruktionsprozesses einerseits, als auch vor- und nachgelagerter Produktionsprozesse andererseits, ist auf dieser Grundlage nur selten oder gar nicht möglich. Mit den unzureichenden Möglichkeiten zur vollständigen Produktbeschreibung im CAD-Datenmodell und den mangelhaften Schnittstellen zu anderen CA-Systemen, zählen heutige CAD-Systeme zu den schwachen Gliedern einer unternehmensweiten rechnerunterstützten Auftragsabwicklung [1].

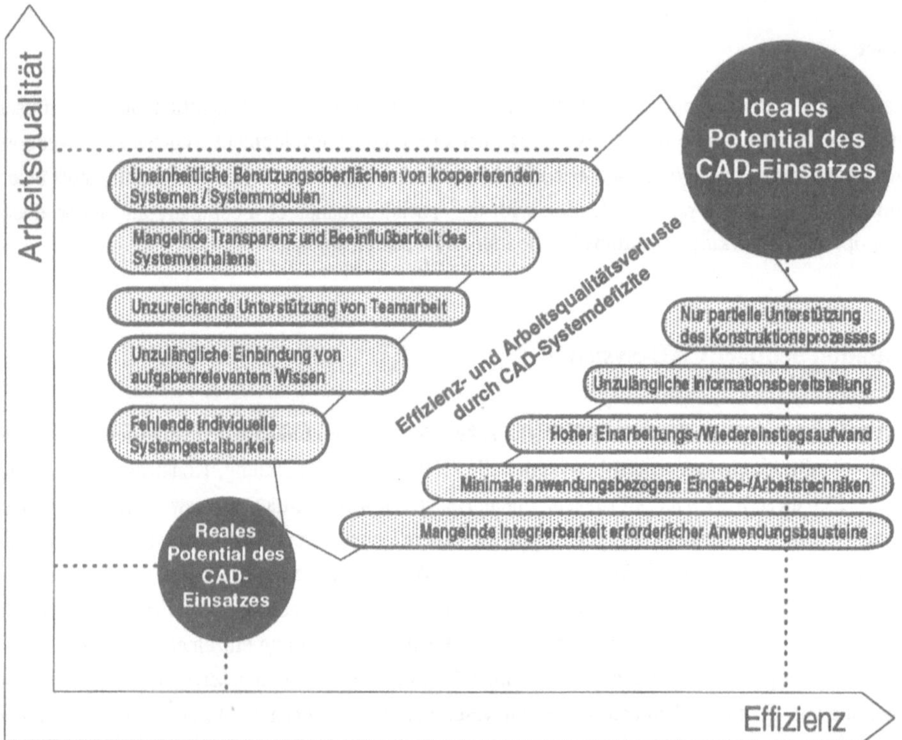

Bild 1: Einfluß von CAD-Systemdefiziten auf die Effizienz und Arbeitsqualität des CAD-Einsatzes

Während lange Zeit lediglich Maßnahmen zur Steigerung der Wirtschaftlichkeit im Mittelpunkt des Interesses von Anwendern und Entwicklern standen, weiß man heute längst, daß dies ohne eine begleitende Verbesserung der zugehörigen Arbeitsbedingungen nur unzulänglich zu erreichen ist. **Bild 1** zeigt schematisch ein denkbares, ideales Potential des CAD-Einsatzes hinsichtlich Effizienz und Arbeitsqualität, das sich unter dem Einfluß heutiger CAD-Systemdefizite als reales Potential auf einem wesentlich niedrigeren Niveau befindet. Nur die Optimierung beider Faktoren, der Effizienz und der Arbeitsqualität, kann heute das Ziel von Bestrebungen zur Entwicklung neuer CAD-Systemkonzepte sein. Um das Potential des CAD-Einsatzes uneingeschränkt ausschöpfen zu können, sind deshalb CAD-Systeme erforderlich, die eine Unterstützung für den gesamten Konstruktionsprozeß anbieten. Durch neue modulare Systemarchitekturen, die eine anwendungsbezogene Konfigurierung ermöglichen, kann dies erreicht werden [2].

2. Anforderungen an eine neue CAD-Systemgeneration

Die Funktionalität von CAD-Systemen muß unternehmensspezifisch in Abhängigkeit von Produktspektrum, Produktionsbedingungen und Qualifikation der Anwender unterschiedliche Anforderungen erfüllen. Neben einer optimalen Unterstützung der produktabhängigen Arbeitsabläufe in Konstruktion und Fertigung müssen CAD-Systeme auch der individuellen Arbeitsweise des einzelnen Konstrukteurs gerecht werden.

Hierfür sind umfassende Produktmodelle notwendig, die ein rechnerunterstütztes Verarbeiten sämtlicher Gestalt-, Funktions-, Technologie- und Organisationsdaten erlauben und den Erfordernissen eines änderungsintensiven Konstruktionsprozesses gerecht werden.

Neben den bisher üblichen Funktionen zur Geometrie- und Attributverarbeitung muß ein CAD-System als Konstruktionsarbeitsplatz sämtliche Funktionen bereitstellen, die den Konstrukteur in den Konstruktionsphasen Planen, Konzipieren, Entwerfen und Ausarbeiten unterstützen können. Eine effektive Konstruktionsumgebung muß daher auch in der Lage sein, den Konstrukteur durch den Gebrauch von Features auf ein höheres rechnerunterstütztes Konstruktionsniveau zu heben. Features unterstützen die Eingabe der Bauteilgestalt stärker, als dies über Einzeloperationen geometrischer Modellierer möglich ist. Sie erleichtern damit die Integration von Anwendungssystemen für die unterschiedlichsten Aufgabenbereiche der Produktentwicklung [3]. Zusätzlich sind auch fachbereichübergreifende Aufgaben wie beispielsweise das Auftragsmanagement, das Angebotswesen, die Fertigungsplanung oder die Fertigungssteuerung zu unterstützen. Im Sinne eines "Simultaneous Engineering" wird der Konstruktionsarbeitsplatz so zum Ingenieurarbeitsplatz im Unternehmen.

Zur einfachen Handhabung müssen Funktionsumfang und Benutzungsoberfläche eines solchen Systems an die augenblicklich zu bearbeitende Ingenieuraufgabe und an die Routine des jeweiligen Anwenders im Umgang mit dem System anzupassen sein. Dabei ist zu berücksichtigen, daß einerseits die Systemkenntnisse eines Anwenders durch unterschiedlich intensive Schulung und Systemnutzung Schwankungen unterworfen sind, ihm andererseits keine starren Vorgehensweisen aufgezwungen werden dürfen, die seinen Entscheidungsspielraum unnötig einschränken.

Durch modulare Systemkonzepte muß es möglich sein, ein CAD-System durch Kombinieren einzelner Funktionen, die für eine bestimmte Anwendung optimal sind, baukastenartig zusammenzusetzen. Neu hinzukommende Funktionen, die entweder von Anbietern von CAD-Systemkomponenten oder vom entsprechend qualifizierten Anwender selbst entwickelt wurden, müssen homogen in ein solches System integriert werden können, ohne daß dessen ursprüngliche Funktionalität gefährdet wird bzw. verloren geht. Die Inkompatibilität der Datenmodelle unterschiedlicher Systemversionen muß endgültig der Vergangenheit angehören [2].

Ein CAD-System, das die vorgenannten Anforderungen erfüllt, muß zwangsläufig einem Kompromiß zwischen teilweise sehr unterschiedlichen Bedingungen entspringen. Der Versuch, diese Anforderungen an die Architektur und die Funktionalität von CAD-Systemen anwendungs- und lösungsneutral zu formulieren, führt zu einer Art Referenzmodell für CAD-Systeme, das den Wünschen der Praxis bestmöglich entgegenkommt. Gesichtspunkte der Überwachung, Steuerung und Unterstützung des gesamten Konstruktionsprozesses sollten hierbei ebenso Berücksichtigung finden, wie die Probleme der unternehmensweiten Verarbeitung von Produktdaten und die zentrale Verfügbarkeit der für die dabei anfallenden Aufgaben relevanten Informationen [2].

Ein Referenzmodell bietet somit neben einer Leitlinie für die Entwicklung künftiger CAD-Systeme eine Reihe weiterer Vorzüge hinsichtlich verschiedener Problemfelder des CAD-Einsatzes (**Bild 2**) [4], die im folgenden verkürzt wiedergegeben sind:

- Einordnung, Bewertung und Vergleich unterschiedlicher CAD-Systeme;

- Unterstützung von Entwicklung, Auswahl, Einsatz und Austausch künftiger CAD-Systeme;

- Bedarfsorientierte Bereitstellung von Anwendungs- und Dienstleistungsfunktionalität;

- Integrationsfähigkeit durch Verfügbarkeit von internen und externen Schnittstellen;

- Verbesserung der Verständlichkeit durch vereinheitlichte Terminologie;

- Unterstützung von nationalen und internationalen Normungsbemühungen.

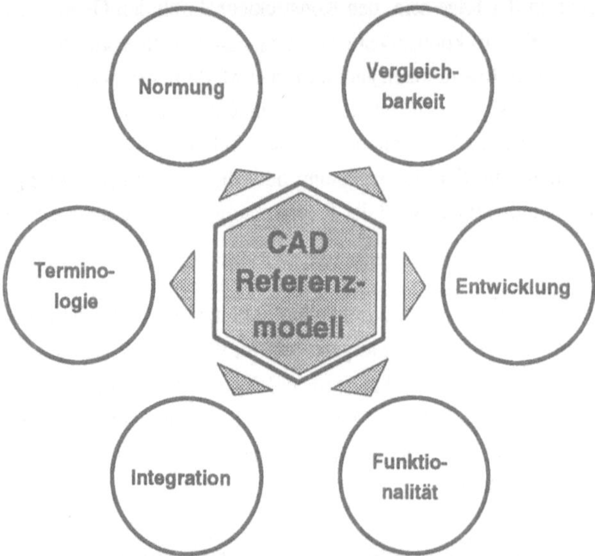

Bild 2:   Auswirkungen des CAD-Referenzmodells auf Problemfelder des CAD-Einsatzes

Damit wird deutlich, daß ein CAD-Referenzmodell keine Beschreibung eines bestimmten, konkreten CAD-Systems ist. Vielmehr soll es die Eigenschaften von CAD-Systemen so allgemein beschreiben, daß es Gültigkeit für unterschiedliche Anwendungsgebiete und Leistungsklassen, etc. behält. Durch weitere Detaillierung und Spezifizierung der Eigenschaften können die erforderlichen konkreten Modelle für die gewünschte Zielsetzung abgeleitet werden.

3. Konzeption für zukünftige CAD-Systeme

Das Konzept des CAD-Referenzmodells basiert im wesentlichen auf zwei Grundgedanken. Ein Grundgedanke ist die zweifache Sichtweise auf CAD-Systeme. Die anwendungsorientierte Sicht entspricht der des Produktentwicklers, also beispielsweise des Konstrukteurs, und die systemtechnische Sicht der des Systementwicklers bzw. -betreuers.

Eine zweite Überlegung bezieht sich auf die Gesamtfunktion eines CAD-Systems, die sich in eine Vielzahl einzelner Teilfunktionen untergliedern läßt. Ein CAD-System kann somit als ein Netzwerk von Teilfunktionen angesehen werden, die voneinander unabhängig sind, im Zuge einer Anwendung aber beliebig miteinander verknüpft werden, d.h. miteinander kommunizieren können.

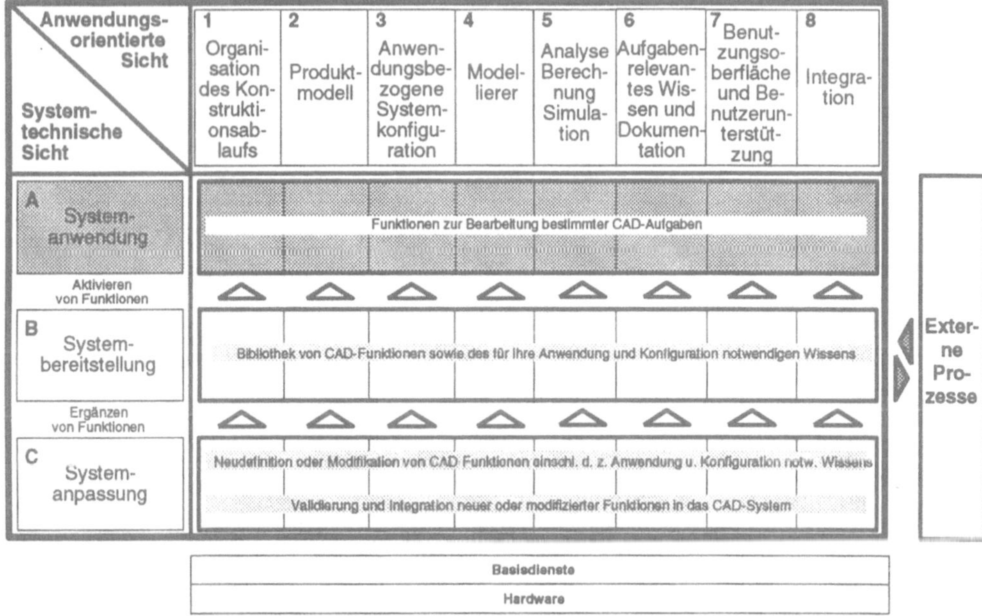

Bild 3: Architektur des CAD-Referenzmodells

Durch Zusammenfassen der anwendungsorientierten und der systemtechnischen Sicht ergibt sich eine matrixartige Struktur des CAD-Referenzmodells, die in **Bild 3** dargestellt ist. Aus anwendungsorientierter Sicht deckt das Funktionsspektrum des CAD-Referenzmodells (Spalten in **Bild 3**) alle beim Konstruieren anfallenden Tätigkeiten ab, einschließlich organisatorischer Aufgaben und des datentechnischen Informationsaustausches zwischen Arbeitsgruppen, Unternehmensbereichen, Lieferanten und Auftraggebern.

Aus systemtechnischer Sicht (Zeilen in **Bild 3**) werden die Anforderungen der Systemerweiterung durch die Ebene der "Systemanpassung", der Verwaltung aller im System verfügbaren Funktionen durch die Ebene der "Systembereitstellung" und die der aufgaben- und anwenderbezogenen Bereitstellung einzelner Funktionen durch die Ebene "Systemanwendung" erfüllt [1].

Alle Funktionen basieren auf Basisdiensten und der verfügbaren Hardware, wodurch angedeutet wird, daß die Realisierung von CAD-Systemen üblicherweise in die vorhandene Hardware-/Softwareumgebung eingebettet ist. Die hinsichtlich einer integrierten Auftragsbearbeitung erforderliche Kooperation mit vor- und nachgelagerten Systemen (also auch fremden CAD-Systemen) ist über die Schnittstelle "Externe Prozesse" vorgesehen [5].

Im Zuge der Verwirklichung eines konkreten CAD-Systems ist die Referenzmodell-Matrix schrittweise mit konkreten Funktionen zu füllen. Diese wiederum sind je nach Realisierungsverfahren als Software- oder Hardwarebaustein oder kombiniert untereinander netzwerkartig verknüpft und kommunizieren bzw. kooperieren miteinander in geeigneter Weise. Denkbar sind dabei sowohl serielle als auch parallele Arbeitsprinzipien.

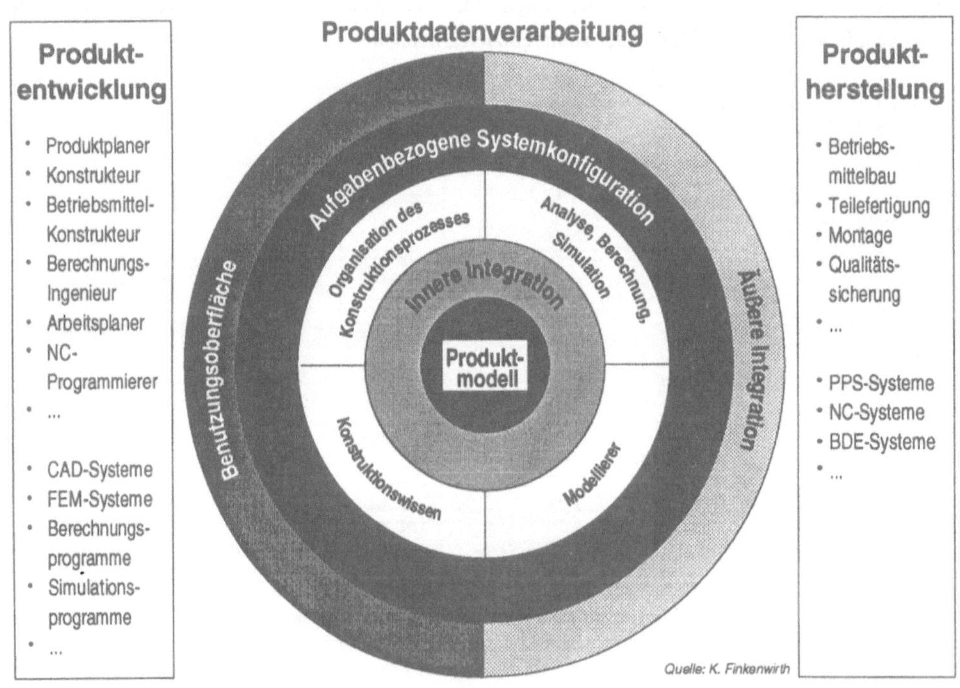

Bild 4: Produktmodellbezogene Sicht auf das CAD-Referenzmodell

Grundlage der Bestrebungen für eine ganzheitliche rechnerunterstützte Auftragsbearbeitung mit CAD-Systemen nach dem Prinzip des Referenzmodells ist die Verfügbarkeit eines alle relevanten Informationen über ein Produkt repräsentierenden Produktmodells. Als gemeinsame Basis für die das Produkt betreffenden Datenzugriffe ermöglicht das Produktmodell damit ein integriertes Zusammenwirken aller erforderlichen CAD-Funktionen. Eine Darstellung, die das Produktmodell entsprechend dieser zentralen Bedeutung in den

Mittelpunkt einer schalenartigen Anordnung der anwendungsorientierten Funktionsgruppen des CAD-Referenzmodells rückt, ist in **Bild 4** zu sehen. Produktentwicklung und Produktherstellung sind über die Produktdatenverarbeitung mit CAD-Systemen auf Referenzmodell-Basis aufgrund der integrativen Stellung des Produktmodells durchgängig miteinander verknüpfbar.

4. Ausblick

Die von einem Arbeitskreis der Gesellschaft für Informatik ausgearbeiteten Grundgedanken zum CAD-Referenzmodell sind zwischenzeitlich einem geförderten Verbundprojekt zur weiteren Bearbeitung übergeben worden. In einer Vorphase sollen hier erste Grundlagen erarbeitet werden, die weitere Aufschlüsse über die Realisierbarkeit dieses Konzeptes geben können. Die Zusammensetzung der Verbundprojektpartner bietet eine gute Gelegenheit, neben der Lösung technischer Probleme bei einer unternehmensweiten Datenintegration auch ihre potentiellen Auswirkungen auf die menschlichen Kommunikationsmöglichkeiten zu betrachten. Untersuchungen auf mögliche Veränderungen in der Arbeitsteilung zwischen Konstruktion, Arbeitsplanung und Fertigung sowie innerhalb des Konstruktionsbereichs hinsichtlich der Berufsbilder und Tätigkeitsinhalte von Konstrukteuren, Detailkonstrukteuren und Technischen Zeichnern sollten auch im Hinblick auf Fragestellungen, wie "Teamarbeit" oder "Gruppenorientiertes CAD" [6] geführt werden. Hierdurch besteht die Chance, neben einer Verbesserung der Effizienz des CAD-Einsatzes auch positiv auf die Arbeitsqualität einzuwirken, was längerfristig zu humanorientierten anwendungsnahen CAD-Systemen führen könnte. Zwischenergebnisse werden mittels Publikationen und in Form von Workshops in die Öffentlichkeit gebracht. Fachliche Kritik, die hilft, diese Arbeiten weiter voranzutreiben, ist ausdrücklich willkommen.

Literatur

[1]   Abeln, O.; Finkenwirth, K.; Jansen, H.: CAD-Referenzmodell, die Basis für Systemkonzepte der Zukunft ?, Proc. ICED 91 Vol. 2, Hubka, V. (Ed.), Edition HEURISTA, Zürich, August 27-29, 1991, 890-895.

[2]   Finkenwirth, K.; Jansen, H.; Martin, P.: CAD-Systeme auf der Basis des CAD-Referenzmodells - Diskussion und Projektstatus, VDI-Berichte Nr. 861.3, VDI-Verlag, Düsseldorf, 1990, S.103-118.

[3]   Krause, F.-L.; Ulbrich, A.; Vosgerau, F.H.: Feature-basiertes Systemkonzept für die integrierte Produktentwicklung, VDI-Berichte Nr. 861.3, VDI-Verlag, Düsseldorf, 1990, S.55-70.

[4]   Autorengemeinschaft: Referenzmodell für CAD-Systeme, Druckschrift des Arbeitskreises AK1 "CAD-Referenzmodell" der GI-Fachgruppe 4.2.1, Berlin, 18. Sept. 1990.

[5]   Finkenwirth, K.; Jansen, H.: Reference Model For CAD Systems, in: Krause, F.-L., Jansen, H. (Eds.), Proc. of the Intern. GI/IFIP-Symposium on "Advanced Geometric Modelling For Engineering Applications", North-Holland, Amsterdam, New York, Oxford, Tokyo, 1990, 443-452.

[6]   Wulf, V.: Gruppenorientiertes CAD - Ein Ansatz zur Technikunterstützung teilautonomer Arbeitsgruppen in der Konstruktion, in: Krause, F.-L., Jansen, H., Ruland, D. (Eds.), Proc. CAD'92 - "Neue Konzepte zur Realisierung anwendungsorientierter CAD-Systeme", Springer Verlag, Berlin, 1992.

askom
eine Methode zur Verwaltung
von Konstruktionsobjekten

Bernd Meyer, VW-GEDAS
Rainer Feldkamp, VW-GEDAS

Braunschweiger Straße 137
3170 Gifhorn
Tel.: 05371-895-10
Fax: 05371-895-55

Zusammenfassung

askom ist eine Methode zur Abbildung, Verwaltung und Handhabung von Strukturinformationen anwendungsspezifisch generierter Konstruktionsobjekte.

Das frei konfigurierbare und modifizierbare Anwender-Datenmodell und ein systemneutrales Produktdateninformationssystem als Basis, sind die beiden Komponenten dieses Verwaltungssystems.

askom bietet eine Lösung, die es ermöglicht, während des Konstruktions- und Fertigungsprozesses erzeugte produktbegleitende Informationen konsistent, redundanzfrei und transparent zu verwalten und mit moderner graphischer Darstellung benutzerfreundlich anzubieten.

Abstract

askom: Application specific construction object management system

askom is a method to figure structures about information of specific generated construction objects and easy to handle for the user. The two components of this management system are the product data information system as basis and the free configurated and modificable user data modell.

askom is a solution to manage the product accompanied data which is generated by the process of construction and manufacturing. The data are held free of redundance, consistent and in a transparent way.

Modern graphic tool is responsible for representation and for easy usage.

Leistungsmerkmale von universellen CAD/CAM Systemen

Moderne CAD/CAM-Systeme im Bereich der Mechanikanwendungen sind für ein breites Einsatzspektrum ausgelegt. Sie sind modular aufgebaut und verfügen über offene Schnittstellen zur Anbindung externer Programme und Datenbanken. Ihre Funktionalität reicht von der Zeichnungserstellung, Beschreibung komplexer Flächen- und Volumenmodelle bis hin zur NC-Bearbeitung.

Jedoch bieten Universalsysteme nur unzureichende Möglichkeiten zur anwendungsspezifischen Unterstützung des Konstruktions- und Fertigungsprozesses, wie sie der Anwender notwendigerweise zur drastischen Verkürzung der Produktentwicklungszeiten fordert.

Zur Lösung dieser Problematik werden Anwenderprogramme auf der Basis von Universalsystemen entwickelt und angeboten, die den Belangen unterschiedlicher Konstruktionsdisziplinen gerecht werden und damit einen wesentlichen Beitrag zur Effizienzsteigerung beim Einsatz von CAD/CAM-Systemen leisten.

ascad - anwendungsspezifisches CAD

Anwendungsprogramme, die nach der ascad-Methode [1] entwickelt werden, bestehen aus den drei Komponenten

- Benutzeroberfläche (aufgabenorientierter Benutzerdialog)
- Konstruktionslogik (Konstruktionsfunktionen)
- Datenmanagement (Konstruktionsobjekt-Verwaltung).

Zur Festlegung des mit dem Anwendungsprogramm zu erzielenden Automatisierungsgrades und zur Erhöhung der Benutzerakzeptanz werden diese Systemkomponenten mit dem Anwender in der Konzeptionsphase detailliert abgestimmt.

Beispielhafte ascad-Realisierungen gibt es im Bereich der Allgemeinen Werkzeugkonstruktion für die Konstruktionen von Groß- und Kleinwerkzeugen [2, 3] sowie von Spritz- und Druckgießwerkzeugen. Ein mit dem ascad AWK-S (Allgemeine Werkzeugkonstruktion für Spritzgießwerkzeuge) erstelltes Spritzgießwerkzeug zeigt Bild 1.

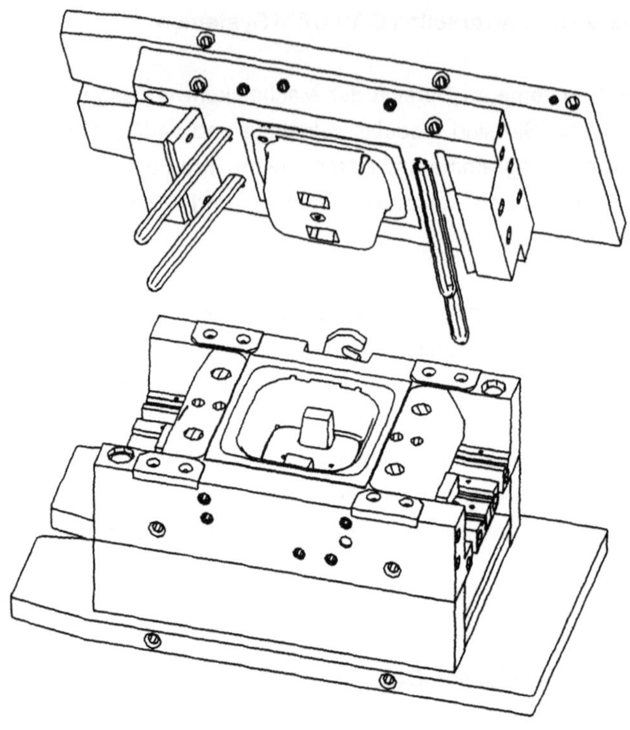

Bild 1: Spritzgießwerkzeug

Anforderungen an das Datenmanagement

Der produktive Einsatz dieser Anwendungsprogramme zeigt, daß mit ihnen gute Rationalisie-rungseffekte erzielbar sind. Er zeigt aber auch, daß die Systemkomponente zur Verwaltung der Konstruktionsobjekte, das Datenmanagement in hohem Maße von der Datenverwaltung des CAD/CAM-Basissystems bzw. externer Datenbanken abhängig ist.

Dadurch sind Portierungen der Anwendungsprogramme auf verschiedene Basissysteme und Hardware-Plattformen, wie sie vom Markt gefordert werden [4] sowie die Anbindung unter-schiedlicher Datenbanksysteme sehr aufwendig und kostenintensiv.

Ferner verfügen bisherige ascad-Realisierungen nur über eine geringe Flexibilität hinsichtlich der Änderung des Datenmanagement-Design und der Einbindung graphischer Oberflächen als zukünftig wesentlichen Bestandteil der Benutzerführung.

Um die aufgezeigten Schwachstellen zu beheben und gleichzeitig die Entwicklungskosten, aber auch die Softwarepflege/-wartungskosten zu senken, wurde für die Realisierung zukünftiger Anwendungsprogramme nach der ascad-Methode eine Systemarchitektur konzipiert, bei der zur Verwaltung der Konstruktionsobjekte ein Datenbank- und Betriebssystem-unabhängiges Verwaltungssystem eingesetzt wird.

askom-Struktur und Aufbau

Durch die Einbindung eines Produktdateninformationssystems kann die Systemkomponente Datenmanagement in zwei Bestandteile gegliedert werden; in den anwendungsspezifischen und den systemunabhängigen Teil. Diese Konfiguration, im folgenden askom (anwendungsspezifisches Konstruktionsobjekt Management) genannt, besteht aus dem frei konfigurierbaren Anwender-Datenmodell und dem Produktdateninformationssystem.

Die erste askom-Komponente, das Anwender-Datenmodell, dient dem Design des physikalischen Speichers, dem Produktdateninformationssystem. In Bild 2 ist das Anwender-Datenmodell für den Bereich der Allgemeinen Werkzeug Konstruktion dargestellt. Es zeigt die komplexen rekursiven Beziehungen der Konstruktionsobjekte untereinander, deren Auflösung den Einsatz einer externen Datenbank erfordert.

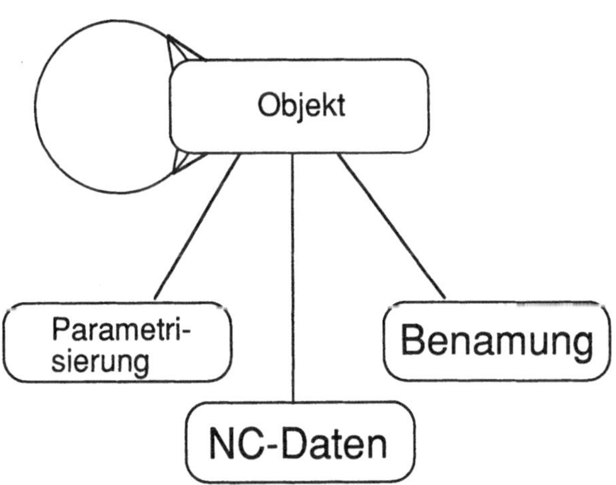

Bild 2: AWK-Datenmodell

Die zweite askom-Komponente, das Verwaltungssystem für produktbegleitende Informationen, verwaltet die vorgegebenen Strukturen ohne jegliche Einschränkung und stellt einen problemlosen, konsistenten und redundanzfreien Zugriff zu jedem Zeitpunkt sicher. Die Darstellung der Strukturinformationen erfolgt über eine komfortable graphische Benutzeroberfläche, die mit der Fenstertechnik die verwalteten Konstruktionsobjekte benutzerfreundlich darstellt.

Die ascad-Architektur unter Einbeziehung der askom-Komponente ist in Bild 3 abgebildet.

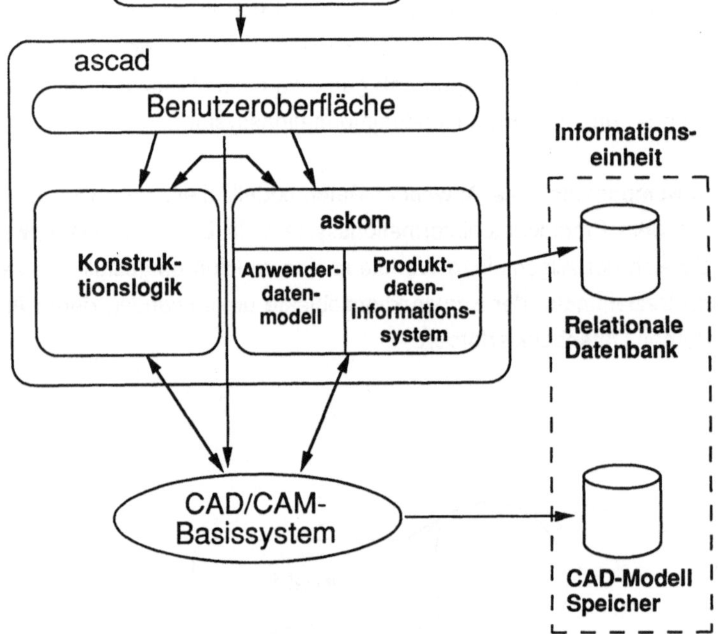

Bild 3: ascad-Architektur

Die einzelnen Systemkomponenten können über die Benutzeroberfläche angestoßen werden; es ist aber auch ein direkter Zugriff auf das CAD/CAM-Basissystem möglich. Entsprechend des Anwender-Datenmodell-Designs werden die Strukturinformationen über die Konstruktionsobjekte unter Berücksichtigung der Konstruktionslogik mit dem Produktdateninformationssystem in der Relationalen Datenbank abgelegt. Das CAD-Modell wird weiterhin im jeweiligen CAD-Basissystem gespeichert.

Ausblick und Entwicklungsstand

Mit askom können zukünftige ascad-Entwicklungen effizienter realisiert, die Portierung auf unterschiedliche Basis-CAD/CAM-Systeme sowie Hardwareplattformen erleichtert, die Softwarewartungskosten gesenkt und die Benutzerakzeptanz erhöht werden.

askom bietet durch Einsatz eines Produktdateninformationssystemes ein hohes Integrationspotential: zusätzliche Informations-Systeme können integriert werden, deren Daten gelesen, im eigenen Metadatenmodell gehalten und wieder zurückgeschrieben werden. So können beispielsweise Freigabe- und NC-Systeme unter einer gemeinsamen Benutzeroberfläche eingebunden werden.Somit stellt ascad einen integrierten Systemansatz im Sinne einer CIM-Lösung dar.

Die bisherige Entwicklung eines Prototypen zeigt, daß die askom-Methode umsetzbar ist und die formulierten Anforderungen erfüllt werden können. Dieser Prototyp basiert auf der Funktionalität des gemeinsam mit der Volkswagen AG entwickelten ascad AWK-S und des Produktdateninformationssystemes priamos [5].

Literatur

[1]   B. Meyer, D. Wirries, Effizienssteigerung durch anwendungsspezifische CAD/CAM-Systeme, ZWF 3/90, Hanser Verlag, 1990

[2]   Dr. P. Kellner, Dr. V. Vu Han, D. Chudziak, Allgemeines Werkzeugkonstruktionssystem für Kleinpreßwerkzeuge, CAD/CAM Report 3/90, Dressler Verlag GmbH, 1990

[3]   Dr. P. Kellner, Integration von Anwendungssystemen durch ein Konstruktions-Verwaltungs-System, CAD-CAM Report 2/89, 3/89, Dressler Verlag GmbH, 1989

[4]   CAD/CAM-Report 9/91, Marktübersicht CAD-Systeme, Mechanik, 1991

[5]   Dr. G. Ehinger, Dr. R. Mayr, Auftrags- und Produktdaten als Zentrum eines firmenweiten Datenmodells, CAD-CAM Report 10/91, Dressler Verlag GmbH

Anwendungen von SIMPACK bei der Roboterentwicklung

G. Möller [1], W. Kik [1], W. Rulka [2]

Zusammenfassung

SIMPACK (siehe hierzu /1/ und /2/) ist ein Programm zur Computer-Simulation nichtlinearer (großer) Bewegungen räumlicher MKS-Systeme und der damit verbundenen Schnittkräfte.

Es werden Systemgegebenheiten und Ergebnisse dargestellt, die zu SIMPACK-Rechnungen gehören mit denen das dynamische Verhalten eines Knickarm-Manipulators mit 6 Drehfreiheitsgraden in verschiedenen Entwicklungsstadien analysiert wurde. Die Rechnungen erfolgten in den Entwicklungsschritten *Beweglichkeitsanalyse, Bahnplanung, Inverse Kinematik, Inverse Kinetik, Vorwärtssimulation für Starrkörpermodell* und *Vorwärtssimulation für Roboter mit elastischen Armgliedern.*

1 Allgemeines

Bei der Entwicklung eines Roboters werden verschiedene Stadien mit unterschiedlichen Aufgabenstellungen durchlaufen. Im folgenden wird gezeigt, wie das Programm SIMPACK in einigen dieser Entwicklungsstadien zur Analyse des dynamischen Roboterverhaltens verwendet werden kann. Das Programm ist ein auf der Mehrkörper-Methode (MKS) basierendes Computerprogramm zur Simulation nichtlinearer (großer) Bewegungen und der damit verbundenen Schnittkräfte räumlicher mechanischer Systeme.

Für die Darstellung von Ergebnissen wird auf Rechnungen zurückgegriffen, die von der MAN Technologie AG im Zuge der Analyse eines Roboters mit insgesamt 6 Drehfreiheitsgraden durchgeführt wurden. Die zahlenmäßig präsentierten Ergebnisse wurden für Demonstrationszwecke und nicht zur Findung einer optimalen Auslegung berechnet.

2 Beweglichkeitsanalyse

Im ersten Schritt wurde die Konstruktion des Roboters nur grob definiert. Hierzu gehörte u.a. die Festlegung von Anzahl und Länge der Armglieder sowie von Typ und Anordnung der die Glieder verbindenden Gelenke. Das zu diesen Überlegungen gehörende System besteht aus fünf durch Drehgelenke verbundenen Körpern und ist im Bild 1 dargestellt.

---

[1]MAN Technologie AG, Theodor-Heuss-Platz 8, D-1000 Berlin 19
[2]MAN Technologie AG, Bauschingerstraße 20, D-8000 München 50

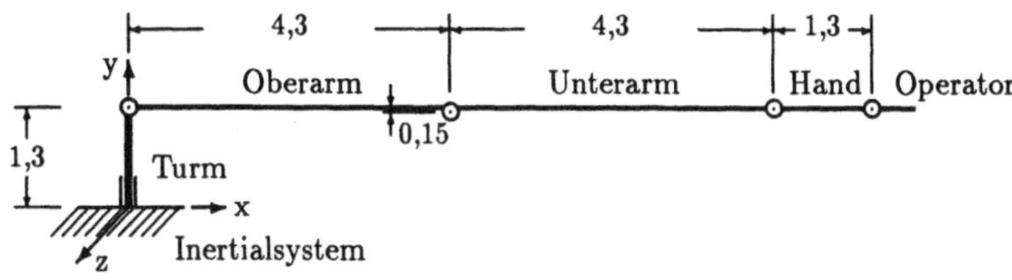

Bild 1: Systemskizze mit Abmessungen (in m) des untersuchten Knickarm-Roboters

Die Gelenke gestatten die einachsige Drehung des Turmes gegen das Inertialsystem um die y-Achse, die einachsige Drehung des Oberarmes gegen den Turm um die z-Achse, die einachsige Drehung des Unterarmes gegen den Oberarm um die z-Achse, die einachsige Drehung der Hand gegen den Unterarm um die z-Achse und die zweiachsige Drehung des Operators gegen die Hand mit der Drehreihenfolge z-Achse - x-Achse.

Mit diesen Angaben wurde ein SIMPACK-Modell des *idealen Roboters* erstellt, das aus den fünf Körpern *Turm*, *Oberarm*, *Unterarm*, *Hand* und *Operator* und 5 Gelenkelementen besteht und auf folgenden Annahmen beruht:

▷ weder die Antriebe noch die Armglieder weisen Elastizitäten auf,

▷ die Antriebe sind ohne Eigendynamik,

▷ mit der vorgegebenen Operatorposition und -drehung sind alle anderen geometrischen Relativgrößen der Armgelenke eindeutig berechenbar.

An diesem SIMPACK-Modell, bei dem die Massenwirkungen und die Antriebsdynamik bedeutungslos sind, kann u.a. folgenden Fragen nachgegangen werden:

▷ Erreicht der Roboter mit dem Operator alle vorgesehenen Arbeitspositionen ?

▷ Welche Stellungen nehmen die Armglieder bei den verschiedenen Operatorpositionen ein (z.B. Durchdringungsproblematik) ?

▷ Kollidiert der Roboter (auch incl. räumlich ausgedehnter Lasten am Operator) bei seinen Bewegungen mit der Umgebung ?

Mit Hilfe des SIMPACK-Modells können die Positionen und Relativdrehungen der Armglieder berechnet werden, die zu einer am Rechner interaktiv eingegebenen Operatorposition und -drehung gehören (inverse Kinematik auf Lageebene). Das Ergebnis läßt sich unmittelbar danach als 3D-Grafik auf dem Bildschirm zeigen. Durch die Möglichkeit der interaktiven Operatorführung des Roboters am Bildschirm kann seine Eignung für die jeweilige Aufgabenstellung untersucht werden.

Das Bild 2 zeigt Ergebnisse berechneter Bewegungsgrößen. Auf die Wiedergabe ebenfalls ermittelter Funktionsverläufe der Gelenkdrehwinkel zu einer vorgegebenen Operatorbewegung wird hier verzichtet.

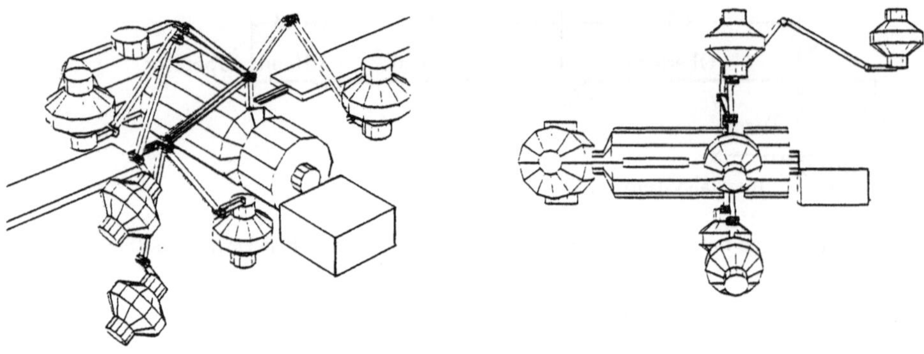

Bild 2: Einzelbildauswahl einer interaktiv vorgegebenen Roboterbewegung

3 Bahnplanung

Nach der *Beweglichkeitsanalyse* erfolgte eine *Bahnplanung*. Bei ihr sind die Geometrie und auch die Geschwindigkeits- und Beschleunigungsprofile der Bewegungsbahnen festzulegen, die der Roboter bei der Erledigung seiner Aufgaben durchfährt. Da die Ergebnisse zum Vergleich mehrerer Roboterkonstruktionen bzw. Reglerauslegungen dienen sollten, wurde eine *Benchmark-Bahn* festgelegt.

Die vom Operator zu durchfahrende *Benchmark-Bahn* ist eine Gerade, die in einer räumlich geneigten Ebene liegt. Die Lage der Ebene gegenüber dem Inertialsystem wurde fixiert, indem das ursprünglich mit dem Koordinatensystem des Inertialsystems identische lokale x-y-z-Koordinatensystem der Ebene (z-Achse ist Normale der Ebene) um 45° um die x-Achse gedreht und danach translatorisch um den Vektor {1m, 2m, 0m} gegen das Inertialsystem verschoben wurde. Innerhalb dieser Ebene beginnt, ausgedrückt in lokalen Koordinaten, die Gerade bei $\{x_a, y_a, z_a\} = \{6m, -3m, 0m\}$ und endet bei $\{x_e, y_e, z_e\} = \{0m, 3m, 0m\}$. Beim Durchfahren der Gerade darf der Operator keine Nick-Bewegung um die inertiale z-Achse ausführen und sich auch nicht um die Operator-Längsachse drehen.

Das in vier Bereiche unterteilte Geschwindigkeitsprofil der Bahn wurde folgendermaßen definiert:

Bereich	Definitionen
1	Lokale Anfangs- und Endkoordinaten: $\{6m, -3m, 0m\}$ und $\{5.75m, -2.75m, 0m\}$. Der Operator wird bis zur Geschwindigkeit $3 * 10^{-1}$[m/s] am Ende konstant beschleunigt.
2	Lokale Anfangs- und Endkoordinaten: $\{5.75m, -2.75m, 0m\}$ und $\{0.25m, 2.75m, 0m\}$. Die konstante Bahngeschwindigkeit des Operators beträgt $3 * 10^{-1}$[m/s].
3	Lokale Anfangs- und Endkoordinaten: $\{0.25m, 2.75m, 0m\}$ und $\{0m, 3m, 0m\}$. Der Operator wird bis zur Geschwindigkeit 0.0 [m/s] am Ende konstant verzögert.
4	Bereich dient der Analyse des Ausschwingverhalten des "Roboters mit Elastizitäten". Für die Analysezeit von 5 Sekunden ist die Operatorgeschwindigkeit Null.

Mit diesen Vorgaben zur Bahnkurve und zum Geschwindigkeitsprofil wurden die Zeitverläufe zu den Positionen, Drehwinkeln, Geschwindigkeiten und Beschleunigungen der Operatorbewegung im Inertialsystem berechnet. Bild 3 zeigt als Auswahl die Funktionsverläufe der Operatorpositionen und -beschleunigungen.

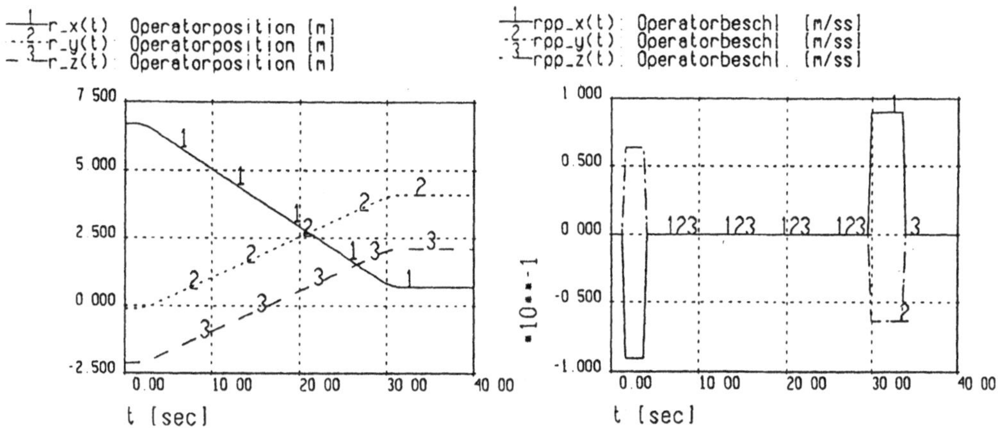

Bild 3: Positionen und Beschleunigungen der *geplanten* Operatorbewegungen

4 Inverse Kinematik

Im Anschluß an die *Bahnplanung* wurden mit der *inversen Kinematik* die zu der vorgegebenen Operatorbewegung im Inertialsystem gehörenden Winkel, Winkelgeschwindigkeiten und -beschleunigungen in den einzelnen Gelenken des *idealen Roboters* als Funktionen der Zeit berechnet. Das diesen Berechnungen zugrunde liegende Gesamtsystem besitzt keine Freiheitsgrade, sondern folgt der vorgegebenen Bewegung.

In Bild 4a und Bild 4b sind einige typische Ergebnisse der Rechnungen zu sehen.

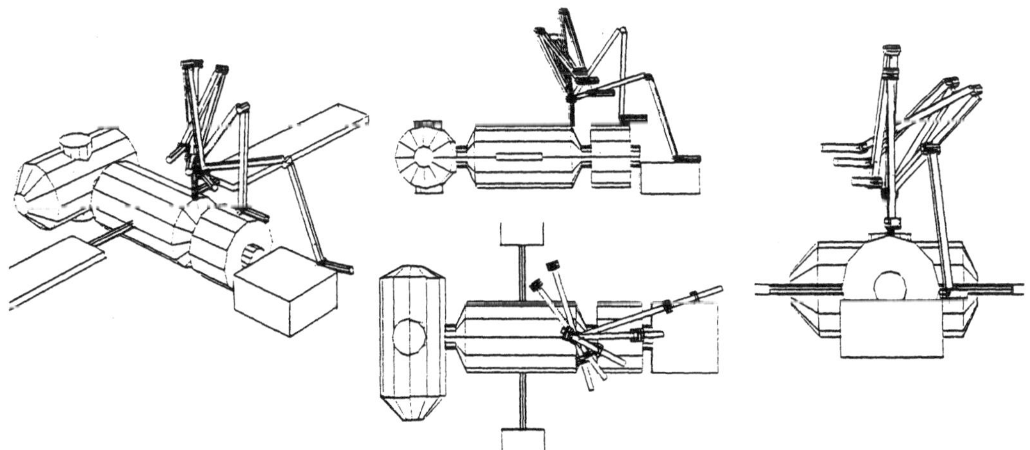

Bild 4a: Einzelbildauswahl des Bewegungsablaufes des Roboters für die geplante Bewegung

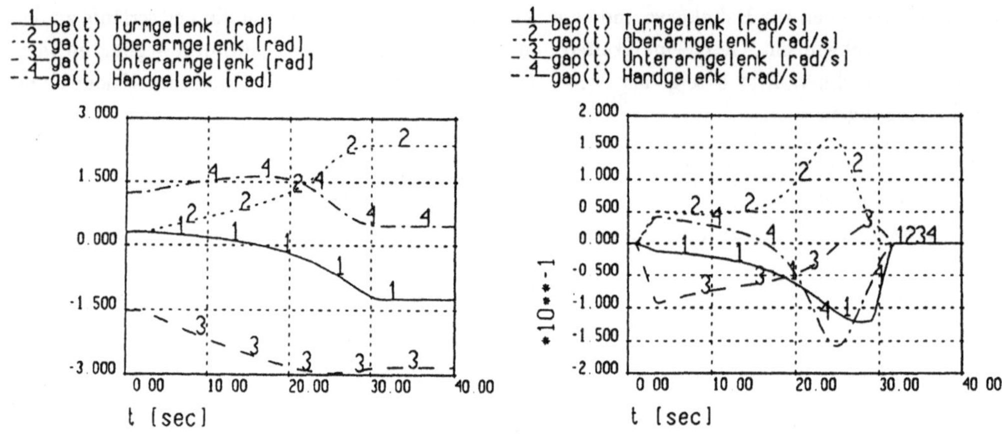

Bild 4b: Zeitverläufe der Gelenkwinkel und -geschwindigkeiten

5 Inverse Kinetik

Mit den Rechnungen zur *inversen Kinetik* wurden die Antriebsmomente berechnet, die zur Erzeugung der mit der *inversen Kinematik* ermittelten Bewegungen der Armglieder erforderlich sind. Diese Antriebsmomente sind bei den SIMPACK-Rechnungen die zu den rheonomen Führungen in den Armgelenken gehörenden Zwangsmomente um die Drehachsen.

Die entsprechenden Rechnungen wurden wieder an einem *idealen Roboter* durchgeführt, der keine Elastizität und Eigendynamik besitzt. Im Gegensatz zu den bisherigen Rechnungen waren jetzt allerdings die Massen und Massenträgheitsmomente der Konstruktion zu berücksichtigen.

Die durch die Rechnungen erlangte Kenntnis der Antriebsmomente und der jeweiligen Relativdrehzahlen zwischen den Armgliedern, gestattet die Wahl geeigneter Antriebsmotoren und Getriebe.

Dem folgenden Bild 5 sind die Verläufe der Antriebsmomente zu entnehmen, die am *idealen Roboter* wirken müssen, wenn dieser die bei der *Bahnplanung* festgelegte Bewegung des Operators ausführen soll.

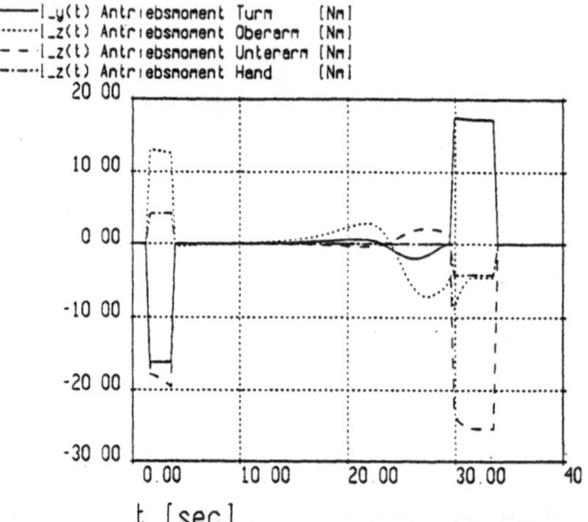

Bild 5: Zeitverläufe der Antriebsmomente des *idealen Roboters*

6 Vorwärtssimulation für das Starrkörpermodell

Da die Rechnungen zur *inversen Kinetik* die Leistungsforderungen an die Antriebsmotoren und Getriebe liefern, konnten diese dimensioniert und in das Modell integriert werden. An jedem Antriebsarm wurde dazu ein massebehafteter Körper eingeführt, dessen Trägheitsmoment um seine Längsachse die Massenträgheit der schnellaufenden Motor- und Getriebeteile repräsentiert. Die Drehachsen dieser Körper sind identisch mit denen der zugehörigen Armgelenke. Angetrieben werden die einzelnen Körper durch die *Motormomente* der jeweiligen Scheibenläufermotoren. Die Kraftübertragungen von den Getriebekörpern auf den jeweiligen inneren und aüßeren Roboterarm erfolgt als Momentenkopplung. Diese Kopplung wird durch ein *Kraftelement* aus der SIMPACK-Elementbibliothek modelliert, welches die Getriebeübersetzung, Getriebeelastizität und die Getriebeabstützmomente beschreibt.

Die Modellerweiterung, die den schnellaufenden Motor- und Getriebeteilen jeweils einen "eigenen" Körper zuordnet, gestattet die Erfassung der Kreiselkräfte dieser Konstruktionselemente. Diese Kräfte liegen oft in der Größenordnung der übrigen Trägheitskräfte und sollten deshalb nicht vernachlässigt werden.

Die Getriebeelastizitäten und die, aus den Induktivitäten der Scheibenläuferwicklungen resultierende, Eigendynamik der Motoren bewirken Abweichungen des Roboters von seiner Sollbahn. Zur Reduzierung dieser Abweichungen wurden in das vorliegende Modell Achsregelungen vom Typ PIDT1 aufgenommen, mit denen die Abweichung der Relativdrehwinkel zwischen den Armgliedern zurückgeführt wird. Die Verstärkungsfaktoren der einzelnen Regler wurden nicht mittels möglicher Parameteroptimierungen berechnet, sondern so gewählt, daß sich die Unterschiede zwischen den Rechenergebnissen der *Vorwärtssimulation des Starrkörpermodells* und der *Vorwärtssimulation für Roboter mit elastischen Armgliedern* gut demonstrieren lassen.

Die Rechnungen zur *Vorwärtssimulation* mit dem Starrkörpermodell lieferten neben den Bewegungsverläufen der einzelnen Modellkörper auch die Eigenfrequenzen des Roboters in unterschiedlichen Positionen. Bild 6 und Bild 7 zeigen typische Beispiele der gewonnenen Rechenergebnisse.

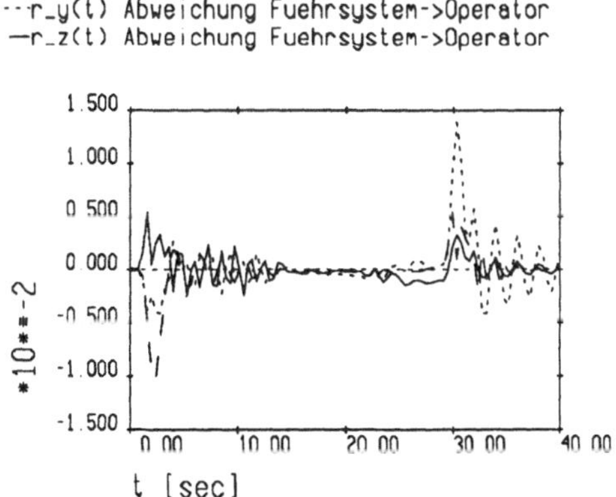

Bild 6: Zeitverläufe der Abweichungen des Operators von der Sollbahn

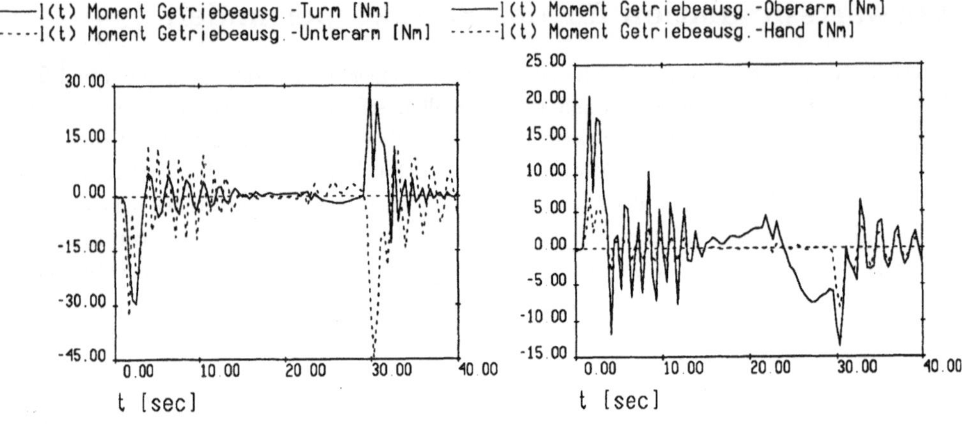

Bild 7: Zeitverläufe der Antriebsmomente

7 Vorwärtssimulation für Roboter mit elastischen Armen

Das in Abschnitt 6 behandelte Robotermodell weist nur in den Getrieben Elastizitäten auf. Im folgenden wird auf eine Verfeinerung dieses mechanischen Modells eingegangen, die auch elastische Deformationen von Ober- und Unterarm des Roboters (vgl. Bild 1) zuläßt.

Die Modellverfeinerung läßt als elastische Verformungen ausschließlich Biegung um die jeweils lokale y- und z-Achse zu (lokale x-Achse zeigt in Richtung der Längsachse des Roboterarms). Zur Beschreibung dieser Biegeformen wurde je eine Ansatzfunktion gewählt, deren Verlauf der ersten Biegeeigenform eines eingespannten homogenen Balkens entspricht.

Mit diesem modifizierten Modell wurden erneut Rechnungen zur *Vorwärtssimulation* durchgeführt, die wieder die Bewegungsverläufe der einzelnen Modellkörper und die Eigenfrequenzen des Roboters in unterschiedlichen Positionen lieferten. Bild 8 und Bild 9 zeigen eine Auswahl der berechneten Zeitverläufe.

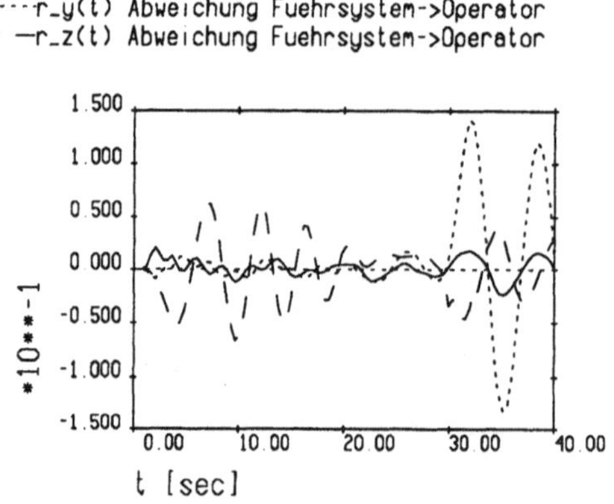

Bild 8: Zeitverläufe der Abweichungen des Operators von der Sollbahn

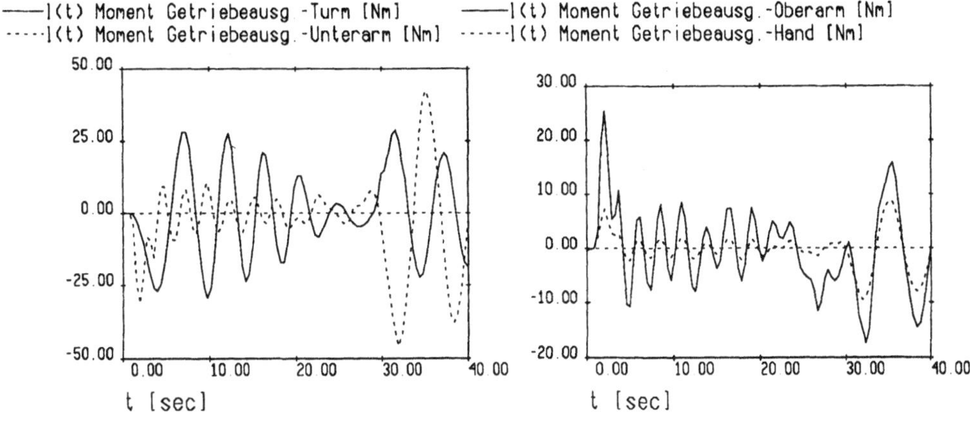

Bild 9: Zeitverläufe der Antriebsmomente

Der Vergleich der Bilder 8 und 6 zeigt den Einfluß der elastischen Eigenschaften der Arme auf die Rechenergebnisse.

Bild 10 zeigt die ersten drei Eigenformen um die Horizontalachsen in der gestreckten Lage des Roboters.

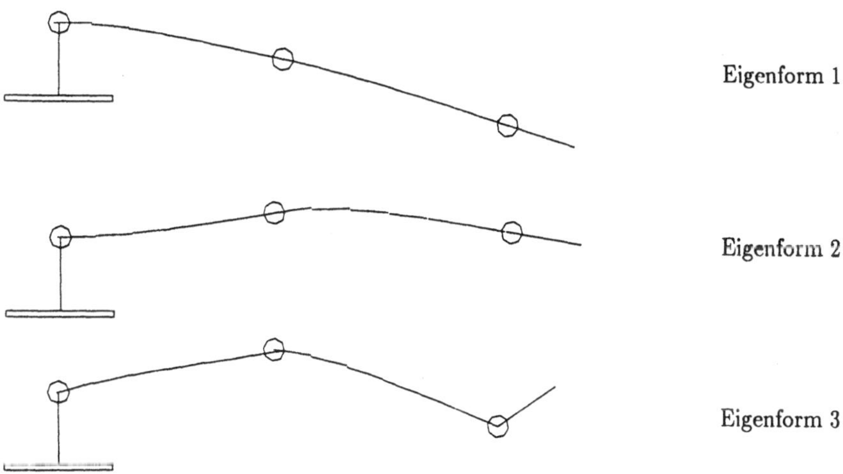

Bild 10: Eigenformen um die Horizontalachsen des Roboters

8 Literatur

/1/ **Schiehlen, W. O.:** Multibody Systems Handbook.
Springer Verlag, Berlin 1990.

/2/ **Kik, W.; Möller, G.; Rulka, W:** SIMPACK - ein Programm zur Simulation von Mehrkörpersystemen.
VDI Berichte Nr. 786, 1989, S. 197 - 225.

FEATURE-BASED MODELING
FOR PRELIMINARY DESIGN SUPPORT

Jivka Ovtcharova

Fraunhofer Institut für Graphische Datenverarbeitung
Wilhelminenstraße 7
6100 Darmstadt
Germany

1. INTRODUCTION

Many years of CAD-application in industry have shown that the design process requires a higher level of supporting the user in his creative work than is permitted by the existing geometric modeling systems. Since *"... structuring the thinking of the design engineer into lines, arcs and solid primitives would be equivalent to building a text from more letters instead of words and sentences"* [KVYA89], it can be summarized that current generation computer-aided design systems fail to capture the *designer's intent*. In order to cure these problems, feature-based design is now recognized as an activity to provide a convenient language for expressing the products using high-level semantic data. Feature-based design is attractive in several ways. For example, feature-based design systems support the users to *easily* express their design ideas by creating and manipulating features directly, thus eliminating many intermediate steps. A feature-oriented database allows a CAD system to perform *different tasks* such as design, analysis, process planning, NC programming, because of the *knowledge* which the features contain to facilitate these tasks.

Recently, several attempts to the definition of features and the development of system architectures for feature-based design have been published ([SHAR88], [PRTT89], [WILS90]). However, up to now there is no consensus in the feature-based design community on several fundamental problems. In particular, it is no general agreement on the following issues: What are features? How are they classified? Is there a canonical set of features, or are they application-dependent [REVA91]? How should they provide support for representing the designer's intent in several phases of design, such as functional design, conceptual design and detailed design?

Recognizing these problems, the overall goal of the research presented in this paper is twofold: first, to give a general definition of the term 'feature' and an approach to the classification of features as generic shape properties, and second, to develop a hierarchical data scheme which covers the definition of features in different phases of design. Our opinion is that feature-based models will represent design intent by keeping reason for the existence of various feature data. The hierarchical data scheme should make it possible to trace from functional features specification to generic features definition and their detailed representation.

The remainder of this paper is organized as follows: First, in Section 2 we give a definition of the term 'feature' and an approach to the classification of features as generic shape properties. Section 3 outlines the main phases of a feature-based design and introduces a hierarchical data scheme which will satisfy the requirements of the design in each design phase. The current status of our implementation is discussed in Section 4. Finally, we summarize our findings.

2. FEATURE CLASSIFICATION

We define *a feature* as a fundamental term using the following modeling principle of the object-oriented methodology [BAOV91]: *'Information items which have an existence of their own should be modeled as objects; those which don't should be defined as data sets which are attached to some object'*. Applying this modeling principle to the features, we can give the following general definition: *'Features are semantic data of design objects which exist only within the objects and are not design objects themselves'*. Thus, feature-based design can be characterized as a method for designing objects by defining and manipulating the semantic data of those objects. With respect to the area of product modeling, features can be generally defined as semantic data that refer to shape, material, tolerance and other aspects of a product, such that these data can be utilized in different product life cycle phases like design, analysis and manufacturing. In this paper, we mainly deal with features related to the product's shape, called *form features*. For the rest of this paper, we will use the term feature in the sense of form feature. Other feature types, such as assembly, precision and material features, can be defined independently and then connected by the use of corresponding interrelationships.

An important criterion by which features may be classified into subtypes is their complexity. The degree of complexity can be defined in several ways. For the purpose of defining features as generic shape characteristics, the classification discussed belows seems appropriate. Here it must be noted that this classification is partly based on the STEP feature classification scheme [ISOD88]. The main subdivision in this classification concerns the definition of *single* and *pattern* features.

2.1 Single Features

We consider *single* features as isolated features with different degrees of complexity. Next step in their subclassification is given by *elementary* and *compound* features. We treat an elementary feature as a simple shape characteristic belonging to just one product. One possible subclassification of elementary features leads to the identification of *basic* and *transition* features. Our classification focuses mainly on the basic features which we define as volumes viewed either as *additive* (volumes added to a product shape) or as *subtractive* (volumes subtracted from a product shape). Two main types of additive features can be identified as protrusions and connections. In our classification, a *protrusion* is a feature that extends outward from the shape of a product and can be used for defining several functional features, such as bosses and pads. A *connection* is a feature which extends outward from the shape of a product and terminates either in the same shape or in the shape of another product. Thus, in the first case, a connection feature joins the shape of a product at two distinct places so that it creates a "handle" and, in the second case, a feature joins two previously non-connected product shapes so that it creates a "bridge".

Subtractive features can be classified, in general, into depressions and passages. We define a *depression* as a feature that projects into a product and terminates within it, and a *passage* as a feature that passes through the product. A depression feature can be used for defining different functional features, such as pockets, blind holes and grooves. A through hole is a typical example of a functional feature defined by generic passage feature.

Several elementary features may overlap. This leads to the definition of *compound features* as collections of overlapping elementary features in the product shape which are related in a specific way. Typical for this feature type is that the compound feature geometry is *contiguous,* defined by parent/child relationships [WIPR88]. A parent/child feature is a *composition* of elementary features, in which the parent feature is defined and positioned first, and the child feature then defined and placed with respect to it. Typical examples of functional features based on generic compound features are stepped holes.

2.2 Pattern Features

In our opinion, a *pattern feature* can be viewed as consisting of a *number* of identical single (elementary or compound) as well as pattern (recursive pattern definition) features, called members, arranged in a pattern. We consider two types of pattern features: *circular* and *grid* pattern features. A bolt hole circle is an example of a functional feature defined by a circular pattern feature, in which not only the semantics of the individual holes is important but also those of the pattern in which they lie.

3. A HIERARCHICAL DATA SCHEME FOR FEATURE-BASED DESIGN

In general, the design of product parts is considered as a process consisting of differentiable phases, each with somewhat distinct purposes, such as specification of the desired product part function, definition of the overall shape, or representation of the detailed shape. In order to achieve these goals, features are widely being explored as a basis for sufficient expressing the product part during the different phases of design. In our opinion, the feature-based design process can be treated as consisting of the following three levels: *functional design, conceptual design* and *detailed design.*

The hierarchical data scheme proposed in this section encompasses product part data and feature data occurring at the three design levels (Fig. 1) as follows: product part specification using *functional features*, product part's shape definition using *generic features*, and product part representation using *feature representation* and their *geometric evaluation*. The product part data and the feature data at different levels are linked by mappings in top-down and bottom-up fashion, such as "have as shapes" and "are shapes of", or "are represented by" and "are representations of". The central idea is that functional feature data defined on the top level will be used in the functional design phase, the definition of generic feature data in the second level will be used in the conceptual design phase, and the representation of feature data and their geometric evaluation will be used in the detailed design phase. In this section, first, we define product part data and feature data needed for each design phase and we give propositions corresponding to the data relationships between them. Then, we provide an example from the mechanical engineering which will be used to demonstrate our approach.

3.1 Functional Features

We begin at the top design phase with the *functional specification of a product part* which can be considered as consisting of a basic part specification and one or more functional feature specifications. The *basic part specification* includes description of the desired function of the part and a vague sketch of its overall shape. For example, a transmission shaft is needed to transmit rotational movement. With respect to this, the overall shape of the shaft will be defined as rotational.

In general, the specifications of *functional features* derive a specific meaning from different views on the function of a product part. They include non-shape data as well as fuzzy-shape data. For example, a cogwheel will be fixed on a transmission shaft using a key seated in a keyhole, i.e. keyhole is specified as functional feature with respect to the function "fixing a cogwheel on the shaft". The shape of the keyhole must correspond to the predefined key shape, but is not yet dimensioned.

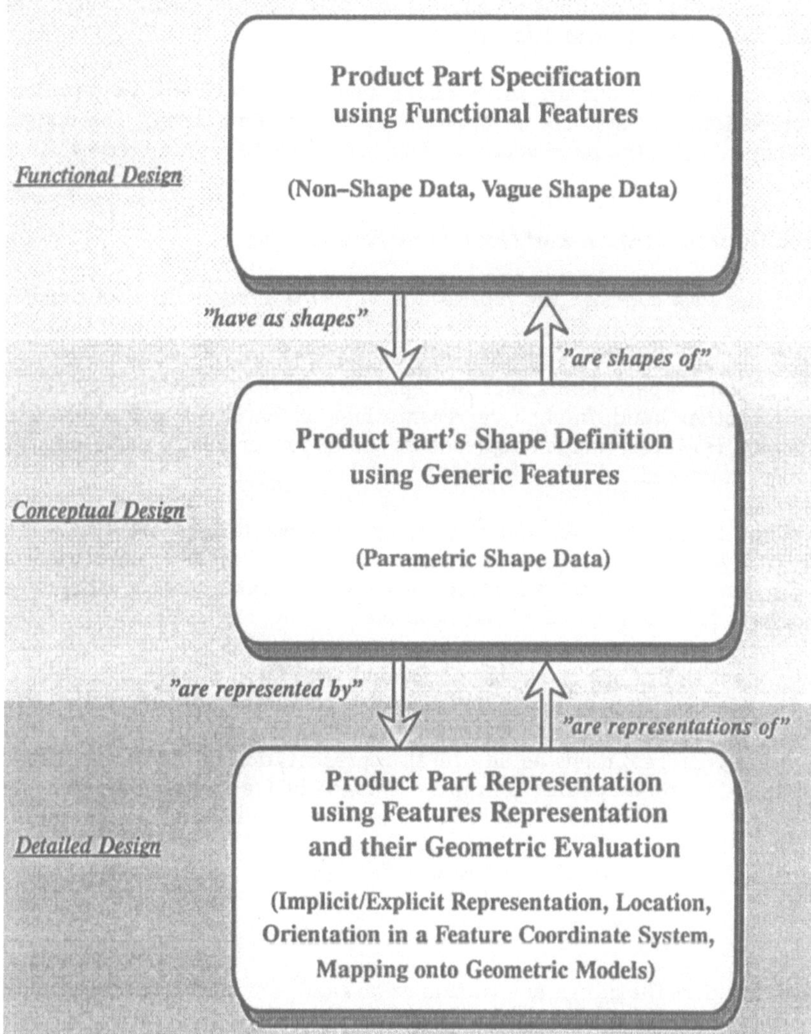

Fig. 1. A hierarchical data scheme for feature-based design

Since the functional meaning is already determined, at the next level only the definition of generic shape data is provided. The mapping from the functional data onto the generic shape data is called "have as shapes".

3.2 Generic Features

In conceptual design, we consider the *generic (nonspecific) definition of a product part* using definition of the basic shape and definition of features as generic shape properties. The *basic shape* is defined as the shape of a product part without features. The *generic features* are defined as shape characteristics which are considered to have no application "colouring". The generic definitions of features are based on the classification provided in Section 2 and are given in parametric form.

In this phase, no assumptions are made about how the feature will be represented; the internal representation of features is provided in the detailed design. The mapping from the generic shape data to the representation data is called "are represented by".

3.3 Features Representation and Geometric Evaluation

In detailed design, we consider the *representation of the product part* as consisting of a basic shape representation and feature representations. Two main representation forms we use are implicit and explicit. Explicit representations allow referencing of features constituents. If feature parameters such as depth are needed, however, they must then be derived. On the other hand, implicit representations of features provide direct access to such parameters. However, implicit representations do not presently allow constituents to be individually referenced.

The basic shape representations and the feature representations are typically used in association with *geometric models*, which allow explicit or implicit representations to be evaluated. Certain kinds of geometric models such as wireframe models, BRep models and CSG models, have to be distinguished and supported.

Since the geometric evaluation is already performed, evaluated representations of the basic shape and the features will be integrated into one comprehensive representation of the product part with features. Up to now, we consider the product part representation including feature representations as an overall representation of the generic product part with features (bottom-up mapping "are representations of"), as well as the generic product part including generic features as an overall shape of the product part (mapping "is a shape of").

3.4 An Example

Our test case considers the design of a transmission shaft. For reasons of brevity, we regard only that part of the shaft which contains a keyhole.

The design process begins at the functional level with specifications of functional features. In our example, the functional purpose of the shaft is to transmit rotational movement via a cogwheel. The fixation of the cogwheel on the shaft is performed by means of a key, which is seated in the shaft by using a previously specified keyhole. Thus, the first step is the specification of the functional feature *keyhole in shaft* with respect to a concrete product's function, i.e. "fixing a cogwell on the shaft".

In general, we specify *functional features* as including functional semantics data, as well as fuzzy shape data. In our example, a functional feature *keyhole in shaft* requires a specified *surface finish* and *tolerance data*. The associated functional semantics is expressed by the *key seat in shaft* which is defined in a standard parts library. The shape of the keyhole must correspond to the predefined key shape, but is not yet dimensioned.

In the conceptual design phase, we give a generic definition of the *keyhole in shaft* as a single elementary feature of type *depression*, defined by its racetrack cross section as well as by its depth.

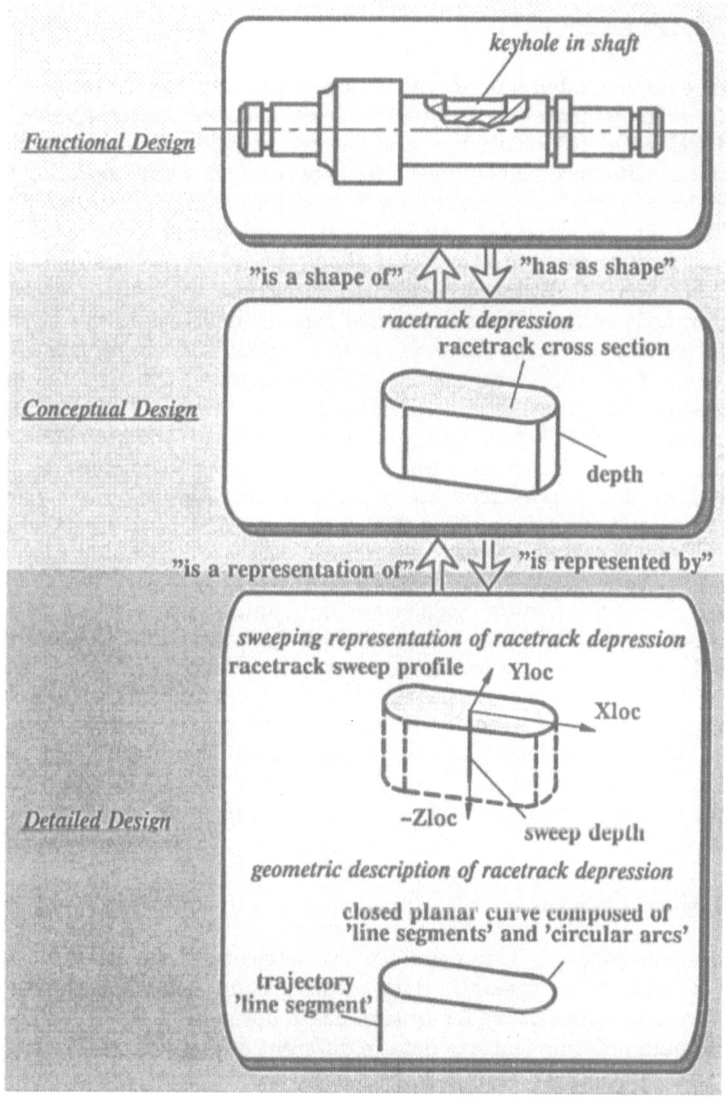

Fig. 2. An overall example

In the detailed design phase, the implicit representation of a racetrack depression feature might be given by sweeping of its cross section (or profile) in negative direction, such that a width and length parameters of the racetrack cross section as well as a depth parameter are needed, rather than a racetrack surface. The *explicit representation* consists of lists of feature elements. For example, an explicitly represented racetrack depression might be the list of cylindrical and planar constituent surfaces and their topological description. In this phase, the geometric evaluation of a racetrack profile is given by a *composite (closed planar) curve* consisting of line segments and circular arcs. An outline of the overall example is given in Fig. 2.

4. CURRENT IMPLEMENTATION

To date, we have implemented a prototype feature modeler using the proposed hierarchical data scheme. As implementation environment we used an existing research modeling system called COSMOS (COnStruction and MOdeling System) which provides an open, modular system architecture allowing for easy extension with new modeling facilities. The geometric modeler of COSMOS and the feature modeler use STEP-oriented data structures [OVHA91]. The feature modeler creates and manipulates functional, generic and representational feature data with respect to the proposed hierarchical data scheme. Here, we considered functional features supplemented with some application "coloration" such as *boss, slot, pocket, hole, pattern*. The definition of generic feature data was provided in terms of additive and subtractive basic features, such as *protrusion, connection, depression* and *passage*. We defined the representational feature data using translational and rotational sweeping of pre-defined feature profiles, such as circular, triangular and racetrack profiles. In our implementation, the feature modeler is integrated with the geometric modeler. This means that the feature modeler uses geometric representations created by the geometric modeler and does not create separate geometric representations. For example, the representations of sweeping feature profiles are evaluated by corresponding geometric profiles described as composite curves (collections of curves joined end to end).

Our implementation of the feature modeler supports an *interactive processing* of functional features. This leads to possibilities to show each individual modification in the model graphically and gives immediate feedback about errors. In this case, the user can create and modify functional features of the model separately. A graphics user interface helps the user to create the model by graphics pick, icons and direct manipulation on a visual representation of the model. The main paradigms concerning the creation and manipulation of feature-based models include interactive processing, direct visualization of the model and feedback about interactive behaviour of features.

5. CONCLUSION

The goal of this paper was, first, to point out the necessity of clarifying the definition and classification of features as semantic data of design products. The second goal was to propose a hierarchical data scheme for feature-based design as a way of designing products by defining and manipulating features data in different design phases. We have shown how feature data can be defined and how they support different phases of design, from functional to a detailed design. We deliberately left out most of the operational aspects, but nevertheless regard conceptual work as indispensable for feature-based design.

Due to the stage of our investigation, we want to show that a sound conceptual foundation is both necessary and achievable. Further work in this area will be related to the refinement of this scheme and to the further implementation of the feature modeler.

6. REFERENCES

[BAOV91]   P. Baumann, J. Ovtcharova, 'Towards a Conceptual Framework for Object-Oriented Feature Definition', to be published in *Proceedings of The Second International Conference on CAD & CG*, Hangzhou, China, September 23-26, 1991.

[ISOD88]   "Industrial Automation Systems, Exchange of Product Model Data, Representation and Format Description, Part 48: General Resources: Form Features", *ISO DP 10303-48*, Tokyo, 1988.

[KVYA89]   F.-L. Krause, F.H. Vosgerau, N. Yaramanoglu, "Implementation of Technical Rules in a Feature Based Modeller", in: V. Akman, P.J.W.ten Hagen, P.J.Veerkamp (eds.), *Intelligent CAD Systems II, Implementational Issues*, Springer-Verlag, 1989, pp.195-208.

[OVHA91]   J. Ovtcharova, S. Haßinger, "Feature-Based Reasoning in Product Modeling", in: *Proceedings of the Fourth International IFIP TC5 Conference on Computer Applications in Production and Engineering, Integration Aspects, CAPE'91*, Bordeaux, France, 10-12 September, 1991, pp.379-387.

[PRTT89]   M.J. Pratt, "A Hybrid Feature-based Modelling System", in: *Preprints of the International GI-IFIP Symposium on Advanced Geometric Modelling for Engineering Applications*, Berlin, November 8-10, 1989, pp.177-189.

[REVA91]   A.A.G. Requicha, J.H. Vandenbrande, "Features for Mechanical Design and Manufacturing", *Computers in Engineering*, Book No. G0502A, 1989, pp.47-52.

[SHAR88]   J.J. Shah, M.T. Rogers, 'Functional Requirements and Conceptual Design of the Feature-Based Modeling System', *Computer-Aided Engineering Journal*, February 1988, pp.9-15.

[WILS90]   P.R. Wilson, 'Feature Modeling Overview', In *Proceedings of the 17th International Conference On Computer Graphics and Interactive Techniques SIGGRAPH'90*, Course Notes 12, Dallas, August 6-10, 1990, pp.XI.1-XI.56.

[WIPR88]   P.R. Wilson, M.J. Pratt, 'A Taxonomy of Features for Solid Modeling', in M.J. Wozny, H.W.McLaughlin, J.L.Encarnacao (eds.), *Geometric Modeling for CAD Applications*, Elsevier Science Publishers B.V. (North-Holland), IFIP, 1988, pp.125-136.

Ein wissensbasiertes System für die fertigungsorientierte Konstruktion

S. Weinmeister, L. Junghanns
Technische Universität Dresden
Institut für Halbleiter- und Mikrosystemtechnik
Mommsenstraße 13
O-8027 Dresden

1. Einleitung

"Die Arbeitsteilung zwischen Konstruktion und Arbeitsvorbereitung mit ihren Abstimmungsprozessen wird bei zunehmender Automatisierung der Fertigung immer problematischer. Deshalb sollte bereits der Konstrukteur bei der Entwicklung auf die fertigungstechnischen Möglichkeiten Rücksicht nehmen, also fertigungsgerecht konstruieren." [Scheer90]

Dies bedeutet im wesentlichen, daß die Möglichkeiten und Eigenschaften der anzuwendenden Fertigungsverfahren und einzusetzenden Fertigungsanlagen, insbesondere der Werkzeuge, bereits in der Konstruktion bekannt sind. Außerdem sollte der Konstrukteur die Möglichkeit haben, die Rückwirkungen des Herstellungsverfahrens auf das von ihm entworfene Produkt simulieren und analysieren zu können.

Um diese Ziele zu erreichen, wird ein Softwaresystem benötigt, das die Kopplung zwischen CAD und CAM auf der Basis eines Produktmodells und eines Verfahrensmodells ermöglicht. Hinzu kommen notwendige Funktionen, die es gestatten, die Herstellung des Produktes zu simulieren und seine Wechselwirkungen mit dem Fertigungsverfahren zu analysieren. Der Konstrukteur wird dadurch in die Lage versetzt, die Auswirkungen seiner Entwurfsentscheidungen durch eine anschließende Simulation der Produktherstellung zu überprüfen. Die Analyse der Simulationsergebnisse zeigt Änderungsmöglichkeiten sowohl für die Technologie als auch die Konstruktion auf.

An der Technischen Universität Dresden, Institut für Halbleiter- und Mikrosystemtechnik, wird derzeit eine Komponente eines solchen CAD-CAM-Systems in Zusammenarbeit mit dem Kernforschungszentrum Karlsruhe, Institut für Datenverarbeitung in der Technik, entwickelt. Der angestrebte Einsatzzweck liegt bei der Entwicklung von Mikrosystemen. Das sind miniaturisierte Baugruppen, bei denen Sensoren, Auswerteelektronik und Aktoren als System konzipiert und mit Hilfe von Mikrotechnologien realisiert werden. Hierbei besteht eine außerordentlich enge Verflechtung zwischen Entwurf und Fertigung.

2. Grundaufbau des Systems

Die zu entwickelnde CAD-CAM-Komponente für die Unterstützung des fertigungsorientierten Konstruierens wird als wissensbasiertes System konzipiert. Die Wissensbasis soll dabei als Modellbasis gestaltet werden.

Das Zusammenwirken der Teilsysteme ist in Abb. 1 dargestellt.

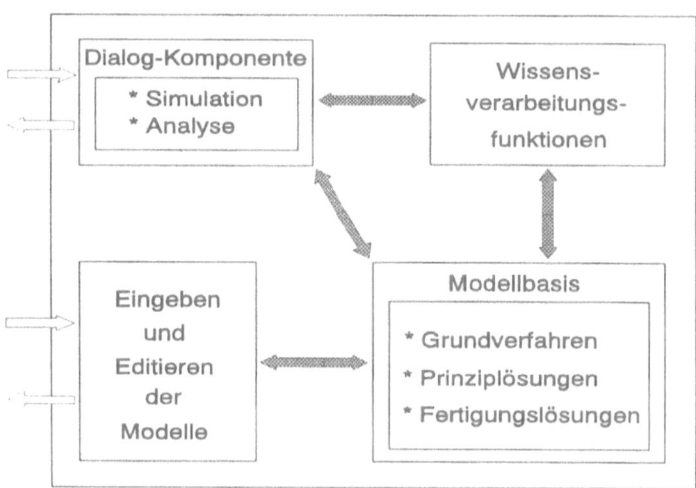

Abb. 1 Aufbau der wissensbasierten CAD-CAM-Komponente

Die Dialog-Komponente organisiert die Interaktionen des Nutzers mit dem System. Dazu gehören die Nutzerführung während der Simulation und der Analyse, und die Verwaltung und Benutzung der Modellbasis in Abhängigkeit vom aktuellen Bearbeitungsstand.

Die darin enthaltenen Modelle können direkt oder über die Anwendung von Wissensverarbeitungsfunktionen in die Arbeit einbezogen werden.

Die Modellbasis ist als Baukastensystem zu verstehen, in dem sich Modelle technologischer Vorgänge, Verfahren und Prozesse befinden. Die Modelle sind derart strukturiert, daß sie sich (abhängig vom bearbeiteten Problem) unter verschiedenen Gesichtspunkten ordnen und anwenden lassen. Ihr Grundaufbau wurde u.a. aus der "Qualitativen Prozeß-Theorie" von [Forbus84] abgeleitet und den Erfordernissen technologischer Problemstellungen angepaßt (Abb. 2).

Der Zugriff auf die Modelle kann direkt über die Wissenserwerbskomponente (Wartung und Erweiterung) oder über die Dialogkomponente (Information) erfolgen. Außerdem kann auf die Modelle in der Wissensbasis über Wissensverarbeitungsfunktionen zugegriffen werden (Simulation und Analyse).

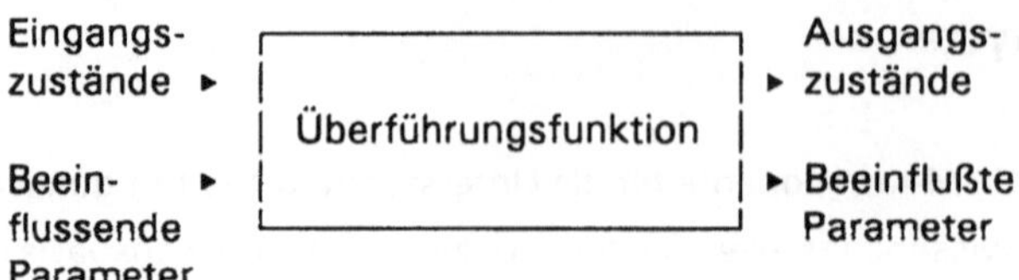

Abb. 2 Beispiel zur Modellierung von technologischen Vorgängen

Die Wissensverarbeitungsfunktionen, die dem System (und dem Nutzer) die Manipulierung und Nutzung der Modellbasis erlauben, bilden eine offene Struktur aus einfachen und komplexen Funktionen. Auf der untersten Ebene stellen diese Funktionen einfache Operatoren für einzelne Modellelemente dar (z.B. Eingangszustände, Beeinflussende Parameter). Auf der obersten Stufe können sie Klassen von Modellen unter Restriktionen verarbeiten (z.B. alle Verfahrensschritte, die das Produkt thermisch belasten).
Schließlich gehört zum beschriebenen CAD-CAM-System auch eine Wissenserwerbskomponente, mit der die Modellbasis aufgebaut und gewartet werden kann.

3. Aufbau der Modellbasis

3.1. Allgemeine Grundlagen

Aufbau und Struktur der Modellbasis berücksichtigen die Komplexität technologischer Vorgänge, Verfahren und Prozesse und sichern darüber hinaus die multivalente Nutzung der in ihr enthaltenen Modelle.
Zu diesem Zweck werden zwei Strukturierungslinien realisiert:

* Strukturierung nach der Komplexität und
* Strukturierung nach der Konkretheit

der technologischen Entwurfsstufe.
Grundlage dafür sind Erkenntnisse zur Detailliertheit und Abstraktion technologischer Entwurfsarbeit, die in Abb. 3 dargestellt sind.
(Die hervorgehobenen Felder werden mit der jetzigen Ausbaustufe realisiert. Weitere Felder sollen in Abhängigkeit von den Erfordernissen der Anwender des CAD-CAM-Systems in die Modellbasis einbezogen werden.)

Phasen ——▶ Konkretheit			
Gesetzmäßig-keiten der Physik, Che-mie, Werk-stoffwissen-schaften, ...	technologi-scher Grund-vorgang	technologische Prinziplösung	erzeugnis- und/oder produzentge-bundene Pro-duktionslö-sung
Grundoperation	Grundoperation	*Elementarver-fahren*	--
Verfahrens-schritt	Verfahrens-schrittprinzip	*Teilschrittver-fahren*	*Teilschritt-technologie*
Verfahren	Verfahrensprin-zip	Verfahrens-technologie	*Teilprozeß-technologie*
Prozeß	Prozeßprinzip	Gesamttechno-logie	Prozeßtechno-logie

(Row labels, left column: *Hierarchie* ↓ *Komplexität*)

Abb. 3 Detailliertheit und Abstraktion technologischer Entwurfsarbeit [Stanke89]

3.2. Strukturierung nach der Komplexität des Entwurfes

Auf der untersten Ebene dieser Struktur befinden sich die Modelle technologischer Grund-operationen (Elementarvorgänge). Das sind Vorgänge, die jeweils einen relevanten Parame-ter ändern und auf einem physikalischen oder chemischen Wirkprinzip beruhen.

Die darauf folgende Ebene faßt die Elementarvorgänge zu Verfahrensschritten (Funk-tionsgruppen) zusammen (z.B. Reinigen, Abdecken, Kontaktieren). Die nächste Stufe wird von Verfahren gebildet (z.B. Schwallöten, Widerstandsschweißen).

Die vierte und komplexeste Strukturebene stellt der technologische Prozeß dar. Hierbei handelt es sich um einen konkreten Ablauf von Verfahren zur Herstellung eines vorgegebe-nen Produktes.

3.3. Strukturierung nach der Konkretheit des Entwurfs

Bei dieser Strukturierung bilden technologische Grundvorgänge die Basisebene. Solche Grundverfahren (z.B. Löten, Kleben) bestehen ebenfalls aus einer Menge von Elementarvorgängen und stellen den Kern einer technologischen Prinziplösung dar.

Diese Prinziplösungen bilden die zweite Ebene in Bezug auf die Konkretheit des Entwurfs. Hier wird berücksichtigt, daß für die Realisierung des Grundverfahrens eine technologische Ausrüstung eingesetzt werden muß (z.B. Badlöten, Laserlöten).

In der letzten Strukturierungsebene werden die Produktionslösungen verwaltet. Sie können erzeugnis- und/oder produzentspezifisch sein und enthalten in erster Linie Informationen über die Kopplung zwischen der Fertigungstechnologie und dem verwendeten Produktions- planungs- und -steuerungssystem.

3.4. Verarbeitung der Modelle

Beim Einsatz der vorgestellten CAD-CAM-Komponente können sowohl bei der Simulation als auch bei der Analyse der Produktherstellung beide Strukturierungslinien relevant sein. Deshalb erfolgt für die Arbeit mit dem CAD-CAM-System auch keine starre sondern eine dynamische Zuordnung zwischen den jeweils aktiven Wissensverarbeitungsfunktionen und den benutzten Modellen.

Die beschriebene Modellbasis stellt die Grundlage für den Einsatz des Systems in einem konkreten Anwendungsfall dar. Daher sollen zukünftig auch Software-Werkzeuge entwik- kelt werden, die es dem Fachexperten ermöglichen, weitgehend selbständig bei der Erstellung der Modellbasis vorzugehen. Er kann dann eine auf seine Bedürfnisse zugeschnit- tene Modellbasis selbständig aufbauen und warten. Derzeit ist die enge Zusammenarbeit mit einem "Wissensingenieur", der das CAD-CAM-System auch im Detail kennt, unum- gänglich.

4. Simulation und Analyse der Produktherstellung

In diesem Abschnitt wird der gegenwärtig realisierte Stand bei der Entwicklung des CAD- CAM-Systems beschrieben. Die Implementierung erfolgte auf einer UNIX-Workstation in "C" und unter Verwendung der Expertensystem-Shell NEXPERT OBJECT®.

Die Kommunikationsschicht des Systems bietet dem Nutzer das zu simulierende Ferti- gungsverfahren zuerst in Form eines "Ablaufnetzes" an. Charakteristische Eingangs- und Ausgangsparameter sowie interessierende Zwischengrößen werden vom Nutzer ausge- wählt und vom System auf dem Bildschirm dargestellt. Anschließend werden die Produkt- informationen und die Fertigungsdaten geladen oder eingegeben. Damit ist das System in der Lage, mit Hilfe der Modellbasis den Fertigungsablauf für das spezifizierte Produkt und das modellierte Fertigungsverfahren zu simulieren, und die jeweils aktuellen Parameterwer- te darzustellen (Abb. 4).

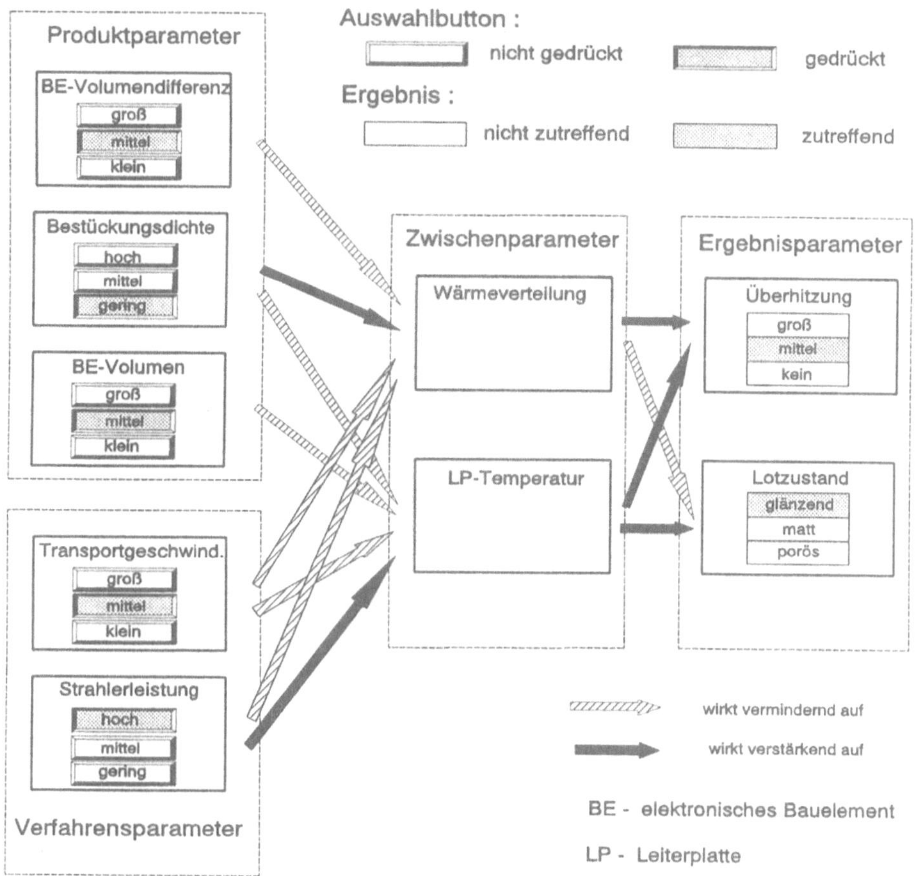

Abb. 4 Beispielhaftes "Ablaufnetz" für das Infrarotlöten

Ein Simulationsdurchlauf wird immer dann ausgelöst, wenn der Nutzer (durch Anklicken mit der Maus) einen der dargestellten Parameter verändert. Auf diese Weise können die Auswirkungen einer Änderung von Produkt- oder Anlagendaten sofort beobachtet und eingeschätzt werden. Der Benutzer wird dadurch unterstützt, die komplexen Wechselwirkungen innerhalb einer Fertigungstechnologie am Verhalten des "Ablaufnetzes" zu überblicken und gezielt zu untersuchen.

Die dem CAD-CAM-System immanenten Wissensverarbeitungsfunktionen sind in der Lage, auch qualitative und unvollständige Angaben zu verarbeiten. Daraus ergibt sich die Möglichkeit, bereits im Stadium des Produktentwurfes die Produktherstellung zu simulieren und zu analysieren. (Das System informiert natürlich den Nutzer, an welchen Stellen eine Simulation nicht mehr möglich ist, weil bestimmte Produkt- oder Fertigungsparameter noch nicht vorgegeben wurden.)

Lassen sich durch die Simulation Probleme bei der Fertigung des Produktes erkennen, dann kann der Nutzer die Analysefunktionen des CAD-CAM-Systems einsetzen.

In einer ersten Analysestufe werden alle Vorgänge dargestellt, die auf den interessierenden Wirkzusammenhang Einfluß haben. Mit Hilfe der entsprechenden Systemfunktionen kann dann eine detailliertere Untersuchung jedes einzelnen Vorgangs erfolgen. Abhängig vom aktuellen Stand der Simulation kann geprüft werden, welche Parameter den konkreten Teilvorgang beeinflussen oder von diesem beeinflußt werden. Zusätzlich kann überprüft werden, welche Voraussetzungen an dieser Stelle des Fertigungsablaufes notwendig sind, und ob sie aktuell auch erfüllt sind.

In einer zweiten Analysestufe ist es möglich, die Grundoperationen, aus denen sich die analysierten Vorgänge zusammensetzen, in die Untersuchung einzubeziehen. Es ergeben sich daraus Hinweise, wie das generelle "Funktionieren" eines technologischen Vorgangs beeinflußt werden kann (z.B. zum Optimieren von Produkt-, Anlagen- oder Werkzeugparametern).

Als Ergebnis der Analyse erhält der Nutzer Hinweise, welche Einflußfaktoren und welche Wechselwirkungen von ihm berücksichtigt werden müssen, um das gewünschte Verhalten der Gesamttechnologie zu erreichen; bzw. welche Modelle seiner Modellbasis hinzugefügt oder qualifiziert werden müssen.

Zusätzlich zu den bisher vorgestellten Funktionen hat der Nutzer auch die Möglichkeit, die Parametereinstellungen des "Ablaufnetzes" vom Programm optimieren zu lassen. Er gibt dazu an, welche Werte für die Ausgangsparameter angestrebt werden sollen, und wie wichtig das Erreichen dieser Zielwerte ist (Wichtung zwischen den Ausgangsgrößen).

Auf der Basis der im "Ablaufnetz" modellierten Zusammenhänge werden dann die Wertebelegungen der Eingangsparameter ermittelt.

5. Ausblick

Mit der vorgestellten Komponente eines umfassenderen CAD-CAM-Systems wird ein Beitrag für die zukünftige Verbindung zwischen Konstruktions-CAD-Systemen und sog. Fertigungs-CAD-Systemen geleistet. Die gemeinsame Basis wird ein Produktmodell sein, das es gestattet, konstruktive und technologische Eigenschaften des Produkts zu erfassen, zu verwalten und zu verarbeiten. Damit wird es möglich, die Fertigung eines Produktes bereits beim Entwurf desselben zu berücksichtigen, und dafür ein integriertes Softwaresystem zu benutzen.

Die beschriebene CAD-CAM-Komponente wird darüber hinaus überall dort sinnvoll einsetzbar sein, wo die Herstellung eines Produktes von einer Vielzahl miteinander vernetzter Einflußfaktoren bestimmt wird. Hier unterstützt es den Konstrukteur und den Technologen, die Auswirkungen von Anlagen- und Werkzeugrestriktionen oder veränderten Produkteigenschaften zu überblicken.

Der weitere Ausbau des beschriebenen Systems konzentriert sich auf die Verbesserung der Funktionalität. Mit der nächsten Ausbaustufe soll dem Anwender die Möglichkeit gegeben werden, beliebige Zusammenhänge zwischen den modellierten Parametern (vgl. Abb. 4) eingeben zu können (bisher nur lineare und nichtlineare auf qualitativer Basis). Außerdem wird eine Zeit-Repräsentation eingeführt, die insbesondere zur Verbesserung der Analyse notwendig ist.

6. Literatur

[Forbus84] Forbus KD: Qualitative Process Theory. In: Artificial Intelligence, Amsterdam 24(1984), S.85-168
[Scheer90] Scheer A-W: CIM - Der computergesteuerte Industriebetrieb. Springer-Verlag: Berlin Heidelberg New York Tokyo, 1990, S.88
[Stanke89] Stanke K: Methodik Elektroniktechnologie (Arbeitsblättersammlung zum Spezialseminar). Technische Universität Dresden: Dresden 1989

The Bidding Model of Configuration Control

Michael Weiß and Franz Stetter
Lehrstuhl für Praktische Informatik 1, Universität Mannheim
6800 Mannheim 1

Abstract

CAD systems are becoming increasingly complex to meet the demands of designers. Thus there is a need for tool integration schemes that allow multiple tools to interact transparently. This paper presents a novel approach to runtime configuration control (the bidding protocol) to be used within such a scheme, and its implementation in a Lisp dialect. It also serves as a case study in object-oriented programming and the client-server paradigm.

Zusammenfassung

Eine wesentliche Anforderung an heutige CAD-Systeme ist die transparente Integration mehrerer Werkzeuge. Wesentlicher Bestandteil eines Schemas zur Werkzeugintegration ist ein Kontrollmechanismus für die sich dynamisch ändernde Laufzeit-Konfiguration des Systems. Als Lösungsansatz wird hier ein Protokoll zur Konfigurationskontrolle und seine Implementierung in einem Lisp-Dialekt vorgestellt. Es ist dies auch eine Fallstudie zum objekt-orientierten Programmieransatz und zum Client-Server Paradigma.

1   Problem

CAD systems are becoming increasingly complex to meet the demands of designers. Instead of tightly integrated design environments, they require open *design frameworks* that support a large population of heterogeneous tools and data models. From the designer's point of view a design framework consists of a set of tools and a design manager for controling and coordinating these tools.

To coordinate a large number of distributed CAD tools it is necessary to maintain the information about tool locations in a central database, whose location is known to every tool. Whenever a tool decides to "hook up" to some other tool, it first queries the database for the location of that tool. Since, in this way, the database documents the current configuration of the whole system in terms of tool locations, it is called *configuration server*. The name "server" is used, as the database provides a service to tools requesting location information about other tools.

To give an illustration of how the necessity for such coordination among tools may arise, consider the case of several editors working on different views of the same design: an editor for describing the toplogy of a real-time local area network and an editor for specifying the information flow in the network, for example. Since these editors operate on the same design, they must share information. They do so by exchanging messages describing extensions or modification to the design made in each of the views.

A new entry to the configuration database is usually made at the start of the tool program. The tool has to make an explicit call for this, as it is the tool that determines whether it needs to communicate with other tools. The call to the configuration database has the tool location as parameter. Thus the configuration server solves the problem of coordinating tools that are already running. The tools need only pass the name of the other tool in their requests to the configuration server.

One problem remains, however, the problem of *initially starting* the various tools on several different sites. An immediate solution that comes to mind is using calls provided by the operating system, like *urun* in some versions of UNIX, or *remsh* in others. The problem with this solution is that the scope of these calls is not only limited to the sites within the local subnet, but also by the availability of user accounts on the sites involved. There is also the problem of restricting user access to those commands only, which are necessary to execute a tool.

Consider the multiple editor example again. Assume that the editors had been implemented on different machines within different subnets of a local area network. Then the designer should not be concerned with how to start *all* these programs. However, a shell script does not provide an appropriate solution, since an editor may be installed on serveral —not just one— sites, and these sites may change. It is more natural to expect that there is some mechanism, which queries every machine in the network whether it can execute the editor in case and, if so, makes a request for execution.

2 Solution

The approach followed here uses the client-server model of control. In this model we have a number of servers offering services distributed over the network, which can be accessed by client programs only via a request-reply protocol. Thus access restrictions can be easily realized, since local data are only accessed by the server. Application of this model assumes there is a standard way to start up servers, e.g. with system initialization.

Advantageous with this approach is the possibility to locate information *in* the servers about the tools that can be started by them on their site. In order to start a tool at a site, a request to execute the tool is posted to the respective server. Since there may be several servers offering to execute the tool at their site, as is usually the case, some strategy must be exercised to select the server actually executing the tool.

The following section presents the design of the bidding model of configuration control. Section 4 discusses its implementation. Section 5 demonstrates the application of the bidding model within a framework for tool integration. In the final section similar approaches evolved within other application domains are summarized.

3 A new model of configuration control

At the center of the model of configuration control is the strategy used to select a server from several servers offering execution of the requested tool. The control strategy is based on two considerations:

- information about which tools are available on which server should be kept local with the servers, and

- it is desirable to execute a tool on the server at the least utilized site.

Keeping information about available tools local to the servers allows for great flexibility: adding or removing a tool at a site should only involve a change within the site server. In exchange, the servers must inform the requesting program about the tools available at their site.

This implies the following request-reply protocol between the requesting program and the servers: first, *broadcast a tool request to all servers known to the program,* then *gather server replies,* and finally *select a server from those offering to run the tool and post an execute request to it.* In order to select the server from the least utilized site, utilization information must be made available to the requesting program. This can be achieved in a simple way by sending utilization information with the server reply.

Because of its similarity with the process of contracting a project –a contract is assigned to the party bidding the best offer out of several parties–, we call this protocol a *bidding protocol.* More specific, even, is the analogy with the stock market, where pending offers (surplus supply) for shares must also be managed. This task is comparable to the location management task of the configuration server.

The combination of configuration control and the configuration server results in the configuration management system shown in fig. 1. As in the figure the configuration control task is assigned to a separate process, called the *bidding server* in analogy to the configuration server. Also indicated is the flow of control within the configuration management system, of which there are two types:

- *Control flow to/from the configuration server.* If the requested service is already running, a tool request involves only a *lookup* action. The *update* action is executed at start-up of a tool.

- *Control flow to/from the bidding server.* If the requested service is not running, a *lookup* action results in another *request* action. In this case, the bidding protocol is applied: first, *broadcast* to all servers, then receive *server bids* from the servers which can execute the tool (this bid also includes additional useful information like the utilization of the server site), and, finally, *select* the server.

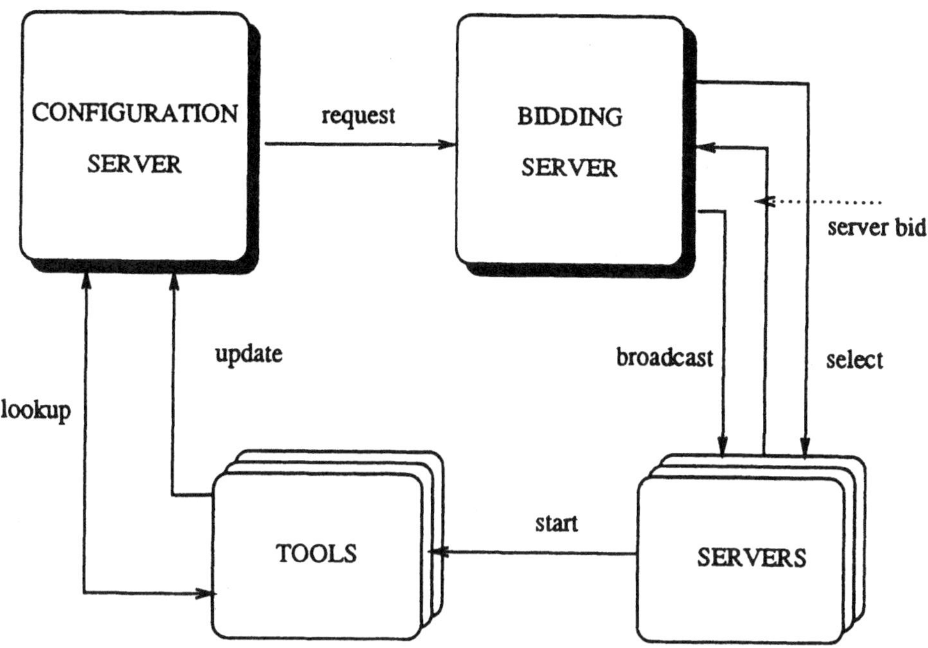

Figure 1: Control flow in the configuration management system

One aspect of design has been neglected so far: How access restrictions are realized. We chose to solve the problem at the level of the implementation language of the server by providing a language exetension that allows to execute a restricted shell on the server site. The information about the tools that are allowed to execute by this shell is to be kept in a separate file.

4 Implementation of the bidding model

Both the bidding server and the configuration server are implemented in a version of Scheme [2] that has been extended for socket[1] communication and restricted shell execution. They make use of the object-oriented capabilities inherent in function closure, which is *static* in Scheme (see [1]), and of the superior symbolic processing quality of a list processing language, as opposed to a language like C, in which many of the tools are written.

The *client-server model* is implemented on two levels of abstraction:

- on one level there are *client* and *server* objects that manage a single connection. They are created by passing to them either the port or the site and the port of the connection, respectively. They hide the internals of socket creation, and the respective system calls to *connect()* and *accept()*.

- on the other level there are the configuration and bidding servers, which communicate with their clients by a *server* object each. Any messages they received "on" their

---

[1] "Socket" is a term used within the BSD implementation of UNIX and denotes a way of interprocess communication via TCP/IP links.

server object are dispatched to respective database calls; a reply is sent to the client, if required by the request (e.g. a *lookup* request).

The general method of object implementation in Scheme is [1]:

```
(define object-class
    (let (local variable declaration list)
        (define (method parameter-list)
                ...)
        ;; several methods
        (define (dispatch message)
                (cond ((eq? message 'method)
                        (method ...))
                      ;; several method selectors ))
        dispatch))
```

All variables defined within the variable declaration list are local to each object created by:

```
(define object object-class)
```

Actually, the procedure *dispatch* is assigned to the object.

The fact that sockets may be associated with a queue (limited to five pending messages in the current implemenation of BSD-UNIX) simplifies implementation of the servers.

In the case of the configuration server, database access is simply an access to an association list defined locally within the database object. This database responds to *'lookup* and *'update* requests.[2] Little more need be done.

The implementation of the bidding server is a bit more complicated by the fact that it must act as a client itself to the tool servers. There are three parts to its implementation:

- *Sign-on of the servers.* Any server wanting to offer service to execute one or several tools makes himself known to the bidding server by sending its location to it via a *'location* message (which is not shown in fig. 1).[3] This location information consists of site (host) and port of the server, as in the case of the configuration server. It is saved in an association list within the bidding server.

- *Broadcast to all servers.* On reception of a request by the configuration server, the bidding server posts a *'broadcast* message to each server known to him – there has to be a separate client object for each – and then waits for the server bids to arrive.

---

[2] In the following we adopt the Scheme notation of constants when referring to method names, i.e. we put a quote in front of the name.

[3] The server obtains the location of the bidding server itself in the usual way via the configuration server.

- *Selection of the server to execute the tool on.* Based on the utilization information sent with each server bid, the bidding server now sends a *'select* message to the server with minimum utilization. A more elaborate strategy could take into account the execution time of the tool on the server site. But there is no general way to do so, since most of the tools run as servers themselves for the complete time of system existence and do not have a definite execution time. There are other cases, such as simulation subprocess runs, which may have different execution times; for these cases the selection strategy could be easily extended.

On part of the server there remains the task of actually starting the tool. To do so, it uses the restricted shell command *rsh*, for which Scheme has been extended (see the last portion of the previous section). This call is implemented as follows: Each time *rsh* is called, a list of executable tools, which is in a separate file, is read. The list entries may also contain parameters to pass to the tool (for interpreter-based tools, the "tool" is the Scheme interpreter, while the parameter gives the name of the Scheme program implementing the tool). Then a simple *fork()* + *execl()* is used to create a background process that runs the tool in a shell. (The *start* control flow in fig. 1 represents just this.) The server is now available for another request.

5 Application

Tool integration is an active area of research — not only in CAD. More generally, the integration of several programs in a transparent way arises in any kind of software development, namely in distributed environments. We will not discuss the various possibilities to achieve tool integration here (see e.g. [3]). But we will show the application of the bidding model to the configuration control of a design critiquing system which has a distributed blackboard architecture.

This distributed blackboard system has a hierarchical organization and consists of four blackboard systems coordinated by a main blackboard (fig. 2). Those blackboard systems can also have blackboard systems connected to them. But, eventually, conventional programs (e.g. simulators) and expert systems (e.g. a configuration expert) must be attached.

Since this blackboard system is a constantly evolving architecture, the system in its current state may contain different subsystems at some point. It is just this nature of the system that led to the design and development of the model of configuration control.

Each of the blackboards, conventional programs, and expert systems is instrumented to perform the following sequence of actions at start-up:

- *'update* its location in the configuration server database,

- *'lookup* each program it wants to connect to.

Now consider the impact of the bidding protocol. If any program is started up (e.g. the main blackboard, but it could also be the editor), each program the program wants to connect

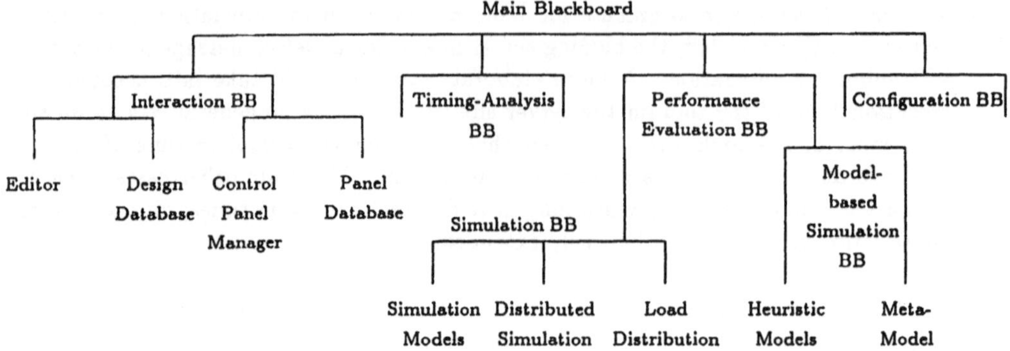

Figure 2: A distributed blackboard architecture for CAD

to will be started on some machine by the bidding server. They are started in the sequence of the connection requests and update their locations on the configuration server database. Any connection requests of the programs started will recursively generate further requests to the bidding server, until, eventually, all subsystems of the distributed blackboard system are active.

In fact, we need not *'lookup* all connection requests right at start-up, but only when connection is needed. This allows for the location information on the configuration database to change between two connection requests, e.g. when the program to connect to went down and is re-started on some other machine by the new connection request.

6 Related research

The *Amoeba* distributed operating system [5] is also based on the client-server and object paradigms. Its form of access restriction uses "capabilities", which are essentially encoded object names, by which a process communicates to a server. The term "object" is used in *Amoeba* to denote a service provided by a server; there are servers for each type of object: file server, database server, processor server, directory server, name server, and others.

The *contract net model* described in [4] is similar in its approach to managing a community of intelligent agents in a distributed AI system, as is our approach to managing a "community" of tool servers. It uses the notion of a *bidding protocol* and of coordinating processes, which are called *managers*.

An agent or distributed computing resource that is successful in bidding, i.e. those whose bid has been accepted by a manager, is appropriately called *contractor*. Agents communicate by different classes of messages:

- task announcement by a manager, describing the task to be done,

- bids, announcing the willingness of an agent to perform a task,

- awards from the manager to the successful bidder, thus establishing a contract,

- acknowledgement by the contractor of the award, which makes it possible to reject an award,

- reports to the manager announcing status or termination of a task,

- termination to the contractor to interrupt the performance of its contract,

- agent availability announcement by an idle agent.

One main difference to our model is the use of several managers, i.e. agents may function as managers themselves.

7 Conclusion

We proposed a new protocol for system configuration (by configuration we mean "runtime configuration") control, the *bidding protocol*. It was designed and applied within the framework of a hierarchical blackboard system, which serves as a medium for CAD tool integration. Initial experiences are prospective, but aspects like fault-tolerance or robustness have not been studied extensively enough to allow final conclusions; we are confident, though, that our approach may provide a solution to this and related problems, like dynamic reconfiguration and load balancing.

References

[1] H. Abelson, G.J. Sussman, and J. Sussman. *Structure and Interpretation of Computer Programs*. MIT Press, 1985.

[2] D.M. Betz. *XSCHEME: An Object-oriented Scheme. Version 0.16*. P.O. Box 144, Peterborough, NH 03458, 1989.

[3] S.M. Rubin. A general-purpose framework for CAD algorithms. *IEEE Communications Magazine*, pages 56–62, Mai 1991.

[4] R.G. Smith. The Contract Net protocol: High-level communication and control in a distributed problem solver. *IEEE Transactions on Computers*, 29(12):1104–1113, Dez. 1980.

[5] A.S. Tanenbaum, R. van Renesse, H. van Staveren, et al. Experiences with the AMOEBA distributed operating system. *Communications of the ACM*, 33(12):46–63, Dez. 1990.